ISBN 978-0-282-29961-3
PIBN 10565784

English
Français
Deutsche
Italiano
Español
Português

www.forgottenbooks.com

Mythology Photography **Fiction**
Fishing Christianity **Art** Cooking
Essays Buddhism Freemasonry
Medicine **Biology** Music **Ancient**
Egypt Evolution Carpentry Physics
Dance Geology **Mathematics** Fitness
Shakespeare **Folklore** Yoga Marketing
Confidence Immortality Biographies
Poetry **Psychology** Witchcraft
Electronics Chemistry History **Law**
Accounting **Philosophy** Anthropology
Alchemy Drama Quantum Mechanics
Atheism Sexual Health **Ancient History**
Entrepreneurship Languages Sport
Paleontology Needlework Islam
Metaphysics Investment Archaeology
Parenting Statistics Criminology
Motivational

Walhall.

Germanische Götter- und Heldensagen.

für

alt und jung am deutschen Herd erzählt

von

Felix Dahn und Therese Dahn,

geb. Freiin von Droste-Hülshoff.

Zehnte Gesamtauflage.

Leipzig.

Druck und Verlag von Breitkopf und Härtel

1908.

„Gehör und Schweigen heisch' ich von allen
Menschenkindern im heiligen Frieden,
von hohen und niedern. Söhnen Heimdalls:
Es wollte Walvater, daß ich wohl her zähle
die alten Geschicke von Menschen und
Göttern, deren ich von Anfang gedenke:"

Völuspá, Strophe I.

(Übersetzt von Müllenhoff, deutsche Altertumskunde V. 1. Berlin 1883. S. 75.)

Dem Angedenken

Jakob Grimms.

Einleitung.

Der Götterglaube der Germanen war ein Lichtkult, eine Verehrung der wohltätigen, dem Menschen segensreichen Mächte des Lichts, wie sie im Himmel, in der Sonne, den Gestirnen, dem Frühling oder Sommer gegenüber den schädlichen, unheimlichen Gewalten der Nacht, der Finsternis erschienen: auch Heiliges und Böses, Leben und Tod stellte sich ihnen als dieser Gegensatz von Licht und Finsternis dar.

Diese Religion war nicht ausschließlich den Germanen eigen, sondern ihnen gemein mit den übrigen Völkern der arischen (oder kaukasischen oder indo-europäischen) Rasse, zu welcher außer den Germanen noch die Inder, Perser, Armenier, die Kelten, Gräko-Italiker und Letto-Slaven zählten: auch Sprache, Sitte, Recht war ursprünglich diesen Ariern gemeinsam gewesen, als sie noch ungeteilt in West-asien als Gruppen eines Volkes lebten: seitdem sie aber auseinander wanderten, traten auf allen diesen Gebieten unter den nun getrennten Völkern sehr erhebliche Abweichungen ein, auf welche Klima, Landesbeschaffenheit der neuen Wohnsitze, Berührungen mit andern Völkern großen Einfluß übten.

So ward z. B., wie Leben und Sitte, auch Recht und Religion der Inder völlig umgestaltet, nachdem dieses Volk von dem Indus hinweg in den erschlaffenden Himmels-

strich und die phantastische Natur des Ganges gewan=
dert war.

Und so wurden denn ohne Zweifel auch die religiösen
Vorstellungen der Germanen sehr erheblich beeinflußt durch
die Eindrücke, welche sie bei der Wanderung aus Asien
nach dem Nordosten von Europa durch die großartige,
aber rauhe Natur der neuen Heimat empfingen. Ja, man
darf annehmen, daß, wie der Volkscharakter, so auch die
Religion der Nordgermanen oder Skandinavier (Dänen,
Schweden, Norweger, später auch Isländer) durch die so
starken Eindrücke der nordischen Natur und die hier not=
wendige oft einsame und meist kampfreiche Lebensweise
ganz wesentlich anders gestaltet und gefärbt wurde, als
die Anschauungen der Südgermanen, der späteren deutschen
Völker, welche allmählich bis an und über Rhein und Donau
nach Westen und Süden vordrangen und zwar auch das
rauhe Leben eines Waldvolks, aber doch unter ungleich
milderem Himmelsstrich führten. Schon deshalb und schon
hier muß daher ausgesprochen werden, daß man keines=
wegs die ganze nordgermanische skandinavische Götterwelt
ohne weiteres auch bei den Südgermanen, den Deutschen,
unverändert wieder anzutreffen voraussetzen darf. Die
Grundanschauungen, ja auch die wichtigsten Götter und
Göttinnen finden sich freilich, wie die Sprachvergleichung
beweist, bei Nord= und Süd=Germanen übereinstimmend,
wie ja vermöge der ursprünglichen arischen Gemeinschaft
(oben S. 9) solche Übereinstimmung nicht nur unter den
germanischen Völkern, sondern sogar unter Germanen,
Griechen, Römern usw. besteht.

So kehrt die Dreiheit der obersten Götter bei Griechen,
Italikern, Germanen wieder:

	Zeus	Hephaistos	Ares
	Jupiter	Vulkan	Mars
altnordisch:	Odhinn	Thôrr	Tyr
althochdeutsch:	Wotan	Donar	Ziu.

Gleichwohl fehlt es auch hierbei nicht an Abweichungen; so führt bei Griechen und Italikern der oberste Gott den Blitzstrahl, den Donnerkeil, während bei Germanen und andern Ariern neben dem Götterkönig ein besonderer Gott des Gewitters steht, der dann wieder manche Züge mit Herakles-Herkules gemein hat, während der Feuergott Loki (Loge) sich mit Hephaistos-Vulkan berührt.

Was nun die Quellen unsrer Kenntnis von dem Götterglauben unsrer Ahnen betrifft, so sind sie leider sehr dürftig, dazu sehr ungleichartig, großenteils späten Alters der Aufzeichnung (wenn auch nicht der Entstehung) und getrübt durch fremde Zusätze.

Schriftliche Mitteilungen über den Glauben, von den Heiden selbst verfaßt, hat es nie gegeben: denn die Germanen haben das Schreiben in unserm Sinn erst spät von Römern und Griechen gelernt: die heiligen „Runen", welche übrigens die Wissenschaft unsrer Tage als aus dem lateinischen Alphabet entlehnt oder ihm nachgebildet dargewiesen hat, dienten nicht zum Schreiben nach unsrer Weise, sondern für heilige Handlungen, für Losung, Befragung des Götterwillens, Zauber. — Unsre Kenntnis der griechischen und römischen Götterwelt wird in höchst anschaulicher, lebendiger Wirkung ergänzt und bereichert durch die zahlreichen Denkmäler der bildenden Kunst und des Kunsthandwerks, welche in Marmor, Erz, in Wandgemälden, auf Vasen, auf allerlei Gerät Bilder aus den Mythen oder Kulthandlungen darstellen: gar mancher dunkle zweiflige Satz der Schriftsteller ist

durch solche Darstellungen erklärt oder auch berichtigt worden.
Solcher Denkmäler entraten wir, mit verschwindend gering=
fügigen Ausnahmen, für die germanische Religion völlig.

Der Kulturgrad war viel rauher, einfacher als der
der Hellenen und Italiker zu der Zeit, aus welcher auch
die ältesten der antiken Bildwerke stammen: Sinn und
Talent unsres Volks für bildende Kunst und Kunsthand=
werk sind — und waren noch mehr bei der Armut der
Lebensverhältnisse und unter dem rauhen Himmelsstrich
des Nord=Lands — erheblich geringer, als bei Griechen
und Italikern. So gab es nur sehr wenige Tempel: nur
bei Nordgermanen sind sie für späte Zeit häufiger bezeugt:
— an ihrer Stelle galten heilige Haine, mit Schauern
der Ehrfurcht erfüllende Wälder als Wohnstätten der Himm=
lischen: — zwar fehlte es nicht ganz an heiligen Baum=
säulen (Irmin=Sul s. unten), an Altären, an Opfergerät
(wie großen ehernen Kesseln): auch Götterbilder werden
manchmal erwähnt: aber, von jeher selten, wurden sie von
den christlichen Priestern bei ihrer ersten Bekehrungsarbeit
oder später, nach durchgeführter Christianisierung, gemäß
Beschlüssen der Konzilien und Verordnungen der Bischöfe,
planmäßig zerstört.

Nun sind uns allerdings schriftliche Aufzeichnungen
von Götter= und Helden=Sagen erhalten, welche, in Er=
mangelung besserer Quellen, unschätzbaren Wert für uns
tragen: die ältere und die jüngere Edda und andre
Sagen=Sammlungen in Skandinavien[1]).

---

1) Edda heißt „Altermutter" (Ahnfrau): eine solche wird als
ihren Nachkommen diese Sagen erzählend dargestellt. Man nimmt
jetzt an, daß die Sammlung erst um 1240 angelegt ward: jeden=
falls auf Island. Für weitere Belehrung verweise ich auf die
vortreffliche Darstellung von Dr. Oskar Brenner: Altnordisches
Handbuch, Leipzig 1882, S. 21. Ich legte zu Grunde folgende

Allein diese stellen lediglich die nordgermanische Überlieferung dar: und wir sahen bereits (S. 10), daß man
diese durchaus nicht ohne weiteres auf die „Südgermanen“,
die späteren Deutschen, übertragen darf.

Dazu kommt nun aber, daß die Aufzeichnung der
alten Sagen erst in sehr später Zeit geschah, von Männern,
welche Christen waren, nachdem das Christentum samt seiner
Vorstufe, dem alten Testament, nachdem auch die klassische
Kultur, die griechisch-römische, soweit sie erhalten
war, durch Vermittlung der bekehrenden Kirche in den
Norden eingedrungen war.

Es kann daher in sehr vielen Fällen zweifelhaft werden,
ob der an sich freilich uralte Inhalt, der Stoff der
Sage, bei der späten Aufzeichnung durch christliche Geist-
liche[1]) nicht in der Form, in der Färbung christliche
Einwirkung erfahren habe, wie z. B. Saxo Grammatikus
(gestorben 1204) aus den Göttern menschliche Helden, aus
Asgard Byzanz gemacht hat.

Wir würden daher ratlos der trümmerhaften Überlieferung einzelner, in Ermangelung des Zusammenhangs

---

Ausgaben der Edda: I. von Munch, Christiania 1847. II. von
Lüning, Zürich 1859. III. von Bugge, Christiania 1867.
IV. von Gudbrand Vigfusson und F. York Powell, im
Corpus Poeticum Boreale, Oxford 1883, II Vol.; dabei folgte
ich, sofern die neuen Ausgaben nicht abweichende Texte boten, meist
der Übersetzung von Simrock, aber nicht ohne Veränderungen, und
für die Völuspá der von Müllenhoff, deutsche Altertumskunde V, 1,
Berlin 1883 S. 79 f.

1) Wenn man auch neuerlich in Skandinavien in Annahme
solcher jüdischer, christlicher, keltischer, griechischer, römischer Einflüsse
auf die Gestaltung der Edda viel zu weit gegangen ist: s. darüber
Dahn, Urgeschichte der germanischen und römischen Völker I, Berlin 1881, S. 125, und Dahn, Deutsche Geschichte I, 1, Gotha 1883,
S. 278. Dahn, Bausteine V, Berlin 1885. — Ausführlich gegen
jene Irrtümer Müllenhoff a. a. O.

unverständlicher, Bruchstücke der germanischen Götterwelt gegenüberstehen, böten nicht die Sage, dann der Aber= glaube und allerlei Sitten und Gebräuche, welche sehr oft als ein Niederschlag alter Göttergestalten und gottes= dienstlicher Handlungen seit grauester Vorzeit bis heute in unserm Volke fortleben, hoch willkommene Erklärung und Ergänzung in geradezu staunenerregender Fülle.

Und es ist das unsterbliche Verdienst eines großen deutschen Gelehrten, der aber zugleich die poetische An= schauung und die mitfühlende Ahnung einer echten Dichter= Natur in sich trug, es ist die That Jakob Grimms[1]), die reichen Schätze uralter Überlieferung, welche in jenen Sagen und Sitten ruhten, mit der Hand des Meisters empor ans Licht gehoben und von den Spinnweben des Mittelalters gesäubert zu haben.

Denn die christlichen Priester hatten, teils unbewußt,

---

[1]) Geboren 4. Januar 1785 zu Hanau in Hessen, gestorben 20. September 1863. Seine deutsche Mythologie erschien zuerst 1835, vierte Ausgabe 1875—1878; sein rüstigster Mitarbeiter war sein Bruder Wilhelm (geboren 24. Februar 1786 zu Hanau, ge= storben 16. Dezember 1859), von dessen Arbeiten hierher „Die deutsche Heldensage“ (1829, zweite Ausgabe 1867) gehört. Vgl. auch die Kinder= und Hausmärchen (zuerst 1812) und die deutschen Sagen (1816) von J. und W. Grimm. — Wir erwähnen hier noch als Hilfsmittel Simrocks deutsche Mythologie (1. Auflage, Bonn 1853) und die schönen Abhandlungen des edeln Dichters Ludwig Uhland über Odin und Thor. Vgl. auch Dahn, Das Tragische in der germanischen Mythologie. Wotan und Donar als Ausdruck des deutschen Volksgeistes. Die germanischen Elemente in der mittel= alterlichen Teufelssage. Germanischer Brauch und Glaube. Die deutsche Sage. Altgermanisches Heidentum im deutschen Volksleben der Gegenwart. Der Feuerzipfel am Kesselberg. Ein Beitrag zur Lehre vom Feuer in der germanischen Mythologie: in „Bausteine“ I, Berlin 1879. Nordischer Götterbegriff und Götterglaube, Bau= steine V, 1885.

teils in guter Absicht, an den im Volke noch fortlebenden
Überlieferungen viele durchgreifende Veränderungen vor-
genommen.

Diese Priester bestritten ja durchaus nicht das Dasein
der heidnischen Götter und Göttinnen: nur sollten diese
nicht, wie die Germanen sie aufgefaßt, schöne, gute, wohltätige, den Menschen freundliche Schutzmächte sein, sondern
häßliche Teufel, Dämonen, verderbliche Unholde, welche
den Menschen auf Erden zu schaden oder sie in ihren
Dienst zu locken suchen und sie dann im Jenseits, in der
Hölle peinigen.

Anderseits hat aber die Kirche auch in kluger An-
passung altheidnische Feste und Gebräuche mit christlichen
zusammengelegt, z. B. das Jul-Fest, die Wintersonnenwend-
Feier mit Weihnachten, das Fest des Einzugs der Frühlingsgöttin, Ostara, mit Ostern, die Sommersonnenwende mit
dem Fest Johannes des Täufers: und endlich sind vom
Volke viele Geschichten und Züge der Götter auf christliche
Heilige übertragen worden.

Jakob Grimm hat nun mit ebenso tiefer Gelehr-
samkeit wie poetischer Ahnung aus den kirchlichen Legenden
die Götter und Göttinnen Walhalls wieder herausgewickelt:
er hat in den Heiligenlegenden Übertragungen von Göttergestalten aufgefunden (so waren z. B. Wotan zu Sankt
Martin, Freyr zu Sankt Leonhard, Baldur zu Sankt
Georg, Frigg und Freya zur Madonna geworden): er hat
endlich in zahllosen Spielen, Aufzügen, Festen, Gebräuchen
und abergläubischen Vorstellungen des Volks, in Sage,
Märchen, Schwank die Spuren der bald gewaltig schrei-
tenden, bald leise schwebenden Germanengötter dargewiesen.

Und so hat er denn unsre ehrwürdigen Götter, welche
anderthalb Jahrtausende vergessen und versunken unter dem

Schutte gelegen, wieder herausgegraben und aufgestellt in leuchtender Herrlichkeit.

Denn das Gewaltigste und das Zarteste, das Heldenhafteste und das Sinnigste, ihren tragischen Ernst und ihren kindlich heitern Scherz, die Tiefe ihrer Auffassung von Welt und Schicksal, von Treue und Ehre, von freudigem Opfermut für Volk und Vaterland, ihr ganzes so feines und inniges Naturgefühl haben unsre Ahnen in ihre Götter und Göttinnen, Elben, Zwerge, Riesen hineingelegt: weil ja auch die Germanen ihre Götter und Göttinnen nach dem eignen Bilde geschaffen haben: wie Zeus, Hera, Apollo, Athena hellenische Männer und Frauen, Jünglinge und Jungfrauen, nur ins große gemalt, idealisiert, eben vergöttlicht sind, so erblicken wir in Odin und Frigg, in Baldur und Freya nur die Ideale unsrer Ahnen von Weisheit, Heldentum, Treue, Reinheit, Schönheit und Liebe.

Und dies ist die hohe, ehrfurchtwürdige Bedeutung, welche dieser Götterwelt auch für uns verblieben ist: diese Götterlehre ist das Spiegelbild der Herrlichkeit unsres eignen Volks, wie dies Volk sich darstellte in seiner einfachen, rauhen, aber kraftvollen, reinen Eigenart: in diesem Sinn ist die germanische Götter- und Heldensage ein unschätzbarer Hort, ein unversiegender „Jungbrunnen" unsres Volkstums: das heißt, wer in rechter Gesinnung darein niedertaucht, der wird die Seele verjüngt und gekräftigt daraus emporheben; denn es bleibt dabei: das höchste Gut des Deutschen auf Erden ist: — sein deutsches Volk selbst.

Erstes Buch.

Allgemeiner Teil.

———

I. Die Grundanschauungen: Entstehung der Welt, der Götter und der übrigen Wesen.

Die Germanen dachten sich die Welt nicht als von den Göttern oder von einem obersten Gott geschaffen, sondern als geworden: und in ihr, mit ihr auch die Götter als geworden.

Als ewig stellten sie sich nur vor den unendlichen Raum, den „gähnenden Abgrund". „Nicht Sand, noch See, noch kühle Wogen, nicht Erde fand sich, noch Himmel oben, (nur) ein Schlund der Klüfte, aber Gras nirgend."

Allmählich bildete sich am Nordende dieses ungeheuren leeren Raumes ein dunkles, kaltes Gebiet: Niflheim (Nebelheim) genannt, am Südende ein heißes und helles Gebiet: Muspelheim, die Flammenwelt. Mitten in Niflheim lag ein Brunnen, Hwergelmir, der rauschende Kessel. Aus diesem ergossen sich zwölf Ströme, die „Eli= wagar", und füllten den leeren Raum: sie erstarrten im Norden zu Eis; aber der Süden ward mild durch die Funken, die von Muspelheim herüberflogen: nach der Mischung von geschmolzenem Reif und von Glut entstand aus den Dunst=Tropfen eine Gestalt menschenähnlicher

Bildung: das war Ymir (Brauser) oder Örgelmir, „der brausende Lehm", der gärende Urstoff, der noch unausgeschieden, ineinander vermischt, liegenden und durcheinander wogenden Elemente. Aus Frost und Hitze entstand also der erste Organismus: er war ein „Reif=Riese" (Hrimthurs) und aller späteren Reifriesen Vater.

Im Schlafe wuchsen dem Riesen unter dem Arme Sohn und Tochter hervor, — eine Vorstellung, welche sich in den Sagen vieler Völker findet, — von denen dann alle andern Reifriesen abstammen.

Neben dem Riesen Ymir war auch eine Kuh entstanden, Audumbla (d. h. die Schatz=feuchte, Reich=saftige?): aus ihrem Euter flossen vier Milchströme: aus salzigen Eisblöcken leckte diese einen Mann hervor, Buri (der Zeugende), schön, groß und stark: sein Sohn — die Mutter wird nicht genannt — hieß Bör (der Geborene): dieser nahm Bestla, die Tochter eines Riesen Bölthorn (Unheilsdorn), zur Frau. Dieses Paares drei Söhne hießen Odin, Wili und Wê, die drei obersten Götter. So stammen also die Götter selbst auf der Mutterseite von den Riesen ab: eine Erinnerung daran, daß die Riesen ursprünglich nicht als böse galten, sondern selbst Götter waren, nur eben Götter einer roheren, einfacheren Zeit, einer früheren Kulturstufe, bloß Naturgewalten, welchen die Vergeistigung der späteren Götter, der Asen, fehlt: ähnlich wie bei den Griechen die Titanen der olympischen Götterwelt vorhergehen. Aber auch die Asen entbehren einer Naturgrundlage nicht (Odin hat zur Naturgrundlage die Luft, Thôr das Donnergewitter): das drückt ihre Abstammung von einer riesischen Mutter aus. Wili und Wê (Wille? und Weihe?) verschwinden bald wieder: sie sind nur als gewisse Seiten von Odin selbst zu denken.

Börs Söhne erschlugen Ymir: vergeistigte höhere Götter

können die bloße Naturgewalt nicht in Herrschaft und
Leben lassen. In dem unermeßlichen Blut, das aus seinen
Wunden strömte, ertranken alle Reifriesen bis auf ein
Paar, das sich in einem Boote rettete: von diesem Paar,
Bergelmir und seinem Weibe, stammt dann das jüngere
Geschlecht der Reifriesen ab.

Dies ist also die germanische Fassung der bei sehr
vielen Völkern (z. B. den Griechen) begegnenden Sage von
einer „ungeheuren Flut", welche alles Leben auf Erden
bis auf ein Paar oder eine Familie verschlang: diese Flut
heißt die Sintflut, d. h. die allgemeine, große Flut;
erst aus Mißverständnis hat man später daraus eine
„Sündflut", d. h. eine zur Strafe der Sünden verhängte
Flut, gemacht.

Die Götter warfen nun den ungeheuren Leib des toten
Riesen mitten in den leeren Raum und bildeten aus den
Bestandteilen desselben die Welt: aus dem Blut alles Ge=
wässer, aus dem Fleisch die Erde, aus den Knochen die
Berge, aus den Zähnen Fels und Stein, aus dem Gehirn,
das sie in die Luft schleuderten, die Wolken: aus seinem
Schädel aber wölbten sie das allumfassende Dach des
Himmels. An dessen vier Ecken setzten sie die vier Winde:
Austri, Westri, Nordri, Sudri: es waren dies Zwerge
(über deren Entstehung s. unten).

Die Feuerfunken aus Muspelheim aber setzten sie als
Gestirne an den Himmel, dort oben und auf Erden zu
leuchten, und stellten für jeden Stern seinen Ort und seine
Bahn fest, danach die Zeit zu berechnen. Das Meer legten
sie kreisrund um die Erde (wie den Griechen der Okeanos
die Erde gleich einem Gürtel umzog); die Riesen nahmen
Wohnung an den Küsten: für die Menschen aber erhöhten
die Asen die Erde, stützten sie auf die Augenbrauenbogen
Ymirs, sie gegen Meer und Riesen zu schützen: Mid=

2*

gard, althochdeutsch Mittila=gart, die „Mittelburg“ hieß
sie daher. Auch diese Sage, daß die Welt aus den Be=
standteilen eines Riesenleibes gebildet wird, wie daß um=
gekehrt bei Erschaffung des Menschen alle Bestandteile der
Erde verwendet werden, begegnet bei vielen Völkern, teils
urgemeinsam, teils entlehnt, teils ohne jeden Zusammen=
hang gleichmäßig entstanden.

Unter den Gestirnen leuchten Sonne und Mond hervor:
sie entstanden folgendermaßen. Ein Mann hatte zwei
strahlend schöne Kinder, einen Sohn Mani und eine
Tochter Sol, dieses Mädchen vermählte er mit Glanr
(Glanz); aber die Götter straften den Übermut der allzu
stolz gewordenen und versetzten die Geschwister an den
Himmel: Sol muß fortab den Sonnenwagen führen, der
aus Muspels Funken geschaffen ward: zwei Hengste, Arwakr
und Alswidr (Frühwach und Allgeschwind), ziehen ihn:
ein Schild Swalin (der Kühle) ist vorn angebracht, auf
daß die Glut nicht das Meer austrockne und die Berge
verbrenne.

Die Vertiefungen und Schatten, welche man im Monde
wahrnimmt, haben die Einbildungskraft der Völker oft be=
schäftigt: man mühte sich, Gestalten darin zu erblicken: die
Nordleute fanden darin die Gestalten von zwei Kindern,
welche samt dem Eimer, den sie an der Eimerstange vom
Brunnen hinwegtrugen, in den Mond versetzt wurden; in
der späteren deutschen Sage erblickte man darin die Gestalt
eines Waldfrevlers, der zur Strafe samt seinem Reisholz=
bündel (mit seinem Hund) in den Mond versetzt ward (der
sogenannte „Mann im Mond“) oder ein Mädchen, das
im heiligen Mondlicht oder am Feiertag gesponnen. Da
Sonne und Mond, dem gemein=arischen Lichtkult (Seite 9)
gemäß, den Menschen und allen guten Wesen wohltätige
Mächte sind, werden sie von den Riesen, den Feinden der

Götter und der Menschen, verfolgt. Zwei Wölfe riesischer
Abstammung, Sköll und Hati, Stößer und Hasser, jagen
unablässig die vor ihnen fliehenden beiden Gestirne: manch=
mal holen die Verfolger dieselben ein und fassen sie an
einer Seite, sie zu verschlingen: das sind die Sonnen= und
Mondfinsternisse; viele Völker teilen diese Vorstellung und
erheben daher, wann die unheimliche Verdüsterung eintritt,
Lärm, die Unholde zu erschrecken, daß sie die Ergriffenen
wieder fahren lassen. Das gelingt denn auch: aber der=
einst, bei dem Untergang der Welt, bei der Götterdämme=
rung, wird es nicht mehr gelingen: alsdann werden die
beiden Wölfe Sonne und Mond verschlingen (s. unten).

Jedoch nicht nur jene beiden Gestirne, auch Tag und
Nacht wurden personifiziert: die Nacht, Tochter Nörwis,
eines Riesen und Sohnes von Loki (s. unten), ist als
Riesentochter und als Nichte der Göttin der Unterwelt,
Hel, einer Tochter Lokis, schwarz wie Hel selbst: aber
vermählt mit dem von

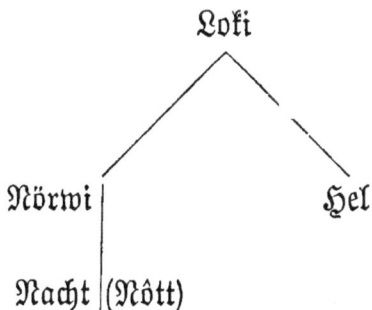

```
                      Loki
                     /    \
                    /      \
                   /        \
             Nörwi|          Hel
                  |
             Nacht|(Nôtt)
```

den Göttern stammenden Dellingr ward sie die Mutter
des Tages (Dag), der hell ist wie seine asischen Ahnen.
Aus einer früheren Ehe mit Anar (= Odin?) hatte die
Nacht eine Tochter Jörd, die Erde. Odin gab der Nacht
und dem Tag je einen Wagen, je mit einem Rosse be=
spannt, Hrimfaxi (Reifmähnig) der Nacht, Skinfaxi

(Glanzmähnig) dem Tag, auf welchen sie die Erde um=
fahren: morgens fällt aus dem Gebiß von Hrimfaxi
Schaum: das ist der Reif; aus Skinfaxis Mähne aber
strahlt Licht, Luft und Erde erleuchtend.

Der Sommer (ein asisches oder licht=elbisches Wesen?
sein Vater, Svâsudr [lieblich], hat allem Lieblichen den
Namen gegeben) hat zum Feind den Winterriesen, den
Sohn des „Windbringers“ oder „Windkalten“. Der
Wind, d. h. der schädliche Nordwind, der zerstörende
Sturmwind, ist selbstverständlich ebenfalls ein Riese:
Hräswelgr, „Leichenschlinger“; er sitzt am Nordende des
Himmels in Adlergestalt: hebt er die Schwingen zum Flug,
so entsteht der (Nord=)Wind; vielleicht ist er selbst als der
Vater des Winters zu denken.

Das lebhafte Naturgefühl des Waldvolks, welches ja
bei den noch wenig behaglichen Wohnräumen, bei der noch
sehr einfachen Kultur überhaupt unter dem im Norden so
lange währenden und so strengen Winter viel stärker als
wir heute Lebenden zu leiden hatte, sehnte mit einer Un=
geduld die Wiederkehr des Sommers, d. h. des Frühlings,
der warmen, milden Jahreszeit herbei, feierte mit so all=
gemeiner, tiefer, allerfüllender Freude den Sieg des Sommers
über seinen dunkeln und kalten Feind, daß dieses Gefühl
noch spät im Mittelalter den Grundton sehr vieler Volks=
lieder, Dichtungen, Spiele abgibt. In Ermangelung eines
Kalenders bestimmte der Volksglaube gewisse Zeichen, die
erste Schwalbe, den ersten Storch, das erste Veilchen, das
Schmelzen des Baches als Frühlingsanfang, als Botschaft
und Beweis, daß die lichten Götter, welche während der
Herrschaft der Nacht auf Erden von dieser gewichen waren,
daß zumal der Frühlings= oder Sonnengott wieder zurück=
gekehrt sei.

Nicht nur die Kinder, auch die Erwachsenen eilten dann

in feierlichem Aufzug in das Freie, den rückkehrenden
Sonnengott, der wohl auch mit dem Lichtgott Baldur
(f. unten), oder mit der Frühlingsgöttin Oſtara (f. unten)
verwechſelt wurde, einzuholen, zu empfangen, und heute
noch wird in vielen Gauen Deutſchlands in dramatiſchen
Kämpfen zwiſchen dem lichten Sommer und dem Winter
in Drachengeſtalt der Sieg des Gottes über den Rieſen
gefeiert (f. unten Freyr: Drachenſtich zu Furth im baye=
riſchen Walde).

Die Schöpfung der Menſchen wird, wie in den meiſten
Religionen, auf die Götter zurückgeführt. Die drei Söhne
Börs (Seite 18: oder nach andrer Faſſung Odin, Hŏuir,
Loli: die Götter von Luft, Meer, Feuer) fanden, an der
Meeresküſte hinſchreitend, zwei Bäume[1], Askr und Embla,
Eſche und Ulme (oder Erle?), aus welchen ſie Mann und
Weib bildeten. Von dieſen ſtammen die Menſchen, welchen
„Midgard" von den Göttern zur Wohnung gegeben ward.
Daß die erſten Menſchen auf oder aus Bäumen gewachſen,
iſt eine auch bei andern Völlern weitverbreitete Sage.
Schon vorher hatten die Aſen die Zwerge geſchaffen
oder ihnen doch, nachdem ſie in Ymirs Fleiſch wie Maden
entſtanden waren, menſchenähnliches Ausſehen und Denken
gegeben.

II. Die Welten und die Himmelshallen.

Es iſt ein vergebliches Bemühen, vereinbaren zu wollen
die widerſtreitenden Überlieferungen von dem Aufbau der
verſchiedenen Welten, von dem „Syſteme" der wie Stock=

---

[1] Freilich neuerdings beſtritten.

werfe eines Haufes übereinander erhöhten „Reiche": diefe Anfchauungen bildeten eben ein „Syftem" nicht: fie wechfelten nach Zeiten und Stämmen und nach Darftellungen einzelner Sagenüberlieferer: nur das Wefentliche fteht feft, unb nur das Feftftehende teilen wir hier mit.

Eine Grundanfchauung nicht nur der Nordgermanen, auch der fpäteren „deutfchen" Stämme war es, fich das ganze Univerfum als einen großen Baum, als eine ungeheure Efche, vorzuftellen: „Yggdrafil" heißt fie nordifch: d. h. doch wohl: „Träger (drafil) des Schreckens, des Furchtbaren (Yggr): dies ift einer der vielen Namen des oberften Gottes Odin, der fich nicht nur felbft eine „Frucht des Weltbaums" nennt, der auch als hoch auf dem Wipfel diefes kosmifchen Baums thronend gedacht werden mag.

Die Zweige der Efche breiten fich über das All, fie reichen in die Himmel empor: ja, feine über Walhall emporragenden Wipfel werden auch als ein befonderer Baum mit eignem Namen Lärad (Stille fpendend) bezeichnet.

Die drei Wurzeln reichen zu dem Urdar-Brunnen bei den Nornen, zu den Reiffriefen und Mimirs-Brunnen und nach Niflheim zu Hel und dem Brunnen Hwergelmir herab.

Die tiefernfte, ja tragifche (aber durchaus nicht „peffimiftifche": denn dies ift keineswegs gleichbedeutend) Grundanfchauung der Germanen, welche wir alsbald als bezeichnend für ihre Mythologie kennen lernen werden und welche in der Ahnung von der Götterdämmerung nur ihren großartigften und abfchließenden, keineswegs aber ihren einzigen Ausdruck findet, fpricht fich nun auch aus in den vielen Gefahren und Nachftellungen, welche den „Weltbaum", d. h. alles Leben, unabläffig bedrohen.

Zwar besprengen die Nornen (die Schicksalsgöttinnen,
s. unten) täglich die Esche mit dem heiligen Wasser aus
dem Brunnen Urds, der Norne der Vergangenheit, um
sie vor Wellen und Fäulnis zu bewahren. Aber diese
treue Mühung der Pflege kann das unvermeidlich von
fernher drohende Verderben nur hinauszögern, nicht es ab=
wenden: ganz ähnlich, wie die Kämpfe der Götter gegen
die Riesen, obzwar siegreich, den endlichen Untergang der
Asen und aller Wesen nur hinausschieben, nicht verhindern
mögen.

Alles Lebende ist vergänglich, ist unrettbar dem Tode
verfallen: deshalb wird gesagt, eine Seite des Weltbaums
ist bereits angefault. Und überall sind feindliche Wesen
tätig, an ihm zu zehren: an seiner einen Wurzel in Hel
nagen der Drachenwurm Nid=höggr (der mit Ingrimm
Hauende), der sich von Leichen nährt, und viele Schlangen;
vier Hirsche, deren Namen auf die Vergänglichkeit sich be=
ziehen, beißen die Knospen der Zweige ab; ein Adler horstet
im Wipfel, ein Eichhorn, Rata=twiskr („Huscher an den
Zweigen"), huscht geschäftig hin und her, des Adlers Worte
zu dem Drachen niedertragend. Dagegen soll es wohl
nicht Bedrohung des Weltbaums bedeuten, sondern nur
dessen allernährende Fruchtbarkeit, daß an den Zweigen
ein andrer Hirsch äset, aus dessen Geweih Tropfen fließen,
welche die Ströme der Unterwelt bilden: zumal aber, daß
die Ziege Heid=Run sich davon nährt, deren Milch die
Walhallgenossen, die Einheriar Odins, ernährt: diese
Ziege erhält den Walhallhelden ihre Eigenart, ihre „Heid"
(ein altes Hauptwort, das in Schön=heit, Rein=heit, Krank=
heit usw. noch forttönt)[1].

---

[1] Über die zwei oder drei Brunnen unter den Wurzeln des
Weltbaums s. unten.

Die Vorstellung des Weltbaums, der großen, allge=
meinen, alles=tragenden Säule war auch bei Südgermanen
tief eingewurzelt: die Irmin=Sul der Sachsen hängt
damit zusammen.

Wie nun auf den Stamm des Weltbaums die Mehr=
zahl von Welten sich verteilt, welche als Gebiete verschie=
dener Wesen angeführt werden, das ist ohne Widerspruch
nicht zu entscheiden: vielleicht sah diese Reihe von Vor=
stellungen von dem Bilde des Baums völlig ab. Zu
tiefst unter der Erde liegen Niflhel (auch Hel), ganz der
Sonne fern, wo die Ruchlosen ihre Strafe leiden, eine
Steigerung von Niflheim; in der Mitte über diesem
Svart=alfaheim: erstere beiden sind die germanischen,
nicht heißen und nicht hellen, sondern kalten und finstern
„Höllen“, d. h. Straforte für Seelen von Verbrechern oder
doch freudloser Aufenthalt für Seelen von Weibern und
von Männern, welche nicht den freudigen und ruhmvollen
Schlachtentod gestorben und so nicht als Einheriar zu
Odin nach Walhall aufgefahren, sondern an Krankheit auf
dem Siechbett den „Strohtod“ gestorben und zu Hel, der
hehlenden, bergenden Todesgöttin der Unterwelt (f. unten),
hinabgesunken waren. „Svart=alfaheim“ ist die Heimat
der Dunkel=Elben, zu welchen die Zwerge zählen, die
in Bergen und Höhlen, im Schoße der Erde wohnen. An
den äußersten Rändern der Erde, welche gegen das kreis=
artig erd=umgürtende Meer abfallen, — man mag sich dies
vorstellen wie einen umgestürzten Teller — hausen die
Riesen in Jötunheim: oberhalb desselben in „Midgard“,
in „Manheim“, auf der erhöhten Mitte der Erde, wohnen
die Menschen. Oberhalb der Erde im lichten Äther schweben
die Licht=Elben in Ljos=Alfaheim, endlich oberhalb
dieser thronen die Götter, die Asen, in As=gard; zweifel=
haft bleibt die Lage von Muspelheim, der heißen Welt

der Feuerriesen (nur daß sie im Süden der Welt zu suchen, steht fest: doch wohl als der Südteil von Jötun= heim), und von Wana=heim (s. unten).

In Asgard selbst werden nun zwölf Burgen oder Hallen einzelner Götter und Göttinnen unterschieden; von manchen dieser Wohnungen sind uns nur die Namen, nichts weiteres überliefert: diese Bezeichnungen gehören zum Teil wohl nur der Kunstdichtung der Skalden, nicht dem Volksglauben an: sie werden sehr verschieden erklärt.

So ist Gladsheim („Froh=heim"), Odins Burghalle, bald als ein Walhall umfassendes größeres Ganzes ge= dacht, bald nur als der Hof, in welchem die zwölf Richter= stühle der Götter stehen: von Gladsheim und Walhall heißt es:

Gladsheim heißt die fünfte (Halle), wo golden schimmert Wal= halls weite Halle. Da kiest sich Odin alle Tage vom Schwert er= schlagne Männer. Leicht erkennen können, die zu Odin kommen, den Saal, wenn sie ihn sehen: mit Schäften ist das Dach besteckt, überschirmt mit (goldenen) Schilden (statt der Schindeln), mit Brünnen sind die Bänke belegt. . . . Ein Wolf hängt vor dem Westen=Tor, über ihm aber ein Aar. Fünfhundert Türen und viermal zehn wähn' ich in Walhall: achthundert Einheriar[1] gehen aus einer, wann es dem Wolf[2] zu wehren gilt. Die Einheriar alle in Odins Saal kämpfen Tag für Tag: sie kiesen den Wal[3] und reiten vom Kampfe heim, mit den Asen Äl (Bier) zu trinken und, Sährimnirs[4] satt, sitzen sie friedlich beisammen. Andhrimnir[4] läßt in Eldrhim= nir[4] Sährimnir sieden, das beste Fleisch: doch wenige wissen, wie viele Einheriar (dort) essen.

---

[1] S. unten, Odin.

[2] Dem Fenriswolf; s. unten, die Riesen.

[3] Sie verabreden nach germanischer Sitte Ort und Art des Kampfes, auch wohl die Kämpferpaare: es ist aber nur ein Kampf= spiel: die schwersten Wunden heilen sofort wieder; ein Hahn weckt täglich die Männer in Odins Saal.

[4] Sährimnir, der Eber, der täglich gesotten wird, aber am

In der Mitte Walhalls, vor Heervaters, d. h. Odins
Saal, ragt der Wipfel ber Weltesche, Lärad (Seite 24):
die Holzgehöfte der Germanen waren manchmal um einen
mächtigen Baum gebaut, dessen Wipfel durch das durch=
brochene Dach ragte (s. unten Wölsungensage).

Jedenfalls sind Walhall und Gladsheim nur als Teile
Asgards zu denken: und nach Asgard empor[1]) wölbt sich
von der Erde der Regenbogen als die Brücke Bif=röst,
die „bebende Rast" (die leicht erzitternde, schwanke Strecke),
auf welcher eben nur die Götter sich Asgard nähern können:
die Riesen oder andre Feinde würden den roten Mittel=
streifen des Bogens, der in hellem Feuer brennt, nicht
überschreiten können. An der Regenbogenbrücke hält die
getreue Wacht Heimdall, mit dem Giallar=horn (dem
gellenden Horn), mit welchem er das Warnzeichen gibt,
wann Gefahr nahe schreitet. Aber wir werden sehen: einst
kommt der Tag, da mag den leuchtenden Asgardbewohnern
nicht die flammende Brücke frommen und nicht des wackern
Wächters treue Hut. —

Abend wieder unversehrt ist; Andrhimnir heißt der Koch, Eldrhimnir
der Kessel.

[1]) Aus manchen Andeutungen erhellt, daß man sich Walhall
auf dem Gipfel eines hohen Berges, oberhalb des höchsten Punktes
der Erde, dachte: daher heißt Odin „der Mann vom Berge"; auf
einem Berge steht er manchmal, den Helm auf dem Haupt, das
gezogene Schwert in der Hand; anderwärts wird freilich Walhall
mit dem Totenreich verwechselt und in den Schoß eines Berges
verlegt: wie in den Sagen von Karl dem Großen in den Unters=
berg oder von dem Rotbart in den Kyffhäuser: s. unten „Odin",
Buch II, I. Wie ein Burggraben umzieht der von Nordosten
kommende, bitter (giftig) kalte Strom Slidr, der „Schädliche", der
Schwerter und Schneiden wälzt, die Walhalle, welche, wie andre
Gehöfte, mit hoher Verzäunung umgeben ist, deren Einlässe fest
verschlossen und für den von außen Kommenden unauffindbar sind.
(Nach Müllenhoff.)

Vor dem Tore Walhalls steht der Hain Glaser, dessen Blätter von rotem Golde sind. Die übrigen uns genannten Wohnungen von Göttern sind: Fensalir, Friggs Hausung, Thrudheim (oder Thrudwang) Thors (ein ganzes Land, darin die Halle Bilskirnir (rasch aufleuchtend) mit fünfhundertundsechzig Gemächern, Ydalir Ullers, Söckwabek (Sinkbach) der Göttin Saga, Walaskialf (mit Silber gedeckt, abermals Odins Saal: hier erhebt sich dessen alle Welten überschauende hohe Warte: Hlidskialf), Thrymheim Skadis, Breidablick Baldurs, Himinbiörg Heimdalls, Volkwang Freyas, Glitnir (silbern, das Dach auf goldenen Säulen ruhend) Forsetis, Noatun Niördrs, Landwidi Widars Halle.

Außer den im Himmel, in den Himmelsburgen wohnenden Hauptgöttern, ben Asen, beren Zahl auf zwölf angegeben wird und welche wir alsbald einzeln betrachten werben, steht die Gruppe der Wanen, ebenfalls Götter, aber nicht asische: zu ihnen zählen vor allem Freya unb beren Bruder Freyr. Die verschiedenen Versuche, die Eigenart der Wanen gegenüber den Asen zu bestimmen, sind wenig befriedigend: am meisten dürfte noch die Vermutung für sich haben, daß die Wanen Götter einer besondern Gruppe von Völkern waren, aber ebenfalls germanischer: man nimmt an, der suebischen Stämme an der Seeküste (Götter des Wassers, des Handels, der bereichernden Seefahrt?). Der Name wird auf ven (venustus), schön, zurückgeführt. Der Gegensatz von Asen unb Wanen steigerte sich einmal bis zum Krieg: aber im Friedensschluß wurden ber „reiche" Wane Njördr mit seinem Sohne Freyr unb seiner Tochter Freya den Asen, der Ase Hönir, Odins Bruder, den Wanen gegeben: zunächst wurden sie wohl als Geiseln, später aber als gleichberechtigte Genossen aufgenommen und betrachtet.

Außer den Asen und Wanen sind nun (neben den Menschen) Elben (Zwerge) und Riesen als besondere Reiche bildend zu unterscheiden (über diese f. unten Buch II, letztes Kapitel).

III. Die goldene Zeit und die Unschuld der Götter. Deren Schuldigwerden: Kämpfe mit den Riesen: Verluste und Einbußen. Tragischer Charakter der germanischen Mythologie. Bedeutung der Götterdämmerung.

Um das Wesen, den Grundcharakter der germanischen Mythologie richtig zu erfassen, müssen wir das Wesen der heidnischen Religionen überhaupt untersuchen[1]).

Auch die heidnischen Religionen, welche Himmel und Hölle, Luft und Feuer, Wasser und Erde, mit Göttern, Göttinnen und übermenschlichen Wesen jeder Art bevölkern, sind zurückzuführen auf den Religionstrieb (entsprechend dem Sprach=, Kunst=, Sittlichkeits=, Rechts=, Wissens=Trieb d. h. Drang der sich in ihrer Vereinzelung hilflos und haltlos fühlenden Menschenseele, durch den innigsten Zu= sammenschluß mit der über allen Einzelnen waltenden göttlichen Macht Hilfe, Hort und Halt zu gewinnen. Dabei müssen auch diese Religionen vermöge ihres innigen Zusammenhanges mit der Sittlichkeit, das Göttliche, im Gegensatz zu den Menschen, als sündlos, d. h. heilig,

---

[1]) Vgl. Dahn, Das Tragische in der germanischen Mythologie. Bausteine I, Berlin 1879.

faffen. Das Menschenherz will sich mit seinem Wünschen
und Fürchten, mit seinem Hoffen und seinem Leiden un=
mittelbar an das mitempfindende Herz seines Gottes
wenden. Deshalb muß alle Religion das Göttliche als
Persönlichkeit faffen. Da nun aber der Mensch keine andre
Erfahrung von Persönlichkeit hat, als eben von der mensch=
lichen, so muß er sich die göttliche Persönlichkeit notwendig
nach dem Muster der menschlichen vorstellen. Aber freilich,
nicht wie die Menschen wirklich sind, mit Not und Tod,
mit Siechtum und Alter, mühselig und beladen, den Natur=
gesetzen, den Schranken von Raum unb Zeit unterworfen:
— nicht also schildern diese Religionen die „seligen" Götter,
„die den weiten Himmel bewohnen", sondern gelöst von
all dem Schmerz unb Jammer, dem Bittern und Häßlichen
unsrer menschlichen Endlichkeit; sie malen uns ben Himmel
und die Götter als die idealisierte Erbe, bewohnt
von idealisierten Menschen.

Womit nun „malen", mit welchem Werkzeug idealisieren
sie? Mit dem allgemeinen unb einzigen Werkzeug mensch=
lichen Idealisierens: mittels des Werkzeugs des Kunst=
triebes, ber Einbildungskraft. Diese nun ist eine glänzende
und liebliche, aber gefährliche Gehilfin. Gefährlich des=
halb, weil diese Kraft es verschmäht, bei ihren Bildungen
auf die Dauer fremden Gesetzen zu gehorsamen; sie folgt
willig nur ihrem eignen Gesetz: dem der Schönheit.

Früher noch als in der bildenden Kunst befreit sich
die Einbildungskraft in der Dichtkunst von ben alther=
gebrachten, heiligen Formen unb von ben Bedürfnissen des
strengen religiösen Gefühls: so werden die Götter von
Anfang mit einem Leibe ausgerüstet, wie er der Eigenart
einer jeden solchen Göttergestalt entspricht: Greis, Mann,
Jüngling, Knabe, Frau, Mädchen stehen nebeneinander —:
ja, schon die Übertragung des Gegensatzes ber Geschlechter,

— die Göttinnen neben den Göttern — ist doch eine
sehr starke Vermenschlichung des Göttlichen.

Lehrreich und reizvoll ist es, hier dem Verfahren der
sagenbildenden Einbildungskraft in ihrer Werkstätte zu
lauschen: daß die Leiber der Götter frei sind von den dem
Menschen anklebenden Gebrechen und den seinem Leib ge=
zogenen Schranken, versteht sich: aber die Dichtung verträgt
es nicht, diesen Gedanken nackt und nüchtern hinzustellen;
fast ohne Aufenthalt zwar durchmessen Hermes oder
Donar den unendlichen Luftraum; aber in schön sinn=
licher Fügung wird dies Vermögen nicht bildlos ihnen
beigelegt, sondern an ein gefälliges, der Einbildungskraft
sich einschmeichelndes Mittel gebunden: Hermes bedarf der
Flügelschuhe und Donar seines von Böcken gezogenen,
rollenden Donnerwagens. Die Götter sind auch un=
alternde Wesen; aber auf daß Zeus und Wotan in
höherer Mannesreife, Hera, Venus und Frigg in voll=
entfalteter Frauenschöne, Apollo und Baldur in Jünglings=
blüte bleiben, bedürfen sie bestimmter Speise: der Am=
brosia oder der Äpfel Iduns: — und selbstverständlich
läßt sich die Einbildungskraft den reizenden Einfall nicht
entgehen, durch Entwendung der köstlichen Speise die Un=
alternden plötzlich mit dem Lose der Menschen zu be=
drohen: von selbst ergibt sich dann die Aufgabe, durch
kühne Tat die geraubten Früchte den Göttern wieder zu
schaffen. —

Aber auch nach andrer Richtung läßt sich die Ein=
bildungskraft, die sich nun einmal der Sagenbildung,
immer weitergreifend, bemächtigt, in ihrem Walten nicht
hemmen. Während nämlich wissenschaftliche Denkweise
ebenso wie die einen Gott glaubenden Religionen die Viel=
heit der Erscheinungen auf ein Gesetz, auf eine ein=
heitliche Ursache zurückzuführen bestrebt ist, waltet in der

künstlerischen Anschauung der Einbildungskraft notwendig
das entgegengesetzte Trachten. Die Wissenschaft der Pflanzen=
kunde z. B. muß danach verlangen und sich daran erfreuen,
Keim, Blüte, Frucht als bloße Umgestaltungen des näm=
lichen Wesens und diese Gestaltungen als Erscheinungen
des nämlichen Gesetzes zu ergründen —: aber die Götter=
sage wird eine andre Göttin der Saaten, eine andre
der Ernte mit Ungestüm verlangen: sie würde unmöglich
für die Nacht dieselbe Göttin wie für den Tag, für den
silbernen Mond wie für die goldene Sonne ertragen: sie
wird für Krieg, Jagd und Ackerbau, für Tod und Liebe,
für Winter und Sommer, für Meer und Feuer, und für
das Feuer als wohltätige und für das nämliche Feuer
als verderbliche Gewalt verschiedene Göttergestalten auf=
stellen müssen: d. h. diese Religionen sind viele
Götter lehrend.

Aber nicht nur Vermenschlichung und Vervielfältigung
der Götter verbreitet die Einbildungskraft in den Götter=
glauben: — sie geht bald weiter. Während sie anfangs,
bis die wichtigsten Göttergestalten gezeichnet, die vom reli=
giösen Bedürfnis ihnen notwendig beigelegten Eigenschaften
und Schicksale geschildert und erzählt sind, sich doch immer
wesentlich noch dienend verhalten hat, bemächtigt sie sich
später, nachdem die Göttergestalten, ihre Eigenart, ihre
Begleitgeräte und ihre wesentlichen Beziehungen zueinander
feststehen, dieser Gestalten wie jedes andern gegebenen
Stoffes und behandelt sie weiterbildend lediglich nach
den eignen künstlerischen Zwecken und Absichten:
ganz wie sie z. B. geschichtliche Männer und Ereignisse:
den Untergang der Burgunden, Attila, Theoderich von
Verona, Karl den Großen in dichterischem Schaffen und
Umschaffen schmückt, verhüllt, umgestaltet und verwandelt.
Die Einbildungskraft schaltet nun frei mit diesen ein=

ladenden Gestalten: sie erfindet, in anmutvollem Spiel das
Gegebene weiter bildend, eine Menge von neuen Geschichten
und Geschichtlein, zuweilen verfänglicher Art, zum Teil
noch im Anschluß an die alten Naturgrundlagen jener
Götter, oft aber auch gelöst von denselben, indem sie einzelne menschliche Züge weiter ausführt oder verwertet.

So ersprießt um die alten ehrwürdigen Göttergestalten
ein üppig wucherndes Wachstum, welches mit schlingenden
Ranken und duftigen Blüten die ursprünglichen Umrisse
zwar schmückt, aber auch verhüllt und unkenntlich macht.
Bei diesen Religionen weiß man dann gar nicht mehr zu
scheiden, wo die Grenze endet und wendet, d. h. wo das
Gebiet der eigentlichen Glaubenslehren abschließt und wo
das der dichterischen Erfindungen beginnt, an welche das
Volk kaum ernsthaft glaubt.

Welches Verhältnis nimmt aber die in solcher Weise
durch die Einbildungskraft umgewandelte Götterwelt nunmehr zu dem religiösen Bedürfnis ein? Antwort: Die
so umgestaltete Religion befriedigt nicht mehr,
sondern sie verletzt, sie beleidigt die Religion in
ihren edelsten Gefühlen.

Die Religion hatte Einheit der weltbeherrschenden
Macht verlangt, der unerträglichen Buntheit der Erschei-
nungen zu entrinnen. Statt dieser Einheit drängt die
vielgötterische Lehre dem religiösen Bewußtsein neben einer
Drei- oder Zwölfzahl oberster Götter ein unübersehbares
Gewimmel von Unter-Göttern, von Halb- und Viertels-
Göttern, von Geistern und übermenschlichen Wesen aller
Art auf, welche Luft und Wasser, Erde und Meer erfüllen.
Fast jedes Naturerzeugnis ist durch einen besondern Gott
oder ein Göttlein vertreten oder belebt und dieses unheimliche Gewoge buntester Willkür ist dem menschlichen Drang
nach Einheit des Göttlichen unerträglich.

Vermöge ihrer sittlichen Bedürfnisse hatte die Religion von den Göttern Heiligkeit verlangt, d. h. Sündlosigkeit, Freiheit von den Schwächen und Leidenschaften des menschlichen Herzens: einerseits die Hoffnung auf gerecht gewährten, durch Tugend verdienten Schutz, anderseits das Schuldbewußtsein hatte ja ganz wesentlich zu der Annahme schuldloser Wesen beigetragen, welche, allweise und allgerecht, die menschlichen Dinge auf Erden leiten oder doch im Jenseits Lohn und Strafe nach Verdienst verteilen sollten. Nur zu einem heiligen, sündlosen Gott kann das Menschenherz hoffend oder reumütig flüchten. Statt dieser Heiligkeit findet das religiöse Bewußtsein in den vermenschlichten, von der Einbildungskraft weitergebildeten Göttergestalten nur das Spiegelbild alles dessen wieder, was der Menschenseele den Frieden stört: Schwächen, Leidenschaften, Schuld, ja Laster und Verbrechen aller Art: Eifersucht, Rachsucht, Neid, Haß, Zorn, Verrat, Untreue jeder Art, Gewalttat, Mord. Diesen Göttern, die man in so manchem Liebes- oder Streithandel nicht nach Vernunft, Moral und Gerechtigkeit, sondern nach ihrer eigenartigen Neigung und Sinnesart hat handeln sehen, kann man nicht vertrauen, daß sie in den Geschicken der Menschen gerecht und heilig entscheiden werden.

Man sollte glauben, schon auf dieser Stufe der Entwicklung müßte verzweifelnde Abkehr von der gesamten Anschauungsweise der Götterwelt erfolgen: aber noch werden auf dem Boden dieser Welt selbst — nach zwei Richtungen — Versuche der Abhilfe gemacht. Diese Versuche sind sehr anziehend: aber sie müssen scheitern.

Das Verlangen nach Einheit der Weltbeherrschung soll auf der gegebenen Grundlage des Viel-Götter-Glaubens dadurch befriedigt werden, daß einer der höheren Götter, welcher ohnehin auch bisher schon die andern überragt

3*

hatte, nachdrucksam als der oberste Leiter unb Herrscher gedacht wird, so daß die übrigen hinter ihm völlig verschwinden. Es ist diese starke Überordnung ein Ersatzmittel für den verlangten, aber nicht erlangten alleinigen, einzigen Gott. Zeus, Jupiter, Odin wird als „Vater ber Götter und Menschen", als „Allvater" gedacht; er allein entscheidet mit überlegener Macht die menschlichen Dinge, und zwar, wie man nunmehr nachdrücklich versichert, allweise, allgerecht, allheilig: — die andern Götter erscheinen nur mehr als seine Diener, Helfer, Boten und Werkzeuge.

Allein dieser Versuch kann nicht gelingen: die übrigen Götter sind einmal da, sie leben im Volksbewußtsein, das ihrer nicht vergißt, vielmehr mit zäher Innigkeit an ihnen hängt: sind sie doch dem Menschen näher, vertraulicher, zugänglicher, als der erhabene oberste Gott, welchen seine ernste Erhabenheit unb die Unfaßbarkeit seiner Größe ferner rückt. Man wendet sich lieber, leichter, zutraulicher an die den Sterblichen näherstehenden unteren Götter und je an den besondersten Sachverständigen: man ruft um Erntesegen den Erntegott, um Liebesglück die Liebesgöttin an, man wendet sich später an die Heiligen, welche an die Stelle der alten Götter getreten sind, z. B. bei Feuersgefahr an St. Florian, bei Viehsterben an St. Leonhart. Dazu kommt, daß auch jener oberste Gott, trotz der Verkündung seiner Weisheit und Heiligkeit, keinen rechten Glauben für diese Tugenden finden kann. Einmal bleibt er, neben seiner jetzt so stark betonten Eigenschaft als allgemeiner Weltenlenker, doch daneben noch der Sondergott seines Faches, was er ursprünglich allein gewesen, und daher von den Forderungen dieses Gebietes beherrscht: Odin z. B. bleibt, auch nachdem er „Allvater" geworden, gleichwohl Gott des Sieges unb der Schlachten und er hat, um die Zahl seiner Einheriar zu vermehren (Seite 27),

den einseitigen Wunsch, daß die Könige sich blutige
Schlachten liefern: — er ist also nicht mit sonderlichem
Vertrauen auf geneigtes, gerechtes Gehör um Frieden
anzurufen. Auch weiß man aus vielen Geschichten, die
von diesem Weltenlenker erzählt werden, daß er, der un=
beschränkte Alleinherr, der allein herrschen soll, selbst be=
herrscht wird: d. h. den Einflüssen seiner Umgebung —
der weiblichen wie der männlichen — unterworfen ist:
was hilft es, daß Zeus gerecht und weise regieren will,
wenn es Hera gelingen kann, ihn durch weibliche Künste
einzuschläfern und mittlerweile seine Pläne zu durchkreuzen?
Ähnlich wie Frigga durch Schlauheit und Überraschung
ihrem Gemahl die Siegverleihung an die Langobarden
ablistet (s. unten).

Dies führt zu dem zweiten Versuch einer Besserung
des Götterglaubens durch die Mittel des Götterglaubens
selbst: da die Herrschaft auch des obersten Gottes keine
Gewähr bietet für weise, gerechte, heilige Weltleitung, da
man jetzt eben den Schwächen und Launen des obersten
Gottes preisgegeben ist und der Eigenart seines Wesens,
so sucht man, wie vorher die Vielgötterei durch ein Ersatz=
mittel für den einzigen Gott, so nunmehr die Vermensch=
lichung der persönlichen Götter zu verbessern durch ein
unpersönliches Weltgesetz: man schafft ein unpersön=
liches Schicksal, ein Fatum, welches unabänderlich auch
über dem obersten Gotte steht: so daß er dieses notwendige
Schicksal nur erforschen und ausführen, nicht aber bestimmen,
schaffen, ändern oder aufheben kann. So erkundet Zeus
durch Abwägen auf seiner Wage das den Achäern und
Troern vorbestimmte Geschick; so sucht Odin die Göttern
und Riesen verhängte Zukunft zu erfahren. Dies Schicksal
wird nun, in wechselnder Auffassung, bald lediglich als
unabänderliche Notwendigkeit, als blindes Fatum gedacht,

ohne Annahme einer der Vernunft und Gerechtigkeit ent=
sprechenden Entscheidung. Auch solch blindes und starres
Schicksal ist immerhin noch erträglicher als das Gefühl,
der Spielball der unberechenbaren Launen der vermensch=
lichten und von Leidenschaften beherrschten Götter und
ihrer Spaltungen zu sein. Indessen, die entsagende Fügung
unter ein notwendiges Gesetz, welches auf das Glück des
Menschen keine Rücksicht nimmt, ist dem warmen Verlangen
der ungeschulten Menschenseele widerstreitend. Deshalb
wird von andern Religionen oder von andern Lehren
der nämlichen Religion das Schicksal als eine gerechte
Vergeltung, die schon auf Erden immerdar die Tugend
belohne und die schuldvolle Überhebung strafend nieder=
beuge, verehrt: eine Vorstellung, welche freilich gar oft
durch das unverdiente Glück der Schlechten und Unglück
der Guten widerlegt wird, im Leben der einzelnen wie
in den Geschicken der Völker.

Merkwürdig aber ist die Wahrnehmung, wie das reli=
giöse Bewußtsein die Zumutung, das Göttliche als Un=
persönliches, als Gesetz zu fassen, schlechterdings auf die
Dauer nicht erträgt: kaum hat die Götterlehre, um der
Willkür der vermenschlichten persönlichen Götter zu ent=
rinnen, das unpersönliche Schicksal aufgestellt, als sie schon
wieder geschäftig Hand angelegt, dies Unpersönliche —
abermals zu personifizieren. Das Gesetz des Schicksals
wird verwandelt in eine Schicksalsgöttin, Nemesis
(welche dann freilich außerhalb der bunten Göttergeschichten
und Liebeshändel usw. gelassen wird): ja, auch der Zug der
Vielgötterei bemächtigt sich dieser doch gebieterisch die
Einheit verlangenden Vorstellung und stellt sie in drei
Personen: drei Göttinnen der Vergangenheit, Gegen=
wart, Zukunft, auseinander gefaltet (Parzen, Nornen
s. unten), dar.

Es ist klar: diese Versuche, die Götterlehre durch die Mittel der Götterlehre selbst zu reinigen, können nicht gelingen, da die Gestaltungsweise, das Werkzeug und der gesamte Boden, welche jene bedenklichen Gebilde erzeugt, dabei natürlich beibehalten bleiben und gleichmäßig fortwirken. Die Folge ist, daß sich bei vorgeschrittener Bildung, nachdem die Stufe unmittelbaren, urteillos gläubigen Hinnehmens des in der Überlieferung Gegebenen überschritten ist, von solchen „Götterlehren" gerade die sittlich Edelsten und die geistig höchstbegabten und tiefstgebildeten Männer der Nation mit Gleichgültigkeit, ja mit Verachtung abkehren, da ihre sittlichen Anschauungen und ihre philosophischen Bedürfnisse und Errungenschaften durch jene Göttersagen nicht befriedigt, sondern auf das empfindlichste und empörendste verletzt werden. Daß dies bei Hellenen und Römern eingetreten, ziemlich früh bei jenen, verhältnismäßig spät bei dem strenger gebundenen Wesen der letzteren, ist bekannt: sogar so altväterische Geister wie Aristophanes nahmen doch an dem Vatermord des obersten der Götter Anstoß. Minder bekannt ist aber, daß auch in dem germanischen Heidentum, nachweisbar wenigstens im Norden, schon vor dem Eindringen des Christentums sich merkwürdige Spuren ähnlicher Erscheinungen finden [1]).

Solche Abkehr von dem Volksglauben kann nun aber immer nur unter einer geringen Zahl vorkommen: durchbringt sie die Gesamtheit, so ist dies ein höchst gefährliches Anzeichen des Niedergangs des ganzen Volkstums. Denn ein Volk kann eines volkstümlichen und befriedigenden Glaubens so wenig entraten, wie eines solchen Rechts oder einer solchen Sittlichkeit. Ist daher wirklich im großen

---

[1]) Siehe hierüber Dahn: „Über Skeptizismus und Leugnung der Götter bei den Nordgermanen". Bausteine I, S. 133, Berlin 1880.

und ganzen ein Glaube unhaltbar geworden, so muß, soll nicht dieses Volk und seine Bildungswelt untergehen, entweder ein neuer, die Bedürfnisse dieser Zeit befriedigender Glaube von außen eingeführt — so das Christentum in den ersten Jahrhunderten der römischen Kaiserzeit in die römische Welt, — oder es muß der bestehende Glaube gereinigt, umgestaltet werden: — so das Christentum im 16. Jahrhundert durch die protestantische Reformation und auch durch die katholischen Verbesserungsarbeiten der tridentinischen Kirchenversammlung. —

Aber neben diesen beiden Mitteln ist noch eine dritte Lösung des verschlungenen Knotens möglich: diese dritte hat das germanische Bewußtsein ergriffen: sie ist die tragische.

Auch die germanischen Götter haben sich infolge des oben geschilderten freien Waltens der Einbildungskraft untragbar und unsühnbar in Gegensatz zu der Sittlichkeit gestellt, und das germanische Gewissen hat sie deshalb samt und sonders — — zum Untergang, zum Tode verurteilt. Das ist die Bedeutung der „Götterdämmerung" —: sie ist eine unerreicht großartige sittliche Tat des Germanentums und sie verleiht der germanischen Mythologie ihre tragische Eigenart.

Tragisch ist Untergang wegen eines unheilbaren Bruchs mit der gegebenen Friedensordnung in Religion, Sittlichkeit oder Recht.

Die Götterdämmerung eine Opfertat? Eine Tat großartigster Sittlichkeit? Ja wahrlich, das ist sie!

Denn erinnern wir uns, was wir (S. 30 f.) über Entstehung und Wesen dieser Götter festgestellt: diese germanischen Göttergestalten, welche Walhall bewohnen, was sind sie anders, der kluge, ratspinnende, völkerbeherrschende und zum Kampfe treibende Siegeskönig Odin, der Abenteuer

suchende, Riesen zerschmetternde Hammerschleuderer Thor,
ja Freya und Frigg im goldenen Gelock, was sind sie
anders als die Männer, Frauen und Mädchen des Nord-
landes selbst, nur veredelt, ausgerüstet mit den Gewaffen
und Gerät, den gesteigerten und dauernden Eigenschaften
und Vorzügen der Macht und Kraft, des Reichtums, der
Jugend, Schönheit, welche diesen Männern und Frauen
als ihre eignen verkörperten Wünsche, als ihr eignes
verklärtes Spiegelbild erschienen, aber zugleich als ihre
höchsten Ideale? Und diese Lieblingsgestalten der eignen
Einbildungskraft und Sehnsucht, das ganze selige Leben
in Walhall, mit Kampf und Jagd und ewigem Gelag, im
glänzenden Waffensaal unter den weißarmigen Wunschmädchen — des Herzens schönster Sehnsuchtstraum —
haben die Germanen ihrem höchsten sittlichen Ideal geopfert; das ist das teuerste aller Opfer und unerreicht von
allen andern Völkern.

Zwar erzählen auch andre Götterlehren von unter-
gehenden, durch neue Sippen gestürzten Göttergeschlechtern:
allein das sind teils geschichtliche Erinnerungen (Gegensätze
von Völkern), teils Wirkungen der fortschreitenden Bildung,
welche die älteren, einfacheren Naturgötter verwandelt und
vergeistigt (Titanen, Riesen). Daß aber die gesamte Götterwelt, weil sie dem sittlichen Bewußtsein, unerachtet ihrer
Herrlichkeit und Lieblichkeit, nicht genügt, zum Untergang
verurteilt wird, begegnet sonst bei keinem Volk. In der
Prometheus-Mythe der Hellenen klingt zwar einmal von
fernher ein ähnlicher Ton an: Zeus wird zur Strafe für
seinen an Kronos verübten Frevel Untergang ebenfalls
durch einen Sohn geweissagt: — aber es wird mit diesem
Gedanken nicht Ernst gemacht. Kaum ein flüchtiger Wolken-
schatte fällt von dieser dunkeln Warnung her in den goldenen
Saal der Olympier: unvernommen verhallt der Ton unter

dem seligen Lachen der heitern Götter. Die hellenische
Mythologie ist episch: ein Idyll in leuchtenden Farben;
mit weißem Marmor und Purpur, mit Gold und Elfenbein aufgebaut, hebt sie sich aus Myrten- und Lorbeer-
Gebüschen unter dem Glanz des jonischen Himmels an dem
leuchtenden Blau der jonischen See: nur epische Bewegung unterbrach früher etwa diesen nunmehr kampflosen
heitern Frieden; in Ewigkeit, nachdem die alten Kämpfe
ausgefochten, Titanen und Giganten gebändigt sind, tafeln
die Götter und Göttinnen auf den Höhen des Olympos.
Geraten sie auch wohl einmal untereinander in Streit,
etwa um der Sterblichen in und vor Troja willen: —
bald versöhnen sie sich wieder, gerade auf Kosten dieser,
und bald tönt wieder ihr seliges Lachen durch die goldenen Säle.

Ganz entgegengesetzt die germanische Mythologie: mag
auch die Sage von der Götterdämmerung erst verhältnismäßig spät und anfangs vielleicht nur als Geheimlehre
Auserwählter (aber doch gewiß nicht erst durch christlichen
Einfluß oder gar als Ahnung des Erliegens der Walhall-
götter vor dem Christengott!) dem ganzen Bild den groß-
artigen Hintergrund verliehen, mag also der tragische
Abschluß erst spät die Bewegung vollendet haben: —
dramatisch ist der Bau der germanischen Mythologie von
Anbeginn: obwohl es selbstverständlich an (zum Teil sehr
reizenden und heiteren) epischen und idyllischen Zügen und
Episoden nicht gebricht.

Wir sahen (S. 21 f.), es baut sich die germanische
Mythenwelt aus dem Gegensatz der Riesen und Asen
empor. Die Riesen[1] sind in der Zeit, die uns hier be-

---

[1] Ursprünglich wohl ebenfalls Götter einer einfacheren, einer
bloß die Naturmächte umfassenden Religion (Seite 41), vielleicht

schäftigt, unzweifelhaft die Vertreter der dem Menschen und
seinen Fortschritten schädlichen oder gefährlichen Naturkräfte,
z. B. des öden, unwirtlichen Felsgebirges, des Weltmeers
mit seinen Schrecken, des Winters mit seinem Gesinde von
Frost, Eis, Schnee, Reif, des Sturmwindes, des Feuers
in seiner verderblichen Wirkung usw. Die Asen dagegen,
die lichten Walhallgötter, sind nach ihrer Naturgrundlage
ursprünglich die wohltätigen, heiligen, reinen Mächte des
Lichtes, dann die dem Menschen wohltätigen, freundlichen
Mächte und Erscheinungen der Natur überhaupt, z. B. das
Gewitter nach seiner segensreichen Wirkung, der Frühling,
der fruchtbringende Sonnenstrahl, der liebliche Regenbogen,
der herbstliche Erntesegen; dann aber sind sie auch Ver=
treter geistiger, sittlicher Mächte und Schützer, Vorsteher
menschlicher Lebensgebiete: also Götter und Göttinnen z. B.
des Ackerbaues, des Krieges und des Sieges, der Liebe
und der Ehe, u. a. Die Götter und die Riesen stehen
nun in einem unaufhörlichen Kampf, der, ursprünglich von
dem Ringen und Wechsel der Jahreszeiten und der bald
freundlichen, fördernden, bald furchtbaren, verderblichen
Natur=Erscheinungen ausgegangen, später auf das
Gebiet des Geistigen und Sittlichen, also des Guten und
Bösen, übertragen worden ist. In diesem Kampf den
Göttern beizustehen legt allen Menschen und allen guten
Wesen Pflicht und eigner Vorteil auf.

Anfangs nun lebten die Götter harmlos und schuldlos
in paradiesischer kindlicher Heitre: „sie spielten,“ — sagt
eine schöne Stelle der Edda — „sie spielten im Hofe heiter
das Brett=Spiel“. Sie versuchten fröhlich ihre jungen

---

zum Teil auch als einer andern, von den Nordgermanen vor=
gefundenen, feindlichen, tiefer stehenden Nationalität, der finnischen,
angehörig gedacht, aber mit germanischen Namen benannt.

Kräfte an allerlei Werk[1]): „Es war ihre goldene Zeit" („nichts Goldenes gebrach ihnen").

Damals drohte ihnen von den Riesen noch keine Gefahr. Allmählich aber wurden die Götter mit Schuld befleckt: zum Teil erklärt sich dies aus ihren Naturgrundlagen, zum Teil aber aus den vermenschlichenden und aus den rein künstlerisch spielenden Dichtungen der sagenbildenden Einbildungskraft (s. oben). Sie brechen die während der Kämpfe mit den Riesen hin und wieder geschlossenen Verträge und Waffenruhen trotz eidlicher Bestärkung, und auch im Verkehr untereinander, mit den Menschen und mit andern Wesen, machen sie sich gar mancher Laster und Verbrechen schuldig. Bruch der Ehe und der Treue, Habsucht[2]), Be-

---

[1]) d. h. vor und zu dem Bau der verschiedenen Burgen und Hallen. Sie schmiedeten damals auf dem Jda-Feld (Arbeitsfeld?) allerlei Gerät, Essen und Zangen.

[2]) Diese Goldgier scheint der ersten Verschuldung der Götter zu Grunde zu liegen: die fragliche Stelle der Edda, welche hiervon und von der Zauberin Gull-veig („Gold-kraft"-Spenderin) handelt, die (von den Wanen her kam?) Götter und Menschen verführte und von jenen zur Strafe getötet wurde, ist aber immer noch nicht voll befriedigend erklärt. Erst wann „die drei mächtigen Mädchen aus Riesenheim", die Nornen, kommen, kommt auch das Schuld- oder Schicksalbewußtsein zu den Göttern. Man nimmt an: nach Tötung der wanischen Zauberin (war diese Tötung gerechte Strafe oder bereits Frevel?) kam es zum Krieg mit den Wanen: „Odin schleuderte zuerst den Speer in das feindliche Kriegsvolk": das ward der erste Krieg. In diesem erfochten die Wanen solche Erfolge, daß die Asen hart bedrängt, die Ringwände ihrer Burg zerbrochen waren: da schlossen die Asen Frieden: sie zahlten zwar nicht, wie verlangt ward, Schatzung wie Besiegte, aber sie nahmen die Wanen als Genossen in einen Götterstaat auf. Um eine neue Burg zu erhalten, schlossen sie Vertrag mit einem riesischen Baumeister, diesem sehr leichtsinnig gelobend, was sie nie entbehren konnten: den Vertrag zu erfüllen, wird durch Arglist Lokis dem Riesen unmöglich gemacht, der Riese selbst — gegen feierlichste

stechlichkeit, Neib, Eiferjucht unb, aus biesen treibenden
Leidenschaften verübt, Mord unb Totschlag müssen sich die
zu festlichem Gelag verfammelten Götter unb Göttinnen
vorwerfen laffen: wahrlich, wenn nur die Hälfte von dem
ihnen (von Loki) vorgehaltenen Sündenverzeichnis in Wahr=
heit begründet unb durch im Volke lebende Geschichten ver=
breitet war, so begreift sich, baß diese „Asen“, b. h. Stützen
unb Balken der physischen unb sittlichen Weltordnung [1]),
diese Aufgabe nicht mehr erfüllen konnten. Unb barin liegt
die richtige, die tiefe Erfassung von „Ragnarökr“: bem
Rauch, der Verfinsterung der herrschenden Gewalten. Diese
Verfinsterung bricht nicht erst am Ende der Dinge in bem
großen letzten Weltkampf plötzlich unb von außen, als
eine äußere Not unb Überwältigung, über die Götter
herein: — die Götterverfinsterung hat vielmehr bereits
mit der frühesten Verschuldung der Asen [2]) ihren
ersten Schatten auf die lichte Walhallawelt geworfen: unb
fortschreitend wächst diese Verdunklung mit jeder neuen
Schuld unb führt die Götter allmählich bem völligen Unter=
gang entgegen: Schritt für Schritt verlieren die Götter
Raum an die Riesen: denn mit ihrer Reinheit nimmt
auch ihre Kraft ab. Lange Zeit zwar gelingt es noch Odin
unb seinen Genoffen, bas fernher drohende Verderben
zurückzubämmen; sie feffeln unb bannen, wie wir sehen
werden, die riesigen Ungeheuer, welche Götter unb Menschen,
Himmel unb Erde mit Vernichtung bedrohen: aber im

Eide — erschlagen (f. unten Buch III, I): von ba ab tobt nie
endender Krieg gegen die Riesen: — schon vorher war ja jedenfalls
Krieg mit den Wanen und vielleicht Verschuldung der Götter gegen
Gull=veig eingetreten.

[1]) Das bleiben sie, auch wenn J. Grimms Erklärung des
Namens „ans“ aufgegeben wird.

[2]) Siehe über biese unten Buch III, I.

Kampf mit diesen Feinden erleiden sie selbst schwere Ein=
bußen an Waffen und Kräften: ihr Liebling Balbur,
der helle Frühlingsgott, muß — ein mahnend Vorspiel
der großen allgemeinen Götterdämmerung, — zur finstern
Hel hinabsteigen. In andern Fällen werden die Götter
wenigstens von den schwersten Einbußen bedroht durch
leichtsinnig geschlossene Verträge und jene Verluste nur
durch listige Ratschläge und Betrug Lokis abgewehrt,
welche Treulosigkeit gegen Eib und Wort die lichten Asen
immer mehr von ihrer sichern Höhe herabzieht (f. unten
die Sagen von Svadilfari, Hamarsheimt, von Skirnirs=
fahrt und von Thiassi und Idun). Immer näher rückt
mit der steigenden Verschuldung der Götter der unabwend=
bare Tag des großen Weltenbrandes.

Wann bricht dieser herein? wann ist die Stunde der
Götterdämmerung gekommen? Diese bange Frage be=
schäftigt unablässig den obersten der Götter, Odin, „den
grübelnden Asen". Düstere Ahnungen, böse Träume
ängstigen ihn und Balbur. Der mannigfaltigen Rat
suchende unerschrockene Götterkönig forscht bei allerlei Wesen
nach dem, was sie etwa hierüber wissen mögen: selbst zur
furchtbaren Behausung Hels und zu den Nornen steigt er,
Zukunft forschend, hinab. Mit geringer Ausbeute kehrt
er zurück! Erst das Ende der Dinge selbst, das unver=
meidbare, gibt die Antwort auf die Frage: — und erst
am Ende der hier zu schildernden Geschehnisse, nachdem
die Götter, ihre Helfer, ihre Schützlinge und ihre Feinde
sich vor unsern Augen ausgelebt haben, können auch wir
die Antwort finden auf jene Frage.

Zweites Buch.

Besonderer Teil.

Die einzelnen Götter. Elben, Zwerge, Riesen. Andere Mittelwesen.

I. Odin-Wotan.

Odin führt uns in die höchsten und tiefsten, die feinsten und meist durchgeistigten Elemente des germanischen Wesens. Thor-Donar ist der Gott der Bauern, Odin-Wotan, der Siegeskönig, ist der Gott der völkerleitenden Fürsten und Helden[1]: zugleich aber (und das ist das Wunderbare, in dieser Vereinung so ganz für die germanische Volkseigenart Bezeichnende) ist er der Gott der Weltweisheit und der Dichtung: die großen Könige der Völkerwanderung und die Kaiser des Mittelalters wie anderseits der ewig suchende Faust der deutschen Weltweisheit: Kant, Fichte, Hegel, Schelling, aber ebenso die größten germanischen Dichter:

---

[1] Es besteht daher ein großer Gegensatz zwischen beiden: der Schützer des Ackerbaues, der Bauern, kann keine Freude haben an den von Odin unablässig geschürten Kriegen, welche Saat und Gehöft verderben; doch geht auch der Bauer oder Knecht, der im Gefolge seines Herrn fiel, in Walhall ein. Im Harbardslied verspottet Odin als Gott des wilden, abenteuernden, fahrenden Heldenlebens ziemlich übermütig den plumpen, aber fleißigen Bauern (d. h. den als solchen verkleideten Thor).

Shakespeare, Goethe und der Dichterphilosoph Schiller: —
alle diese Männer hätten unter dem Asenglauben Odin als
ihren besondern Schutzgott betrachtet: alle diese unter sich
so grundverschiedenen und doch gleichmäßig für germanisches
Eigenwesen so scharf bezeichnenden Gestalten, — sie sind Er=
scheinungen dessen, was die heidnische Vorzeit unsres Volks
in ihren obersten Gott gelegt hat: ahnungsvoll hat das
Germanentum in die eigne Brust gegriffen und seine höchste
Herrlichkeit in Staats= und Siegeskunst, seine Heldenschaft,
seine tiefste Tiefe in grübelnder Forschung, seine sehnsucht=
vollste dichterische Begeisterung verkörpert in seinem geheim=
nisvollen Götterkönig: es weht uns an wie Schauer aus
den Urtiefen unsres Volks, gehen wir daran, Odins
Runen zu deuten und die Falten zu lüften seines dunkel=
blauen Mantels. — —

Woher rührt jene Verbindung scheinbar unvereinbarer
Elemente in einer Göttergestalt?

Die Ursache liegt zum Teil in der Naturgrundlage,
zum Teil in der Stellung Odins als obersten Königs und
Leiters der Walhallgötter.

Seine Naturgrundlage ist die Luft, — die alldurch=
dringende: von diesem Alldurchdringen führt er ja auch
den Namen: wir Neuhochdeutschen freilich brauchen „waten",
„durchwaten" nur mehr von dem Durchschreiten des Was=
sers, höchstens etwa noch einer dichten Wiese oder einer
Sandfläche; aber althochdeutsch watan, altnordisch vadha,
bedeutete jedes Durchschreiten und Durchdringen[1]): die
Luft aber, in allen ihren Formen und Erscheinungen ge=
dacht, welche Fülle von Gegensätzen schließt sie ein! Von
dem lautlosen und regungslosen blauen Äther, von dem

---

[1]) Von dem Präteritum w u o t, altnordisch ô d h (daher Odhinn,
der durchdrungen hat), hat sich dann „Wuoth", „Wut" und „Wüten"
gebildet; althochdeutsch Wotan, altniederdeutsch Wodan.

gelinden, geheimnisvollen Säuseln der Frühlingsnacht, das
kaum das junge Blatt der Birke zittern macht, bis zum
furchtbar brausenden Sturmwind, der im Walde die stärksten
Eichenstämme knickt: — alle diese Erscheinungen nun sind
Erscheinungen Wotans: — er ist im gelinden Säuseln und
nicht minder im tosenden Sturm. Aber durch diese seine Luft=
natur wurde Wotan noch mehr: — er wurde zum Gott
des Geistes überhaupt. In mehreren Sprachen ist das
Wort für den leisen, unsichtbaren, doch geheimnisvoll allüber=
all fühlbaren Hauch der Luft eins mit dem Wort für Geist[1]).

Wotan, der Gott des Lufthauchs, ist also auch der
Gott des Geisteshauchs: und zwar des Geistes in seinem
geheimnisvollen Grübeln, in seiner tiefsten Versenkung
in die Rätselrunen des eignen Wesens, der Welt und
des Schicksals: wer der Natur und der Geschichte ihre
Rätsel abfragen, wer die Ursprünge und die Ausgänge
aller Dinge ergründen, wer Gott und die Welt im tiefsten
Wesenskern erforschen, d. h. wer philosophieren will,
der tut wie Odin: Odin, der „grübelnde Ase“, wie
ihn bezeichnend die Edda nennt. Ahnungsvoll hat der

[1]) Lateinisch spiritus ist Lufthauch und Geist, griechisch ἄνεμος,
Wind, ist lat. animus, Mut, Geist. Und in der Tat: welch
treffenderes Bild gäbe es für den unsichtbaren Lebenshauch, den
wir Geist nennen, als eben den unsichtbaren Lebenshauch der Luft?
Daher gibt Odin den Menschen bei deren Schöpfung önd, d. h.
Lebensatem. Hönir, unerklärten Namens und Wesens, gibt ihnen
Geistbewegung, Loki Blut und gute Farbe, diese beiden zugleich
gefährliche Eigenschaften. Der Ursprung von „Seele“ und „Geist“
im Germanischen ist nicht ganz sicher: doch spricht manches dafür,
daß Seele (gotisch saiwala) verwandt mit See, die bewegliche, leise
flutende, wogende Kraft sei; „Geist“ scheint verwandt mit altnordisch
geisa, wüten (von Feuer oder Leidenschaft), gotisch ut-gaisjan, außer
sich bringen; andre vergleichen litauisch gaistas, Schein, altnordisch
geisti, Strahl; s. Kluge, Etymologisches Wörterbuch der deutschen
Sprache. Straßburg 1883.

deutſche Geiſt den ihm eignen philoſophiſchen Sinn und
Drang, der ihn vor allen Nationen kennzeichnet, ſeinen
Fauſtiſchen Zug, in das Bild ſeines oberſten Gottes
gelegt. Wie der Wahrheit ſuchende Grübler Fauſt nicht
harmlos der frohen Gegenwart genießen mag und ſich des
Augenblicks und der hellen Oberfläche der Dinge erfreuen,
wie es ihn unabläſſig drängt, den dunkeln Grund der
Erſcheinungen zu erforſchen, die Anfänge, die Geſetze, die
Ziele und Ausgänge der Welt: — ſo der „grübelnde
Aſe“. Während die andern Götter ſich den Freuden
Walhalls hingeben oder in Abenteuer, in Kampf und
Liebe, der Gegenwart leben, uneingedenk der Vergangenheit und um die Zukunft unbeſorgt, kann Odin nun und
nimmer raſten im Suchen nach geheimer Weisheit, im
Erforſchen des Werdens und des Endſchickſals der Götter
und aller Weſen. Die Rieſen oder einzelne unter ihnen
gelten als im Beſitz uralter Weisheit ſtehend: Odin ermüdet nicht, ſolche weiſen Meiſter aufzuſuchen und auszu-
forſchen[1]); hat er doch ſein eines Auge ſelbſt als Pfand
dahingegeben, um von dem kundigen Rieſen Mimir Weis-
heitlehren zu empfangen: denn im Waſſer, in „Mimirs
Brunnen“, liegen die Urbilder aller Dinge verborgen: er ver-
ſenkt deshalb ſein Auge in dieſen Brunnen[2]). Zauberinnen,
weisſagende Frauen, lebende und tote, forſcht er aus: ja
er hat die „Runen“, den Inbegriff aller geheimen Weisheit, ſelbſt erfunden[3]). Auch mit kundigen Menſchen hält

[1]) Als „Gangrad“ geht er ſo zu dem Rieſen Vafthrud-
nir, als Vegtam dringt er nach Hel, über Baldurs drohendes
Geſchick zu forſchen: dagegen verkündet er Geirröd die Herrlichkeit Asgards und der Aſen.

[2]) Man deutet dies, mit zweifeligem Recht, der Naturgrundlage nach, auf die Sonne als Odins Auge (?): im Waſſer abgeſpiegelt,
ruht das andre Auge, das verpfändete, verſenkte.

[3]) Vgl. über die verſchiedenen Runen-Alphabete Dahn, Ur-

er Wettgespräche der Weisheit, in welchen der Götter und
aller Wesen Entstehung, Wohnung, Sprache, Schicksal und
Ende erörtert wird. So hat er denn auch die Geheim=
kunde von der unabwendbar drohenden Götterdämme=
rung ergrübelt: — aber zugleich auch das trostreiche
Hoffnungswort von der Erneuerung, von dem Auftauchen
einer neuen, schönen, schuldlosen Welt: und er vermag dies
Trostwort als letztes Geheimnis seiner Weisheit dem toten
Lieblingssohne Balbur noch in das Ohr zu raunen.

Es sind zunächst äußere Gründe, welche den Leiter der
Walhall=Götter zu solcher Forschung führen: — das Be=
dürfnis, die den Göttern von den Riesen drohende Ge=
fahr der Zukunft zu erkunden —: aber ebenso unverkenn=
bar hat die Edda, hierauf weiterbauend, dem „grübelnden

---

geschichte der germanischen und romanischen Völker, I, Berlin 1881,
S. 122. Die Runen sind die lateinischen Buchstaben der Kaiser=
zeit, durch Vermittlung der Kelten den Germanen zugekommen.
Man bediente sich derselben nicht zur Schrift in unserm Sinn,
sondern zu Zauber (Zauber von zepar: opferbare Tiere, im Gegen=
satz zu Un=ziefer, Ungeziefer, welches die Götter verschmähen),
Weissagung, Zukunftsforschung, Losung. Man ritzte in Stäbchen
von Buchenrinde Zeichen, warf sie (etwa aus einem Helm) zur Erde
und las sie einzeln auf (daher „lesen“): jede Rune bedeutet ein
Wort, welches mit dem fraglichen Buchstaben begann (z. B. Th
einen Riesen, weil Thurs mit Th beginnt), was mit dem „Stab=
reim“ der germanischen Dichtung zusammenhängt. Man schnitt
oder ritzte zu Zauberzwecken Runen: so drohte man, einem Weib
einen Thurs (Riesen) zu ritzen, dem sie dann verfallen wäre, „einen
Thurs ritze ich dir und drei Stäbe“ (altnordisch: thurs rist ek
ther ok thria stafi): erst durch das Aussprechen der drei Stäbe
des Stabreimes tritt der Zauber in Kraft; es gab Sieg=Runen,
Liebes=Runen, Bier=Runen, Speer=Runen, Pfeil=Runen, Haus= und
Herd=Runen (die „Hausmarke“ war sehr oft eine Rune, etwa mit
leiser Änderung), Schiffs=Runen, Toten=Runen, d. h. durch welche
man Tote auferwecken und zum Sprechen bringen kann: achtzehn
Zauberzwecke werden aufgezählt.

Asen" den tief germanischen Drang nach Weltweisheit ein=
gehaucht. Unabläffig forfcht der Gott, der nicht allwiffend[1]
ift, aber es fein möchte: täglich fendet er feine beiden
Raben aus, die Welt und den Lauf der Zeiten zu er=
kunden; zurückgekehrt fitzen fie dann auf feinen beiden
Schultern und flüftern ihm geheim ins Ohr: fie heißen
aber — und nicht könnten die Namen bezeichnender fein
— fie heißen „Hugin" und „Munin": „Gedanke" und
„Erinnerung".

Vom Geift untrennbar ift die Durchdringung mit Geift,
die Begeifterung: und wie der philofophifche findet der
dichterifche Drang germanifchen Volkstums, der Geift, der,
vom Trank der Schönheit trunken, felbft das Schöne zengt,
in Odin feinen Ausdruck. Zwar hat die nordifche Mytho=
logie einen befondern Gott des Gefanges aufgeftellt,
Bragi (Odins Sohn), „der die Skalden ihre Kunft ge=
lehrt" (f. unten): aber er ift nur eine Wiederholung, eine
einzelne Seite Odins: Odin ift der Gott höchfter dichte=
rifcher Begeifterung, jener Entzückung künftlerifchen Schaf=
fens, welche, auch nach Sokrates=Platon, mit der wärmften
Liebesbegeifterung für das Schöne verwandt, auch von
andern Völkern als ein Raufch, als eine Art göttlichen
Wahnfinns gefaßt und gefeiert wird. Tief hat es das
germanifche Bewußtfein erfaßt, daß nur aus der Liebe
höchften Wonnen und Qualen der Trank gefchöpft wird
unfterblicher Dichtung.

Der Trank oder Met der Dichtung war entftanden
aus dem Blut eines Zwergen Kwâfir, „der war fo weife,
niemand mochte ihn um ein Ding fragen — er wußte

[1] Ein Riefe, den er im Wettkampf von Fragen und Antworten
befiegt, ruft am Schluß ehrfurchtsvoll fich beugend: „Du wirft immer
der Weifefte fein!"

Antwort". Den Trank hatte in Verwahrung des Riesen Suttung schöne Tochter Gunnlöd: unter falschem Namen, durch List und in Verkleidung gelangt Odin zu ihr: er gewinnt die Liebe der Jungfrau: drei Tage und drei Nächte erfreut er sich ihrer vollen Gunst und die Liebende gestattet ihm, drei Züge von dem Trank zu schlürfen: aber in diesen drei Zügen trinkt der Gott die drei Gefäße leer, nimmt Adlersgestalt an und entflieht nach Walhall, indem er für sich und seine Lieblinge, denen er davon verleihen mag, die Gabe der Dichtung uneut= reißbar gewonnen hat: sie heißt daher „Odins Fang", „Odins Trank", „Odins Gabe".

Nach echt germanischer Auffassung ist die Dichtung zu= gleich die höchste Weisheit: sie gewährt Antwort auf alle Fragen: es ist jene tiefsinnige Wahrheit, daß der Dichter, der echte, daß ein Shakespeare, Goethe, Schiller die letzten Geheimnisse der Menschenbrust ausspricht und in schöner Ahnung die Rätsel der Natur und Geschichte löst: die goldene Frucht der Wahrheit in den silbernen Schalen der Schönheit. — Das ist die germanische Auf= fassung von der Aufgabe der Dichtkunst, wie sie unsre größten Meister erkannt und gelöst haben. Denn wahre Schönheit ist schöne Wahrheit. Das Wesen dieser Dichtkunst aber ist trunkene, entzückte Begeisterung. Ein prachtvolles Bild der Edda schildert den Rausch (zunächst allerdings für den Rausch des Trinkers): „der Reiher der Vergessenheit rauscht über die Gelage hin und stiehlt die Besinnung": „dieses Vogels Gefieder," fährt Odin fort, „befing auch mich in Gunnlöds Haus und Gehege, trun= ken ward ich und übertrunken, als ich Odrörir erwarb". Es wird also der Rausch dichterischer Begeisterung einge= kleidet in den Rausch des Trankes des heiligen Mets: auch die Namen sprechen etymologisch die gleiche Lehre

aus: Kwâſir bedeutet „die ſchäumende Gärung", und Odrörir iſt der „Geiſtrührer": — der Trank, der den Geiſt
in Bewegung ſetzt. Aber nur durch die Liebe gelangt
der Gott zu dem ſelig berauſchenden Trank: „nur ſie,
nur Gunnlöd ſchenkte mir, auf goldenem Lager, einen Trank
des teuren Mets": nie wär' ihm die Entführung des
Trankes geglückt, „wenn Gunnlöd mir nicht half, die
gunſtgebende Maid, die den Arm um mich ſchlang".

Auch das iſt tief ergreifend in dieſer wunderbaren
Sage vom Werden der deutſchen Dichtung, daß, wie die
Wonne, ſo das Weh der Liebe als unentbehrlicher Tropfe
in dieſen Becher der Poeſie geſchüttet wird: nicht ohne
höchſte Liebesluſt, nicht ohne tiefſtes Liebesleid zu geben
und zu empfangen wird Odin zum erſten germaniſchen
Dichter: nach den drei ſeligen Nächten folgen für Gunnlöd
die langen, bangen Tage des ſehnſuchtvollen Grämens, das
ihr Leben verzehrt: und auch durch Glanz und Glorie
des göttlichen Dichterkönigs klingt die Erinnerung an die
gute Maid, „die alles dahingab" und die er verlaſſen,
leis elegiſch zitternd nach: „Übel vergolten hab' ich,"
fährt Odin fort in ſeiner Selbſtſchilderung: „Übel vergolten
hab' ich der Holden heiligem Herzen und ihrer glühenden
Gunſt: den Rieſen beraubt' ich des köſtlichen Tranks und
ließ Gunnlöd ſich grämen "

Rührender und tiefer und einfacher kann man die alte
Geſchichte nicht erzählen, „wie Liebe doch mit Leide ſtets
endlich lohnen muß".

Odin iſt aber auch das Urbild des völkerleitenden,
völkerbezwingenden, Völker zu Krieg und Sieg antreiben-
den, fortreißenden Staatsmannes.

Zwei Gründe ſind es, welche in ihm den unabläſſigen
Drang lebendig erhalten, die Völker und Könige gegeneinander zu hetzen, ſie ſtets liſtig untereinander zu ver-

feinden, dem Frieden zu wehren, „Zankfamen, Zwift-Runen
unter ihnen auszuftreuen", bis fie fich in blutigen Schlachten morden, bis Taufende auf ihren Schilden liegen: indes der Gott, der Siegeskönig, der all das angerichtet,
feine hohen, geheimen, von den geleiteten Fürften und
Völkern gar nicht geahnten Zwecke dadurch erreicht.

Einmal ift „Wuotan", der Wütende, die kriegerifche
Kampfluft felbft: er ift der Gott jeder höchften geiftigen
Erregung, jeder Begeifterung: nicht minder als die dichterifche ift es die kriegerifche Begeifterung des Helden,
welche er darftellt: jener germanifche Heldengeift, welcher,
aus den Urwäldern Deutfchlands hervorbrechend, in der
Völkerwanderung das römifche Weftreich niederwarf, bis
nach Apulien und Afrika, bis nach Spanien und Irland
unwiderftehlich vorwärts drang, jener »furor teutonicus«,
den die Römer feit dem „kimbrifchen Schrecken" kannten,
jene Freude am Kampf um des Kampfes willen:
der Drang alfo, der von der Urzeit bis auf die Gegenwart die deutfchen Männer in die Feldfchlacht treibt: —
es ift der Geift Wotans, der fie befeelt.

Dazu aber kommt ein zweiter, in dem Grundbau der
germanifchen Götterlehre wurzelnder Antrieb: Odin muß
als Anführer der Afen und all ihres Heers im Kampfe
gegen die Riefen dringend wünfchen, daß Krieg und männer-
mordende Schlachten kein Ende nehmen auf Erden: denn
nur die Seelen jener Männer, welche nicht den „Strohtod" des Siechtums oder Alters in ihren Betten, fondern
den freudigen Schlachtentod geftorben find auf blutiger
Wal, nur diefe werden von den Walküren nach Walhall getragen und nur diefe, die Einheriar, kämpfen
an der Seite der Götter gegen die Riefen; jedes Schlachtfeld liefert alfo dem König der Götter eine Verftärkung
feiner Heerfcharen.

Auch dieser Zug Wotans hat in der deutschen Ge=
schichte, im deutschen Volkswesen seine Spiegelung gefunden.

Denn jene friedfertige Gutmütigkeit der Kraft, welche
Donar und Dietrich von Bern eignet, ist doch keineswegs
ausschließend und zu allen Zeiten, wie in den tieferen
Schichten des Volks, auch in seinen Leitern und Führern
maßgebend gewesen. Sie konnte es nicht sein in dem
harten Kampf um das Dasein, den seit bald zwei Jahr=
tausenden das Germanentum gegen Kelten und Romanen,
Slaven und Mongolen, Türken und Tataren zu führen
hatte. Mit solch treuherziger Friedfertigkeit allein hätten
die Germanenvölker trotz Donars Hammer und seiner
Kraft vor den bald an Bildung, bald an Zahl unermeß=
lich überlegenen Feinden nicht bestehen können und wären
nicht im Lauf der Jahrhunderte siegreich von Asien quer
durch ganz Europa nach Spanien, Süditalien und Afrika
und in die neuentdeckten Erbteile vorgedrungen, hätten
Rom, Byzanz und Paris überwunden und den ehernen
Fuß auf den Nacken des Slaventums gesetzt. Da hat es
denn von Anbeginn — danken wir Wotan dafür! — dem
germanischen Stamm auch nicht an großen, kühnen und
listigen Staatsmännern und Fürsten gefehlt, welche mit
überlegener Staatskunst die Geschicke der Völker in Frie=
den und Krieg zu ihren geheimen und rettenden Zielen
gesteuert. Schon jener Cheruskerfürst Armin, dessen
dämonische Gestalt im Eingangstor unsrer Geschichte steht,
war in staatskluger Arglist kaum minder groß als an Tapfer=
keit. Die Not der Völkerwanderung hat dann manchen ränke=
kundigen Fürsten erzogen, welcher byzantinischer Schlau=
heit mehr als gewachsen war: und bei dem Bild eines
unter ihnen, des gefürchteten Meerkönigs Geiserich, des
Vandalen, der aus seinem Hafen zu Karthago sein Raub=
schiff vom Ungefähr, vom Winde, treiben läßt gegen die

Völker, „welchen der Himmel zürut", scheint die Helden=
sage geradezu Züge aus dem Wesen Wotans entlehnt zu
haben: wie er verschlossen, wortkarg, höchst geschickt ge=
wesen, unter die Fürsten und Völker den „Samen der
Zwietracht zu streuen", er, der arglistigste aller Menschen[1]).
Geschweigen wir Theoderichs und Karls, der Großen, und
gedenken sofort jener gewaltigen staufischen Kaiser, Hein=
rich VI. und Friedrich II., welche über Päpste, Könige und
Völker hinweg ihre großartige, oft vielfach verschlungene
Staatskunst mit den Zielen: Rom, Byzanz, Jerusalem
verfolgten: erinnern wir uns jenes preußischen Friedrich,
von dessen Staatskunst man das über Geiserich gesprochene
Lob wiederholen mag: — „er war früher mit der Tat
fertig als seine Feinde mit dem Entschluß" — und er=
wägen wir die Werke überlegener Staats= und Sieges=
kunst, welche wir, von göttergesendetem, durch den „Wunsch=
gott" geschenktem Glück getragen, im letzten Kriege mit
Frankreich (1870) mit staunenden Augen die deutsche Volks=
kraft leiten sahen: — gedenken wir Bismarcks — und es
überschauert uns ein Ahnen von dem aus der Grund=
tiefe germanischer Art geschöpften Wesen Odins, des staats=
klugen, völkerleitenden Meisters des Sieges.

————————

Nachdem aus der Naturgrundlage und aus der Geistes=
art Odins im bisherigen die wichtigsten Folgerungen ab=
geleitet sind in großen allgemeinen Zügen, haben wir dar=
zustellen, was im übrigen und im einzelnen zu seinem
Bilde gehört[2]).

————————

[1]) Siehe Dahn, Könige der Germanen, I, München 1861,
S. 151.
[2]) Odin sind Adler und Wolf geweiht und seinen Namen tragen
ein kleiner Wasservogel (tringa minima, inquieta, palustris et

Die reiche Fülle seiner Verrichtungen, Aufgaben und
Wirkungen fiel schon der Urzeit auf, die ihn verehrte:
diese Mannigfaltigkeit drückt sich in der großen Menge von
Namen aus, deren er sich erfreut (gegen zweihundert, in
der Edda allein fünfundsiebzig), auch hierin ist ihm kein
andrer Gott vergleichbar: ja die Germanen lassen ihn
selbst sich dessen berühmen: „Eines Namens genügte mir
nie, seit ich unter die Völker fuhr", und er zählt nun
zahlreiche Beinamen auf, welche er bei bestimmten Ge-
legenheiten, Fahrten, Abenteuern führte: leider ist unsre
Überlieferung so stückhaft, daß wir von diesen Begebenheiten nirgends sonst etwas erfahren! —

Der Wind beherrscht auch das Wasser: so tritt Odin
auch als Wassergott auf, als „Hnikar" (vgl. der Neck,
die Nixe): Er allein gibt als Windgott günstigen Wind,
„Fahrwind", den Schiffern: er wandelt auf den Wellen,
beschwichtet sie, gibt dem Schiff, in das er, verkleidet, sich
aufnehmen läßt, glückliche Fahrt: so wird er denn auch,
wie der Luftgott Hermes-Merkur (mit welchem ihn die
Römer verwechselten), ein Gott der Kaufleute, der
Schiffs-Frachten.

Aber nicht nur den Wunsch-Wind spendet Odin, sondern als oberster, als mächtigster Gott kann er mehr als
alle andern, überhaupt alle Wünsche der Menschen erfüllen: daher heißt er „Oski", der Wunsch, d. h. der
Wunsch-Gott, der Wunsch-Erfüller. Und diese Vor-

natans, Odins-hane, Odens Fugl); auch an der menschlichen Hand
der Raum zwischen dem (vielfach heiligen, im „Däumling" personi-
fizierten) Daumen und dem Zeigefinger war ihm als „Wodens-
Spanne", „Woen-let" geweiht. Zahlreiche Ortsnamen, dann Namen
von Burgen, Quellen, Wäldern, Inseln sind mit Odin-Wotan zusammengesetzt, Wotans-Weg, -Holz, -Hausen, Wedans-burg, -haus,
-field, Odins-ey, -källa, -sala usw.

stellung war besonders auch südgermanisch, d. h. deutsch: im deutschen Mittelalter wird noch „der Wunsch" personifiziert und vielfach angerufen und gefeiert[1]): daß der alte Wotan darin verborgen war, merkte man nicht mehr.

Als Schlachten= und Siegesgott heißt Odin Walvater, Siegvater, Heerschild (Harbard), Hialmberi (Helmträger): dies leitet hinüber auf die Vorstellung des durch den unsichtbar machenden oder doch die Feinde erschreckenden Helm (Tarnkappe) Verhüllten. So heißt er Grimur und Grimnir[2]): der Verhüllte. Verhüllt, verkleidet, in unscheinbarer Tracht wandert der Gott unermüdlich (wie der Wind) durch Midgard, Riesen= und Elbenheim, überall nach verborgener Weisheit spürend, seine geheimen Pläne, Bündnisse, Verträge verfolgend, die Wirtlichkeit der Menschen prüfend, seine Lieblinge beschützend, die Feinde der Götter ausforschend, überlistend, unerkannt mit ihnen in Wettgespräche sich einlassend, wobei Frage und Antwort wechseln und derjenige, welcher eine Antwort schuldig bleiben muß, das Haupt verwettet und verwirkt hat[3]):

---

[1]) Er hat Hände, Blick, freut sich, zürnt, neigt sich: meist steht „Wunsch" hier gleichbedeutend mit göttlicher Wunsch=Gewährung. Wie reich ausgebildet diese Auffassung Wotans war, beweisen die Sagen von dem „Wunsch=Hütlein", „Wunsch=Säcklein", „Wunsch=Mantel", der „Wünschel=Rute". Auch Gibich, der Geber (nord. Giuki), der Stammvater des Königsgeschlechts der Gibichunge (Giukunge), war der Geber=Gott Wotan; vgl. unten „Heldensagen".

[2]) Eigentlich bedeutet es eine Art Helm=gitter, welches das Antlitz verbirgt, und durch welches hindurch er drohend, schreckend blickt.

[3]) Oder der Wanderer weiß das Gespräch so lang hinzuziehen, den eiteln und neugierigen Zwerg so lang hinzuhalten, bis die Sonne in den Saal scheint und der Dunkelelbe, der Unterirdische, durch ihren ersten Strahl zersprengt oder in Stein verwandelt wird.

als „ewigen Wanderer" bezeichnen ihn die Namen Gang=
leri, Gangradr, Wegtamr[1]).

Als geheimnisvoller Wanderer, in unscheinbarem Ge=
wand, tritt der Gott in zahlreichen Sagen und Märchen
auf: den großen breiträndigen Schlapphut[2]) (Windhut,
Wunsch=hut) tief in die Stirn gerückt, seine Einäugigkeit
(s. oben) zu verbergen, an der man ihn erkennen möchte,
in einen weitfaltigen, dunkelblauen, fleckigen (d. h. wie die
Wolken gefleckten) Mantel[3]) gehüllt, mit dichtem Haupt=
haar (manchmal aber auch kahl), meist mit wirr wogendem,
grau gesprenkeltem Bart, den Speer in der Hand, den
Zauber=Ring Draupnir am Finger, ein hoher Mann
von etwa fünfzig Jahren oder auch wohl als Greis, doch
gewaltig an ungebrochener Kraft[4]).

Aber nicht unscheinbar, sondern furchtbar=prächtig, in
kriegerischer Helden=Herrlichkeit, tritt der König und Feld=

---

[1]) Im Mittelalter wurde dann mancher Zug von dem rast=
losen geheimnisvollen Wanderer auf den „ewigen Juden" über=
tragen: aber keineswegs ist die ganze Sage von diesem aus Wotan
hervorgegangen. Die „wabernde" Luft (vgl. Waberlohe) bezeichnet
sein Name „Wafudhr", ihr leises Beben „Biflindi", deren
Brausen, zugleich aber auch das Tosen der Schlacht „Omi" (angel=
sächsisch vôma); er heißt ferner Yggr, der Schreckliche (daher Ygg=
drasil, S. 24), dann „Bölwerkr" und „Bölwisi" als der Arg=
listige, der durch Täuschung seine Zwecke erreicht, Fürsten und
Versippte durch Zankrunen verfeindet (vgl. S. 57); andre Namen
s. oben: der „Mann vom Berge".

[2]) Daher heißt er Höttr, Sidhöttr.

[3]) Mantel aus Tierfellen; daher heißt er „der mantel=tragende
Gott": Hakul (nord. Mantel=)berand, woraus der „Hackelberend"
geworden, der als wilder Jäger dem wütenden Heer vorauf reitet,
als Mantel=Reiter wird er zu dem „heiligen Martinus".

[4]) Im Märchen ist er oft zum kleinen grauen Männchen zu=
sammengeschrumpft, mit Zwergen verwechselt; der lange Wirrbart
verrät auch den König Drosselbart oder Brösel=bart des Märchens
deutlich als Wotan.

herr der Götter auf, wann er an der Spitze der Asen,
Lichtalben und Einheriar ausreitet zum Kampfe gegen die
Riesen: dann leuchten weithin sein goldener Helm mit den
vorwärts gesträubten und dadurch Schreck einflößenden
Schwan= oder Adlerschwingen (der „Schreckenshelm“) und
die reich geschmückte Brünne: auf Sleipnirs Rücken
braust er heran, den Siegesspeer Gungnir schwingt er
und schleudert ihn unter der Feinde Volk mit dem Zauber=
ruf: „Odin hat euch alle“.

Und stattlich auch thront er auf Hlidskialf, dem
„Hochsitz“, in Walhall (aber doch nicht bloß wie auf Erben
der König und jeder Hofherr den Hochsitz in seiner Halle
einnimmt: es ist eine Spähwarte gemeint), den nur Frigg,
seine Gemahlin, mit ihm teilen darf. Hier empfängt er
als Hroptr (Rufer zum Kampf) die neu eintretenden Ein=
heriar. Vor seinem goldenen Stuhle steht ein goldener
Schemel: nach (Süden oder nach) Westen schaut er: denn
von (Norden oder von) Osten sind, wie die Germanen
überhaupt, die Asen, von Odin geführt, hergewandert und
nach Süden und Westen zielte ihr Trachten. Zu seinen
Füßen kauern die beiden Wölfe (erst später Hunde), Geri
und Freki, die Tiere der Walstatt, die Walvater heilig:
er füttert sie mit dem Fleische des Ebers Sährimnir, —
denn er selbst bedarf nicht der Speise, nur des Trankes:
und zwar nicht von Äl oder Met, aber an Wein erfreut
er sich[1]. Ein Adler hängt (oder schwebt) über dem West=
tor von Odins Saal, wohl scharf ausspähend. Auf des
Gottes Schultern aber wiegen sich die beiden Raben
(Seite 52) und raunen ihm Weisheit in das Ohr. Nach=
klänge in den Sagen lassen den König Oswald (Aswalt)

---

[1]) Offenbar erst spät entstanden, nachdem der Wein bekannt und
bevorzugt wurde.

durch zwölf Goldschmiede (die zwölf Asen) seinem Raben
die Flügel mit Gold beschlagen oder zwei weiße Tauben
dem Papst ins Ohr flüstern, was er tun soll, oder eine
Taube Luther die Bibelübersetzung in das Ohr sagen,
wobei die Taube in protestantischen Landen weiß (der
heilige Geist), in katholischen aber schwarz ist (der Teufel;
kaum ist dabei an den Raben Odins zu denken).

Wir sahen, aus welchen Gründen Odin wünschen muß,
daß möglichst viele Männer den Bluttod im Kampfe, nicht
den Strohtod, sterben (deshalb ritzten sich Kranke mit dem
Speer, um so doch „Odin geweiht" [1] zu sterben und „nach
weitherziger Auslegung" die Bedingung erfüllt zu haben:
„denn alle mit dem Speer Geritzten", d. h. ursprünglich
im Kampfe Gefallenen, nimmt Odin in Anspruch. Des=
halb schließt er Verträge, Bündnisse mit hervorragenden
Königen oder andern Helden, in welchen diese sich ver=
pflichten, dereinst in der Schlacht zu fallen [2], während der

---

[1] Übrigens wurden auch wohl Söhne schon vor oder gleich
nach der Geburt von den Eltern in gleichem Sinn „Odin gegeben",
geweiht: man erkaufte dadurch des Gottes Schutz für das Leben
des Sohnes, unter der ihm auferlegten Verpflichtung des Bluttodes:
hier tritt an Stelle der Selbstweihe die Weihe durch den Vater. —
Man „weihte auch sich selbst Odin", d. h. verpflichtete sich, nach
bestimmten Jahren (z. B. zehn) in der Schlacht zu fallen.

[2] Dann ist es wohl Odin selbst, der dem bisherigen Schütz=
ling in der letzten Schlacht als hoher Greis, das Haupt mit dem
breitrandigen Hut verhüllt, im blauen Mantel entgegentritt, an
dessen „grauem" Speer das verliehene Siegesschwert zerbricht (oder
umgekehrt: der verliehene Speer am Schwert), dessen Stücke aber
freilich neu geschmiedet werden mögen. Solange das Schutzverhältnis
dauert, lehrt der Gott seine Lieblinge siegen: z. B. Feinde, welche
Zauber gegen Eisen gefeit hat, mit Steinen zu Tode werfen. So=
lange mag der Schützling seinen Feinden, statt ihnen die verlangte
Buße zu zahlen, siegesgewiß zurufen: „Gewärtigt wilde Wetter,
graue Geere und Odins Gram!" Oder: „dem Tode verfallen

Gott diesen seinen Lieblingen und Walſöhnen, ſolange ſie
leben (und zwar manchmal für ein übermenſchlich langes
Leben oder für eine beſtimmte Vertragszeit, z. B. zehn
Jahre) Sieg[1]), Ruhm, Beute, Reichtum, auch etwa Weis=
heit, Zauberkunſt oder einzelne Zauberkräfte verleiht. —
Sehr oft iſt dieſe Verleihung geknüpft an die Verleihung

(feigr, nicht unſer neuzeitliches: ‚feige‘) iſt euer Führer, eure Fahne
fällig, gram iſt euch Odin". Darauf erſcheint ein gewaltiger Mann
im Schlapphut, ſchleudert ſeinen Speer über die feindliche Schlacht=
reihe, ruft: "Odin hat euch alle!" und erfüllt dieſe mit wild ent=
ſcharendem Entſetzen. Wie Odin überhaupt Menſchenopfer dar=
gebracht wurden, weihte wohl ein Heer vor der Schlacht das
feindliche Odin, vielleicht unter der ſymboliſchen Form eines Speer=
wurfes oder Pfeilſchuſſes über die Feinde hin: d. h. im Fall des
Sieges wurden dann alle Gefangenen ihm geſchlachtet, vielleicht
auch die Pferde, und die erbeuteten Waffen zerbrochen. So hatten
(im Jahre 58 nach Chr.) die Chatten (Heſſen), im Kampfe mit
den Hermunduren (Thüringen), um die heiligen Salzquellen
(wohl von Kiſſingen) des Grenzgebietes die Feinde Mars und
Merkur (Ziu und Wotan) geweiht: ſo die Kimbern vor der Schlacht
von Arauſio (Orange, am 6. Oktober 105 vor Chr.) die Legionen
(Dahn, Urgeſchichte der germaniſchen und romaniſchen Völker, II,
Berlin 1881, S. 6, 110. — Dahn, Deutſche Geſchichte, I, 1.
Gotha 1884, S. 324, 407), und man fand auch einmal in der
Nordſee ein Schiff, in welchem die Pferde getötet, die Waffen ab=
ſichtlich zerbrochen ſchienen.

[1]) Odin iſt der genialſte Feldherr: er hat die Germanen die
keilförmige Schlachtordnung, den "Eberrüſſel" (ſwinfylking), gelehrt,
mit welcher ſie denn auch richtig ſchließlich die Legionen Roms
zerſprengt und den Erdkreis erobert haben. Seine Lieblinge lehrt
Odin, ihnen den Sieg zu ſichern, dieſe Schlachtordnung ganz be=
ſonders: ſo den Dänenkönig Harald Hildetand, den er auch
unverwundbar gezaubert hatte (dafür hatte der König ſich ſelbſt und
die Seelen aller Erſchlagenen Odin geweiht), der damit den
Schwedenkönig Ingo beſiegte. Aber als Haralds Stunde ge=
kommen in der Brawallaſchlacht gegen König Hring, hatte
Odin auch dieſen die Keilſtellung gelehrt, wie der erblindete Harald
zu ſeinem Schrecken von ſeinem lachenden Wagenlenker erfährt:

von Schwert[1]), Roß[2]), Speer, Brünne, Helm, Hut, Man=
tel, Stab (als Zauberstab, Wünschelrute[3]), im Märchen
auch „Knüppel aus dem Sack", was aber auch auf den
Speer zurückgeht), Ring des Gottes.

In unaufzählbar mannigfaltigen Wechslungen wieder=
holt später die Sage[4]) diesen Gedanken des Bündnisses,

---

dieser Wagenlenker ist der verkleidete Gott selbst, der nun den lang=
jährigen Schützling eigenhändig tötet. Arglist Odins, „Treulosig=
keit des Kriegsglückes" liegt aber darin nicht ausgedrückt: der Bluttod
ist ja Vertragspflicht und nach andrer Fassung der Sage verlangt
Hildetand den Tod.

[1]) S. unten, zweite Abteilung: Wölsungensage.

[2]) Grane, Sigurds Roß, das von Sleipnir stammte, s. unten
Wölsungensage.

[3]) Die Wünschelrute, mit der man vor allem vergrabene Schätze
entdeckt, aber auch andern Zauber üben mag, heißt sogar geradezu
selbst „der Wunsch": so heißt es im Nibelungenlied von dem
Hort, „der wunsch lac dar under, von golde ein rütelin"; hier hat
sie die Wirkung, den Hort immer wieder zu mehren, wieviel davon
entnommen wird, was sonst Odins Ring, Draupnir, von dem
andre, „ebenschwere" träusen (in der Edda ebenfalls ein Ring, auch
Mimirs Armring) vermag: später treten an die Stelle Brutpfennige,
Hecktaler, oder der Wunsch=säckel. Auch begegnen ferner „Wunsch=
Würfel", die „Siebenmeilen=stiefel" und andre „Wunschdinge", die
alle ursprünglich von dem Wunschgott verliehen werden.

[4]) Oder das Märchen: z. B. vom Gevatter Tod, vom Teufel
als Paten, der dann als Patengeschenk ein „Wunsch=ding" schenkt,
oder die Heilkunst lehrt, aber sich dafür die Seele ausbedingt, um
welche er dann durch eine List geprellt wird: z. B. er ergreift den
Schatten statt des Mannes, oder es wird ihm das erste Leben,
welches den Kerker verläßt, die Brücke beschreitet, zugesagt, aber
listig ein Hund dem so bedrohten Menschen vorausgeschickt, mit
dem sich nun der Teufel begnügen muß. Der überlistete geprellte
Teufel geht aber nicht auf Odin, sondern auf den von Odin über=
listeten Zwerg oder Riesen zurück. — Seltner wählen sich Odin und
gleichzeitig etwa auch Frigg (oder Thor) je einen Schützling unter
den Menschen oder Völkern ohne solchen Vertrag und ohne Selbst=
weihung: beide Götter wetteifern dann, ihrem Liebling mehr Glück

des Vertrags, der Verleihung und des schließlichen Ein=
gehens des Schützlings in Walhall: nur daß an Stelle
des wohltätigen, herrlichen Gottes der — Teufel tritt,
der die arme Seele zu verführen trachtet, um sie schließ=
lich in der heißen Qualenhölle zu peinigen: an die Stelle
tiefgründiger, poesievoller Gedanken des heidnischen Alter=
tums hat das Mittelalter auch hier wieder einmal seine
häßlichen Fratzen gestellt.

So ist das Vorbild der Faustsage, welche durch
Goethe abermals eine Volksdichtung geworden, das alte

---

zuzuwenden als der andre dem seinigen, und es wird dann wohl
Odin von Frigg überlistet: so in der Sage von der Namengebung
der Langobarden: diese wird von Paulus Diakonus, dem
Geschichtschreiber dieses Volks (Zeitgenossen Karls des Großen),
nur unvollständig erzählt: sie muß aus andern Sagen (Märchen)
ergänzt werden. Die späteren Langobarden hießen ursprünglich
Winiler: bei ihrer Wanderung von der Elbe gen Südosten ge=
rieten sie in Streit mit den Vandalen: eine Schlacht stand bevor:
Odin hatte beschlossen, den Vandalen den Sieg zu schenken: Frigg
bat um Sieg für die Winiler. Der listige Gott sprach, er werde
demjenigen Heere den Sieg verleihen, welches er bei dem Erwachen
am folgenden Morgen zuerst erblicken werde; hier muß nun an=
genommen werden, er zweifelte nicht, daß dies die Vandalen sein
würden, nach deren Land er, gemäß der Stellung seines Bettes,
zuerst blicken mußte. Aber Frigg kehrte unvermerkt sein Bett um,
so daß er beim Erwachen zum entgegengesetzten Himmelsfenster
hinausblickte. Außerdem hatte sie den Winilern geraten, ihre Weiber
vor ihrer Schlachtreihe aufzustellen mit gelöstem Haar, das sie wie
einen Bart an den Mund drücken sollten. Erwachend rief Odin
erstaunt: „Was sind das für Langbärte?" Frigg aber sprach: „Du
gabst ihnen den Namen, so gib ihnen als Patengeschenk auch den
Sieg." (Nach germanischer Sitte war mit der Namengebung die
Verpflichtung zu einem Geschenk verknüpft.) Odin mußte das wohl
gewähren, da er ja die Winiler zuerst erblickt hatte: diese aber hießen
fortab Lango=barden. — Es sind wohl zwei verschiedene Fassungen
der Sage im Schwange gewesen: denn die Siegverleihung wird hier
zwiefach begründet.

Wotans=Bündnis: der Zaubermantel des Doktor Faust ist
lediglich der alte Mantel Odins, auf dem er seine Schütz=
linge entrückt, durch die Luft über Länder und Meere
führt[1]). Es ist wunderbar, wie zähe die Volksseele fest=
hält die uralten Formen der Sage: nur der Inhalt, d. h.
die Menschen und die Verhältnisse, welche hineingegossen
werden, wechseln, aber die Form bleibt die gleiche: so sind
im 19. Jahrhundert vor unsern Augen zwei Sagen ent=
standen, die Eisenbahnsage (ungefähr 1855) und die
Bismarcksage (1866), welche lediglich die alten Wotans=
Bündnisse darstellen, angewandt auf eine neuzeitliche Er=
findung und einen noch lebenden Mann.

Von allen neueren Erfindungen hat auf die Sinne
unsres Landvolkes (in Bayern z. B. in den Gegenden
um Rosenheim) den größten, aber auch den unheimlichsten
Eindruck gemacht das Dampf und Feuer schnaubende, lind=
wurmähnlich daherbrausende Ungetüm, welches pfeil=
geschwind Menschen und hochgetürmte Lasten durch die
Lande trägt und welches wir Eisenbahn nennen. Als nun
zuerst dies wilde Wunder in die stillen Alpentäler drang,
bemächtigte sich seiner sofort die sagenbildende Einbildungs=
kraft: aber sie schuf in der Eisenbahnsage nichts neues,
sondern wandte darauf an die uralte Formel des Wotan=
(Teufels=)Bündnisses und lehrte: nicht Menschen vermochten
dies Werk zu erfinden, der Teufel (Wotan) hat es dem
Ingenieur verkauft, um den Preis seiner Seele — und

---

[1]) Bekannt ist auch jene Wendung der Sage, wonach der
Mensch durch Vertrag mit dem Teufel die Kunst gewinnt, alle
Krankheiten zu heilen, oder doch die tödlichen sofort zu erkennen,
indem er den Teufel zu Häupten des Bettes stehen sieht. Aber um
die geliebte Königstochter zu retten und zu gewinnen, dreht der Arzt
das Bett herum, der Teufel, der geprellte, steht nun am Fußende
und die Kranke genest.

der Seele des zuletzt einsteigenden Fahrgastes[1]): darum
hütete man sich, dieser letzte zu sein. — Genau dem Wotan-
typus entspricht ferner die Sage, welche während des österreichischen Kriegs von 1866 niemand geringeren zu ihrem
Gegenstand machte als den späteren Kanzler des Deutschen
Reichs. Die überraschenden Erfolge der preußischen Waffen
wurden ausschließend dem Zündnadelgewehr zugeschrieben:
diese Siegeswaffe aber hatte nach der Sage der deutsch-
österreichischen Bauern nicht der ehrenwerte Herr Dreyse
in Sömmerda erfunden, sondern dies Gewehr, das von
selbst sich ladet und losgeht, wenn der Preuße darauf
klopft, hat der Teufel (d. h. Wotan) „dem Bismarck" verkauft: — natürlich um den Preis, den er von je bei
seinen Verträgen sich ausbedingt: — den Preis seiner
Seele: der Fürst Bismarck mag es sich schon gefallen lassen,
daß er so nachträglich noch als der letzte der Einheriar
nach Walhall gelangt, wenn man den Ort auch heutzutage
schlimmer nennt. —

Aber schon viel früher wird in den Sagen Odin-
Wotans oder des Teufels Mantel (oder Roß) Helden, seinen
Lieblingen (oder Männern, welche ihre Seele dem Teufel
verkauft), verliehen, um sie aus weitester Ferne über Meer
und Land noch rechtzeitig zur Abwendung einer drohenden
Gefahr in die Heimat zu schaffen: so z. B. den Kreuz-
fahrer (Heinrich den Löwen) aus dem Gelobten Land auf
seine Burg gerade an dem Tage, an dem seine Gattin,
die ihn nach Ablauf beredeter Frist für tot halten muß,
zur zweiten Ehe schreiten soll. Das Roß Odins (der

---

[1] Diese Sagen berühren sich mit den „Bausagen", wonach
ein Riese (später der Teufel), auch wohl ein Zwerg, ein Werk für
die Menschen vollendet, wofür er sich ein Kind (des Königs Tochter)
oder Weib versprechen läßt; s. unten die Sage von Swadilfari,
Buch III.

schwarze, graue Hengst) kommt freilich auch manchmal ohne
Reiter, aber gezäumt und gesattelt, um den Helden, dem
Vertrage gemäß, zu mahnen, daß es nun Zeit sei, zu
sterben, zu Odin zu fahren: d. h. ursprünglich nach Wal=
hall, dann wohl auch in die Totenwelt. — Und im
Mittelalter ist es das Roß des Teufels, welches den Un=
seligen in die Hölle abholt, der unweigerlich folgen muß:
so Dietrich von Bern (s. unten Heldensagen Buch VI, VII).

Hieran reihen sich die Sagen von den Entrückungen
der in Berge, Höhlen, in die Unterwelt entführten Könige
und Helden: ursprünglich ist der Berg Walhall (Seite 28)
und die Helden werden, dem Vertrage gemäß, ihnen zu
hoher Ehre, in Odins Saal entrückt, wo sie mit andern
Einheriarn seine Tafel teilen, schmausen, zechen, Waffen=
spiele treiben: der Saal im Berge strahlt daher von Gold
und Waffen; und der König im weißen Bart ist Odin
selbst: erst später ist Karl der Große im Untersberg
oder Friedrich I. im Kyffhäuser an des Gottes Stelle
getreten. Früh ist aber die Totenwelt als Ort der Ent=
rückung gedacht: Dietrich von Bern, Karl oder Friedrich
gelten dann selbst als entrückte Helden, als Gäste oder
Gefangene der Totenwelt und schlafen hier den Todes=
schlaf, bis eine weit ausstehende Bedingung erfüllt wird,
sie nun auf die Oberwelt zurückkehren und ihrem von
Feinden hart bedrängten Volke Hilfe bringen dürfen[1]).

---

[1]) Diese Vorstellung einer erst in unabsehbar später Zeit, unter
höchst erschwerenden Voraussetzungen, sich erfüllenden Bedingung
äußerster Gefahr und schließlicher Errettung durch den entrückt,
verzaubert, in Todesschlaf versenkt gewesenen Helden und sein Heer
hängt, wie wir sehen werden, mit der Götterdämmerung wenigstens
sofern zusammen, als auch diese erst eintritt, wann Naglfar, das
Schiff, fertig ist (s. unten), was in unabsehbarer Zukunft erst zu
fürchten steht: vielleicht ist hier ein Bindeglied der Sage verloren,

Vor allem als Herr und König von Walhall wird Odin-Wotan verehrt: „Wal" ist der Inbegriff der in der Schlacht nach Wahl der Wal-Küren, die darin Odins Weisungen zu folgen haben, Gefallenen: diese alle sind Wal-vaters Wal-Söhne und gehen ein in Wal-Hall (Seite 55).

Odin erfüllt daselbst in vollendetster Weise alle Pflichten des gastfreien Wirtes, des „milben" d. h. freigebigen Königs, der die Einheriar (Schreckenskämpfer) mit allem ehrt und erfreut, was das Herz eines germanischen Gefolgmannes in der Halle des Gefolgherren von diesem nur irgend begehren mag. Ist eine große Schlacht zu gewärtigen, aus welcher viele Helden aufsteigen werden in Walvaters Saal, läßt dieser sorglich schon vorher das Mahl rüsten. Ehrerweisend geht er den Ankömmlingen bis an die Schwelle entgegen: seinem Liebling Helgi bot er sogar an, zur Entschädigung, weil gar so früh diesem Helden das Schutzverhältnis gelöst ward (s. unten Heldensagen), die Herrschaft in Walhall mit ihm zu teilen.

Jeden Morgen wappnen sie sich, gehen in den Hof, fällen einander im Kampfspiel mit Wunden, die sofort wieder heilen. Kam der Mittag, so reiten sie heim und setzen sich mit Odin an den Trinktisch. Sie trinken Äl oder Met oder Milch aus dem Euter der Ziege Heidrun, und schmausen von Sährimnirs Fleisch (Seite 61).

So leben sie sonder Sorge Tag um Tag für unabsehbare Zeiten (d. h. bis zur Götterdämmerung) in den Freuden des Kampfes, des Schmausens und Zechens, bedient von den schönen weißarmigen Schildmädchen, Wunsch-

---

wonach Odin, die Asen und die Einheriar den von den Riesen schon lange hart bedrängten Menschen erst im äußersten Drange der Gefahr zu Hilfe eilen konnten.

mädchen, den Walküren (s. unten), welche die geleerten
Hörner sofort wieder süllen: man sieht, die Germanen
haben ihren Lieblingswunsch irdischen Lebens einsach
nach Walhall übertragen, und man begreist es, daß diese
Helden lachend starben in der Schlacht, „freudig sprangen
in die Speere und den Tod“, gewiß, zu Walhalls Freuden
einzugehen. Wenn aber nun eine plumpe und rohe Auf=
fassung das Heldentum der Germanen auf diesen Wunsch,
nach Walhall zu gelangen, zurückführt, erkennt tiesere
Forschung in der Seele des Volks, daß umgekehrt der
kriegsfreudige Heldengeist unsrer Ahnen jenes Walhall=
Bild geschaffen hat, in welchem nicht „Bier und Schweine=
fleisch“, sondern die Kampfesfreude, der Siegesruhm, die
Ehre, mit Odin den Tisch zu teilen, die höchste Wonne
gewährten.

Als Gott der kriegerischen Begeisterung und des Sieges
sowie der geheimen Zauberkünste (Seite 50) erfüllt er seine
Krieger mit Berserkerwut: nackt, ohne Panzer und
Schild, springen sie, stärker als Bären und Stiere, gegen
die Feinde, welche Odin durch Schreck blendet oder betäubt,
während jenen weder Feuer noch Eisen schadet. In den
Schlachten seiner Lieblinge kämpft er mit, auf weißem
Roß, mit weißem Schild: oder er bedient sich eines Zauber=
bogens, der ganz klein aussieht, aber größer wird beim
Spannen: zehn Pfeile zugleich legt er auf die Sehne und
zehn Feinde erlegt er auf einen Schuß.

Aber Odin ist auch in dem Sturm, welcher, zumal in
den Zeiten der Tag= und Nachtgleiche den balb nahenden
Frühling verkündend und Fruchtbarkeit und Wachstum
spendend, über die Läuber hinbraust: er ist der Anführer
des wütenden Heeres (Wuotis=, auch Muotisheer), der
wilden Jagd. Jene Naturgrundlage dieser Sagen und
Glaubensgebilde ist zweifellos: gerade in den „Zwölf

Nächten" von Weihnachten bis zum Tage der heiligen brei
Könige — also in der Zeit der Winter=Sonnenwende ——
„jagt Wotan im Walde die Holzweiblein", d. h. der
Sturm knickt die von weiblichen Wesen beseelt gedachten
Bäume. In dieser Zeit hielten wohltätige Mächte ihren
segnenden Umgang burch die Gaue: es sind die Lichtgötter
selbst, die Afen, an ihrer Spitze ihr König und die Königin,
welche zu der Zeit, da das Licht auf Erben am schwächsten
gewesen (also etwa November und in den ersten Wochen
bes Dezembers), Midgard verlassen unb sich nach Asgard
zurückgezogen hatten, nun aber bei zunehmendem Tages=
licht[1]) wieder ihren Einzug halten: im Mittelalter, da die
Götter zu Teufeln geworden, glaubte man baher solge=
richtig, daß um diese Zeit die bösen Geister volle Frei=
heit und Macht gewinnen, auf Erben zu schalten unb zu
walten.

Aber obwohl es nun der Teufel ist, der das wilbe
Heer durch die Lüfte führt, gilt es doch als Vorzeichen
großer Fruchtbarkeit des Jahres, wenn man in jenen
Nächten das „Muotis=Heer" recht laut ertosen hört — eine
Erinnerung an die alte wohltätige[2]) Bedeutung dieser

---

[1]) Insofern ist Wotan auch ein Frühlingsgott: er berührt sich
hier mit Freyr oder Baldur=Sigurb=Siegfried und tötet, wie dieser,
den Winterdrachen durch Speeresstoß von seinem weißen Roß herab;
während Sankt Georg oder Sankt Michael an Stelle Freyr=
Baldurs getreten, hat Sankt Martinus, ein kriegerischer Heiliger,
dessen Mantel (Kappa) den französischen Königen in der Schlacht
nachgetragen wurde, eben diesen Mantel, dann Roß und Schwert
mit Odin gemein.

[2]) Daher auch der Zug, baß, während im allgemeinen die
Menschen das wilde Gejaid zu fürchten haben, manchmal der Wild=
jäger reiche Gaben für geringe Dienste (z. B. für Halten seiner
Hunde, Füttern seines Pferdes) spendet: auch daß es Schutz vor
ihm gewährt, wenn man sich auf Pflug und Egge setzt, erinnert an

Ritte: deshalb, d. h. wegen der Spendung der Fruchtbarkeit, sind unter der wilden Jagd auch so viele weibliche Gestalten. Im Mittelalter sind im wütenden Heer
freilich nicht mehr Götter und Göttinnen, sondern Verbrecher, Selbstmörder, Meineidige, Sonntagschänder, Wild-
schützen, namentlich auch leidenschaftliche Jäger, welche
statt der himmlischen Seligkeit ewige Jagdfreuden sich gewünscht haben.

Es ist auffallend, daß, während doch Jagd neben Krieg
eine Hauptbeschäftigung, ja eine Hauptleidenschaft der Germanen war, eine besondre Jagdgottheit, der Artemis-
Diana entsprechend, bei ihnen nicht bezeugt ist (abgesehen
von Ullr, dem winterlichen Jäger): vielleicht war Wotan
als Führer der Jagd durch die Luft auch Gott der Jagd
auf Erden.

Aber oft ist es nicht ein Jagdzug, sondern ein Heer
von Kriegern, was Wotan durch die Lüfte leitet. Dann
führt er die Götter und die Einheriar aus Walhall (oder
„aus dem hohlen Berge") zum Kampfe gegen die Riesen,
und es berührt sich hier die Sage mit der oben erörterten
von dem errettenden Heere, welches von Karl dem Großen
oder von dem Rotbart im Augenblicke höchster Bedrängnis
des deutschen Volks aus dem Berge zur Hilfe heraus-
geführt wird: hört man das wütende Heer, sieht man etwa

---

die alte, dem Ackerbau freundliche Gesinnung der Umziehenden;
der Kreuzweg oder ein Baumstumpf mit einem eingeschnittenen
Kreuz gewährt dagegen als Symbol des Christentums Schutz wider
die Teufel, d. h. die alten Heidengötter der Luft. Wer freilich frech
in ihr Hallo!-rufen einstimmt, der muß zur Strafe mitjagen: er
wird emporgewirbelt, mit durch die Luft gerissen, halbtot, wahn-
sinnig, weit von seinem Weg ab niedergelassen: und wer sich einen
Beuteanteil ausbittet, dem fällt wohl eine blutige Menschenlende
auf den Kopf: denn die Jäger des Muotisheeres sind Krieger, welche
Menschen erjagen.

gar in den Wolken Gewaffnete dahinjagen, so bedeutet dies den baldigen Ausbruch großen Kriegs[1].

Und nicht nur auf Erden wandert „Wegtamr" (Seite 60), auch am Himmel zieht er unter den Sternen hin: er fährt hier die Milchstraße (auch „Helweg") entlang den „Odins= Weg" oder Frings=Weg", auf einem himmlischen Wagen — dem bekannten Sternbild — „Wuotanswagen", der auch „Irmins"=[2] oder „Karls=Wagen" heißt (daher ist Wotan „der ewige Fuhrmann").

Den Wegen am Himmel entsprechen Wege auf Erden in den einzelnen Reichen: so durchzog England in der Angelsachsenzeit eine „Irmingstraße" von Nord nach Süd, und auch die englische »Vaetlinga-straet« findet ihre Wiederholung am Himmel. Die großen Heer=, Volks=, Königsstraßen standen unter erhöhtem Friedensschutz, waren Wotan geweiht, und der wandernde Gott war auch der Gott der Wege[3].

---

[1] Die Namen und die Abstufungen der Sage sind landschaft= lich sehr verschieden: der Rodensteiner (der Schnellertsgeist), der Dürst, der Hackelbärand (d. h. hökul=barand, der Mantelträger = Odin, Seite 60), der Helljäger, der Wote. Außer den beiden großen Kaisern werden wohl auch König Artus, König Waldemar, Roland, der treue Eckart, Dietrich von Bern als Führer des wütenden Heeres genannt, ebenso wie als Führer der errettenden Schar im letzten Kampfe.

[2] Übrigens gebricht es nicht an Spuren, daß in „Irmin" nicht Odin, vielmehr Thor oder Tyr zu suchen.

[3] Die wichtigsten Seiten von Odins Wesen und Wirken ver= sucht folgendes Gedicht zusammenzufassen (aus „Odins Trost" von Felix Dahn, 10. Aufl., Leipzig 1901, S. 454):

„Aller Asen acht' ich | Den edelsten Odin! | Weisheit sein Wort, Wunder sein Werk, | Wonnig sein Weh'n. | Wann in weichem Weben | Frühe Frühlings= | Knospen er küßt, | Können die Kleinen die Kelche | Nicht mehr schlummernd verschließen: | Sie öffnen die Augen | Und hinweg küßt er kosend | Ihren ersten Atem.

II. Thor=Donar.

Die Naturgrundlage von Odins kraftstrotzendem Sohn[1]
Donar, nordisch Thôrr, ist, wie sein Name besagt, das

„Aber Odin auch | Stürzt im Sturm die Stämme | Uralter
Eichen! | Sein Hauch hetzt die Helden | In tapfre Taten und tapfern
Tod: | Jubelnd und jauchzend jagen sie jäh | In spitzige Speere,
in geschwungene Schwerter: | Selig im Siege, getrost auch im
Tode. | Denn sie wissen: es werden die weißen Walküren | Zu Wal=
halls Wonne tragen die Treuen, | Die lachend erlegen, fechtend und
fallend | Für die heilige Heimat und des Hauses Herd. | Auf Erden
aber ehrt sie unendlich | Der Sänger Gesang: sie leben im Liede! |
In den Hallen noch hört man harfen von Helden, | Die hoch der
Hügel hat überhöht.

„Wer aber wies die Sänger, zu singen? | Wer lehrte das Lied
und die hallende Harfe? | Wer anders als abermals Odin der Edle! |
Der Schläger der Schlachten ist selber ihr Sänger: | Sangvater ist
Siegvater, | Siegvater Sangvater zugleich!

„Und wer wies der Weisheit gewundene Wege | Dem begierigen
Geist, dem forschenden Frager | Nach Anfang und Ende des unend=
lichen Alls?

„Was da gewonnen an Wissen und Wahrheit | Der mühseligen
Menschen grübelnder Geist —: | Alles hat Odin uns offenbart! |
Er hat das hohe, das heil'ge Geheimnis geritzter Runen | Seine
Lieblinge lösen gelehrt! Stumm, doch verständlich, mit schweigen=
den Schritten, | Ein heiliger Herold, schreitet die Schrift: | Ein be=
redter Bote von Volk zu Volk | Trägt sie getreulich köstliche Kunde, |
Wachsende Weisheit pflegend und pflanzend | Von Geschlecht zu
Geschlecht: | Wie des Feuers Flamme | Selbst nicht versiegt, ob es
auch andern oftmals | Segen sprühend gespendet.

„Retter und Rater | Der mühvollen Menschheit | ist der Raben=
umrauschte | Runen=Vater: | Alles ist Odin, was hoch ist und
herrlich, | Was wonnig und weise, was stolz und was stark! | Lobt
ihn im Liede, ehrt ihn mit Andacht, solang ihr lebet: | Und fallet
einst herrlich, in Helmen, als Helden, | Daß fröhlich ihr fahret nach
Asgard zu Odin, | Ewig in Walhalls Wonnen zu wohnen.“

[1] Seine Mutter ist die große Erdgöttin Jörd, seine Gemahlin

donnernde Gewitter; nach seiner idealen Bedeutung aber
ist er der schützende Gott des Ackerbaues und — solge=
weise — aller menschlichen Fortschritte.

Der Zusammenhang dieser auf den ersten Anblick be=
fremdenden Verbindung liegt darin, daß das Gewitter
nicht in seinen den Menschen und ihren Werken schädlichen,
sondern in seinen dem Ackerbau wohltätigen, die Erde be=
fruchtenden Wirkungen als die Naturgrundlage des Gottes
gefaßt wird: nicht der Blitz, der den Pflüger und sein
Rind hinter dem heiligen Pflug erschlägt und die gefüllte
Scheune entzündet, nicht der Gewittersturm, der dem Ge=
höfte das Dach von dem Haupte wirft, nicht der Wolken=
bruch, der die Herde dahinschwemmt, oder der Hagel,
welcher die Saaten zerschlägt: — nicht solche Wirkungen
des Gewitters gehen aus von Donar, dem Beschützer des
Baumannes, „der Menschen Freund" —: diese sind viel=
mehr die Werke seiner Feinde, der Riesen, eines älteren
riesischen Donnergottes (Thrymr) und der Sturm= und
Hagelriesen. Donars Sendungen, Gaben und Werke
sind vielmehr der befruchtende, warme Gewitterregen,
welcher das Saatkorn[1] aufquellend keimen läßt und in

heißt Sif (s. unten), beider Tochter ist Thrud; Sifs Sohn aus
früherer Ehe, also Thors Stiefsohn, ist Ullr; durch Jarnsaxa
(Eisenstein?), eine Riesin, ist Thor Vater von Modi und Magni
(Mut und Kraft).

[1] Thors Tochter Thrud (Kraft) war in des Vaters Abwesen=
heit dem klugen Zwerg Alwis verlobt: heimgekehrt, hebt Thor
das Verlöbnis auf oder will doch die Tochter dem Zwerge nur
lassen, wenn dieser alle seine Fragen beantworten könne: er hält
ihn nun so lange mit Fragen hin, bis die Sonne in den Saal scheint
und der Dunkelelbe zu Stein erstarrt. — Uhland in seinem hoch=
poetischen Mythus von Thor, Stuttgart 1836, deutet Thrud=
vang (Kraft=anger), Thors Gebiet, auf das fruchtbare Bauland:
seine Tochter ist das Saatkorn, welches, in die Erde versenkt, wäh=
rend des Winters, wann der Gewittergott fern ist, für immer den

würzigem Brodem aus den befeuchteten, dunkelbraunen
Schollen wieder in die gereinigten Lüfte steigt: sein Atem
ist der erfrischende, erquickende Hauch, welcher die brütende
Schwüle des Sommertages in die wohlige Kühlung auf=
löst und seines kräftigen Armes Tat ist die Zerschmetterung
unb Zermürbung des öden, unfruchtbaren Felsgebirges
durch den Wurf seines nie fehlenden unb nach jedem
Wurf von selbst in seine Hand zurückfliegenden Stein=
hammers (die ältesten Waffen unb Werkzeuge der Ger=
manen waren von Stein) Miölnir, des Zermalmers[1]):
die trotzigen Häupter der Steinriesen trifft er mit zer=
trümmernden Blitzen[2]) und verwandelt allmählich die

Dunkelelben verfallen scheint, aber bei der Rückkehr des Donner=
gottes befreit wird, indem es aus dem Schoß der Erde hervor in
Halme sprießt.

[1]) Nach dem Volksglauben schleudert der Blitz keilförmige
„Donnersteine", „Donneräxte", „Donnerhämmer" tief, so hoch wie
Kirchtürme ragen, in die Erde: so oft es von neuem donnert,
steigen sie der Oberfläche näher, nach vielen Jahren kann sie ein
Hahn aus dem Boden scharren (J. Grimm, D. Mythologie,
3. Aufl., Göttingen 1854, I, S. 161). Obzwar Miölnir die beste
aller Waffen, war doch den Zwergen, welche den Hammer fertigten,
der Stiel zu kurz geraten: — ein Zug des Humors, der besonders
Donar, den Gott der Bauern und der Knechte, gern in das Komische
zieht: bei aller Verehrung steht er nicht in so erhabener, geheimnis=
voller Unnahbarkeit wie Odin, und muß sich auch wohl einen Scherz
gefallen lassen. Weil auch Donar im Mittelalter als Teufel gedacht
oder vielmehr auf das Bild des Teufels auch Züge von Donar
übertragen wurden, heißt der Teufel „Meister Hämmerlin" und
schwingt einen „Zauberhammer". Dahn, Altgermanisches Heiden=
tum in der christlichen Teufelssage, Bausteine I, S. 260, Berlin 1879.

[2]) Wir bemerkten bereits (Seite 11), daß also bei den Germanen
nicht, wie bei Hellenen und Italikern, der höchste Gott den Blitz=
strahl führt; daß Thor ursprünglich der höchste Gott gewesen sei
(wie neuerdings wieder H. Petersen behauptet: vgl. dagegen
Dahn in dem „Magazin für Literatur des In= und Auslandes",
Januar 1884; auch Dahn, Bausteine V, Berlin 1885), darf man

Schroffen von Kalk, Granit und Basalt, welche jedes Wachstum ausschließen, dem Pflug des Menschen nichts gewähren, zerbröckelnd und verwitternd in fruchtbares Bauland, das dereinst die golden wogende Ernte tragen mag.

So ist der Gewittergott zugleich der Gott des Ackerbaues, der schützende Gott des Bauern[1]): ausdrücklich wird er im Gegensatz zu Wotan, dem Gott der Könige und Helden, der „Bauern=Gott" genannt. Daher zieht er durch die Lüfte auf rollendem Wagen, dessen Räder eben das Geräusch des Donners erzeugen, dem Sämann Segen herunterstreuend: daher wird sein Wagen[2)] von den ihm heiligen Ziegenböcken Tann=gniostr und Tann=grisnir, Zahn=Knisterer und Zahn=Knirscher, gezogen: — die Ziege, das Haustier der Armut, folgt dem Menschen nachkletternd bis an die oberste Grenze urbaren Fruchtlandes und unwirtlicher Felsen. Da nun aber mit dem Übergang vom schweifenden Hirten= und Jäger=Leben zu Ackerbau in festen Sitzen der Anfang aller höheren Gesittung gewonnen ist, wird Donar auch zum Gott der menschlichen Kultur überhaupt: sein Steinhammer ist nicht nur Kriegswaffe im Kampfe gegen die Felsriesen, er dient auch friedlichen Zwecken: die Berührung mit dem Hammer weiht das Mädchen zur bräutlichen Frau und heiligt wie den Becher bei dem „Becherfrieden" des

aber hieraus so wenig folgern, als aus dem Umstand, daß allerdings in manchen Gegenden (so in Norwegen) Thor vorzugsweise verehrt wurde, so daß er geradezu der As, der „Land=As" heißt, und daß Heiden vor allem als „Verehrer Thors" bezeichnet werden.

1) „Welch tüchtigen Sinn erweist ein Volk, das in dem Donner seinen besten Freund vernimmt" (Uhland).

2) Aka, Wagen, daher Öku=Thor: er reitet nie — er fährt oder geht: so watet er durch die vier Ströme zu dem Gericht am Urdar=Brunnen, während die andern Götter über Bifröst reiten, die unter seinem Wagen in Brand geraten würde.

frohen Gelages, so die Schwelle des Hauses mit er=
höhter Befriedigung: der Hammerwurf bildet auch
das uralte Maß bei Landnahme und Landzuteilung,
bei der Ansiedlung[1]). Der Hammer schlägt die ehrwür=
digen Marksteine in den Boden, er festigt die Weg=
säulen, er schlägt die stämmeverbindende Brücke und
läßt die Grenzen „enden und wenden": ja er, der
„Weiher" (vêorr), weiht zuletzt noch den Scheiterhausen,
auf welchen fromme Hände den Toten zur letzten Ehren=
feier gebettet.

Dieser Gott des germanischen Bauers ist nun aber —
und das ist Donars Bedeutung als Ausdruck des germa=
nischen Volksgeistes — niemand anders als: der germa=
nische Bauer selbst, wie er leibt und lebt, wie er arbeitet
und rastet, wie er zecht und schmaust, wie er einen guten,
derben Spaß gern antut und gern verträgt, gutmütig im
Gefühl der gewaltigen Kraft, plump, oft überlistet, aber
auch, wenn gereizt, unbändig und ungetüm in alles zer=
schmetterndem Jähzorn. Diese wohlbekannten Züge aus
dem breiten Gesicht des germanischen Bauers: — wir
finden sie alle wieder in dem Bild, das uns die alten
Sagen vom rotbärtigen Gott des Donners zeichnen.

Der germanische Bauer ist der beste Bauer der Erde:
sein Fleiß, seine unermüdliche, liebevolle Hingebung an

---

[1]) Hierbei der individuellen Kraft Rücksicht tragend. Hierauf
beruht das folgende Gedicht, Thors Hammerwurf: „Thor
stand am Mitternachtsende der Welt, | Die Streitaxt schwang er,
die schwere: | ‚So weit der sausende Hammer fällt, | Sind mein das
Land und die Meere!' — | Und es flog der Hammer aus seiner
Hand, | Flog über die ganze Erde, | Fiel nieder am fernsten
Südensrand, | Daß alles sein eigen werde. | Seitdem ist's freudig
Germanenrecht, | Mit dem Hammer Land zu erwerben: | Wir
sind von des Hammergottes Geschlecht | Und wollen sein Weltreich
erben." (Felix Dahn, „Harald und Theano", Leipzig 1852.)

Pflug und Ackerwerk haben ihn dazu gemacht; unabläſſig
ſchafft und ringt er gegen die Ungunſt der Natur; er gerät
in Eiſer, in einen wahren Zorn der Arbeit, wo es gilt,
dem Boden urbar Land abzugewinnen. Denſelben Zug
hat Donar: unabläſſig, unermüdlich iſt er hinter ſeiner
Bauarbeit her: dieſe aber beſteht nicht darin, hinter dem
Pfluge zu gehen: — erſt muß Boden für den Pflug ge=
wonnen ſein: und dieſen Boden zu gewinnen iſt Donar
unaufhörlich unterwegs[1] im Kampf mit den Steinrieſen:
wo er nur ein ſolches Fels=Ungetüm noch unbezwungen
ragen weiß, dahin fährt er ſofort auf dem rollenden
Wagen, ihm den harten Schädel zu ſpalten; er gerät in
hellen Zorn, wo er die ſpröden Geſellen trifft, er weichet
nicht, bis ſie zermürbt ſind: es iſt der germaniſche Bauer
der Urzeit, der einen grimmen Kampf ums Daſein mit
dem Geſtein des Felsgebirges führt: die Stahlhand=
ſchuhe des Gottes, welche er führt, ſich an dem glühen=
den[2] Blitzhammer nicht die Hand zu verbrennen, ſind die
feſten, arbeitharten Fänſte des deutſchen Pflügers, der
zauberkräftige Stärkegürtel (Megin=Giardr) des Gottes aber,
der immer wieder neue Kräfte leiht („die Kraft verdoppelt“),
wenn man ihn feſter anzieht, iſt der Entſchluß unweichen=
der Ausdauer, die nimmer erlahmt.

Auch äußerlich ſpiegelt die Erſcheinung des Gottes den
germaniſchen Bauer wider: er iſt nicht ſein, zierlich oder

---

[1] Auf der Fahrt nach Oſten, weil von Oſten her die der Saat
ſchädlichen kalten Winde kommen, während die Gewitter von Weſten
aufzuſteigen pflegen (d. h. eben in Skandinavien).

[2] Deshalb heißt er: „Hlôrridi“, der in Glut, in Lohe
fahrende, und wegen der Raſchheit des gleichſam geflügelten Ge=
witters „Wingthor“, der „beſchwingte Thor“. Dieſe Namen
kehren wieder in Wingni und Hlôra, ſeinen Pflegeeltern (oder
Pflegekindern: denn fôſtri kann beides bedeuten).

von uatürlicher Anmut wie Balbur, nicht geheimnisvoll, großartig, erhaben-schön wie Wotan: breitknochig, breit= schulterig, breitbackig, mit wirrem, fuchsrotem[1] Bart rund um das Kinn und die Wangen, wie ihn heute noch der westfälische Landmann trägt, um ihn fliegend im Wind oder in der Wut, wenn er zornig darein bläst: derb, ja plump, langsam, ungefüg, von schwerfälliger Bewegung, aber von unwiderstehlicher, bärenstarker Kraft.

Der deutsche Bauer, sagten wir, ist ein trefflicher Bauer: aber er ist auch ein sehr starker Esser und Trinker.

Auch darin ist Gott Thor ein Vorbild — oder rich= tiger: ein Nachbild! — des germanischen Bauers, dessen Verzehrungsvermögen man in den Polizeiordnungen des Mittelalters bei den Schmäusen zur Taufe, Kirchweih, Hochzeit und Begräbnis von Amtswegen Schranken ziehen mußte. In einem der schönsten, weil abgerundetsten und einheitlichsten, Lieder der Edda, Hamarsheimt, des Hammers Heimholung, oder Thrymsquida, das Lied vom Riesen Thrym (oder nordisch: Thrymr), wird uns erzählt, wie Thor, dem, während er schlief, der Riese Thrym[2] seinen Hammer entwendet hat und nur zurück= geben will, wenn ihm Freya als Braut zugeführt wird,

---

[1] Die rote Farbe, die des Blitzes, ist ihm heilig: daher auch Tiere von roter Farbe: der Fuchs (der Bär dagegen wegen seiner Stärke), das Eichhorn, das Rotkehlchen, die rote Vogelbeere (s. unten: die Fahrt nach Geirrödsgard). Außerdem die Eiche, weil der Blitz gern in Eichen schlägt (oder als Wahrzeichen der Kraft?).

[2] Vielleicht älterer riesischer Gewittergott, der aber jetzt nur noch als schädlich wirkend gilt. Acht Rasten tief hat er Thors Hammer unter der Erde verborgen: man deutet dies auf die acht (nordischen) Wintermonate, in welchen Gewitter nicht vorkommen, muß dann aber freilich Thrym nicht als Gewitter=, sondern als Winterriesen auffassen.

sich als Freya verkleidet zu dem Riesen begibt und hier
beinahe durch sein ungeheures Zulangen bei dem Hochzeits-
schmaus sich verrät: die Braut verzehrt einen ganzen ge-
bratenen Ochsen und acht Lachse, ferner sämtliches süße
Gebäck, welches für alle Mädchen und Frauen bestimmt
gewesen war, und trinkt dazu drei Kufen Met. Der
Bräutigam verwundert sich: „Wer sah," meint er kopf-
schüttelnd, „wer sah je Bräute so gierig schlingen! nie so
viel Met sah ein Mädchen ich trinken." Der schlaue Loki,
der, als Freyas Magd verkleidet, daneben sitzt, weiß freilich Rat, um den durch seinen eignen Durst beinahe verratenen Freund herauszulügen: acht Tage und Nächte,
erklärt er entschuldigend, habe die Braut nichts genossen
— vor Sehnsucht nach dem Bräutigam. Dadurch ist Zeit
gewonnen, bis der ersehnte Hammer herbeigebracht wird,
die Braut zu weihen! — sofort ergreift der Gott die vertraute Waffe, — das Herz lacht ihm im Leibe, wie er sie
wieder schaut — und zerschmettert dem Riesen und sämt-
lichen Gästen von dessen Sippe die harten Häupter.

Auch das Plumpe, Ungeschlachte und Ungefüge, das
dem germanischen Bauer anhaftet und seine gewaltige Kraft
zuweilen ratlos erscheinen macht, die Unbeholfenheit der
Glieder und der Seele, spiegelt sich in seinem Gott. Nach
der Schilderung des erwähnten Liedes wäre der starke
Gott, der sich im Schlafe seine geliebte Waffe hat ent-
wenden lassen, mit all seiner furchtlosen Stärke nie dazu
gelangt, seinen Hammer auch nur wieder zu sehen, hätten
nicht andre für ihn kluge Listen ersonnen: darauf weigert
er sich noch, sie auszuführen, er sträubt sich in seiner be-
dächtigen Ernsthaftigkeit, Freyas Kleider anzulegen: „mich
würden die Asen weibisch schelten, legt' ich das bräutliche
Linnen mir an" — und gebärdet sich dann, auch nachdem er in den Plan gewilligt, so gröblich ungeschickt, daß

82

er in der Ausführung jeden Augenblick alles zu verderben droht. Und ebenso spielt er in manchen andern Abenteuern, die er auf seinen Fahrten erlebt, häufig die Rolle des (ungeachtet seiner Bärenstärke: — bezeichnend ist sein Beiname „Björn", der Bär) und trotz seines nie erschrockenen Mutes durch seine List Geprellten und Gefoppten (bei den Wanderungen, welche die Götter=Trilogie Odin, Loki und Thor in Gemeinschaft unternimmt, trägt Donar oft die Prügel davon, eine Rolle, in welcher ihn nach der Annahme des Christentums bei den legendenhaften Wanderungen von Christus, Johannes und Petrus der letztgenannte Apostel ablöst), bis er etwa, spät genug, die Tücken entdeckt, die Geduld ihm reißt und nun freilich nichts der gereizten Kraft des Zornigen widersteht, der mit seinem Hammer allen Widerstand in Trümmer und Scherben schlägt —: wer kennt hier nicht die Rolle wieder, welche die schlichte deutsche Kraft, der „deutsche Michel", — man verzeihe die Erinnerung an eine für immer vergangene Zeit! — durch fünf lange Jahrhunderte oft genug gespielt hat? Denn auch der Zug schlichter Gutmütigkeit, die sich hochherzig der ungeheuren Kraft nur spät und zögernd[1]) zur Abwehr bedient, die kleine Verstöße, zumal Schwächeren, gern nachsieht und wohlwollend, kindlich, freundlich den Geringeren hilft, fehlt nicht im gutmütigen Gott des gutmütigsten aller Völker. Auf einer seiner Fahrten spricht er in der Hütte armer Bauersleute ein, welche ihm, da sie selbst gar nichts haben, keine Speisung bieten können: da läßt er seine eignen beiden Ziegenböcke schlachten und nährt davon seine Wirte und deren Kinder.

---

[1]) Dieser Zug Thors ist übergegangen in Dietrich von Bern, dem aber dann doch im Zorn Feueratem aus dem Munde weht, der selbst Herrn Siegfrieds hörnene Haut schmilzt.

Endlich aber — auch die unwiderstehliche Kraft und Tapferkeit des Riesentöters ist das Bild des germanischen Wehrmannes: hat der Feind seinen Grimm geweckt, dann „fährt Asa-Thor in seine ganze Stärke": er bläst in seinen fliegenden roten Bart, läßt den furchtbaren „Bartruf" ertönen, stürmt gradan wider den Feind und schleudert mit niemals fehlender Hand den alles zerschmetternden Hammer.

Der Aufgabe Thors, den Ackerbau zu schützen, entsprechen die meisten an ihn geknüpften Sagen. So die, wie er zu seinem Knechte Thialfi kam. Auf einer seiner Fahrten kehrt der Gott bei einem Bauern ein, schlachtet selbst seine beiden Böcke (Seite 82) und gebietet dabei nur streng, die Knochen, ohne sie zu versehren, auf die beiden Bockshäute zu werfen. Als aber am andern Morgen der Gott durch seinen zum Leben neu erweckenden Hammer — ein Zug, der durch viele heidnische Sagen und christliche Legenden geht — die beiden Böcke wieder belebt hat, lahmt der eine Bock am Hinterbein: Thialfi („Arbeit"), des Bauern Sohn, hatte, um das Mark zu schlürfen, den Röhrenknochen zerschlagen. Den Zorn des Gottes zu beschwichten, gibt der Bauer seine beiden Kinder zur Buße hin, Thialfi und dessen Schwester Röskwa (die Rasche), welche fortab den Gott überall hin als seine Diener begleiten[1]).

_____

[1]) Man hat verschiedene Deutungen versucht: so z. B. soll der Bauer gestraft werden, der zu leicht zum Marke kommen will, d. h. Raubwirtschaft betreibt. Sehr unwahrscheinlich! Vielleicht findet man aber auch folgende Vermutung bedenklich: die vorgermanischen Pfahlbauleute (Finnen?) spalteten regelmäßig, des Markes wegen, aus Hunger, die Knochen: das ist des Germanen, der vom Ackerbau lebt, unwürdig; wer es noch fortsetzt, verfällt als tiefer stehender Knecht dem Gott des Ackerbaues. — Gewarnt sollte offenbar werden vor irgend einem Mißbrauch: — aber vor welchem? — Daß die Wiederbelebung oder Heilung oder Zurück-

Ähnliche Bedeutung hat die Sage von Thors Kampf mit dem Riesen Hrungnir. Beide hatten sich zum Zweikampf ein Stelldichein gegeben an der Ländergrenze bei Griôtûnagardr. Die Riesen gesellten ihrem Vertreter einen Diener Möckurkalfi, den sie aus Lehm schufen, neun Rasten (ein Wegmaß, eine Strecke, nach deren Zurücklegung man füglich rasten mag) hoch und unter den Armen drei Rasten breit: sie setzten ihm das Herz einer Stute ein, das aber nicht viel taugte, denn als Thor nahte, geriet Möckurkalfi in schimpfliche Furcht. Hrungnir dagegen hatte ein Herz von hartem Stein: Stein war auch sein Haupt, Stein sein Schild, und die Keule oder Stange, welche er auf der Schulter trug, ein Schleifstein. Thor kam begleitet von Thialfi: dieser riet Hrungnir, er möge den Schild nicht vor sich halten: denn von unten werde Thor ihn angreifen: darauf warf jener den Schild auf die Erde und stellte sich darauf. Nun begann der Kampf zwischen Thor und Hrungnir, Thialfi und Möckurkalfi. In Asen-Zorn fährt der Gott gegen den Riesen und schleudert den Hammer: Hrungnir hebt abwehrend die Schleifsteinstange, diese bricht, ein Stück fällt zur Erde und daraus sind alle Wetzsteinfelsen auf Erden entstanden. Das zweite Stück aber fuhr in Thors Haupt, so daß dieser vornüber fiel: zugleich aber hatte Miölnir des Riesen Schädel in tausend Stücke zerschmettert, dieser stürzte ebenfalls nach vorn und sein ungeheurer Fuß kam auf Thors Hals zu liegen, so daß dieser sich nicht erheben konnte. Vergebens mühte sich Thialfi, der inzwischen seinen Gegner erlegt hatte, ihm zu helfen, vergebens auch alle herbeigeeilten Asen. Nur Thors Sohn, Magni, der doch erst

verwandlung durch Schuld, Eigennutz eines Dritten nicht voll gelingt, ist ein sehr häufig in germanischer und fremder Sage begegnender Zug.

drei Winter alt war, konnte es: der Knabe meinte lachend, mit der Faust hätte er den Riesen erschlagen. Da fuhr Thor heim, aber der Stein stak noch in seinem Haupt. Eine Zauberin Grôa, die Mutter Örwandils, des Recken, ward geholt: sie sang ihre Zauberlieder über seinem Haupt und schon lockerte sich der Stein. Da wollte Thor ihr danken durch die frohe Kunde, er habe von Norden her über die Eli=wagar (Seite 17) watend ihren Sohn in einem Korbe aus Riesenreich davongetragen (der also, müssen wir annehmen, dort gefangen gehalten worden war). Als Wahrzeichen gab er an, Örwandil habe sich eine aus dem Korbe hervorragende Zehe erfroren, Thor habe sie abgebrochen und sie an den Himmel geworfen, wo sie zu dem Sternbild „Örwandils=Zehe“ geworden sei: Örwandil selbst werde nun bald kommen. Darüber freute sich Grôa so sehr, daß sie ihrer Zauberlieder vergaß — und so steckt heute noch der Stein im Haupte Thors[1]).

Diesen Mythus hat Uhland wunderschön gedeutet: Hrungnir, ganz von Stein, ist die dem Anbau wider= strebende Steinwelt (von at hruga, aufhäufen, also das hoch übereinander getürmte Felsgebirge): „Grot=tuna=gardr“, der Ort des Kampfes, ist die Grenze zwischen Steingebild und Bauland; denn grot „Gries“ ist Geröll, tun, Zaun, gardr, Gehege: Thialfi ist die menschliche, bäuerliche Kraft, diese ist gewöhnt von unten herauf das Gebirge zu be= arbeiten: aber Asathor fährt von oben einher. Mit dem langen, breiten Lehmstreifen, der wenig widerstandsfähig ist, d. h. mit Möckurkalfi, wird auch Menschenkraft fertig:

---

[1]) Darum soll man solche Steine nicht zum Wurf brauchen, sonst rührt sich (schmerzend) der Stein in Thors Haupt; darf man das so deuten: die zur Schärfung der Pflugschar und andrer Eisen= geräte unentbehrlichen Wetzsteine sollen nicht achtlos verschleudert werden?

die Steingebirge zerschmettert nur der Gewittergott. Der stürzende Riese begräbt beinahe Thor selbst: verschüttende Bergstürze, Thors eignes Werk, bedrohen das Bauland; gerettet wird er durch seinen obzwar noch ganz jungen Sohn Magni: die personifizierte Willenskraft der Asen; das Stück Gestein, das in Thors Haupte stecken bleibt, ist das Gestein, das auch im urbaren Feld der Pflug oft noch findet. Gróa (vgl. neuenglisch to grow) ist das Wachstum, das Saatengrün, welches vergeblich bemüht ist, jene Steine zu überdecken, Thors Wunden zu heilen: der Sohn Ör=wandil (der mit dem Pfeil, ör, arbeitende) ist der spitze Fruchtkeim, der aus der Saat hervorstreben und aufschießen will. Thor trägt ihn über die Eisströme im Korb: d. h. er hat das keimende Pflanzenleben unter der schützenden Schneehülle vor der Winterkälte geborgen: aber „allzukeck" hat der Keim eine Zehe vorgestreckt und sie erfroren[1]. In der Heldensage ist Thor zu Dietrich von Bern (Seite 82) geworden: daher steckt in Dietrichs Stirn seitdem ein Stein wie in Thors Haupt. Örwandil aber wird zu dem Orendel der Heldensage, der ist der „älteste aller Helden".

Thor ward als Blitzschleuderer, als Donnerer von Römern, Griechen und andern Fremden, ja im deutschen Mittelalter auch von unserm Volk vielfach mit Jupiter= Zeus verwechselt: so heißt der Donnerstag im Latein des Mittelalters „dies Jovis", die zu Geismar von Winfried zerstörte Donnereiche „robur Jovis", die vielen Donners= berge „montes Jovis", die Pflanze Donnerbart „barba Jovis".

Aber auch als Herkules ward Thor aufgefaßt wegen

---

[1] Des Riesen erbeutetes Roß schenkt Thor seinem Sohne Magni zur Belohnung: es heißt Gul=faxi, „Goldmähne": darf man deuten: der fleißigen Kraft gibt der Gott des Ackerbaues das goldig= wogende Ackerfeld zum Lohne?

des der Keule entsprechenden Hammers, mehr noch wegen
seiner Fahrten, in welchen er als Beschirmer des Menschen
gegen riesische Ungetüme auftritt. Wie es nun des Herkules
meist bewunderte Tat war, daß er in die Unterwelt
eindrang und dort den Höllenhund Cerberus bezwang,
so ist auch Thor sieghaft in die Unterwelt hinabgestiegen.

Mit Loki und dem getreuen Thialfi wanderte er ein=
mal ostwärts gegen Riesenheim: in einem großen Walde
nahmen sie Nachtlager in einer leeren Hütte. Um Mitter=
nacht entstand ein Erdbeben: die Hütte schwankte: sie
flüchteten in einen Anbau der Hütte. Bei Tagesanbruch
fanden sie im Wald einen Mann liegen, der war nicht
klein. Er schlief und schnarchte: da merkten sie, daß dies
Schnarchen das Erdbeben gewesen: Erwacht und befragt,
nannte er sich Skrymir: „dich brauch' ich nicht zu fragen,
ich kenne dich, Asathor! Aber wo hast du meinen Hand=
schuh?" Mit diesen Worten streckte er den Arm aus und
hob seinen Handschuh auf: da sah Thor und — nicht ohne
Staunen! — daß dieser Handschuh die Hütte und der
Däumling der Anbau gewesen war. Thor, Thialfi und
der Riese wandern nun zusammen: abends legen sie sich
unter eine Eiche: Skrymir schläft ein. Vergebens strengt
Thor alle Kräfte an, die Schnüre des Speisebündels zu
lösen, welche der Riese zusammengezogen und obwohl er
mit dem Hammer zuschlägt, vermag er den Schläfer nicht
zu wecken. Der Riese meint, im Schlafe, träumend, bei
den wuchtigen Schlägen nur, es sei ihm eine Eichel auf
den Kopf gefallen. Am Morgen trennen sie sich. Skrymir
sagt, die Fremden würden nun bald zu der Burg Utgard
des Königs Ut=gard=Loki gelangen: dort möchten sie
sich, riet er, nur ja recht bescheiden betragen: denn die
Hofmänner jenes Königs würden Übermut von solchen
Bürschlein nicht ertragen — (Der Scherz der ganzen Er=

zählung ist, daß das sonstige Verhältnis zwischen Thor und den Riesen geradezu auf den Kopf gestellt wird.) — Das Gitter der Burg vermögen Thor und Thialfi nicht zu öffnen: so müssen sie sich denn — recht demütigend — durch die Stäbe hindurchschmiegen. Utgardloki erwidert ihren Gruß nur äußerst geringschätzig und wundert sich vor allem, daß Asa-Thor gar so klein sei! Nun beginnen Wettspiele der Gäste mit den Hofleuten des Königs: gegen Loki tritt ein Logi auf: sie wetten, wer stärker essen könne: Loki ißt alles Fleisch von den Knochen, aber Logi die Knochen und den Trog dazu! Thialfi wird von Hugi im Wettlauf überwunden. Nun soll Thor ein Horn leeren, das einige von des Riesenkönigs Leuten in einem Zug, auch seine schwächsten Trinker aber in drei Zügen leeren! Thor jedoch vermag, soviel er schluckt, — und er vermag es (Seite 81!) — kaum eine Minderung in dem Horn merklich zu machen. Dann soll er Utgardlokis graue Katze vom Boden aufheben: aber nur einen Fuß lupft die Katze auf, so gewaltig Thor sich müht. Endlich soll er ringen mit einem alten Weib (!), Elli, des Königs Amme: aber die Alte steht unerschütterlich, während Thor bald ins Knie sinkt. Sehr bestürzt finden sich die Gäste in allen Kraftproben unterlegen. Als aber am folgenden Tage der König sie verabschiedet, deckt er ihnen auf, daß sie gestern nur durch ein Blendwerk getäuscht worden: zuerst habe er in Skrymirs Gestalt jenes Bündel mit Eisenbanden zusammengeschmiedet, dann gegen die Hammerhiebe Felsstücke vorgehalten, in welche Miölnir tiefe Lücken geschlagen; Logi war das Wildfeuer (der Blitz), Hugi der Gedanke, das Horn war nicht zu leeren, weil das andre Ende im Meere lag; die „kleine Minderung" bedeutet die Ebbe. Die graue Katze war niemand geringerer als die Midgardschlange und Elli war das Alter, „das die Stärksten zu Falle bringt". Der Riesenkönig Utgardloki ist der Todesgott, sein Reich die Unterwelt: füglich mag das Alter des Todes Amme heißen[1]).

Ganz ähnlich gestaltet sind die beiden Sagen von Thors Fahrten nach Geirrödsgard und zu dem Riesen Hymir.

Loki, dessen gefährliche Vielgeschäftigkeit die Götter gar oft in schlimme Lagen bringt, war, zur Kurzweil und aus Neugier, einmal in dem von Freya entliehenen Falken= hemb (s. unten Freya) auf Abenteuer ausgeflogen, kam in Riesenreich an die Halle Geirröds und guckte zum Fenster hinein. Er wird ergriffen: an den Augen merkt der Riese, daß jener kein Vogel, sondern ein Mann sei: und da Loki nichts gesteht, sperrt er ihn in eine Kiste und läßt ihn drei Monate hungern. Das macht den Falken kirre: er gesteht, wer er sei und erkauft sich die Freilassung durch das Versprechen, Thor ohne seinen Hammer und Stärkegürtel nach Geirrödsgard zu schaffen: — also waffen= los. Der mutige Thor geht gutherzig auf das gefährliche Wagnis ein, des Genossen Wort einzulösen. Unterwegs entleiht er von einer Riesin Grid (nordisch Gridhr, der Mutter des „schweigsamen Asen" Widar) deren Stärke= gürtel, Eisenhandschuhe und Stab. Der Strom Wimur, aller Flüsse größter, sperrt ihren Weg: da umspannt sich Thor mit jenem Gürtel, stemmt der Riesin Stab gegen die Strömung und watet hinein, Loki hält sich unten an Thors Gürtel. Der Strom wächst plötzlich, daß er Thor

---

[1]) Mit Asa=Loki ist Utgard=Loki nicht zu verwechseln: es ist freilich folgewidrig, daß der Riese Logi, der mit Asa=Loki ringt, das Wildfeuer, d. h. der Blitz, ist, den doch Thor schwingt: indessen gab es offenbar einen riesischen älteren Feuergott wie Donnergott (Thrymr): andre erklären das Wildfeuer als unterirdisches Feuer. Zahlreiche Nachklänge dieser Sage finden sich in deutschen Märchen, z. B. vom kleinen Däumling.

bis an die Schultern steigt, aber der Siegbewußte ruft: „Wachse nicht, Wimur, nun ich waten muß hin zu des Riesen Hause: wisse: wenn du wächsest, wächst mir die Asenkraft eben hoch dem Himmel!" Alsbald merkt er, daß Gialp, Geirröds Tochter, quer über den Fluß gestellt, das Steigen des Wassers verursacht. Er vertreibt sie durch einen Steinwurf und lacht: „An der Quelle muß man den Strom stauen." Am Ufer ergreift er einen Vogelbeerstrauch (Seite 80) und schwingt sich ans Land, daher der Spruch: „Der Vogelbeerstrauch ist Thors Rettung." In Geirröds Halle findet sich nur ein Stuhl: kaum hat sich Thor darauf gesetzt, schnellt der Tückische gegen die Decke: aber Thor stemmt Grids Stab zwischen Stuhl und Dachgebälk und drückt den Stuhl zu Boden: da begab sich groß Schreien und Krachen: Geirröds Töchtern, jener Gialp und der zweiten, Greip, waren die Genicke gebrochen (sie hatten offenbar heimtückisch unter dem Stuhle kauernd diesen hochgehoben). Im Wettspiel schleudert der Riese einen glühenden Eisenkeil auf Thor: aber dieser fängt ihn mit den Eisenhandschuhen der Riesin in der Luft: nun flüchtet Geirröd hinter einen Pfeiler: aber Thor wirft den Keil durch den Pfeiler, durch des Riesen Leib, durch die Wand und draußen noch in die Erde.

Sehr sinnreich und poetisch ist auch hier Uhlands Deutung: Geirröd ist ein Riesendämon der Gluthitze, des Hochsommers, der sich in flammenden Blitzen und in Wolkenbrüchen entladet: seine Töchter, die „Lärmende" und die „Greifende", sind die dem Ackerbau so verderblichen Überschwemmungen der Bergströme nach Hochgewittern. Diese Gewitter gehen nicht von Thor aus (Seite 75), er bekämpft sie vielmehr: seinen Hammer hat er eben deshalb diesmal nicht bei sich: denn nicht er sendet diese

Blitze: der Hochsommer in der schädlichen Gluthitze ist riesisch [1]).

Der Vogelbeerstrauch wird Thors Rettung, weil „zur Zeit, da diese Beeren reisen, die schädlichen Gewitter nachlassen"[2]). Der Stuhl ist die Brücke: Brückenbauten, wie alle Kulturwerke, sind Thors Schutz befohlen: von dem darunter brausenden, überschwemmenden Bergstrome werden die Brücke und die ihr Vertrauenden, über sie Hinschreitenden schwer gefährdet: die Unholdinnen, unter ihr sich hebend, drohen, sie nach oben hin zu zersprengen, aber Thor schützt den ihm geheiligten Bau, hält die Brücke aufrecht und beugt die Wildwasser nieder[3]).

---

[1]) Daher fehlen dem wohltätigen Gott jetzt auch Stärke= gürtel und Handschuhe, so vermute ich: Uhland hat nichts darüber. Unerklärt bleibt Grid, die Riesin, die ihm beisteht, gegen ihr eigen Geschlecht: Uhland erklärt sie als Wetterzauberin, die aber nun mit dem Zauberstabe das Wetter „schweigt" als Mutter des „schweig= samen" Asen: sehr kühn und wenig befriedigend!

[2]) Auch sehr zweifelhaft: man darf nicht alles deuten wollen: vgl. Dahn, Deutscher Glaube und Brauch im Spiegel der heidnischen Vorzeit, Bausteine I, S. 181, Berlin 1879; warum z. B. geht Loki mit? warum hat Loki Thor in jene Gefahr gebracht? Wohl nur wegen seiner allgemein gefährlichen selbstischen Eigenart. Nicht alle Züge einer Sage sind aus deren Mitte heraus, z. B. aus der Natur= grundlage, zu erklären: vieles fügt die Einbildungskraft frei ge= staltend nach ihrem Schönheitsbedürfnis hinzu (Seite 31); sollte die Rettung aus der Überschwemmung durch den Baum bedeuten, daß man durch Pflanzung von Bäumen und Sträuchern das Ufer und die Deiche festigt gegen Losspülung? Doch schwerlich! Es genügte wohl der Sage, daß jener Baum wegen der roten Beeren Thor geweiht, befreundet war.

[3]) „Der Feuerkeil, welcher dem Riesen tödlich zurückgeworfen wird, zeigt, wie in demselben Element der Gott wohltätig, der Riese schädlich waltet." (?) Unerklärt bleibt auch der Stab Grids, der offenbar an Miölnirs Stelle treten sollte, aber nur dazu dient, den Strom zu durchwaten.

Bei der Fahrt zu Utgardloki (Seite 87) war der starke
Gott wenigstens scheinbar erlegen, er war wenigstens ge=
foppt. Zornmütig beschloß er, das zu rächen, zumal an
seiner alten Feindin, die ihn als „graue Katze" getäuscht
hatte: an der Midgardschlange. Eilfertig, ohne Wagen
und Böcke, ging er in Gestalt eines Menschen über die
Erde hin und kam abends zu einem Riesen Ymir. Am
andern Morgen machte der sich fertig, aufs Meer hinaus
zu rudern zum Fischfang. Thors Bitte, ihn mitzunehmen,
weist er zuerst recht geringschätzig ab: „Wenig wirst du
mir helfen, Bürschlein, bist ja so klein und jung. Auch
wird dich frieren, fahre ich so weit hinaus und bleibe ich
so lang draußen, wie ich pflege." Thor ärgerte sich furcht=
bar: am liebsten hätte er den groben Lümmel gleich tot=
geschlagen: aber er bedachte, daß er ja Größeres vor=
habe, und erwiderte nur: seinetwegen möge der Riese nur
so weit hinausfahren, wie er wolle: es werde sich erst
noch zeigen, wer von beiden zuerst nach der Rückkehr ver=
langen werde. Da sagte Ymir, er möge sich selbst einen
Köder besorgen. Thor war nicht faul, ging hin, wo er
Ymirs Rinderherde weiden sah, packte den größten Stier,
der „Himrisbriotr" (Himmelsbrecher) hieß, riß ihm das
Haupt ab und nahm es mit in das Boot. Hier ruderte
er mit zwei Rudern so gewaltig, daß Ymir zufrieden
brummte und bald halten wollte: hier sei sein gewöhn=
licher Fischplatz. Aber Thor fuhr lustig weiter: Ymir
warnte, hier sei es bereits gefährlich — so weit draußen
— wegen der Midgardschlange: allein Thor fuhr noch
weiter, sehr zum Verdruß des Riesen, der vielleicht jetzt
Gefahr für seine Gesippin ahnte. Thor zog nun die
Ruder ein, steckte das Ochsenhaupt an einen gewaltigen
Hamen, der an entsprechend starker Schnur hing und warf
aus. „Da mag man nun sagen," meint die Edda, „daß

diesmal Thor die Midgardschlange nicht minder zum besten
hatte, als er damals in Utgardlokis Halle war geneckt
worden" — sie erblickt also in diesem Abenteuer die
Vergeltung!

Kaum war der Hamen zu Grund gefahren, als die
Schlange nach dem Ochsenkopf schnappte und die Angel
ihr im Gaumen haftete: als sie das merkte, riß sie so
stark, daß Thor mit beiden Fäusten auf den Schiffsrand
geworfen ward. Da ward er aber sehr zornig, fuhr in
seine Asenstärke (nahm nun vermutlich seine wahre, hoch-
ragende Göttergestalt an, wie aus dem Nächstfolgenden
zu schließen), sperrte sich so stark mit beiden Füßen gegen
den Schiffsboden, daß er diesen durchstieß und sich nun
auf den Grund des Meeres stemmte: so zog er die
Schlange herauf an Bord: "und war das der schrecklichste
Anblick, wie jetzt Thor die Augen gegen die Schlange
schärfte, diese aber von unten ihm entgegenstierte und Gift
wider ihn blies".

Da erbleichte der Riese und wechselte die Farbe vor
Schrecken, als er den Drachenwurm sah, und wie die See
im Boot aus- und einströmte: und als nun Thor den
Hammer faßte und in die Luft schwang, das Scheusal zu
zerschmettern, sprang der Riese herzu mit seinem Messer
und zerschnitt Thors Angelschnur: die Schlange versank
— gerettet durch ihren Gesippen — in die See; Thor
warf ihr den Hammer nach, und die Leute meinen, er
habe ihr da unter dem Wasser das Haupt abgeschlagen.
"Aber ich glaube, die Wahrheit ist: die Midgardschlange
lebt noch und liegt tief in der See," — eine Andeutung
des letzten tödlichen Kampfes Thors mit ihr —, "Thor
aber schwang gegen den Riesen die Faust und traf ihn so
an das Ohr, daß er über Bord stürzte und die Fuß-
sohlen sehen ließ. Da watete Thor an das Land."

Anders gestaltet diese Sage ein jüngeres Lied der
Edda, Hymis-Kwida. Danach stellt Ögir, der (riesische)
Meergott, bei dem die Asen ein großes Gastmahl halten
wollen, die Bedingung, daß Thor, dem er wegen alter
Händel grollt, den für das Brauen des Festbieres erforder-
lichen Kessel herbeischaffe: wie auch sonst oft in Sage,
Märchen und Schwank ist es bei solchem Auftrag, solcher
Aussendung auf Abenteuer auf den Tod oder doch die
Demütigung des Beauftragten abgesehen, aber das Werk
schlägt zu einem Sieg, zu seiner Verherrlichung aus[1]).
Die Götter wissen keinen solchen Kessel und sind ratlos:
da sagt dem Donnergott Thr, der Kriegsgott (s. unten),
sein Vater, der Riese Hymir, der im Osten der Eliwagar (S. 85 und 17) an des Himmels Ende wohne,
habe einen meilentiefen Kessel, dessen man durch List sich
wohl bemächtigen möchte. Thor und Thr ziehen nun aus,
den Kessel zu holen. Als sie in die Halle des Riesen
treten, trifft da Thr seine väterliche Großmutter, die ihm
leidige: „Sie hatte der Häupter neunmal hundert". Aber
des Riesen junge Frau (doch wohl Thrs Mutter), „all-
golden, von lichten Brauen", empfängt sie wirtlich, rät
jedoch sogleich, sich vorerst vor ihrem Gatten, wann dieser
heimkehre, zu verbergen, denn der sei oft Gästen gram und
grimmen Sinnes. Als nun der Riese spät in der Nacht
von der Jagd nach Hause kommt, dröhnen Eisberge, wie
er eintritt: auf seinem Kinn starrt ein Bart wie ein Wald
und ist Eis gefroren. Seine Frau bringt ihm bei, daß
außer seinem Sohne Thr auch Thor gekommen sei, der
Menschen Beschützer, der Riesen Gegner: „Dort hinter der
Säule stehen sie". Da blickt der Riese so grimmig auf
die Säule, daß sie zerspringt, die Kessel oben auf dem

---

[1]) So treffend Simrock, S. 308.

Querbalken fallen herab: acht zerbrechen, nur einer bleibt
ganz — es ist der gesuchte.

Die Gäste werden nun sichtbar: widerwillig rüstet der
Riese das Mahl für sie: drei Stiere läßt er schlachten,
aber zwei davon verzehrt Thor allein. — Da brummt
der Riese, die Speise für morgen müsse man erst durch
Fischfang gewinnen. Am andern Tage fahren nun Hymir
und Thor zum Fischfang in die See, der dann ähnlich
verläuft, wie in der vorigen Erzählung: Hymir zieht zwei
Walfische zugleich, Thor die Midgardschlange hervor,
welche aber — hier ohne Arglist des Riesen — wieder
entkommt.

Der Riese bleibt daher hier noch leben: er stellt Thor
die Wahl, ob er die Walfische nach Hanse tragen oder das
Boot am Ufer befestigen wolle. Der Gott tut aber mehr
als dies, indem er das Schiff, ohne vorher das Wasser
auszuschöpfen, samt allem Schiffsgerät aufhebt und zugleich
mit den beiden Walfischen in des Riesen Felsenhöhle trägt.
Diesem wird es immer unheimlicher: gleichwohl will er
trotzig die Götterkraft nicht anerkennen, wenn der Gast
nicht einen großen Kelch zerbrechen könne. Wohl wirft
Thor den Kelch durch Steinsäulen hindurch, aber un-
zerbrochen bleibt der Kelch. Da rät ihm (wohl heimlich)
die freundliche Frau, den Kelch dem Riesen an den Kopf
zu werfen, der sei härter als alles andre: Thor tut so,
des Riesen Kopf bleibt unversehrt, aber richtig! — der
Kelch zerspringt. „Nun seh' ich meine liebste Lust verloren,
da der Kelch in Stücken liegt," klagt der Riese: doch muß
er jetzt die Stärke Thors gelten lassen. Er meint nur
noch, ob sie wohl den großen Kessel aus der Halle hinaus-
znheben vermöchten? Zweimal bemüht sich Thr vergeblich:
— er kann die Last gar nicht in Bewegung setzen. Da
faßt Thor den Kessel am Rand, sperrt die Füße so stark,

daß er den steinernen Estrich durchtritt, hebt den Kessel
hoch auf sein Haupt und schreitet stolz und sieghaft mit
dem so erbeuteten Kleinod aus der Höhle, Thr folgt ihm
und die mutvollen und stolzgemuten Asen fürchten den
Riesen so wenig, daß sie lange fortwandern, ohne sich auch
nur umzuschauen. Endlich blickt sich Thor um. „Da sah
er aus Höhlen mit Hymir von Osten vielgehauptetes Volk
ihm folgen: da harrt' er und hob von dem Haupte den
Hasen, schwang mächtig den mordenden Miölnir entgegen
und fällte sie alle, die Felsungeheuer, die ihn ansuhren, in
Hymirs Gefolge."

Wir übergehen die zum Teil sehr gewagten Versuche,
diese Sage zu deuten[1]), und erinnern nur, daß sie in
zahlreichen Märchen nachklingt: so wird die Mutter des
Riesen, „die leidige", zu des Teufels Großmutter, welche
viel ärger ist als der Tensel selbst, während der Riese an
den Menschenfresser erinnert, vor dem sich klein Däumling
versteckt („ich riech', ich rieche Menschenfleisch"), bis er durch
Rat und List der wohlwollenden und schönen Frau des
Riesen gerettet wird[2]).

---

[1]) Hymir, der „Dämmerer", soll das Eismeer sein. Die Eisberge sind unzerbrechbar, bis des Gewitters Kraft einen durch den
andern zersplittert.

[2]) Thor sind (außer dem Obigen S. 80) geweiht und seinen
Namen tragen: der auf Eichen lebende Käfer, lucanus cervus,
Hirschschröter, Feuerschröter, welcher auch Donner-guge, Donner-
puppe heißt, und, wenn er gesangen in ein Haus getragen wird,
alsbald den Blitzstrahl seines rächenden und befreienden Gottes auf
das Dach zieht. Dann von Pflanzen der Eisenhut, aconitum,
Thor-halm, Thorshelm (doch s. auch Thr), und der Donnerbart
(Hauswurz, sempervivum tectorum), weil auf dem von Thor geweihten Dache lebend und dies vor dem Blitze schützend? oder weil
sie, wie sein Hammer, Stein zermürbt? (auch französisch Joubarbe,
d. h. barba Jovis), das Donnerkraut (sedum), der Donnerpflug

III. Tyr = Ziu.

Dieſer Gott des Krieges iſt gewiſſermaßen eine ver=
einzelte Seite Odins, der ja auch, unter andern Bedeu=
tungen, die eines Gottes des Kampfes hat, ſofern er die
Kampfeswut einhaucht, Schlachtordnungen erfindet und
ſtellt, Kriegspläne entwirft und den Sieg verleiht. Daher
heißt Tyr ein Sohn Odins, d. h. ein einzelner Ausfluß
ſeines Weſens, wie der Götterglaube dies Verhältnis aus=
zudrücken liebt, und Odin trägt mancherlei mit Tyr zu=
ſammengeſetzte Namen: z. B. Hreida=tyr, Hanga=tyr uſw.;
Tyrs Mutter bleibt ungewiß, vielleicht die Erdgöttin.

Tyr iſt nun aber recht eigentlich der Kriegskampf
ſelbſt, er iſt ein Schwertgott: daher wird er unter dem
Zeichen des Schwertes dargeſtellt. Er war ohne Zweifel
der Gott, welchen das ſuebiſche Volk der Quaden anrief,
indem es bei „gezogenen Schwertern, welche ſie wie Götter
verehren", eidete: natürlich haben die Quaden nicht ihre
eignen Waffen angebetet, ſondern das Schwert war nur
dem Kriegsgott heilig und ſein Wahrzeichen. Daher heißt
er geradezu auch Heru, d. h. Schwert, woher Cherusker
und Heruler ihren Namen führen, wie die Suardonen
von „Schwert". Daher wird er, weil das Schwert nur
eine Klinge hat, einarmig dargeſtellt: wir werden ſehen,
bei welchem Anlaß er den andern Arm eingebüßt hat.
Auch ſein Name: Saxnôt bei den Sachſen, Saxneât
bei den Angelſachſen geht hieraus: der „Sachs" oder

(fumaria bulbosa), Donnerdiſtel (eryngium campestre), ferner
eine Schnepſe (scolopax gallinago), Donnerziege, Donners(tags)pferd,
Himmelsziege, deren Flug das nahende Gewitter verkündet, daher
auch Wettervogel. — Donnersberge, =ſtätte, =reut, =lund, =mark uſw.
ſind häuſige Ortsbezeichnungen.

„Sahs" ist das „Kurzschwert" (im Gegensatz zu dem „Langschwert", der spatha), das ursprünglich, in der Steinzeit, aus Stein bestand (sahs, Stein, Fels, vgl. lateinisch saxum).

Der nordische Name Thr bedeutet: „leuchtend" (gotisch Tius) und sprießt aus der gleichen Sanskritwurzel, aus welcher griechisch Zeus, lateinisch Djus=pater (Jupiter, Genit. Jovis, statt Djovis) stammen: auch die griechischen und lateinischen Wörter für Gott (Theos, deus), dann lateinisch dies, Tag, althochdeutsch Ziori (zier) sind ver= wandt. Vielleicht war Thr ursprünglich auch ein Gott des Himmels, daher der „Glänzende".

Er war so wichtig, daß, wie Wotan dem Mittwoch (Wodans=dag, neuenglisch: Wednesday), Donar dem Don= nerstag, er dem Dienstag den Namen gegeben hat. Dieser hat mit Dienen nichts zu schaffen und ist nicht etwa gar Diensttag zu schreiben: sondern ist nordisch Tys= (Genit. von Thr) dagr, alamannisch Zies=Tag (von Ziu, Zio: daher hießen die Schwaben Ziu=wari, Ziusmänner, ihre Hauptstadt Augsburg: Zies=burg), bayerisch Er=Tag, Erch=Tag, von Eru, vielleicht daher auch die sächsische Eresburg nahe der Irminsul, welche aber auch Heres= und Meresburg heißt. Er war der Schwaben=Alamannen besonders gefeierter Gott, wie schon früher der Tenchterer, welche einen Hauptbestandteil der späteren Alamannen ausmachten. Daher gleicht auch die Rune, welche Thrs Name bedeutet, dem Schwert: ↑, ähnlich die angelsächsische Rune Eor, d. h. Eru: dieses zaubermächtige Zeichen ward in Waffen geritzt oder gebrannt als Siegrune. Das Wort „Zeter", „Zetergeschrei" geht auf Ziu zurück, d. h. ur= sprünglich den Kriegsgott anrufen, den Waffenruf erheben bei plötzlich drohender Gefahr. Manche Berge waren ihm geweiht: in Ortsnamen tönt er fort, der Seidelbast (daphne mezereum) hieß ursprünglich „Zio=linta"; den heutigen Ausdruck hat erst die Volks=Wortdeutung auf= gebracht, als man den Sinn des alten Namens vergessen hatte. Im christlichen Mittelalter ist an seine Stelle der schwertschwingende Erzengel Michael getreten, dessen zweischneidiges Schwert zu Valenciennes aufbewahrt und unter kriegerischen Spielen in Aufzügen umhergetragen ward: die altgermanischen Schwerttänze wurden wohl zu Ehren des Schwertgottes abgehalten. Dagegen läßt sich nicht nachweisen, daß die zahlreichen Spuren von Verehrung gewisser Schwerter und die Sagen von „Siegesschwertern", welche sich bei vielen Völkern finden, immer germanisch seien und auf Ziu zurückweisen: so das Schwert Attilas, welches ein Hirt in der Erde vergraben fand (eine Kuh, die sich daran verletzt, hatte durch Hinken darauf auf= merksam gemacht —) und dem Hunnenchan brachte, der es als das Schwert des Kriegsgottes erkannte, durch welches er nun unbesiegbar sei: noch spät wird von diesem Schwert gefabelt; nach der Schlacht bei Mühlberg soll es Karls V. gefürchteter Feldherr, der Herzog Alba, wieder aus der Erde gegraben haben. Zu Köln ward in dem Tempel des Mars das Schwert Julius Cäsars aufbewahrt: dieser Römertempel ward später eine Kapelle des Erzengels Michael, dessen Bild mit dem des Mars auf beiden Seiten dieser Straße („Marspforten") stand.

Leider ist in der nur so trümmerhaft auf uns gelangten Überlieferung Genaueres über diesen Gott — offenbar einen der allerwichtigsten — nicht erhalten. Eine Geschichte nur kann von ihm erzählt werden.

Der böse Loki hatte von einem Riesenweib, Angur= boda (der „Angst=Botin"), drei Kinder: Hel, die Mid= gardschlange und den Fenriswolf: diese drei furcht= baren Geschwister wurden in Riesenheim erzogen. Die

7*

Götter, zumal Odin, ahnten und erkannten, daß von diesen
drei Unholden Verrat und Verderben drohe: — der Mutter
und des Vaters Art konnten ja nur Böses auf sie vererben.
So schickte Odin die Götter aus, ihm die dreifache Riesen=
brut zu bringen. Als er sie vor sich hatte, warf er die
Schlange in das tiefste Meer, das den Erdkreis umschließt,
Hel nach Niflheim, auf daß sie die an Alter oder Siech=
tum Sterbenden aufnehme (S. 55 und unten Buch III, II),
der Wolf aber ward nun bei den Göttern untergebracht.
Er war jedoch schon von Anfang so furchtbar, daß nur
Tyr es wagte, zu ihm zu gehen und ihm das Futter zu
bringen. Allein er wurde von Tag zu Tag immer schreck=
licher, und alle Weissagungen verkündeten, er werde dereinst
der Asen Verderben. Da beschlossen sie, ihn an eine recht
starke Fessel zu binden (weshalb sie ihn nicht töten, wird
nicht gesagt: freilich war dieser Ausweg abgeschnitten durch
die unabänderlich feststehende Vorbestimmung der Götter=
dämmerung), und um ihn zu bewegen, sich die Kette gut=
willig anlegen zu lassen, stellten sie ihm das listig als
Beweis seines Selbstvertrauens in seine Kraft dar: der
Wolf blickte geringschätzig auf die Fessel, ließ sich binden,
und sowie er sich nur einmal streckte, lag sie zerrissen. Da
schmiedeten die Götter eine Kette, die war noch einmal so
stark, als die erste, und reizten den Wolf, sich auch diese
anlegen zu lassen, indem sie ihm vorhielten, wie berühmt
er werden würde, wenn auch so starke Bande ihn nicht
zwängen. Zwar sah das Untier, daß diese zweite Fessel
viel stärker sei: aber es tröstete sich, daß ja auch seine
Kraft inzwischen gewachsen sei, „und ohne Gefahr zu be=
stehen, wird man freilich nicht berühmt", dachte der Wolf
bei sich. So ließ er sich denn abermals binden: als aber
die Asen jagten, nun sei es geschehen, da schüttelte er sich
nur, schleuderte die Kette zu Boden: — weit davon flogen

die zerbrochenen Stücke, — und Lokis Sohn war auch
von diesem Bande frei. Da fürchteten die Götter, sie
würden das Ungetüm gar nicht binden können. Odin
aber schickte Freyrs Diener Skirnir (s. unten Freyr) zu
Zwergen in Svartalfaheim, welche als die kundigsten
Zauberschmiede galten. Diese schufen denn nun eine Fessel,
genannt Gleipnir: die war gemacht aus sechserlei Sachen:
aus dem Schall des Katzentritts, aus dem Bart der Weiber,
aus den Wurzeln der Berge, aus den Sehnen des Bären,
aus der Stimme der Fische und aus dem Speichel der
Vögel. „Diese Kette war so weich, wie ein Seidenband":
die Götter dankten Skirnir, daß er den Auftrag so gut
ausgerichtet habe: denn sie alle vermochten nicht, es zu
zerreißen. Sie forderten nun den Wolf auf, es sich wie
die beiden früheren anlegen zu lassen. Der aber antwortete
sehr richtig: „Ist diese dünne Schnur ein gewöhnliches
Band, ohne Trug und Zauberlist gefertigt, so werd' ich
keinen Ruhm dabei haben, sie zu zerreißen. Ist es aber
Zauberwerk, so werde ich nicht so töricht sein, es mir an=
legen zu lassen." Arglistig erwiderten die Götter: „Sei
unbesorgt! Kannst du nicht einmal ein so dünnes Band
zerreißen, sehen wir ja, daß du so schwach bist, daß du
uns gewiß nicht schaden kannst, und dann lassen wir dich,
als ungefährlich, gleich wieder los." Der Wolf aber
meint ahnungsvoll: „Bin ich erst einmal so fest gebunden,
daß ich mich selbst nicht befreien kann, dann wird Spott
und Hohn mein Teil, und ich werde wohl lange zu warten
haben, bis ihr mir helft. Jedoch, damit ihr mich nicht
feig schelten könnt: — wohlan, ich will mir die Fessel
anlegen lassen. Aber einer von euch muß mir die Hand
in den Rachen stecken, zum Pfande dafür, daß nicht List
und Zaubertrug dabei im Spiele ist." Da sah ein Ase
scheu auf den andern: alle wußten ja, das Band sei kein

natürliches, und keiner wollte seine Hand daran wagen.
Da bot Tyr, der Beherzte, die Hand dar und hielt sie
dem Ungetüm in den Rachen. Die Fessel ward dem
Wolf nun angelegt und siehe: — sie erhärtete sofort, die
seidenweiche, sowie sie den Wolf erfaßt hatte und erwies
sich als unzerreißbar: ja, je mehr der Wolf dawider tobte,
desto stärker ward das Band. Da lachten alle Götter:
außer Tyr, der lachte nicht: denn er verlor die Hand: der
Wolf biß zu. Die Asen aber sahen, daß das Untier völlig
gebändigt war, nahmen die Fessel an dem einen Ende,
zogen es verknüpfend mitten durch einen durchbohrten
Felsen und versenkten diesen tief in den Grund der Erde,
ein andres Felsenstück versenkten sie (mit dem andern
Ende?) noch tiefer als Widerhalt. Wohl riß der Wolf
den Rachen fürchterlich auf, schnappte nach ihnen und
wollte sie beißen: aber sie steckten ihm ein Schwert in den
Gaumen, das Heft gegen den Unterkiefer, die Spitze wider
den Oberkiefer gestemmt: so ist ihm das Maul gesperrt.
Er heult schrecklich, Geifer rinnt aus seinem Rachen und
bildet einen ganzen Fluß. So liegt er bis zur Götter=
dämmerung. Dann aber wird die Kette brechen: „Der
Wolf rennt und die Welt zerstürzt.“

Gar manches an dieser Sage ist schwer oder vielmehr
gar nicht zu deuten: insbesondere die Namen, mit welchen
die ersten beiden Ketten, die Örtlichkeit, wo die Fesselung
versucht wird, das Endstück der dritten Kette, die beiden
Felsen, der Geiferstrom bezeichnet werden: dieselben sind
zum Teil noch ganz unerklärt, zum Teil besagen sie nichts
für den Sinn Erhebliches: — wir haben sie deshalb
übergangen. Man muß sich eben auch hier hüten, alles
an einem Mythus deuten, auf einen Grundgedanken
zurückführen zu wollen: gar manches fügt das freie Spiel
der dichtenden Einbildungskraft, hier im Norden der sehr

gekünstelten Skaldenkunst, hinzu. Sogar der Name „Fenris"
selbst gewährt so wenig Anhalt, daß man als Naturgrundlage dieses Riesen bald die dunkle Meerestiefe, bald
den Sumpf, bald das unterirdische Feuer angenommen hat.
Ja auch jene sechserlei Dinge, aus denen das dritte Band
gemacht ist, entziehen sich sicherer Deutung. Denn schon
der Erklärungsversuch der jüngeren Edda selbst ist gescheitert,
sie sagt: „Die Frauen haben keinen Bart, die Berge keine
Wurzeln, der Katzentritt keinen Schall: so magst du glauben,
daß es sich mit dem übrigen ebenso wahr verhält": aber
abgesehen davon, daß der Katzentritt nicht völlig unhörbar
ist, auch manche Frauen einen Anflug von Bart zeigen,
haben ohne Zweifel die Bären Sehnen: und zwar recht
starke. Wir berühmen uns also durchaus nicht, den Fenriswolf, dessen Naturgrundlage, dessen sittlich-geistige Bedeutung
und den Sinn der ganzen Sage seiner Fesselung mit Sicherheit erklären zu können. Doch scheint folgendes das meist
Ansprechende.

Der riesische Unhold in Wolfsgestalt ist die Vernichtung, die Verneinung des Bestehenden, der natürlichen,
ganz besonders aber der Rechtsordnung: er ist, wie
wir heutzutage sagen mögen, der verkörperte „Nihilismus".
Deshalb ist er es, der am Ende der Dinge den Götterkönig Odin, den allerhaltenden Allvater, selbst verschlingt:
nicht eine einzelne drohende Gefahr, sondern die Gefährdung alles Seienden oder doch Sein-Sollenden an sich.
Zuerst versuchen die Götter, durch leibliche Stärke, durch
äußere Gewalt das Verbrechen zu bändigen: aber vergebens:
der dämonische Drang des Unrechts ist stärker als solche
Mittel. Jedoch eines ist, was stärker als das Böse: das
Recht, das Gesetz, denn es ist die Vernunft selbst, während
das Verbrechen widervernünftig und sich selbst wider-
sprechend ist.

So ist das äußerlich kaum wahrnehmbare, seidenweiche, weil eben ideale Band, das allein den Friedebrecher zwingt, — das Recht, das Gesetz. Je mehr er sich dem Rechte widersetzt, z. B. durch Ungehorsam gegenüber dem Richter, desto tiefer verstrickt ("er wird verfestet", sagten die deutschen Rechtsquellen des Mittelalters) er sich in dies ideale Netzgeflecht, das durch äußere Mittel un= zerreißbar, weil es eben selbst nichts Äußerliches ist: so lange das Band des Rechtes hält, ist der Versuch des Friedebruches ohnmächtig. Freilich, rein ideal, rein inner= lich darf das Recht nicht sein: es muß eine starke Gewalt mit der Rechtsordnung verknüpft sein, welche, wenn die ideale Vernunftmahnung seines Gebotes nicht beachtet wird, mit Gewalt der "Vernunft im Recht"[1] Gehorsam er= zwingt. Deshalb vielleicht — aber die Deutung ist sehr kühn — werden neben den fünf äußerlich gar nicht wahr= nehmbaren oder gar nicht bestehenden Dingen in dem un= zerreißbaren Bande auch als sechstes die sehr starken Sehnen des Bären genannt, die jedenfalls stärker sind als die eines Wolfes.

Beachtenswert ist in der Sage der häufig auch sonst bei Schilderung der Riesen wiederkehrende Zug, daß der Wolf eine gewisse ungeschlachte Redlichkeit, freilich auch plumpe Selbstgefälligkeit und Ruhmgier zeigt, während die Götter ihn nicht mit ehrlichen Mitteln, sondern durch überlegene Arglist bezwingen: denn die Abrede ging auf ein leibliches Band, das Band "Gleipnir" aber ist durch zaubernde Zwerge unzerreißbar geschmiedet. Des= halb, weil die Götter — vor allem wohl Odin — selbst bei Überlistung des Wolfs und oft sonst noch das Recht gebrochen haben, deshalb reißt zuletzt die Kette des Rechts,

---

[1] Vgl. Dahn, Die Vernunft im Recht, Berlin 1879.

welche allein sie vor der Vernichtung durch den Haupt=
rechtsbrecher geschützt hatte.

Vielleicht ist diese Deutung allzu künstlich. Wir würden
sie gar nicht wagen, wenn nicht ein Umstand ganz un=
zweifelhaft darauf hinwiese, daß der Wolf der Vertreter
des Rechtsbruches ist: — mag es mit dem Bande, das
ihn bändigt, auch eine nicht ganz aufzuhellende Bewandt=
nis haben. Zwar darauf, daß die Schnüre, welche bei
der Rechtssprechung das germanische Ting umhegten, oft in
später Zeit Seidenschnüre waren, ist kein groß Gewicht
zu legen. Aber es steht fest, daß das Abbild des Ver=
brechers, zumal des wegen ungehorsamen Ausbleibens
vor Gericht friedlos gelegten Geächteten, ein Wolf
war, dem die beiden Kiefern durch ein nacktes Schwert
auseinander gesperrt sind: so stellen noch die (im vier=
zehnten oder fünfzehnten Jahrhundert hinzugefügten) Bil=
der zu dem (ca. 1230 entstandenen) deutschen Rechtsbuch,
dem Sachsenspiegel, den gebannten, verfesteten, ge=
ächteten „Ächter" dar: ein Mann mit einem also gesperrten
Wolfsrachen. Der Wolf, der friedlose Räuber, der über=
all erschlagen werden soll, wo er sich in den Siedelungen
der Rechtsgenossen zeigt, ist auch nach der Sprache
Zeugnis das uralte Wahrzeichen des friedlos gewordenen
Verbrechers: „vargr", „vargs" heißt zugleich „Wolf" und
„Räuber" und „vargr i veum" (Wolf im Heiligtum) heißt
der Friedlose, weil er eben getötet werden darf wie der
Wolf, der sich blicken läßt in dem vom Götter= und vom
Rechtsfrieden geweihten Raum. Wir dürfen also wohl an=
nehmen, daß der so gebändigte Fenriswolf nach seiner
geistig=sittlichen Bedeutung den Rechtsbruch darstellte. Daß
nur der Kriegsgott ihm zu nahen und ihm zuletzt die
Hand in den Rachen zu legen wagt, erklärt sich schon aus
dem tapferen Mut, der diesem Gott vor allen zukommen

muß: vielleicht aber darf man auch daran deulen, daß, abgesehen von dem idealen Bande des Rechts, nur die offene Waffengewalt, das Schwert, wie dem Kriegsfeind, so dem Räuber gegenüber erfolgreich auftreten lann und furchtlos nahen mag[1]).

IV. freyr=frô.

Freyr=Frô ist ein Sonnengott und als solcher zugleich ein Gott der Fruchtbarkeit, des Gedeihens: zumal des Erntesegens, aber auch der Ehe und ihres Kinder=segens. Er ist, wie seine schöne Schwester Freya, ursprüng=lich den Wanen (Seite 29) angehörig und wird unter die Asen erst durch Vertrag aufgenommen: sein Vater ist der wanische Licht=Gott Njördr aus Noatun[1]), seine Mutter

---

[1]) Thr sind geweiht und seinen Namen tragen: die Schwert=rune T = Thr ↑, angelsächsisch mit zwei Haken mehr ↑ Ear = Eru. — Von Pflanzen: das Märzveilchen, viola Martis, Tys=fiola, der Seidelbast, Kellerhals, daphne mezereum, eine schöne Giftblume, „Ty-vidhr, Ty-ved, Tys-ved", dann der (ebenfalls giftige) kriegerisch gehelmte Eisenhut (Sturmhut), aconitum, Tyr=hialm, Thrs=Helm, aber auch Thor-hialm; zahlreiche Berge und Burgen: Zies=, Tis=, Ths=berg: die mit „Sieg" zusammengesetzten mögen bald Wotan, bald Ziu geweiht sein.

[2]) Der „reiche Niördr" war von den Wanen den Asen als Geisel gegeben: ein Gott des fischreichen und durch Schiffahrt und Handel bereichernden Küstenmeeres: daher ist er so reich, daß er allen Reichtum spenden mag: unzählig sind seine Hallen und Heilig=tümer (Buchten, Fjorde, Häfen?); über seine Heirat mit Skadi s. unten; er beherrscht Wind und Wasser, bei Seefahrt und Fischerei ruft man ihn an. Niördr war geweiht oder doch nach ihm be=nannt eine Wasserpflanze, spongia marina, unter dem Namen

die ursprüngliche Erdmutter Nerthus, welche auch als
Niördrs Schwester bezeichnet wird.

Ohne zureichenden Grund hat man aus dieser Ver=
bindung gefolgert, die Wanen=verehrenden Völker der
Germanen hätten länger als andre Germanen Geschwister=
ehe[1]) zugelassen: es sind eben Naturbeziehungen, welche
in der Götterwelt die „Heirat" gewisser verschwisterter
Gewalten erfordern, ohne daß deshalb in Leben, Recht
und Sitte der Menschen noch, wie freilich wohl in grauester
Urzeit der Fall gewesen[2]), solche Verbindungen für statt=
haft gegolten hätten, wie denn auch Loki in seinen Schmäh=
reden solche Geschwisterehe zum Vorwurf macht.

Freyr als Sonnengott sendet den wohltätigen Sonnen=
schein (aber auch den befruchtenden Regen) und gebietet
über der Licht=Alben Reich: Alf=heim. Sein geweihtes
Tier ist Gullin bursti, der goldborstige Eber[3]), ein
Sinnbild der befruchtenden goldenen Sonne: sein Fest wird
gefeiert, wann die Sonne wieder siegt, d. h. ungefähr am
einundzwanzigsten Dezember, dem Jul=Fest, dem das christ=
liche Weihnachtsfest entspricht.

Nicht ganz klar ist der Zusammenhang, in welchem
Freyr auch als ein Gott der glücklichen Schiffahrt gedacht
wurde: auch ihm, wie Odin, wird das Zauberschiff Skid=
bladnir zugeschrieben, welches immer günstigen Fahrwind
hat (Odin, S. 58), sich wie ein Tuch zusammenfalten
läßt und ebenso durch die Lüfte wie über die Wogen segelt.

„Niördrs Handschuh" („Niardhar vöttr"): vgl. Liebfrauenhand,
Marienhand, Gotteshand, einige Orchideen, wegen ihrer handförmigen
Wurzel (s. unter Freyja).

[1]) S. unten: Wölsungensage.

[2]) S. unten: Wölsungensage.

[3]) Zweifelhaft bleibt, ob ihm auch ein goldener Hirsch, der
„Sonnenhirsch", der in manchen Sagen und Märchen begegnet, zu
eigen ist.

Wie alle Wanengötter, — und er als Gott des Erntesegens noch ganz besonders, — ist Freyr friedlicher Art.
Daher gelten als seine Söhne sagenhafte Könige, unter
deren milder Herrschaft eine Segenszeit von Fruchtbarkeit
und Friede waltete. Ein solcher war jener nordische Fróði
(deutsch Fruote), der ein besonderes Opferfest für Freyr
einrichtete. Friede herrschte zu seiner Zeit über alle Lande
hin, und so groß war die Rechtssicherheit und die Rechtsbruch scheuende Treugesinnung der Menschen, daß ein
Goldring Jahr und Tag auf offener Heide lag, ohne daß
jemand ihn sich sonder Recht anzueignen wagte[1]). Der
König kaufte zwei Mägde riesischer Abstammung, Fenja
und Menja, und brachte sie in seine Zaubermühle,
Grotti, welche alles mahlte, d. h. aus sich hervorgehen
ließ, was der Herr der Mühle wünschte. Er gebot den
beiden zu mahlen: „Gold, Friede, Fróðis Glück". Aber
leider war er so habgierig, daß er ihnen verbot, länger
zu rasten von ihrer Arbeit, als bis man ein Lied singen
könne. Da sangen sie ein Lied, das „Grottenlied" genannt, mahlten aber zugleich und zwar: — ein feindliches
Heer! Dies erschien in der Nacht, geführt von einem
Seekönig, der Fróði erschlug und dessen Schätze raubte.
Das war das Ende von Fróðis Glück und Friede: die
eigne Gier hat sie zerstört. Der Wiking aber nahm auch
die Zaubermühle[2]) und die beiden Mahlmägde auf sein
Schiff und befahl ihnen, Salz zu mahlen: — ein wert-
volles Gut und wichtiger Handelsartikel. Auch den Sieger
sollte das Unmaß der Habsucht und die mitleidlose Härte

---

[1]) Was später von der Sage auf Dietrich von Bern, d. h. Theoderich den Großen, übertragen ward: vgl. Dahn, Könige der Germanen, III, 1866, S. 89.

[2]) Sie ist also als ein Gezimmer zu denken, das man vom
Orte heben mag.

gegen die fleißigen Mägde verderben. Um Mitternacht fragten sie den Seekönig, ob er denn noch nicht genug Salz habe? Er gebot, fortzufahren in der Arbeit. Sie taten's: aber in kurzer Zeit sauk das überlastete Schiff: da entstand im Meer ein Schlund, nämlich da, wo das Wasser durch das Loch in den Mühlstein stürzte: so entstand der Mahlstrom und deshalb ist die See salzig[1]).

Freyr heißt Yngwi=Freyr: die norwegischen Ynglinger stammten von Freyr. Später wird der Gott als ein menschlicher König von Schweden gedacht, der, ebenso wie jener Gott, Freude, Friede und Segen im Lande wahrte. Daher verheimlichten seine Getreuen seinen Tod, trugen die Leiche in einen großen Grabhügel mit einer Tür und drei Fenstern, brachten durch ein Fenster alle seine Schätze hinein, Gold, Silber und Erz, und sagten den Schweden, er lebe noch in diesem Hügelhause; so währte das drei Winter nach seinem Tod und auch gute Zeit und Friede währten solang im Lande. Der entrückte, in den Berg hinein verschwundene Gott ist der Sonnengott selbst, der während der Wintermonate verschwunden ist: solang der Sonnengott herrscht, d. h. im Frühling und Sommer, ist frohe Zeit und Glück im Lande[2]).

Auch der mythische Held Skeáf wird auf Freyr zurückgeführt: ein neugeborner Knabe wird, von rings um ihn gehäuften Schätzen und Waffen umgeben, in einem führerlosen Schiff, auf einer Garbe (skeáf, althochdeutsch skoup, mittelhochdeutsch Schaube) schlafend, vom Meer an das Gestade getragen: die Bewohner ahnen, daß hier ein

---

[1]) Diese Sage ist als Märchen in Deutschland, aber auch bei den Finnen verbreitet.

[2]) Doch wird auch Odin=Wotan als der in den Berg entrückte, verzauberte, weise, herrliche Heldenkaiser gedacht (S. 68).

göttergesendet Wunder zu ihnen schwimme, sie erziehen
den Knaben, den sie nach der Garbe „Sleaf" genannt
haben, und wählen den Herangewachsenen zum König.
Derselbe herrscht lange mächtig und weise und besiehlt,
daß er nach seinem Tod abermals in gleicher Weise auf
ein Boot gelegt und Wind und Wellen überlassen werde,
welche ihn zurücktragen in seine geheimnisvolle Heimat.
Hieraus ist später im Mittelalter die Sage vom Schwanen=
Ritter (Lohengrin) geworden, in welcher das Boot des
Knaben oder Jünglings von Schwänen herangeführt und
wieder abgeholt wird, nachdem seine Gattin die verbotene
Frage nach seinem Namen und Heimatland getan.

Die schönste Sage von Freyr ist die in Skirnisför,
Skirnisfahrt, erzählte[1]). Freyr setzte sich einmal auf
Odins Hochsitz (Hlidskialf, Seite 29) und sah von dort
hinab auf alle Welten. Da erschaute er im Norden, in
Riesenheim, ein Mädchen, das war so wunderschön, daß
von seinen weißen Armen, da es dieselben erhob, Luft,
Wasser und alle Welten widerstrahlten. Gerda hieß die
Maid und war des Riesen Gymir Tochter. Sofort er=
griff tiefste, markverzehrende Liebessehnsucht nach der schönen
Jungfrau den Vermessenen, der es gewagt hatte, sich auf
den Platz zu setzen, den nur der Hohe beschreiten darf.
Er war ganz traurig und sprach, als er heimkam, kein
Wort, und niemand wagte, den Tiefsinnigen anzureden.
Endlich schickte der besorgte Vater Niördr zu dem Sohne
dessen treuesten Freund (oder Diener) Skirnir, ihn aus=
zuforschen. Auf dessen Frage nach dem Grunde seines
Trübsinns antwortete Freyr erst abweisend: „Wie soll ich
sagen dir jungem Gesellen der Seele großen Gram? Die
Sonne, die selige, hebt sich täglich am Himmel: doch

---

[1]) Dahn, Gesamtausgabe XV, 1898. Skirnir.

schauet sie niemals meiner Liebe Glück!" Der treue Freund
bringt lange vergeblich in den Trauernden: „So groß
dein Gram kann sein — mir sollst du ihn sagen! Teilten
wir doch die Tage der Jugend: — so mögen wir uns
voll vertrauen." Da seufzt Freyr endlich: „In Gymirs
Gehegen schaute ich wandeln mir teure Maid: mehr lieb'
ich sie, als ein Jüngling vermag im Lenz seines Lebens.
Aber von allen Asen und Alfen will es nicht einer, daß
wir (d. h. ich und sie) beisammen seien: doch ich will nicht
mehr leben, wenn ich sie nicht zum Weibe gewinne. Und
du, o Freund, sollst ausziehen und für mich um sie werben
und sie mir bringen, mit oder gegen den Willen ihres
Vaters: und reich will ich dir das lohnen." Skirnir (der
nach andrer Überlieferung sich selbst zuerst erbietet) erwidert,
er wolle die Fahrt wagen, wenn Freyr ihm sein treffliches
Schwert gebe, „das von selbst sich schwingt gegen der
Reifriesen Brut; auch das rasche Roß, das ihn sicher durch
flackernde Flammen trage": — denn der Treue weiß oder
ahnt doch, wie furchtbar gehütet er die Riesenjungfrau
finden wird. In solchem Vorgefühl erschauernd, spricht
Skirnir, da er vor dem Tore das Roß besteigt, zu dem
treuen Tier — ein uralter Zug, der in vielen Sagen
wiederkehrt —: „Dunkel ist es da draußen: — Nun gilt
es über feuchte Berge zu fahren! Entweder vollführen
wir beide (Reiter und Roß) das Werk: oder uns beide
fängt jener furchtbare Riese (Gerdas Vater)." Als nun
der kühne Freund nach Riesenheim kommt, findet er die
Türe des Holzzaunes, der Gerdas Saal umhegt, von
wütenden Hunden bewacht, die da angebunden liegen.
Zaudernd fragt er einen Viehhirten[1]), der am Hügel sitzt

---

[1]) In Wahrheit wohl kein „Viehhirt", sondern der von Hel
bestellte Markwart und Hüter ihrer Zugänge, s. unten.

und die Wege bewacht, wie er es wohl angehen könne,
die schöne Maid zu sprechen, trotz Gymirs Grauhunden?
Aber der meint, entsetzt über solches Wagen, kein Leben=
diger, nur wer dem Tode verfallen oder schon gestorben,
werde durch diese Schrecken dringen. Der Treue er=
widert: „Wer zur letzten Fahrt, wenn es sein muß,
entschlossen ist, dem steht Kühnheit besser als Klagen an:
meines Lebens Dauer ist doch vom Schicksal vorbestimmt.“
So erschlägt oder vertreibt er die wütenden Hunde, die
Wächter. Über deren Heulen und dem Kampf erdröhnt
solch Getöse, daß Gerda drinnen besorgt eine Magd be=
fragt, weshalb die Erde bebe in der Halle und alle Woh=
nungen in Gymirsgard erzittern? ‚Ein Mann,‘ sagt
diese, „ist im Hofe vom Roß gestiegen und läßt es grasen.“
Gerda läßt ihn herein entbieten, milden Met im Saal
zu trinken: „Obwohl mir ahnt, daß da draußen steht
meines Bruders Beli künftiger Erleger.“ Staunend fragt
sie den Gast, nachdem er den Saal betreten, wer er sei
und zu welchem Zweck er, allein, durch die flackernde
Flamme zu fahren gewagt? Skirnir sagt, daß er ge=
kommen sei, ihre Liebe für Freyr zu werben und er bietet
ihr als Brautgeschenk elf allgoldene Äpfel. Gerda weigert
sich, sie nimmt die Äpfel nicht: keines Mannes Minne
will sie: „nie, solang wir beide atmen, könne sie und
Freyr zusammen sein“. Der Bote steigert seine Gabe:
er bietet nun den Ring Odins, Draupnir, von welchem
acht gleich schwere träusen jede neunte Nacht. Gerda meint,
in Gymirsgard brauche sie des Goldes nicht, ihr Vater
spare ihr Schätze genug. Da geht der Werber von
Bitten zur Einschüchterung über, er bedroht sie mit Freyrs
Schwert. „Siehst du, Mädchen, das Schwert, das scharfe,
spitze, das ich halt' in der Hand? Vom Haupte hau' ich
den Hals dir ab, weigerst du dich ihm.“ Gerda trotzt

mutig dem Zwang und droht mit ihrem Vater. Aber
Skirnir vertraut, mit Freyrs Schwert den alten Riesen
zu fällen und greift nun, da die Jungfrau Waffen nicht
fürchtet, zur Bedrohung mit Zauberrunen: er brach Zauber=
ruten im tiefen Wald und beschwört nun in furchtbaren
Worten das Mädchen: falls sie Freyr nicht zum Manne
wählt, soll sie allerlei Unheil befallen und zwar nach ihrem
eignen Willen (nicht nur nach Skirnirs), weil sie dies
Unnatürliche wählte: verlassen von allen Wesen soll sie in
Einsamkeit Mangel, Trübsinn und Tränen erdulden oder
mit einem scheußlichen, zweiköpfigen Riesen vermählt wer=
den. Zauberrunen schneidet er in den Stab: entweder
einen Riesen (d. h. ein Th, den Anfangsbuchstaben des Wor=
tes Thurs, Riese), oder, falls sie nicht des grausigen Riesen
wird, die Leiden der unvermählt alternden Jungfrau:
Sehnen (oder Ohnmacht, Unmut), Ärger, Ungeduld. „Zor=
nig ist dir Odin, der Asenfürst, zornig Freyr. Freyr
flucht dir, gib nach, unselige Maid, eh' dich befängt der
Zauberzorn. Gibst du nach, so schneid' ich die Runen ab
(d. h. ich tilge sie), wie ich sie einschnitt[1]."

Da gibt die Maid, dem furchtbaren Zauberzwange
weichend, den Widerspruch auf: sie beut dem Boten den
Kühlkelch voll firnen (d. i. alten) Mets und gelobt in
neun Nächten in dem Wald der stillen Pfade, Barri,
Freyr Freude zu gönnen: d. h. sich ihm zu vermählen.

Voll Ungeduld und Sehnsucht hatte Freyr den Freund
erwartet: er ruft nun den Heimkehrenden schon vor dem
Tor an: „Bevor du den Sattel vom Rosse wirfst, bevor

---

[1] In dieser Weise trieb man feindlichen Runenzauber: man
schnitt oder ritzte die Anfangsbuchstaben von allerlei Unheil be=
deutenden Wörtern in Stäbe, indem man diese Leiden dem zu Ver=
zaubernden anwünschte.

du den Fuß auf die Erde setzest —' künde: was haſt du
ausgerichtet in Rieſenland!" Und auf die Meldung des
Erfolges ſeufzt der Ungeduldige: „Lang iſt die Nacht,
länger ſind zwei! Wie ſoll ich drei überdauern! Oft ſchien
ein Monat mir nicht ſo lang, wie eine Nacht des ſehnenden
Harrens."

Es iſt unmöglich, alle einzelnen Züge in dieſer ſchönen
Sage befriedigend zu deuten: es iſt auch unnötig, da die
frei ſpielende, dichteriſche Einbildungskraft gar manches
lediglich um der Schönheit halber erfindet, auch wohl um
des Stabreims willen manchen Ausdruck bringt. Aber
offenbar liegt hier eine Werbung des Sonnengottes um
die Erde vor: ſein Diener, Freund und Bote iſt Skirnir,
d. h. der Heiterer, der Wolken und Nacht des Winters
verſcheucht: das hingegebene Schwert iſt der Sonnenſtrahl,
der den alten Rieſen Gymir, d. h. den mit Hymir (dem
winterlichen Meer) verwandten Winterfroſt erlegen wird.
Gerda, die umgürtete, umhegte(?), iſt die von den Rieſen
gehütete, vom Winter bedeckte Erde: — niemand kann
wollen, daß der Sonnengott und die Wintererde beiſammen
ſind: die Weltordnung hat beide getrennt. Die wütend
heulenden Hunde ſind die Winterſtürme, welche dem Sonnen=
gott wehren, zu der Umhegten zu gelangen, die Werbung
mit den Äpfeln und dem Ring, der Fruchtbarkeit und des
Gedeihens, welche der Preis für die Vermählung mit dem
Sonnenjüngling ſein ſollen, vermögen die noch ganz in
Winterſtarre verſunkene Erde nicht herauszulocken: ſie trotzt
auch dem Sonnenſtrahl und droht mit der Macht ihres
Vaters, des Winterrieſen, den freilich der Frühlingsbote
mit dieſer Waffe bald zu fällen hofft[1]. Endlich aber

---

[1] Wie denn auch die Erde ahnt, daß der Bruder Beli, der
„Brüllende", ein Winterſturmrieſe(?), der ſie dem Sonnengott vor-
enthalten will, durch dieſen ſterben wird.

greift dieser zu den geheimnisvollen Zauberkräften, welche mit unwiderstehlicher Notwendigkeit Jahr für Jahr die Erde nötigen, der Werbung des Frühlings nachzugeben: der Zorn Allvaters, der Fluch des Sonnengottes wird sie schlagen, falls sie dieser Götterfügung trotzen will: ohne Gemahl, ohne Sonnenglanz wird sie freudlos, voll finstren Grams, Mangel leidend, und jeder Frucht entbehrend, ein traurig Dasein tragen, oder, wenn sie sich vermählt, verfällt sie einem der grauenhaften Winterriesen von ihres Vaters Geschlecht: da kann die Erde dem Zauberdrang, der sie zum Frühling heranzwingt, nicht mehr widerstehen: sie verspricht, den Sonnengott zu empfangen in dem Wald „der stillen Pfade", Barri[1]), d. h. dem grünenden, nach neun Nächten, d. h. in den drei Monaten, welche dem Lenz, dem Sommer im Norden, allein gehören.

Wenn es dann weiter heißt, Freyr habe Beli mit einem Hirschhorn erschlagen, so hat man dies so deuten wollen, daß im Monat Hornung (Februar), wann die Hirsche frisch hornen, d. h. die Geweihe abwerfen, der Frühling schon zu obsiegen beginnt (aber doch gewiß nicht in Slandinavien, wo diese Sage entstand!). Übrigens deuten manche Züge, so die wabernde Lohe, welche Gerda wie Brunhild (s. Wölsungensage) umgibt, darauf hin, daß das Reich, in welches Skirnir dringen muß, auch als die Unterwelt, die Welt des Todes gedacht war, in welcher das vom Todesschlaf befallene Leben der Erde ruht. Auch scheint ursprünglich Freyr selbst ausgezogen zu sein: — wenigstens erschlägt er, nicht Skirnir, den Bruder der Jungfrau. Erst später vielleicht ist die Aussendung des für den Freund und Gebieter werbenden Freundes ent-

---

[1]) Von bar, Knospe (?), oder barr, Korn, al o Saatkorn: barrey, das wie eine Insel eingehegte Saatfeld(?). ſ

standen, was dann Ursprung der reichgegliederten, mannigfaltig auftretenden Freundschaftssage[1]) wurde. Es
wird Freyr von Loki vorgeworfen[2]), daß er sein Schwert
töricht hingegeben habe, um Gerda zu gewinnen, und geweissagt, daß er dereinst fallen werde, im letzten Kampfe,
weil ihm dies Siegesschwert fehle. Zu der uns über-
lieferten Fassung der Sage paßt das nicht, da ja Freyr
die gute Waffe nur dem Freunde vertraut, wie das Roß,
der ihm sicher beide wiederbringt. Vielleicht gab in einer
andern Überlieferung der Sonnengott das Schwert dem
Riesen als Preis für die Jungfrau: d. h. der Sonnenstrahl muß sich in die Erde versenken, die Erstarrte zu
beleben, und geht dadurch dem Sonnengotte selbst verloren,
der allmählich seine Kraft in steter Ausstrahlung (für ein
Jahr) erschöpft. Auch hier ist, wie bei Baldurs Tod, das
jährlich sich vollziehende Ermatten und Sterben des Sonnengottes wohl erst später mit dem dereinstigen endgültigen
Untergang in Beziehung gebracht worden.

---

[1]) Dabei spielt auch das geliehene Schwert eine Rolle: der für
den Freund die Braut erwerbende, erringende Werber legt die
nackte Klinge zwischen sich und die Jungfrau, bis er dieselbe dem
Bräutigam übergeben kann: z. B. Siegfried, da er zum zweiten
Male durch die Waberlohe geritten ist und Brunhild König Gunther
zuführt.

[2]) Bei dem Gastmahl in der Halle des Meergottes Ögir: Ogis-
drecka Strophe 42: „Mit Gold erkauftest du Gymirs Tochter und
gabst an Skirnir dein Schwert dahin: wann aber dereinst Muspels
Söhne heranreiten werden, mit welcher Waffe, Unseliger, wirst dann
du kämpfen?“

V. Baldur. — Forseti.

Wie Freyr ist auch Baldur, ebenfalls Odins Sohn, ein Gott des Lichtes, der Sonne, doch in vielfach abweichender Richtung: so wird nicht der Erntesegen wie auf Freyr-Frô, sondern der Frühling auf ihn zurückgeführt: er ist das aufsteigende Licht des wachsenden Jahres und muß daher sterben, wann das Jahr sich neigt, wann die Tageslänge nicht mehr zunimmt, sondern abnimmt, und die Nacht dem Tageslicht zu obsiegen anhebt: also zur Sommersonnenwende, ungefähr zwischen dem einundzwanzigsten und dem vierundzwanzigsten Juni: die Kirche hat auf letzteren Tag das Fest Johannis des Täufers verlegt, des lichtverkündenden Vorgängers des Heilands: die Sonnwendfeuer, welche in dieser Nacht in Oberdeutschland auf den Gipfeln der Berge entzündet werden, bedeuten den Scheiterhaufen, auf welchem, nach altgermanischem Brauch, die Leiche des Gottes verbrannt wird, wie das in Mittel- und Norddeutschland häufigere Osterfeuer umgelehrt der Scheiterhaufe ist, auf welchem der bei Frühlingsanfang von Baldur besiegte und getötete Winterriese verbrannt wird.

Schon oben ward darauf hingewiesen, wie der gemeinarische Lichtkult, welchen die Germanen mit aus Asien gebracht, eine ganz besondere Färbung annehmen mußte, seit dieselben in Nord- und Nordost-Europa lebten: die Sehnsucht nach Licht und Wärme des Frühlings und Sommers mußte während der langen Winter schon in den Urwäldern Deutschlands, noch mehr in Skandinavien eine die Seelenstimmung geradezu beherrschende werden: zu dem lebhaften, durch das Waldleben gesteigerten Naturgefühle der Germanen trat hierbei, daß die Bauart und Einrichtung

ihrer Holzgehöfte wenig Behaglichkeit im Winter bot, das
Leben im Freien, im Lenz und Sommer, daher um so
inniger herbeigewünscht werden mußte. Daher durchzieht
ihre ganze Volkspoesie, ihre Feste und Spiele die Vorstellung des Kampfes zwischen dem lichten, wohltätigen,
Leben und Freuden spendenden Gott des Frühlings (des
Maien, des Sommers) mit dem Kälte, Dunkel, Erstarrung
und Tod verbreitenden Winterriesen. Das Frühlingslicht
gerade in diesem Sinn ward nun in Baldur personifiziert.

Der Name [1]) dieses Frühlings- und Lichtgottes war
bei den verschiedenen Stämmen verschieden, Wesen und
Bedeutung waren dieselben: wie heute noch in den Oster-
feuern der Winterriese verbrannt wird, so feiert man in
vielen Landschaften den Tag Sankt Georgs, welch
ritterliche Heiligengestalt an Stelle des alten Frühlingsgottes getreten ist, als den des Sieges des Lichtes über
die Winternacht: wie Baldur den Winterriesen, erlegt
Sankt Georg mit goldener Lanze (dem Sonnenstrahl) den
Drachen und befreit die ihm preisgegebene Jungfrau, die
in Wintersbanden schmachtende Erde. Zu Furth im
bayrischen Walde wird dieser Drachenstich noch jährlich am
Sankt Georgitag feierlich begangen: ein Jüngling in
schimmernden Waffen, auf weißem Roß, ein Symbol des
siegreichen Lichtes, stößt den Speer in den Rachen eines
greulichen Drachen, dessen Blut aus einer in dem Rachen
verborgenen Blase spritzt: — es wird von den Bauern,
welche von nah und fern zu diesem Feste herbeiziehen,
aufgefangen und auf die Felder gesprengt, Fruchtbarkeit zu
spenden [2]), zum deutlichen Beweis, daß der Sieger der

---

[1]) Baldur wird sehr mannigfach gedeutet; angelsächsisch ist
baldor = Herr.

[2]) Vgl. Dahn in Bavaria, I, München 1860, S. 370.

Sonnen= und Frühlingsgott ist. Anderwärts zogen und ziehen heute noch alt und jung in den Wald, den „Herren Maien" festlich zu empfangen, wann ihn der Kuckucksruf oder der erste Storch, die erste Schwalbe, das erste Veilchen verkündet hat: auch hier wird oft eine Hochzeit mit einer „Maikönigin" gefeiert. (Über Baldurs Gemahlin Nanna, seine Brüder Hödur, Wali, Hermodur f. unten.) Baldur ist als strahlend schöner Jüngling gedacht.

Die Freude der Germanen an dem Frühlingslicht drückt die Edda naiv und rührend aus: „Von Baldur ist nur Gutes zu sagen (was von den andern Asen, die wir sahen, nicht gerühmt werden mag; aber diese Gestalt ist schuldlos und rein verblieben), er ist der Beste, er wird gepriesen von allen. So schön ist er von Antlitz und so hell, daß ein leuchtender Glanz von ihm ausstrahlt: ein Kraut ist so hell, daß es mit Baldurs Brauen verglichen wird: das ist das lichteste (weißeste) aller Kränter: „Baldurs= braue". Daraus kannst du ermessen, wie schön sein Haar und sein Leib sein muß. Von allen Asen ist er der weiseste, mildeste, beredteste: er hat die Eigenschaft, daß seine in Streit= sachen andrer ausgesprochenen Urteile niemand schelten kann[1] (d. h. im altgermanischen Recht: ihrer Unrichtigkeit und Ungerechtigkeit halber anfechten und einen andern Wahr= spruch verlangen). Er bewohnt im Himmel jene Stätte, welche Breida=blick (Weit=Glanz) heißt: und wird da nichts Unreines geduldet[2]."

---

[1] Nach andrer Lesart freilich „den alle loben, dessen (gerechte, weise, friedliche) Entscheidungen aber niemals gehalten werden!"

[2] Baldur sind geweiht und seinen Namen tragen: zwei Kamillenarten, anthemis cotula und matricaria inodora, Hunds= kamille und Feldkamille (Baldrs=brä, Baldurs=braue), um gelben Kern weiße Blätter reihend. — Im Norden begegnen viele mit Baldur zusammengesetzte Ortsnamen: aber bei den südgermanischen

Das Licht, die Reinheit gilt auch als Symbol der
sittlichen Reinheit und des guten Rechts: daher mahnt ein
in manche Sage gekleidetes Sprichwort: „Die Sonne bringt
es an den Tag", d. h. das Unrecht, das Verbrechen,
z. B. den Mord, der sich tief verborgen und sicher wähnt.
Diese einzelne Seite Baldurs — daß niemand seine Urteile
schelten kann — die lichte Gerechtigkeit und Rechtswahr-
heit, wird, nach einer uns nun schon geläufigen Ausdrucks-
weise der Götterwelt, so ausgedrückt, daß der Gott des
Rechts, genauer der Rechtsprechung, ein Sohn Baldurs
genannt wird: er ist Forseti (Forasizo[1]), seine Mutter
ist selbstverständlich Nanna). In germanischer Rechtspflege
hatte der König oder der Graf, als „Richter" das Ding,
d. h. das Gericht zu leiten, feierlich zu eröffnen, zu hegen,
das Wort zu verleihen, den Dingfrieden zu schützen, Schelt-
wort, Waffenzücken zu verbieten und zu strafen, Umfrage
an das versammelte Volk, später an die Schöffen zu
halten, welche das Urteil fanden: dieses Amt des Vorsitzes
wird von Baldurs Sohne bekleidet. Er bewohnt in der
Himmelsburg den Saal, welcher der Glänzende (Glitnir) heißt: dort steht sein Richterstuhl, der beste für
Götter und Menschen: alle, die sich im Rechtsstreit an
Forseti wenden, gehen, mit seinem Schiedsspruch zufrieden,
versöhnt und ausgeglichen, von diesem Richterstuhl nach
Hanse[2]).

---

mit Pfohl, Phol — ist die Bedeutung meist eine andre oder doch
unsicher.

[1]) Vgl. über ihn Dahn: „Odins Rache", Gesamtausgabe,
XV, 1898.

[2]) Hier findet er also selbst den Spruch, erfragt ihn nicht von
den Schöffen; freilich ist es Schiedsspruch, im Wege des Vergleichs,
nicht Urteil nach durchgeführtem Rechtsverfahren, die Götter haben
eine besondere Gerichtsstätte an dem Brunnen der Urd, wo aber
Odin den Vorsitz zu haben scheint.

In einer schönen Sage von Entstehung des Rechts
der Friesen wird erzählt, daß deren zwölf Rechtssprecher
(â-sega) in steuerlosem Boot auf dem Meere treiben: sie
vermögen das Land nicht zu finden (und auch nicht das
Recht, d. h. das „Hintreiben auf steuerlosem Schiff" ist
das vergebliche Bemühen, die Rechtsentscheidung im Meere
der Zweifel zu finden). Sie beten, ein Dreizehnter möge
ihnen gesendet werden, der sie das Recht lehre und an
das feste Land lootse. Sofort sitzt ein Dreizehnter am
Schiffshinterteil, führt ein Ruder und steuert gegen Wind
und Wellen sicher und glücklich ans Land: dort ange=
langt, wirft er eine Axt, die er auf der Schulter trägt,
zur Erde: da entspringt an dieser Stelle ein Quell: hier
setzt er sich nieder, die zwölf andern um ihn, und er weist
ihnen das Recht. Keiner der zwölf kannte ihn, jedem der
zwölf glich er von Angesicht und nachdem er sie das
Recht gelehrt — waren ihrer wieder nur zwölf: der
dreizehnte war verschwunden: er war nur der Ausdruck
ihrer Gemeinvernunft, ihres übereinstimmenden Rechts=
bewußtseins gewesen. —

Der Unbekannte war ursprünglich wohl Odin, später
aber, nachdem ein besonderer Gott des Rechts aus Odin
(als dem Gott des Geistes, daher ist er Fosites Groß=
vater) und Baldur, als dem Gott der sittlichen Reinheit
und Wahrhaftigkeit, herausgelöst war, eben dieser neue
Gott. Man verlegt jene Rechtsbelehrung auf die Insel
Helgoland (die Grenze der Friesen und Dänen), welche
nach diesem Gott „Fositesland" hieß und wo ein
heiliger Brunnquell in hoher Verehrung stand: nur
schweigend durfte man schöpfen das reine und geheimnis=
volle Naß.

Sankt Wilibrord wagte es, um das Jahr 740 in
dem Quell drei Heiden zu taufen: kaum entging er lebend

dem Zorn des Volks über solche Entweihung und Ver=
wendung des Brunnens der alten Götter zum Dienst ihrer
Feinde. Erst Sankt Liutger (gestorben im Jahre 809),
selbst ein Friese, führte das Christentum auf der Insel ein,
die heute noch das „heilige Land" genannt ist (auch in
Norwegen gab es einen Forseti=Wald).

Von Baldurs Tod wird besser in anderm Zusammen=
hang gehandelt: seine Spuren — unter diesem Namen —
in Deutschland sind sehr selten: gar mancher Ortsname,
der, mit Pfol zusammengesetzt auf Phol, angeblich gleich
Baldur, gedeutet wurde, geht auf „Pfahl" zurück, auf den
Pfahlgraben, den alten römischen Grenzhag (limes). Und
wenn man eine Bekräftigung jener Annahme darin finden
wollte, daß diese Orte auch oft „Teufels"=Graben, „Teu=
fels"=hag genannt werden — da nämlich auch dieser Gott
im Mittelalter als ein Teufel gedacht worden sei — so
ist zu erinnern, daß die Deutschen das ihnen so verderb=
liche und großartige, fast übermenschliche Werk der römi=
schen Feinde, den Grenzhag, den Pfahlgraben[1], auf Riesen
oder andre böse Gewalten, d. h. in der christlichen Zeit
auf Teufel zurückführten. So bleibt als Zeugnis für
„Phol" fast nur der Merseburger Zauberspruch über, der
bei Verrenkungen gesprochen wurde: eingekleidet in epische,
ja dramatische Form:

phol ende uuôdan	Vol und Wotan
uuorun zi holza:	fuhren zu Holze[2]:
du uuart demo balderes	da ward Balders[3] Fohlen[4]
uolon	

---

[1] Dahn, Urgeschichte, II, S. 422 f.; Deutsche Geschichte, I, 1,
S. 498 f.

[2] d. h. ritten zu Walde.

[3] Oder des Gebieters, d. h. Wotans.

[4] Über Baldurs Roß s. unten; wahrscheinlich waren die in

sin unoz birenkit: ſein Fuß verrenkt:
thu biguolen sinthgunt,   da beſang[1] ihn Sinthgunt,
sunnâ erâ suister,   Sonne, ihre Schweſter,
  thu biguolen frûâ,   da beſang ihn Fraua (Frigg),
  uollâ erâ suister,   Volla, deren Schweſter:
thu biguolen uuôdan,   da beſang ihn Wotan,
sô he uuola conda   wie er wohl verſtand.
  sôse bênrenki,   ſo die Beinverrenkung,
  sôse bluotrenki,   ſo die Blutverrenkung,
  sôse lidirenki: ſo die Gliederverrenkung:

(hier fehlt wohl eine Zeile)

„bên zi bêna,   „Bein zu Beine,
  bluot zi bluoda,   Blut zu Blute,
lid zi geliden,   Glied zu Gliedern,
sôse gelîmidâ sin."   als ob ſie geleimt wären"[2].

VI. Loki=Loge.

Baldur wird, wie wir ſehen werden, getötet durch ſeines Bruders Hödur unſchuldige Hand, auf Anſtiften des böſen Loki, althochdeutſch Loge. Die Naturgrund= lage dieſer halb aſiſchen, halb rieſiſchen Geſtalt iſt, obzwar

---

dem heiligen Hain der Naharnavalen, einer germaniſchen Völkerſchaft, verehrten jugendlichen Brüder, welche Tacitus mit Kaſtor und Pollux vergleicht, Baldur und Hermodr oder Baldur und Hödur.

[1]) Beſprach.

[2]) Wir erſehen daraus, daß Volla als Friggs Schweſter galt und daß, neben einer ſonſt unbekannten Göttin (man vermutet darunter ein Geſtirn, aber gewiß mit Unrecht den männlichen Mond) Sinthgunt, auch hier die Sonne (Sunna), wie nordiſch Sol, die unter den Aſinnen genannt wird, weiblich gedacht wird.

dieses bezweifelt wird, das Feuer[1]). Und wie das Feuer, nach Schillers schönen Worten, bald wohltätig, bald verderblich wirkt, so ist auch Lokis Wesen ein zweifaches: er zählt zu den Göttern: denn die wärmende und befruchtende Flamme ist eine segensreiche, den Menschen unentbehrliche Macht: aber sie ist zugleich immer unzuverlässig, gefährlich, treulos und, wenn entfesselt, furchtbar verderblich. Daher der böse Loki schon vor seinem offenen Abfall von den Göttern diesen allerlei zwar listige und verschlagene, scheinbar und für den Augenblick auch wirklich vorteilhafte Ratschläge erteilt, welche sie aber doch stets großen Gefahren und Verlusten aussetzen und vor allem ihre Treue und Wahrhaftigkeit schädigen, daher ihre „Dämmerung", d. h. ihre Verschuldung herbeiführen und steigern.

Loki heißt der Sohn des Riesen Farbauti und der Laufey oder Nal: Farbauti, der „Führer des Bootes", ist vielleicht jener Riese, welcher aus der bei Ymirs Tod entstandenen Sintflut (S. 19) sich in einem Boote rettete: Lauf=ey hat man auf „Laub=Insel" gedeutet, wohin der Riese flüchtete. Aber vielleicht galt Loki ursprünglich als Odins Bruder[2]): er wandert wiederholt mit ihm und mit Hönir: eine Erinnerung daran, daß anfangs Luft, Wasser, Feuer, später Odin, Hönir (Ögir), Loki überwiegend als Natur-

---

1) Der Name wird doch wohl richtig auf die Sanskritwurzel lug zurückgeführt, leuchten, woher auch lateinisch lux, lucere, griechisch leukos, nicht auf lukan, schließen, abschließen, so daß Loki der Beender, consummator, d. h. der Zerstörer alles Lebens wäre. — Er heißt auch Loptr (Luft) und Lodur (Loderer?).

2) Lokis Brüder heißen Bileistr und Helblindi, Bileistr („Sturm=löser") ist aber auch ein Name Odins, danach wäre dann Helblindi etwa Hönir, und es ergäbe sich, da einem Riesen Fornjotr drei Söhne Kari (oder Hler), Ögir und Logi beigeschrieben werden, die Dreizahl:

gewalten gedacht waren: später wird dann Loki nicht
mehr als Odins geborner, sondern durch Vertrag ange=
nommener Bruder gedacht: als „Blutsbruder": Freunde
ritzten je eine Ader ihres Armes, fingen das Blut in einem
Becher auf, vermischten es und tranken beide davon, wo=
durch ein unverbrüchlicher Treueverband hergestellt ward,
so eng wie unter wirklichen Brüdern[1]).

Aber alsbald bricht der arglistige Loli diese Treue:
anfangs erteilt er, wohl lediglich seiner Natur folgend,
Ratschläge, deren Befolgung die Reinheit der Götter nur
gefährdet, ihre Sicherheit trübt. Bald aber, darüber ge=
scholten und bedroht, stiftet er nun[2]) absichtlich Böses,
bis er endlich sie offen beschimpft und ihren Liebling Bal=
dur ermorden läßt. Solange jedoch Loki als wohltätiger
Feuergott zu den Göttern hält, mußte ein besonderer Ver=
treter des schädlichen Feuers gedacht werden. Auch
dieser, ein Riese, führt den Namen Logi, — eine Er=
innerung an Lokis ursprünglich riesische Natur und Partei=
stellung — mit welchem Loki sogar einen Wettkampf ein=
geht (S. 88). Ja einmal wird das schädliche Feuer (im
Gegensatz zu dem den Göttern und Menschen befreundeten)

	Luft	Wasser	Feuer
	Odin	Hönir	Loki
	Bileistr	Helblindi	Loki
	Kari (oder Hler)	Ögir	Logi
entsprechend:	Zeus	Poseidon	Hephästos.

(So Simrock.)

[1]) Dahn, Sind Götter? Die Halfred Sigskald=Saga. Ge=
samtausgabe XIII, 1898. Leipzig. — Vgl. Dahn, Ein Kampf um
Rom. 33. Aufl., Leipzig 1902, I, S. 24.

[2]) Sehr naiv läßt ihn eine Sage erst böse werden, nachdem
er das halbverbrannte Herz eines bösen Weibes gefunden und ge=
gessen hatte.

als Utgardaloki bezeichnet, d. h. der Loki der riesischen, am äußersten Erdenrand gelegenen „Außen-Welt".

Schon vor dem offenen Bruche mit den Göttern erscheint Lokis Rat und Tat zugleich mit dem Segensreichen auch schädlich[1]). So schafft er zwar mit Odin und Hönir zusammen die Menschen: aber seine Gabe an diese, Blut und blühende Farbe, schließt mit dem Warmen und Reizvollen zugleich das Gefährliche der Leidenschaft, der Verlockung[2]) und ungezügelt auflodernden Sinnlichkeit ein. So verschafft er zwar Thor den an die Riesen verlorenen Hammer wieder: aber nur, indem er Freyas Auslieferung an die Riesen dafür verspricht und, da dies an ihrem und aller Götter Sträuben scheitert, diese zu Trug und Treubruch gegen die Riesen verleitet. So schert er Sif, Thors Gemahlin, hinterlistig das Haar ab — die Sommerfeuer-

---

[1]) Loki in seiner verderblichen Wirkung bezeichnet es, daß nach ihm benannt ist der Schwindelhafer (avena fatua) oder auch Hahnenkamm (unmanthus crista galli), ferner ein dem Vieh schädliches Unkraut, polytrichum commune, Lokis Hafer. In Skandinavien hat sich sein Name überhaupt lebendig erhalten in allerlei volkstümlichen Wendungen: zieht die Sonne Streifen, so sagt man: Loki fährt über die Äcker, oder Loki trinkt Wasser. Der Irrwisch heißt Lokis Geruch, der flammende Stern Sirius Lokis Brand, Brennspäne heißen Lokis Späne; wenn Unheil gestiftet wird, sagt man, nun säet Loki seinen Hafer; hört man leichtgläubig auf Lügen, so sagt man: er hört auf Lokis Abenteuer; mausern die Vögel, so gehen sie unter Lokis Egge; schwellen Dünste in der Sonnenglut auf der Erde, so treibt Loki seine Geisen aus, und knistert das Feuer, so gibt Loki seinen Kindern Schläge.

[2]) Völuspá 17, 18:

„Gingen da Dreie aus dieser Versammlung, | Mächtige, milde Götter zumal; | Fanden am Ufer unmächtig | Ask und Embla und ohne Bewußtsein. | Besaßen nicht Seele, besaßen nicht Sinn, | Nicht Blut, noch Bewegung, noch blühende Farbe: | Seele gab Odin, Hönir gab Sinn, | Blut gab Loki und blühende Farbe." (So Simrock. — Anders Müllenhoff.)

glut verſengt das Haar, d. h. den Graswuchs der Erde
unter dem Schein wohltätiger Wärme —: um ſich von
der Strafe zu löſen, bietet er nun zwar den Göttern die
wertvollſten Kleinode: Freyrs Schiff, Thors Hammer, welche
er durch die ſchmiedekundigen Dunkel=Elben, die Zwerge,
fertigen läßt: — (dieſe ſind ihm naheſtehend: denn ſie
hauſen in den Tiefen der Berge, wo auch das Erdfeuer[1]
(Loli) wohnt, und ſie werden auf ſeinen Rat von den
Göttern geſchaffen). Allein argliſtig ſuchte er doch wieder
die Vollkommenheit dieſer herrlichen Geräte zu hindern:
er ſtach als Mücke den Zwerg, welcher den Blaſebalg zog,
ſo daß auch wirklich der Schaft an Thors Hammer etwas
zu kurz ausfiel (S. 76).

Auch zu dem Vertrag mit dem rieſiſchen Baumeiſter
(ſ. unten Buch III, I) hat er, ſo ſcheint, den Göttern ge=
raten: und als ſie dadurch abermals mit Verluſten bedroht
werden, vermag er ſie nur durch abermalige Liſt zu retten,
welche auch die Aſen ſchuldig macht, da ſie dieſelbe oder
doch ihre Wirkungen gutheißen. Wie Freya will er auch
Idun mit ihren verjüngenden Äpfeln den Rieſen preis=
geben (ſ. unten: Idun) zum ſchwerſten Schaden der Götter,
welche nun zu altern beginnen. Endlich aber, nachdem
er lange (nach Uhlands ſchönem Wort) als das leiſe und
raſtlos unter den Göttern umherſchleichende Verderben —
Liſt, Betrug, ſchädlicher Rat, Täuſchung (zunächſt zwar der

---

[1] In dieſem Sinn wird von ihm erzählt, er habe ſich auf acht
Monde in eine milchſpendende Kuh und Mutter verwandelt, die im
Schoße der Erde wohnte: es ſind die acht Wintermonate des Nord=
landes (wie die acht Raſten unter der Erde, in welche Tiefe Thors
Hammer verſteckt wird: die acht Monate, in denen es nicht donnert),
während welcher die Wärme nur tief im Schoß der Erde noch zu
finden iſt: inſofern wirkt Loki als nährende Wärme, d. h. Mutter
des Lebens, wohltätig.

Riesen, aber auch der Götter), Gefährdung und Befleckung derselben — in noch verdeckter Feindseligkeit wirkte, versetzt er in Baldurs Ermordung ihnen offen den schwersten Schlag, der sie vor der Götterdämmerung selbst — diese vorbedeutend — treffen kann.

Zur Strafe für diesen äußersten Frevel wird Loki gefangen und gefesselt (s. unten, Götterdämmerung), nachdem er, nach einer Überlieferung wenigstens, vorher noch alle in der Halle des Meergottes Ögir zu festlichem Mahle versammelten Götter und Göttinnen beschimpft hat, unter Aufdeckung ihrer Schwächen, Fehler und Vergehen jeder Art: dies ist der Inhalt der Ögisdrecka, der uns zu großem Teil unverständlich bleibt, weil er in seinen Anspielungen die Kenntnis der zahlreichen Göttergeschichten voraussetzt, welche uns leider verloren sind. Man ersieht aber daraus, in welcher Fülle und in welch verfänglicher Weise die Dichtung solche Sagen ausgebildet hatte, nach welchen fast alle Götter und Göttinnen in Untreue und andre Schuld verstrickt erscheinen, so daß das sittliche Bedürfnis im Volk ihren Untergang oder doch ihre Läuterung im Weltenbrande dringend fordern mußte (Seite 40).

Außer zwei Söhnen von seiner Gattin Sigyn hatte Loli noch von der Riesin Angur-boda (S. 99) drei furchtbare Sprößlinge: den Fenriswolf (S. 100), die Midgardschlange (S. 88, 93) und Hel (s. unten S. 129).

VII. Hel=Nerthus.

Während der Fenriswolf und die Midgardschlange:
die Vernichtung (zumal der Rechtsbruch) und das unwirt=
liche, stets die Dämme der Erde bedrohende Weltmeer,
ausschließend schädliche Mächte sind, gilt dies nicht in
gleicher Ausnahmslosigkeit von Hel, welche später zwar
als Riesin, als schaurige Herrscherin der Unterwelt, des
Schattenreiches, auch wohl des Strafortes für Verbrecher,
als Todesgöttin erscheint, ursprünglich aber auch wohl=
tätige Bedeutung gehabt hat.

Sie bedeutet in ihrem Namen „Heljan“, hehlen,
bergen, zwar das Verhülltwerden und Gefangengehalten=
werden der Toten in dem schaurigen finstern Abgrund der
Tiefe, aber zugleich auch das Nährende: die schützende,
Lebenskeime bergende und befruchtende Erde wird als
segensreicher, warmer Schoß, als ehrwürdigheilige Mutter
„die hehlende“ genannt[1]. So kommt es, daß die Erd=

[1] Daher geht auch der eine Name Friggas: Holda, Frau
Holle, die Hulle=Frau (bei Thüringen und Franken) und ebenso der
eine Name Freyas, Hilde, sofern diese die erste und die Anführerin
der Wal=küren ist, auf dieselbe Wurzel hilan, hehlen zurück. Daher
ist auch die Hausfrau des Unterweltsriesen, als Thor dorthin gerät,
allgoldig, von lichten Brauen, freundlich, nicht feindlich, gegen den
Gott gesinnt, den sie vor ihrem Gatten zu schützen trachtet. —
Deshalb weilen auch Gerda (S. 110 f.) und Idun (s. unten)
wenigstens vorübergehend bei Hel: im Winter bergen sie sich im
Schoß der Erde, um erst nach dem Siege des Lichtes emporzusteigen
und Blüte und Fruchtbarkeit unter den Menschen zu verbreiten.
Lokis Tochter kann Hel als wohltätige wie als schädliche Gewalt
heißen: jenes, weil die Erdwärme von dem Erdfeuer stammt und
dieses, weil die Vernichtung des Lebens im finstern Grab auf
den Verderber Loki, den Mörder des Lichtgottes, zurückgeführt
werden mag.

göttin Jörd (auch Fiörgyn, Berg, Hlodyn, Herdgöttin),
die Nerthus (Nährende) der Südgermanen, ursprünglich
die große von den Römern der Isis verglichene Göttin,
wohl auch als Hel gedacht wurde. Daher berührt sie sich
mit Frigg, welche, der Hera-Juno entsprechend, die Göttin
der Ehe, des Hausherdes, der Fruchtbarkeit ist, das Urbild der germanischen Hausfrau, des Götterkönigs schöne,
strenge, ehrfurchtwürdige Gemahlin.

Wie es scheint, war sie anfangs zugleich die Göttin
der Liebe, diese ohne Rücksicht auf den heiligen Ehebund
gedacht. Erst später löste sich, wie wir dies ja wiederholt
gesehen, diese eine Seite der Bedeutungen von der Ge-
samtgestalt ab und wurde zu einer besonderen selbständigen
Göttin der Liebe, als Freya: daher erklärt sich, daß auch
später noch die beiden nahe verwandten und stabreimenden
Göttinnen Frigg und Freya miteinander oft verwechselt
werden, was freilich nicht ausschließt, daß die jugendlich-
feurige Freya als Göttin der Liebe zu Frigga, der ge-
strengen und eifersüchtig das Recht der Ehe wahrenden
Hausmutter, auch wohl einmal in Gegensatz tritt.

Sehr bezeichnend für die Doppelart der Hel: die fin-
stere, Grab und Tod bedeutende und zugleich die leben-
nährende und für das Wiederemporsteigen des geschützten
Keimes unentbehrliche, ist es nun, daß Hel selbst oder die
bei ihr weilenden Jungfrauen halb schwarze und halb
weiße Haut- und Gewandfarbe tragen. Die in die
Unterwelt verwünschte, zum Aufenthalt in der Grabestiefe
für bestimmte Zeit verdammte Maid ist schwarz, sofern sie
der Tiefe verfallen, aber weiß, sofern sie der Erlösung,
der Befreiung, z. B. durch den sieghaft eindringenden lichten
Ritter fähig ist (den Sonnenstrahl: Seite 110 f.: Skirnirs-
fahrt).

Daher in vielen Sagen und Märchen auch wohl darauf

geachtet wird, ob der kühne Befreier die zu Rettende schon
ganz schwarz geworden antrifft: — dann ist sie verloren —
oder ob noch Weißes an ihr haftet: dann ist sie noch zu
erlösen. Das ward dann in Kirchensagen auch wohl auf
die im Fegefeuer harrenden Seelen übertragen.

Als Königin der schaurigen Tiefe, als Beherrscherin
der Schrecken, als Fürstin der finsteren Unterwelt erscheint
Hel auch als Gebietigerin der Straforte für Frevler,
welche nach dem Tode die Schuld ihres Lebens zu büßen
haben: so ward die persönlich gedachte Göttin Hel der
Heiden zu der räumlich gedachten Hölle des christlichen
Mittelalters. Aber erst das Christentum hat uns die
Hölle heiß gemacht: nach germanischer Anschauung ist der
Straort der abgeschiedenen Seelen eine kalte Wasserhölle:
Ströme 1) unter der Erde, eben im Reiche Hels, welche
Schwerter, Schlangen und Leichen dahinwälzen; mitten
in diesem Gewoge treiben die Verstorbenen dahin, welche
auf Erben die Schuld des Meineids, des Mordes an
Gesippen und ähnliches verübt haben: aber die Qualen
dieser germanischen Hölle sind nicht ewige (s. unten: Götter=
dämmerung).

Die Brücke, welche nach der Unterwelt führt durch
Steinklüfte, wird von der Riesin Môdgudr (Seelenstreit)
bewacht. Sie ist eine Anklägerin: als Brunhild den Ritt
nach Hel tut, wehrt ihr die Riesin den Weg, indem sie

---

1) Die Seherin schildert Hel und die Straforte so: ein Saal
steht, der Sonne unerreichbar, an den Leichenstränden: nordwärts
wendet sich die Tür. Gifttropfen fallen herein durch die Lichtlöcher.
Geflochten ist der Saal aus Schlangenrücken. Da durchwaten reißende
Ströme meineidige Männer und Mörder, da saugt Nid=höggr die
Leichen der Abgeschiedenen. Es zerreißt der Böse (Friedlose, Frevler)
die Männer.

ihr die während ihres Lebens auf der Erde begangene Schuld vorhält.

Eine Göttin der Schrecken, die Riesin der grausigen Tiefe, welche alles Leben hinabschlürfen will, ähnlich wie die Wasserriesin Ran die Ertrinkenden, wurde Hel wohl erst später, nachdem ihre wohltätigen Seiten in der Erdgöttin Nerthus oder Jörd sowie in Frigg besonderen Ausdruck gefunden hatten. Als böse Unholdin schildert sie eine offenbar jüngere Darstellung: ihr Saal heißt Elend, Hunger ihre Schüssel, ihr Messer Gier, ihr Knecht Gangträge, ihre Magd Gangläſſig, ihre Schwelle Einsturz, ihr Bett Kummer, ihr Vorhang drohendes Verderben: sie ist nur zur Hälfte menschenfarb, zur andern Hälfte schwarz (schwarzblau: blâ): also kenntlich genug durch ihr furchtbares Aussehen[1]).

Vielleicht aber waren früher neben jenen Straforten in Hels Reich auch Räume seligen Aufenthalts gedacht, welche erst später ausschließend nach Asgard verlegt wurden, wobei dann das Fortleben in Hel auch für Schuldlose nur mehr als ein freudloses, schattenhaftes gedacht wurde, nachdem der vergeistigte Odin und sein Walhall in den Vordergrund getreten waren. Wenigstens würde jene Annahme am besten erklären, daß Sagen und Märchen im Reiche der Unterwelt, im Schoß der Berge, in Höhlen, unterhalb der Seen und Teiche anmutreiche Gärten, blumige Wiesen, goldene Säle kennen, in welchen die Seelen der schuldlosen Abgeschiedenen ein frohes Dasein führen: wird doch auch für Baldur festlicher Empfang in Hels geschmücktem Saal bereitet.

Die segensreiche Wirkung Hels allein wird hervor-

---

[1]) Mit Hel, Holle zusammengesetzte Ortsbezeichnungen sind in Skandinavien, Deutschland, England sehr häufig.

gehoben, wenn sie mit der Erdgöttin Jörd (südgermanisch: Nerthus) als eins gedacht und daher — als solche — mit Odin vermählt wird: sie gebiert ihm als Jörd Thor (S. 74), als Hel Widar (s. diesen unten). Daher heißt es auch, daß Odin ihr Gewalt über die neunte Welt (eben über die Unterwelt)[1] gegeben habe. Als heilige, segens= reiche, allnährende (Nerthus von narjan, nähren) Mutter wurde die Erdgöttin (terra mater) von suevischen Völkern an der Nordseeküste verehrt: sie hatte ihren Wohnsitz auf einem Eiland des Meeres: in einem keuschen Haine ward ihr heiliger Wagen, von saltenreichem Gewande verhüllt, aufbewahrt: nur ihres Priesters Hand durfte rühren an das geheimnisvolle Gefährt. Dieser erkennt es, wann die Göttin das Heiligtum betritt: alsbald werden die ihr ge= weihten Kühe angeschirrt, und in Ehrfurcht begleitet er den feierlichen Zug. Denn nun fährt die Göttin unter die Völker und greift ein in die Geschicke der Menschen: vielleicht zur Zeit des frühesten Frühlings (Februar oder März). Da hebt an eine Reihe festfroher Tage: alle Stätten, welche sie des Einzugs und der Gastung würdigt, werden Festplätze. Dann ruhen die Waffen, keine Kriegs= fahrt wird unternommen, eingeschlossen wird alle Eisen= wehr: Friede und Ruhe kennt man in jenen Tagen, liebt man in jenen Tagen allein, bis die Göttin des Verkehrs mit den Sterblichen ersättigt ist und derselbe Priester sie zurückgeleitet in ihr Heiligtum. Alsbald werden Wagen, Gewande und, nach dem Glauben, die Gottheit selbst in einem geheimnisvoll abgelegenen See gebadet. Unfreie, welche dabei Dienste leisten, verschlingt sofort dieselbe Flut.

---

[1] Oder gar über neun Welten, wie es ein andermal heißt: dann muß man sich die Unterwelt in neun Reiche gegliedert vor= stellen.

Daher waltet geheimes Grauen und eine bedeutungsvolle Rätselhaftigkeit: denn, was jenes Verborgene sei, das wissen nur dem Tode Geweihte. Diese Schilderung des Tacitus (Germania c. 40) zeigt die Erdgöttin als eine Mutter der Freude, des Segens, des Gedeihens, des Friedens, wann sie unter die Völker fährt: aber die düsteren Menschenopfer, die ber geheimnisvolle See verschlingt, deuten an, daß sie zugleich die Göttin des Todes und der Unterwelt war.

Der Wagen der Göttin war vielleicht zugleich als Schiff gedacht: (in Italien »Caroccio«, ein Wagen, der oft ein Schiff oder doch einen Mastbaum trug) — schon um von jener Insel das Festland zu erreichen. Unter dem Bild eines Schiffes, d. h. richtiger wohl auf einem Schiff, hielt eine Göttin der Fruchtbarkeit, welche von den Römern der ägyptischen Isis verglichen ward, Umzüge. Solche festliche Umfahrten, zur Zeit, da der Winter dem sieghaft einziehenden Frühling weicht, — ungefähr um Fastnacht[1]) — mit der Bedeutung, Freude und Frieden zu verbreiten, waren häufig und haben sich in manchen Landschaften bis heute erhalten.

Gerade von dem Festdienst dieser der Isis vergleichbaren Göttin der Ehe, des Friedens, der Fruchtbarkeit,

---

[1]) Da es ein Fest der Liebes= oder doch der Ehegöttin war, beteiligen sich zumal Frauen, oft in ausgelassenem Übermut, an der Feier, oder es werden Mädchen, die nicht heiraten wollen, zur Strafe vor den Wagen der Ehegöttin gespannt, sie müssen ihn ziehen. — Nachdem der alte heidnische Ursprung dieser Fastnachts= umzüge und Reigen vergessen war, erfand man allerlei andre Ent= stehungsgründe: so bei dem Schäfflertanz und dem Metzger= sprung in München: nachdem furchtbare Pest den Mut der Bürger gebrochen hatte, sollten bei Nachlassen der Seuche zuerst diese Zünfte wieder frohe Kurzweil auf den Straßen gewagt und die Lebensfreude der Einwohner wieder geweckt haben.

daher auch des Ackersegens und der Schiffahrt, haben sich zahlreiche Spuren erhalten. Aventin erzählt von einer Frau Eisen, welche den König Schwab in Augsburg Eisen schmieden gelehrt habe und pflügen, säen, ernten, Flachs und Hanf bauen, die Weiber aber spinnen, weben, nähen, Brot kneten und backen: mit Schiff, Pflug und Wagen zog sie durch die Gaue. Zu Nivelles wird noch der Wagen einer solchen Göttin, der heiligen Gertrud, aufbewahrt, welche gegen Mäusefraß schützte: mit einer Maus am Stab oder Rocken wird sie abgebildet. Man trinkt Sault Gertruds Minne wie der heidnischen Götter, und zwar aus einem Becher, der ein Schiff darstellt. Denn auch die Schützerin der Schiffer ist sie: die Rheinschiffer beten in der Kapelle der heiligen Gertrud in Bonn um gute Fahrt: sie bringt die schöne Jahreszeit, „d. h. sie holt den kalten Stein aus dem Rhein“. Die Gartenarbeit wird nun wieder möglich: „Gertrud (= Freya-Gerda) ist die erste Gärtnerin“: d. h. an ihrem Tag (17. März) weicht die Kälte der Frühlingswärme. Gertrud, die „Speer-traute“, ist übrigens ein Walküren-Name: sie entspricht Freya: daher auch verbringen alle Seelen Verstorbener die erste Nacht in Sankt Gertruds Saal, die zweite bei Sankt Michael, die dritte erst in Himmel oder Hölle: es ist Freya, welche sich mit Wotan (= Sankt Michael) in die Seelen der Verstorbenen teilt. Auch ist Sankt Gertrud wie einer heidnischen Göttin ein Waldestier heilig: der rothäubige Schwarzspecht (picus martius) der auch „Martinsvogel“ heißt, weil er Sankt Martin d. h. Wotan geweiht ist. Derselbe war bei den Italikern ein verzauberter König, Picus, ein Waldgeist, als Vogel aber dem Kriegsgott Mars geweiht, was vielleicht auch auf Sankt Martin (mit Schwert und Mantel) hinführt.

Der Gemahl der Nerthus war nicht Odin, sondern wahrscheinlich ihr Bruder Niördr, welcher sie verlassen mußte, als er, aus dem Verbande der Wanen scheidend, unter die Asen aufgenommen wurde: denn Geschwisterehe, welche, wie bei andern arischen Völkern, auch bei Germanen in ältester Zeit vorkam, galt den Asen, d. h. dem vorge= schrittenen Bewußtsein, welches die Asen=Religion geschaffen, nicht mehr als erlaubt[1]).

VIII. Freya und Frigg.

Freya, die Wanengöttin (S. 29), war vermählt mit Odr: als sie diesen verlor, weinte sie ihm in treuer Liebe Sehnen goldene Tränen nach. Odr wird von einigen als Freyr gedacht, welcher die Schwester bei ihrer beider Auf= nahme unter die Asen (S. 29) nicht mehr habe als Ge= mahl behalten dürfen (S. 107 f.), von andern als Odin, der in den „Zwölf Nächten" (von Weihnachten bis Drei= könige) als wilder Jäger in dem Sturmbrausen jener Zeit um die Frühlingsgöttin, die schöne Jahreszeit, wirbt, aber schon bald, zur Zeit der Sommersonnenwende, von dem Hauer eines Ebers getroffen, stirbt: d. h. nur in seiner Bedeutung als Gott des aufsteigenden Jahres: ähnlich seinem Sohne Baldur[2]). Daher wird auch der Hackel=

---

1) S. unten Wölsungensage.
2) Diese Sage entspricht dem griechischen Mythus von Adonis der ebenfalls durch einen Eber der Liebesgöttin Aphrodite ent= rissen wird.

berend (d. h. Mantelträger, d. h. Wotan), der im Mittel=
alter als wilder Jäger Wotan vertritt, durch einen Eber
getötet und hat nun in alle Ewigkeit zu jagen, weil er
sich, freblen Sinnes, statt der himmlischen Seligkeit ewige
Weidmannslust gewünscht hatte.

Bald aber ward nicht mehr Freya als Gemahlin Odins
gedacht[1]), sondern Frigga: Freya, die zur Naturgrundlage
die schöne Frühlingszeit hat, ward nun zur Göttin der
Liebe, sowohl der edeln als (zumal später) der sinnlichen,
leidenschaftlichen Liebe; wenigstens werden ihr von Loki
und der Riesin Hyndla derartige Vorwürfe gemacht.

Aber Freya ist nicht eine weichliche Liebesgöttin wie
Aphrodite, sondern sie ist zugleich die erste, die Anführerin
der Walküren, der Schildjungfrauen Odins (s. diese unten).
Als solche reitet sie an der Spitze dieser in die Schlacht
und ihr gehört die Hälfte der Wal, d. h. der (nach des
Schicksals oder Odins oder eben der Wal=küren Beschluß)
in dem Kampfe Gefallenen, nur die andre Hälfte Odin
(S. 69): daher heißt ihre Himmelsburg Folk=wang, der
Anger des (gefallenen) Volks, ihr Saal Seß=rumnir,
der Sitz=räumige; der Freitag (nordisch Freyjudagr) ist
nach ihr benannt.

Als Walküre (— sie ist die eigentliche, die ursprüng=
lich einzige, die andern sind nur ihre Vervielfältigungen
und Wiederholungen —) ist sie Jungfrau: als solche heißt
sie Gefion und alle, die unvermählt sterben, nimmt sie
auf. Indes hat später die Sage Gefion einen Gemahl
gesellt. „Gefn" heißt Meeresstrom: daran wohl küüpfte
die Dichtung. Zu Gylfi, König von Swithiod (Schwe=
den), kam einst eine fahrende Frau, deren Gesang ihn so

---

[1]) Wie noch („Frea") in der Sage von der Namengebung der
Langobarden.

wonnig ergötzte, daß er ihr zum Lohne soviel seines Landes
versprach, als vier Rinder während eines Tages und einer
Nacht würden pflügen können. Aber diese Landfahrerin
war eine verkleidete Tochter Asgards: sie nahm vier Rinder
aus Riesenheim — Riesengeborne — und jochte sie vor
ihren Pflug. So gewaltig und tieffurchend zogen die
Rinder, daß sie das Gepflügte losrissen vom übrigen Fest=
land und es mit sich zogen ins Meer, bis sie stehen
blieben in einem Sunde. Da festigte Gefion das losge=
rissene Land und nannte es „Seeland": — die dänische
Insel. In Schweden entstand an Stelle des weggepflückten
Landstückes ein See, Lögr, dessen Buchten daher den vor=
springenden Küstenspitzen von Seeland entsprechen, wie die
Scheibe dem Schwert. Gefion vermählte sich zu Lethra,
der dänischen Königsburg, auf Seeland, mit Skiold und
ward so der Skiöldunge Stammmutter.

Frigg, Odins rechtmäßige Gemahlin, der Hera=Juno
entsprechend, ist die Göttin der Ehe, des heiligen Herdes,
des ehelichen Hauses, der ehehäuslichen Wirtschaft: sie ist
das Urbild der germanischen Hausfrau, mit deren ernsten
Pflichten und stolzen Rechten. Daher ist sie die Lehrerin
und Beschirmerin des Spinnens, daher führt sie am
Gürtel die Schlüssel als Zeichen ihrer Schlüsselgewalt,
d. h. der Leitung des Hausstandes. Wie Hera=Juno ist
sie — freilich nicht immer ohne Grund: der wärmste
Freund Odin=Wotans muß ihr das einräumen! — oft recht
eifersüchtig auf ihren Gemahl. Daß er vermöge seiner
Naturgrundlage und vermöge seiner verschiedenen geistigen
Aufgaben von der Göttersage gar manche Frau und
Freundin außer Frigga zugedichtet erhalten muß: — diese
Notwendigkeit einzusehen hat Frau Frigga niemals über
ihr Frauenherz gebracht.

Friggs Vater heißt Fiörgyn, weil sie ursprünglich

mit der Erdgöttin Jörb, deffen Tochter, identisch war;
ihre Halle heißt Fensal, was auf Sumpf und Meer
deutet[1]).

Als Spinnerin lebt Frigg bis heute im Glauben des
Volkes fort: die drei Sterne, welche den Gürtel des Stern=
bildes Orion bilden, heißen „Friggs Rocken". Bei
den Bayern und Schwaben geht sie heute noch um als
Berchtfrau, Frau Bercht, d. h. Berahta, die Glänzende,
wie die Sage die Mutter Karls des Großen Bertha
die Spinnerin[2]) nannte und wie die verlorene goldene
Zeit, da diese Göttin des Segens herrschte, beklagt wird
mit dem Seufzer: „Die Zeit ist hin, da Bertha spann[3])".
Daher geht noch heute nach dem Glauben des oberdeutschen
Landvolkes um die Zeit, da die Spinnarbeit vollendet
sein, jede Dirne mit dem zugeteilten Maße Flachs fertig
sein muß — bis zu Lichtmeß (zweiten Februar) — eine
hehre Gestalt in dem Dorf um: nach dem Gebetläuten in
der Dämmerstunde wandelt durch die verschneiten Gassen
und Gangsteige eine hohe Frau, ganz in weißes Linnen
gehüllt, vom Haupte, von welchem sich manchmal eine
goldene Locke durch des Schleiers Falten stiehlt, bis zu
den Riemenschuhen: sie lugt durch die Butzen=Scheiben der
niederen Fenster in die erleuchteten Stuben und prüft,
ob die Spinnarbeit sauber vollendet: die fleißige, reinliche
Magd belohnt sie, aber wehe der trägen, unsaubern! Sie
tritt nachts an deren Bett und schneidet ihr mit dem langen

---

[1]) Die hierfür versuchten Erklärungen sind wenig befriedigend.

[2]) Übrigens heißt diese sagenhafte Königin auch »la reine pédauque«, Königin Gänsefuß: dieselbe sollte Füße wie die Schwimm=
vögel haben; man hat das darauf zurückgeführt, daß Freya als
Walküre im Schwanenhemd erscheint, oder geradezu als Schwan:
aber nicht Freya, Frigg ist die spinnende Göttin.

[3]) Auch italienisch: non è più il tempo, che Berta filava.

Krumm=Messer den Leib auf, den noch nicht abgesponnenen
Flachs und den etwa nachlässig in der Stube gelassenen
Kehricht hineinstopfend, mit der Pflugschar statt mit der
Nadel und mit einer Eisenkette statt des Zwirns näht sie
die Öffnung zu. Doch gibt es ein Mittel, sich zu schützen:
wenn die Magd fleißig von den setten Kücheln gegessen
hat, welche um diese Zeit gebacken werden, so glitscht das
Messer unschädlich ab: die Schuldige hat die Göttin wieder
versöhnt durch eifrige Teilnahme an dem Opferschmaus,
der dieser zu Ehren gehalten ward. Auch findet um Fast=
nacht in vielen Gauen das „Berchtenlaufen" statt, d. h.
die Frau Berahta, eine in Weiß gekleidete Gestalt, hält
ihren Umzug mit allerlei Gefolgschaft, in welcher auch
Wotan und andre Götter, freilich fast bis zur Unkenntlich=
keit entstellt, auftreten. Sie sammeln von jedem Hause
Gaben [1] ein, welche unweigerlich gespendet werden müssen,
eine Erscheinung, welche bei solchen Umzügen sehr oft be=
gegnet und immer auf die alte Beitragspflicht zu dem ge=
meinsamen Opferfest und Opferschmause hinweist.

Die Bercht=Frau ist die leuchtende Frau: wir sahen,
sie ist in glänzend Leinen=Weiß gekleidet: so ist es denn
Frigg, welche als „weiße Frau" heute noch in vielen

---

[1] Dies Gabenheischen heißt „zampern"; man hat hieraus
einen Sondernamen unsrer Göttin Zampe erschlossen; der fragliche
Tag heißt: Zimbertstag, was bald auf die Göttin Zimpe
(Zampe), bald auf Sint Berth (Sankta Bertha) zurückgeführt
wird. — Auch an die von Tacitus erwähnte Göttin Tanfana hat
man dabei gedacht, welche im Lande der Marfen (bei Dortmund?)
ein von den Römern zerstörtes Weihtum hatte: Tanfana wird von
„Dampf" abgeleitet, der heilige Rauch des Herdfeuers, so daß sie
eine Herdgöttin gewesen wäre, was gut zu der göttlichen Haus=
frau Frigg paßt. Die Göttin Hludana, nur in Inschriften
genannt, wird gedeutet auf Hlödhyn, die Mutter Thor=Donars,
also Förd.

Schlössern umgeht und als Ahnfrau gar manches Fürsten=
geschlechts[1]) verehrt wird: sie erscheint warnend, mahnend
ihren spätesten Sprößlingen, wann Gefahr sie bedroht[2])
oder schwere Verbrechen in dem Hause begangen sind.
Wie auf Odin führten also Königs= oder Fürstengeschlechter
ihren Ursprung auch auf Odins Hausfrau zurück: die
weiße Frau (meistens heißt sie „Bertha", d. h. eben
Berahta): — so die von Neuhaus in Böhmen, welche
dies Schloß erbaute und den Arbeitern als Lohn einen
„süßen Brei" versprach, d. h. einen Opfer= und Festschmaus,
der heute noch daselbst am grünen Donnerstag unter die
Armen verteilt wird: Karpfen dürfen dabei nicht fehlen.
Bestimmte Speisen: Fische (mit Hafergrütze), Heringe
(mit Klößen) werden auch sonst zu Ehren der Berchtfrau
gegessen. Ihre Festabende sind Fastnacht und auch der
Dreikönigsabend, der deshalb auch Berchtenabend[3]) heißt.

Die weiße Frau wie die Berchtfrau und die Königin
Bertha ist die Segen und Gedeihen spendende „große
Göttin" (ursprünglich Nerthus und auch Hel). Als
solche heißt sie die „gute Frau", la bonne dame, bona

---

[1]) So der Hohenzollern: eine Gräfin von Orlamünde. Während
ich dies schreibe, hat, in der Nacht vom 15. auf den 16. Januar 1884,
ein Posten im königlichen Schlosse zu Berlin dienstlich gemeldet:
daß er die weiße Frau in einem abgelegenen Gange habe wandeln
sehen; die Untersuchung überführte einen weißgekleideten Küchen=
jungen.

[2]) Z. B. ein Sprößling des Geschlechts sterben wird, wobei
die sonst weiße Frau schwarz oder halb schwarz erscheint: — eine
Erinnerung an Hel als Grundlage Friggas (S. 129).

[3]) Der „Bohnenkönig", der an diesem Abend aufgestellt wird —
derjenige Gast, auf dessen Teil die in den Festkuchen verbackene Bohne
trifft — geht aber auf diese weibliche Göttin nur dann, wenn er
als ihr Bräutigam oder Liebling zu fassen ist, wofür es an Stützen
fast ganz gebricht.

socia, auch wohl Dame Abonde, Abundia, d. h. Überfluß.
Die holde Frau (Frau Holle, Hullefrau)[1] ist sie als
die milde, hilf= und segenreiche: so heißt sie bei Franken,
Hessen, Thüringen: wenn sie „im hohlen Stein“, im
tiefen Berg, unter der Erde, auch wohl in einem Brunnen
oder unter einem See, ihre Wohnung hat, so ist das
Erinnerung daran, daß sie, die Erdgöttin, ja auch die
Unterweltsgöttin war. Und daraus erklärt es sich nun
auch, daß die Holde auch unhold, die Weiße schwarz und
finster, strafend, drohend werden kann gegen den Schuldigen,
der ihre Rechte, ihre Ehre verletzt, der fürwitzig, ohne
Scheu dringen will in ihre ehrwürdigen Geheimnisse, in
die Unterwelt, die nicht von Lebenden zu beschreiten ist.
Daher erklärt sich, daß die schöne, hilfreiche Göttin auch
furchtbar, häßlich, grauenhaft, grausam (S. 130) erschei=
nen mag.

Mit liebenswürdigem Scherz und tiefer Menschen=
kenntnis verwertet die Sage die alte Wahrheit, daß auch
dem gewaltigsten Mannesgeist Frauenlist, zumal dem Ehe=
gemahl gegenüber die Klugheit der Ehefrau, überlegen ist.
Besonders wirksam muß dies hervortreten, wenn es kein
geringerer ist als der oberste der Götter, der geistgewaltige
Odin selbst, an dem diese alte Erfahrung sich bewährt:
Er, der alle andern Wesen zu überlisten pflegt, durch
seiner Rnnen, durch seiner tiefgründigen Gedanken Weis=

---

[1] Wenn es schneit, sagt man: „Frau Holle schüttelt ihr Bett“:
Odins Gemahlin wohnt neben ihm in den Lufthöhen und regiert
deren Erscheinungen: ein Musterbild der guten Hausfrau muß auch
der Betten pflegen. Anderwärts wird der Schnee mit Hilde (= Freya,
s. unten Walküren) in Verbindung gebracht: so in der Sage von
Hilde=Schnee: Ludwig der Fromme baute zu Ehren Marias
(= Freya) zu Hildesheim eine Kirche in dem Umfang eines
wunderbaren Schneefalles.

heit, — er muß sich durch Frau Frigg überlisten lassen: ganz wie andre gewöhnliche Eheherren auch.

In mehreren Bildungen führt dies die Sage aus.

So überlistet einmal Frigg (noch unter dem Namen Frea = Freya) ihren Gemahl bei der Zuwendung des Sieges an die Langobarden (S. 65). Ein andermal in einer Wette, indem jeder der beiden Gatten für einen andern Liebling Partei ergreift: die beiden waren Agnar und Geirröd, die Söhne des Königs Hraudung. Diese werden als Knaben beim Fischfang mit ihrem Boot vom Sturme verschlagen an fremde, ferne Küste: ein Bauer und sein Weib nehmen sich der Kinder an und erziehen sie als ihre Pflegekinder, der Bauer den jüngeren Geirröd, die Bäuerin den älteren Agnar: Bauer und Bäuerin waren aber Odin und Frigg. Nach längerer Zeit gab beiden der Bauer ein Schiff, daß sie wieder nach Hanse gelangen konnten: er sprach aber, als die Gatten beide an den Strand geleiteten, allein flüsternd, mit Geirröd. Sie hatten guten Wind (Odins-Wind) und kamen an die Küste ihres väterlichen Reichs. Da sprang Geirröd, der sich vorn ins Schiff gesetzt hatte, ans Land, stieß aber das Schiff mit dem Fuße zurück und rief dabei: „Fahre hin in böser Geister Gewalt!“ Diesen argen Rat hatte ihm der Bauer geraunt. Das Boot trieb hinaus in die wilde See und verschwand vor Geirröds Augen. Der aber ging hinauf zu seines Vaters Burg: dieser war eben gestorben, Geirröd ward zu seinem Nachfolger gekoren und gewann große Herrlichkeit. Da saßen eines Tages Odin und Freya auf Hlidskialf und schauten über die Welt hin. Da sprach Odin lachend: „Siehest du, Frigg, deinen Liebling Agnar? In einer Höhle sitzt er und hat Kinder mit einer schnöden Riesin: aber mein Pflegling Geirröd ist König im Lande.“ Frigg erwiderte: „Er ist aber solch ein Neiding, daß er seine Gäste soltert; er fürchtet, der Geizige', allzuviele möchten zu ihm kommen." Odin sprach: „Das ist eine große Lüge." Und wetteten beide hierüber. Frigg aber schickte insgeheim ihre Schmuck-maid (eski-mey) Fulla zu Geirröd und ließ ihn warnen vor einem mächtigen Zauberer, der in sein Land kommen werde: und als Erkennungszeichen gab sie an, kein noch so böser Hund werde sich wagen an jenen Mann. Es war nun gar nicht wahr, daß Geirröd gegen seine Gäste ein so geiziger Wirt war. Aber jenen Wanderer, an den kein Hund sich wagte, ließ er greifen: der trug einen blauen Faltenmantel und nannte sich Grimnir (S. 59), mehr Bescheid aber gab er auf keine Frage. Der König ließ ihn soltern, bis daß er spräche, und setzte ihn zwischen zwei Feuer. Und saß er so acht Nächte. Des Königs Knäblein, Agnar, zehn Winter alt, erbarmte das: es ging mit vollem Horne zu dem Gepeinigten, gab ihm zu trinken und sprach, übel tue der König, ihn, den Schuldlosen, zu peinigen. Da war das Feuer so nah, daß es schon den blauen Mantel ergriff. Der Wanderer hebt nun an, ungefragt, seine Weisheit zu enthüllen: er verheißt Agnar, der allein sich seiner angenommen, reichen Lohn und schließt, indem er, seine zahlreichen Namen aufzählend, sich Odin nennt. Da sprang der König hastig auf und wollte den Gast aus den Feuern führen: aber das Schwert, das er, halb aus der Scheide gezogen, auf den Knieen liegen hatte, glitt nun heraus, das Heft nach unten, und fuhr dem strauchelnden König in den Leib, daß er starb. Odin verschwand und Agnar ward König auf lange Zeit: dieser Sohn Geirröds ist in Wahrheit eine Wiederholung des verratenen Bruders Agnar.

Später wird solcher Wettstreit der beiden göttlichen

Gatten dem Gegenstand nach immer tiefer herabgezogen vom Schwank, so daß sie streiten und wetten über das beste — Bier[1])!

IX. Die Nornen.

Wir sahen (S. 37): nicht die Götter, auch nicht der weitaus mächtigste und weiseste der Asen, auch Odin nicht, „machen" das Schicksal der Welt, der Götter und ihrer Feinde, der Riesen, der andern Mittelwesen und endlich der Menschen, sowie der unbewußten Naturwelt: sondern dies Schicksal steht über den Göttern und allen Wesen, unabänderlich verhängt, fest.

Es ist auch ungewiß, selbst Odin nicht in allen Dingen bekannt: durch Grübeln und durch Runen, durch Erforschung bald bei Riesen, bald bei Zwergen, bald bei

---

[1]) Freya und Frigg sind geweiht und ihren Namen tragen: das Sternbild Orions-Gürtel, auch Jakobs-Stab oder Spindel: es heißt Frigge-Rock, Freye-Rock (Freyr-Spindel, später Mariä-Rock). Eine Orchidee (orchis odoratissima, satyrium albidum), zu Liebesträngen verwendet, heißt Friggas-Gras: mehrere Farne (adiantum, polypodium, asplenium) heißen Frauen-Haar, capillus Veneris, isländisch Freyju-Haar, dänisch Frue-Haar, norwegisch Mari-Gras. Vgl. Frauen-Schuh (cypripedium), Frauen-Flachs (cuscuta), Frauen-Nabel (cotyledon); auch in Marien-Blume (bellis), -Distel (carduus Marianus), -Flachs (antirhinum linaria), -Mantel (alchemilla vulgaris), ist vielleicht Maria an Stelle der Göttinnen getreten, wie zweifellos in Marien- oder heute noch Frauen-Mäntelchen (aphanes), Marien- oder Frauen-Rose, bald bellis, bald rosa canina, Frauen- oder Marien-Käfer, Frauen-Eis (lapis specularis).

Zauberweibern, die er auch wohl erst vom Tod erwecken
muß und die alle auch nur einiges wissen, nicht alles,
hat er seine Kenntnis zusammenzutragen, die von All=
wissenheit weit entfernt bleibt. Auch die drei Schicksals=
schwestern oder Nornen, in welchen das unpersönliche
Schicksal alsbald personifiziert wird, machen das Schick=
sal keineswegs mit Absicht oder Bewußtsein: vielmehr
sprechen sie es nur aus: sie spinnen und weben es, aber
nicht so, wie sie wollen, sondern so, wie sie müssen.

Sie nähern sich also insofern den menschlichen weisen
Frauen (oder Zauberinnen), als sie das Künftige kennen,
erkunden und aussprechen, nicht aber es bewirken.

Dies ist wenigstens die vorherrschende Anschauung.
Aber die Göttersage, wie sie im Volke lebt, ist nicht ein
System — es ist ein Irrtum der Gelehrten, dies anzu=
nehmen — und sie ist, schon vermöge der mannigfaltigen
Geistes= und Seelenkräfte, welche sie herstellen, vermöge
der verschiedenen Aufgaben, welche sie erfüllen soll, ver=
möge der frei schaltenden Einbildungskraft, welche sie
weiter bildet, ohne daß die eine Sage auf eine andre
Rücksicht nehmen müßte, wenn sie nicht will, von Wider=
sprüchen durchaus nicht frei. Daher kommt es, daß Odin
oder andre Götter, auch wohl die Walküren, gelegentlich
doch so dargestellt werden, als ob ihr Wille, ihre Gunst
oder Abgunst das Geschick der Menschen entscheide: daher
betet man zu Odin und den andern Göttern, was sinnlos
wäre, wenn sie gar nichts zu entscheiden hätten.

Die Vorstellung ist wohl die, daß das Gesamtgeschick
der Welt, also auch der Götter, zwar feststeht (— ins=
besondere die unabwendbare Götterdämmerung —), daß
aber innerhalb eines großen, weiten Rahmens, welchen
das Schicksal abgesteckt hat, Odin und die andern Götter
Entscheidungen, zumal über den Gang der menschlichen

Geſchicke auf Erden, treffen mögen: — ganz ebenſo wie
bei Griechen und Italikern.

Bei ſolcher Auffaſſung wird es nun möglich, daß auch
die Nornen das Geſchick nicht lediglich ausſprechen oder,
ohne eignen Willen, ſpinnen und weben, ſondern daß ſie
— innerhalb eines beſtimmten, unüberſchreitbaren Rahmens
— ſelbſttätig Glück und Unglück beſtimmen, ja auch Eigen=
ſchaften wie Schönheit, Häßlichkeit, Kraft, Schwäche, Mut,
Feigheit, Weisheit, Torheit, Begabung, wie z. B. für
Harfenſpiel, für Skaldenkunſt, für Rätſelraten, für Recht=
ſprechung, dem Menſchen[1]) bei der Geburt mitgeben: —
„ihm in die Wiege legen"[2]), als „Angebinde", was ur=
ſprünglich ganz wörtlich zu nehmen war: die Freunde,
Gäſte, zumal aber die Paten, welche dem Kinde Namen
gaben, waren mit dem Namengeben zugleich Geſchenke in
die Wiege zu ſtecken, oder an die Pfoſten des Bettes der
Mutter zu binden durch Recht und Sitte verpflichtet: auch
etwa wann das Kind „den erſten Zahn bricht", haben
ihm die Paten ein „Zahngebinde", „Zahngeſchenk" zu
reichen. Bei der Dreizahl der Nornen[3]): Urd (nordiſch

---

[1]) Denn zunächſt ſind es die Menſchen, deren Geſchicke die
Nornen ſpinnen oder legen, freilich auch die allgemeinen Welt=
geſchicke.

[2]) So heißt es einmal: „Nacht nahte der Burg: da nahten
auch Nornen, | Dem Edling das Alter zu ordnen (d. h. dem Neu=
gebornen die Geſchicke ſeiner wechſelnden Lebensalter feſtzuſtellen). |
Sie gaben dem Knaben, der Kühnſte zu werden, | An Achtung aller
Edlinge Edelſter. | Schickſalsſchlingen ſchlangen ſie. | —— | Feſtigten
Fäden fernehin | Machtvoll mitten unter dem Monde. | Sie banden
der Bänder beide Enden im Weſt und im Oſt. | In der Mitte lag
das Land des Lieblings: | Aber ein Ende nach Nacht und Nord
(dies iſt Unheil bedeutend), | Schwang ſchweigend Nörwis Schweſter: |
Ewig, unalternd, gebot ſie dem Band, | Zu haften und halten." (Frei
nach Helgakwida, II, 2—4.)

[3]) Wenn manchmal mehr als drei Nornen angenommen werden,

Urdhr), die Vergangenheit, Werdandi, die Gegenwart,
Skuld, die Zukunft, — tiefsinniger kann man das ewige
Schicksal, das unvergängliche, unabänderliche nicht zu=
sammenschließen — ergiebt sich nun der reizende Einfall
als sehr nahe liegend, daß zwei der Gaben Verleihenden,
dem Kinde wohlgesinnt, günstige Spenden, Eigenschaften,
Vorbestimmungen in die Wiege legen, die dritte aber aus
irgend einem Grunde, z. B. wegen fahrlässiger Zurück=
setzung, gereizt, feindlich gesinnt, nachteilige Gaben beifügt,
etwa so, daß sie der vorhergehenden günstigen Fügung,
welche sie nicht aufheben kann, einen ungünstigen Zusatz
anhängt. Da ist es denn ein Glück, wenn die dritte,
wohlwollende Schwester noch nicht gesprochen hat: denn
nun kann sie das schädliche Geschenk der zweiten zwar
nicht unmittelbar aufheben, aber durch weiteren Zusatz
abschwächen oder — wenigstens unter einer Bedingung:
z. B. der Erlösung, der Errettung aus dem von der
zürnenden Patin verhängten Zauberschlaf — nachträglich
wieder auflösen.

Als Nornagest geboren war, traten drei weissagende
Frauen an seine Wiege: die ersten beiden sagten ihm Heil
voraus: aber die jüngste — sie glaubte sich geringer ge=
achtet — sprach drohend: „Haltet ein mit eurer Glück=
Verheißung: denn ich lege ihm: er soll nicht länger leben,
als hier dieser Span (oder diese Kerze) lodert, der neben
der Wiege brennt." Rasch löschte die älteste Schwester
den Span, überreichte ihn Nornagests Mutter und mahnte,
des Spanes wohl zu achten. Erst am letzten Tage seines
Lebens möge ihn Nornagest anzünden (d. h. also entweder,

so ist dies im uneigentlichen Sinne zu verstehen: Zauberweiber,
Weissagende, weise Frauen werden dann beigezählt. Da die Nornen
Zeitgöttinnen sind, können mehr als drei im eigentlichen Sinne
nicht vorkommen.

wann er lebensmüde geworden, oder an dem von den Nornen vorbestimmten Tage). Nornagest führte in seiner Harfe verborgen den Span mit sich. dreihundert Jahre lebte er und sah des Nordlands goldenste Tage: da endlich, lebenssatt, holt er den Span hervor, zündete ihn an und blickte ruhig in die verglimmende Flamme: mit ihr zugleich erlosch sein Leben[1]).

In dem holden Märchen vom Dornröschen sind es dreizehn Feen, welche das Königspaar als Patinnen ladet. Aber nur zwölf goldene Teller hat die Königin, die dreizehnte erhält einen Silberteller (oder die dreizehnte wird deshalb gar nicht geladen). Nachdem nun elf der Feen dem Kinde je einen Wunsch gesprochen und je eine Gabe gewährt, — Schönheit, Tugend, Gesundheit — spricht plötzlich die dreizehnte, ergrimmt über die Zurücksetzung (und plötzlich in den Saal tretend): „Das wird ihr aber alles nicht viel helfen, oder doch nicht lange. Denn ich lege ihr, daß sie sich im fünfzehnten Jahre mit einer Spindel in den Finger sticht und tot hinfällt." „Aber ich," rief die zwölfte, die ihren Wunsch noch nicht vergabt hatte, „ich lege ihr, daß es nur ein dem Tode gleichender Schlaf sein soll, aus dem ein Königssohn durch seinen Kuß sie erlösen mag, der mutig durch das Dorngestrüppe dringt, mit welchem ich, nachdem sie und zugleich mit ihr alle lebenden Wesen in der Burg in Todesschlaf hingesunken, das ganze Schloß umgürten werde."

Aus dem weiteren Verlauf des allbekannten Märchens heben wir nur hervor, daß es die böse Fee, d. h. die grollende Norne selbst ist, welche im höchsten Turmzimmer, als alte Spinnerin verkleidet, dem Mädchen die tödliche Spindel in die Hand spielt, nachdem der König alle

---

[1]) Ähnlich die griechische Sage von Meleager.

Spindeln aus dem Schlosse verbannt hatte. Tiefsinnig
und zartsinnig hatte ursprünglich die Sage mit diesem
Nornen=Spruch die Geschichte von Gerda und Freyr
(S. 110 f.) verknüpft. Dornröslein ist die Sommerwärme
und die Sommerlust, welche durch Nornenspruch (d. h. Not=
wendigkeit) in Erstarrung versinken muß, in todesgleichen
Schlaf und mit ihr alles Leben im Schloß, d. h. auf der
Erde. Das Dorngestrüpp ist das Gedörnicht, welches
den Scheiterhaufen der Toten umgibt, entsprechend der
„wabernden Lohe" des Scheiterhaufens. Die Maid gilt
als zu Hel hinabgesunken; aber wie Skirnir (oder Freyr)
dringt der lichte Königssohn (des Himmelskönigs oder
Sigurd), dringt der Sonnenjüngling, der Frühlingssonnen=
strahl, sieghaft durch die Umhegung bis in den Schoß der
Erde und weckt mit seinem warmen Liebeskuß die nur
schlummernde Schöne zu neuem, seligem Leben.

Dieser Gedankenzusammenhang liegt nun sehr vielen
Sagen zu Grunde: nachdem mit der Walhallreligion auch
die Nornen vergessen waren, sind in gar zahlreichen
Sagen, Märchen, Legenden, Schwänken an Stelle der
altgermanischen Schicksalschwestern Feen (nach keltisch=
romanischer Färbung) getreten und Geister jeder Art:
Nixen, Elben, Zwerge und andre übermenschliche Wesen.

Nachdem wir dies vorausgeschickt, wird das Verständnis
der ehrwürdigen, obzwar furchtbaren Schicksalspinnerinnen
nicht schwierig, wird zumal der in ihrem Wesen und
Wirken manchmal waltende Widerspruch voll begreiflich sein.

Mit zweifelhaftem[1]) Recht hat man die Nornen ähn=

---

[1]) Allerdings wird einmal eine Norne Nörwis (S. 21)
Schwester genannt: Nörwi, der Vater der Nacht, ist der Sohn
Lokis, also Bruder der Hel: und so wären die Nornen Schwestern
der Hel, ja an jener Stelle wird die älteste Norne vielleicht als

lich als Vervielfältigungen Hels aufgefaßt, wie die Walküren (f. unten) ohne Zweifel Vervielfältigungen Freyas
sind. Die drei Nornen sind göttlichen Abstammes: aber
älter als die Asen: — wodurch wir abermals in eine
Vorzeit versetzt werden, da noch die Riesen als Götter
galten und die lichten Geistesgötter noch gar nicht vorhanden, d. h. in dem Bewußtsein des Volks noch gar
nicht möglich und nötig waren. Älter als die Götter
müssen sie sein, weil sie das Schicksal weben, das ewig
ist, während die Götter in der Zeit entstanden. Die
Nornen sind bei den Riesen aufgewachsen. Als die Götter
mit den Nornen bekannt wurden, war die selige Unschulds-
zeit der Götter dahin: anders gewendet: erst als die
Götter schuldig geworden, als um des Goldes (? S. 44)
willen Untreue und Mord bei den Göttern vorkam, stellten
sich die Nornen bei ihnen (warnend?) ein: im Unschulds-
alter der Kindheit fehlt die Empfindung für den Ablauf
der Zeit, für Schicksal und Notwendigkeit.

Die älteste Norne, Urd, hat hervorragende Bedeutung:
ihr Brunnen liegt an jener Wurzel der Welteshe, welche
zu den Menschen hinab sich erstreckt (also oberhalb
Midgards [S. 26], was freilich zu Hel, dem Wohnort der
Schwestern, übel paßt!). An diesem Brunnen versammeln
sich (wenigstens nach einer Überlieferung) die Götter,
Gericht zu halten: nach andern Angaben muß man aber
die Gerichtsstatt, das „Ding" der Asen, wohl nach Asgard
verlegen.

Urd ist der Name für „Schicksal" überhaupt: „die
Wurd", weiblich gedacht, heißt althochdeutsch „das Schicksal",
angelsächsisch hat das Wort die Bedeutung „Zaubergeschick"

Hel selbst gedacht. Schwerer wiegt, daß man die Nornen in der
Unterwelt hausend dachte.

angenommen: — so heißen die Hexen in „Macbeth" »weird-sisters«, Zauber-, d. h. Schicksals-Schwestern. Diese Schicksalsgöttin scheint bei den Südgermanen für sich allein, ohne Beziehung auf ihre beiden Schwestern, eine wichtige Rolle gespielt zu haben.

In Süddeutschland und in den romanischen Ländern sind die drei Nornen zum Teil verschmolzen mit den tria fata (den trois fées)[1], den „Müttern" der keltisch-römischen Mythologie, welchen zahlreiche Inschriften, Altäre usw. in jenen Gegenden gewidmet waren.

Aber auch ohne solche Beimischung haben sich, besonders in den vom bajuvarischen Stamme besiedelten Landen (doch auch bei Alamannen im Elsaß, in Schwaben, Baden, Württemberg), Bayern und Deutschösterreich, sehr zahlreiche und heute noch im Volke voll lebendige Sagen und Aberglauben erhalten, welche die „seligen (saligen) Fräulein", die „drei Schwestern", die „drei Fräulein" zum Gegenstande haben.

Sie hausen meist, wie die Nornen, am Brunnen, auch im Innern der Burg-Brunnen[2].

Oft ist die eine Schwester schwarz, die andre weiß, die dritte halb schwarz und halb weiß: und diese ist dann

---

[1] Verdeutscht: „die Feinen"; so singt Gottfried von Straßburg: „Ich wähne, daß ihn Feinen | So wunderbar gesponnen | Und ihn in ihrem Bronnen | Geläutert und gereinet: | Er ist fürwahr gefeinet." — Dagegen „seien" (einen Menschen oder eine Waffe), geht auf Fei, Fee zurück.

[2] In einem schönen deutschen Märchen ist die in der Burgcisterne hausende Brunnenfee die Freundin der Burgfrau. Da diese während der Geburt eines Töchterleins stirbt, steigt jene auf als Patin des Mädchens und legt diesem einen goldenen Apfel in die Wiege: in Gefahr oder falls sie Rates bedürfe, soll das Kind den Apfel in den tiefen Brunnen werfen, dann taucht sofort die Brunnenfee empor, bringt ihr den Apfel wieder und beschützt sie.

die böse, den Menschen feindliche, welche auch wohl die
eine blinde Schwester bei Verteilung eines Hortes betrügt.
Der Name „Hel" begegnet oft in den Bezeichnungen der
Orte, wo die Schwestern hausen: auch wohl „Rach=hel",
die rächende, strafende Hel. Statt der Fäden spinnen sie
auch wohl Seile, ziehen diese weit übers Tal hoch durch
die Luft, festigen sie an Gipfeln und Felsen hoher Berge,
tanzen auf diesen Seilen oder hängen ihre Wäsche daran
auf, was gut Wetter bedeutet. Aber sie hängen auch
Menschen daran, sie strafend zu töten. Der Zug, daß zwei
der Nornen übereinstimmend Gutes wollen und fügen, —
sie sind: „Heil=Rätinnen", — die dritte aber eigensinnig
und böswillig widerspricht, wiederholt sich sehr oft in den
Sagen und Märchen von den drei Schwestern.

Dieselben werden auch häufig aufgefaßt als Hüterinnen
eines Hortes, der in dem Schoße der Erde in einem tiefen
Berge liegt: und dadurch ergeben sich nun freilich Be=
ziehungen zur Unterwelt, zu Hel. Ein Hahn kräht in
ihren Burgbergen: — wie der Hahn im Saale Hels —
ein Hund bewacht den Hort, wie den Eingang zu Hel und
zu den Nornen — eine Schlange, ein Drache, ein Wurm[1]

---

[1] Auch wohl „knöcherne Pferdehäupter" finden sich, Grauen
erregend, auf hohen Stangen dräuend aufgesteckt, neben dem Schatze.
Hel reitet auf einer grauen, dreibeinigen, elenden Mähre, zur Zeit
von Seuchen, um, und holt damit die schnellsten Reiter ein. —
Man steckte die Häupter der den Göttern geopferten und bei dem
Opferschmause verzehrten Pferde auf hohe Stangen, böse Geister
zu verscheuchen, fern zu halten von den Wohnungen. Daher heute
noch die aus Holz geschnitzten Pferdehäupter auf den Dächern der
niederdeutschen, zumal westfälischen Bauernhäuser: dabei fühlte man
sich unter dem Schutze der Götter, denen man eifrig geopfert hatte,
und die durch die Pferdehäupter an die ihnen dargebrachten Opfer
und an die dafür geschuldete Schutzpflicht gemahnt wurden. —
Übrigens auch zu bösem Zauber errichtete man solche Neidstangen

hütet den Hort, wacht auf dem roten Golde des unter=
irdischen Schatzes. Dieser Schatz liegt nicht unbeweglich,
wie totes Geld: er hebt sich und senkt sich, „er blüht",
spricht die Sage: an einem Tag in viel hundert Jahren
wird er sich so gehoben haben, daß er offen zu Tage liegt
und ein Sonntagskind oder ein andrer Auserwählter des
Schicksals, der gewisse fast unmögliche oder doch nur in
vielen Jahrtausenden einmal zutreffende Zufalls=Überein=
stimmungen in seiner Person vereint[1]) und der dann noch
obenein als furchtloser Held (Siegfried) die Schrecknisse
nicht scheut, welche den Hort umgeben (Wolf, Hund,
Drache, grauenhafte Weiber), der mag den Hort heben.
Damit ist dann zugleich erlöst die verzauberte Jungfrau,
auf welcher der Fluch lastete, als Drache oder als drei=
beiniges Pferd, oder als Kröte, oder als häßliche Alte so
lange neben dem Schatz in der Unterwelt zu harren, bis
der Auserkorene durch alle Schrecken zu ihr bringt, mutig
sie küßt und so die Erlöste selbst und ihren Hort gewinnt.

Der Sinn ist wieder der gleiche wie bei Dornröslein
und Gerda: der Schatz ist nicht tot, er lebt: d. h. es sind
die Lebenskräfte der Erde, welche Getreide und alle
Vegetation erzeugen, von höchstem Segensreichtum für den
Menschen: aber vom Tode der Sommerwärme an gefesselt

---

oder gab den „Drachen", d. h. Schiffen, vorn am Bugspriet, solche
Schreckbilder, um die guten Geister und Schützer des Landes, die
„Land=wättir", zu verscheuchen, was freilich bei schwerer Strafe
verboten war (s. unten: Elben).

  [1]) Z. B. der zur Erlösung Berufene muß geboren sein Schlag
Mitternacht oder Mittag zwölf Uhr eines bestimmten Sonntags,
bei bestimmtem Nebeneinanderstehen gewisser Sterne: seine Wiege
muß aus dem Holze eines wilden Kirschbaumes gewesen sein; der
muß gewachsen sein auf dem höchsten Turm einer Burg, wohin
ein Häher oder der Rabe Odins den Kern getragen hatte aus einem
bestimmten Walde zu bestimmter Zeit.

und gebunden in dem Schoße der Erde, in der Unterwelt, aus der nicht jeder nach Reichtum Gierige, sondern nur der sie heben kann, welcher treuesten Fleiß, furchtloses Eindringen in die Erde und die Gunst des Himmels in seiner Person vereint. Freilich sind nicht alle Züge der mannigfaltig ineinander verschlungenen Sagen hieraus gleichwie aus einem Mittelpunkt zu erklären: die Einbildungskraft hat auch hier frei geschaltet. Und im Mittelalter sind dann christliche Vorstellungen, bis zu voller Verhüllung der ursprünglichen Bedeutung, um die „drei Schwestern" gefaltet worden: sie sollen Stifterinnen eines Klosters, einer Kirche, Wohltäterinnen der ganzen Gegend gewesen sein; wobei dann freilich unbegreiflich bleibt, weshalb ihre Burg, samt ihnen selbst, versunken ist, und sie, der Erlösung bedürftig, im Schoße der Erde harren, so daß man Messen für sie stiftet, Gebete für sie spricht.

Hat man den drei Nornen doch sogar die Namen der drei christlichen Tugenden: Fides, Spes, Caritas (Glaube, Hoffnung, Liebe) gegeben! An manchen Orten heißen sie aber noch: Ain-pett, Wil-pett, War-pett; „pett" ist althochdeutsch »piot«, der Opfer-Altar: Ain ist Agin, Schreck; War ist Werre, Streit (daher französisch guerre, Krieg). Der dritte Name geht vielleicht auf „Wille", ist aber wahrscheinlich verderbt: anderwärts heißt er Widilunna, Winter-bring: letzteres wohl Volksdeutung, nachdem der Sinn des alten Namens nicht mehr verstanden ward. Wenn nur zwei Schwestern genannt werden, heißen sie „Muß" und „Kann": — sehr bezeichnend für Menschengeschick.

X. Die Walküren.

Sie sind die „Schildjungfrauen", „Helm=Mädchen", auch Wunsch=Mädchen Odins: sie küren die Wal, d. h. sie bestimmen nach des Schicksals (der Nornen, S. 145) un= abänderlichen Satzungen, nach andern Sagen gemäß Odins Wunsch, diejenigen Helden, welche in der Schlacht fallen sollen, und die Erschlagenen (der Inbegriff der die Wal= statt Bedeckenden heißt eben „die Wal", strages, und diesen Inbegriff „küren" sie) tragen sie, aus dem Todesschlummer sie weckend, empor nach Walhall auf ihren durch die Wollen sausenden Rossen.

Oben aber, in Walhalls goldenen Sälen, vertauschen sie das Kriegerische mit friedlich=festlichem Tun: sie füllen, die Weißarmigen, den schmausenden und zechenden Göttern und Einheriar die Hörner mit schäumendem Met und Äl (sie verwahren Trinkgerät wie Eßgeschirr).

In beiden ist ihr Vorbild ihre Anführerin Freya (S. 136) — als solche „Wal=Freya" genannt: — so daß sie nur als deren Vervielfältigungen erscheinen: jene ist vor allen der Götter Mundschenkin und reicht den in Odins Saal Eintretenden das Trinkhorn. Die Zahl wird verschieden angegeben: auf sechs (mit Freya sieben), neun, zwölf oder dreizehn. Sie sind gewissermaßen besondere Nornen: während diese das Gesamte entscheiden, be= stimmen die Walküren nur das Geschick der Schlacht[1]):

---

[1]) Daher läßt sie eine Sage geradezu, gleich den Nornen, weben: ihrer zwölf sitzen in einer Kammer, weben und singen dabei mit dem am Schlusse der Strophen wiederholten Spruch: „Winden wir, winden wir das Gewebe der Schlacht": es dient ein Schwert statt des Schlagbrettes, ein Pfeil statt des Kammes des Gewebes: zuletzt zerreißen sie das Gewebe von oben her, jede

Sieg oder Unsieg, Tod oder Leben. Sie (Odins Nornen)
sind die Trägerinnen von Odins Willen hierin (sofern er,
nicht das über ihm stehende Schicksal, als über Tod oder
Leben entscheidend gilt), der sie zu jedem Kampf entsendet,
auf daß sie die Fallenden küren und des Sieges walten.
Aber sie wagen es wohl auch, gegen Odins Willen zu ent=
scheiden, was er freilich mit schwerster Strafe ahndet[1])!

All ihr Leben und Wesen ist Kampfesfreude: in diesen
tapferen, wunderschönen, hochherzigen, begeistert durch die
Lüfte jagenden Jungfrauen hat die germanische Einbildungs=
kraft eines ihrer edelsten, herrlichsten Gebilde geschaffen,
auch hier nur der veredelnde Ausdruck des eignen Volks=
geistes: denn es fehlt auch in der germanischen Geschichte
nicht an mutigen Frauen und Mädchen, welche heldenhaft
des Gatten, des Geliebten, des Bruders Geschick, kämpfend
bis in den Tod, geteilt haben. Wunderschöne Erzählungen
von Frauenliebe, von Treue und Heldentum, die sie um=
kleiden, hat die Sage an Walküren wie S w a w a, S i g r u n,
H i l d e, B r u n h i l d e geknüpft (s. unten Heldensagen). Auch
irdisch geborene Jungfrauen, Königstöchter zumal, können,
bei entsprechender Gesinnung und unter Gelübde der Jung=
fräulichkeit, Walküren werden, falls Odin sie dessen würdigt,
sie dazu erwählt: dann heißen sie seine „Wahl= oder
Wunsch=Töchter", wie die Einheriar seine Wunsch= oder
Wahl=Söhne. „Walküren trachten"[2]) heißt es in der

---

behält einen Fetzen in der Hand und nun springen sie zu Roß
und sprengen sechs gen Mitternacht, sechs gen Mittag von dannen.
Die Sage ist jung und enthält manchen nicht recht zu den Wal=
küren passenden Zug.

[1]) S. unten: Wölsungensage. — Vgl. Sigwalt und Sigridh.
Gesamtausgabe. Neue Folge. I.

[2]) Während Menschen dulden, Riesen dumpf brüten (oder
trotzen, „warten": d. h. auf die Götterdämmerung), Wanen wissen.

Edda: „All ihr Trachten ist Waffenstreit"[1]) und freudig
Heldentum: in den Kampf zieht es immerdar die „Helm=
mädchen" dahin.

Sie können sich in Schwäne verwandeln oder, mensch=
liche Bildung bewahrend, in ein Schwanenhemd (ähnlich
Freyas Falkenhemd) fahren und so noch rascher als auf
ihren Rossen die Luft durchsausen. Diese Rosse sind als
Wolken gedacht: die Walmädchen sind Odins Töchter: seine
Naturgrundlage: Luft und Wind, fehlt auch ihnen nicht
ganz: durch die Lüfte schweben sie, nicht auf Erden stampfen
ihre Pferde. Tau träuft von den Mähnen ihrer Rosse
„und das macht fruchtbar die Felder". Daher heißt eine
der Walküren geradezu „Mist", d. h. Nebel (noch neu=
englisch ebenso).

An jene Schwanenhemden der Walküren knüpfte gar
manche schöne Sage. Wenn die Mädchen dieselben ab=
gelegt haben, etwa um zu baden, und Menschen ergreifen
die Flügelgewande rasch, können sie jene in ihre Gewalt
bringen. Auch gehört ein Schwanenring dazu, auf daß
sie ganz zu Schwänen werden können: wer ihnen diesen
abstreift, hindert ihre Verwandlung und Flucht. So hatte
ein Held Agnar der Walküre Brunhilde ihr Schwanen=
hemd hinweg — „unter die Eiche" — getragen und sie
dadurch gezwungen, ihm statt seinem Feinde Hjalmgun=
nar, dem Odin den Sieg bestimmt hatte, den Sieg zu
verleihen. So bemächtigen sich Wieland der Schmied
und seine beiden Brüder dreier Königstöchter, welche bei
dem Bad ihre Schwanenhemden von sich gelegt hatten:
jedoch nach sieben Jahren fliegen diese wieder davon,

---

[1]) Deshalb sieht die Weissagerin, da sie die Verbreitung des
Krieges über die Völker erschaut, vor allem „die Walküren weit
umher kommen", gerüstet, zu reiten zum Heldenvolk: gleich darauf
verschwindet Baldur, der Friedensgott (Müllenhoff).

hinweggetragen von allüberwindendem Sehnen nach ihrem
Leben mit Schild, Helm und Speer. Auch die drei Meer=
weiber oder die Donaunixen, welche Hagen bei der
Fahrt in Königs Etzels Reich begegnen und welche er
zwingt, ihm die Zukunft zu weissagen[1]), indem er ihnen
„die wunderbaren Gewande", d. h. die Schwanenhemden
wegnimmt, waren Wal=küren, Sieg=weiber. Daher sind
auch ihre Namen so oft mit Sieg zusammengesetzt (Sig=
run, Sig=lind, Sig=ridh, Sigr=drifa). Aber auch Wünschel=
weiber heißen sie wohl (vgl. oben), oder „wilde Weiber",
„Waldfrauen", und im Mittelalter werden sie oft zu
Meer=mädchen, „Meer=Minnen", Wasserfrauen, Nixen,
die sich gelegentlich in Schwäne verwandeln oder auch in
andre Tiergebilde mit Fischschwanz, Schlangenleib
(Melusine, des Staufenbergers Geliebte). Als solche
vermählen sie sich wohl mit sterblichen Männern: freilich
meist mit der Neigung, nach einiger Zeit Gemahl und
Kinder zu verlassen, um dem alten Beruf nachzuschweben:
oder doch unter der Bedingung, alle sieben Tage oder
Wochen ungefolgt und unbelauscht sich zurückziehen und in
der ursprünglichen Gestalt als Schwan oder Schlange oder
als Nixenkönigin mit den Genossinnen sich bestimmte
Zeit tummeln zu dürfen: bricht der Mann aus Fürwitz
oder Mißtrauen das Gelübde, entschwindet die Edle für
immerdar, und all sein Glück ist hin: das Gegenstück der
Lohengrinsage, indem hier der Mann, wie bei Lohen=
grin das Weib, durch neugieriges Mißtrauen sich der

---

[1]) Selbstverständlich kennen sie die Zukunft, wenigstens den
Ausgang der Schlachten und ob Leben und Tod dem Helden darin
bevorstehe, da sie ja das Kriegsgeschick, Kriegsschicksalgesetz selbst
küren: daher bittet auch ein angelsächsischer Zauberspruch solche
„Siegweiber", nicht zu Walde fahren, d. h. sich flüchtend zu ent=
ziehen, sondern dem Anrufenden sein Geschick wahr zu sagen.

Liebe des edleren Gatten als unwürdig erweist. Zuweilen
auch schließen diese überirdischen Mädchen nicht geradezu
Ehe mit Sterblichen, aber ein Freundschafts- oder Liebes-
bündnis, und sie fliegen dann auf deren Ruf oder auf ein
Zauberwort oder Zauberzeichen sofort herbei, „sie zu
schützen", Sieg, Glück, Schönheit ihnen zu verleihen:
hierin gleichen die Walküren den angeborenen weiblichen
Schutzgeistern, den Fülgias des Nordens, welche ihre
Helden und Lieblinge von der Geburt bis zum Tode
schützend umschweben[1]), wie Swawa Helgi: unsichtbar
oder zuweilen sichtbar werdend in Gestalt einer herrlich

---

[1]) Ich könnte in Prosa das schöne Gesamtverhältnis dieser
herrlichen jungfräulichen Heldinnen zu sterblichen Helden nicht ein-
dringlicher und schärfer ausdrücken, als ich es in folgenden Versen
versucht habe:

Lied der Walküre.

Froh sah ich dich aufblühn, du freudiger Held,
   Lang folgt' ich dir schwebend und schweigend gesellt.
Oft küßt' ich des Schlummernden Schläfe gelind,
   Und leise die Locken, die dir wehen im Wind.
Hoch flog ich zu Häupten, — du kanntest mich kaum —
   Durch die Wipfel der Wälder, dein Trost und dein Traum.
Ich brach vor dem Bugspriet durch Brandung dir Bahn,
   Vor dem Schiffe dir schwamm ich, weiß-schwingig, ein Schwan.
Ich zog dir zum Ziele den zischenden Pfeil,
   Aufriß ich das Roß dir, das gestrauchelt am Steil.
Oft fing ich des Feindes geschwungenes Schwert,
   Lang hab' ich die Lanzen vom Leib dir gewehrt.
Und nun, da die Norne den Tod dir verhängt,
   Hab' ich dir den schnellsten, den schönsten geschenkt.
„Sieg!" riefest du selig, „Sieg, Sieg allerwärts!"
   Da lenkt' ich die Lanze dir ins herrliche Herz.
Du lächeltest lieblich — ich umfing dich im Fall —
   Ich küsse die Wunde — und nun auf: — nach Walhall!*)

*) Dahn, Gedichte; zweite Sammlung. Gesamtausgabe XVI. S. 209. 1898.

gerüfteten Jungfrau oder auch eines Tieres, deffen Eigenart der Eigenart des Helden befonders entfpricht.

Auch nordifch Difen, althochdeutfch Jbifen heißen fie wohl, was aber übermenfchliche Jungfrauen über= haupt, nicht nur Walküren bezeichnet. In dem Merfe= burger Zauberfpruch zaubern fie: „Heften Hafte, binden Bande", durch folche finnbildliche Handlungen Heere zu hemmen, Feinde zu fangen[1]). Unter den Wal= küren ragen hervor Hilde und Brunhilde, welche zu= gleich den Übergang der Götter= in die Heldenfage fehr lehrreich darftellen.

Während die Namen der andern Walküren wechfeln, kehrt überall der Namen Hilde wieder: „Hild" heißt Kampf: daher heißt „Hilde weden" foviel wie Kampf weden. Sie ift der perfonifizierte Kampfgeift: als Führerin, als erfte der Walküren ift fie — Freya felbft (S. 137). Nach der Sage von Högni und Hilde entführte Hedni, Hiarandis Sohn, feine Geliebte, Hilde, König Högnis Tochter. Der Vater verfolgt fie zu Schiff und holt fie ein: beide famt ihren Mannen rüften fich zum Kampfe. Hilde bietet dem Vater ein Halsband zur Sühne (es ift Freyas Halsband: Brifingamen): aber Högni weift den Antrag zurüd: denn fchon hat er die furchtbare Waffe aus der Scheibe gezogen, das Schwert Dainsleif, das[2]) eines Mannes Todesblut trinken muß, fo oft es aus der

---

[1]) Auch das Schlachtfeld, auf welchem Armin im Jahre 16 n. Chr. mit feinen Cheruskern und deren Verbündeten gegen Ger= manicus kämpfte, bei Oldendorf am Fuß des Süntel oder Dören und Büdeburg, hat Jakob Grimms poefievolle Dichtung, auf Idisia-viso, „die Wiefe der Waldgöttinnen", zurüdführen wollen; aber handfchriftlich ift nur Idista-viso überliefert. Vgl. Dahn, Urgefchichte der germanifchen und romanifchen Völker, II, Berlin 1881, S. 89; Dahn, Deutfche Gefchichte, I, 1, Gotha 1883, S. 381.

[2]) Nach unlösbar darauf liegendem Zauberbann.

Scheibe gezogen wird. Erst das Abenddunkel scheidet die Kämpfer der schrecklichen Hiadningaschlacht. Aber in der Nacht schreitet Hilde zum Walplatz und erweckt die Gefallenen aus ihrem Todesschlaf: und so in jeder folgenden Nacht, fort und fort, bis zur Götterdämmerung und zu dem allerletzten Kampf, der auf Erden gekämpft wird[1]).

Dies ist der Grundgedanke gar mancher Sage: ein edles, herrliches Weib, in tragischen Widerstreit gestellt zwischen ihrem Vater (oder ihren Brüdern) einerseits und einem Geliebten (oder Ehegatten) anderseits. Ist einmal Blut geflossen, darf sie nach dem Sittengesetz germanischer Blutrache nicht ruhen noch rasten, bis die Rache durch Untergang der Schuldigen vollendet ist. So erscheint sie, nachdem diese Pflicht der Blutrache durch das Christentum beseitigt worden, als eine dämonische Unholdin, als eine „Walandine", eine Teufelin, als die Verderberin ihrer Sippe oder der ihres Gatten, was sie ursprünglich keineswegs war, sondern lediglich die Verkörperung der unerbittlichen Ehrenpflicht der Blutrache. Diese ist freilich an sich tragisch, da sie mit unentrinnbarer Notwendigkeit fortrast, bis beide oder eines der darin verstrickten Ge-

---

[1]) **Helgi und Hilde.**

Du hast mir den Vater erschlagen und schlugst mir den Bruder dazu,
    Und dennoch in ewigen Tagen mein Liebster, mein alles bist du.
Es liegen so müde vom Fechten die erschlagenen Helden zu Hauf:
    Ich aber, in mondhellen Nächten, ich wecke die schlummernden auf.
Sie fassen verschlafen die Schilde, sie rücken die Helme zurecht,
    In den Lüften ertobet das wilde, das schreckliche Geistergefecht.
Da krähet der Hahn und sie stocken: — noch im Schwunge die
                     Lanze ruht,
Ich trockne mit meinen Locken auf Helgis Stirne das Blut.
Ins Hügelgrab sinken wir beide, ins Brautbett dunkel und still:
    Und über die graue Heide hinpfeifet der Nordwind schrill. *)

*) Dahn, Gedichte; Gesamtausgabe XVI. S. 213.

schlechter ausgerottet sind, durch jedes neue Blutvergießen neu entzündet und auch die persönlich ganz Unschuldigen (Giselher in den mittelhochdeutschen Nibelungen) erbarmungslos mit dem ehernen Tritt der Notwendigkeit dahinstürzend. Dabei ist es die der älteren Zeit angehörige Auffassung, daß das rächende Weib auf Seite ihrer Brüder, die jüngere, daß sie auf Seite des gemordeten Gemahls tritt. Jenes Schwert, das, wenn einmal gezogen, nicht wieder in die Scheide fährt, bis es eines Mannes Tod geworden, ist ebenfalls ein schaurig schönes Bild der Blutrache, die, einmal entfesselt durch Blutvergießen, nur nach neuem Blutvergießen rastet. Und so schreitet jene gewaltige Gestalt der Krimhild als späte Nachwirkung der Wallüre Hilde furchtbar durch die germanische Dichtung hin: die Weib gewordene Blutrache, ursprünglich nicht eine „Walandine", wie sie Hagen schilt, sondern eine Göttin oder doch eine Wallüre.

Noch in christlicher Zeit hat eine Sage es ausgedrückt, daß Hilde ursprünglich Freya selbst war[1]). Deren Schmuck ist das kostbare Halsgeschmeide Brisingamen, welches

---

[1]) Hilde, Frau Hilde als gleichbedeutend mit Freya (oder Frigg), ward viel verehrt: Spuren davon sind der niederländische Name der Milchstraße »Vrou-elden-straet«: Frau Hilden-Straße; auch zusammengezogen Ver-elde, eine Göttin des Spinnens (»Ver« aus Frau). — Aus Verelde ward Pharaildis: so sollte heißen die Tochter des Herodes (sonst Herodias): sie liebt Johannes den Täufer: weil er sie zurückweist, fordert sie sein Haupt: als es vor ihr auf der Schüssel liegt, will sie es küssen, aber es weicht zurück und bläst gewaltig gegen sie, daß sie, wie vom Sturmwind gewirbelt, durch die Lüfte fliegen und tanzen muß ohne Unterlaß; nur von Mitternacht bis zur ersten Hahnenkraht darf sie rasten: dann sitzt sie trauernd auf Eschen oder auf Haselgebüsch. Nach andrer Fassung muß sie an der Spitze des wilden Heeres neben Wotan durch die Lüfte jagen, — wobei ihre Walkürenart sich deutlich bekundet.

ihr vier zauberkundige Zwerge geschmiedet — nach später,
schmähender Erfindung um den Preis ihrer Liebesgunst.
Odin läßt es ihr durch Loki stehlen und will es ihr nur
zurückgeben, wenn sie — und hier erscheint sie als die
zum Kampf treibende Walküre — zwei mächtige Könige,
von denen jeder über zwanzig Jarle gebietet, verfeindet
und zum Kriege fortreißt, dabei aber die Erschlagenen
immer wieder zum Kampf erweckt, bis dereinst ein christlicher Held diesem Zauberbann ein Ende mache. Die
Sage verrät gar vielfach ihren späten, künstlichen Ursprung:
weshalb bedarf Odin Freyas zu jenem Kampfschüren, was
er durch seine Runen am besten selbst versteht? Welchen
Vorteil hat für Odin die Geisterschlacht, welche die
Zahl der Einheriar nicht vermehrt? Die Erfindung ver-
herrlicht lediglich das Christentum, welches durch König
Olaf Tryggvason die Blutrache abzustellen trachtet,
während diese nach der alten heidnischen Sage bei dem
Kampf der Hedninge fortraset bis zur Götterdämmerung.
Man nimmt an, daß die Sage von Hilde und Högni in
der Gudrunsage weiter tönt (s. unten). Wie Hilde ist
auch Brunhilde aus Freya (oder Frigg) hervorgegangen.
Sie ist Walküre, hat sich aber ganz dem Helben Agnar
zum Dienste geweiht, so daß sie in dem Kampfe mit
Hjalmgunnar, dem Odin den Sieg bestimmt hatte,
diesen durch Agnar erschlagen ließ. Da entbrannte furchtbar Odins Zorn über die „Sigr-drifa": er nahm ihr die
Walkürenschaft und bestimmte sie zur Ehe. Brunhild aber
schwor, keinen zum Manne zu nehmen, der sich fürchten
könne (was Odin der noch immer geliebten gewährt, muß
man hinzudenken, wenn man nicht solches Gelübde als
auch für Odin unantastbar ansehen will). Odin stach ihr
nun den Schlafdorn in das Haupt und umgürtete sie und
die Burg, in welcher sie lag, mit „wabernder Lohe"

(Wafurlogi), die nur durchschreiten mag, wer Furcht nicht kennt: es ist die Glut des Scheiterhaufens: Brünhild gilt als wirklich gestorben und verbrannt: sie weilt nun bei Hel (wie Gerda, S. 110 f.) und der Held, der zu ihr gelangen und sie durch seinen Kuß aus dem Todesschlaf erwecken will, muß in die Unterwelt einbringen, was von je als höchste Heldentat für Götter und Halbgötter (Odin als Nornagest, bei den Griechen Herakles) gilt.

Hier wölbt sich wieder die Brücke aus der Götter- zu der Heldensage: ursprünglich ist es Odin selbst, der durch die Waberlohe in die Unterwelt einbringt, dann Freyr, später in dessen Vertretung Skirnir und zuletzt Sigurd.

Aus der Heldensage senkt sich dann später die uralte Überlieferung als Niederschlag in das Märchen vom Dornröslein (S. 149) und in den Schwank, „von dem der auszog, um das Gruseln zu lernen", der allein die von Ungeheuern gefangene Königstochter retten kann, weil eben er sich zu fürchten nie gelernt, bis die Befreite, nachdem sie ihm vermählt worden, auch diesen Wunsch erfüllt, und ihm, während er schläft, einen großen Eimer eiskalten Wassers voll zappelnder Fischlein in das Bett und über den Leib schüttet, wobei er das Gruseln gründlich lernt.

Übrigens ist auch Schneewittchen, das „in den Bergen bei den sieben Zwergen", d. h. bei den Dunkelelben in einer Höhle, oder in dem im tiefsten Walbe versteckten Zwergenreich den Todesschlaf schläft, nachdem ihr der giftige Kamm (der Schlafdorn) in das Haupt gestochen worden, eine in der Unterwelt in dem Todesschlaf ruhende Göttin, die nur der jugendschöne, jugendkühne Königssohn, d. h. der Frühlingssonnenstrahl, erwecken und befreien mag.

Der germanische Heldengeist lebt durchaus nicht nur

in den Männern unsers Volkes: er hat vielmehr auch hochherzige Jungfrauen und Ehefrauen in Zeiten schwerer Kämpfe und Gefahren beseelt. Schon die Römer haben dies erfahren: die Frauen der Kimbern kämpften noch von der Wagenburg herab für ihre weibliche Ehre, nach= dem die Männer erschlagen waren. Auch sonst fanden die siegenden Legionen unter den Erschlagenen auf der Wal= statt manchmal Frauen in Mannesrüstung. Tacitus hebt hervor, daß die Waffen (Schild, Schwert und Framea), das aufgeschirrte Roß bei den Brautgaben nicht fehlen dürfen: — die junge Frau empfängt sie von dem Gemahl, dem auch sie Waffen schenkt: sie sollen ausdrücken, in welcher Gesinnung das Weib des Mannes Genossin werden müsse: diese Gemeinschaft auch im Werk der Waffen ist das innigste Band, das heiligste Geheimnis der Ehe; die Waffengötter sind auch die Ehegötter. Das Weib soll nicht wähnen, außerhalb der Gedanken des Heldentums stehen zu dürfen und außerhalb der Gefahren des Krieges: gleich zu Anfang der Ehe soll sie durch diese Wahrzeichen gemahnt werden, daß sie zu dem Manne komme als Ge= nossin auch seiner Kämpfe und Gefahren, sein Schicksal teilend in der Schlacht wie im Frieden, das Gleiche wagend und erleidend. Dies bedeutet das aufgezäumte Roß und das Geschenk der Waffen: in solcher Gesinnung soll das Weib leben, in solcher sterben, die empfangenen Waffen den Söhnen und den Schwiegertöchtern unbefleckt, nicht entehrt übergeben, so sie vererbend von Geschlecht zu Geschlecht. (Tacitus, Germania Kapitel 18.) Nur ein Heldenvolk solcher Gesinnung vermochte Gestalten wie die Walküren aus seiner Einbildungskraft, ja aus dem eignen Leben zu schöpfen.

Nicht selbst die Waffen führend, aber durch Weissagung, durch Erforschung des Ausganges bevorstehender Kämpfe

die Beschlüsse der Feldherren, der Volksführer leitend, übte
so die Jungfrau Velĕba, im Lande der Brukterer auf
hoher Warte einsam hausend, größten Einfluß auf den
Krieg der gegen Rom verbündeten Germanen bei dem
Aufstande der Batăver im Jahre 69: sie hatte den Sieg
verheißen und Sieg war geschehen und der gefangene
Legat der Römer wurde auf seiner eroberten Prachtgaleere
ihr die Lippe hinauf als wohlverdienter Beuteanteil zugeführt[1]).

IX. Andre Götter und Göttinnen.

Von zahlreichen andern Göttern und Göttinnen sind
uns Spuren erhalten, kaum hinreichend, lebendige Anschauung von ihren Gestalten zu gewähren, aber genügend,
unsre Klage zu verstärken, daß uns von all dem Groß-
artigen und Heldenhaften, Tiefsinnigen und Feinsinnigen,
Ahnungsvollen und fröhlich Schalkhaften, was die Seele
unsres Volkes in diesen Gebilden geschaffen hatte, nur so
dürftige Trümmer und Andeutungen geblieben sind.

Unzweifelhaft ist von Heimdall, dem Sohne Odins
und von neun (riesischen) Schwestern (welche ihn aufgenährt
haben mit der Kraft der Erde, mit kühler Flut und mit
dem Strom des Sonnenlichtes), nur bezeugt, daß er der
treue Wächter[2]) der Regenbogenbrücke Bif=röst ist (S. 28):

---

[1]) Dahn, Urgeschichte, II, S. 140; Deutsche Geschichte, I, 1,
S. 414. Die Bataver. Gesamtausgabe. I.

[2]) Die Edda rühmt von ihm: weniger Schlaf als ein Vogel
braucht er; bei Nacht wie bei Tag sieht er hundert Rasten weit;
er hört das Gras wachsen in der Erde und auf den Schafen die
Wolle: — also erst recht jeden stärkeren Laut.

er trägt das gellende Wächterhorn, Giallarhorn, in
das er stößt, wann die Riesen heranreiten zum letzten
Sturm auf Asgards goldene Höhen[1]). Man hat ihn unter
anderm Namen wiedergefunden als Rigr: als solcher
wandert er über die Erde hin und wird der Vater der
verschiedenen Stände[2]).

Auch Jring soll er heißen und nach ihm die Milch=
straße „Jringstraße"[3]) benannt sein. Er ist also ein
Gott des Himmels, der Luftregion, als solcher eine Seite
(ein Sohn) Odins; als seine Mutter wird anderwärts die
Erde bezeichnet. Auch der „Schwert=As" heißt er und mit
dem Schwertgott Eru (S. 98) wird er zusammengehalten.
Seinen Namen hat man gedeutet als „Dolde (d. h. Spitze)
des Heims", d. h. der Erbe, des Weltbaumes: daher
heißt seine Wohnung Himinbiörg, Himmelsburg: daher,
als ein Gott des lichten Äthers, mag er der „weiße"

---

1) Dies Horn soll, wie man eine Stelle deuten will, unter
dem Weltenbaum geborgen und erst, um zu jenem letzten Kampfe
zu rufen, hervorgeholt werden.

2) Der Jarle (Adel), Karle (Gemein=freien), Thräle (Knechte),
die er aber freilich in Halle, Haus, Hütte schon vorfindet.

3) Den Straßen am Himmel entsprechen Straßen auf Erden
(S. 73): mit Jring wird in der Heldensage stets Irmin zugleich
genannt: auf Irmin hat man die Irmensäule zurückgeführt, von
der vier Straßen nach den vier Winden liefen: England ward
von Mitternacht nach Mittag durchschnitten von Erminge-
strete: Jringstraßen hat man, wie am Himmel, auch auf Er=
den vermutet: der Himmelswagen heißt auch Irminswagen:
hieraus hat man Jring (Heimdall) und Irmin als Brüder und
als Wegegötter der Himmels= und Erdenstraßen gefolgert mit sehr
zweifelhaftem Recht. — Ohne Zweifel aber hängt der Name der
Herminonen und der der Hermunduren (der späteren Thü=
ringe), bei denen Irming, Irminfrid und Jring begegnen,
mit der Irminsul (S. 26) und dem Irminwagen, mit einem Gott
oder Halbgott Irmin zusammen.

heißen: daher führt er, hoch da oben wachend, das krumme Horn, d. h. die Mondsichel. Sein Roß heißt Gulltopr (Goldwipfel) und er hat goldene Zähne, also ein Gott des himmlischen Sonnenlichts. Daher heißt er auch „der sich Neigende", da ihm der Monat, in dem die Sonne sich neigt, vom einundzwanzigsten Juni bis einundzwanzigsten Juli, geweiht war. Jedoch auch (wohltätigen) Regen spendet dieser Himmelsgott: als Loli, der heiße, sengende Sommer= gluthauch, Freyas (der jungen Erde) Halsgeschmeide Bri= singamen (das frische Grün des Rasens) geraubt (d. h. versengt) hatte, da brachte es ihr Heimdall nach siegreichem Kampfe mit Loki wieder zurück: der erfrischende Regen belebt das versengte Grün aufs neue.

Hödur, der schuldlose Töter Baldurs, und Odins wie Baldurs Rächer: Hermôdr, Widar und Wali, sind uns fast nur aus der Geschichte von des Lichtgottes Ermordung und der Erneuerung der Welt bekannt: ihre Hauptbedeutung liegt auf den Gebieten jener beiden großen Sagen und ist dort zu würdigen. Aber einiges ist doch auch hier schon hervorzuheben.

Wali ist das wiederkehrende Licht, welches zur Zeit der Wintersonnenwende die Tötung Baldurs, der in der Sommersonnenwende stirbt, an dem blinden Hödur rächt; er ist der Sohn Odins und der Rinda (d. h. der winter= lichen Erdrinde). Sie war die Tochter eines Ruthenen= (Russen=)Königs. Odin war nach Baldurs Tod geweis= sagt, nur diese könne ihm einen Sohn gebären, der Baldur rächen werde. Odin naht nun in seiner Wanderergestalt mit Schlapphut und Mantel jenem König, gewinnt dessen Gunst, schlägt als dessen Feldherr die Feinde und verlangt als Lohn der Tochter Hand. Der König will sie ihm geben, aber die spröde, herbe, stolze Jungfrau gibt ihm statt des Brautkusses — eine Ohrfeige.

(Die Erzählung stammt aus Saxos Bericht, mit zahl=
reichen Vergröberungen der Götter, welche wir fast sämt=
lich übergehen.) Nun erscheint Odin als Goldschmied ver=
kleidet und wirbt um die Maid mit künstlichen Spangen.
Abermals mit einem Schlag abgewiesen, naht er als
junger, blühender Krieger zu Roß und zeigt ihr seine
Reiterkünste. Aber sie stößt den Werbenden so rauh zurück,
daß er strauchelt und sein Knie die Erde rührt. Da be=
rührt er sie zornig mit seinem Zauberstabe (gambantein,
den Skirnir gegen Gerda brauchte, S. 113) und beraubt
sie so des Verstandes. Aber die Werbung gibt er nicht
auf: kann doch nur Rinda Baldurs Rächer gebären. Er
verkleidet sich in Frauengewand, nimmt unter dem Namen
Wecha Dienst bei dem Mädchen und wäscht ihr die weißen
Füße. Da sie immer schwerer erkrankt, verheißt er, sie
zu heilen, aber mit so harter Kur, daß die Kranke sie
nur gezwungen ertragen werde. So wird ihm von dem
Vater das Mädchen gebunden übergeben: er führt sie fort,
vermählt sich nun mit der Widerstrebenden, und sie wird
die Mutter Walis. Während seiner Abwesenheit und
wegen des verübten Betruges [1] entsetzt aber ein Teil der
Götter Odin der obersten Gewalt: ein andrer, Ullr,
erhält Odins Tron und Namen: aber bald gewinnt Odin
die Götter wieder für sich; Ullr muß flüchten und wird
im fernen Norden erschlagen.

Die Deutung ist nicht schwer. Rinda ist die winter=
liche Erdrinde: nach des Lichtgottes Baldur Tod ist die

---

[1] Eine ganz späte, unpassende Zutat Saxos, der alles auf ge=
schichtlich=menschliche Zustände und auf die Moral seiner Zeit zurück=
führt. Für eine zur Wiederbelebung der Erde sieghaft durchgeführte
Arglist strafen die Götter ihren König gewiß nicht! Wir werden
sehen, aus welchem Naturgrund in der alten Göttersage Ullr an
Odins Stelle tritt.

Erde dem wohltätigen Himmelsgott Odin entrückt. Vergebens bemüht dieser sich, sie für sich zu gewinnen: vergeblich bekämpft er tapfer die Winterriesen; vergeblich
wirbt er um sie mit den goldenen Gaben des Sommers;
vergebens zeigt er ihr die Lust kriegerischer Spiele, der
schönsten Gabe der Sommerzeit: die Erde, die dem Liebes-
leben abgesagt, weist dreimal heftig den Freier zurück: die
Versuche, des Winters Herrschaft zu brechen, scheitern.
Da verflucht sie der Lebensgott für immer, dem Winter-
tobe verfallen zu sein, falls sie ihn nicht erhöre: er wirbt
um die Erstarrte, indem er ihr die Füße bespült (es ist
wohl allzukühn, hier an den Tauwind zu deuten, der die
Erdrinde in Tauwasser schmelzt: aber irgend ein ähnlicher
Vorgang in täuschender Hülle und scheinbar ungefährlicher
Gestalt liegt hier zu Grunde) und zwingt die immer noch
Widerstrebende zuletzt mit Gewalt, sich dem Sieger zu
ergeben und die Mutter zu werden des neuen Frühlings,
der den im Vorjahr Getöteten an dem Winter- und Nacht-
gott Höbur rächt. Ursprünglich bezog sich Baldurs Tod
nur auf den jährlichen Untergang des Lichtes: erst
später ward dies auf die Götterdämmerung bezogen,
und nun konnte nicht mehr Baldur selbst jeden Frühling wiederkehren, — vielmehr erst in der erneuten Welt
— sondern statt seiner ein Bruder, ein andrer Sohn
Odins [1]).

---

[1]) Zu künstlich und zugleich recht geschmacklos scheint die Er-
klärung von Odins angeblicher Vertreibung aus dem Himmel nach
Walis Geburt aus der Erfahrung, daß, „wenn die Tage langen,
der Winter erst kommt gegangen“; auch fällt ja Wali, nur eine
Nacht alt, den dunkeln Wintergott Höbur. Vielmehr ist diese
„Vertreibung“ Odins späte Zutat Saxos und hat Ullrs Eintreten
für Odin nach der echten Sage mit Rinda und Wali gar keinen
Zusammenhang.

Wali war der Monat Liosberi (Lichtbringer: vom neunzehnten Januar bis achtzehnten Februar) geweiht, was die Grundauffassung voll bekräftigt. In diese Zeit fällt nicht nur Mariä Lichtmeß (zweiter Februar), auch der Valentinstag (vierter Februar), der in England (Ophelia in Shakespeares Hamlet führt ein Volkslied darüber an), Nordfrankreich, Brabant ein Fest der Liebenden ist. An diesem Tage paaren sich nach dem Volksglauben die Vögelein, und auch die jungen Leute wählten oder erlosten für das kommende Jahr, halb im Scherz, halb im Ernst, ihren Schatz. Man hat nun Sankt Valentin als an Walis Stelle getreten gedacht, auch dieses Heiligen Namen auf einen zweiten Namen desselben Gottes: Ali, der Nährer, und einen dritten: Bui, der Bebauer, d. h. Erdbebauer, Ackerbebauer, auf Welo, Wolo (unsern neuhochdeutschen „Wohl") zurückgeführt, d. h. einen Gott des Wohlergehens, Glückes, eines Liebesfrühlings. — Auch als guter Schütze wird Wali gerühmt: der Frühlingssonnengott entsendet die fernhintreffenden Pfeile wie Phöbus Apollon.

Ullr ist nach der echten alten Sage durchaus nicht ein von den empörten Göttern eingesetzter Gegenkönig Odins, sondern lediglich Odin selbst: nur ein winterlicher, statt des sommerlichen Odins. Nur der Sommer ist die Zeit für die Kriegsfahrten des Siegesgottes — ist er doch zugleich der allbelebende Allvater der sommerlichen Lebensfreude: im Winter ruhen wie der Krieg, so jenes warme Freudeleben: Odin ist fern, so scheint es. Aber er ist doch da: nur unter dem Namen „Ullr" und in winterlicher Vermummung. Jetzt gewährt der Schnee die Fährte des Wildes dem Weidmann: nun beginnt die Jagd: Ullr führt sie an, zum Schutz gegen die Kälte in Tierfelle gehüllt, seines Birschgangs Bente liefert ihm ja reichlich

Pelzwerk, — mit Bogen[1]) und Pfeil, Schrittschuhe unter
den Sohlen: — so verfolgt er behend über Schnee und
Eis des Wildes Spur, ein Gott der Jagd: hierin ist ihm
Sankt Hubert (Hukbert, der Geistglänzende) nachgefolgt.
Er ist ein Sohn der Erdgöttin Sif, aber nicht von Thor:
denn er wird geboren, wann die Gewitter noch ferne
sind: sein Vater konnte füglich ungenannt bleiben, wenn
Ullr = Odin ist. Sich selber meint daher Odin, wenn
er, in König Geirröds Saal zur Folter zwischen zwei
Feuer gesetzt (S. 144), ausruft: „Wer die Lohe löscht,
gewinnt Ullrs Gunst und aller Götter.“ Im Sommer
weilt dagegen Ullr in der Unterwelt, Odin auf Erden
und in Asgard. Als winterlicher Gott hat Ullr auch die
Schrittschuhe, vielleicht auch die Schneeschuhe erfunden: er
besprach durch Zauber[2]) einen Knochen so, daß er darauf
über das gefrorene Meer fahren konnte: die Schrittschuhe
wurden aus Knochen gefertigt: vielleicht aber ließ ihn die
Sage auf solchen breiten, schildähnlichen Zauberschuhen
auch über flüssig Wasser schreiten. Daß er aber des=
halb (warum? ein Schrittschuh ist doch kein Schild!) der
„Schild=As“ heißt (vergl. S. 97: „der Schwert=As“), ist
ebenso unwahrscheinlich, wie daß er deshalb im Zweikampf
angerufen wurde, weil hier der Schild so wichtig gewesen
sei! Vielleicht war als sein Schild die Eisdecke des
winterlichen Meeres gedacht, und vielleicht heißt deshalb
der (Eis=) Schild „Ullrs Schiff“, weil der Wintergott,
statt auf einem Schiff, auf dem Schilde des Eises das

---

1) Seine Wohnung Y=dalir (S. 29), Eiben=täler, weil von
Eibenholz die besten Bogen gefertigt werden? Oder von yda, Flut,
Fluten= (d. h. Regen??) Tal?

2) „Wie trefflich er verstand“, — wenn er Odin selber war,
vgl. den Merseburger Spruch S. 122.

Meer überschreitet. Allein das sind lauter allzukühne, wenig befriedigende Vermutungen.

Widar heißt „der schweigsame As": nur allzusehr verdient er diesen Namen: denn er schweigt auch uns gegenüber: die Forschung müht sich fast ganz vergeblich, ihn zu erklären. Doch wird man „Widar" als den „Wiederer"[1], d. h. den Wiederbringer und Erneuerer fassen dürfen: er ist es, der seines Vaters Odin Fall an dem Fenriswolfe rächt, und er ist es, der neben Wali, dem Rächer Baldurs, vor allen andern als in der erneuten Welt fortlebend ausdrücklich genannt wird: er rächt den Allerhalter an dem Allverderber: er erneut die Welt. Vielleicht war seine Naturgrundlage die jährliche Wieder-erneuerung des Lebens der Natur im Frühling, bevor noch die Weltvernichtung und Welterneuerung ausge-bildet war: als diese Lehren aufkamen, ward aus dem jähr-lichen Erneuerer der endgültige Wiederbringer. Weil er auch das Grün der Erde wiederbringt, — alljährlich und in der großen Erneuerung — mag es von ihm heißen: „Gesträuch grünt und hohes Gras in Widars Landwidi" (Landweite, Gebiet), was auf beide Arten von Erneuerung paßt. Daß er dereinst den Fenriswolf erlegen wird (und zwar in welcher Weise), verkündet die Weissagung: er werde „dem Wolf die kalten Kiefern klüften" (s. unten Buch III, II). Und zu dieser Bedeutung Widars als des Rächers und Wiederherstellers der Götter stimmt es auch trefflich, wenn es heißt: „Auf Widar vertrauen die Götter in allen Gefahren." Stumm und abgeschieden wohnt er in der Einöde, bis er hervorschreitet, des hohen Vaters Tod zu rächen.

[1] Nach andern ist Widar (von vidr, Wald) der „schweigende Urwald": niemand wagt ihm zu nahen: sogar Loki weiß nichts gegen ihn zu lästern.

Wir sahen bereits, daß Odins eine Bedeutung als
Gott der Dichtung aus seinem Wesen ausgelöst[1] und in
seinem Sohne Bragi, als einem besondern Gott der
Dichtung, wiederholt, selbständig persönlich gemacht wird.
Wir wissen nur sehr wenig von diesem: „er ist gefeiert
wegen Wortgewandtheit und Wohlredenheit und geschickt
in der Skaldenkunst, die nach ihm Bragr heißt: auch
werden Leute, die redegeschickter als andre, Bragurleute
genannt. Seine Gattin Idun bewahrt in einem Gefäße
jene Äpfel, welche die Götter genießen, wann sie altern:
denn davon werden sie alle (immer wieder) jung und mag
das so dauern bis zur Götterdämmerung".

Es verstößt nun gegen alle Erfahrung über Entstehung
von Göttern und Göttersagen, mit der herrschenden Auf=
fassung anzunehmen, in der verjüngenden Kraft dieser
Äpfel sei die „verjüngende Kraft der Dichtung" gefeiert!
Nein! Solche Gleichnisse einer wissenschaftlichen Kunst=
lehre, wie sie ein Dichter=Philosoph überfeinerter Bildung
anstellt, liegen den unbefangenen Anschauungen der Urzeit
fern. Vielmehr verrät eine Stelle, welche Idun mit
Gerda (S. 110) für eins erklärt, daß diese verjüngenden
Äpfel die in jedem Frühjahr sich verjüngende Lebenskraft
der Erde sind: jeden Herbst dämmern die Lichtgötter, jedes
Frühjahr verjüngen sie sich wieder durch die verjüngte
Lebenskraft der Erde: daher währt diese verjüngende
Wirkung auch nur bis zur Götterdämmerung, vor deren
Vollendung bereits das Wiederkehren des Frühlings auf=
hört. Erst folgeweise und später hat man dann auch die
mit dem Frühling wieder beginnende Liebeslust in jenen

---

[1] Wie so oft: z. B. Baldur als Rechtsreinheit und Rechtswahr=
heit in seinem Sohne Forseti.

Äpfeln gefunden und deren Eignerin[1]) mit dem Liebgott
vermählt.

Von Idun werden zwei verschiedene Sagen erzählt,
deren erste bloß auf den Jahreswechsel sich bezieht, deren
zweite, ursprünglich von gleicher Bedeutung, später auf
den Untergang der Welt übertragen wurde.

Einmal zogen drei Asen wandernd über Berg und
Tal: Odin, Loki und Hönir. Sie kamen in öde Lande,
wo sie nur schmale Kost fanden. Da sie ins Tal hinab=
stiegen, erblickten sie eine Herde weidender Rinder. Eifrig
und voll Freude, ihren Hunger zu stillen, ergriffen sie
eines der Tiere, schlachteten es, machten Feuer an unter
einer hochwipfeligen Eiche und wollten den ganzen Ochsen
sieden. Nach geraumer Zeit, da sie füglich glauben durften,
der Sud sei vollendet, deckten sie den Kessel auf: — aber
siehe, das Fleisch war noch nicht gar. Und da sie nach
langer Zeit wieder nachsahen, da war es nicht besser. Er=
staunt redeten sie untereinander, woher das wohl rühren
könne? Da hörten sie hoch von dem Wipfel der Eiche
herab eine Stimme: „Ich, der ich hier oben sitze, wehre
dem Sud, zu sieden." Und hinaufschauend erblickten sie
da oben einen Adler, der war nicht klein. „Wollt ihr
mir Sättigung verstatten an dem Rinde," rief der mächtige
Vogel herunter, „so soll der Sud sieden." Da sie nun
zustimmten, flog der Aar herab, setzte sich zu dem Kessel
und sofort war das Fleisch gar. Der Vogel nahm nun
aber gleich vorweg für sich die besten und größten Stücke:
beide Lenden und beide Bugteile. Das erzürnte Loki:
er faßte eine Stange und stieß sie mit Macht dem Vogel
in den Leib. Der flog auf, die Stangenspitze in dem

---

[1]) Schon Iduns Name bedeutet (wie der Widars): — „Wieder",
„Wiederum", d. h. verjüngende Erneuerung.

Rumpf: aber Loki hielt noch das andre Ende in den beiden Händen und sah sich mit emporgerissen: und konnte nicht loslassen, ohne herabzustürzen und zu zerschmettern. Und der Vogel flog sausend über Felsspitzen, Bergsteine und Bäume so niedrig hin, daß Loki heftig daran stieß mit den Beinen: und auch die Arme schmerzten ihn so arg: er meinte, sie würden ihm aus den Achseln gerissen. Flehentlich schreiend bat er den Adler um Frieden. Der aber fuhr immer rascher dahin und sagte, niemals solle Loki davonkommen, wenn er ihm nicht Jdun samt ihren Äpfeln aus Asgard herbeischaffe und in seine Gewalt gebe. Loki, in seiner Angst, versprach alles. Da setzte ihn der Vogel ab, daß jener zu seinen Weggefährten zurückgehen konnte. Er schwieg aber von der Lösung, die er versprochen hatte. Als sie nun wieder nach Asgard heimgekehrt waren, sprach Loki zu Jdun: „Komm, du Holde, mit mir nach Midgard hinunter. Da hab' ich in einem Walde einen Baum gefunden mit Äpfeln, die sind noch schöner als die deinen." Jdun wollte das nicht glauben. „Wohlan," sprach Loki, „nimm deine Äpfel mit, halte sie daneben und vergleiche." Und Jdun tat nach seinem Rate und folgte ihm zu Walde. Da kam sausend der Riese Thiassi in Adlerhaut gefahren, — denn der war es gewesen, der Loki überlistet und entführt hatte — ergriff Jdun samt ihren Äpfeln und trug sie durch die Luft davon nach Thrymheim in seine Heimat.

Den Göttern aber ging es nun gar schlecht, seit Jdun verschwunden: ihre Haare ergrauten, sie wurden alt. Da traten sie zusammen, hielten Rat und forschten, was man zuletzt von der Verschwundenen gesehen oder gehört. Da ward festgestellt: das letzte, was man von ihr gesehen, war, daß sie mit Loki aus Asgard geschritten. Da ergriffen sie den schon lang Beargwohnten, banden ihn,

führten ihn vor ihre Richterstühle und bedrohten ihn mit
Peinigung und Tod. Loki erschrak: er gelobte, er wolle
nach Idun suchen in Jötunheim, — denn vielleicht sei sie
dorthin entführt — wenn ihm Freya zu rascher Reise ihr
Falkenhemd (S. 158) leihen wolle. Und nachdem er in
dies hineingeschlüpft, flog er gen Norden nach Riesenheim
und kam in Thiassis Haus. Der war fort auf den See
gerudert: Idun war allein zu Hause. Da verwandelte sie
Loki in eine Nuß (nach andrer Lesart in eine Schwalbe),
ergriff sie samt ihren Äpfeln mit den Fängen und flog
davon, so schnell er konnte. Aber Thiassi, wie er nach
Hause kam, vermißte sofort Idun, fuhr in sein Adlerhemd
und setzte dem Falken nach — mit Adlerschnelle. Die
Götter standen auf Asgards hohen Zinnen und blickten
sehnsüchtig und harrend nach Idun und nach Loki gen
Norden. Da sahen sie den Falken heraneilen, die Nuß
in den Fängen, hart verfolgt von dem durch die Wolken
stürmenden Adler. Sie eilten herab von der Mauer,
hinaus vor das Tor und häuften trockene Hobelspäne
draußen hart an dem Wall. Der Falke kam noch glücklich
über die Zinnen und ließ sich im Hofe gerade hinter der
Mauer nieder. Da warfen die Götter Feuer in die
Späne: der Adler aber konnte sich im vollen Schuß des
Sturmflugs nicht mehr halten, er sauste heran, das Feuer
schlug ihm ins Gefieder: da konnte er nicht mehr fliegen,
er stürzte zur Erde, und rasch waren die Asen zur Hand,
zerrten ihn durch das Torgatter und töteten ihn[1]).

---

[1]) Zur Sühnung gaben sie Thiassis Tochter Skadi dem
wanischen Gott Niörd, Meergott, aus Noatun zur Ehe (beider
Kinder sind Freyr und Freya). Aber beide vertrugen sich schlecht,
wollten sie in Niörds Heimat, an dem Meeresstrand, oder in Skadis
Geburtsland, in den Bergen, hausen: Skadi konnte an der Küste
keinen Schlaf finden vor der Möven widrigem Gekreisch, und

Thiaffi ift ein Sturmriefe: denn als zerftörende
Gewalt ift der Wind nicht Odin, sondern riefifch:
Stürme, nach Schnelligkeit und Gewalt ihres fausenden
Fluges, wurden als Adler gedacht: seine Heimat Thrym=
heim (wo auch der riefifche [im Gegensatz zu Thor]
Donnerer Thrym hauset, S. 80), ift das nördliche un=
fruchtbare Gebirge, von wannen im Spätherbft die eifigen,
töblichen Stürme kommen: in diese öben Hungermarken
waren die brei Asen über Berge und Öbland gewandert,
deshalb fanden sie hier large Koft: als Sturmadler hat
Thiaffi auch verhindert, daß der Sub gedieh: er blies das
Fener aus: er verweht die Wärme. Vielleicht hatte es
auch sinnbildliche Bedeutung, daß gerade Loli (die Sommer=
wärme?) von dem kalten Herbftsturm davongetragen wird
durch die Lüfte. Wie Thrym Freya (die schöne Jahres=
zeit), so will Thiaffi die Wiederkehr des Grüns den
Göttern entreißen und für fich rauben (Uhland: das frische
Sommergrün an Laub und Gras). Wirklich auch gelingt
es dem herbftlichen Nordwind, das Grün des Waldes und
den goldenen Blumenflor der Wiesen zu entführen: die
Götter, d. h. die Natur, werden nun alt und gran. Loli,
der Südwind[1]), wird ausgesandt, die Entführte wieder=

Niörd wurden die Berge verleidet, weil ihm der Wölfe Geheul nicht
so gut gefiel, wie das Singen der wilden Schwäne am Meere.
Skadi zog in ihre Berge zurück nach Thrymheim: dort jagt sie auf
Schlittschuhen und schießt Wild mit ihrem Bogen. Man deutet:
die Bergquelle Skadi, die fich mit dem Meere vereinigt hatte, sehnt
fich zurück in das Hochland ihres Ursprungs.(?)

[1]) Oder die Wärme überhaupt? Man muß auch hier nicht
alles aus dem Kern, aus der Naturgrundlage der Sage erklären
wollen: Lokis den Göttern bewußt und unbewußt verderbliche Ge=
samtbedeutung genügt auch hier, seine Rolle zu erklären. Man
braucht also nicht zu deuten: die schmeichelnde, aber verräterische
Spätsommerglut ift es gewesen, welche das Grün versengt, verwelft

zuholen, muß sich Freyas, der Frühlingsgöttin, Flügel entleihen, nach der Jahreswende, wann der Nordsturm gerade abwesend.

Als Nuß, d. h. als aufsprießender Samenkern, wird die Verjüngung zurückgebracht oder in Gestalt der frühling= verkündenden Schwalbe. Zwar braust der Nordsturm verfolgend hinterdrein: aber in den von den wohltätigen Mächten entzündeten Flammen der beginnenden Sommer= glut muß er verenden mit versengtem Gefieder.

Eine andre Sage berichtet: Idun, Iwaldis, des kunstreichen Zwergs jüngste Tochter, war, nachdem schon andre unheilvolle Vorzeichen, schwere Träume und Ahnungen die Götter geängstet hatten, vom Weltenbaum herab zu Boden gesunken. Sie liegt an der Erde, unter des Baumes Stamm gebannt: schwer erträgt sie dies Geschick: solange an heitere Wohnungen gewöhnt, kann sie es nicht lernen, nun weilen zu sollen bei der Tochter Nörwis (S. 21), d. h. der Nacht, der Genossin Hels. Die Götter sehen ihre Trübsal um dieses Wohnens in der Tiefe willen und senden ihr ein Wolfsfell, sich zu bedecken: damit ver= hüllt freut sie sich zwar dieses Mittels, ihre Farbe erneut sich. Aber doch trauert sie noch immer. Da sendet Odin drei Boten an sie aus: Heimball, Loki und Bragi, die Niedergesunkene auszuforschen, was sie wisse von drohendem Weltgeschick, ob das ihr Widerfahrene auch den Göttern und der Welt Unheil bedeute? Aber erfolglos bleibt die Sendung: wie scheu und betäubt erscheint den Boten die Arme: sie schweigt oder sie weint; die beiden andern kehren nach Asgard zurück: nur Bragi bleibt, sie zu hüten, bei ihr zurück (ihr Gatte oder Bräutigam). „Der ver=

---

und so dessen Entführung durch den Herbstwind arglistig vor= gearbeitet hat.

stummte Gesang (auch Vogelgesang?) bei der hingewelkten Sommergrüne" (deutet Uhland schön, aber sehr kühn).

Idun ist auch hier die Sommergrüne: sie heißt die jüngste Tochter J-waldis, des „Innen-Waltenden": denn innen im Schoße der Erde walten die Zwerge, als deren kunstvolles Gebilde der Schmuck der Oberfläche mit Blumen, Gras, Kräutern und Saaten gilt: haben sie doch auch Sifs goldenes Haar (S. 186) — den Goldschmuck des reifen Getreides — gestaltet. Idun ist im Herbst vom Weltenbaume sterbend herabgesunken: nahe Hels Reich liegt der Blattschmuck des jüngsten Jahres, gewöhnt, in heiteren Höhen zu wohnen, jetzt trauernd am Boden. Die Götter senden ihr zwar den Winterschnee, die Wolfsdecke, sie zu schützen. Aber auch Heimdall, der Himmelsregen, und Loki, die Wärme, vermögen sie nicht wieder zu beleben: der verstummte Gesang bleibt bei ihr zurück bis zur Wiederkehr des Frühlings (muß man im Sinne der ursprünglichen Sage beifügen), wann beide wiederkehren nach oben. Später aber ward Iduns, der Verjüngerin, Herabsinken auf die drohende Götterdämmerung bezogen: sie galt nun, wie balb auch Baldur, dessen bevorstehenden Tod ihr Herabsinken nun vorbedeutet, als unwieder= bringbar den Göttern verloren bis zur Erneuerung der untergegangenen Welt. Daher die tiefernste Wendung in dem die vergebliche Botschaft schildernden Eddaliede: „Odins Rabenzauber". Odin fordert die Götter auf, „nun andern Rat zu suchen während der Nacht": sie finden keinen: weitere böse Ahnungen drücken sie. Er selbst aber, der Unerschrockene, sattelt sein Roß und reitet nach Hel, eine tote Wala durch Zauber zu wecken und von ihr Auskunft zu erzwingen über das nahende Geschick.

Sehr wenig ist es, was wir von einigen andern Göttinnen und Göttern wissen: fast nur, daß ihnen gewisse

Monate oder anbre Jahresabschnitte geweiht waren. So
einer Göttin Spurke der Februar, der nach ihr „Sporkel"
hieß: vielleicht war ihr der gleichnamige Wacholderstrauch
heilig: „Spörkels Kathrin (ober „Spörkels Elsken") schüttelt
ihre neunundneunzig Röcke" sagt ein Sprichwort am Rhein
ober in Westfalen: vielleicht die häufigen Regenschauer
unb Schneefälle dieses Monats?

Den Nordgermanen aber heißt der Februar Gôi unb
von dem Weibe, das ihm diesen Namen gab, geht folgende
auf Landnahme, Ackerbau und Frühlingsanfang bezügliche
Sage. Der alte Riese Fornjotr hatte einen Sohn Kari,
dieser einen Sohn Frosti (Frost), dieser einen Sohn Snar
(Schnee), dieser einen Sohn Thorri, dem (vielleicht) um
Mitt=Winter das Opfer Thorri=blôt gebracht wurde.
Sein Sohn Gor gab dem „Schlacht=Monat" den Namen
(im November), der anbre Sohn hieß Nor: während des
Thorri=Festes warb beren Schwester Gôi geraubt. Der
Vater entsandte beide Söhne, die Verlorene zu suchen:
vier Wochen später brachte er ein Opfer: („Gôi=blott" —)
vermutlich, auf daß die Götter die Wiedergewinnung be=
günstigen möchten. Gor forschte zur See, Nor zu Lande:
Gor fuhr an Schweden vorbei nach Dänemark, besuchte
hier seine Gesippen, die von dem Meergott Hlèr (Ôgir)
stammten, unb segelte bann weiter gen Norden. Nor aber
wanderte aus Kwenland durch Lappland nach Thrond=
heim. Beide Brüder waren mit Gefolgschaften ausgezogen
unb hatten sich auf ihrer Fahrt gar manche Landschaften
unb Eilande unterworfen. Als sie wieder zusammentrafen,
verteilten sie das Gewonnene berart, daß Nor das feste
Land behielt: — er nannte es Norwegen, Gor aber
die Inseln. Endlich fand Nor auch die Schwester wieder:
Hrôlf, ein Enkel Thors, hatte sie geraubt aus Kwen=
land: zur Aussöhnung empfing Nor Hrôlfs Schwester zur

Ehe. Da Goi soviel als Gau, d. h. Land ist, erhellt, daß die ausziehenden Brüder Land suchen: die Namen Frost, Schnee, Nord weisen auf Winter-Riesen hin, denen das Bauland durch den Sproß des Ackerbaugottes für immer entzogen wird. Das Einzelne der späten und künstlichen Dichtung bleibt aber unklar: die Zusammenfassung von Ansiedlung, Landnahme, Ackerbau, Frühlingsanfang als Stoffgebiete einer Sage mußte verwirren. Es ist sehr willkürlich, Hrôlf als Hrôdolf auf den Monat März (in Skandinavien beginnt aber doch im März weder Lenz noch Ackerbestellung!) zu beziehen, weil dieser Monat bei den Angelsachsen „Hrêdemônadh“ heißt: auch alamannisch (in Appenzell) Redi-Monat, was auf eine Göttin Hrêde zurückgeführt wird. Der weibliche Schmuck (angelsächsisch Rhedo) weist auf Freyas Brisingamen, das Halsgeschmeide, das wir als die von Gras und Blumen geschmückte Erdrinde kennen lernten.

Eine Frühlingsgöttin war auch Ostara, welche sogar dem christlichen Osterfeste den Namen gegeben hat: der April heißt nach der Göttin ursprünglich, später nach dem meist in diesem Monat fallenden Auferstehungsfest „Ostarmânoth“: sie brachte von Osten her Frühling und aufnehmendes Licht[1]). Die Edda kennt nur den die Himmels-

---

[1]) „Germanisches Osterfest“: I. Es kam der Hirt vom Anger und sprach: „Der Lenz ist da! | Ich sah sie in den Wolken, die Göttin Ostara: | Ich sah das Reh, das falbe, der Göttin rasch Gespann, | Ich hörte, wie die Schwalbe den Botenruf begann. | Es brach das Eis im Strome, es knospt der Schlehdornstrauch: | So grüßt die hohe Göttin, grüßt sie nach altem Brauch.“ | Da ziehn sie mit den Gaben zum Hain und zum Altar, | Die Mädchen und die Knaben, der Lenz von diesem Jahr: | Das Mädchen, das noch niemals im Reigentanz sich schwang, | Und doch vom Knabenspiele schon fernt ein scheuer Drang. | Der Knabe, der noch niemals den Speer im Kampfe schwang, | Und dem der Glanz der Schönheit doch

gegend bezeichnenden Zwerg Austri (S. 19). Aber bei
den Südgermanen warb das fröhliche Frühlingsfest in
heiteren Spielen gefeiert: die Sonne selber tut vor Luſt
am Morgen des Oſterſonntags drei Sprünge, ursprünglich
wohl drei Freuden= (oder Sieges=)ſprünge über ihre wieder=
gewonnene Kraft (oder im Wettkampf mit dem Winter=
rieſen?). „Oſterſpiel“ heißt höchſte Freude, daher spricht
mittelhochdeutſche Liebesdichtung die Geliebte an: „du
meines Herzens Oſtertag“. Die Oſter=Fladen, Oſter=
Stollen, Oſter=Stufen, Oſter=Küchel, welche zu dieſer
Zeit gebacken werden, weiſen, wie all’ ſolches Gebild=
brot, auf alte Opferſchmäuſe: zu dieſen mußte jeder Hof
Beiträge in Früchten oder Fleiſch liefern: deutlicher noch
bezeugt daher den heidniſchen Urſprung dieſer Feſtſpeiſen,
daß in manchen Tälern Oberbayerns, z. B. in der Jachenau,
die einzelnen Gehöfte in Wechſelreihe verpflichtet ſind
(— oder doch vor wenigen Jahren verpflichtet waren —)
zu gemeinſchaftlicher Verzehrung einen Widder zu liefern,
deſſen Hörner mit Bändern geſchmückt und mit Rauſchgold

ſchon zum Herzen drang. | Sie spenden goldnen Honig und Milch
im Weiheguß, | Und faſſen und umfangen ſich in dem erſten Kuß. |
Und durch den Wald, den ſtillen, frohlockt es: „Sie iſt da! | Wir
grüßen dich mit Freuden, o Göttin Oſtara!“
II. Gute Göttin, du vom Aufgang, | Gabenreiche, du biſt da! |
Und wir grüßen dich mit Andacht, | Gute Göttin Oſtara! | Aus
dem fernen Sonnenlande, | Draus der Väter Wandrung brach, |
Ziehſt du jährlich ihren Enkeln | In des Nordens Wälder nach. |
Längſt begraben iſt der letzte, | Der dort deine Säulen ſah, | Doch
wir wiſſen’s noch: — vom Aufgang | Sind auch wir, wie Oſtara. |
Rüttelt hier die Eichenwälder | Mondenlang der Sturm und Froſt, |
Klingen an dem Herd uns wieder | Märchen alt aus goldnem Oſt. |
Und wir haben’s nicht vergeſſen | Und in Sagen tönt es nach, |
Wie der Ahn an blauen Strömen | Wunderſchöne Blumen brach.
(Felix Dahn, Gedichte, II. Sammlung. Gesamtausgabe XVI.
S. 252, 1898.

überzogen waren: wir wissen aber, daß bei Opferfesten horntragenden Tieren die Hörner „vergoldet" wurden. Deshalb wird bei dem Osterschmaus auch der „Oster= sahs" genannt: das Oster=Messer, mit dem das Opfer geschlachtet worden. Ähnliche Verpflichtungen gelten zu Ostern oder Himmelfahrt in andern Landschaften. Daß die Ostereier nicht von einer gewöhnlichen Henne, sondern vom Osterhasen (genauer: von der Frau Häsin) gelegt werden, erklärt sich ebenfalls nur aus der Bedeutung der Göttin Ostara: dieser, als einer Frühlings= und Liebes= göttin, war der Hase wegen seiner Fruchtbarkeit heilig. Daß die Ostereier — die richtigen — rot sein müssen, rührt daher, daß Rot die dem Donnergott geweihte Farbe ist, das erste Gewitter aber galt als Frühlingsanfang, als Tag des Einzugs von Frau Ostara. Die Osterfeuer, welche in norddeutschen Landschaften angezündet werden, sind die Scheiterhausen des von dem Frühling besiegten und getöteten Winterriesen, welcher nun verbrannt wird nach altgermanischer Bestattungsweise: Judas Ischariot, der manchmal dabei ins Feuer geworfen wird, ist nur der von der Kirche eingeführte Ersatzmann für den Winter= riesen, welcher in andern Gegenden heute noch als zottige Pelzpuppe, mit Schneeschaufel und Schlitten ausgestattet, in die Flammen geschleudert wird, in Festhaltung der ur= sprünglichen Bedeutung [1]. Noch im späten Mittelalter mußte der Pfarrer am Ostersonntag nach der Frühpredigt von der Kanzel herab dem Volk einen Schwank, ein lustig „Ostermärlein" erzählen. Das Volk wollte die Kurz= weil nicht missen, welche zu der heidnischen Zeit das Oster=

---

[1] Über weitere ursprünglich heidnische Gebräuche, die sich bei der Feier von Ostern, Pfingsten und andern christlichen Festen er= halten haben, s. Dahn, Bausteine, I, Berlin 1879, S. 221.

spiel gewährt hatte: und so schlugen die Leute denn nun in der Kirche ihr „Ostergelächter" auf.

Dagegen eine Sommer= oder Erntegöttin war Thors Gemahlin Sif [1]).

Loli schor ihr hinterlistig das Haar ab: jedoch Thor zwang ihn, Ersatz zu schaffen. Da ließ Loli von den Schwarzelben in der Erde ihr neue Haare von Gold machen, welche wachsen (und geschnitten werden) konnten wie natürliche: das Getreidefeld, dessen golden wallenden Haarschmuck der scheinbar freundliche, in Wahrheit tückisch schädliche Glutsommer versengt, aber von den geheimnis= voll schaffenden Erdkräften für das kommende Jahr er= neut wird.

Vielleicht entsprechen dieser nordischen Erntegöttin unter andern Namen südgermanische: Frau Waud, Frau Wod (d. h. Frau Wodans, = Frigg = Beratha = Holda), Frau Freke (deutlich Frigg), auch wohl Stempe, Trempe (wegen des stampfenden Fußes, reine pédauque, S. 139). Pflugschar und Egge, auf denen sie gern im Ackerfeld sich niederläßt, sind ihr geweiht: sie ist unverkennbar eine Schützerin des Ackerbaues, Gewährerin des Erntesegens, eins mit Frigg in dieser Bedeutung der hausfräulichen Göttin, oder sie ist diese eine Seite von Frigg, losgelöst und selbständig personifiziert. Auch wohl Erka, Frau Erke, Frau Herle, Frau Harke heißt sie und führt den Rechen, die Harke, womit die geschnittenen Schwaden zusammengeharkt [2]) werden.

---

[1]) Was immer ihr Name bedeuten mag (nach J. Grimm: Sippe, weil Thors Hammer die Ehe weiht und damit aller Sippe, d. h. ehelicher Verwandtschaft Grundlage?). Eine mehr sinnliche, auf den Ackerbau oder die Ernte bezügliche Deutung hätte aber mehr für sich.

[2]) Mit Attilas Gemahlin Helke, auch Herkja, hat sie nichts

Fulla, Friggs Schmuckmädchen (nach dem Merseburger Zauberspruch [S. 123] aber deren Schwester), trägt ein Goldband um die flatternden Locken: sie ist die Göttin der Fülle, der Üppigkeit, des Segens und des Überflusses: romanisch Dame Habonde, Abundia: also auch eine einzelne Seite von Frigg (S. 141). Sie verwahrt der Herrin Schmuckkästchen und Schuhe und ist ihrer heim- lichen Pläne Vertraute.

Auch die Sonne, Frau Sunna, war eine Göttin, welche nicht bloß bei der Lehre von der Entstehung der Welt zur Erklärung des Tagesgestirnes angeführt und damit (für sich allein oder zusammen etwa mit dem Mond) abgefertigt worden wäre, sondern im Volk in allerlei gottesdienstlichen Handlungen verehrt ward und in mancher- lei Erzählungen durch die Lande ging (S. 123).

Während diese Göttinnen unverkennbar in dem Leben des Volks tief wurzelten, machen einige andre Namen, die in der Edda begegnen, mehr oder minder den Eindruck, als seien sie von den Skalden künstlich gestaltet, mit ge- ringem Anhalt an dem Glauben des Volks.

Dies gilt noch am wenigsten von Gnâ, der Botin Friggs, deren Roß Hof=hwarpnir (Huf=werfer) über Wasser und durch Luft wie auf festem Boden zu laufen vermag. Wanen sahen einst sie auf diesem Roß durch die Luft brausen und fragten erstaunt: „Was fliegt da, was fährt da, was lenkt durch die Luft?" Sie aber (Gnâ, die „Hochfliegende"?) antwortete: „Ich fliege nicht, ich fahre nicht, doch lenk' ich durch die Luft auf Hôf=wharpnir,

_____

zu schaffen: wenn sie manchmal mit Schwert und Schild dargestellt und als tapfere Verteidigerin der Heimat gefeiert wird (in historischen Sagen), so geht dies wohl auf Freyja, die Walküre; ob ebenso Wal- purg, die Heilige des ersten Mai, auf eine Walküre hinweist, bleibt zweifelhaft.

den Hamskerpir (Schenkel-rasch) mit Gardrofwa (Stark-schweif) zeugte."

Auch Hnoß, die Tochter Freyas und Odrs (S. 136), hat vielleicht noch mehr Fleisch und Blut, da doch wenigstens ihre Eltern genannt werden: freilich bedeutet sie nur „Schmuck, Geschmeide", und wenn es nun von ihr heißt: „sie ist so schön, daß alles, was schön und köstlich ist, nach ihr benannt wird" — so ist das eine sehr frostige Personifikation des wesenlosen Namens.

Eine ähnliche nüchterne Verbildlichung ist Gersemi, Kleinod, dann Siöfn, welche die Menschen zur Zärtlichkeit erweicht: nach ihr (die mit neuhochdeutsch „Seufzen" zusammenhängt) sei die Liebe Siafni genannt worden.

Lofn (nach der „Erlaubnis" benannt) hat von Odin und Frigg Erlaubnis empfangen, Paare zu verbinden, trotz der gegenstehenden (Rechts-)Hindernisse.

Wara, die Hüterin der Verträge, hört die Eide, die Versprechungen, straft den Vertragsbruch: sie ist so weise, daß ihrem Forschen nichts verborgen bleibt. Syn versperrt die Türen den rechtlos Andringenden, ist auch Helferin derer, die, ungerecht verklagt, vor Gericht etwas leugnen: „Syn ist vorgeschoben", heißt es daher, bestreitet der Beklagte die Schuld.

Hlin ist von Frigg (die auch selbst diesen Namen führt: wieder ein Fall von Loslösung und Verselbständigung einer einzelnen Seite in einer Göttergestalt) allen als Helferin bestellt, die in Gefahren Schutz brauchen (das Wort ist unser „Lehnen").

Ebenfalls eine nüchterne Personifikation ist Snotra (die Geschneuzte, d. h. die Kluge) „verständig und artig: und alle Verständigen heißen deshalb nach ihr".

Diese geist-, körper- und poesielosen abgezogenen Begriffe zeigen deutlich, wie in überkünstelter Zeit Skalden gleich ganze Göttergestalten aus Wörtern schaffen, die im Volksleben und Volksglauben keinen Bestand haben: — wie viel häufiger haben sie Götter zwar nicht geschaffen, aber in beliebigen Dichtungen der Einbildungskraft verwertet!

Wir sind damit an die äußerste Mark der Götterwelt gelangt: wo die Grenze zwischen Religion und Kunstdichtung, ja gekünstelter Verbildlichung endet und wendet.

Mittelhochdeutsche Dichter sprechen in fast gleichem Sinne von Frau Sälde, Frau Minne, Frau Ehre, Frau Maße, Frau Stäte, Frau Zucht, ohne an diese Wesen selbst zu glauben oder Glauben an sie von ihren Lesern oder Hörern zu verlangen[1]).

XII. Mittelwesen: Elben, Zwerge, Riesen.

Zwischen Göttern und Menschen stehen zahlreiche Mittelwesen: nicht so mächtig, wie die Götter, — deren Macht aber freilich auch keineswegs unbeschränkt, keineswegs „Allmacht" ist, — jedoch mächtiger als die Menschen: zumal den Schranken des Raumes ganz oder doch zum Teil entrückt, mit übermenschlichen Gaben von Zukunfts= Kenntnis, Schönheit, Schnelligkeit, Verwandlungsfähigkeit ausgerüstet. Die Frage, ob ihre Seelen sterblich oder unsterblich, wird verschieden beantwortet. Diese Mittel= wesen, fast unübersehbar schon an Mannigfaltigkeit und

---

[1]) Die wiederholt versicherte Zwölfzahl der Asen ist sehr schwer festzustellen; etwa: Odin, Thor, Thr, Baldur, Hödur, Bragi, Forseti, Heimdall, Ullr, Hermodur, Widar und Wali. — Dabei scheiden Freyr und Niördr als Wanen Hönir als diesen vergeiselt, Loki wegen seines Übertrittes aus.

unſchätzbar an Zahl, erfüllen in wimmelnder Menge den
Äther, die Luft (obwohl hierfür die Zeugniſſe ſchwach ſind),
die Erde, die Meere, die Ströme, die Bäche, die Waſſer=
fälle, die Seen, die Quellen. Sie hauſen auf Bergen, in
Höhlen, in Felſen, in Wäldern, in einzelnen Bäumen und
Büſchen, im Moos, im Kelch der Blumen, ja zwiſchen
Stamm und Rinde ſogar vermögen die Winzig=Feinen ſich
einzuniſten: ſie ſind die Träger, der Ausdruck des lebhaften
Naturgefühls, in welchem, lebendiger noch als Hellenen
und Italiker, die Germanen alles um ſie her bevölkerten
und beſeelten mit übermenſchlichen Weſen, welche, regel=
mäßig unſichtbar und nur ſpürbar an ihren Wirkungen,
manchmal ſich den überraſchten Augen der Menſchen zeigen[1]).
Solche „Mittelweſen“ heißen mit allgemeinſtem Namen
„Wicht“: ſoviel wie Weſen[2]). Hente ſagen wir der

---

[1]) Im einzelnen ſind die Namen dieſer Geiſter höchſt mannig=
faltig, je nach ihrem Aufenthaltsort, d. h. oft zugleich nach ihrer
Naturgrundlage, dann nach ihrem Ausſehen; aber auch landſchaftlich
und ſtammtümlich ſind ſie ſehr verſchieden benannt: Blaſerle,
Windalfr, Hule, d. h. Heule=Männchen, im heulenden Winde:
Nebelmännle; Waſſergeiſter: Waſſermann, der Neck, der Nix,
die Nixe, Meer=Minne, Marmennil, Muhme, Mümmelchen; Berg=
männchen; Erdgeiſter: Erdmännchen, Unterirdiſche, Onner=
bänkiſſen; Waldgeiſter: Schrat, Schretel, Schrezel, Murraue,
Markdrücker, Holz=, Moos=, Wald=Männchen, Moos=, Wald=, Holz=
Weiblein: deren Leben iſt oft an einen Baum geknüpft, wie das
der helleniſchen Dryaden; ſchält man dem Baum die Rinde ab, muß
das Holzweiblein ſterben. Wotan, der wilde Jäger, jagt in den
Stürmen der winterlichen Tag= und Nachtgleiche die Holzweiblein
im Walde: d. h. der Sturm knickt die Stämme. Feldgeiſter:
„Heidemann“, „Heidemänneken“ (weſtfäliſch), „Bil=wiß“;
Hausgeiſter: Herdmännli, Heinchen, Heinzelmännchen,
Haulemännerchen, Holdchen, Wichtel, Wichtelmännchen,
Toggeli (ſchweizeriſch), Norggen (tiroliſch).
[2]) Auch wohl Menni, Minne, beſonders für Waſſergeiſter, da=
her Marmennil, doch gibt es auch „Waldminnen“.

Wicht in abschätzigem Sinn, aber auch „das Wicht" hat
sich mundartlich, z. B. westfälisch, erhalten und bedeutet,
ohne ungünstigen Sinn, ein Mädchen. Die Kleinheit und
zugleich die Übermenschlichkeit wird ausgedrückt durch Namen
wie „Wichtel", „Wichtlein", „Wichtelmännchen".

Enger wohl ist der Name „Elben", „der Elbe", „die
Elbin"[1]: aber doch machen die Elben und Elbinnen, selbst
wieder in mehrere Gruppen gespalten (S. 26), für sich ein
ganzes Reich, eine ganze große Klasse von Wesen aus,
wie Asen, Menschen, Riesen. Ursprünglich waren wohl
alle Elben ‚licht": denn der Name geht auf »albus«
(weiß, hell) zurück[2], und es ist vielleicht nicht ganz oder
doch nicht allgemein richtig, die Dunkelelben als eins mit
den Zwergen zu fassen. Die Lichtelben sind schöner (heller)
als die Sonne, die Dunkelelben schwärzer als Pech: aber
böse, schädlich sind auch diese nicht; sie stehen vielmehr (in
der Regel) auf Seite der Götter, denen sie Waffen und
Zaubergeräte schmieden, gegen die Riesen. Ihr Reich,
Alfheim, liegt Asenheim nahe: Freyr, der Gott der
Fruchtbarkeit, erhielt Alfheim als „Zahngebinde" (S. 147):
einmal wird auch „Vid=blain" („weit blauend"), also
blauer Himmel, als ihr lustig und leuchtend Heim be=
zeichnet.

Alle Elben sind die im stillen unablässig wirkenden
Geheimkräfte der Natur: sie „brauen" oder „spinnen" das
Wetter, sie lassen die Halme sprießen, sie schaffen oder
verarbeiten doch im Schoße der Erde als Dunkelelben oder
Zwerge[3] die Adern des Metalls. Aber mutwillig, ferner

---

[1] Erst seit der Einbürgerung von Shakespeares' Sommer=
nachtstraum in Deutschland ist die Form „Elfe" vorherrschend ge=
worden.

[2] Nach andern aber auf alere, nähren.

[3] Dies gemein=germanische Wort ist noch unerklärt: die

leicht reizbar, dann rachſüchtig ſind alle Elben: auch Licht=
elben lieben es, aus Mutwillen Menſchen und Tiere,
z. B. Pferde (daher „Pferdemahr")[1], zu necken, zu plagen,
ſie vom Weg ab in die Irre zu locken, ihnen plötzlich
überraſchend und erſchreckend auf den Rücken, auf den
Nacken zu ſpringen und ſich dann, ſie „reitend", von ihnen
tragen zu laſſen: ſo reiten die elbiſchen „Truden" Roſſe
und Menſchen: das „Albdrücken" iſt das Bedrücktwerden
im Schlaf, in beängſtigendem Traum, von einem auf des
Geplagten Bruſt reitenden Elben, dem Nachtalb, Nachtmahr:
»elf-ridden« ſagen die Engländer. Aber auch Krankheiten,
z. B. der Weichſelzopf bei Menſchen und Tieren, zumal
plötzlich anfallende, beſonders auch Hautausſchläge ſind
vom „Elbengeſchoß" dem Menſchen angeblaſen, angeſchoſſen
(daher „Hexenſchuß" ſtatt des ältern „Elbenſchuß") und
deshalb empfiehlt die Volksheilkunſt als Hauptmittel, um
ſolcher Krankheiten ſich zu entledigen, zwiſchen zwei nahe
aneinanderſtehenden Bäumen, Felſen, durch eine Felsſpalte
hindurch ſich zu drängen: je enger, deſto beſſer, deſto
ſicherer wird das elbiſche Geſchoß, das winzige, unſichtbare,
welches in der Haut des Erkrankten haftet, abgeſtreift.
Jedoch auch durch den bloßen Blick („böſen Blick", „elbiſchen
Blick") können ſie Unheil über den Menſchen bringen, der
ſie reizte.

Es gibt nur ſchöne Lichtelben[2], dagegen bald ſchöne,

---

früher angenommene Beziehung zu griechiſch »Theurgos« iſt unbe=
gründet. Die drei nordiſchen Zwergenreiche mit den Königen
Môt=ſognir (Kraftſauger), Durin (Schlummer), Dvalin (Schlaf)
— die letzteren Zwerge trachten an die Oberfläche empor —, ſind
vielleicht nur Skaldenpoeſie.

[1] Findet der Bauer morgens ſeine Roſſe matt, abgehetzt, mit
Schaum vor dem Mund, Mähne und Schweif verzottet, ſo weiß
er, nächtlicherweile hat ſie die „Trud", der „Nachtmahr" geritten.

[2] So zumal in England und Schottland wird die ſtrahlende

balb häßliche („eislich getane“) Dunkelelben. Die Zwerge
sind durch den dicken Kopf, die allzukurzen Beine, den
watschelnden Gang entstellt: oft haben sie Gänse= oder
Krähenfüße: und diese beschämende Ungestalt nächtlicher
Gäste wird entdeckt, bestreut man Herd und Diele mit
Asche: dann findet man am andern Morgen die Vogelfüße
abgedrückt. Aber das nehmen die (meist) wohltätigen
Hausgeister sehr übel, und man verscheucht sie damit für
immerdar. Auch die guten Schutzgeister eines Landes,
einer Küstenstrecke waren, eben als Elben, leicht zu ver=
scheuchen, zu erschrecken. Böse Feinde des Landes versuchten
das durch „Neidstangen“ zu bewirken (S. 153): aber auch
unabsichtlich konnten die Scheuen verschüchtert und ver=
trieben werden auf Nimmerwiederkehr durch plötzlich er=
schreckenden Anblick. Deshalb war es manchmal verboten,
an den Schiffsschnäbeln Drachenköpfe oder andre Schreck
einjagende Bilder von Ungetümen anzubringen, welche,
wenn sie gegen die Küste heranfuhren, die guten „Land=
wichte“ (zugleich Landwächter) leicht erschrecken und ver=
scheuchen mochten.

Den Elben eignet manche den Menschen überlegene
Weisheit und Kunst. Opfer werden ihnen dargebracht,
ihre Gunst zu gewinnen oder zu erhalten, besonders auch,
aber nicht allein, den Hausgeistern, welchen man Mehl
und Salz auf dem Herde verstreut, einen Napf Milch
hinstellt, wie man wohl auch den Feld= und Korn=
geistern die letzten Baumfrüchte hängen, die letzten Ähren
stehen läßt[1]). Sie lieben die Musik: sie führen wunder=

Schöne ihres Antlitzes, ihres Haares, der weiß leuchtenden Klei=
dung gepriesen: doch drängen sich hier auch keltische Vorstellungen
von den Feen ein.

[1]) Weniger anspruchslos und harmlos sind freilich die Wasser=
geister: sie dürsten nach Blut, nach warmem Leben, weshalb sie ja

bare Tänze im Mondenlicht auf: am Morgen findet man
die Spuren dieses „Elfenreigens“, die „Elfringeln“, im
tauigen Grase. Während sie nach heidnischer Auffassung,
abgesehen von neckischem Mutwillen, den Menschen nur zur
Strafe für Mißachtung oder Kränkung schaden, hat das
Mittelalter auch diese wohltätigen „Lieblinge“ (Liuflinger
im Norden) in teuflische, schädliche, häßliche, die „guten
Holdchen“ [1]) in „Unholde“ verwandelt: einzelne Elben

---

oft Menschen zu sich herabziehen, aber auch ihre eignen Töchter
zerreißen, wenn diese sich, ungehorsam gegen das Gebot der Wieder=
kehr, „bevor die Sonne zu Golde geht“, verspäten auf der Erde bei
dem Tanz der Menschen: daher dem Wasser=Elb ein schwarzes Lamm
oder weißes Böcklein geschlachtet werden muß.

[1]) Als wohltätige Hausgeister faßt sie meine Dichtung im
„Schmied von Gretna=Green“ (Gesamtausgabe XXI) und in dem
„Elfenabschied“ (Gedichte, II. Sammlung, Gesamtausgabe XVI,
S. 330).

Anna. | Ja, soll euch's wohlergehn, | So müßt ihr zu den
Holdigen | Geheim und gläubig flehn! | Robin und Mary. | Die
Holdigen? So glaubst du fest an sie? | Anna. | Fest wie an Gott
und an Marie! | In diesem alten Sachsenhaus | Von je gehn Geister
ein und aus. | Sie spinnen am Rade den Wocken zu Ende, | Sie
rühren am Amboß die emsigen Hände. | Sie kehren die Kammern,
sie fegen die Stuben, | Sie strafen die faulen Dirnen und Buben, |
Sie helfen den Fleißigen allerwegen, | Doch muß man sie scheuen
und ehren und pflegen. | Mary. | Ja, ja! Wie jagt die alte
Weise? | Großmutter sang sie oft und leise! | Anna. | „Wollt
glücklich ihr durchs Leben gehen, | Sollt ihr die guten Holdchen
scheu'n“, | Die letzten Ähren lassen stehen | Und Mehl am Herd für
sie verstreu'n. | Zertretet nicht am Weg den Käfer | Der eilig in
Geschäften reist: | Stört in der Rose nicht den Schläfer, — | Er ist
ein wandermüder Geist. | Der Vöglein Nester sei'n euch heilig: |
Beschwingte Holdchen sind sie all: | Zumal Rotkehlchen streuet eilig |
Brot bei der ersten Flocken Fall. | Und hört ihr's nachts im Hause
weben, | Bekreuzt euch nicht und seid nicht bang: | Die braunen
Wichtelmännchen schweben | Nur Segen raunend durch den Gang. |
Von keinem Feinde wird bezwungen | Ein Herz in Kämpfen noch

nehmen freilich sogar der (späten) Sage nach das Christen=
tum selbst an durch die Taufe.

Bei den Zwergen tritt mancher Zug hervor, der
darauf hinweist, daß zwar keineswegs allein oder auch nur
vorherrschend, aber doch auch neben natürlichen Bedeutungen
ein Gegensatz der Volksart und der Bildungsstufe zu
Grunde liegt: zum Teil haben die einwandernden Germanen
in ihre Zwergenwelt aufgenommen vorgefundene, an Kraft,
Wuchs und Sitte tiefer stehende (finnische?) Bevölkerungen,
welche scheu vor den hochragenden Siegern zurückwichen,
in die Wälder und Felshöhlen, in die von Wasser, von
Seen und Flüssen umgebenen Zufluchtsstätten[1] (Pfahl=

---

so heiß, | Das sich umflüstert und umschlungen | Vom Bund der guten
Geister weiß.

Elfenabschied. | Lebt nun wohl, ihr lichten Heiden, | Brauner
Acker, grüner Rain, | Lebt nun wohl, wir müssen scheiden, | Monden=
glanz und Sternenschein. | In den Schoß der Erde steigen, | In die
Tiefe tauchen wir: | Nie mehr führen wir den Reigen | In dem
busch'gen Waldrevier. | Rings von allen Türmen läutet | Der ver=
haßten Glocken Braus | Und ein jeder Schlag bedeutet: | „Holdchen,
euer Reich ist aus!" | Sang und Sitte sind geschwunden | Und ver=
gessen Zucht und Recht; | Glaub' und Treu' wird nicht gefunden, |
Spottend lebt ein frech Geschlecht. | Nicht mehr lassen fromme
Hände | Uns die letzten Ähren stehn, | Selbst die Kinder ohne
Spende | Unserm Herd vorübergehn. | Wohl, es sei! — Ihr sollt
nun schaffen | Selbst, allein, in Ernt' und Saat: | Steht, den Nutzen
zu erschaffen, | Einsam auf der eignen Tat. | Nimmer treibt am Rad
den Faden | Fleiß'ger Magd des Heinzels Hand, | Hilft das Wichtel
Garben laden, | Wann dem Knecht die Stärke schwand. | Lebe wohl,
du Wiesenquelle, | Bühl und Halde, Trift und Saat, | Lebe wohl,
du braune Schwelle, | Der wir weihend nachts genaht. | Lebe
Tenne wohl und Speicher, | Wo uns oft der Tanz geletzt: | Ach,
an Körnern wirst du reicher, | Und an Segen ärmer jetzt. | Bald
ruft ihr uns an, zu helfen, | Wann ihr schwer im Frone
keucht, — | Aber nimmer schaut die Elfen, | Wer sie einmal hat
verscheucht.

[1] Dahn, Bausteine, I, Berlin 1879, S. 336.

bauten) einer älteren Einwohnerschaft, welche, zwar ärmer
und bildungsloser, aber mit besserem, d. h. älterem, Recht
im Lande sitzt[1]). Aus den Tiefen der Berge[2]) (Felshöhlen),
aus den Teichen tönen die klagenden Lieder dieses aus=
sterbenden Völkleins. Diese Leutchen sind ehrlich, ohne
Falsch, sie essen nur einfache, ungekochte Speise, sie kennen
kein Salz: die Kunst des Brotbackens zu erlernen, kommen
sie an den Herd der germanischen Hausfrau: sie klagen über
die Untreue und Arglist[3]) der ihnen weit überlegenen
neuen Herren des Landes, vor denen sie verschwinden und
aussterben müssen, etwa wie die Rothäute Amerikas vor
den „Blaßgesichtern“ mit ihrem Feuergewehr und Feuer=
wasser. Sie wagen sich wohl manchmal noch — zumal
junge Männlein und Weiblein — schüchtern aus ihrem
Versteck im Wasser in das Dorf, teilzunehmen an dem
Tanz um die Linde: und an Schönheit des Gesichts und
an Feinheit der Tanzkunst übertreffen sie, z. B. „die drei
Seejungfern“, dann weit die Menschen. Aber bevor die
Sonne sinkt, müssen sie flüchtig verschwinden: der nasse
Saum ihres Gewandes bekundet dann etwa ihren gewöhn=
lichen Aufenthalt — im Wasser, auf den Pfahlbauten —
oder der Abdruck ihrer Schwanenfüße, welche sie sorgfältig
verbergen, verrät sie. Verspäten sie sich, so zerreißt sie
wohl ihr Vater oder König und ein Blutfleck schwimmt

---

1) Über einen ähnlichen Zug bei den Riesen gegenüber den
Göttern s. unten.

2) Daher heißt das Echo, der Widerhall, der aus Berg und Fels
hervorzudringen scheint, „die Zwergensprache“: dvergmâl.

3) Für solche Arglist, welche das Vertrauen der Harmlosen
täuscht, rächen sie sich dann freilich bitter: sie fordern zum Beispiel
Menschen auf, eine Erbschaft, einen Hort unter den Elben (Zwergen)
zu teilen: die Menschen übervorteilen sie, nehmen etwa das Beste
davon für sich: dann legen sie einen Fluch auf die so entfremdeten
Kleinodien: Ring, Becher oder Waffen (Schwert).

auf der Wasserfläche. Aber manche haben auch mit
Menschen Ehebündnisse geschlossen und Kinder gehabt,
welche sie viele Jahre pflegen (S. 159), bis sie plötzlich,
etwa weil man, gegen das Gelübde, um ihre Herkunft fragte,
oder ihre Füßchen entdeckte, oder ihr nächtliches Fest mit
andern zu Besuch kommenden Geistern störte, wehklagend
verschwinden auf Nimmerwiederkehr.

Einigermaßen, aber auch nur zum Teil, hängt hiermit
die Neigung der Zwerge zusammen, den Menschen zu
stehlen, was die Zwerge selbst nicht zuwegebringen
können: allerlei Backgerät, Braugerät (das sie wohl auch
entleihen und dann stets treulich, oft zum Lohne mit Gold
gefüllt, zurückbringen); denn sie sind „Meisterdiebe": sie
stehlen den brütenden Vöglein unvermerkt die Eier unter
dem Leibe weg; ganz besonders aber stehlen sie Menschen
selbst: Erwachsene, schöne Frauen, zumal aber Kinder aus
der Wiege: — sie legen dann wohl ihre eignen häßlichen,
dickköpfigen Säuglinge hinein, zum Tausch, zur Aus=
wechselung („Wechselbalg") — oder auch vom Spielplatz,
indem sie dieselben an sich locken, oder Kinder, die sich im
Wald oder im dichten Korn des Weges verirrt haben, um
so durch Vermählung mit den schönen und starkgliedrigen
Menschen ihrer eignen verkrüppelten Zucht aufzuhelfen.
Deshalb stehlen oder locken oder bitten sie wohl auch
Menschenfrauen, welche gerade Kinder stillen, in ihre unter=
irdischen Höhlen, dort Zwergenkinder mit zu sängen.

Jedoch jene sozusagen ethnographische und geschichtliche
Grundlage ist, wie bemerkt, nur sehr vereinzelt. Im
wesentlichen haben die Zwerge eine Naturgrundlage
(S. 190). Und diese erklärt zum Teil auch das eben be=
sprochene Kinderstehlen: das ertrunkene Kind ist von dem
Wasserelb hinabgeholt, das im Wald verirrte, im dichten
Korn bei heißem Mittagsommerbrand verschmachtete, das

in dem Sumpf erstickte vom „Waldschratt", von der „Korn=
muhme", vom „Roggenmütterlein", von den „Moosmänn=
lein" verlockt und getötet.

Es ist auch keineswegs immer auf jene Scheu der
(finnischen?) Zwerge vor der (germanischen) Kultur zurück=
zuführen, daß diese Dunkelelben den Ackerbau, das Roden
der Wälder, das Anlegen von Hüttenwerken hassen, fürchten,
davor auswandernd entrinnen. Die Naturgrundlage dient
zur Erklärung. Die im geheimen wirkenden und webenden
Kräfte der Natur im Erdenschoß, in Wald und Berg
wollen nicht vom Menschen verstört, nicht ihm dienstbar
gemacht werden. Daher die Sagen, welche ungeheure
Massen von unsichtbaren Auswanderern von dem Fähr=
mann über den Strom setzen lassen: er hört nur ihre
Stimmen, und sein Schiff droht unter der Last der un=
ergreifbaren Fahrgäste zu sinken: oder man hört das Ge=
trappel von vielen Tausenden kleiner Füße über eine Brücke.
Jedoch berührt sich diese Vorstellung mit dem Sagenkreis
von der Unterwelt, über deren Ströme die Seelen der
Abgeschiedenen, die Schatten, sich fahren lassen, weil
Zwergenreich und Totenreich (unter der Erde) nahe an=
einander grenzen.

Die Zwerge, stets im Schoße der Erde, in den Tiefen
der Berge hausend, kennen alle Metallgänge und sind die
besten, zauberkundigsten Schmiede. Zwerge, Iwaldis
Söhne, hatten Odins Speer Gungnir, Freyrs Schiff Skib=
bladnir und Sifs goldenes Haar (S. 126, 186) geschmiedet.
Loki verwettete sein Haupt einem Zwerge, daß dessen
Bruder nicht drei gleich köstliche Kleinode fertigen könne:
aber obwohl Loki als Mücke den Gehilfen bei der Arbeit
zweimal in die Hand stach, schuf dieser doch Frôs gold=
borstigen Eber und Odins Ring Draupnir und, obgleich
er ihm bei dem dritten Werk sogar in das Auge stach,

den Hammer Thors, der nur am Stiele etwas zu kurz geraten war, weil der Bläser einen Augenblick vor Schmerz gezuckt und innegehalten hatte an der Esse. Aber die Götter erklärten doch Loki der Wette verlustig, d. h. diese drei Kleinode den drei ersten gleichwertig.

Übrigens haben die Zwerge als unterirdische Geister mit den Riesen die Scheu vor dem Tageslicht gemein: ein Sonnenstrahl kann sie in Stein verwandeln. So überlistet Odin einen Zwerg in der Wette von Frag' und Antwort, indem er ihn so lange beschäftigt, bis die Sonne in den Saal scheint und den allzu eifrigen und auf sein Wissen allzu eitlen Zwerg versteint. Auch zerspringt wohl der Zwerg beim Morgenlicht. Deshalb tragen sie auch Nebelhüte, Tarnkappen, welche sie vor allem vor dem Sonnenstrahl schützen, dann freilich auch unsichtbar und zauberstark machen, so daß, wer ihnen das Hütchen ab=schlägt, sie erblicken und bezwingen mag. Als Bewohner der Unterwelt sind die Zwerge Nachbarn Hels, der Toten=frau, und „bleich um die Nase" — wie Leichen —, oft Hels Boten, Menschen, die sterben sollen, abzuholen (ihr Berg ist oft geradezu die Unterwelt, d h. das Reich der Toten) [1]. So wird Dietrich von Bern bald von einem schwarzen Roß, bald von einem Zwerg abgeholt bei seiner Entrückung. Auch statt des Rattenfängers von Hameln holt etwa ein Zwerg die Kinder ab und lockt sie in den Berg.

---

[1] Daher ist der Unterwelt für immer verfallen der Mensch, der sich in ihre Feste gewagt, in ihre Höhle (denn „gegen Norden, auf Finsterfelden, steht der Zwerge goldener Saal") gedrängt oder auch der, von ihnen geladen, irgend Speise bei ihnen genossen hat: die Rückkehr ist ihm damit verwirkt, wie Persephonen, nach= dem sie in der Unterwelt auch nur ein paar Granatkerne verzehrt hatte.

Vermöge ihrer Zauberkünste können sich Zwergkönige sogar Riesen dienstbar machen. Denn die Welt der Zwerge ist in viele Königreiche gegliedert: solche zaubermächtige, reiche Zwerge waren Laurin, dessen Rosengarten mit seidener Schnur umhegt war: wer die Umfriedung verletzte, büßte mit dem linken Fuß und der rechten Hand. Andre Zwergenkönige herrschen über den Magnetberg im Lebermeer, im Harz (Giebich, ein Beiname Odins, der — um seiner Zauberkunst willen? — später von der verderbten Sage auch wohl als Zwergenkönig gedacht wird): Hans Heiling in Böhmen ist König der Berg= geister: Rübezahl in Schlesien ist wohl slavisch, aber mit mancher Beimischung von Zügen aus Elben, Riesen und Zwergen.

Eine besondere Gruppe der Elben bilden die Wasser= geister mannigfaltiger Benennung (S. 190). „Mummel", der Name der Wasserrosen, der Nymphäen, bezeichnet, wie Neck oder Nix, auch den männlichen Wassergeist (Mummel= see, Mümlingfluß), Nixe den weiblichen. Beide von hoher, eben von elbischer Schönheit, lieben es, im Wasser spielend den Oberleib der Sonne oder dem Mondlicht zu zeigen: sie strählen dabei ihr langes, goldenes, manchmal aber grünes Haar. Grün oder „eisern" sind auch ihre Zähne, die sie im Zorne blecken, grün ihr Hut oder rot ihre Mütze. Die Königin der Wassergeister ist (abgesehen von der Haffrau, oder Ran, welche letztere riesisch, nicht elbisch, s. unten) Wachilde, die Ahnfrau Wittichs, welche diesen auf seiner Flucht vor Dietrich von Bern schützend in die Fluten aufnimmt (s. unten Heldensagen). Aber auch Holda (s. oben S. 142: Frigga) empfängt die Ertrinkenden auf blumigen Wiesen, die im Grunde des Sees liegen.

Die Wassergeister besonders lieben leidenschaftlich

Musik und Tanz (S. 193): der schwedische Strom=Karl
(Karl = Kerl = Mann) verlockt die Menschen durch bezau=
bernden Gesang: von seinem „Alb=leich" (Elben=Tanz=
Weise) dürfen nur zehn Reihen gespielt werden: wollte
man die elfte auch noch spielen, welche dem Nachtgeist
eigen ist, würden Tische und Bänke, Greise und Groß=
mütter, ja die Kinder in der Wiege anheben und nicht
mehr ablassen, zu tanzen.

In dem Feuer selbst lebende Geister gab es unsres
Wissens nicht: wohl aber solche, welche das Feuer dar=
stellten in seiner wohltätigen und in seiner verderblichen
Macht. Die Flamme des Herdes war heilig: war sie
doch von Göttern umschwebt und daher mit höherem
Frieden auch von dem Volksrecht umhegt. Der sonst vom
Rechte nicht geschützte fremde Gast, der Flüchtling, durfte
wenigstens nach Gebot von Religion und Sitte nicht mehr
von dem Hausherrn als rechtlos behandelt werden, nach=
dem es ihm gelungen, den Herd, der zugleich der älteste
Altar, zu erreichen und zu umfassen. Auch die Verfolger
durften ihn nicht von dieser Zufluchtsstätte hinwegreißen:
wer diesen Herdfrieden, den gesteigerten Hausfrieden, brach,
hatte erhöhte Buße dem Hauseigner zu entrichten. Das
Herdfeuer, welches die Halle wärmt, die Speisen kocht
oder brät, der Schmiedekunst dient, wird in hohen Ehren
gehalten. Die Geister, welche das Feuer, übrigens auch
das Erdfeuer, darstellen, tragen oft rotes Gewand, oder
doch ein rotes Hütlein oder Mützlein. Nur etwa die
Irrwische, Irrlichter sind manchmal unmittelbar als
Feuergeister gedacht: aber sie werden doch auch wieder
von der hüpfenden Flamme selbst unterschieden: diese
Feuermännlein, Wiesenhüpferlein, Lüchtemänne=
kens gelten manchmal als Seelen ungetauft verstorbener
Kinder, besonders häufig aber als Seelen von Mark=

Verrückern, d. h. Bauern, welche heimlich zum Schaden
der Nachbarn die Grenzsteine verschoben haben (daher in
Westfalen Schnatgänger, weil sie in der verschobenen an=
gemaßten Schnat = Furche gehen), auch wohl Feldmesser,
welche, bestochen, das Gleiche gefrevelt. Sie müssen nun
den glühenden Stein in der Hand tragen und schmerzlich
fragen: „Wo setz' ich ihn hin? wo setz' ich ihn hin?"
Antwortet ihnen aber einer: „Wo du ihn hergenommen
hast," so sind sie erlöst. Aber auch Meineidige müssen
nach ihrem Tode als Irrlichter oder feurige Männer um=
gehen: „Ick will nit spoken gohn" oder „Ick will nit
glöhnig (glühend) gohn," sagte der niederdeutsche Bauer,
der ungerechten Gewinn oder die Zumutung eines ge=
wagten Eides vor Gericht ablehnt. Ihre Namen „Tücke=
bold" gehen auf ihre Tücke, „Huckebold" auf das
elbische, neckische Aufspringen in den Nacken, „Tummel=
dink" auf ihr rasches Tummeln, ebenso „Fuchtelmänn=
lein". Daß sie als Elben gedacht sind (obzwar die ver=
dammten Seelen als Gespenster erscheinen) bekundet noch
ausdrücklich der Name: „Elflichter".

Nicht in dem Feuer, aber an dem Feuer, neben dem
Feuer des Herdes leben und wohnen die Hausgeister
mannigfaltigster Art und Benennung, weil eben der Herd
die heiligste Stätte, gleichsam der Kern des Hauses ist.
Die Hausgeister heißen deshalb geradezu „Herdmänn=
lein": auf dem Herde, seinem Gesimse, waren Götter=
Rnnen geritzt, Bilder der Götter, zumal aber der
Hausgeister eingeritzt, eingebrannt, auch wohl, aus
Bernstein, Ton oder Metall geformt, aufgestellt[1]), welche

---

[1]) Das Wort „Kobold" bestätigt die Bedeutung dieser Elben
als Hausgeister: die frühere Ableitung aus griechisch Kobalus,
woraus auch mittellatein. gobelinus, franz. gobelin stammen
sollte, ist unrichtig: vielmehr ist das Wort zusammengesetzt aus

Sitte an dem „Kamin" haftete und erst mit diesem ver=
schwand [1]).

An die Stelle des Herdes trat später der Ofen (gotisch
auhns, also h für f: h entspricht dem g in lateinisch ignis,
Feuer). Dabei erklärt sich nun, daß in so vielen Sagen
und Märchen der unschuldig Verfolgte, der Unglückliche,
dem die Menschen nicht zu seinem Rechte verhelfen wollen
oder können, die echte Königstochter, welche von der
falschen verdrängt ist, in äußerster Herzensbedrängnis
„dem Ofen ihre Not klagen", worauf ihnen alsbald ge=
holfen wird: es ist nicht ein neuzeitlicher, nüchterner Ofen,
sondern der heilige Herd, an welchem gute Götter und
helfende Geister wohnen, die auf solches Anrufen rettend
eingreifen.

Kob, Kof (Verschlag, Haus, Schlafgemach) und old, wold, walt:
also Haus=walt, wie Heer=old, Heer=walt. Tattermann aber geht
auf tattern, erschrecken machen (vgl. verdattern), zurück, von dem
Schreck, den der plötzlich anspringende Kobold verursacht: daher
heißt ein erschreckender Unhold, der an einer Stange, vogelscheuchen=
ähnlich, mit Lumpen aufgerichtet, einem Feinde, einem verhaßten
Förster, Richter, Pfarrer, zumal aber einem Mädchen als Schand=
zeichen nachts vor das Haus gepflanzt wird, von den eine Art
Volksgericht pflegenden Burschen des Dorfes (ähnlich dem „Haber=
feld treiben"), „Tattermann": er ist das Gegenstück zu einem
schön geschmückten Maibaum, der (übrigens nicht bloß am ersten
Mai) einem allgemein beliebten, verehrten Manu und zumal schönen
braven Mädchen gesetzt wird, nicht bloß von deren Bräutigam,
auch wohl von allen Burschen des Dorfes als Ehrenbaum.

[1]) Auch etwa als Schlangen, Unken, Kröten und Katzen er=
scheinen die Hausgeister: daher Katermann, was aber vielleicht
aus Tattermann verdorben: Heinzel, Heinzelmännchen,
Koseform für Heinrich; auch andre Namen der Hausgeister sind
solche kosende, ihre Gunst erbittende Formen von Menschen=
namen, wie Bartel von Bartholomäus, Wolterkin von
Walter, Rudi von Rudolf, Petermännchen, Kasparle,
Hanselmännle, Hennesle, Popanz aus Puppen=Hans.

Andre Namen gehen darauf, daß die Geister, die
Zwerge zumal, mißgestaltet oder verkrüppelt erscheinen:
Butze, Butzemann, d. h. ein im Wachstum zurück-
gebliebener, kleiner Stump, auch von Bäumen und Büschen,
niederdeutsch Butte, Buttmann (dazu Puck). Erst
später, als die Erwachsenen nicht mehr an diese Geister
glaubten, vermummten sie selbst sich als solche Butzmänner,
z. B. am Nikolaustag (daher auch Niß, Nissen und
Klas aus Niko=laus Koboldnamen sind) als „Knecht
Ruprecht", Rüpel, die Kinder zu necken, zu erschrecken,
zu warnen, zu strafen.

„Hütel", „Hütchen" heißen sie wegen ihres unsichtbar machenden Hütchens (der Tarnkappe, S. 59),
„Gütel" (daraus später durch Volksdeutung: „das Jüdel")
in schmeichelnder Benennung, weil sie gute wohltätige
Geister sind: als solche schützen sie die Kinder, falls solche
ohne Aufsicht im Hause zurückgelassen sind, und spielen
gern mit denselben, weshalb man ihnen, wie Milch und
Brosamen, auch Spielzeug schenkt, zumal kleine Bogen
und Pfeile, die echte Waffe von Elben.

Als Hausgeister, ähnlich wie Frigga, der Hausfrauen
Schutzgöttin und Vorbild, belohnen und fördern sie fleißiges,
treues, reinliches, strafen und quälen sie faules, ungetreues,
unsauberes Gesinde: sie stoßen der unachtsamen Magd den
Melkkübel um, blasen ihr das Licht oder das Herdfeuer
aus, zwicken und zwacken sie im Traum, drücken, „reiten"
die Knechte als ‚Alb". Daher können sie manchmal auch
bloß als Plagegeister aufgefaßt werden. Sie sind die Ver-
anlasser des unerklärbaren Rumpelns, Polterns, Klopfens,
das man zur Nacht zuweilen in alten Häusern vernimmt:
daher ihre Namen Rumpelstilzlein, Poppelein (Pop-
peln = Pochen), Klöpferle, Bullermann. Schon
deshalb, weil die Germanen in grauer Vorzeit nicht seß=

haft Aferbau betrieben, sondern die leichtgezimmerten
Holzhütten gelegentlich abbrachen und, umherwandernd,
meist von Viehzucht und Jagd lebten, waren diese Schutz=
geister ursprünglich nicht an einen bestimmten Ort geknüpft,
sondern nur an die Sippe, auf deren Wagen sie mit
weiterzogen, bis sie in dem neu errichteten Hause gleich
den Menschen wieder wohnhaft wurden. So nahmen die
Norweger, da sie nach Island auswanderten, die
Pfeiler, welche in der Halle der alten Heimat den Hoch=
sitz überragt hatten und in welche der Götter oder der
Hausgeister Bilber eingeschnitten waren, auf den Schiffen
mit, ließen sie dicht vor der Küste schwimmen, landeten
an der Stelle, wo diese führenden Zeichen ans Land
trieben, erbauten in der Nähe die neue Halle und richteten
die alten Hochsitzpfeiler in derselben wieder auf, so den
alten Göttern und Hausgeistern abermals die wirkliche
Stätte bereitend. Bekannt ist das Märchen von dem
neckenden Hausgeist, dem der Bauer entweichen will: er
verläßt das heimgesuchte Haus, packt alle Habe auf einen
Wagen und fährt damit weit weg an das neuerbaute
Haus: da springt der Poltergeist vom Wagen, hüpft über
die Schwelle und ruft neckisch: „Ich bin schon da!" („Ic
fin all hier!")

Auch wohl als Seelen Verstorbener, zumal etwa
ermordeter Vorfahren, werden die Hausgeister gedacht
(ähnlich wie die weiße Frau [S. 140] oder der in andern
Schlössern oder Familien umgehende graue, braune, schwarze
Mönch), welche dann der Erlösung durch unerschrockene
Tat, durch ein schwer zu erratendes Wort bedürfen und
als „dankbare Tote" solche Erlösung reich vergelten. In
christlicher Zeit sind oft die Kobolde zu Teufeln geworden
(wie Wotan): man kann sie zum Dienst erwerben durch
Vertrag um den Preis des Seelenheils: dann verschaffen

sie wohl ihrem Dienstherrn durch die Alraunwurzel oder durch einen Heckepfennig, der, wie der Ring Draupnir, stets sich mehrt, großen Reichtum. In die Teufel[1]) und die Hexen des Mittelalters sind von Göttern, Göttinnen, weißen Frauen, Wallüren, Elben, Hausgeistern, Riesen, Zwergen gar manche Züge übergegangen.

Ein abgeschlossenes Reich bildet Riesenheim: es hat an seiner Grenze einen Mark=Wart, der Riesen Hüter. Mark=Hüter, der, fröhlich die Harfe schlagend, auf dem Hügel Wache hält[2]). Über ihm singt im Vogelholz ein schön roter Hahn[3]).

Die Riesen, wenigstens einige von ihnen, waren, wie wir sahen (S. 18), ursprünglich selbst Götter, die Götter einer einfacheren, roheren, noch wenig vergeistigten Zeit, in welcher die Verehrung der Naturgewalten: Gewitter, Wind, Meer, Feuer, aber allerdings stets in deren Beziehung auf den Menschen und sein Leben, dem noch sehr schlichten religiösen Bedürfnis genügten. Wie ja auch bei den Griechen die Titanen solche Naturgötter einfacherer Zeit waren und erst spät von den Olympiern gestürzt und aus der Herrschaft verdrängt wurden. Daher erklärt es sich, daß ein riesischer Donnergott Thrymr dem asischen

---

[1]) Dahn, Altgermanisches Heidentum in der christlichen Teufelssage des Mittelalters, Bausteine, I, Berlin 1879, S. 260. „Hexe" ist noch nicht unbestritten erklärt: der erste Teil des Wortes ist Hag, Wald, Feld: der zweite vielleicht teosan, schädigen, also hage-tise, Feld=Schädigerin?

[2]) Egg=theov, „Schwert=Knecht", der auch wohl für einen Adler oder Wolf ausgegeben wird.

[3]) Wie Heimdall, der Markwächter der Götter (S. 167, mit dem goldkammigen Hahn Gullin-Kambi), und der vor Gerdas Gehege (S. 111) alle Zugänge bewachende (angebliche) Viehhirt (d. h. vor Hel, wo der rußfarbige Hahn singt): wie Surtur der besondere Land=Warnmann der Feuerriesen ist. (Nach Müllenhoff.)

Thôr, ein riesischer Feuergott Utgardloki dem asischen Loki gegenübersteht.

Daher ist auch den Riesen, obzwar sie nun als Feinde der Götter und der Menschen, d. h. als die Naturgewalten nach ihrer schädlichen, verderblichen Wirkung gelten, noch gar mancher günstige, löbliche Zug verblieben, der nun freilich zu ihrer übrigen Art nicht recht passen will.

So sind die Riesen zwar einfältig, plump[1]), roh: aber auch redlich, ehrlich, vertragstreu, während die schuldig gewordenen Asen mit dem erwachten Gedankenleben auch das Falsche, Treulose in sich aufgenommen haben. So eignet einzelnen Riesen (wie übrigens auch Zwergen) ur= alte Weisheit[2]): die Vertrautheit mit der Natur, die

---

[1]) Aber den Riesenjungfrauen fehlt Schönheit nicht: von Gerdas weißen Armen leuchten Luft und Meer; auch Gunnlöd ist schön zu denken. Ihre Verbindungen mit Asen und Wanen (Niörd und Skadi, Odin und Jörd, Odin und Gunnlöd) sind nicht selten.

[2]) Deshalb weiß die „Wala" (Weissagerin), als dem Urge= schlecht der Riesen entsprossen, Bescheid von Anfang an und kennt wie der Riese Wafthrudnir (und der Zwerg Alwis) „alle neun Welträume" (Müllenhoff, S. 89). — Auch Mimir, dessen Brunnen tiefster Weisheit voll, ist ein Riese, obzwar ein nicht schädlicher, der täglich mit seinem Trinkhorn wohltätig aus seinem Brunnen den Weltbaum begießt. Odin heißt Mimirs Freund: „er hat ihm sein Auge verpfändet": dies ist ursprünglich die tägliche Spiegelung der Sonne im Wasser, täglich (vielleicht) kommt Odin zu Mimirs Brunnen, wie er auch täglich mit der Göttin Saga am Söquabeck aus goldenen Geschirren trinkt. Später wird dann die einmalige letzte Unterredung Odins mit Mimir auf den Weltuntergang bezogen. Freilich scheint — nach einer Stelle — Mimir zur Verhöhnung Odins täglich aus dessen Pfand zu trinken. Später, als Hönir den Wanen als Geisel gestellt ward, gaben die Asen ihm den weisen Mimir, „den Erinnerer", jenen Riesen, bei: Hönir ward nun König der Wanen, wußte aber ohne Mimir wenig Rat. Die Wanen erschlugen Mimir

Kenntnis ihres Wirkens und ihrer Erfolge liegt den reinen
Naturgewalten noch näher als den arglistigen Asen. Sie
leben friedlich untereinander, an Viehherden sich freuend:
der Hunde, welche sie mit goldenem Halsband schmücken,
der rabenschwarzen Rinder, der von der Weide brüllend
heimgekehrten Kühe mit goldenen Hörnern, der Rosse,
deren Mähnen sie strählen: darin spiegelt sich die Vorzeit
der Germanen, da diese ganz überwiegend von Viehzucht
lebten, noch nicht eifrig den Ackerbau trieben und noch
nicht bei seßhafter Ansiedlung, durch den Pflug, durch
Brücken- und Wegebauten — die Werke Asathors — die
uralte ehrwürdige Freiheit und Ungestörtheit der Erde
antasteten.

Daraus erklärt sich, daß den Riesen in ältester Zeit
Opfer dargebracht wurden[1]), die Naturgewalten zu versöhnen oder gnädig gestimmt zu erhalten. Später freilich
wird dies so gewendet, daß die Jungfrauen, die Königstöchter, die dem Riesen, dem Drachen jährlich dargebracht
werden müssen als Opfer, damit er nicht Volk und Land
verderbe, von den Göttern befreit werden, welche den
Riesen erlegen und die furchtbaren Opfer damit abstellen[2]).
Jetzt, nachdem die Asen die Herrscher geworden[3]), er-

(warum?) und sandten sein Haupt den Asen. Odin hielt es durch
Zauber lebendig und erholte sich Rat von ihm bis zum Ende der
Dinge.

[1]) Auch weihte man Riesen und benannte nach ihnen (wie
Göttern gegenüber) Pflanzen: so heißt eine heilkräftige Wasserpflanze
»Folnetes folme«, Forniotrs Hand; wie es später eine Pflanze
„Teufelshand", auch „Teufelsabbiß" gab und noch gibt.

[2]) In christlicher Zeit treten dann Sankt Georg, Sankt
Michael, andre Engel, Heilige oder fromme Ritter an Stelle der
errettenden Götter.

[3]) Die Riesen wichen nun vor den Göttern, und die Menschen
herrschten unter Götterschutz im Lande. Daher werden von Sage

scheinen die Riesen freilich ganz überwiegend als plump, ungeschlacht, roh, und bei leicht gereiztem Zorn furchtbar grausam: in solchem Riesenzorn, Riesenmut entwurzeln sie die stärksten Eichen, reißen Felsen aus der Erde[1]) und schleudern sie gegen Götter und Menschen.

Dummdreist und prahlerisch pochen sie nun auf ihre blinde Kraft, welche aber in ihrer Unbehilflichkeit von Göttern und selbst von menschlichen Helden, etwa mittels überlegener (Zauber=) Waffen und durch Geist und Mut ganz regelmäßig besiegt wird. Auf plumpen Sinnengenuß und die darauf folgende Trägheit gehen auch ihre Namen: Jötun, der Esser, Fresser, und Thurs, der Durster, Säufer.

Alle Elemente und Naturgewalten, welche den Menschen schaden können, sind nunmehr in Riesen dargestellt: daher gibt es Steinriesen, Bergriesen, Waldriesen.

Wir sahen, wie die dem menschlichen Ackerbau nichts gewährenden, vielmehr verderbliche Felsstürze herabschleu=

---

und Volksglauben die Türme uralter, gewaltiger und einfach groß= artiger Bauwerke, Ringwälle, sogenannte cyklopische Mauern (»Enta-geveork«, [altes] Gewerk der „Enzen", angelsächsisch Ent), gewaltige Grabhügel, auf Riesen, Hünen (Hünengräber, Heiden=, Riesenwälle), auf ein vorgeschichtliches Volk unvordenklicher Tage zurückgeführt.

[1]) Im Zusammenhang hiermit steht es, wenn auffallende Erd= und Bergbildungen aus Kämpfen oder auch Spielen der Riesen erklärt werden: Erdspalten, Felsschluchten, aber auch von errati= schen Blöcken oder von abgestürzten Felstrümmern überstreute Heiden (z. B. die Malser Heide in Tirol) gelten als uralte Schlacht= felder der Riesen und Götter: die Riesen haben diese Felsen als Geschosse geschleudert: oder ein Riesenmädchen verliert aus seiner Schürze, die ein winzig Löchlein hatte, die mächtigsten Felsblöcke, „das Kind wollte sich ein Brücklein bauen (z. B. von Pommern nach Rügen), um über das Wässerchen zu patschen, ohne sich die Schühlein zu netzen".

dernden Steinberge recht eigentlich die Musterriesen und daher Hauptfeinde Thors sind, der ihnen mit Blitz und Regen die Häupter spaltet und zermürbt. Die Riesen wohnen also auf den höchsten Felsbergen und in Stein= höhlen (so Hyndla, die Hündin) der Berge: von Stein sind ihre Waffen, Keulen, Stangen, Schuhe, ja ihre Häupter und Herzen (s. oben Hrungnir, S. 84), „Stein= alt" heißen sie: oder „bergesalt": „alt wie der Böhmer= wald", auch wie das Riesengebirge: — im Zusammenhang damit, daß das Steinalter eine unvordenklich frühe Zeit bedeutet, da die Menschen noch nicht Erzgerät und Erz= waffen führten. Die Riesen müssen vor dem Ackerbau der Menschen aus dem Lande weichen: der Anbau löst das Gestein der Berge auf. Deshalb mahnt der alte Riese, dessen kleines Mädchen vom Berg niedergestiegen war und einen Bauer samt Rind und Pflug in der Schürze aus der Niederung mitgebracht hatte als Spiel= zeug: „Bring's zurück, mein Töchterlein! Das ist von einem Geschlecht, das uns Riesen großen Schaden tut: wir müssen vor ihnen einst das Land räumen, und sie werden an unsrer Seite hier wohnen."

Die Berg[1]=Riesen gehen dann leicht in Wald= riesen über: Waldunholde, wilde, nackte Männer, nur mit Laubbüscheln die Lenden bekleidet, ausgerissene Bäume als Waffe in den Händen, menschenfresserisch: es sind die Schrecknisse des Urwaldes in ihnen dargestellt. Witolf oder Widolf war ein solcher Waldriese: wenn alle Walen (d. h. weissagende Frauen) von ihnen abstammen, geht das schwerlich auf die geheimnisvoll flüsternden Schauer

---

[1]) Schon der älteste Riese Bergelmir war ein solcher, dann Sutung, Gunnlöds Vater. Vgl. König Watzmann, Frau Hilt, Riesenkopf, Riesengebirge als Bergnamen.

des tiefen Waldes, eher doch darauf, daß diese in ein=
samen Waldbergen, genauer in Höhlen, zu hausen pflegen.
Dieses Wohnen gar vieler Riesen in Höhlen hat dann
wohl dahin geführt, daß man Riesenheim geradezu in die
Unterwelt verlegte: — die Walen sind oft tot und müssen
erst wieder zum Leben geweckt werden: wie ja Hel, ur=
sprünglich wohltätige Göttin, selbst zur riesischen Unholdin
wird (S. 130)[1].

Ferner Feuerriesen: die Söhne Muspels, des
Holzverderbers (jetzt anders gedeutet), d. h. eben: des
Feuers. Ihr König und Muspelheims Herr ist der furcht=
bare Surtur, der schwarze, der allverfinsternde Brandrauch
(s. unten Götterdämmerung)[2]: aber auch Loki (S. 123),
den als schädliches Feuer der rein riesische Utgardloki
gewissermaßen wiederholt, tritt in dem letzten Kampf,
nachdem er sich losgerissen von seinen Felsen= und Eisen=
banden, als Feuerunhold gegen die Götter auf.

Zweifelhaft ist, ob Utgardloki derselbe ist, der auch
Hâlogi (Hochlohe) heißt. Hâlogaland ist nach ihm be=
nannt: er ist ein Sohn des Altriesen Forn=jotr, seine
Gattin ist Glöd (die Glut): beider Töchter, Eisa und
Eimyria (Asche und Glut=Asche) werden von zwei Jarlen,
Wê=seti (Weihtums=Errichter) und Wisil (Weibnehmer)

---

[1] Jedenfalls liegt Riesenheim außerhalb und auch unterhalb
des Randes von Midgard: daher Ut=gard: Außengehege; zweifel=
haft, ob diesseit oder jenseit des Kreises der Midgardschlange: der
Streit löst sich wohl dadurch, daß ja dieser von der Schlange später
gezogene Gürtelkreis selbst riesisch ist, also schon zu Riesenheim
gehört.

[2] Er hat seit Schaffung der Welt mit flammendem Schwert
Wache gehalten, sitzend an der heißen Mark von Muspelheim, inner=
halb deren alles so brennt und glüht, daß niemand darin leben
kann, der nicht dort heimisch ist. Furchtbar wird er einst auf=
stehen!

nach den Inseln Burgundarholm (Bornholm) und
Wifil=ey entführt, d. h. die ersten Besiedler dieser Inseln
bringen die heilige Herdflamme und die Ehe mit. Weſetis
Sohn Bui bedeutet den Anbau des unbebauten Bodens.
Eine andre Tochter Hâlogis, Thôrgerd Holgabrud
(nordiſch: Thorgerdhr Holgabrudhr), wurde wie ihr Vater
durch Blutopfer und Gold= und Silbergaben in beſondern
Tempeln verehrt, ebenſo ihre Schweſter Yrpa. Aber ſie
ſind rieſiſch: deshalb iſt ihrem Bruder Suti Odin feind=
lich, wie Thor das Gewitterfeuer in Geirröd bekämpft
(S. 89) und die Feuerrieſin Hyrrökin (ſ. unten Baldurs
Beſtattung) haßt.

Von den Waſſerrieſen[1] iſt vor allen zu nennen
die Midgardſchlange (S. 88, 93, 128), das kreis=
förmig um den Erdrand geſchlungene Weltmeer, der Wurm,
der ſich ſelbſt in den Schweif beißt. Sie iſt Thors Haupt=
feindin, denn immer „ſucht ſie Land“, d. h. trachtet ſie
die Dämme und Deiche zu überfluten, welche die Götter
und die Menſchen zum Schutze Midgards aufgerichtet
haben: ſolche Überſchwemmung vernichtet alles Bauland
und alles Menſchenleben.

Wir ſahen, es gelang Thor nicht, das Ungeheuer zu
erlegen: ſie riß ſich los, als er ſie geangelt hatte. Zwar
floh ſie, ſchwer verwundet, in den tiefſten Grund des
Meeres: aber dereinſt wird ſie, wieder heil und mutig,
abermals „Rieſenmut“ annehmen und „Land ſuchen“.
In ſehr vielen Gegenden, in der Nähe von Seen, wirkt

---

[1] Gewiſſermaßen ein Waſſer= und Waldrieſe iſt (aber ein
weiſer, wohltätiger) jener Mimir (S. 207), der am Fuße des
Weltbaums an der Quelle hauſet (in der Heldenſage als Mime
im oder am Walde): im hellen und unergründlich tiefen Waſſer
lag tiefſte, klarſte Weisheit, aus Waſſerwirbeln weisſagten die weiſen
Frauen. (Müllenhoff.)

diese uralte Vorstellung nach: in dem Grunde des Sees liegt schlafend, wund, gefesselt ein furchtbarer Wurm, Drache, Fisch: am jüngsten Tage (christlich ausgedrückt), oder wenn Gottlosigkeit, Unglaube, Üppigkeit in der nahen Hauptstadt den äußersten Grad erreicht haben, wird sich der Drache losreißen, bei seinen gewaltigen Bewegungen tritt der See über die Ufer, und Wasser und Wurm verschlingen alles Leben in der sündhaften Stadt (so vom Walchensee und von München erzählt).

Ein riesischer König, ursprünglich riesischer Gott des Meeres ist Hlêr oder Ögir (wohl derselbe wie Gymir). Seine Gemahlin ist Ran: eine (selbst riesische) im Wasser hausende Todesgöttin, Hel ganz ähnlich, nur auf die durch Ertrinken Sterbenden beschränkt. Ihr Reich ist der Grund des Meeres (in diesem Sinne heißt sie auch wohl „Haf=frau") und andrer Gewässer; hier hält sie die Seelen der Ertrunkenen fest, welche sie mit ihrem Netz aus Schiffen oder bei dem Baden oder im Schwimmen in die Tiefe zieht, hinabraubt (dem entspricht ihr Name, der „Raub" rapina, bedeutet, daher heißt fara til Rânar, ertrinken [zur See], sitza at Rânar [sitzen in Rans Reich], ertrunken sein; Ran wäre althochdeutsch: Rahana, ähnlich wie Tanfana, Hludana). Die neun Töchter von Ögir und Ran bedeuten: „Wellen", „Flut" und andre Er= scheinungen der Gewässer.

Das Meer spielt bei allen Küsten= und Insel-Germanen eine so gewaltige Rolle[1]), daß die die Wanen verehrenden

---

[1]) Wie das Feuer ist das Meer schädlich und nützlich zugleich: das schädliche Eismeer ist in Hymir, der Überflutung drohende Erdgürtel in der Midgardschlange dargestellt: milder, aber nicht ohne Tücke ist Ögir, „der Schreckliche"; dagegen das fischreiche, schiffbare Meer bedeutet der Wane Niörd; daß aber auch Mimir (S. 207, 212) das Meer sei, ist nicht erwiesen.

Völker eines (wanischen) Meergottes nicht entraten mochten: er ist Niördr (aus Noatun), der Vertreter des fried= lichen, der Schiffahrt diensamen, den Menschen wohltätigen Meeres. Aber auch mit Ögir pflegen die Asen Gastver= kehr: alljährlich zur Zeit der Lein=Ernte (im September), wann mildere Winde (Beyggwir und Beyla) walten und die Schrecken des Meeres ruhen, besuchen die Götter Ögir in seiner Halle im Grunde der See, welche, in Er= mangelung von Tageslicht, von Goldlicht (schwerlich doch Bernstein! Eher das Meerleuchten, welches dichterisch auf die vielen in der See versunkenen Schätze zurückgeführt wird) beleuchtet wird. Seine Diener heißen daher Juna= fengr (Feuer=Fänger) und Eldir (Anzünder).

Ein Wasserriese ist auch jener Grendel, welchen Beo= wulf in seiner Jugend erlegt (s. unten Beowulfslied). Er und seine noch furchtbarere Mutter (wie ja auch im mittelalterlichen Schwank des Teufels Frau, Mutter oder Großmutter noch ärger erscheint als der Teufel) sind die Sturmfluten, welche im Frühling die Küsten der Nord= see (wo diese Sage entstand) bedrohen. In hohem Alter tötet Beowulf auch noch einen Drachen, der das Land verwüstet und ausraubt, sinkt aber selbst, auf den Tod verwundet, zusammen: es sind die Herbsthochfluten, welche die Ernte, den Reichtum des Landes rauben wollen: Beowulf, alt geworden, stirbt, nachdem er auch diesem Feinde gewehrt. Ursprünglich war es der Sonnen= gott Freyr (S. 115), der, im Frühling jung, im Spät= herbst gealtert, jene Unholde bekämpft: erst später ward aus dem göttlichen Helden der halb=göttliche Beowulf.

Große Helden und Königsgeschlechter stammen oft von Meer=Riesen oder Meer=Elben ab, welche die am Strande wandelnden Königstöchter mit Gewalt sich zum Weibe genommen: wie Ortnit und Dietrich von Bern wird auch das geschichtliche Königshaus der salfränkischen Mero=vinge auf einen solchen Meer=wicht zurückgeleitet. Wieland der Schmied (s. diesen unten) war ein Sohn Wates, der im Gudrun=Lied als Heermeister der Hegelinge austritt, ursprünlich aber ein Wasserriese war, durch dessen „Waten" die Wiederkehr von Flut und Ebbe bewirkt ward: er gilt als Sohn der Wasser=Minne (d. h. Elbin, S. 190, 200) Wâchilt; später ward er mit Christophorus, dem watenden Träger Christi, zusammengebracht. Ein andrer Meer=Riese ist der Gebieter der Walfische, welche er, als seine Eber, in das hohe Meer führt.

Wasser=Riesen, aber nicht Meer=Riesen, sondern Vertreter verderblicher Bergströme, welche in reißenden Wirbeln mit mehrfachen (z. B. acht) Armen Bauland, Gehöfte, Herden, Menschen verschlingen, sind Hergrim und Starkadr. Letzterer, „achthändig", besiegt den schwächeren Gießbach Hergrim im Kampf um ein Mädchen, Alfasprengi, das Starkadr verlobt, aber von Hergrim mit ihrem Willen entführt war; nachdem Hergrim gefallen, tötete sie sich selbst, um nicht Starkadr anzugehören: „ein schimmernder Staubbach, um den sich zwei benachbarte Stromriesen zu streiten scheinen". Starkadr riß alle fahrende Habe Hergrims an sich: „der mächtigere Strom reißt die Wasserschätze des Besiegten an sich". — Auch den Sohn Hergrims und Alfasprengis nimmt er nun in seine Erziehung: einen aus der Vereinigung der beiden entsprungenen Bach reißt der stärkere Strom an sich. Starkadr raubte nun Alf=hild, die Tochter Königs Alfs von Alfheim (natürlich eine Elbin: abermals ein Gewässer? oder eine fruchtbare Flur?), ward aber von Thor getötet, indem ihn der Gott von einem Felsen stürzte: der dem Ackerbau höchst verderbliche Bergstrom

wird durch den mittels Wasserbauten das Bauland schützen=
den Gott des Ackerbaues über einen Fels hinabgeleitet.

Winter=Riesen gar mannigfaltiger Art und Benen=
nung zeigen uns recht deutlich, wie stark der im hohen
Norden dem Menschen und seinem Leben und Wirtschaften
so machtvoll widerstreitende Winter, dessen Besiegung durch
den lichten warmen Frühlingsgott den Inhalt so vieler
unb der bedeutsamsten Sagen ausmacht, die Vorstellungen
der Germanen, zumal eben der Nordgermanen, beschäftigte.
Die Winter=Riesen sind Reif=Riesen, Hrim=thursen,
wobei „Reif“ für „Kälte“, „Frost“ überhaupt steht: Ymir,
der älteste aller Riesen, war ja aus Eisströmen erwachsen,
er ist besonders der Reif=Riesen Ahnherr. Gar mancher
Riesen Namen sind daher mit „Hrim“, Reif, zusammen=
gesetzt. Gletscher dröhnen, wann der Winter=Riese Hymir
(S. 94) eintritt: sein Kinnwald ist gefroren, der Pfeiler
zerspringt vor seinem Blick, d. h. „die Kälte sprengt das
Holz der Bäume“ (Uhland).

Wie der Feuer=Riese unb der Meer=Riese ist auch der
Luft=Riese Kari ein Sohn des Alt=Riesen Forn=jotr.
Die Luft, sofern sie den Menschen und ihrer Wirtschaft
feindlich, ist riesisch: — sofern wohltätig und Ausdruck
des Geistes, ist sie asisch und in Odin dargestellt. Die
feindliche Luft erscheint aber einmal als Sturm (daher
die zahlreichen Sturm=Riesen: Hräswelgr, Thiassi,
Thrym, Beli); dann als Kälte, Winterluft: daher
stammen von Kari als Winterluft Frosti, Jökull (Eis=
berg), Snôr (Schnee), Fönn (dichter Schnee), Drîfa
(Schneegestöber), Miöll (feinster, glänzendster Schnee).
Manche dieser Gestalten sind wohl bloße Gebilde der
Skalden und ohne Wurzeln im Leben des Volks. Doch
werden von einigen einzelne anmutige Sagen erzählt:
König Snio (Schnee) von Dänemark wirbt um die junge

Schwedenkönigin: heimlich flüstert sie mit seinem Boten, auf Wintersanfang verabreden sie geheime Begegnung. Frosti entführt Miöll, die „lichtgelockte" Tochter des Finnenkönigs Snär: er faßt sie unter dem Gürtel, rasch fahren sie im Winde dahin.

Thiassi war der Sohn Äl-waldis, des „Bier-Bringers". Als dieser starb, teilten sich Thiassi und seine beiden Brüder Jdi und Gângr in der Weise in das Erbe, daß jeder je einen Mund voll Goldes daraus nahm. Uhland hat dies so gedeutet: der Bierbringer ist der Regenwind, seine Schätze sind die Wolken; starb der Regenwind, teilen sich die übrigen späteren (d. h. jüngeren) Winde in die Wolken, sie teilen sie mit dem Munde, d. h. sie zerblasen sie[1]). Der heute noch in unsrer Sprache lebenden „Windsbraut" liegt die Sage zu Grunde, daß ein stolzes Mädchen alle menschlichen Freier verschmähte· nur des Windes (d. h. keines) Braut wollte sie werden, hatte sie gelobt. Da nahm sie Odin bei dem Wort, drang des Nachts, die Fenster aufstoßend, in ihr Schlafgemach, umfaßte die zugleich vor Grauen und Wonne Erbebende und trug sie in seinem dunkeln Mantel weit nach Asgards goldenen Hügeln[2]).

---

[1]) S. Gesamtausgabe XVIII. S. 41.

[2]) Erst jetzt, nachdem wir alle Arten von Wesen — von den Göttern bis zu den Riesen — kennen gelernt, können wir würdigen die einsilbige, aber markige Artzeichnung der Edda: „All-vater ordnet, Alfen erkennen, Wanen wissen, Nornen weissagen, die Riesin (ividja, im Eisengebüsch, welche die beiden Wölfe groß-zieht) nährt (ihre böse Brut), Menschen dulden, Thursen erwarten (den letzten Kampf, das Losreißen der gefesselten Genossen, die Götterdämmerung), Walküren trachten" (nach Kampf).

Drittes Buch.

Die Götterdämmerung und die Welterneuerung.

I. Vorzeichen und Vorstufen der Götterdämmerung: Verschuldungen, Verluste und Vorkehrungen der Götter.

Wir sahen bereits wiederholt (S. 35, 44), die Götter sind durch eine Reihe von Treubrüchen schuldig geworden, bevor sie Einbußen erleiden in dem Kampfe gegen die Riesen.

Abgesehen von ihrer dunkeln, schwer deutbaren Verschuldung, die sich an die Zauberin Gullveig knüpft (S. 44), brechen sie die Treue in folgender Geschichte. Nachdem die Asen Midgard gebildet und Walhall gebaut, kam zu ihnen ein unbekannter Baumeister, vermutlich in Menschengestalt und versprach, ihnen eine von den Riesen nie zu erstürmende Burg zu bauen, wenn sie ihm zum Lohne Freya, dazu Sonne und Mond, versprächen. Törichterweise gingen die Götter, von dem Begehren nach einer solchen Burg verlockt, auf den Vorschlag ein. Nur ward verabredet, daß der Bau in einem Winter vollendet sein müsse: fehle am ersten Sommertag auch nur das Geringste daran, solle der Meister gar nichts erhalten. Ferner

219

solle niemand ihm helfen dürfen bei der Arbeit, außer sein Roß Swadilfari, welcher Wunsch des Meisters auf Lokis Rat, der vielleicht schon damals hieran arglistige Gedanken knüpfte, bewilligt ward.

Die Götter hatten gehofft, die gute Burg zu erhalten, ohne den Lohn leisten zu müssen, weil der Meister die Frist unmöglich werde einhalten können. Aber wie erschraken sie, als sie nun den Fremden mit seinem gewaltigen Rosse so furchtbar stark und rasch bauen sahen, gleich vom ersten Wintertag an! Sie wagten doch den mit schweren Eiden gefesteten Vertrag nicht zu brechen: der fremde, unerkannt gebliebene Baumeister war ein Riese: und ohne die heiligsten Eide hätte sich ja kein Jötun unter die Götter gewagt, zumal aus Furcht vor Thor, falls dieser heimkäme von seiner Fahrt in den fernen Osten, wo er eben wieder Riesen erschlug.

Als nun nur noch drei Tage bis zu Sommersanfang fehlten, war die Burg fertig bis auf das Tor. Voller Schrecken setzten sich die Götter auf ihre (zwölf) Richter- oder Beratungsstühle und pflogen Rates und forschten untereinander, wer den verderblichen Rat gegeben, Freya, Sonne und Mond aufs Spiel zu setzen?

Da fanden sie, er, der von je zu allem Bösen rate, Loki, habe auch diesen Rat gegeben. Und sie bedrohten ihn mit dem Tode, wenn er nicht Auskunft finde, den Baumeister um seinen Lohn zu bringen: — offenbar: indem sie auch mit arglistigen Mitteln sich im voraus einverstanden erklärten. Erschrocken schwur Loki, er werde das fertig bringen.

Als nun der Baumeister abends mit seinem Hengst ausfuhr, Steine zu holen, lief eine Stute aus dem Wald wiehernd auf ihn zu. Swadilfari ward wild, zerriß die Stränge und lief mit dem andern Pferde in den Wald.

Die ganze Nacht mühte sich der Meister, sein Roß wieder
einzufangen: wie die Nacht völlig, ging auch — wegen
großer Ermüdung — der folgende Tag fast ganz für die
Arbeit verloren. Der Meister merkte, daß er die Frist
nicht werde einhalten können und geriet in „Riesen=Zorn".

Da erkannten die Götter, daß der Baumeister ein Berg=
riese war, vergaßen ihre Eide, riefen Thor zu Hilfe, der
denn auch, nach seiner Art, flugs da war und dem Bau=
meister, statt mit Sonne und Mond, mit dem Hammer
den Baulohn zahlte, auf den ersten Streich ihm den Schä=
del in kleine Stücke zerschmetternd. Loki selbst war in
der Pferdegestalt Swadilfari begegnet: er gebar später
ein Füllen, grau, mit acht Füßen: das ward Odins Roß
Sleipnir, der Pferde bestes bei Göttern und Menschen.

Nachdem nun noch mancherlei andre Verschuldung
der Götter hinzugekommen, manche Einbuße nur durch
bedenkliche Mittel abgewendet oder wieder eingebracht
worden, nahet die Zeit heran, da die Götter und alles
Leben von der ersten Vorstufe und Vorbedeutung der end=
gültigen „Dämmerung" betroffen werden durch Baldurs
Tod.

Baldur hatte schwere Träume: ihm ahnte, er werde
bald sterben.

Jene Träume und Ahnungen sind einerseits der Aus=
druck für die Sorge um die Abnahme von Licht und
Wärme, welche Jahr um Jahr die Menschen ergreift,
solange Baldurs Tod und Auferstehen sich auf den jähr=
lichen Lichtwechsel allein bezog.

Seit aber später dieser Tod auf das große Welten=
schicksal bezogen ward, so daß Baldur nicht mehr schon im
nächsten Frühjahr wiederkehrt, sondern erst in der erneuten
Welt, — seitdem drückt solche Sorge wohl auch die schwer=
mütige, tragische Ahnung aus von der Vergänglichkeit, von

dem unvermeidlichen Untergang alles Schönen, Edeln,
Erfreulichen, welches bange Gefühl — tragisch, aber nicht
pessimistisch! — tief in germanischer Eigenart wurzelt. —
Endlich liegt nun wohl auch das Schuldbewußtsein der
Götter solcher Ahnung zu Grunde, wiewohl gerade von
dem lichten und reinen Baldur selbst keinerlei Schuld bekannt ist.

Vergeblich sandte Odin seinen Raben Hugin aus, von
zwei weisen Zwergen Rates zu holen: der Zwerge Aus-
sprüche glichen selbst dunkeln, nicht zu deutenden Träumen.

Da hielten die Asen Ratsversammlung und beschlossen,
Baldur Sicherung gegen jede mögliche Gefahr zu schaffen,
indem Frigg von allen Dingen, welche das Leben bedrohen
mögen, Eide nehmen sollte, Baldur nicht zu schaden. So
tat Frigg und nahm Eide von Feuer und Wasser, von
Eisen und allen Erzen, von Stein und Erde, von Seuchen
und Giften, von allem vierfüßigen Getier, von Vögeln,
Würmern und Bäumen [1]).

Als das geschehen war, kurzweilten die Asen mit Baldur: er stellte sich mitten in ihren Kreis, wo dann einige
nach ihm schossen, andre nach ihm hieben und noch andre
mit Steinen warfen. Und was sie auch taten: — es
schadete ihm nicht. Das deuchte sie alle ein großer Vorteil.

Als aber Loki das sah, gefiel es ihm übel, daß Baldur
nichts verletzen sollte. Da ging er zu Frigg in Gestalt
eines alten Weibes. Frigg fragte die Frau, ob sie wisse,

---

[1]) Menschen, Elben und Riesen darf man wohl hinzudenken:
sogar die letztern, denn alle Lebenden müssen Baldurs Leben
wünschen, auch werden wir Riesen friedlich zu Baldurs Leichen-
brand kommen sehen. Ich folge von hier ab meist wörtlich der
Edda, dann, in den Deutungen, J. Grimm, Uhland und
Simrock.

was die Asen in ihrer Versammlung vornähmen? Die
Frau antwortete, sie schössen alle nach Baldur, ihm aber
schade nichts. Da sprach Frigg: „Jawohl! Weder
Waffen noch Bäume mögen Baldur schaden, ich habe von
allen Eide genommen." Da fragte das Weib: „Haben
wirklich alle Dinge Eide geschworen, Baldurs zu schonen?"
Frigg antwortete: „Östlich von Walhall wächst eine Staude
Mistiltein (Mistelzweig) genannt: die schien mir zu jung,
sie in Eid zu nehmen." Darauf ging die Frau fort: Loki
ergriff den Mistiltein, riß ihn aus und ging zur Versamm=
lung. Hödur („Kampf") stand zu äußerst im Kreise der
Männer, denn er war blind. Da sprach Loki zu ihm:
„Warum schießest du nicht nach Baldur?" Er antwortete:
„Weil ich nicht sehe, wo Baldur steht; zum andern hab' ich
auch keine Waffe." Da sprach Loli: „Tu doch wie andre
Männer und biete Baldur Ehre, wie alle tun. Ich will
dich dahin weisen, wo er steht: so schieße nach ihm mit
diesem Reis." Hödur nahm den Mistelzweig und schoß
auf Baldur nach Lokis Anweisung. Der Schuß flog und
durchbohrte ihn, daß er tot zur Erde fiel: und das war
das größte Unglück, das Menschen und Götter betraf.

Baldur ist das Licht in seiner Herrschaft, die zu Mitt=
sommer ihre Höhe erreicht hat; sein Tod ist also die Neige
des Lichts in der Sonnenwende. Sein Mörder Hödur ist
demzufolge der lichtlose, der blinde, weil er das Dunkel
des Winters bedeutet, dessen Herrschaft sich nun vorbereitet
und zur Julzeit vollendet, wann, nach dem kürzesten Tage,
die Sonne wieder geboren wird. Hödur ist sittlich an
seines Bruders Mord unschuldig, weil er das unschädliche
Dunkel ist, das der Herrschaft des Lichts nach der Ord=
nung der Natur folgen muß: denn der Wechsel der Jahres=
zeiten ist ein wohltätiger, der selbst in der verjüngten Welt
nicht entbehrt werden kann, wo Baldur und Hödur in des

Siegesgottes Himmel wieder friedlich beisammen wohnen werden.

Als Baldur gefallen war, standen die Asen alle wie sprachlos und gedachten nicht einmal, ihn aufzuheben. Einer sah den andern an. Ihr aller Gedanke war wider den gerichtet, der diese Tat vollbracht hatte. Aber sie durften es nicht rächen: denn es war an einer heiligen Freistätte (so konnte Loli entfliehen, muß man wahrscheinlich hinzudenken). Als aber die Götter die Sprache wieder erlangten, da war das erste, daß sie so heftig zu weinen anfingen, daß keiner mit Worten dem andern seinen Harm sagen mochte. Und Odin nahm sich den Schaden um so mehr zu Herzen, als niemand so gut wußte als er, zu wie großem Verlust und Verfall den Asen Baldurs Ende gereichte.

Als nun die Asen sich erholt hatten, da fragte Frigg, wer unter den Asen ihre Gunst und Huld gewinnen und den Helweg reiten wolle, um zu versuchen, ob er da Baldur fände, und Hel Lösegeld zu bieten, daß sie Baldur heimkehren ließe gen Asgard? Und er hieß Hermodur, der Schnelle, Odins Sohn, der diese Fahrt unternahm. Da ward Sleipnir, Odins Hengst, genommen und vorgeführt; Hermodur bestieg ihn und stob davon.

Da nahmen die Asen Baldurs Leiche und brachten sie zur See. Hringhorn hieß Baldurs Schiff: es war aller Schiffe größtes. Das wollten die Götter vom Strande stoßen und Baldurs Leiche darauf verbrennen. Bevor aber Baldur verbrannt wird, raunt dem Sterbenden sein Vater Odin ein Wort in das Ohr: — welches das war, kann freilich (außer dem nun in Hel wohnenden Toten) nur Odin selbst wissen (daher erkennt den „Wanderer" der Riese Wafthrudnir an dieser Frage als Odin selbst): aber es war wohl das Wort des Trostes, daß Baldur ur-

sprünglich schon im nächsten Frühling, nach der spätern
welttragischen Fassung der Sage, in der verjüngten Welt
wieder aufleben werde[1]). Aber das Schiff ging nicht von
der Stelle. Da ward gen Jötunheim nach dem Riesen=
weibe gesendet, die Hyrrockin hieß. Und als sie kam,
ritt sie einen Wolf, der mit einer Schlange gezäumt war.
Als sie von diesem Rosse gesprungen war, rief Odin vier
Berserker herbei, es zu halten; aber sie vermochten es
nicht anders, als indem sie es niederwarfen. Da trat
Hyrrockin an das Vorderteil des Schiffes und stieß es im
ersten Anfassen vor, daß Feuer aus den Walzen fuhr und
alle Lande zitterten. Da ward Thor zornig und griff
nach dem Hammer und würde ihr das Haupt zerschmettert
haben, wenn ihr nicht alle Götter Frieden erbeten hätten.
Da ward Baldurs Leiche hinaus auf das Schiff getragen.
Und als sein Weib, Neps' (des Blütenknopfs) Tochter,
Nanna (also der erschlossenen Knospe Kind: nach andern
die wagende, mutig, unabläſſig treibende), das sah, da zer=
sprang sie vor Jammer und starb. Da ward sie auf den
Scheiterhaufen gebracht und Feuer darunter gezündet. Und
Thor trat hinzu und weihte den Scheiterhaufen mit Miöl=
nir, und vor seinen Füßen lief der Zwerg, der Lit (Farbe)
hieß, und Thor stieß mit dem Fuße nach ihm und warf
ihn ins Feuer, daß er verbrannte. Und diesem Leichen=
brande wohnten vielerlei Gäste bei: zuerst ist Odin zu
nennen, und mit ihm fuhr Frigg und die Walküren und
Odins Raben; und Freyr fuhr im Wagen und hatte den
Eber vorgespannt, der Gullinbursti hieß. Heimdall ritt
den Hengst, Gulltopp (Goldzopf) genannt, und Freya fuhr
mit ihren Katzen. Auch kam eine große Menge Hrim=

---

[1]) Gewiß nicht, wie man gemeint hat, der Name des ober=
sten neuen Christen=Gottes in der erneuten Welt! — Vgl. Odins
Trost, Gesamtausgabe XIII. S. 101.

thursen und Bergriesen. Odin legte auf den Scheiterhausen den Ring, der Draupnir hieß und seitdem die Eigenschaft gewann, daß jede neunte Nacht acht gleich schöne
Goldringe von ihm tropften. Baldurs Hengst ward mit
allem Geschirr zum Scheiterhausen geführt.

Hermodur ritt unterdes neun Nächte durch tiefe, dunkle
Täler, so daß er nichts sah, bis er zum Giöllflusse kam
und über die Giöllbrücke ritt, die mit glänzendem Golde
belegt ist. Modgudr heißt die Jungfrau, welche die
Brücke bewacht. Die fragte ihn nach Namen und Geschlecht
und sagte, gestern seien fünf Haufen toter Männer über
die Brücke geritten, „und nicht donnert sie jetzt minder
unter dir allein und nicht hast du die Farbe toter Männer: warum reitest du den Helweg?“ Er antwortete: „Ich
soll zu Hel reiten, Baldur zu suchen. Hast du vielleicht
Baldur auf dem Helwege gesehen?“ Da sagte sie: Baldur sei über die Giöllbrücke geritten: „aber nördlich geht
der Weg herab zu Hel!“

Da ritt Hermodur dahin, bis er an das Helgitter
kam. Da sprang er vom Pferd und gürtete es fester,
stieg wieder auf und gab ihm die Sporen. Da setzte der
Hengst so mächtig über das Gitter, daß er es nirgends
berührte. Da ritt Hermodur auf die Halle zu, stieg vom
Pferd und schritt in die Halle. Da sah er seinen Bruder
Baldur auf dem Ehrenplatze sitzen. Hermodur blieb dort
die Nacht über. Aber am Morgen verlangte Hermodur
von Hel, daß Baldur mit ihm reisen solle und sagte,
welche Trauer um ihn bei den Asen sei. Aber Hel sagte,
das solle sich nun erproben, ob Baldur so allgemein geliebt werde, als man sage. „Und wenn alle Dinge in
der Welt, lebendige sowohl als tote, ihn beweinen, so soll
er zurück zu den Asen fahren; aber bei Hel bleiben, wenn
eins widerspricht und nicht weinen will.“

Da stand Hermodur auf und Baldur begleitete ihn
aus der Halle und nahm den Ring Draupnir und sandte
ihn Odin zum Andenken, und Nanna sandte Frigg einen
Überwurf und noch andre Gaben, und für Fulla einen
Goldring. Da ritt Hermodur seines Weges und kam nach
Asgard und sagte alle Zeitungen, die er da gehört und
gesehen hatte. Danach sandten die Asen in alle Welt
und geboten, Baldur aus Hels Gewalt zu weinen. Alle
taten das: Menschen und Tiere, Erde, Steine, Bäume
und alle Erze: „wie du schon gesehen haben wirst, daß
diese Dinge weinen, wann sie aus dem Frost in die
Wärme kommen".

Als die Gesandten heimfuhren und ihr Gewerbe wohl
vollbracht hatten, fanden sie in einer Höhle ein Riesenweib sitzen, das Thöck genannt war. Die baten sie auch,
Baldur aus Hels Gewalt zu weinen; sie antwortete:
„Thöck muß weinen mit trockenen Augen über Baldurs Ende!
Nicht im Leben noch im Tode hatte ich Nutzen von ihm:
behalte Hel, was sie hat!" Man meint, daß dies Loki
gewesen sei, der den Asen soviel Leid zugefügt hätte.

Jedoch nicht ungerächt mußte Baldur nach Hel fahren:
Wali, Odin und der Erdgöttin Rindr Sohn (S. 169),
war gerade erst geboren, als der Mord geschah: erst eine
Nacht war der Knabe alt, aber auf die Nachricht von der
Tat nahm er sich nicht Zeit, die Hand zu waschen oder
das Haar zu kämmen, — sofort tötete er Hödur. Zwar
war dieser nur das unschuldige Werkzeug Lokis (der, wie
wir gleich sehen werden, schwerster Strafe nicht entgeht):
aber der Charakter germanischer Blutrache hält sich ganz
sachlich daran, daß einer den Tod des Gesippen verursacht
hat: wie ja auch Tiere und sogar fallende Bäume, Balken,
welche einen Menschen getötet haben, büßen müssen. Daß
Hödur auch ein Bruder ist, schützt ihn nicht vor des

Bruders Rache für den dritten Bruder: ein freilich seltener Fall! Wie heiß brennend, wie dringend die Pflicht der Blutrache empfunden wird, drückt die Sage darin aus, daß der Rächer, erst eine Nacht alt, ohne jeden Verzug zur Tat eilt. —

Diese Pflicht erträgt keine Frist: sie läßt nicht Zeit, die Hände zu waschen, die Haare zu kämmen, und steht ihrer Erfüllung noch Unmöglichkeit entgegen, so läßt man nach der Sitte germanischer Rachegelübde, Haar und Bart und die Nägel an den Fingern wachsen, ja wäscht und kämmt sich nicht, bis der dringendsten, unaufschieblichsten Pflicht genügt ist[1]).

Es zeigt sich hier sehr deutlich die Doppelart dieser auf Naturgrundlage ruhenden, aber doch vermensch= lichten und als Germanen gedachten Gewalten: der Herbst muß den Sommer töten; er ist blind: aber als germanisch menschlich gedachter Töter muß er doch die an ihm zu vollstreckende Blutrache erdulden; in der neuen Welt lebt er friedlich und versöhnt neben dem Getöteten[2]).

Baldurs Unverletzbarkeit durch Wurf und Schlag be= deutet wohl nicht die „unkörperliche Natur des Lichtes", sondern den Wunsch aller Wesen, daß das Licht lebe. Den Tod Baldurs führte Loli herbei nur durch die Mistel: die einzige Waffe, die an ihm haftet (s. unten), ist ein Symbol des düstern Winters. Die Mistel, die im Winter

---

[1]) Vgl. Dahn, Fehdegang und Rechtsgang der Germanen. Bausteine, II, Berlin 1880, S. 76—128.

[2]) Später, in christlicher Zeit, wurden von der Sage, wie sie Saxo Grammaticus uns aufgezeichnet, Baldur und sein Bruder Hödur (der ihn in der Sage wider Wissen und Willen tötet) aus Göttern in Helden: Balderus und Hotherus, umgewandelt, welche sich bekämpfen: nur bei Balderus ist noch die Erinnerung an seine göttliche Natur erhalten.

wächſt und reiſt, die darum (wie Thöck ſ. unten) auch
nicht des Lichtes zu ihrem Gedeihen zu bedürfen ſcheint,
iſt allein nicht für Baldur in Pflicht genommen (ſo Uhland
S. 146). Oder auch: bei den Eiden, die allen Dingen
abgenommen wurden, ward die Miſtel, die als Schma-
rotzerpflanze kein ſelbſtändiges Leben zu haben ſchien,
überſehen. Die Staude ſchien zu jung, zu unbedeutend,
ſie in Eid zu nehmen[1]).

Thor muß den Scheiterhauſen nach nordiſcher Sitte
mit ſeinem Hammer weihen. Aber er bedroht auch damit
die Rieſin Hyrrockin, welche das Schiff in die See ſtoßen
ſoll. Indem er dem Übermut dieſer Rieſin wehrt, erſcheint
Thor als Bekämpfer der maßloſen Naturgewalt, hier (nach
Uhland) des verſengenden Sonnenbrandes, der nach der
Sommerſonnenwende einzutreten pflegt (daher ihr Name
Hyrrockin, d. h. Feuerberauchte).

Das Schiff Hringhorn iſt die Sonne ſelbſt, die in
der Zeit der Sommerſonnenwende eine Weile ſtille zu
halten ſcheint, aber nach dem gewaltigen Stoß, mit dem
die Rieſin es vortreibt, die Wende nimmt und abwärts
lenkt. So fährt nun Hringhorn, flammend in Sonnen-

---

[1]) Übrigens wächſt die Miſtel, bei uns nur eine ſchwache
Staude, im Norden, ſo auf den Inſeln im Mälarſee, bis zu drei
Ellen Länge auf: ſonſt wäre doch ihre Verwendung als tödliche
Waffe ungereimt. Ihre Heiligkeit iſt germaniſchen und keltiſchen
Völkern gemein. Das Geheimnisvolle an ihr liegt darin, daß ſie
nur auf Bäumen wächſt und auch hier ſich nicht ſäen läßt: denn
zu voller Reiſe gedeiht ihr Same nur im Magen der Vögel, die
ihn dahin tragen, wo er aufgeht: es iſt dabei keine Menſchenhand
im Spiel und die göttliche Fügung offenbar. Bekannt iſt die noch
in England fortlebende Sitte, die Miſtel am Weihnachtsabend über
den Türen aufzuſtecken. In Deutſchland hängt man ſie, in Silber
gefaßt, Kindern um den Hals, und wo ſie, was ſelten iſt, auf
Haſeln wächſt, iſt ſicher ein Schatz verborgen.

glut, dahin; aber es trägt nur noch die Leiche seines
Gottes! Da bricht auch der Gattin Baldurs, Neps' Toch=
ter Nanna, das Herz: sie ist die Blüte, die aus der
Knospe hervorgeht und darum Neps (für hneppr, Knopf),
Tochter, heißt. Mit der Abnahme des Lichtes geht auch
das reichste, duftendste Blumenleben zu Ende; als Baldurs
Leiche zum Scheiterhaufen getragen wird, zerspringt Nanna
vor Jammer. Die Liebe Baldurs und Nannas, des
Lichtes und der Blüte, bildet ein Seitenstück zu der Liebe
Bragis und Iduns, des Gesanges und der Sommergrüne.
Der Zwerg Lit, der Thor vor die Füße läuft, und den
er, im Unmut über Baldurs Tod, ihnen in das Feuer
nachstößt, ist die Farbe (Litr), der reiche frische Schmelz
des Frühsommers, der mit hinab muß, wann Baldur und
Nanna zu Asche werden.

Die ganze Natur klagt um Baldurs Tod, weil sie des
Lichtes bedürftig ist, und seinem Leichenbegängnis wohnten
selbst Hrimthursen und Bergriesen bei, sonst ein lichtscheues
Geschlecht: auch sie können des allbelebenden Lichtes nicht
ganz entraten. Thöck, die ihn nicht aus Hels Gewalt
weinen wollte, ist der Eigennutz, die alte herzlose Selbst=
sucht, die, aller Wohltaten unerachtet, welche die ganze
Welt von dem Heimgegangenen genossen hat, sich in Un=
empfindlichkeit verstockt, weil nicht gerade sie, das Riesen=
weib in der finstern Höhle, Vorteil von ihm genossen zu
haben sich erinnert: denn in ihren Schlupfwinkel drang
das Licht des Tages nie. Ihr Name freilich bezeichnet
den Dank, aber ironisch, wie wir sagen: „Das ist der
Dank dafür", „Undank ist der Welt Lohn". Die ganze
Welt klagte um Baldurs Tod: nur die Eigensucht ward
durch seine Verdienste nicht überwunden.

Der Ring Draupnir gewann seitdem die in seinem
Namen angedeutete Eigenschaft, daß jede neunte Nacht

acht gleiche Goldringe von ihm träufen. Nach andern
Überlieferungen besaß er sie von Anfang an, da ihn die
Zwerge bildeten: er ist auch im Besitz Freyrs (und seines
Dieners Skirnir) nebst jenen elf Äpfeln (S. 112), die uns
an die Iduns erinnerten: beide bedeuten Fruchtbarkeit,
Vermehrung und Wiedererneuerung. Als grüßendes Wahr-
zeichen seiner dereinstigen Wiederkunft schickt Balbur den
Ring an den Vater auf die Oberwelt, als bejahende zu-
versichtliche Antwort auf Odins ihm in das Ohr geflüsterten
Trost.

Auch Nanna sendet Andenken aus Hels Reich herauf:
Frigg einen Schleier (oder Überwurf), Fulla einen Goldring. Es sind Blumen des Spätherbstes (Uhland) oder
Boten, Verheißungen des dereinst wiederkehrenden Frühlings.

Loki aber, den eigentlichen Mörder Balburs, den An-
stifter des schuldlosen Höbur, traf schwere Strafe. Die
Tötung Balburs konnte nicht sofort gerächt werden, denn
sie war an heiliger Freistätte geschehen: — freilich schützt
sonst die Freistätte den nicht, der sie selbst verletzt. Schon
vorher hatte er die Götter wiederholt durch seinen Rat
in Gefahr gebracht oder nur durch zweideutige oder un-
zweideutig treulose Mittel sie aus der von ihm herbei-
geführten Gefahr gerettet und somit schuldig gemacht. Aber
auch noch nach Balburs Ermordung hatte er alle Götter
und Göttinnen, wie sie in Ögirs Halle zu fröhlichem
Festmahl (S. 214) versammelt saßen, durch frevle, wahre
und wohl meist unwahre, mindestens böslich übertriebene
Schmähungen auf das bitterste gekränkt (man hat ihn hierbei als „das böse Gewissen" der Götter auffassen wollen,
gewiß nicht mit Recht). Schon um Balburs willen vor
den Göttern flüchtig, wird er nun abermals von ihnen
verfolgt.

Es liegen hier allerlei Widersprüche in der Überlieferung: fest steht nur, daß er, einmal gebunden, bis zur
Götterdämmerung nicht mehr loskommt: daher muß man
natürlich und notwendig Baldurs Ermordung vor Lokis
Fesselung stellen und die Verhöhnung der Götter möchte
man gern vor diese Mordtat setzen, da er sich nach ihr
doch schwerlich wieder den Göttern naht! Allein die Edda
stellt die Bestrafung mit jener Verhöhnung zusammen,
nicht mit der Ermordung Baldurs.

Als Loki nun die Götter so sehr wider sich aufgebracht
hatte, entfloh er und barg sich auf einem Berge. Da
machte er sich ein Haus mit vier Türen, so daß er aus
dem Hause nach allen Seiten sehen konnte. Oft am Tage
verwandelte er sich in Lachsgestalt, barg sich in einem
Wasserfall und bedachte bei sich, welches Kunststück die Asen
wohl erfinden könnten, ihn in dem Wasserfall zu fangen?
Und einst, als er daheim saß, nahm er Flachsgarn und
flocht es zu Maschen, wie man seitdem Netze macht.
So erfand er selbst das erste Netz und das einzige Mittel,
damit er gefangen werden konnte. Dabei brannte Feuer
vor ihm. Da sah er, daß die Asen nicht weit von ihm
waren: denn Odin hatte von Hlidskialfs Höhe des Flücht-
lings Aufenthalt erspäht. Da sprang er schnell auf und
hinaus ins Wasser, nachdem er das Netz ins Feuer geworfen hatte. Und als die Asen zu dem Hause kamen,
da ging der zuerst hinein, der von allen der weiseste war
und Kwâsir (Odin?) heißt. Und als er im Feuer die
Asche sah, wo das Netz gebrannt hatte, da merkte er, daß
dies ein Kunstgriff sein sollte, Fische zu fangen, und sagte
das den Asen. Da fingen sie an und machten ein Netz
jenem nach, das Loki gemacht hatte, wie sie es in der
Asche sahen. Und als das Netz fertig war, gingen sie zu
dem Fluß und warfen das Netz in den Wasserfall. Thor

hielt das eine Ende, das andre die übrigen Asen, und
nun zogen sie das Netz. Aber Loki schwamm voran und
legte sich am Boden zwischen zwei Steine, so daß sie das
Netz über ihn hinwegzogen; doch merkten sie wohl, daß
etwas Lebendiges vorhanden sei. Da gingen sie abermals
an den Wasserfall und warfen das Netz aus, nachdem sie
etwas so Schweres darangebunden hatten, daß nichts
unten durchschlüpfen mochte. Loki fuhr vor dem Netze her,
und als er sah, daß es nicht mehr weit von der See sei,
da sprang er über das ausgespannte Netz und lief zurück
in den Sturz (hier hält er sich also für sichrer als im
Meere: warum?). Nun sahen die Asen, wo er geblieben
war: da gingen sie wieder an den Wasserfall und teilten sich
in zwei Haufen nach den beiden Ufern des Flusses; Thor
aber, mitten im Flusse watend, folgte ihnen bis an die
See. Loki hatte nun die Wahl, entweder in die See zu
laufen, was lebensgefährlich war (warum?), oder abermals über das Netz zurückzuspringen. Er tat das letzte
und sprang schnell über das ausgespannte Netz. Thor
griff nach ihm und kriegte ihn in der Mitte zu fassen:
aber er glitt ihm in der Hand, so daß er ihn erst am
Schwanz wieder festhalten mochte. Darum ist der Lachs
hinten spitz. Nun war Loki friedlos gefangen. Sie brachten ihn in eine Höhle und nahmen drei lange Felsenstücke,
stellten sie auf die schmale Kante und schlugen ein Loch
in jedes. Dann wurden Lokis Söhne, Wali und Nari
(oder Narwi) gefangen. Wali verwandelten die Asen in
Wolfsgestalt: da zerriß er seinen Bruder Nari. Da nahmen
die Asen die Därme: und banden Loki damit über die
Felsen: der eine Stein stand ihm unter den Schultern,
der andre unter den Lenden, der dritte unter den Knie-
gelenken, die Bänder aber wurden zu Eisen. Da nahm
Skadi, Niördrs Gemahlin, einen Giftwurm und befestigte

ihn über Loki, damit das Gift aus dem Wurm ihm ins Antlitz träufelte. Aber Sigyn, sein treues[1] Weib, steht neben ihm und hält ein Becken unter die Gifttropfen. Und wann die Schale voll ist, da geht sie und gießt das Gift aus: derweil aber träuft ihm das Gift ins Angesicht, wogegen er sich so heftig sträubt, daß die ganze Erde schüttert, und das ist's, was man Erdbeben nennt. Dort liegt er in Banden bis zur Götterdämmerung.

Tiefsinnig ist diese Sage.

Er weiß, daß er die Rache der Götter herausgefordert hat: so schweift er unstät umher wie der Verbrecher; sein Haus auf dem Berge hat vier Türen oder Fenster, damit er die hereinbrechende Strafe erspähen, vielleicht ihr entfliehen könne. Er quält sich mit dem Gedanken, auf welche Art die Asen ihn wohl fangen möchten? Und er knüpft sich selber das Netz, das allein ihn fangen kann, wie die Bosheit sich selber Fallstricke legt und Gruben gräbt. So wie er durch seine eignen Fallstricke gefangen wird, so wird er auch durch seine eignen Bande gebunden, d. h. mit den Gedärmen seines Sohnes gefesselt, den Folgen seiner Tat: wie sich seine Söhne auch untereinander selbst zerfleischen. Das Böse wird in Fesseln geschlagen von den sittlichen Mächten, den Göttern. Würde freilich einst die Herrschaft des Sittlichen und des Rechts völlig gebrochen, träte Verfinsterung dieser Begriffe bei den Göttern selbst ein, dann bräche das Böse sich los von seiner Kette, dann führe der Rachetag, Gerichtstag (stuatago) über die Völker. Schon jetzt rüttelt Loki oft an seinen Ketten und versucht, sie zu zerreißen: dann entsteht das Erdbeben: denn er erschüttert die Grundfesten der Welt und erschreckt die Götter, die selbst als seine

---

[1] S. die Dichtung Sigyn, Gesamtausgabe XVII. S. 127.

Fesseln, die höpt und bönd (Haften und Bande),
die Gewähr der sittlichen Weltordnung gedacht sind[1]).

Warum töten die Götter weder den Fenriswolf noch
Loki? Weil sie ihre heiligen Freistätten nicht verletzen
dürfen, heißt es einmal. Das gilt aber nur etwa vom
Wolfe, nicht von dem friedlos gefangenen Mörder. Der
wahre Grund ist: weil der Untergang Odins und Heimdalls in dem letzten Kampfe durch beide Gegner feststand:
also war die Götterdämmerung auch im einzelnen
schon ausgebildet, als die Sagen von der Fesselung beider entstanden.

Wir sahen, ursprünglich bezog sich Baldurs Tod (wie
Iduns Niedersinken vom Weltbaum) auf den jährlichen
Wechsel der Jahreszeiten: später aber auf die Götterdämmerung. Nun bleibt Baldur in Hel bis zum Ende
der Dinge. Nun bedeutet er auch nicht mehr bloß das
Licht, sondern die Unschuld, die Reinheit: ist diese durch
das furchtbare Verbrechen des Brudermordes, den ger-
manischem Sippegefühl unerträglichsten Frevel vernichtet,
durch Loki, der zerstörenden, neidvollen Selbstsucht Vertreter, so liegt darin, wie eine Hauptursache, so die Vorbedeutung, ja schon eine Vorstufe der Götterdämmerung,
jenes Tages, da die verderblichen, von den Asen nur auf
Zeit gefesselten Gewalten sich losreißen und alle Schuldig-
gewordenen sich im Kampfe furchtbarer Vergeltung gegenseitig strafen, d. h. vernichten werden.

---

[1]) Erdbeben werden auch bei andern Völkern von der Wut ge-
fesselter Unholde und Riesen hergeleitet.

„Stark bellt Garm vor Gnipahellir: — die
Fessel wird zerreißen, aber der Wolf rennen!
Viel weiß ich der Kunden: vorwärts sehe ich
weiter über der Götter Geschick, das Gewal=
tige, der Siegmächtigen." — —

Völuspá, Strophe 29,

(nach Müllenhoff, S. 81)

noch zweimal wiederholt, je bei einem
bedeutungsvollen Abschnitt.

II. Die Götterdämmerung.

Diese Götterdämmerung, — wann bricht sie herein?

Alsdann, nicht früher, aber dann auch unentrinnbar,
wann die die Naturordnung und die sittliche Ordnung
stützenden und schützenden Gewalten, wann die Götter selbst
völlig morsch und faul geworden, wann die körperlichen
und sittlichen Bande des Weltalls völlig aus den Fugen
gelöst sind, wann das Chaos über Natur und Geist
hereinbricht.

Diese Auffassung wird nicht etwa künstlich in die Edda
hineingetragen: man muß in ihren eignen herrlichen Worten
nachlesen, wie dem Hereinbrechen des letzten Kampfes zu=
gleich die Zerrüttung der Natur, des wohltätigen
Wechsels der Jahreszeiten vorhergeht. Da stöbert Schnee
von allen Seiten, der Frost ist groß, die Winde sind
scharf, es kommt „der große, schreckliche Winter" („Fimbul=
Winter"), der drei Jahre, ohne Unterbrechung durch
einen Frühling, währt: denn „die Sonne hat ihre Kraft
verloren".

Und zuvor schon kam die äußerste Verwilderung
der Sitten[1] durch drei Jahre eines furchtbaren Krieges,

---

[1] Müllenhoff, S. 141, will den Weltuntergang nur als
Folge der sittlichen Verwilderung, nicht auch der Auflösung der
Naturordnung eintreten lassen.

in dem sogar der unverbrüchliche Friede der Sippe, des blutsverwandten Geschlechts, germanischer Auffassung das heiligste Band, nicht mehr geachtet wird: „da werden sich Brüder aus Habgier ums Leben bringen und der Sohn des Vaters, der Vater des Sohnes nicht schonen: Brüder werden sich schlagen und einander zu Tötern werden; es werden Schwesterkinder die Sippe brechen[1]): arg ist es in der Welt[2]): großer Ehebruch! Es wird kein Mensch des andern schonen".

„Da geschieht, was die schrecklichste Kunde dünken wird, daß der Wolf (S. 21) die Sonne verschlingt, den Menschen zu schwerem Unheil· der andre Wolf (S. 21) wird den Mond[3]) einholen und ergreifen und so auch großen Schaden tun. Und die Sterne werden fallen vom Himmel.

Da wird auch geschehen, daß die Erde bebt und alle Berge: entwurzelt werden die Bäume, alle Ketten und Bande reißen und brechen: da wird der Fenriswolf los[4]):

---

[1]) Wobei zunächst an Ehe in verbotenen Graden gedacht ist.

[2]) „Beialter, Schwertalter, wann Schilde klaffen: Windzeit, Wolfszeit, ehe die Welt zerstürzt" (ein beanstandeter Zusatz).

[3]) Die Mutter dieser Wölfe war die (unbenannte) „alte Riesin im Eisenwalde": sie gebar da Fenris-Gezücht, die Wölfe Hati und Sköll (S. 21), welche der Sonne vorauseilen und ihr folgen, der Vater ist der Fenris-Wolf selbst: der Mond-Wolf war wohl Hati: doch hat man später einen besondern Mond-Wolf, Mâna-garm, aufgestellt (nach andern ist jene Riesin Angurboda [S. 128] und der Vater auch dieser Wölfe [S. 21, 128] Loki).

[4]) Man hat nicht nötig, zur Erklärung dafür, daß nun erst jene Wölfe Sonne und Mond einholen und verschlingen mögen und der Fenriswolf sich losreißen kann, anzunehmen, daß der Mondwolf sich von dem Mark der im letzten Bruderkrieg ge-fällten Männer gemästet habe und braucht nicht die Angabe, daß Thr den Fenriswolf füttere, so zu deuten, daß dieser Verderber durch den Fraß im Krieg Erschlagener so mächtig werde: Thr

alsbald auch Loki, der ja das Erdbeben durch das Reißen
an seinen Banden herbeiführt.

Und das Meer überflutet das Land, weil auch die
Midgardschlange, lange verschüchtert und verwundet
(S. 93), wieder „Riesenmut annimmt und das Land
sucht": sie windet sich im Riesenzorne: der Wurm drängt
die Wogen (über die Küsten): zugleich schreit der Adler
(Hräswelgr, S. 22), der, fahlen Schnabels, die Leichen
zerreißt: da kommt Naglfar, das Schiff, los („wird
flott").

Denn als Ausdruck zugleich der unendlichen Ferne der
Zeit, in welche dieses Unheil gerückt steht, und als Grad=
messer der äußersten sittlichen Verderbnis, an deren Höhe=
punkt jenes Gericht geknüpft erscheint, dient die Sage von
dem Schiff Naglfar.

Dieses Schiff baut sich aus den Nägeln der Toten,
welche man diesen unbeschnitten an Händen und Füßen läßt.
Und erst dann, wann dieses Schiff fertig und flott geworden,
so daß es den Reif=Riesen Hrymr, der es nun steuert,
und dessen gesamte Heerschar aufnehmen und zum Kampfe
gegen die Götter heranführen kann: — erst dann bricht
die Götterdämmerung herein.

Die fromme, scheuevolle Pflege und Bestattung der
Leichen ist nämlich hohe sittliche und religiöse Pflicht[1])

---

füttert den Wolf nicht absichtlich so stark, daß er loskommen kann:
keineswegs darf man Thr deshalb als den Riesen befreundet auf=
fassen; daß er den Menschen „nicht als ein Friedensstifter" gilt,
versteht sich doch bei dem Kriegsgott von selbst.

[1]) Diese Verpflichtung schärft die Edda (Sigurdrifa 33, 34)
allen Menschen ein: „Das rat' ich dir neuntens: nimm des Toten
dich an, wo im Feld du ihn findest, sei er siech=tot oder see=tot
oder durch den Stahl gestorben. Ein Hügel hebe sich dem Heim=
gegangenen, gewaschen seien Haupt und Hand; zur Kammer komme
er gekämmt und trocken und bitte du, daß er selig schlafe."

germanischen Heidentums: — dann also ist das höchste
Maß sittlichen Verderbens gefüllt, wann die Ruchlosigkeit
der Menschen so massenhaft die heiligste Liebespflicht
unerfüllt läßt[1]), daß sich ein ungeheures Kriegsschiff
der Riesen als Denkmal menschlicher Pflichtvergessenheit
aufbaut.

Alsdann sprengen die riesischen Ungetüme alle[2]) die
Bande, mit welchen die Götter sie bis dahin zu fesseln
vermocht: „Es bebt Yggdrasils Esche, wie sie da steht"
(d. h. wohl vom Wipfel bis zur Wurzel): es stöhnt der
alte Baum: aber der Riese (d. h. Loki ober der Fenris=
wolf) kommt los. Alle fürchten sich in der Unterwelt,
bevor Surturs Blutsfreund (d. h. Loki) sich von dannen
macht[3]). Was ist bei den Asen? Was ist bei den Elben?
(forscht die Seherin bang). Es tost ganz Jötunheim! Die

---

[1]) „Deshalb ist die Mahnung am Platze, wenn ein Mensch
stirbt, ihm die Nägel nicht unbeschnitten zu lassen, weil sonst der
Bau dieses Schiffes beschleunigt wird, den doch Götter und Men=
schen verzögert wünschen." (Edda.) Ganz ähnliche Bedeutung sitt=
licher Warnung hat es, wenn es heißt, der Wolf des Himmels=
lichtes, der dereinst die Sonne überwältigen wird, fülle sich vom
Fleische gefallener Männer: wer also diese unbestattet liegen läßt,
füttert den Sonnenwolf, d. h. arbeitet durch solchen Frevel zur
Beschleunigung des Weltuntergangs mit. So Müllenhoff,
S. 126; „die Rötung der Sitze der Götter mit rotem Blute" durch
diesen Wolf deutet er aber wohl allzukühn und künstlich auf rote
Nebensonnen(!).

[2]) Der vor seiner Höhle bei steigender Nähe des Kampfes
immer mahnender bellende Höllenhund (S. 235) ist nicht der Fenris=
wolf (der ja nicht in Hel gefesselt liegt), sondern wohl derselbe
Wächter des Heltores, der mit blutiger Brust Odin auf dessen Hel=
gang entgegenrennt und lang „ansingt": er läßt nur die Hel Ge=
hörigen herein und keinen wieder heraus.

[3]) D. h. die Helriesen bangen, ob Loki, ihr künftiger Führer,
sich auch wohl losreißen könne: nachdem ihm dies gelungen, ban=
gen sie nicht mehr. (Müllenhoff.)

Aſen ſind verſammelt! Es ächzen die Zwerge vor den Felſengängen, die Felswand-Kundigen (d. h. obwohl ſie ſonſt ſo felswandkundig waren). Wiſſet ihr bis hierher? — und weiter[1])?"

Alſo von der Unterwelt an empor durch der Rieſen, der Zwerge, der Elben Reich, über Midgard, der Menſchen Heimſtätte hin, bis hinauf zu den Göttern erdröhnt nun der Lärm der losgeriſſenen Gewalten!

Der Fenriswolf reißt ſich los und fährt mit klaffendem Rachen einher, daß der Oberkiefer an den Himmel, der Unterkiefer an die Erde rührt und — fügt die Edda naiv hinzu: — „wäre Raum dazu, er würde ihn noch weiter aufſperren", Feuer glüht ihm aus Augen und Naſe.

Die Midgardſchlange ſpeit Gift aus, daß Meer und Land entzündet werden: furchtbar iſt der Anblick, wann ſie dem Wolfe zur Seite kämpft.

Die Reif-Rieſen fahren von Oſten auf dem Unheils-Schiff heran, Hrymr hält, zum Kampfe bereit, vorn ſtehend, den Schild vor.

Ein (andres) Schiff fährt von Norden[2]) her: „kommen werden über die See der Hel[3]) Leute: aber Loki ſteuert. Die tollen (d. h. tollkühnen) Geſellen alle fahren mit dem Wolf, mit denen auch Büleipts Bruder (d. h. Loki ſelbſt) im Zuge iſt".

Surtur und Muspels Söhne, als die zerſtörenden Mächte der Feuerwelt, ziehen von Süden her zum letzten Kampfe heran. Von dieſem Ertoſen birſt das Himmelsgewölbe: die Regenbogenbrücke zerbricht[4]), da Muspels Söhne auf ſie einreiten.

---

[1]) Völuſpá 32, 33.

[2]) und [3]) So nach Bugges Verbeſſerung (ſtatt Oſten und Muspels Söhne) auch Müllenhoff.

[4]) „Surtur fährt von Süden her mit dem Reiſerverderber

In drei Scharen also greifen die Riesen an:
von Osten die Reif-Riesen unter Hrymr, von Norden die
Leute Hels unter Loki, von Süden die Feuerriesen unter
Surtur: allen voran aber rennt der Wolf und an seiner
Seite wälzt sich die Midgardschlange.

„Mimirs Söhne spielen[1]): das Ende bricht an beim
Tone des alten Giallar-Hornes" (S. 168).

Auch die Asen, die Walhall-Götter, rüsten sich zum
Streit: Heimdall, ihr Wächter an Bifröst, der Regen-
bogen-Brücke, erhebt sich und stößt mit aller Macht in
das gellende Horn. „Odin reitet zu Mimirs Brunnen
und redet (zum letztenmal Zukunft erforschend!) mit Mimirs
Haupt"[2]).

Alle Götter und die Einheriar ziehen den Riesen entgegen auf die große Ebene Wigrid (d. h. Kampf-Ritt,
Kampf-Reitstätte), die sich, hundert Rasten weit, nach allen
vier Seiten vor Walhalls Toren dehnt[3]).

„Die Asen waffnen sich zum Kampf und alle Einheriar
eilen zur Walstatt".

(d. h. dem Feuer): es leuchtet von seinem Schwerte die Sonne der
Schlachtgötter. Steinfelsen schlagen zusammen, so daß die Berg-
riesinnen straucheln und stürzen. Die Männer betreten den Toten-
weg. Aber der Himmel spaltet." Völuspá Str. 37.

[1]) „Mimirs Söhne spielen": nach Müllenhoff, S. 142,
nicht die Riesen im allgemeinen toben, sondern die Gewässer
werden unruhig, verlassen die altgeordneten Bahnen. Vgl. S. 207.

[2]) D. h. er sucht im gefährlichsten Augenblick die tiefste Quelle
aller Weisheit auf. Dies soll ihm nach einer Andeutung wohl
kurz vor diesem Tage von den Wanen abgeschlagen, aber gleichwohl
noch lebend und sprechend geblieben sein: — wie das des Orpheus.

[3]) „Wigrid heißt das Feld, wo zum Kampfe sich finden Surtur und die ewigen Götter. Hundert Rasten zählt es rechts und
links: solcher Walplatz wartet ihrer!" Anderwärts aber: „Os-
koptnir (der Unausweichbare) heißt der Holm, wo ihr Herzblut
einst mischen Surtur und die Asen."

Zuvorderst reitet Odin mit dem Goldhelm, der schönen Brünne und dem Speer, der Gungnir heißt. So eilt er dem Fenriswolf entgegen und Thor schreitet an seiner Seite, mag ihm aber wenig helfen: denn er hat vollauf zu tun, mit der Midgardschlange zu kämpfen.

Freyr streitet wider Surtur und kämpfen sie einen harten Kampf, bis Freyr erliegt: und wird das sein Tod, daß er sein gutes Schwert misset, welches er einst Skirnir dahingab (S. 111, 116).

Inzwischen ist auch Garm, der Hund, los geworden, der vor der Gnypahöhle gefesselt lag: das gibt das größte Unheil, da er mit Tyr kämpft und einer den andern zu Falle bringt.

Thor gelingt es, die Midgardschlange zu töten: aber kaum ist er neun Schritte davongegangen, als er tot zur Erde fällt, von dem Gift, das der Wurm auf ihn gespieen.

Der Wolf verschlingt Odin und wird das Odins Tod.

Alsbald aber wendet sich Widar (Odins Sohn) gegen den Wolf und setzt ihm den Fuß in den Unterkiefer. An diesem Fuße hat er den Schuh, zu dem man alle Zeiten hindurch sammelt: die Lederstreifen (anderwärts wird ihm ein eiserner Schuh beigelegt) nämlich, welche die Menschen von den Schuhen schneiden, da, wo die Zehen und die Fersen sitzen. Darum soll diese Streifen jeder wegwerfen, der darauf bedacht sein will, den Asen Beistand zu leisten [1]. Mit der Hand greift Widar dem Wolf nach

---

[1] Es handelt sich hier offenbar um eine ähnliche sittlich=religiöse Pflicht, wie oben (S. 237) bei der Bestattung der Toten, nur daß wir von der Bedeutung dieser Lederstreifen nichts Sicheres wissen. Doch hat man nicht ohne Grund vermutet, daß die dem Reichen entbehrlichen Streifen für die Armen bestimmt sind, die sie auflesen und sich daraus Schuhe machen mögen. Damit

dem Oberkiefer und reißt ihm den Rachen entzwei und wird das des Wolfes Tod[1]).

Loki kämpft mit Heimdall und erschlägt einer den andern.

Zuletzt schleudert Surtur Feuer über die Erde und verbrennt die ganze Welt (und sich selbst)[2]): daher heißt der Weltenbrand „Surturs Lohe“.

---

würde wenigstens stimmen, daß nach manchen Sagen der Weg in den Himmel über Feuer oder über eine steinige Heide führt, welche die Seele nach dem Tode nicht durchschreiten mag, ohne gute Werke, welche alsdann sie als Schuhe tragen wird: oder nur, wenn man den Armen auf Erden manchmal Schuhe geschenkt hat, wird man im Himmel selig werden. Ein kranker, frommer Bauer Godiskalk in Holstein sah 1189/90 in einem Gesicht im Jenseits eine mächtige Linde über und über mit Schuhen behangen, zum Vorteil derjenigen, welche auf Erden barmherzig gewesen: denn der Weg zum Himmel führte nun weiter über eine ungeheure Heide, die mit Dornen dicht wie eine Hechel besetzt war: darauf folgte, brückenleer, ein Fluß, so breit, daß kein Hornschall hinüber drang, ganz voll von scharfen Klingen, so daß sich kein Fuß darauf setzen ließ (vgl. S. 28, den Fluß um Walhall): nur wer im Leben für Dämme, Brücken und andre gemeinnützige Werke gesorgt, findet darin Hölzer, um darauf hinüber zu schreiten.

[1]) Anders schildert diesen Kampf eine allerdings beanstandete Strophe der Völuspá (55 bei Simrock): „Nicht säumt Siegvaters Sohn, Widar, zu kämpfen mit dem Leichenwolf: er stößt dem Hwedrungs= (d. h. Riesen) Sohn das Schwert durch den gähnenden Rachen ins Herz: so ist der Vater gerächt.“

[2]) Es ergeben sich also sechs Einzelkämpfe: 1. Odin gegen den Fenriswolf: Odin fällt. 2. Thor gegen die Midgard= schlange: beide sterben. 3. Heimdall gegen Loki: beide fallen. 4. Thr gegen Garm: beide fallen. 5. Freyr gegen Surtur: Freyr fällt, Surtur verbrennt darauf. 6. Widar gegen den Fenriswolf: dieser fällt, jener lebt in der verjüngten Welt fort.

Wir gehen vielleicht zu weit, wenn wir für die Paarung aller der Kämpfer besondre Beweggründe in der Eigenart derselben suchen. Doch wird man etwa sagen dürfen: der Fenriswolf, als

So reiben sich in diesem letzten Kampfe, der überhaupt gekämpft wird, denn auch die beiden feindlichen Heere vollständig auf: alle andern nicht einzeln genannten Götter, ferner die Walküren, die Einheriar und die Riesen fallen im Streit oder sterben im Wasser, Felsensturz oder Feuer: denn zuletzt entzündet sich das gesamte Weltall an der Glut der Feuerriesen und verbrennt mit allem [1]), was es

---

das Verderben und der Friedensbruch überhaupt, muß Allvater, den obersten Vorkämpfer der bestehenden Welt und ihrer Friedensordnung, verschlingen. Heimdall, der Regen, und Loki, das Feuer, löschen und vertrocknen sich gegenseitig. Das wohltätige Sonnenlicht Freyrs erliegt dem schwarzen Rauch schädlichen Feuers, Surtur. Thor und die Midgardschlange, uralte Sonderfeinde, fechten ihren früher unterbrochenen Strauß zu Ende. Und der „Wiederer", der Erneuerer, muß den Erhalter der alten Welt, seinen herrlichen Vater rächend, die Vernichtung und den Friedensbruch selbst vernichten, ihr den klaffenden Rachen für immer zerreißen, auf daß die neue Welt erstehen und sicher dauern möge. Für die Paarung Thyrs und Garms, die überhaupt höchst zweifelhaft, erhellt kein besonderer Grund. Die Völuspá kennt übrigens nur die Einzelkämpfe 1, 2 und 5 (die drei andern sind wohl jüngere Hinzudichtung). Strophe 38: „Da kommt der Hlin (S. 188, hier wohl Frigg selbst) zweiter Harm, als Odin auszieht, mit dem Wolfe zu streiten, aber gegen Surtur der Töter Belis (Freyr, S. 112, 115): fallen wird da Friggs Geliebter (Odin)." Str. 39: „Es kommt der herrliche Sohn der Hlodyn (Thor): es übergähnt die Luft der Erde Gürtel, d. h. die Schlange von unten sprüht Gift und speit Gluten: Odins Sohn (Thor) geht, dem Wurm zu begegnen, er, der Wurm, erlegt im Zorne den Schirmer Midgards. Alle Menschen werden die Heimstätte räumen (nachdem der Beschirmer der Menschen, der Weiher Midgards gefallen, müssen die Menschen den Riesen erliegen): neun Schritte geht der Fiörgyn Sohn kaum noch von der Schlange, die die Schandtat nicht scheut."

[1]) Völuspá, Str. 4: „Die Sonne beginnt zu verdüstern, die Erde sinkt ins Meer, es schwinden vom Himmel die heitern Sterne. Dampf rast und Feuer: die hohe Hitze spielt bis zum Himmel selbst."

getragen hatte, auch Elben, Zwergen und Menschen: —
ein ungeheures Brandopfer sittlicher Läuterung. —

Sehr zahlreich und mannigfaltig sind die Nachklänge
dieser Sage von einem letzten furchtbaren Kampf, von
dem errettenden Erscheinen verborgener, geheimnisvoller
Helfer für ein schwer bedrängtes Volk, von dem Unter=
gang der Welt in den Flammen dieses Kampfes, und dem
Auftauchen einer bessern Welt.

In dem bayrischen Gedicht Mûspilli[1]) ist die heid=
nische Überlieferung mit christlichen Kirchensagen auf das
seltsamste verquickt, aber doch noch in höchst bezeichnenden
Zügen erkennbar: am Ende der Dinge wird neben den
Teufel, den Alt=Feind, ein zweiter Unhold, der Anti=
christ, treten. Diese beiden als Anführer aller bösen
Gewalten werden gegen Gott, die Heiligen, die Kirche
streiten. Gott sendet Elias auf die Erde, der oft wegen
seines feurigen Wagens als Donar erscheint: der Anti=
christ heißt geradezu „der Wolf": Elias „will den Guten
das Reich retten", er tötet den Wolf, doch wird auch
Elias in dem Kampfe verwundet, und von seinem Blute,
das zur Erde träuft, entbrennen die Berge: nicht einer
der Bäume steht mehr in der Erde, die Wasser alle er=
trocknen, das Meer versiegt, der Himmel schwelt in Lohe,
der Mond fällt nieder, Mittelgard brennt, kein Fels steht

---

[1]) Der Name ist der gleiche wie „Muspell", auch im alt=
sächsischen Heliand begegnet »mûdspelli« in gleichem Sinne: diese
Übereinstimmung, eine Hauptstütze der gemein=germanischen und
echt heidnischen Natur der Sage von der Götterdämmerung kann
durch die Spintisierungen der Herren Bang und Bugge (S. 13)
nun und nimmer hinweggekünstelt werden. (Bugge hat seine Be=
weisführung nicht fortgesetzt, nicht abgeschlossen; Zusatz von 1889.)

mehr feft. Da fährt der Gerichtstag (Bußtag, stuatago)
ins Land mit Lohe, den Laftern zu lohnen: da kann
Freund nicht mehr Freunde vor dem Muspel (Feuer?)
frommen, wann der bereite Glutftrom alles verbrennt und
Feuer und Luft alles reinigen[1]).

Aber auch im fpäten Mittelalter, ja bis heute noch,
wiffen zahlreiche Sagen zu erzählen von helfenden Frauen,
d. h. urfprünglichen Göttinnen („Frau Holde" in dem
hohlen Stein, „Frau Brene", „Frau Venus"), häufiger
aber von Helden, d. h. urfprünglichen Göttern, welche,
durch böfen Zauber entrückt in Berge und Felshöhlen und
hier feftgebannt, erft am Ende der Tage, wann der Teufel,
das Böfe auf Erden übermächtig geworden, und die Guten,
die Frommen oder das deutfche Volk auf das äußerfte bedrängt, an der Spitze fchimmernder Scharen hervorbrechen
unb nach furchtbarem Kampfe, dem letzten, der auf Erden
gekämpft wird, die böfen Feinde vernichten werden, worauf
dann das Reich Gottes auf Erden beginnt, oder auch
nachdem Chriftus und die himmlifchen Heerscharen fich
eingemifcht und die Guten gerettet, die Teufel und die
Böfen gerichtet haben, das ewige Leben im Himmel anhebt. Siegfried, Dietrich von Bern, Karl der Große,
Widukind[2]), Otto der Große, Friedrich der Rotbart[3]),
Friedrich II., die „drei Telle" (in der Schweiz, d. h.
Wotan, Donar, Frö) harren fo im Zauberfchlaf des Weck-
rufs zu dem ihr Volk errettenden Kampf.

---

[1]) Meift nach Simrock.

[2]) Im Odenberg oder im Karlsberg bei Nürnberg oder im
Untersberg bei Salzburg, der vom „untern", d. h. Mittagsfchlaf
halten, heißt.

[3]) Ebenfalls, ftatt Karls, im Untersberg, in der Pfalz zu
Kaiserslautern, im Trifels zu Annweiler, im Kyff-
häufer in Thüringen.

Im Kyffhäuſer ſitzt der Rotbart am runden Steintiſche, um den — ein Ausdruck der unendlich langen Zeit — ſein langer Bart[1]) — ſchon zweimal herumgewachſen.

Er nickt, den Kopf in der Hand, und blinzelt ſchläfrig mit den Augen. Alle ſeine vielen tauſend Ritter und Helden ſchlafen in ihren Waffen um ihn her: in ſeiner Rüſtkammer liegen die Waffen gehäuft: ungeduldig ſtampfen im Traum die Roſſe in den unterirdiſchen Ställen. Der Kaiſer ſucht die Zahl ſeiner Kämpfer zu mehren, indem er tapfre Männer durch den Zwerg zu ſich hinablockt in den Berg und gegen Gold in ſeine Dienſte wirbt. Von Zeit zu Zeit frägt er den dienenden Zwerg oder einen Schäfer, der ſich hineingewagt hat in die Höhle, ob die Raben noch immer um den Berg fliegen? Auf die Be= jahung ruft er wohl: „ſo muß ich noch ſchlafen wohl hundert Jahr!" Endlich aber — ſein Bart iſt nun zum drittenmal herumgewachſen — fliegen die Raben herein, ſetzen ſich auf ſeine Schulter und raunen ihm ins Ohr: Da ſpringt er auf und ſtößt in das ſchmetternde Horn: auf fahren ſeine Helden aus dem Zauberſchlaf, ſie greifen, noch halb verſchlafen, nach Helm und Schwert, ſie eilen nach oben, der Kaiſer hängt ſeinen Heerſchild an den dürren Baum am Untersberg (am Birnbaum auf dem Walſerfeld: dieſer Baum ergrünt aufs neue — die halbverdorrte Welteſche erneuert ſich —), Gericht zu halten und alle guten Deutſchen unter ſeinem Heerſchild zum Kampfe zu ſcharen. Das Walſerfeld iſt unverkennbar das Idafeld (Wal, ſoviel als Schlacht): hier wird die letzte blutige Schlacht geſchlagen: der Antichriſt führt

---

[1]) Weiß oder grau wie Odins oder rot: der des „Rotbart", wobei dann vielleicht auch der Donars gemeint iſt.

die Ungläubigen gegen die Deutschen, die Christen: die Posaunen der Engel ertönen: der Jüngste Tag bricht an.

In andern Landschaften ist es ein andrer Baum (der Holunder in Nottorf in Schleswig): oft wird dabei eine Brücke (Bifröst) erwähnt, über welche vor dem Nahen der Retter eine rote Kuh (Muspels Söhne) gelaufen oder das angreifende Heer (der Riesen) gezogen sein muß.

Die arge Bedrängnis der Guten wird wohl dadurch ausgedrückt, daß nach vielen verlustreichen Schlachten die vom Heere des weißen (d. h. guten) Königs Übriggebliebenen zusammen von einem Schild, einem Tisch, einem Stein, einer Platte speisen mögen.

Der weiße König ("de wite God" in den Niederlanden) reitet auf weißem Roß (Odin oder Freyr) gegen den schwarzen (Surtur). Manchmal sind es zwölf (die Zahl der Asen) bergentrückte Helden, welche Deutschland in höchster Not erretten. Jede Zeit faßte die drohende Gefahr und die zu lösende Aufgabe je nach ihrem Verlangen: das heilige Grab befreien, den Pfaffen steuern (d. h. die Kirche reformieren), die Türken aus Europa treiben. Das Vertrauen, daß schließlich doch der Kaiser (d. h. Wotan) kommen und alles gut machen werde, drückt man wohl in der Fassung aus, daß ein allzu Sorgloser "auf den alten Kaiser hinein lebt".

———

III. Die Erneuerung.

Die alte Welt und der alte Himmel sind in Feuer und Rauch untergegangen.

Aber den Gedanken der völligen Vernichtung vermag das

religiöse Bewußtsein nicht zu ertragen: es findet darin
keine Versöhnung: deshalb hat es — und zwar nicht
erst etwa aus christlichem Einfluß! — an den fünften
Aufzug des großen Trauerspiels, an die Weltvernichtung,
ein idyllisch=paradiesisches Nachspiel gefügt, von fast lyrisch=
musikalisch empfundener, harmonischer Verklärung.

Aus der Asche nämlich, in welche die alte schuldbe=
wußte Welt versunken, hebt sich, verjüngt und makelfrei,
eine neue Welt, eine zweite Erde und ein junger Himmel.
Die jüngere Edda berichtet: die Erde taucht aus der See
auf, grün und schön, und Korn wächst darauf ungesät[1]).

Bewohnt wird die Erde von einem Menschengeschlecht
ätherischer Natur — „denn Morgentau ist all ihr Mahl“.
— An einem Ort, in Hodd=Mimirs[2]) Holz, hatten
sich während Surturs Lohe zwei Menschen verborgen, Lif
und Lifthrasir[3]): von ihnen stammt ein neu Geschlecht.

Im Himmel leben nicht mehr die alten Götter, sondern
deren Söhne[4]), welche als unbefleckt von Schuld[5]) zu

---

[1]) Völuspá, Str. 43: „Da sieht (die Seherin) auftauchen zum
andernmale die Erde aus dem Meere, frisch und grün: Sturz=
bäche fallen, der Adler fliegt darüber, der auf den Felsen Fische
weidet. Ungesäet werden die Äcker tragen, alles Übels Besserung
wird werden.“

[2]) D. h. der Weltesche selbst: Mimir hat unter ihr seinen
Brunnen (S. 207, 212); Hodd = Hort, Schatz von Weisheit (und
anderm Gut?).

[3]) Leben und Lebensmut: oder, wenn man Leifthrasir liest:
„Streit um den Rest“ (Müllenhoff).

[4]) „Es finden sich die Asen (aber, wie es scheint, keineswegs
alle, auch nicht alle durch Söhne oder Töchter vertreten: die
Göttinnen fehlen unter den ausdrücklich genannten ganz) auf dem
Jdafeld: und sie reden von dem mächtigen Erdumspanner (der nun
erlegten Midgardschlange) und gedenken da der großen Geschehnisse
(der Götterdämmerung) und Fimbultyrs (d. h. Odins) alter Runen.“

[5]) Müllenhoff, S. 28, stellt den Gegensatz nicht auf Schuld

denken sind: Widar und Wali, die beiden Rächer Odins und Baldurs, leben noch: weder See noch Surtur hat ihnen geschadet: sie wohnen auf dem Idafeld, wo vorher Asgard war.

Auch stellen sich ein die Söhne Thors: Modi und Magni (Mut und Kraft), sie haben des Vaters Hammer gerettet und geerbt und bringen ihn mit.

Danach kommen die Söhne Odins: Baldur, der Fleckenlose, und dessen Bruder, der blinde Hödur[1]), der ihn ohne Verschulden getötet hatte: sie kehren wieder aus dem Reiche Hels: und in seligem Frieden, ohne Schuld und Leidenschaft, leben sie fortan in der erneuten[2]) Walhall, dem Idafeld.

Da sitzen sie alle beisammen und besprechen sich und

---

und Unschuld, sondern auf Krieg und Frieden: diejenigen Götter verschwinden, welche sich an dem wildbewegten kriegerischen Leben stark beteiligt haben, aufleben die friedlichen, Friede bringenden. — Aber darf man bei den Germanen jener Zeit annehmen, daß ihre Sehnsucht, die ganz auf Kampf und Heldentum gerichtet war, plötz= lich nun ihr Ideal geändert und sich in Friedenssehnsucht verwan= delt habe? Doch ganz gewiß nicht! — Er meint, in „Gimhle" soll das wilde Kriegerleben Walhalls nicht wiederkehren, muß aber (S. 33) selbst einräumen, daß die hier lebenden Scharen (drottir) Kriegsscharen sind und daß Baldur und Hödur doch auch hier Schlachtgötter (vai-tivar) heißen. — Auch gibt er S. 70 zu, daß für die Südgermanen ein gleicher Friedenshimmel nicht erwiesen sei; er scheint uns eben auch für die Nordgermanen weder bewiesen noch wahrscheinlich! Glaubt doch Müllenhoff selbst, der Ham= mer Thors möge immerhin noch zur Abwehr von möglichen spätern Feinden dienen.

[1]) „Baldur wird kommen, Hödur und Baldur bewohnen Hropts (d. h. Odins, S. 61) siegreiche Gehöfte, herrlich, die Schlacht= götter."

[2]) Worauf man auch früher den Namen deutete (die er= neute Welt): aber das paßt nicht zu dem schon von Anfang so lautenden Ort: „Arbeitsfeld", „Feld der Tätigkeit" (S. 44).

gedenken ihrer Geheimnisse und reden von den Geschichten,
die ehedem sich ereignet, von der Midgardschlange und
von dem Fenriswolf: da werden sich — und das ist ein
reizender Zug — auch jene goldenen Tafeln (Bretter,
Scheiben) im Grase wiederfinden, mit welchen dereinst,
d. h. vor ihrem Schuldigwerden (S. 43), die Asen heiter
gespielt hatten.

Es leuchtet ein, daß sich hier die Sage eines alten
Lieblingsbehelfes (S. 52, 97, 121) bedient: die Söhne
der Götter sind die Vertreter der Götter, ja gewissermaßen diese selbst: deren Wiederholung, nur frei von
den Flecken, welche auf die Väter die Sagendichtung allmählich gehäuft hatte: das drückt sich am naivsten —
und wahrhaft liebenswürdig naiv! — aus bei der Sonne,
von der es heißt: „Und das wird dich wunderbar dünken,
daß die Sonne, ehe der Wolf sie würgte, eine Tochter
geboren hatte, nicht minder schön als sie selber: diese
Maid wird nun glänzend nach der Götter Fall die Bahn
der Mutter wandeln."

Rührend ist die Treue, mit welcher der Hammer
Thors von der Einbildungskraft der Sage gerettet wird:
die geliebte Nationalwaffe mag der Germane auch in dem
neuen Paradiesesleben nicht missen, obwohl es keine Riesen
mehr zu zerschmettern gibt: so mag der Hammer in den
Händen der Erben friedlichen Weihezwecken (Brautweihe,
Hausweihe u. a.) dienen.

Ferner heißt es von Hönir, der einst als Geisel den
Wanen gegeben war (S. 29): „Dann kann Hönir den
Loszweig kiesen", d. h. wählen, ob er zurückkehren oder
bleiben will: Wanen scheinen hiernach nicht mehr zu sein,
nur Asen (wenigstens werden Freyr und Freya nicht mehr
genannt). Man hat dies so erklären wollen: die Wanen
seien Götter der Sinnlichkeit (?!) gewesen und erst nach

verlorner Unſchuld der Götter in Krieg, dann in Bünd=
nis mit dieſen in Berührung getreten, alſo in der ge=
läuterten Welt nicht mehr am Ort: aber eine andre Edda=
ſtelle ſagt von Niördr: „am Ende der Zeiten ſoll er
kehren zu den weiſen Wanen": bedeutet dies die Zeit
nach der Surturlohe (und nicht, was ſehr wohl denkbar
wäre, den Zeitpunkt bei Beginn des letzten Kampfes,
um bei ſeinen Wanen zu fechten und zu fallen), ſo wären
hierdurch doch Wanen als fortbeſtehend anerkannt.

Die Wahrheit aber iſt: ein widerſpruchfreies Ganzes
iſt kein Sagenkreis, auch nicht der der Germanen. Dazu
kommt, daß gerade über den Zuſtand nach der Erneuerung
nur ſehr wenig ausgeführte Vorſtellungen umgingen, und
endlich, daß uns ſogar dieſe wenigen durchaus nicht voll=
ſtändig überliefert ſind: denn, daß vollends nur ſoviel
als die (von Zuſätzen gereinigte) Völuſpá in acht kurzen
Strophen davon erzählt, überhaupt alles geweſen, was
davon geſungen und geſagt ward (wobei nur Baldur,
Hödur, Hönir und der neue Götterkönig erwähnt werden),
iſt doch wahrlich kaum anzunehmen[1].

Auch dieſe Götter können eines Götterkönigs nicht
entraten. So heißt es denn, nachdem die neue Welt auf=
getaucht iſt: „Da kommt der Mächtige, das Recht aufrecht
zu halten[2], der Starke von oben, der alles beherrſcht.

---

[1] Auch die Söhne des „Tveggi=Odin", Wilis und Wes,
welche beide, Zwillingsbrüder (Hönir und Loki) oder Wiederholun=
gen Odins, früher nur bei der Schaffung der Welt vorkommen
(S. 18), treten hier auf als Erneuerungen ihrer Väter: ſie be=
wohnen das weite „Windheim", d. h. das Luftreich, Völuſpá,
Str. 47; der dritte Bruder, Loki und ſeine Abkunft, ſind unter=
gegangen.

[2] Ausgezeichnet Müllenhoff, S. 35: „Er kommt, um wie
kein andrer, mit unvergleichlicher Macht und Autorität Gericht zu

Urteile spricht er, die Streitsachen legt er bei, heilige Ordnungen setzt er, die da bleiben sollen."

Dieser ungenannte oberste Gott ist nun aber durchaus nicht, wie man wohl meint, der (aus christlichem Einfluß herübergenommene) neue Christengott[1]), sondern nur der von dem religiösen Gefühl dringend, ja unerläßig ge= forderte (S. 36) oberste Heiden=Gott: ein Name, eine bestimmtere Zeichnung desselben fehlte gewiß der diese Sage bildenden religiösen Anschauung. Man muß doch wohl den erneuten Odin in ihm finden, dabei jedoch dem alten Odin nicht nur seine mannigfaltige Schuld, auch die Leidenschaften, Eigenschaften, ja sogar Vorzüge, z. B. die Kriegsfreude, abstreifen, aus welchen jene Verschul= dung mit (dichterischer) Notwendigkeit hervorgewachsen war. Ein solcher Odin aber, ohne Kriegsbegeisterung, ohne überlegen planende List, ist eben gar nicht mehr das Ge= bild, das wir als Odin, trotz seiner Fehler, lieben gelernt hatten. Es ist ein ziemlich farb= und inhaltloser „oberster, weiser, gerechter, starker Gott," ohne besondere Bezeich= nung (abgesehen von diesen Eigenschaften), ohne weitere

---

halten, aber nicht etwa nur einmal, sondern um als Friedensfürst und Hüter des Rechts dauernd seine Herrschaft auszuüben."

[1]) Diese Annahme, welche ich stets bekämpft, hat Müllen= hoff überzeugend zurückgewiesen: gewiß ist die Erneuerung an sich noch heidnischen Ursprungs. Nachdem aber der erneute Him= mel einmal im heidnischen Bewußtsein feststand, wäre die Herüber= nahme einzelner christlicher Züge aus Schilderungen des christlichen Himmels, des „neuen Jerusalems usw." aus der Apokalypse und ähnlichen christlichen Schriften nicht ganz undenkbar; schon das dabei verwendete, entliehene Fremdwort gemma (in „Gimhle", S. 253, 254) zeigt Einwirkung oder doch Kenntnis lateinischer Literatur oder doch Sprache. In der jüngeren Edda ist wenig= stens christlicher Einfluß auf Ausmalung des neuen Himmels sehr wahrscheinlich.

Ausmalung seiner Züge, und so ist es fast gleichgültig, ob
man in demselben einen neuen, erst jetzt gewordenen Gott,
oder einen erneuten Odin annimmt, der mit dem wirklichen
so gut wie nichts mehr gemein hat. Aber immerhin
wird man doch den erneuten Odin, nicht etwa Baldur,
der schon vorher erledigt ist, in dem neuen Welt= und
Himmelsherrscher erblicken müssen: die Sagenbildung über
die neue Welt geschah doch in Anknüpfung an die alten
Gestalten, und es widerstreitet dem Wesensgesetz ihres
Schaffens, völlig abstrakt einen neuen Obergott „im all=
gemeinen" aufzustellen [1]).

Eine Stelle der jüngeren Edda faßt den neuen
Götterkönig unzweifelhaft als Odin, den sie „Allvater"
nennt, aber zugleich mit feststehenden Beinamen Odins
bezeichnet und schmückt. „Er lebt durch alle Zeiten, be=
herrscht sein ganzes Reich, und waltet aller Dinge, großer
und kleiner. Er schuf Himmel und Erde und die Luft
und alles, was darinnen ist; und das ist das Wichtigste,
daß er den Menschen schuf und ihm den Geist gab, der
leben soll und nie vergehen, wenn auch der Leib in der
Erde fault oder zu Asche verbrannt wird. Auch sollen
alle Menschen, die gut geartet sind, leben und mit ihm
sein an dem Ort, der Gimhle heißt [2]): aber böse Men=

----

[1]) Wenn eine Stelle der Edda von Thor sagt: „Einst kommt
ein andrer, mächtiger als er: doch noch ihn zu nennen, wag' ich
nicht, wenige werden weiter blicken, als bis Odin den Wolf an=
greift," so weist der Vergleich mit Thor allerdings auf Odin, aber
Odins Nennung, während „der andre" noch nicht genannt
werden soll, läßt einen dritten als gemeint annehmen. Die Runen
Odins, über welche geredet wird, sind seine Geheimnisse, d. h. selbst=
verständlich nur, soweit sie den andern Göttern bekannt geworden,
auch eben durch die Götterdämmerung nun erst enträtselt wurden.

[2]) „Einen Saal sieht sie strahlen, schöner als die Sonne, mit
Golde gedeckt, auf Gimhle: da sollen treue Scharen hausen und

ſchen fahren zu Hel und danach gen Niflhel: das iſt unten in der neunten Welt."

In mancher dieſer Wendungen der jüngeren Edda fühlt man ſich ſtark verſucht, chriſtlichen Einfluß zu ver= muten: ſo, wie es hier dargeſtellt wird, war Odin nicht „Schöpfer" (das war er gar nicht für die alte, und doch iſt er es nur ſehr uneigentlich für die neue Welt!) und „Alleinherrſcher". Dazu kommen folgende doch ſehr chriſtlich gefärbte Züge: die beſondere Hervorhebung der „Schöpfung des Menſchen", die Verleihung des „unſterb= lichen Geiſtes", während „das Fleiſch" verfault, der Himmel für die Guten, der Strafort (auch nach dem „Gimhle" erſtand) für die Böſen: nach Hel fuhren den Heiden auch die Guten, die den Strohtod geſtorben, und nach der Völuſpá müßte man Hel und die Straforte ſamt den Böſen untergegangen anſehen, als „Gimhle" erſtand.

Deſto auffallender und geradezu widerſprechend chriſt= lichen Anſchauungen iſt es nun aber, wenn dieſer „All= vater" doch anderſeits als Odin durch deſſen zweifelloſe Beinamen bezeichnet wird und wenn er auch nach der jüngeren Edda eine Mehrzahl andrer — der alten — Götter[1]) neben ſich hat; was mit chriſtlicher Einzahl Gottes doch wahrlich ganz unvereinbar. Keines= falls alſo iſt dieſer Allvater der Chriſtengott, wenn auch ſein Himmel und der Menſchen Entſtehung, Lohn und Strafe chriſtlich gefärbt ſein ſollten.

---

in Ewigkeit Behagen finden." „Gim=hle" zuſammengeſetzt aus dem Lehnwort Gemma, Edelſtein, und hle, Dach (Müllenhoff).

[1]) Sehr richtig Müllenhoff, S. 30: „Wenn dieſe Wieder= kehr der Aſen nicht heidniſch gedacht iſt, ſo weiß ich nicht, was heidniſch heißen kann. Die Perſonen für einen neuen Götterſtaat ſind da, und ohne Zweifel ſind ſie beſtimmt, einen ſolchen zu bilden."

Alles, was den Frieden der neuen Götter stören könnte, und zugleich die Erinnerung an den grauenhaften Vernichtungskampf, schaut die Seherin zusammengefaßt in dem Drachen Nidhöggr versinken.

Nachdem sie die neue Herrlichkeit in Gimhle geschildert, schließt sie: „Es kommt der düstere Drache geflogen, die Natter von unten, von den Nithafelsen (Finsterfelsen), er, Nidhöggr, trägt in seinen Federn — das Feld überfliegt er — die Leichen: nun wird er[1] versinken."

Die Straforte in Hel wird man als mit Hel und den Gestraften untergegangen annehmen müssen: das Heidentum kannte also ewige Höllenstrafen nicht: nur die erneuten Götter, Lichtelben, Zwerge und gute Menschen, die Seelen der auf Erden gestorbenen Guten, wie die erneuten guten Götter leben in dem neuen Himmel und in der neuen Welt. Der „Starke von oben" führt diesen Zustand nicht herbei, — er ergibt sich aus dem Weltenbrande von selbst: — er hält ihn nur aufrecht für immerdar[2].

Von dem Leben und Walten dieser neuen Götter in dem neuen Himmel erfahren wir nun aber nichts weiter: die Muse der sagenhaften Einbildungskraft erschweiget hier.

Und zwar ganz notwendig.

Denn wollte sie abermals beginnen, zu erzählen, — sie müßte es in der alten Weise: und der Kreislauf, den wir eben abgeschlossen, er müßte von neuem anheben. Abermals würde die vermenschlichende und freie, nur das Schöne suchende Einbildungskraft der Sage die gegebenen, abermals viele Götter lehrenden Vorstellungen zu Ge-

---

[1] Das hier „er" (hann) und nicht „sie" (hon, die Seherin) zu lesen, hat Müllenhoff wahrscheinlich gemacht: allerdings gewähren die Handschriften nur »hon«, was schließlich auch einen Sinn gäbe: die Weissagung ist zu Ende, die Seherin versinkt.

[2] So Müllenhoff, S. 36.

bilden aus= und umgestalten, welche abermals dem Be=
dürfnis der Religion nach Einheit und Heiligkeit des
Göttlichen widerstreiten und zuletzt eine Wiederholung der
Götterdämmerung notwendig machen würden.

Damit hängt es zusammen, daß keine einzige Göttin
im neuen Himmel genannt wird: der Gegensatz der Ge=
schlechter, der allerlei Verwicklungen im Gefolge hatte
und zu dem geläuterten Gottesbegriff wenig taugt, ist
nicht mehr vorhanden. Sehr viel mehr als die mitgeteilten
Züge waren von dem Bilde der neuen Welt schwerlich
ausgeführt.

So begnügt sich die Sage mit dem Ausspruche: neue
Götter und Menschen leben schuldlos auf immerdar in
einer neuen, verklärten Welt; und es schließt der Bericht
der Edda mit den bedeutsamen Worten: „Wenn du aber
noch weiter fragen willst, so weiß ich nicht, woher dir
das kommt! Denn niemals hörte ich jemand ein Weiteres
von den Schicksalen der Welt berichten. Nimm also hier=
mit vorlieb."

Und so sprechen auch wir zu dem Leser: „Nimm also
hiermit vorlieb."

Anhang.

Stammbäume.

I.

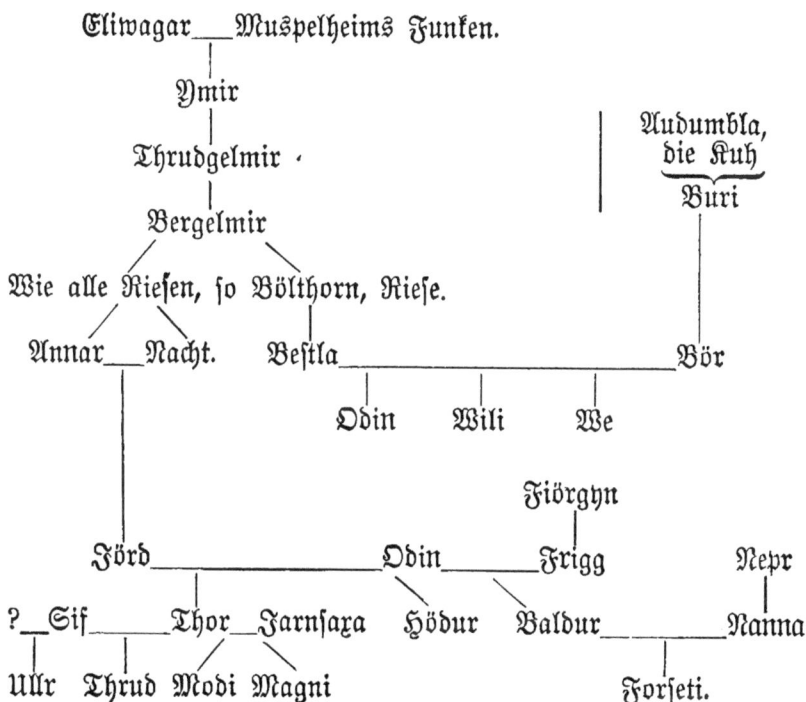

Eliwagar — Muspelheims Funken.

Ymir

Thrudgelmir

Bergelmir

Wie alle Riesen, so Bölthorn, Riese.

Audumbla, die Kuh

Buri

Annar — Nacht. Bestla ——————————— Bör

Odin Wili We

Fiörgyn

Förd ——————— Odin —— Frigg Nepr

? — Sif — Thor — Jarnsaxa Hödur Baldur ——————— Nanna

Ullr Thrud Modi Magni Forseti.

II.

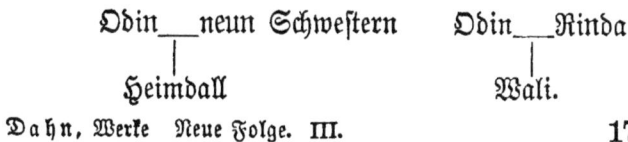

Odin — neun Schwestern Odin — Rinda

Heimdall Wali.

III.

Odin___Hymirs Weib   Odin___Grida, Riesin
    | |
  Thr   Widar.

IV.

Odin_____? (Frigg?)
          | Bragi___Idun.

V.

Thiassi, Riese
      |
Niördr___Skadi   Gymir, Riese
Odur___Freya   Freyr___Gerda Beli.
   |
 Hnoß.

VI.

Farbauti (Riese)___Laufeya (Nal)
Vileist Helblindi Loki___Sighu
           |
       Nari Wali.

VII.

Loki___Angurboda
Fenriswolf Hel Midgardschlange.

VIII.

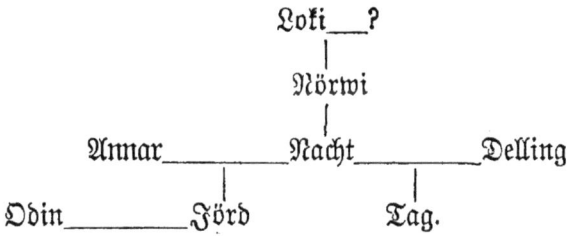

Loki___?
|
Nörwi
|
Annar_____Nacht_____Delling
| |
Odin_____Jörd   Tag.

IX.

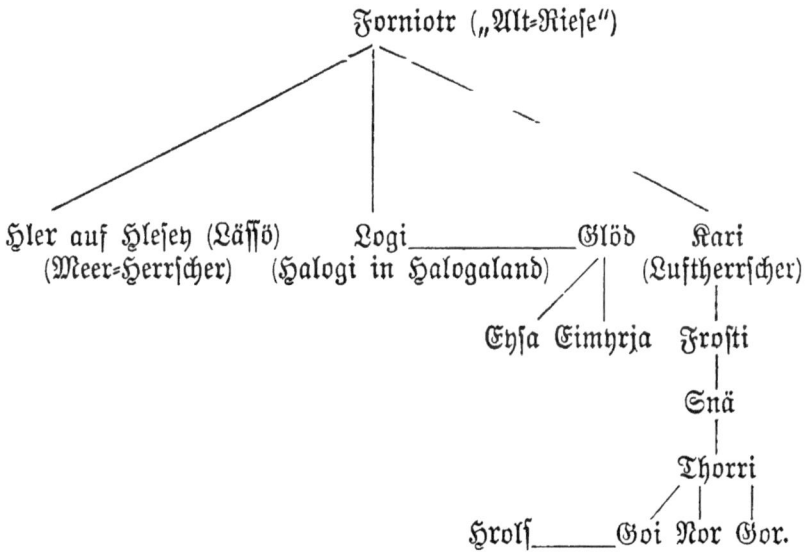

Forniotr („Alt=Riese")

Hler auf Hlesey (Läffö)   Logi_____Glöd   Kari
(Meer=Herrscher)   (Halogi in Halogaland)   (Luftherrscher)

Eysa Eimyrja   Frosti

Snä

Thorri

Hrolf_____Goi Nor Gor.

Zweite Abteilung:

Heldensagen.

Von

Therese Dahn.

„Heldentum darf in nichts andres gesetzt
werden, als in Kampf und Sieg: Held
ist ein Mensch, der, gegen das Böse strei-
tend, unsterbliche Taten verrichtet und zu
göttlicher Ehre gelangt."

Jakob Grimm, Deutsche Mythologie, I.
S. 315.

Dem Angedenken

Wilhelm Grimms.

Vorbemerkung.

Die schönen Worte Jakob Grimms, mit welchen
wir den Eingang dieser Abteilung geschmückt haben, enthalten in ihrer knappen Weisheit so ziemlich alles, was
über das Wesen des Heldentums und das Werden der
Heldensage bei den Germanen an dieser Stelle zu sagen ist.

Es genügt hier, noch hervorzuheben, daß Helden (welche
also immer Menschen oder doch nur Halbgötter, nicht
Vollgötter) in vielen Fällen ursprüngliche Göttergestalten
sind, welche später vermenschlicht werden: so ist Baldur
in Siegfried wiederholt, so werden Baldur und Hödur
bei Saxo zu den menschlichen Helden Baltherus und Hotherus, von denen nur der erstere noch göttliche Spuren,
nun als Zauberkräfte, behalten hat, so sind manche Züge
Thors auf Dietrich von Bern übergegangen, so ist statt
Wotans Karl der Große oder der Rotbart in den Berg
entrückt bis zum letzten Kampfe: die Menschen können dann
frei erfunden sein, wie Siegfried, oder geschichtlich, wie
Karl, Friedrich und Theoderich der Große.

Anderseits führt umgekehrt eine aufsteigende Bewegung
Menschen (Könige, Jungfrauen, Frauen) empor zur Gleich-
stellung mit Halbgöttern, indem ihnen einzelne Züge von
Göttern gegeben werden, oft, aber nicht immer, unter

Annahme der Abstammung von einem Gott: so haben die Germanen sehr viele ihrer Königsgeschlechter[1]) auf Odin, Thor, Freyr zurückgeführt: die Ynglinger, die Skiöldunge, die Angelsachsen Hengist und Horsa, auf einen Meerdämon die Franken ihre Merowingen.

Endlich geben große geschichtliche Ereignisse, auch wohl gewaltige oder seltsame Naturerscheinungen, Erd=, Berg=, Felsbildungen der Einbildungskraft Anlaß zur Gestaltung von Heldensagen.

Aber reine Erfindung ist echte Sage nie: sie knüpft an Götter, welche gegenständlich im Glauben des Volkes wirken, oder an geschichtliche Menschen oder an geschichtliche Ereignisse oder an örtliche Naturerscheinungen und schaltet durchaus nicht willkürlich bei ihren Ausschmückungen, sondern stets der volksmäßigen, altüberlieferten Formen sich bedienend. So ist Fürst Bismarck, so ist der Eindruck der Eisenbahn zwar sagenhaft behandelt, aber nach dem uralten Vorbild des Bündnisvertrages mit Odin (S. 66).

Selbstverständlich können auch mehrere dieser Sagen=bestandteile in einer Sage verwendet werden: ein lehr=reiches Beispiel bietet die mittelhochdeutsche Gestaltung der in ihrem Kern uralten Nibelungensage: Gott Baldur wird in Siegfried vermenschlicht, Theoderich der Große wird zum sagenhaften Dietrich von Bern, dessen Feuer=atem von Thor entlehnt ist, Atli wird zum Hunnenkönig Attila, der Untergang des burgundischen Königs Gundikar zu Worms mit einem großen Teile seines Heeres, der schon im Jahre 437, und nicht durch Attila, geschah, wird Attila beigelegt, der uralte Gedanke weiblicher Blutrache,

---

[1]) Dahn, Könige der Germanen, I, S. 29; Urgeschichte der germanischen und römischen Völker, I, S. 105; Deutsche Geschichte, I, 1, S. 215.

früher für den Vater und die Brüder, wird hier gegen
die Brüder für den Gemahl gewendet, Dietrich von Bern
wird als Zeitgenosse Etzels behandelt, während er doch
erst mehrere Jahre nach dessen Tod geboren ist: Götter,
geschichtliche Helden, große geschichtliche Ereignisse, frei
erfundene Einzelheiten werden hier zu einem Ganzen ver-
woben.

Erstes Buch.

Die Wölsungen.

I. Sigi. Rerir. Wölsung.

In alter Zeit lebte ein mächtiger, angesehener Mann, der hieß Sigi und war Odins Sohn; ein andrer Mann hieß Skadi, der hatte einen Knecht Bredi, welcher geschickt war zu vielen Dingen und an Kunstfertigkeit sogar Edelgebornen überlegen.

Nun ritt Sigi einmal mit Bredi in den Wald, Tiere zu jagen, und als sie abends ihre Beute zusammentrugen, war die Bredis die größere. Darüber erzürnte Sigi: — übel gefiel ihm, daß ein Knecht ihn im Weidwerk übertreffen sollte — er erschlug Bredi und verbarg die Leiche unter einem Schneehaufen. Heimgekehrt sagte er, der Knecht sei im Walde von ihm geritten und seinen Augen entschwunden. Skadi aber sandte Leute in den Wald, Bredi zu suchen: sie fanden die Leiche und ward so der Mord bekannt: Sigi wurde friedlos und wich aus dem Lande.

Odin führte ihn weit fort, schaffte ihm Heerschiffe und großes Gefolge. So ausgerüstet zog Sigi auf Heerfahrten, Odin lieh ihm Sieg zu Wasser und Land: er eroberte ein weites Reich. Dann vermählte er sich einem Weib

aus dem Geschlecht eines der ihm unterworfenen Fürsten
und herrschte nun über Hunenland (auch Frankenland)
als mächtiger König und war der größte Kriegsmann.
Er gewann einen Sohn, Rerir geheißen: der wuchs in
seines Vaters Hallen auf, stark und mannhaft. Als Sigi
ein alter Mann war, griffen ihn die Brüder seiner Frau
treulos an, wie er mit geringem Geleit einsamen Weges
ging: er fiel, mit ihm das ganze Hofgesinde.

Rerir war nicht dabei gewesen. Seine Freunde schaff=
ten ihm ein so großes Heer, daß er das Reich des Vaters
behaupten konnte. Dann rächte er seines Vaters Mord
an den treulosen Gesippen: er erschlug sie alle, nahm ihr
Land und wurde noch mächtiger als Sigi. Er wählte
eine Frau, seiner Würde gemäß, aber sie blieben kinderlos.
Da baten sie zu den Göttern, und Odin und Frigg er=
hörten ihre Bitte. Odin sandte eines seiner Wunschmädchen,
Liod, des Riesen Hrimnir Tochter, mit einem Apfel zu
Rerir. Liod flog im Krähenhemd dorthin, wo sie den
König, sitzend auf einem Hügel, fand. Sie ließ ihm den
Apfel in den Schoß fallen; der König verstand die Bot=
schaft der Götter, trug den Apfel zu seiner Frau und bat
sie, davon zu essen. Bald darauf mußte Rerir auf Heer=
fahrt ziehen, den Frieden seines Landes zu schützen: er er=
krankte und starb dabei. Die Königin aber siechte lang:
vor ihrem Tode genas sie eines Kindes: das war ein
Knabe, durch der Götter Walten groß und stark, so daß
er, kaum geboren, hinging und seine Mutter küßte, bevor
sie starb. Man nannte ihn Wölsung, König von Hunen=
land. Er ward kühn und mannhaft, siegglücklich in seinen
Schlachten und der größte Heermann.

Als er zum Manne erwachsen war, sandte ihm Hrimnir,
der Riese, seine Tochter Liod, daß er sie zur Frau nehme.
Sie hatten zehn Söhne und eine Tochter. Der älteste

Sohn hieß Sigmund, die Tochter Signy: diese waren
Zwillinge und die schönsten und herrlichsten ihrer Kinder.
Und doch waren schon die übrigen Wölsungenkinder an
Kampfeslust und Klugheit hervorragend vor allen Helden,
deren die Sage gedenkt in jener Zeit.

König Wölsung ließ einen Saal bauen, in dessen Mitte
eine große Eiche stand: ihre Zweige mit Blättern und
Früchten ragten durch und über das Dach hinaus, und sie
hieß: „Stamm der Heldenjungfrau" zu Ehren Liods, die
eine Walküre war, bevor sie Wölsung zum Weibe nahm.

Damals herrschte in Gautland Siggeir, ein volk-
reicher König: der fuhr zu König Wölsung und bat ihn
um Signys Hand. Wölsung und seine Söhne waren
dessen wohl zufrieden: nicht aber Signy; doch fügte sie
sich dem Willen ihres Vaters und wurde Siggeir verlobt.
König Wölsung richtete ein großes Hochzeitsmahl, lud alle
seine Freunde dazu und entbot König Siggeir mit seinen
Gesippen und Gefolgen. Viel auserlesene Männer kamen
dort zusammen.

Als man da die Feuer im Saal entzündet hatte und
abends die Männer beim Gelage saßen, trat ein Mann
in die Halle.

Er ging barfuß, trug einen fleckigen Mantel und breiten
Hut, war groß von Gestalt, ältlich und einäugig, und in
der Hand hielt er ein Schwert.

Und trat an die Eiche und stieß das Schwert in den
Baum, daß es bis ans Heft hineinfuhr. Niemand wagte,
den Gast zu bewillkommnen. Der aber sprach: „Wer dieses
Schwert aus dem Stamme zieht, der soll es von mir empfangen und erfahren, daß er nie besseres Schwert in Händen trug." Darauf schritt er hinaus, und keiner wußte,
woher er gekommen, noch wohin er ging.

Nun säumten die Helden nicht, das Schwert zu ge-

winnen: die Stärksten versuchten ihre Kraft daran; aber
es wich nicht aus dem Stamm. Da trat auch Sigmund
der Wölsung hinzu, faßte das Schwert und zog es heraus,
als ob es lose da läge. Die Waffe schien allen so gut, daß
sie nie eine gleiche gesehen zu haben glaubten, und Siggeir
bot Sigmund an, sie mit dreimal soviel Gold aufzu-
wiegen.

„Wenn es dir geziemte, dies Schwert zu tragen" —
antwortete Sigmund —, „so hättest du es nehmen mögen,
als es noch dort stak. Nun aber es zuerst in meine Hand
kam, sollst du es nie gewinnen und bötest du alles Gold,
welches du besitzest."

Darüber erzürnte Siggeir: die Antwort dünkte ihn
Spott, aber er verbarg seinen Unmut, tat, als ob er der
Rede nicht weiter achte, er lachte und trank: doch heim-
lich sann er auf Rache.

Er war über die See gekommen, und als andern
Tages Wetter und Wind günstig schienen, wollte er heimziehen und ließ sich nicht zurückhalten. Signy ging zu
ihrem Vater und sprach: „Ich will nicht mit König Siggeir fahren, dem mein Herz nicht zulacht; Unheil, ahn'
ich, erwächst aus dieser Vermählung, wird sie nicht sogleich
gebrochen."

„So sollst du nicht reden, Tochter," entgegnete der
König, „das gereichte uns wie Siggeir zur Schmach. Übel
würde er uns vergelten, brächen wir den Bund, und es
geziemt uns, Wort zu halten."

Als Entgelt für das von ihm abgebrochene Hochzeitsfest
lud Siggeir die Wölsungen mit ihren Gefolgen nach Gantland zu einem Festmahle binnen drei Monaten. König
Wölsung versprach zu kommen, und Siggeir fuhr heim
mit seinem Weibe.

Zur bestimmten Zeit zogen die Wölsungen nach Gantland. Sie hatten auf der See eine kurze Fahrt, und es war Abend, als sie in Gautland landeten. Da eilte Signy zu ihnen voraus und rief Vater und Brüder ans Ufer zu einem Gespräch und verriet ihnen Siggeirs Plan: „Ein unüberwindliches Heer hat er gesammelt, euch zu überfallen. Darum fahrt zurück und kommt mit einer Kriegsschar wieder und rächt euch an dem Verräter."

„Gelobt hab' ich, Eisen und Feuer nicht zu fliehen aus Furcht," sprach König Wölsung: „den Schwur halt' ich, alle Völker werden das zu meinem Ruhme sagen, und nicht sollen die Mädchen beim Spiel meinen Söhnen vor- werfen, daß sie sich vor dem Tode fürchteten. Oft hab' ich gekämpft, bald mehr, bald weniger Heervolk gehabt: nie wird man hören, daß ich fliehe oder Frieden erbitte. Du sollst zurückkehren zu deinem Mann und bei ihm bleiben, wie immer es uns ergehe."

Da kehrte Signy heim.

Am andern Morgen ließ Wölsung seine Maunen ans Land gehen und sich zum Kampf rüsten. Alsbald kam Siggeir mit seinem Heere gezogen, und es erhob sich die allerhärteste Feldschlacht. Neunmal durchbrachen die Wöl- sungen Siggeirs Schlachthaufen und hieben zu beiden Händen alles nieder.

Als sie zum zehntenmal hineindringen wollten, da fiel König Wölsung vor seiner Schar und mit ihm alles Gefolge, außer seinen zehn Söhnen, die, von der Über- macht der Feinde überwältigt und gefangen, in Banden davongeführt wurden.

———————

II. Sigmund und Sinfiötli.

Als Signy hörte, daß ihr Vater erschlagen lag, ihre Brüder aber in Fesseln geworfen und zum Tode bestimmt waren, ging sie zu Siggeir und bat ihn, jene nicht sogleich zu töten, sondern sie in den Stock legen zu lassen, „denn es liebt das Auge, solange es ansieht," schloß sie.

„Rasend und aberwitzig bist du," sprach Siggeir, „daß du für sie lieber größere Qual als den schnellsten Tod begehrst: dennoch willfahr' ich dir."

Und die zehn Wölsungen wurden in den Wald geführt und ihnen ein großer Stock an die Füße gelegt. Um Mitternacht kam eine fürchterliche Elchkuh, die biß einen der Jünglinge tot und fraß ihn auf, darauf ging sie fort. Signy aber sandte am andern Morgen einen treuen Mann ihres hunischen Gefolges in den Wald, und wie er zurückkam, erzählte er ihr das Geschehene.

Da deuchte sie's arg, wenn alle so sterben sollten. Aber sie fand keine Hilfe. Nenn Nächte kam die Elchkuh wieder und biß in jeder Nacht einen zu Tode: nur Sigmund allein war übrig. Ehe die zehnte Nacht kam, rief die Königin ihren Vertrauten, gab ihm Honig, hieß ihn hingehen, damit Sigmund das Gesicht bestreichen und ihm davon in den Mnud legen.

Der Mann tat so. Als in der Nacht die Elchkuh kam, roch sie den Honig, beleckte sein Antlitz und fuhr ihm mit der Zunge in den Mund. Da war Sigmund nicht seig: er biß ihr in die Zunge und hielt sie fest mit den Zähnen. Das Tier erschrak, krümmte sich und stemmte die Füße an den Stock, daß er auseinander fuhr. Sigmund ließ nicht los, bis daß die Zunge mit der Wurzel herausfuhr und die Elchkuh starb. Sigmund aber war frei und verbarg

sich im Wald. Man sagte, es war Siggeirs Mutter, eine
böse Zauberin, welche die Gestalt des Tieres angenommen
hatte.

Signy sandte andern Morgens wiederum ihren Boten
hinaus und erfuhr, wie es ergangen. Nun eilte sie selbst
in den Wald zu ihrem Bruder, und sie berieten, daß er
dort bleiben und sich ein Erdhaus bauen solle. Sie sandte
ihm alles, dessen er bedurfte, um zu leben. König Siggeir
aber glaubte alle Wölsungen tot.

Siggeir wurden zwei Söhne von seinem Weibe geboren.
Der älteste zählte zehn Winter; zehn Jahre hatte sich die
Königin verzehrt in Haß und Rachegedanken gegen ihren
Gatten. Da sandte sie heimlich den ältesten Knaben in
den Wald zu Sigmund: dieser sollte ihn zum Gehilfen seiner
Rache machen. Der Knabe bestand aber nicht die Mut=
probe[1]): — „So braucht er nicht länger zu leben, ergreif'
ihn und töte ihn," sprach die grimme Signy zu Sigmund,
als sie ihn heimlich aufsuchte.

Nach zwei Wintern erging es dem jüngern Knaben
ebenso.

Signy saß nun in ihrer Kammer und sann trauernd
über ihrer Gesippen und des einsamen Sigmunds Geschick.
Da trat einmal eine wunderschöne Zauberin bei ihr ein,
die tauschte Stimme und Gestalt mit Signy. Die Königin
schritt in der geliehenen Gestalt in den Wald zu Sigmunds
Erdhaus und bat ihn um Herberge für die nahende Nacht.
Er mochte der einsamen Frau die Bitte nicht weigern, ver=
trauend, sie werde das Gastrecht heilig halten und ihn nicht
verraten. Sie setzten sich zum Mahle: sie deuchte ihm
lieblich und wunderbar schön, und er vermählte sich ihr[2]).

---

[1]) Welche später Sinfiötli besteht, s. unten S. 276 ff.
[2]) Geschwisterehe, ursprünglich auch bei Germanen, wie bei

Nach dreien Tagen war sie verschwunden, unerkannt wie
sie gekommen. Sie kehrte heim in ihre Kammer und tauschte
wieder ihre Gestalt mit der Zauberin.

Die Stunde kam, und die Königin genas eines Knaben.
Er wurde Sinfiötli genannt und wuchs auf zu großer
Schöne und Stärke. Als er zehn Winter alt war, prüfte
die Königin seinen Mut. Sie zog ihm einen Rock an und
nähte Ärmel und Rock durch die Haut zusammen. Er zuckte
nicht dabei. Und als sie ihm den Rock abzog, und das
Fleisch dem Zeuge folgte, fragte sie ihn, ob das schmerze?
Aber er lachte nur.

Da sandte sie Sinfiötli zu Sigmund, daß jener ihm
helfe, wenn er den Vater rächen werde. Sigmund nahm
den Knaben wohl auf, gab ihm einen Sack voll Mehles
und hieß ihn, einen Brotteig kneten, während er selbst in
den Wald ging, Brennholz zu holen. Als er wiederkam,
war der Teig geknetet; er fragte den Knaben, ob er nichts
in dem Mehl gefunden hätte? „Als ich anfing zu kneten,"
antwortete der, „kam es mir wohl so vor, als sei etwas
Lebendiges in dem Mehl: — ich habe es mit hineingeknetet." Darauf lachte Sigmund: „Von dem Brot
wirst du nichts bekommen: — einen großen Giftwurm
hast du mit hineingeknetet." Sigmund aber war so stark,
daß er Gift essen konnte.

---

andern Ariern, verstattet, kam damals freilich dem Rechte nach
nicht mehr vor, vgl. S. 107. Indessen ist zu erwägen, daß Sigmund wenigstens die Schwester nicht kennt: ihr aber trat die auf-
erzwungene Verbindung mit Siggeir völlig hinter den heißen Gedanken der Blutrachepflicht zurück: die Götter selbst haben ihr
vermutlich die Zauberin geschickt. Übrigens reißt das wilde Ungestüm des Blutes dieses ganze von Odin stammende halbgöttliche
Geschlecht in das Verderben, worin man tragische Sühne finden
mag. [Felix Dahn.]

Sinfiötli schien Sigmund noch zu jung, um an dem
Rachewerk teilzunehmen. Er zog vorerst — es war
Sommer — mit ihm durch Wälder und Länder auf Jagd
und Beute, und sie erschlugen manchen Mann. Sigmund
fand den Knaben von Wölsungenart — obwohl er ihn für
Siggeirs Sohn hielt: doch des Vaters Bosheit, dünkte
ihm, habe er zu der Wölsungen Heldenmut geerbt. Denn
Blutsfreunde schien er wenig zu lieben: gar oft mahnte
der Knabe ihn seines Gramgeschicks und reizte ihn, Siggeir
zu erschlagen.

Da stießen die Friedlosen einst im Walde auf ein
Haus, darin lagen schlafend zwei Männer, mit goldenen
Ringen an den Armen. Sie waren vom bösen Zauber
befreit worden: denn über ihnen hingen zwei Wolfs=
hemden[1]), welche sie nur je den zehnten Tag ablegen
konnten. Die Wölsungen fuhren in die Hemden, konnten
aber nicht wieder herauskommen: der böse Zauber haftete
nun ihnen an: sie waren in Werwölfe, d. h.
Mannwölfe verwandelt worden und riefen mit Wolfs=
stimme.

Sie machten aus, daß sie sich trennen wollten, und
wenn einer auf mehr als sieben Männer stieße, sollte
er den Genossen mit dem Wolfsschrei zu Hilfe rufen.
Sinfiötli begegnete bald elf Männern: er rief nicht und
erschlug alle im Kampf. Ermüdet legte er sich unter eine
Eiche. So traf ihn Sigmund und fragte: „Warum riefst
du nicht?" „Wegen elf Männern wollte ich deine Hilfe
nicht," antwortete der Knabe. Von Wolfszorn übermannt,
sprang da Sigmund gegen Sinfiötli und biß ihm in die
Gurgel, daß der Knabe taumelte und fiel.

Als der Zorn verraucht war, hob Sigmund Sinfiötli

---

[1]) Vgl. S. 158, Schwanen=, Krähen=, Falkenhemd.

auf den Rücken und trug ihn in die Hütte, wo sie die
Hemden gefunden hatten. Die beiden Männer waren ver=
schwunden. Traurig saß er über den Knaben gebeugt
und flehte zu den Geistern, die den Zauber gewirkt hatten,
ihnen die Wolfshemden abzunehmen.

Da sah er im Walde zwei Buschkatzen sich balgen, die
eine biß der andern in die Kehle, daß sie wie tot dalag.
Jene lief zu Walde, kehrte mit einem Kraute zurück, legte
es der Gebissenen auf die Wunde, und die sprang heil
auf. Sigmund ging nun zur Hütte hinaus und sah einen
Raben ihm entgegenfliegen: der trug ein gleiches Kraut
im Schnabel und ließ es vor ihm fallen. Sigmund hob
es auf und legte es auf Sinfiötlis Wunde. Alsogleich
war der Knabe gesund und heil. Nun gingen sie in ihr
Erdhaus zurück und warteten, bis sie von den Wolfs=
hemden frei wurden. Das geschah am zehnten Tage,
nachdem sie hineingefahren: sie konnten sie von sich ziehen
und verbrannten sie schnell im Feuer.

Als nun Sinfiötli herangewachsen war, gedachte Sig=
mund, für seinen erschlagenen Vater Blutrache zu nehmen.
Sie gingen eines Tages von dem Erdhaus fort und kamen
spät abends in König Siggeirs Hof. Sie traten in den
Vorraum vor der großen Halle: dort standen Ölfässer,
hinter denen verbargen sie sich. Da erfuhr die Königin,
daß sie gekommen waren, und alle drei beschlossen gemein=
sam, in der Nacht die Rachetat zu vollziehen.

Zwei jüngere Söhne Signys und Siggeirs spielten
mit Goldringen in der Halle: ein Reif rollte dabei hinter
die Fässer; der eine Knabe lief ihm nach und sah dort
die zwei Männer sitzen, groß und grimmig, in tiefen
Helmen und glänzenden Brünnen. Er lief in die Halle
zu seinem Vater und sagte ihm, was er gesehen hatte.

Der König argwöhnte Verrat: Signy aber, die alles

mit anhörte, führte ihre Knaben hinaus zu den Verborgenen: „Bringet sie um, sie haben euch verraten." Sigmund mochte ihnen kein Leides tun: doch Sinfiötli sprang vor, erschlug beide mit seinem Schwert und warf sie in die Halle hinein, vor des Königs Sitz.

Der fuhr auf und gebot, die fremden Männer zu ergreifen; die wehrten sich lang und heldenmütig: endlich wurden sie von der Übermacht bewältigt und gefesselt und lagen die Nacht über in Banden, indes der König sann, wie er sie am grausamsten töten könne.

Und als der Morgen kam, ließ er einen Hügel aus Steinen und Rasen bauen — wie man für Tote pflegte — in die Mitte aber einen großen Fels setzen, so daß der Hügel in zwei Hälften geteilt war. Sigmund und Sinfiötli wurden je in eine der Höhlen geworfen, darin zu verhungern. Sie sollten sich klagen hören können, aber nicht beisammen sein: denn das schien dem König grausamste Qual.

Als die Knechte den Hügel zudeckten, kam Signy hinzu. Sie trug Stroh in ihrem Gewand, warf es Sinfiötli hinab und bat die Knechte, davon vor dem König zu schweigen. Sie sagten ihr's zu und schlossen den Hügel.

Sinfiötli fand in der Strohschaube Speck und darin steckend Sigmunds Schwert: er erkannte es im Dunkeln am Knauf. Nun stieß er die Schwertspitze oberhalb des Felsens durch und zog stark: das Schwert schnitt in den Stein: da faßte Sigmund die Spitze und „mit Macht zersägten mit Odins Schwert den großen Felsen Sigmund und Sinfiötli". Sie waren nun beisammen, zerschnitten Stein und Rasen und brachen aus dem Hügel. Dunkle Nacht war: sie schritten zu König Siggeirs Halle: dort lagen alle Männer im Schlaf. Sie trugen Holz an die

Halle und legten Feuer daran: die darin schliefen, er=
wachten vom Rauch und von prasselnder Lohe.

„Wer tat das?" rief der König.

„Das taten wir, Sigmund und Sinfiötli!" antwortete
Sigmund: „nun sollst du's spüren, daß nicht alle Wöl=
sungen tot sind." Mit dem Schwerte wehrte er jedem,
der zu fliehen suchte. Seine Schwester bat er, sie möge
herauskommen, auf daß er sie mit Ehren grüße und sie
sich der Rache freue.

Aber die Königin sprach: „Erfahren sollst du nun,
Sigmund, wie ich stets nur des Todes der Wölsungen
gedachte. Meine Knaben ließ ich erschlagen und Sinfiötli
ist unser Sohn: ich aber habe allerwege so sehr nach
Rache getrachtet, daß ich nun freudig sterben will mit
Siggeir, den ich, obzwar genötigt, zum Manne nahm."

Darauf ging sie hinaus, küßte Sigmund und Sinfiötli
und sprang in das Feuer zurück.

So verbrannten König Siggeir und Signy und ihr
ganzes Hofgesinde.

Die Wölsungen nahmen Heervolk und Schiffe in ihre
Gewalt.

Sigmund fuhr über die See zurück in sein Vatererbe,
jagte den König aus dem Lande, der sich darin festgesetzt
hatte, und herrschte über Hunenland als mächtiger und
weiser Fürst. Borghild von Bralund nahm er zum
Weib: und gewann zwei Söhne Helgi und Hamund.
Sigmunds Nachkommen hießen Wölsungen und Ylfinge,
d. i. Wölflinge, weil er eine Zeitlang als Wolfsmann
gelebt hatte.

III. Helgi Hundingsbani (d. h. Hundings-töter).

Von Helgis Geburt singt das Helgilied:

„Es war im Uralter, als Are sangen, heilige Wasser von Himmelsbergen rannen: da hatte Helgi, den Hoch= herzigen, Borghild geboren in Braland. Nacht war in der Burg, Nornen kamen, dem Edeling das Alter und Schicksal zu bestimmen" (S. 148). Sie wünschten ihm, der beste und heldenmütigste König zu werden, bestimmten ihm Braland zum Erbe, und niemals zu reiten den Weg nach Hel.

Vor der Burg, auf einem Eschenbaum, saßen zwei Raben, und einer sprach zum andern: „Sigmunds Sohn steht einen Tag alt in der Brünne und schärft sein Auge, wie Krieger tun: er wird Odins Wölfe mit Leichen er= freun." Die Männer aber sprachen: „Nun ist eine glück= liche Zeit gekommen."

König Sigmund kam gerade aus einer Schlacht, als Helgi geboren war: er ging in die Burg und reichte dem Knaben edlen Lauch (Kraut) als Zeichen, daß er ihn zu seinem Erben im Hunenreich bestimme. Er gab ihm den Namen Helgi, schenkte ihm Land und Burgen und ein zieres Schwert. Helgi wurde von Hagal, einem Edlen, in dessen Burg erzogen.

Damals herrschte über Hundland Hunding, ein mächtiger König; er hatte viele Söhne, und zwischen den Hundingen und Wölsungen war Unfriede: sie erschlugen einander ihre Freunde. Als Helgi fünfzehn Jahre alt war, zog er auf heimliche Kundschaft nach Hundings Hof. Heming, einer von Hundings Söhnen, war allein zu Hause, und als Helgi wieder zum Burgtor hinausging, begegnete er einem Hirtenknaben und trug ihm auf:

„Sage Heming, daß Helgi es war, der umherging in seiner Burg, unter wolfsgrauen Kleidern den Panzer geborgen: und der Hunding hielt ihn für Hamal, Hagals Sohn." Als Hunding das hörte, sandte er Krieger zu Hagal, um Helgi zu fangen. Ihnen zu entgehen, mußte Helgi Magdskleider anziehen und am Mühlstein Korn zerreiben. Da sprach ein Krieger: „Wie blitzen der Magd die Augen! die ist nicht gemeinen Mannes Kind: die Steine bersten, der Mühlbeutel zerreißt: — geziemender, dünkt mich, wäre dieser Hand ein Schwertgriff statt der Mühlstange." „Das ist kein Wunder, daß der Mühlstein dröhnt," antwortete Hagal, „da eine Königsmaid die Walze treibt. Sie war eine Walküre, ehe Helgi sie fing: darum hat sie die zornigen Feueraugen."

So entkam Helgi und zog mit Sinfiötli an der Spitze einer Kriegsschar gegen Hunding. Die Wölsungen obsiegten, mit eigner Hand fällte Helgi Hunding, und mit ihm fiel ein großer Teil von dessen Gefolge. Seitdem hieß der junge Fürst: Helgi Hundingstöter. Hundings Söhne heischten Wergeld für den Erschlagenen und Buße für die Wegnahme vielen Gutes. Helgi aber sandte ihnen die Antwort: „Ein gewaltiges Wetter grauer Gere und Odins Gram (Zorn) sollt ihr haben" (S. 62). Darauf rüsteten die Könige neue Heerscharen und zogen gegeneinander, in den Logabergen trafen sie auf der Walstatt zusammen. Helgi drang vor bis zum Banner der Hundingssöhne und erschlug, so viel ihrer da waren. Kampfmüde ruhte er nach der Schlacht; Abend war's, er saß am Wald auf einem Stein. Da brach Lichtglanz am Himmel hervor, und aus dem Glanze schossen Wetterstrahlen, und aus den Wolken nieder ritten Walküren in Helmen und Brünnen, blutbespritzt, und Flammen standen auf den Spitzen ihrer Speere. In frohem Übermut rief

der König sie an, ob sie mit ihm und seiner Schar
die Nacht heimfahren wollten zum Schmaus? Zorniges
Speerrasseln scholl durch die Luft, und vom Roß herunter
rief die erste ihm Antwort: „Ein ander Geschäft, als Met
trinken, hat Sigrun, Högnis Tochter, mit König Helgi."

Sie ging zu ihm, ergriff seine Hand, grüßte und küßte
ihn; da wuchs ihm Liebe zu dem Weibe unter dem Helm.
„Mein Vater," erzählte sie, „hat mich Höbbrod, Gran=
mars Sohn, verheißen. Ich schalt ihn ‚Katzensohn' und
schwur, daß ich ihn nicht mehr lieben würde, als eine
junge Krähe. Denn einen andern Helden will ich zum
Mann. In wenig Nächten aber kommt Höbbrod zur Ver=
mählung, wenn du ihn nicht zuvor zur Walstatt entbietest
oder Högnis Tochter entführst." Helgi antwortete: „Fürchte
nicht deines Vaters Zorn und nicht Höbbrods Gewalt:
du sollst, junge Maid, mit mir leben." Darauf schieden
sie. Helgi sandte nun Boten aus, die warben für vieles
Gelb starke Scharen. In Brandeiland, am Meeres=
strand, erwartete sie der König. Sie kamen über die
Wellen zu vielen Hunderten. Die goldgeschmückten Schiffe
lagen dichtgedrängt in der Warinsbucht.

Helgi fragte seinen Steuermann, wieviele ihrer ge=
kommen seien?

„Nur schwer konnt' ich die Schiffe vom Strand aus
überblicken, zwölfhundert Männer hab' ich gezählt: —
doch sind wohl noch halbmal mehr." Bei Tagesanbruch
wurden die Schilde von den Schiffborden weggenommen
und die Segel aufgezogen. Da hub sich ungestümer Lärm.
Sie schlugen Schwerter und Schilde aneinander, und mit
rauschenden Segeln und Ruderschlägen fuhr die Flotte aus
der Bucht nach Frekastein in Höbbrods Land. Inmitten
segelte Helgis Schiff. Auf offenem Meer traf sie ein ge=
waltiges Unwetter: Blitze fuhren über sie hin und schlugen

ein. Die Wogen umdrängten die Drachenborde, als ob
Berge zusammenstießen. Helgi befahl, das Hochsegel noch
höher aufzuziehen: aber gegen die Wellen war kein Schutz
mehr: denn Ran, die Hafffrau (S. 213), legte ihre Hand
auf Helgis Schiff, um es hinabzuziehen. Da ritten neun
Walküren oben in der Luft; Helgi erkannte Sigrun; un=
erschrocken riß die Walküre der Hafffrau das Schiff aus
der Hand. Das war bei Gnipawald; abends legte sich
der Sturm und sie kamen glücklich ans Land.

Höddbrods Brüder standen auf einem Hügel und sahen
die Schiffe heranfahren: eilig sprang einer, Gudmund
mit Namen, auf seinen Hengst, ritt hinunter ans Meer
und rief mit lauter Stimme: „Wer ist der König, der
über das Heer gebietet und solch feindliche Scharen ans
Land führt?" Sinfiötli schwang seinen roten Schild, mit
goldenem Raub, an der Segelstange hinauf und gab ihm
Bescheid.

„Erzähl's heut Abend, wenn du Schweine und Hün=
dinnen zum Futter lockst, daß Wölsunge kampfbegierig
nach Gnipawald gekommen seien. Hier wird Höddbrod
Helgi finden, der zum Kampfe eilt, dieweil du Mägde
küssest."

„Wenig weißt du von edler Sitte, da du mir Un=
wahres vorwirfst. Du haustest als Werwolf, schlichst, allen
verhaßt, im Wald einher, und mordetest deine Brüder."

„Ein diebischer Knecht warst du!" — Und in immer
heftigeren Schmähreden haderten sie miteinander, bis Helgi
ihnen wehrte: „Es wär' euch geziemender, in den Kampf
zu eilen, als euch mit unnützen Worten zu zanken. Gar
wenig gefallen mir Granmars Söhne, aber kriegsmutig
sind sie doch." —

Gudmund wandte sein Roß und brachte Höddbrod, den
er in seiner Burg fand, die böse Nachricht. Der sprach:

„Laßt Boten durchs Land reiten: kein Mann, der ein Schwert schwingen kann, bleibe daheim; entbietet Högni und seine Söhne, unsre Freunde, sie sind alle begierig des Kampfes."

Bei Frekastein trafen die Feinde zur Schlacht zusammen. Helgi, Hundingstöter, war stets der Vorderste, wo ge= kämpft wurde: wie fester Kern war sein mutiges Herz. Da gewahrten sie, hoch in den Wolken, eine Schar von Schildmädchen, als ob man in Flammen sähe: — Helgi erkannte Sigrun, Högnis Tochter. Und nun wuchs der Gere Getös. Helgi erschlug König Höbbrod unter seinem Banner, auch Högni tötete er; alle Brüder Hödbrods und alle Häuptlinge des Heeres fielen: nur Dag, Högnis Sohn, erhielt Frieden und leistete den Wölsungen Eide. Sigrun ging über die Walstatt, bis sie Helgi fand. Sie begrüßte ihn als Sieger: „Glücklich sollst du sein, König, und deines Sieges genießen."

„Nicht alles ist nach deinem Wunsch geschehen: Vater und Brüder hab' ich dir getötet, und erschlagen auf der Erde liegen die meisten deiner Gesippen. Durch blutigen Streit wurdest du mir gewonnen: — das schufen die Nornen."

Da Sigrun weinte, tröstete er sie: „Hilde (d. h. Wal= küre, S. 161) bist du mir gewesen, und das Schicksal können selbst Helden nicht besiegen." Da sprach Sigrun: „Die Heimgegangenen möcht' ich nun ins Leben zurück= rufen und dennoch mich dir am Herzen bergen."

Helgi nahm Sigrun zur Gattin und wohnte mit ihr in Sevafiöll.

Dag opferte Odin, auf daß er ihm Vaterrache ge= währe, und der Gott lieh ihm seinen Speer Gungnir (S. 61, 64). Dag suchte Helgi und fand ihn, als der einsam durch einen Wald ging, und durchbohrte ihn mit

Odins Speer. Dann ritt er nach Sevafiöll und sagte
Sigrun die Tat. Da sprach Sigrun: „Dich sollen alle
Eide brennen, die du Helgi bei der Leiptr leuchtendem
Wasser[1]) geschworen hast! Nicht schreite das Schiff, das
dich trägt, weht auch erwünschter Wind dahinter! Nicht
renne das Roß, das dich trägt, wann du vor deinen
Feinden fliehen mußt! Nicht schneide das Schwert, das
du schwingst, es sause dir denn selber ums Haupt: wie
ein Wolf im Walde sollst du friedlos leben!" Dag bot
ihr zur Sühne Gold und das halbe Reich ihres Vaters
Högni; aber Sigrun antwortete: „Nicht selig kann ich
fürder sitzen in Sevafiöll, es bräche denn ein Glanz aus
der Pforte des Königsgrabes und Helgi ritte daher und
ich könnte den Herrscher umfangen. Wie edelgewachsene
Esche über niedrige Dornen, so ragte Helgi empor über
alle Helden."

Es ward nun Helgi ein Hügel errichtet; als er aber
nach Walhall kam, stand Odin auf von seinem Sitz, ging
ihm entgegen und bot ihm an, über alles mit ihm zu
herrschen (S. 69).

Am Abend des Bestattungstages ging Sigruns Magd
an des Königs Totenhügel und sah Helgi mit vielen
Männern in den Hügel reiten; sie lief zur Königin und
sagte ihr, was sie gesehen. „Eile hinaus, wenn's dich
gelüstet, den König wiederzufinden. Aufgetan ist der
Hügel und Helgi gekommen: der König bat, daß du die
tropfenden Wunden ihm stillen möchtest."

Sigrun ging in den Totenhügel zu Helgi, küßte ihn,
trocknete seine Wunden und sprach zu ihm: „Dein Haar
ist durchreift, mit Blut bist du bedeckt, deine Hände sind
feuchtkalt: — wie soll ich dir dafür Abhilfe schaffen?"

—————

[1]) Leiptr entspricht dem Styx der Unterwelt der griechischen Sage.

„Du allein bist schuld, Sigrun," antwortete er, „daß
Helgi mit Blut bedeckt ist: du weintest viele Zähren, ehe
du schlafen gingst: eine jede fiel blutig auf Helgis Brust."
Sigrun bereitete ihm ein Lager und sagte: „Ich will dir
am Herzen ruhn, wie ich es dem lebenden König tat."
Da jauchzte Helgi: „Nun weilst du, Sigrun, im Hügel
bei Helgi, dem Entseelten im Arm, und bist doch lebendig."

Als der Morgen nahte, brach Helgi auf: „Westlich
vor Bifröst (S. 28) muß ich sein, ehe der Haushahn die
Einheriar weckt." Und Helgi und sein Gefolge ritten die
Wolkenwege.

Sigrun aber kehrte heim, mit ihren Franen, die sie
begleitet hatten. Sie ließ am folgenden Abend die Magd
am Hügel Wache halten; als die Königin nach Sonnen-
untergang dorthin kam, sprach die Magd: „Gekommen
wäre nun — wenn er zu kommen gedächte — Sigmunds
Sohn aus den Sälen Odins. Hoffe nicht mehr auf Helgis
Heimkehr. Sei nicht so rasend, allein in den Totenhügel
zu gehen: gewaltiger werden in der Nacht, als am lichten
Tag, alle toten Krieger."

Sigrun lebte nicht lange mehr, vor Harm und Leid.
Aber die Sage singt von Helgi und Sigrun, daß sie
wiedergeboren seien: er ein siegreicher Held und sie seine
Walküre [1]).

---

[1]) In dieser Verjüngung heißt er Helgi Hundingstöter, sie
Kara (Hilde) Halfdans Tochter (S. 160, 161).

IV. Sinfiötlis und Sigmunds Ende.

Nach dem Siege Helgis über Hödbrod war Sinfiötli mit seinen Kriegern zu seinem Vater heimgekehrt: der weilte damals in Dänemark, dem Erbe Borghilds. Nicht lange ruhte Sinfiötli, bis er abermals auf Heerfahrten ausfuhr. Auf einer solchen sah er Swintha, die schöne Königin der Warnen, und begehrte sie zur Gattin. Seiner Stiefmutter Bruder, Gunther (auch Roar), warb um dieselbe Jungfrau; sie stritten um dieses Weib im Kampf, und Gunther fiel auf grünem Holm. Er zog dann weiter auf Heerfahrt, gewann Sieg auf Sieg und kam zur Herbstzeit ruhmvoll, mit vielen schatzbeladenen Schiffen, zu seinem Vater zurück. Da erfuhr Borghild ihres Bruders Tod und gebot Sinfiötli, aus dem Lande zu weichen, denn sie wollte ihn nicht sehen. Aber Sigmund mochte den Sohn nicht von sich ziehen lassen und erbot sich, seiner Frau Buße zu leisten mit Gold und Gut: und hatte er doch nie zuvor jemandem Buße geleistet. Borghild antwortete: „Entscheide du, Herr: — das geziemt sich."

Sie veranstaltete mit Sigmunds Zustimmung ein Leichenmahl zu ihres Bruders Gedächtnis und lud dazu viele edle Männer. Sie selbst schenkte ihren Gästen den Met und kam auch vor Sinfiötli mit einem vollen Horn: „Trink nun, Stiefsohn." Sinfiötli nahm das Horn, blickte hinein und sprach: „Der Trank ist trüb." „Gib ihn mir," rief Sigmund und trank ab: ihm schadete ja kein Gift (S. 276).

„Warum sollen andre für dich trinken?" fragte Borghild und kam abermals mit dem Horn: „Trinke nun." „Der Trank ist gefälscht," sprach er, das Horn nehmend: und wieder trank Sigmund für ihn. Und zum dritten

Mal kam die Königin: „Trinke, wenn du den Mut der Wölsungen hast!" „Gift ist im Trank!" rief Sinfiötli, das Horn haltend. Aber Sigmunds Gedanken waren müde vom Mettrinken, darum antwortete er: „Laß es durch den Bart rinnen, mein Sohn." Sinfiötli verstand nicht die Warnung, trank und fiel tot um.

Sigmund sprang auf, sein Gram brachte ihn dem Tode nahe. Er nahm die Leiche in seine Arme und trug sie lange Wege durch den Wald, suchend, wo er sie betten solle, bis er an eine tief ins Land einspringende Meeresbucht kam. Er konnte nicht hinüber; da sah er einen Mann in einem kleinen Kahn: der erbot sich, ihn über die Bucht zu fahren. Als aber Sinfiötli im Boot lag, war kein Raum mehr darin: die Leiche ward nun zuerst übergefahren und der König ging die Bucht entlang. Alsbald entschwand der Mann mit dem Nachen seinen Augen: da erkannte Sigmund, daß Odin selbst Sinfiötlis Leiche in Empfang genommen hatte.

Er kehrte heim und verstieß Borghild; bald darauf starb sie.

Hiördis, des Königs Eylimi Tochter, war die schönste und weiseste aller Frauen. Sigmund hörte von ihr und machte sich auf die Reise zu Eylimi. Boten gingen ihm mit seiner Werbung voraus. Eylimi rüstete sich, den Gast geziemend zu bewirten, und soweit er herrschte, befahl er, Sigmund und seine Gefolgen freundlich aufzunehmen.

Als sie nun in Eylimis Halle zum Mahle niedersaßen, war König Lyngi, aus Hundings Geschlecht (S. 281), gekommen und begehrte Hiördis ebenfalls zum Weibe.

Da sprach Eylimi zu Hiördis: „Du bist eine weise Jungfrau: wähle! Wen du zum Manne willst, den sollst du haben." Sie antwortete: „Ich wähle den Gewaltigsten: das ist Sigmund, obgleich er bejahrt ist." Und Hiördis

ward Sigmund gegeben. König Lyngi aber fuhr hinweg.
Mehrere Tage wurde die Hochzeit gefeiert; darauf kehrte
Sigmund heim, sein Schwäher Eylimi zog mit, und Sig=
mund waltete nun seines alten Erbes in Hunenland.
König Lyngi aber und seine Gesippen sammelten ein großes
Heer; eingedenk ihrer alten und steten Niederlagen im
Kampfe mit den Wölsungen, wollten sie nun endlich Sig=
mund alles heimzahlen. Sie zogen nach Hunenland und
sandten Sigmund Kriegsbotschaft: denn sie wollten sich
nicht zu ihm stehlen und wußten, daß der Wölsung zum
Kampfe kommen würde. Sigmund zog seine Scharen zu=
sammen und ritt in die Schlacht.

Hiördis ließ er mit einer Magd und vielen Schätzen
in einem Wald in der Nähe der See verbergen. Dort
blieben die Frauen während des Kampfes. Ein unermeß=
liches Heer stieg aus den Schiffen Lyngis ans Land,
Sigmund hatte ein weit kleineres. Die Banner wurden
aufgerichtet, die Hörner gellten! Sigmund ließ das Horn,
das schon seinem Vater gehört hatte, erschallen. In seinen
grauen Haaren stand er stets im Vorderkampf; weder
Schild noch Panzer hielt gegen ihn, er schritt kämpfend
mitten durch das Heer seiner Feinde. Und so viele Speere
und Pfeile auch auf ihn zielten (S. 221), — ihn traf
nicht ein Geschoß. Denn Spâ=Disen (d. i. Schutzgöttin=
nen, S. 161) schirmten ihn und man mochte nicht zählen,
wie viele Männer vor ihm fielen. Er hatte beide Arme
blutig bis an die Achseln.

Da kam ein Mann in die Schlacht, im breiten Hut
und dunkelblauen Mantel, einäugig, den Speer in der
Hand: der trat Sigmund entgegen und schwang seinen
Speer gegen ihn. Kräftig hieb Sigmund zu: sein Schwert
traf auf den Speer und — sprang in zwei Stücke. Der
Mann verschwand und nun wich der Sieg von dem

Wölsung: sein Kriegsvolk fiel in großer Zahl, auch Eylimi
ward erschlagen und an der Spitze seiner Schlachtreihen
sank auch König Sigmund wie tot.

Lyngi zog eilends in die Königsburg und dachte,
Hiördis zu fangen. Doch weder Frau noch Gut fand er
dort. Er verteilte nun Hunenland an seine Mannen und
wähnte alle Wölsungen tot und daß er sich nicht mehr vor
ihnen zu fürchten hätte.

Hiördis aber ging in der Nacht nach dem Kampf auf
die Walstatt und suchte, bis sie Sigmund fand: sie fragte
ihn, ob er nicht zu heilen wäre?

„Mancher lebt wieder auf,“ antwortete er, „bei ge=
ringerer Hoffnung, ich aber will sterben. Mir ist das
Glück entwichen, seit mein Schwert zerbrochen ist: ich habe
gekämpft, so lang es Odin gefiel.“

„Lebe! und räche meinen Vater,“ antwortete sie.

„Das ist einem andern bestimmt, Hiördis: unserm
Sohn, den du unterm Herzen trägst. Und er wird der
Herrlichste unsers Geschlechts sein; bewahre die Schwert=
stücke wohl auf: davon wird ein gutes Schwert geschmie=
det, das wird Gram heißen und unser Sohn wird es
tragen und sein Name wird leben, solange die Welt steht:
das sei dir Trost.“

Hiördis saß über ihm, bis er starb: da begann der
Tag zu leuchten und sie sah, daß viele fremde Schiffe ans
Land kamen. Sie ging zurück in den Wald und ver=
tauschte die Kleider mit ihrer Magd und diese mußte sich
für die Königin ausgeben. Die Wilinge, die aus den
Schiffen aus Land stiegen, sahen die Frauen in den Wald
eilen, kamen auf die Walstatt und fanden die vielen
Toten. Sie brachten eilig die Kunde ihrem König Alf,
dem Sohn Helferichs von Dänemark, der an der Küste
vorübergefahren kam. Er hieß die Frauen aufsuchen und

vor sich führen. Die Magd antwortete als Königin und erzählte ihm alles. Und als er nach dem im Walde verborgenen Gut fragte, führte sie ihn an die Stelle. Er ließ alles auf sein Schiff tragen, auch die Frauen mußten ihm folgen und er segelte heim in sein Reich.

Nach einiger Zeit fragte ihn seine Mutter: „Warum geht die schönere der fremden Frauen in geringen Kleidern? Mich deucht, daß sie die edlere ist." Alf hegte denselben Verdacht und versuchte sie. Er setzte sich einmal beim Trinken neben die falsche Königin und fragte sie: „Was hattet ihr daheim zum Merkmal für den Tagesanbruch, falls die Nacht zögerte und kein Stern am Himmel stand?"

Sie antwortete: „Ich war gewöhnt in der Jugend, früh morgens Met zu trinken: seitdem wach ich auf um diese Zeit."

Der Königssohn lächelte: „Übel gewöhnt war die Königstochter," und ging zu Hiördis, sie dasselbe fragend. Sie gab den Bescheid: „Mein Vater schenkte mir einen Goldring, der erkaltet mir am Finger bei Tagesanbruch: daran erkenn' ich die Stunde."

„Da gab es Goldes genug, wo Mägde Gold trugen! — Ihr habt euch lange genug vor mir verstellt: nun will ich dich deiner würdig halten, Hiördis, Königskind: — denn du sollst mein Weib werden." Da gestand sie die Wahrheit und wurde in hohen Ehren gehalten.

V. Sigurd.

1. Sigurds Geburt und Jugend.

Hiördis gebar einen Knaben, Sigmunds Sohn, und der Knabe wurde zu Helferich getragen. Der freute sich über des Kindes helle Augen, begoß ihn mit Wasser[1] und nannte ihn Sigurd: er wuchs bei dem König auf und jeder liebt ihn. Hiördis gab Helferich seinem Sohn Alf zur Frau und maß ihr den Mahlschatz zu.

Damals lebte bei Helferich Regin, ein Zwerg, kunstfertig, weise, grimmherzig und zauberkundig (S. 198, 200). Dieser übernahm Sigurds Erziehung: er lehrte ihn allerlei Künste: Brettspiel, Runen, in mancherlei Zungen reden und alles, was der Sitte gemäß für Königssöhne sich schickte. So ward Sigurd groß und weilte zuletzt beständig bei dem Zwerg.

„Wo blieb denn das viele Gold deines Vaters?“ fragte ihn einmal Regin.

„Das hüten mir Helferich und Alf: sie können es besser bewahren als ich.“

Ein andermal begann Regin: „Willst du denn des Königs Roßhüter werden und zu Fuß einherlaufen, wie ein Knecht? Warum gönnt dir Helferich nichts?“

„Dem ist nicht so,“ antwortete Sigurd. „Mir steht zur Verfügung, was ich will.“ „So laß dir ein Roß geben,“ reizte ihn Regin. „Sobald ich will, kann ich eins haben.“ Sigurd ging nun zum König und sprach: „Ich will ein Roß haben zu meiner Ergötzung.“ „Wähle dir selber, welches du willst,“ antwortete Helferich.

---

[1] Das war heidnisch-nordische Sitte.

Tags darauf ging Sigurd in den Wald, wo die Rosse
weideten; er begegnete einem alten, graubärtigen Mann,
den er nicht kannte; der fragte ihn, wohin er wolle?
„Ein Roß will ich mir kiesen, komm und rate mir dabei."

„Wir wollen sie durch den Fluß treiben," riet der
Mann. So taten sie. Sie gingen hin und trieben die
Tiere durch den Fluß: aber keines schwamm durch ans
Ufer, außer einem jungen Hengst. Den wählte Sigurd.
Das Roß war grau von Farbe, groß und schön von
Wuchs: noch niemand war ihm auf den Rücken gekommen.
Der Bärtige sprach: „Dieser Hengst stammt von Sleipnir
(S. 220), er wird aller Hengste bester," und damit ver-
schwand der Alte. Sigurd nannte das Roß Grani (d. i.
der Graue).

Nicht lange darauf sprach Regin wieder zu Sigurd:
„Es härmt mich, daß du so wenig Gut hast und herum-
läufst, wie ein Stallbube. Aber ich weiß einen verborgenen
Hort: ihn zu gewinnen, schafft dir Ruhm. Das Gold
hütet ein Lindwurm — heißt Fafnir —, nicht weit ist's
von hier: dort findest du mehr, als du je bedarfst, würdest
du auch der mächtigste König."

„Warum reizest du mich, kindjungen, so sehr dazu?"

„Höre mich," antwortete Regin und begann zu erzählen. „Hreidmar hieß mein Vater. Er war reich;
er hatte drei Söhne: Fafnir, Otr und der dritte bin
ich. Otr lief täglich, in Ottersgestalt, in den Strom und
fing Fische, dort, wo ein Wasserfall war, der Andwaris-
fall heißt, nach Andwari, dem Zwerg, der in Hecht-
gestalt da nach Fischen jagte. Fafnir war der stärkste
und wollte alles allein haben. Otr saß einst am Wasserfall und aß blinzend einen Lachs, als drei Asen: Odin,
Loli und Hönir (S. 176), gegangen kamen. Loli hub
einen Stein auf, warf und traf den Otter zu Tode und

rühmte den Wurf, der Otter und Lachs zugleich erjagt habe. Sie nahmen die Bente und kamen zu Hreidmars Gehöft, baten um ein Nachtlager — Mundvorrat hätten sie bei sich — und zeigten uns ihre Bente. Da wir Otr erkannten, forderten wir Buße von den Asen. Sie boten, soviel Hreidmar verlange. Der forderte, daß sie den Otterbalg mit Gold füllen und auch von außen mit Gold bedecken sollten. Odin schickte Loki aus, das Gold zu suchen. Loki lieh von der Meerfrau Ran (S. 213) deren Netz und fing damit Andwari im Wasserfall. Andwari mußte sein Leben aus Lokis Händen lösen mit allem Gold, das er besaß.

„Sie gingen zu Andwaris Stein, und der Zwerg trug alle Schätze hervor; nur einen Ring hielt er zurück und wollte ihn behalten, weil er sein Gut mit dem Ring wieder erneuern konnte. Aber Loki nahm ihm auch den Ring. Andwari ging zurück in seinen Stein und legte einen Fluch auf das Gold: ‚Zweien Brüdern werde es zum Mörder, acht Edelingen zum Verderben, meines Gutes soll niemand froh werden.‘

„Als Odin das Gold sah, nahm er den Ring davon, weil er ihm schön dünkte. Dann füllten die Asen den Otterbalg und umhüllten ihn mit Andwaris Gold. Aber Hreidmar sah noch ein Barthaar durchschimmern: da deckte Odin den Ring darauf und sprach, daß sie der Otterbuße nun los wären, und nahm seinen Speer und die Asen schritten hinweg. Doch Loki wandte sich noch und sagte uns Andwaris Fluch. ‚Hätt’ ich das zuvor gewußt,‘ sprach Hreidmar, ‚wäret ihr eures Lebens ledig! — Doch wenig fürchte ich eure Drohungen[1]! Trollet euch!‘

---

[1] So wirkte bereits der Fluch, daß Hreidmar aus Goldgier die Warnung in den Wind schlug.

Seitdem hieß das Gold ‚Ottersbuße‘ oder ‚der Asen Not-
geld‘.

„Fafnir und ich verlangten unsern Teil von dem
Schatz als Bruderbuße. Aber Hreidmar gönnte uns nichts.
Da tötete Fafnir den Vater, als der schlief, und nahm
das Gold. Nun forderte ich mein Vatererbe. Aber er
gebot mir, mich fortzumachen, sonst* ergehe es mir, wie
Hreidmar. Fafnir nahm des Vaters Helm, Ögir (S. 61,
‚Schreckenshelm‘), und sein Schwert, Hrotti, und fuhr
auf die Gnitaheide. Dort grub er sich eine Höhle,
verwandelte sich in Wurmesgestalt, und legte sich auf das
Gold. Ich ging zu Helferich und trat in des Königs Dienst.
Meine Geschichte aber bedeutet, daß ich des Vatererbes und
der Bruderbuße darbe.“

„Schmiede mir ein gutes Schwert,“ sprach Sigurd,
„wenn du willst, daß ich den Drachen erschlage.“

Zweimal schmiedete Regin ein Schwert: die zersprangen
beim ersten Hiebe Sigurds. Da ging dieser zu seiner
Mutter und bat sie um die Schwertstücke, die sein Vater
ihr sterbend übergeben hatte: die brachte er dem Zwerg,
und der schmiedete daraus das Schwert Gram: damit
zerschlug Sigurd Regins Amboß auf einen Schlag und
zerschnitt mit der Schneide eine Wollflocke, die auf dem
Wasser floß.

„Nun wirst du dein Wort erfüllen und Fafnir erschlagen!“ drängte Regin. „Ich werd’ es erfüllen: —
aber zuvor noch etwas andres,“ antwortete Sigurd: „Laut
lachen würden Hundings Söhne, wenn mich, einen Königssohn, mehr verlangte nach roten Ringen, als nach Vaterrache.“

Er forderte von König Helferich ein Heer, um Vaterrache zu nehmen.

2. Sigurds Vaterrache.

Der König ließ ihm ein großes Heer rüsten: Schiffe und alles Heergerät wurden auf das sorgfältigste bereitet, auf daß seine Fahrt ehrenvoller werde, als je eine zuvor. Sigurd steuerte selbst den Drachen, das schönste seiner Schiffe: die Segel waren mit Fleiß gearbeitet und herrlich anzusehen. Sie fuhren ab mit gutem Winde, südwärts dem Land entlang über die See. Regin war auch bei der Fahrt, nützlich durch seinen Rat. Nach einigen Tagen kam ein gewaltiges Wetter mit Sturm: die See war, als ob man in geronnenes Blut schaute. Die Segel zerrissen: doch Sigurd befahl, sie noch höher zu setzen; und als sie an einem Vorgebirge vorbeikamen, stand ein alter Mann auf dem Riff und rief sie an: „Wer reitet dort über Wogen und wallendes Meer?"

„Sigurd, Sigmunds Sohn!" antwortete Regin, „wir fanden Fahrwind, in den Tod zu fahren! Wer fragt danach?"

„Hnikar[1] hieß ich, als ich Hugin (S. 52) erfreute, auf der Walstatt, junger Wölfung. Du nenne mich den Alten vom Berge, Feng oder Fiöllnir: Fahrt will ich euch schaffen: nimm mich auf in dein Schiff." Sie fuhren ans Land, der Mann stieg in Sigurds Schiff und be= schwichtigte das Wetter.

„Sage mir, Alter," sprach Sigurd, „da du so weise bist, was ist ein gutes Vorzeichen, wenn man in den Kampf gehen will?"

„Viele sind gut! Zuverlässig ist, wenn ein Rabe dich geleitet; oder du siehst zwei ruhmbegierige Männer bei=

---

[1] S. 58; Hnikar, Beiname Odins, als wellenbesänftigenden Gottes; Feng und Fiöllnir, als Gewinn schaffenden Gottes.

jammen stehen. Hörst du den Wolf unter Eschenzweigen
heulen, so ist dein Angang[1] ein guter. Siegen wirst du,
siehst du den Wolf vorwärts rennen. Kämpfe nicht bei
sinkender Sonne. Fürchte Gefahr, so dein Fuß strauchelt,
wann du in die Schlacht gehst: Trugdisen (S. 161)
wollen dann dich verwunden. Bereit sei am Morgen: —
denn ungewiß ist es, wo der Abend dich findet."

Sie fuhren, bis sie im Gebiet der Hundinge ans Land
kamen. Die Hundinge hatten sich nach Sigmunds Fall
dessen Reich angemaßt. Sigurd fuhr nun mit Feuer und
Schwert durchs Land, daß alles Volk entsetzt von dannen
floh zu König Lyngi. „Sigurd, Sigmunds Sohn, fährt
mordend und brennend einher, mit unabsehbaren Scharen.
Flieht vor dem Wölsung."

Aber Lyngi floh nicht; er zog ein gewaltiges Heer zu=
sammen und stellte sich vereint mit seinen Brüdern Sigurd
entgegen, daß es zur Schlacht kam.

Da erhob sich wildes Kampfgetöse. Speere und Pfeile
schwirrten in der Luft, Streitäxte wurden geschwungen,
Schilde zerhauen, Brünnen barsten und Helme zersprangen,
Schädel wurden gespalten und Männer stürzten zur Erde.
Sigurd durchbrach der Hundinge Schlachthaufen. Mit
seinem Schwerte Gram zerschnitt er Männer und Rosse;
er hatte die Arme bis zur Achsel blutig, und alles Volk
floh, wo er hinkam.

Und als er und Lyngi zusammenstießen, tauschten sie
grimme Hiebe, so daß die Schlacht eine Zeitlang stand;
denn alle schauten ihrem Zweikampf zu: da spaltete Sigurd
ihm Helm und Haupt und den gepanzerten Leib bis zum
Wehrgurt auf einen Hieb. Darauf wandte er sich gegen
Lyngis Brüder und alle fielen vor seinem Schwert und

---

[1] Dahn, Bausteine, I, S. 81.

mit ihnen der größte Teil ihres Heeres. Es war eine wilde Sitte, dem besiegten Feind den Blutadler zu ritzen[1]). Regin ging über die Walstatt und sprach zu Sigurd: „Nun ist der Blutaar dem Mörder Sigmunds auf den Rücken geritzt: kein Königserbe ist größer als du." Sie hatten große Beute gemacht an Waffen, Schätzen und Kleidern: — Sigurd überließ alles seinen Heermannen und kehrte ruhmbedeckt zu Helferich zurück. Er ward mit großen Ehren empfangen und Siegesfeste und Gastmähler wurden ihm bereitet.

3. Sigurd der Drachentöter.

Nicht lange war Sigurd daheim, als Regin wieder zu ihm kam: „Nun hast du Vater und Freunde gerächt: nun gedenke deines Versprechens, Fafnir zu töten."

„Das ist meinem Gedächtnis nicht entfallen," antwortete Sigurd, „führe mich zu ihm."

So ritten Sigurd und Regin lange Wege und die Gnitaheide hinauf zu dem Pfade, den Fafnir schritt, wann er zu Wasser fuhr; die Klippe, auf welcher der Wurm beim Trinken lag, maß dreißig Klafter. Regin riet Sigurd: „Mache eine Grube, setze dich hinein, und wenn der Wurm zum Trinken darüber schreitet, stich ihn von unten ins Herz."

„Wie soll ich mir da helfen, wenn des Wurmes Blut über mich kommt?"

„Dir ist nicht zu raten! Du fürchtest dich vor jedem Ding."

Sigurd ritt weiter auf die Heide, aber Regin ging

---

[1]) Man gab dem Liegenden auf jeder Seite des Rückgrats drei Schwerthiebe, welche oft Herz und Lunge bloßlegten.

furchtsam hinweg. Als Sigurd sich daran machte, die
Grube zu graben, kam ein alter, langbärtiger Mann dazu
und fragte ihn, was er da mache? Auf Sigurds Bescheid
sagte der Mann: „Das ist ein töricht unüberlegtes Werk:
mache mehrere Gruben, daß das Blut sich verteilt, dann
setze dich in eine und stich dem Wurm ins Herz."

Damit verschwand der Mann und Sigurd tat, wie er
ihm gewiesen hatte. Als nun der Wurm zum Wasser
schritt, erbebte die Erde weithin: über den ganzen Weg
blies er Gift vor sich her: das fiel zischend auf Sigurds
Haupt, aber der fürchtete sich nicht, und als der Wurm
über die Gruben schritt, stieß Sigurd ihm unter den linken
Bug das Schwert Gram, daß es bis ans Heft hineinfuhr.
Der Wurm schüttelte sich und schlug mit Haupt und Schweif
um sich. Sigurd sprang aus der Grube und zog sein
Schwert an sich: und sah da einer den andern. Fafnir
sprach: „Wer bist du, klaräugiger Gesell, der du Fafnir das
Schwert ins Herz stießest?"

„Edeltier heiß' ich. Einsam wandr' ich, ohne Vater
und Mutter."

„Welches Wunder erzeugte dich denn?"

Nun hehlte Sigurd seinen Namen nicht länger.

„Sigmund hieß mein Vater, Sigurd heiß' ich, der ich
dich erschlagen habe."

„Junges Kind, wer reizte dich dazu?"

„Das Herz reizte mich: und die Hände und mein
Schwert halfen mir."

„Hättest du im Vaterhaus aufwachsen können, sähe man
dich als Helden kämpfen, nun bist du in Haft und ein Heergefangener König Helferichs."

Zornig rief Sigurd: „Nicht in Haft bin ich: und wär'
ich auch ein Heergefangener, — du hast gefühlt, daß ich
als Freier lebe."

„Eines sage ich dir: das Gold und die roten Ringe werden dein Verderben.“

„Des Goldes begehren alle und einmal muß doch jeder von hinnen fahren.“

„Du achtest für nichts der Nornen Spruch und mein Wort für törichte Rede. Wer gegen den Sturm rudert, ertrinkt im Wasser: dem Todverfallenen ist alles zum Verderben. Lang' trug ich den Schreckenshelm, und glaubte mich stärker als alle.“

„Der Schreckenshelm allein schützt niemand.“

„Gift blies ich auch, als ich auf dem Horte lag.“

„Wilder Wurm, du machst großes Gezisch, eh' du verendest.“

„Ich rate dir, Sigurd, und du nimm den Rat an: reite heim, eile von hinnen. Das gleißende Gold, die roten Ringe werden dein Verderben.“

„Ich reite dennoch zum Hort auf der Heide. Liege du hier, bis Hel dich hält.“

„Regin verriet mich, er wird auch dich verraten: mein Leben muß ich nun lassen!“ Und Fafnir starb.

Sigurd trocknete sein Schwert vom Blute; da kam Regin zurück und sprach: „Heil dir, Sigurd, du hast dir Sieg erkämpft: jetzt acht' ich dich als den mutigsten aller Männer.“

„Wer weiß das! Mancher ist tapfer!“

Regin schwieg eine Weile, dann begann er wieder: „Du bist wohl stolz und siegesfroh: mir aber hast du den Bruder erschlagen. Zwar trag' ich selbst einen Teil der Schuld.“

„Du allein ja rietest dazu: der Wurm besäße noch Leben und Gut, hättest du mich nicht zu der Tat gereizt,“ antwortete Sigurd. Regin ging aber zu Fafnir, schnitt ihm das Herz aus und trank das Blut aus der Wunde. „Sitze

nun, dieweil ich schlafe," sprach er dann, „und halte mir
zur Bruderbuße Fafnirs Herz ans Feuer: das will ich essen
auf diesen Bluttrunk."

„Du entflohst, und mit meiner Stärke hatt' ich's allein
zu tun wider des Wurmes Kraft, während du fern auf der
Heide lagst," sagte Sigurd trotzig.

„Ohne das Schwert, das ich dir schmiedete, hättest du
ihn noch lange liegen lassen."

„Mut ist besser als Schwerteskraft," antwortete Sigurd.
Während nun Regin schlief, briet er das Wurmherz am
Spieß. Als der Saft herausschäumte, griff er mit dem
Finger daran, zu fühlen, ob es gar wäre; er verbrannte
sich und steckte den Finger in den Mund: und als ihm
Fafnirs Herzblut auf die Zunge kam, hörte er Vogel-
stimmen, die er verstand: Schwalben[1]) saßen auf den
Zweigen eines Baumes und sangen. Die eine: „Dort sitzt
Sigurd und brät Fafnirs Herz; klug wäre der Held, äße
er es selbst"; die andre: „Dort liegt Regin und sinnet,
wie er treulos Sigurd verderbe"; die dritte: „Hauptes
kürzer lasse er den grauhaarigen Schwätzer zur Hel fahren";
die vierte: „Klug deuchte mir der Held, wenn er euren
Rat verstände und auf seiner Hut wäre"; die fünfte:
„Töricht wäre Sigurd, ließ er den einen Bruder ent-
kommen und hat dem andern das Leben geraubt"; die
sechste: „Sehr töricht ist er, wenn er den Feind verschont,
der ihn jetzt schon in Gedanken verraten hat"; die siebente:
„Hauptes kürzer mach' er ihn: dann wird er allein schalten
über Fafnirs Gold."

Auf sprang da Sigurd, hieb Regin das Haupt ab, aß
Fafnirs Herz und trank sein Blut. Da hörte er abermals,
wie eine Vogelstimme sprach: „Eine Maid weiß ich, die

---

[1]) Schwalben nach Grimm, Waldspechte nach andern.

allerschönste. Binde die goldnen Ringe zusammen, wenn du sie werben möchtest! Zu Giuki führen grüne Pfade: dem Wandernden weist das Schicksal die Wege. Eine Tochter hat Giuki, die magst du um Mahlschatz gewinnen. Ich weiß auf dem Berge eine Maid schlafen; Feuer lodert darüber hin, Yggr (Odin) stach sie mit dem Schlafdorn (S. 164). Niemand vermag ihren Schlummer zu brechen gegen der Nornen Beschluß. Du sollst, Held, die Maid unter dem Helme sehn." —

Sigurd ritt auf Fafnirs Spur nach dessen Hause. Von Eisen waren die Türen und standen offen, von Eisen war alles Zimmerwerk und das Gold in die Erde gegraben. Er fand unermeßliche Schätze. Er nahm den Ögirshelm, die Goldbrünne, das Schwert Hrotti, den Ring Andwaranaut und viele andre Kleinode und belud Grani damit. Aber das Roß wollte nicht vorwärts gehen, bis Sigurd auf seinen Rücken stieg.

4. Brunhilds Erweckung.

Sigurd ritt lange Wege fort, bis daß er nach Hindarfiall kam, und wandte sich südwärts nach Frankenland. Auf einem Berge sah er ein grelles Licht, gleich als brenne dort großes Feuer, von dem es zum Himmel emporleuchte. Als er hinzukam, stand da eine Schildburg und oben heraus ragte ein Banner. Er ging hinein und fand ein Menschenkind in voller Rüstung schlafen: er zog ihm den Helm ab und sah, daß es ein Weib war. Die Brünne war fest, wie angewachsen: er zerschnitt sie mit seinem Schwert und zog sie ihr ab; da erwachte sie, richtete sich auf und fragte: „Was zerschnitt mir die Brünne? Wie kam ich aus dem Schlaf? Wer befreite mich der Bande?"

„Der ist Wölsungen Geschlechts," antwortete er, „der das getan: Sigurd, Sigmunds Sohn."

„Lange schlief ich," sprach sie wieder, „lange währen der Menschen Übel. Odin waltete dessen, daß ich die Schlummer=Runen (S. 50) nicht abzuschütteln vermochte.

Er setzte sich zu ihr und fragte nach ihrem Namen. Sie nahm ein Horn voll Met und gab ihm den Will= kommtrunk: „Heil dir, Tag, Heil euch, Tagessöhnen! Heil dir, Nacht und nährende Erde! mit unzornigen Augen schauet auf uns und verleihet uns Sieg! Heil euch Asen! Heil euch Asinnen! Gebet uns Weisheit und heilkräftige Hände! Walküre war ich, — eine Sigurdrifa (Sieg= spenderin, S. 164), Brunhild heiß' ich."

Und sie erzählte, wie einst zwei Könige miteinander kämpften: der eine war alt und ein gewaltiger Krieger und Odin hatte ihm Sieg verheißen. Der andre hieß Agnar, den wollte niemand schützen, „da ließ ich den alten König auf die Walstatt sinken, und Sieg gab ich dem jungen (S. 164). Darum ward Odin mir über= zornig: nie mehr Sieg erkämpfen sollte ich, sondern mich vermählen. Aber ich tat das Gelübde, mich keinem Mann zu vermählen, der sich fürchten könne. Odin stach mich mit dem Schlafdorn, umschloß mich mit Schilden, mit roten und weißen, und ließ Feuer brennen um meinen Saal. Und der allein, gebot er, solle darüberreiten, der mir das Gold darbrächte, das unter Fafnir lag."

„Nie sah ich so schönes Weib!" sprach Sigurd, „du bist nach meinem Sinn: dich will ich zum Weibe haben."

„Und hätt' ich zu wählen unter allen Männern: ich will dich und keinen andern." Und sie festigten unter sich mit Eiden ihr Verlöbnis.

VI. Sigurd und die Giukungen.

1. Sigurds Vermählung.

Sigurd zog bald wieder aus in die Welt, Ruhm zu gewinnen. Er ritt Grani und führte Fafnirs Schätze mit sich. Sein Schild flammte in rotem Gold, darauf war ein Drache gemalt: dunkelbraun oben und rot unten. Er trug eine Goldbrünne: mit Gold geschmückt waren alle seine Waffen: Helm, Rock und Sattelwerk; darauf glänzte das Drachenbild und jeder erkannte daran den Fafnirstöter. Sigurds Haar war lichtbraun und fiel nieder in großen Locken, dick und kurz: und von derselben Farbe war sein Flaumbart. Er hatte ein offenes Antlitz, die Nase edel geformt, seine Augen waren scharf: nur wenige wagten unter seine Brauen zu blicken. Mächtig waren seine Schultern, von ebenmäßigem Wuchs sein Leib. Umgürtete er sich mit dem Schwerte Gram und schritt durch ein wohlgewachsenes Roggenfeld, so reichte der Schuh der Schwertschneide hernieder an die Ährenspitzen. Er war von gewaltiger Stärke, nie mangelte ihm der Mut, Furcht kannte er nicht und seine Lust war: Ruhmtaten vollbringen, seinen Mannen helfen und erbeutetes Gut seinen Freunden schenken.

Giuki[1]) hieß ein König, der gebot, südlich am Rhein, über ein großes Reich. Er hatte drei Söhne: Gunar, Högni und Guttorm: die waren stets bedacht, der Giukungen Ruhm und Reich zu mehren. Gudrun hieß seine Tochter, deren Schönheit war weithin berühmt.

---

[1]) Entstanden aus Gifuka, Gibika (daher sein Geschlecht die Gibichen), ursprünglich ein Beiname Wotans, der ihn als Geber aller Güter bezeichnet.

Grimhild, des Königs Frau, war zauberkundig und grimmgemut.

Einst träumte Gudrun, daß der schönste Habicht ihr auf die Hand flog; sein Gefieder war goldig, und all ihr Gut wollte sie lieber lassen, als den Habicht. Eine ihrer Dienstfrauen deutete ihr den Traum: „Ein mannhafter Königssohn wird um dich werben und du wirst ihn sehr lieben."

Bald darauf kam Sigurd an die Burg der Giukungen, und wie er hineinritt, glaubten die Wächter, der Asen einer sei gekommen. Der König ging hinaus und grüßte den Gast: „Wer bist du, der in die Burg reitet, was keiner wagt, es sei denn, meine Söhne erlaubten's zuvor?"

„Sigurd heiß' ich, ich bin König Sigmunds Sohn."

„Willkommen sollst du bei uns sein!" sprach Giuki und führte den Gast in die Halle. Alle dienten ihm gern; sein Ansehen wuchs von Tag zu Tag: in Kampf und Spiel war er den Gewaltigsten voraus. Der König liebte ihn wie seine Söhne, diese ehrten ihn höher als sich selbst. Und Grimhild gewahrte bald, wie oft Sigurd Brunhilds gedachte, und wie sehr er sie liebte. Und auch wie keiner sich mit ihm vergleichen konnte, welch übergroße Schätze er hatte, und sie erwog bei sich, daß es ein Glück wäre, nähme er Gudrun zur Frau.

Eines Abends, als sie beim Trunke saßen, trat Grimhild vor Sigurd und grüßte ihn: „Alles Gute wollen wir dir gewähren: nimm hier dies Horn und trinke." Er nahm es aus ihrer Hand und trank aus. Das war aber ein Vergessenheitstrank, den ihm die Königin gemischt hatte. — Sie sprach wieder: „Giuki soll dein Vater sein, ich deine Mutter, unsre Söhne deine Brüder und alle, die ihr euch Eide leisten wollt." Sigurd nahm das wohl auf: denn seit dem Trunke dachte er nicht mehr an Brun=

hild. Er fuhr nun stets mit den Giukungen, wann sie
auf Krieg und Heerfahrt zogen, und verweilte gern in
ihrer Halle. — Grimhild aber ging zu König Giuki,
legte ihm die Hände um den Hals und sprach: „Sigurd
ist der größte Kämpe, den man in der Welt finden mag:
gib ihm deine Tochter zum Weib und ein Reich, so groß
er's will."

„Das ist sonst nicht Königssitte, seine Töchter an=
bieten, aber ihm sie anbieten, ist ehrenvoller, als andrer
Werbung."

Und eines Abends schenkte Gudrun Met in der Halle
und Sigurd sah, wie schön die Jungfrau war.

König Giuki sprach: „Gewaltig hast du, Sigurd, unser
Reich gemehrt in diesen Jahren." Und Gunnar sagte:
„Bleibe bei uns, ein Reich und die Schwester biet' ich
dir an, und keinem andern gäben wir Gudrun, bät' er
auch um sie."

„Habt Dank für die Ehre," antwortete Sigurd, „und
das will ich annehmen."

Er schloß Blutsbrüderschaft mit Gunnar und Högni,
und ein herrliches Hochzeitmahl wurde bereitet. Das
währte manchen Tag: da sah man Freude und Kurzweil
aller Art und Sigurd ward Gudrun vermählt. Er lehrte
nicht zurück in sein Hunenland, sondern zog mit seinen
Schwähern weit umher auf Kriegsfahrt, ihnen Land,
Schätze und Ruhm mehrend. Er gab Gudrun von Fafnirs
Herzen zu essen, seitdem war sie grimm und klug; sie be=
kamen einen Sohn, der hieß Sigmund.

2. Gunnars Brautfahrt und Vermählung.

Als nun Giuki gestorben und Gunnar ihm auf den
Königsstuhl gefolgt war, da sprach einmal Grimhild zu

20*

Gunnar: „Eure Herrschaft blüht, aber dir fehlt die Gattin: wirb um Brunhild und Sigurd soll mit dir reiten." Der Rat gefiel Gunnar, alle Gesippen stimmten ein und sorg= fältig rüsteten sie zu dieser Fahrt. Högni und Sigurd begleiteten ihn. Sie zogen über Berg und Tal und ritten in König Atlis Burg ein. Der war Brunhilds Bruder, ein grimmig anzuschauender Mann, groß und schwarz von Haaren. Er nahm Gunnars Werbung an, wenn Brun= hild ihn zum Gatten wolle: „denn sie ist so stolz, daß sie nur den nimmt, den sie will." Die Helden drohten aber mit Feuer und Schwert, wenn Gunnar die Jungfrau nicht erhielte. „Sie hat das Gelübde getan, nur den zum Manne zu nehmen, der durch das Fener reitet, das ihre Burg umwabert," antwortete Atli; „reitet hin, bei den Hindabergen steht ihr Saal." Da wandten sie ihre Rosse wieder zum Burgtor hinaus und ritten den Ber= gen zu.

Sie sahen den Saal in Goldschmuck erglänzen und das Feuer, das außen herumbrannte. Gunnar spornte seinen Hengst Goti gegen die Flammen: aber der wich zurück und wollte nicht hindurchrennen. Er bat Sigurd, ihm Grani zu leihen: aber der wollte nicht von der Stelle unter Gunnar und so konnte der König nicht durch das Fener. Da vertauschte Sigurd die Gestalt mit Gunnar, was er mittels seines Schreckenshelms vermochte[1]), und ritt auf seinem Grauhengst für den König durch die Lohe.

„Das Feuer begann zu rasen, die Erde zu erbeben und die Lohe wallte gen Himmel: Sigurd trieb Grani mit dem Schwerte Gram und das Feuer erlosch vor dem Edeling."

Sigurd ging — in vertauschter Gestalt — in den

---

[1]) S. 61, 64.

Saal zu Brunhild: die fragte ihn, wer er sei? Er nannte
sich Gunnar, Giukis Sohn: „Und du bist mir zur Ge=
mahlin bestimmt mit deiner Zusage und deines Bruders
Wort, wenn ich durch deine Waberlohe ritt." Er stützte
sich auf seinen Schwertknauf und fuhr fort: „Ich will dir
dagegen große Morgengabe an Gold und Kleinodien
geben."

Sorgenbewegt, von ihrem Sitz herab, wie ein Schwan
von der Woge, antwortete sie und hatte das Schwert in
der Hand, den Helm auf dem Haupt und war in der
Brünne: „Gunnar, rede nicht solches zu mir, wenn du
nicht tapferer bist als jeder Mann. Denn ich fuhr in der
Brünne, meine Waffen sind in Männerblut gefärbt, da=
nach gelüstet mich noch [1])."

„Gedenke deiner Verheißung, dem zu folgen, der das
Feuer durchritte!" entgegnete Sigurd.

Brunhild durchschaute den Trug nicht: konnte doch
nur Sigurd, dem sie sich verlobt hatte, durch das Feuer
reiten! — Sie wußte ihr Schicksal nicht zu wenden, stand
auf und hieß ihn willkommen. Sigurd weilte bei ihr drei
Tage und Nächte, das Schwert Gram, aus der Scheide
gezogen, legte er zwischen sie beide und sagte, es sei ihm
beschieden, so die Verlobung mit seiner Frau zu feiern,
oder er erleide den Tod. Beim Abschied zog er ihr den
Ring Andwaranaut, den er ihr einst geschenkt hatte,
vom Finger und gab ihr dagegen einen andern. Dann
ritt er zurück zu dem harrenden Gunnar, und sie ver=
tauschten wieder die Gestalt. Brunhild aber mußte nun
Gunnar folgen.

An den Rhein zurückgekehrt, rüstete Gunnar ein präch=
tiges Hochzeitsmahl: eine große Volksmenge strömte da

---

[1]) S. 160, 161.

zusammen· und Gunnar empfing aus Atlis Händen Brun=
hild zum Weib. Das Fest dauerte manchen Tag und als
es zu Ende ging, verlor allmählich der Zaubertrank seine
Kraft: es erwachten Sigurds Gedanken: er erkannte
Brunhild und gedachte der Eide, die er einst ihr ge=
schworen hatte: aber er bezwang sich und schwieg. —

3. Der Königinnen Zank.

Einmal gingen Brunhild und Gudrun an den Rhein,
um zu baden: aber Brunhild watete weiter hinaus in den
Strom, weil sie das Wasser, das von Gudruns Haar
floß, nicht an ihrem Haupte leiden wollte.

Unwillig, erstaunt fragte diese: „Warum tust du so?"

„Warum sollt' ich mich dir gleichstellen?" erwiderte
Brunhild stolz. „Mein Gatte durchritt das brennende
Feuer, aber deiner war Heergefangener König Helferichs."

Zornig antwortete Gudrun: „Weiser wär's, wenn du
schwiegest! Lästre nicht Sigurd, wenig geziemt dir's: er
erschlug den Wurm, und er war's, der durch die Waber=
lohe ritt, und du hieltest ihn für Gunnar. Sigurd nahm
dir von der Hand den Ring Andwaranaut, hier: schau
ihn an meinem Finger."

Da sah Brunhild den Ring und erkannte ihn: und
ward bleich wie der Tod, ging heim und sprach kein Wort
an dem Tag.

Und als abends Gudrun und Sigurd in ihrer Kammer
saßen, fragte sie: „Warum ist Brunhild so unfroh?"

„Ich weiß es nicht, doch mir ahnt nichts Gutes."

„Weshalb ist sie nicht zufrieden mit ihrem Glück, da
sie doch den Mann gewann, den sie am liebsten haben
wollte?"

„Sagte sie: wen sie am liebsten wolle?"

„Ich will sie morgen danach fragen."

„Frage nicht: es würde dich reuen!"

Aber am nächsten Morgen, als Brunhild und Gudrun beisammen in ihrer Kammer waren und Brunhild schweigend saß, sprach Gudrun: „Sei heiter, Brunhild! hat dich meine Rede betrübt? Vergiß sie. Was kränkt dir den Sinn?"

„Eitel Bosheit treibt dich, zu fragen," antwortete Brunhild, „du hast ein grimmes Herz. Frage nach Dingen, die dir zu wissen ziemen. Sei zufrieden mit deinem Geschick, da euch ja alles nach Wunsch ergeht."

„Noch ist's zu früh, mein Glück zu loben! Was liegt hier Geheimes? Was hast du wider mich?"

„Das sollst du entgelten, daß du Sigurd gewannst. Mein ist Sigurd, und du sollst weder seiner noch des Fafnirgoldes genießen. Wir haben uns Eide geschworen, und ihr wußtet, daß ihr mich betroget: — das will ich rächen."

„Wahrlich, ich wußte nichts von eurem Bunde. Nun bist du ja doch edelstem Manne vermählt und hast des Goldes und der Macht genug."

„Sigurd erschlug den Wurm: das ist mehr als aller Giukungen Reich! Sigurd ritt durch das Feuer, was Gunnar nicht wagte!"

„Wohl hat er's gewagt! Aber das Roß wollte nicht rennen unter ihm."

„Und ich traue Grimhild nicht mit ihren Zauberkünsten."

„Beschuldige sie nicht, sie hält dich wie ihre Tochter."

„Sie brachte ihm einen Trank, mein' ich, daß er meiner vergaß."

„Was redest du für wilde Worte? — Das ist eine böse Lüge!"

„So wahr genießet denn Sigurds, so wahr ihr mich nicht betrogen habt!"

„Glücklicher werd’ ich mit ihm sein, als du es wünschest."

„Böse redest du: — des sollst du gedenken. Doch lassen wir die Zornworte."

„Du schleudertest zuerst Scheltreden auf mich: — nun stellst du dich zufrieden: — aber Grimm wohnt darunter."

„Ich schwieg von meinem Harm, der mir im Herzen wohnte: lassen wir die tatlose Rede!"

„Unheimliche! Du sinnst Arges!" sprach Gudrun und eilte fort.

4. Brunhildens Harm.

Brunhild legte sich schweigend auf das Lager.

Da liefen die Mägde und sagten Gunnar, daß ihre Herrin krank liege. Er ging zu ihr und fragte, was ihr fehle? Aber sie antwortete nicht und lag wie tot da: und als er nicht abließ von ihr mit Fragen, sprach sie: „Was tatest du mit dem Ring Andwaranaut, den du mir vom Finger zogst? Ich habe mich dem Manne verheißen, der Grani reiten und durch meine Waberlohe sprengen würde! Aber dessen erkühnte sich keiner, außer Sigurd allein. Er erschlug den Wurm, er ritt durch das Feuer: aber nicht du, Gunnar, der du jetzt erbleichst, wie eine Leiche. Gelobt hab’ ich, den allein zu lieben, der von Odins Geschlecht sei: das ist Sigurd. Eidbrüchig bin ich nun, und ihr habt mich betrogen, und deshalb sinn’ ich deinen Tod. Auch hab’ ich Grimhild zu vergelten: kein schlimmeres Weib gibt’s als sie."

„Du sprichst viel, was falsch ist. Schlimm bist du,

weil die Frau du beschuldigst, die dich überragt. Sie
mordete nicht Männer wie du, und lebt in Ehren."

„Kein Tadel haftet an mir. Nicht Untaten hab' ich,
während ich unter Helm und Brünne fuhr, getan. Anders
bin ich als ihr geartet, und am liebsten möcht' ich dich
erschlagen."

Und sie hätte Gunnar getötet, wenn nicht Högni, der
hinzukam, sie gebunden hätte. Aber Gunnar sprach: „Ich
will nicht, daß sie in Fesseln liege," und löste sie.

„Kümmere dich nicht darum!" rief Brunhild; „nie
mehr siehst du mich fröhlich in deiner Halle."

Sie richtete sich auf, zerriß die Borten, die sie zu
weben begonnen hatte, und befahl, ihre Kammertüren zu
öffnen, daß man ihre Wehklage weithin durch die Burg
erschallen hörte. Dann lag sie wieder schweigend auf
ihrem Pfühl und jammernd liefen ihre Mägde zusammen.

„Was ist euch? Warum gebärdet ihr euch wie Un-
sinnige," fragte Gudrun eine der Frauen: „Gehe hin,
wecke deine Herrin, wir wollen zu Tische gehen und
fröhlich sein."

„Das wag' ich nicht," antwortete die Frau. „Wie
tot liegt sie und nimmt weder Speise noch Trank: hüte
dich, zornmütig wie Götter grollt sie[1])."

„Geh du zu ihr, Gunnar," sprach Gudrun, und
sage ihr: daß mir ihr Kummer leid tue."

„Sie hat's verboten," entgegnete er, und ging dennoch
zu ihr, aber sie gab ihm keine Antwort. Da bat er
Högni: „Geh und rede mit ihr." Unwillig ging Högni
und erlangte auch nichts.

Und als andern Tages Sigurd von einer Jagd heim

---

[1]) S. 83, 90.

kam und alles erfuhr, da sprach er zu Gudrun: „Brunhild wird sterben."

„Ein Zauber muß sie erhalten: sieben Tage hat sie nun geschlafen, und niemand wagte, sie zu wecken."

„Sie schläft nicht. Sie sinnt etwas gegen mich."

„Wehe!" rief Gudrun, „geh zu ihr und besänftige ihren Zorn."

Da ging Sigurd zu Brunhilds Saal: er fand ihn offen, trat an ihr Lager und schlug den Vorhang zurück: „Wach auf, Brunhild, die Sonne scheint über die Burg: wirf den Harm von dir und sei fröhlich."

Da rief sie zornig: „Warum erdreistest du dich, zu mir zu kommen?"

„Sprich, was härmt dich?"

„Dir will ich meinen Harm sagen. Nicht Gunnar ritt zu mir durch das Fener. Ich wunderte mich über den Mann, der in meinen Saal trat und sich Gunnar nannte. Dein leuchtend Auge glaubt' ich zu erkennen. Und vermocht' es doch nicht! Denn eine Hülle lag stets über meinem Glück! Damals hast du mich betrogen."

„Auch Gunnar ist ein wackerer Held. Ich bin nicht berühmter als Giukis Söhne."

„Du erschlugst den Wurm: — du rittest durch das Fener meinetwegen."

„Aber Gunnar brachte dir die Morgengabe."

„Mein Herz lacht ihm nicht zu! Verhaßt ist mir Gunnar, verberg' ich's auch vor andern."

„Das also quält dich? Oder um was klagst du am meisten?"

„Deinen Tod begehr' ich!"

„Darum klage nicht! Bald wird ein Schwert in meinem Herzen stehn. Doch Schlimmeres kannst du dir nicht ersehnen: du wirst mich nicht überleben."

„Ich achte meines Lebens nicht, seit ihr mich um alle Wonne betrogen habt."

„Lebe du und sei glücklich, und all mein Gut will ich dafür geben, daß du nicht stirbst."

„Du ragst über alle Männer: aber kein Weib ist dir verhaßter, als ich."

„Ich liebe dich mehr als mich, obgleich ich lang deiner vergessend lebte: ein Zauber hielt mich verblendet. Seit ich dich wiedererkannte, grämt' ich mich oft, daß du nicht mein Weib wardst. Aber ich überwand mich. Und hatte doch schon meine Wonne daran, in deiner Nähe zu sein. — Vielleicht geht nun Fafnirs Weissagung, der alte Fluch, in Erfüllung! Doch wir wollen darum nicht bangen."

„Zu spät klagst du! Nun finden wir keine Hilfe mehr."

„Werde du mein Weib."

„Rede nicht solches! Zwei Männer will ich nicht haben und eher sterben, als Gunnar betrügen. — Gedenkt dir's noch, als du mich erwecktest aus meinem Schlaf und wir uns Eide schwuren? Eine Walstatt Erschlagener brachtest du mir als Brautgabe, doch das ist nun alles hin!" —

„Deines Namens erinnerte ich mich nicht mehr und erkannte dich nicht früher, als bis du vermählt warst: und das ist mein größter Harm."

„Ich aber habe geschworen, nur den Mann zu nehmen, der meine Waberlohe durchritte: den Eid will ich halten oder sterben."

„Ehe daß du stirbst, verlaß' ich Gudrun und nehme dich," sprach Sigurd und seufzte so tief auf, daß seine Brünnenringe zersprangen.

Aber dumpf antwortete Brunhild: „Ich will weder dich noch einen andern."

Da ging Sigurd hinaus und trauerte. Und als er in die Halle kam, fragte ihn Gunnar, ob Brunhild die Sprache wiedergefunden?

„Sie vermag zu reden!" antwortete er, und abermals ging Gunnar zu ihr, befragte sie um ihren Gram und welche Buße sie heische?

„Ich will nicht leben," sagte Brunhild. „Betrogen hat Sigurd, da er in deiner Gestalt um mich warb, mich und dich."

Da entstand in Gunnar schwerer Argwohn, Sigurd habe sich in jenen drei Tagen Brunhild vermählt.

„Sigurd hab' ich mich verlobt — und ich will nicht zwei Männer haben. Nun sterbe Sigurd, oder du, oder ich: denn er hat alles Gudrun gesagt und sie höhnt mich."

5. Sigurds Ermordung.

Einsam vor der Burg saß Brunhild am Abend des Tages und redete mit sich selbst: „Sigurd will ich haben oder sterben: aber Gudrun ist sein Weib und ich bin Gunnars. Die Nornen schufen uns unlösbares Leid. Bar geh' ich der Freude, bar des Gemahls! Grimm und Haß sind meine Ergötzung."

Und sie wandelte einsam in die dunkle Nacht: — Land und Macht waren ihr leidig, da sie Sigurd nicht hatte. Gegen Morgen kehrte sie zurück in ihre Kammer und abermals ging Gunnar zu ihr. Aber befehlend sprach sie: „Entsagen mußt du mir! Heimfahren will ich zu meinen Blutsfreunden und einsam mein Leben verschlafen, wenn du nicht Sigurd erschlägst. Und sein Söhnlein folge ihm nach: jungen Wolf soll man nicht aufziehen."

Unwillig hörte Gunnar ihr zu: er ging hinaus, und

schwankenden Sinnes saß er den ganzen Tag. Daß
ein Weib der Königswürde entsagte, war selten gehört
worden.

Er rief Högni und fragte ihn um Rat.

„Was hat Sigurd so Schweres verbrochen, daß du
ihm das Leben verkürzen willst?" fragte Högni.

„Sigurd hat mir Treue geschworen: — und als er
sie zumeist bewähren sollte, verriet er mich."

„Brunhild hat dich zu dem Mord gereizt."

„Sie ist mir lieber, als alles: sie ist die Königin der
Frauen, und eher sterbe ich, als daß ich ihr entsage."
Die Gier nach dem Golde, der alte Fluch ergriff nun
auch Gunnar: „Sigurd sterbe! So gewinnen wir das
Gold und große Macht: dann mögen wir in Freuden
und Ruhe des Glückes und Reichtums genießen. Willst
du mir helfen?"

„Mit dem Schwert die geschworenen Brüdereide brechen?
Das bringt uns in Schaden und Schande! Mächtigere
weiß ich nicht auf der Welt wohnen, solang wir und
Sigurd zusammenstehn!"

„Wir wollen den jungen Guttorm zu dem Werke gewinnen: er hat Sigurd keine Eide geschworen."

„Das Werk ist Mord! Und geschieht es doch, — so
werden wir's entgelten."

„Sigurd muß sterben oder ich," antwortete Gunnar
grimmig. Er ging zu Brunhild und bat sie, aufzustehen:
„Sei fröhlich —: Sigurd wird sterben."

Sie riefen Guttorm, boten ihm Gold und Land, gaben
ihm Wolfsfleisch zu essen und Zaubertrank zu trinken, und
reizten ihn mit bösen Worten, bis er zu der Tat bereit war.

Am nächsten Morgen ging Guttorm in Sigurds Kammer, als der im Bette lag: und als Sigurd ihn anblickte,

erbebte Guttorm und ging wieder hinaus. Und ebenso geschah's ein zweites Mal.

Als er zum dritten Male kam, fand er Sigurd schla=fend. Da stieß er ihm das Schwert durch die Brust, daß die Spitze unter seinem Rücken in den Polstern stecken blieb.

Sigurd erwachte, als Guttorm zur Tür hinaus schritt: da faßte er sein Schwert Gram und warf es Guttorm in den Rücken, und schnitt ihn in der Mitte voneinander. Der Füße Teil fiel auf die eine Seite, Kopf und Hände auf die andre.

Gudrun war sorglos neben ihrem Gatten einge=schlafen: jammervoll sollte sie erwachen. Sie sah Sigurds Blut über sich fließen und schlug so stark die Hände zu=sammen, daß Sigurd sich noch einmal im Bett aufrichtete: „Weine nicht so sehr, Gudrun. Dir leben noch Brüder; aber unser Söhnlein ist allzujung, es kann nicht aus der Burg entfliehen. Das stiftete Brunhild an: sie liebte mich. Nichts hab' ich gegen Gunnar getan und heiße nun doch der Buhle seines Weibes!"

Da starb er: Gudrun stieß einen Senfzer aus und schlug wiederum ihre Hände so heftig zusammen, daß die Becher auf dem Brett erklangen und die Gänse im Hof aufschrieen.

Gudruns gellende Wehklage drang bis zu Brunhilds Lager: da lachte sie aus ergrimmtem Herzen.

„Lache du nicht, Verderbenstifterin, als brächte dir's Heil!" zürnte Gunnar, der nun ob der Tat erschrak und den der Schwester Jammer rührte. „Wie schwindet dir die leuchtende Farbe! Dem Tod, mein' ich, bist du ge=weiht. Sigurd war mein Blutsbruder. Du verdientest, daß wir dir vor Augen deinen Bruder erschlügen."

„Wenig drückt Atli deine Drohung: er wird länger

leben als du. Doch niemand nennt dich nun feige, Gunnar: Rache vollbrachteft du und gewannft Sigurds Waffen und Gold."

Lärmend und klagend liefen die Burgleute zufammen in der Halle.

Da fprach Gudrun zu Brunhild: „Du freuft dich der Freveltat, aber böfe Geifter werden Gunnar, den Mör= der, ergreifen: eines rachgierigen Herzens Fluch wird fich erfüllen."

Und finfter fprach Högni: „Das böfe Werf ift ge= fchehen, wofür es Sühne nicht gibt."

Und als der Abend kam, wurde in der Halle viel ge= trunken und manches Wort dabei gefprochen, um des Tages blutigen Frevel zu vergeffen: fie tranken bis tief in die Nacht, die alle in Schlaf verfenkte. — Nur Gunnar wachte und wandelte unruhig umher.

Brunhild aber fuhr auf, kurz vor Tagesanbruch, aus fchweren Träumen.

6. Brunhilds Tod.

Der Morgen kam, und Gudrun faß über dem toten Sigurd: ftumm, ohne Schluchzen und Klagen: fie begehrte zu fterben. Männer und Frauen gingen zu ihr, fie zu tröften: eignes Leid, das fie im Leben gelitten, erzählten fie ihr. Doch Gudrun konnte nicht weinen: fo voller Gram und Grimm war fie.

Da trat ihre junge Schwäherin, Gullrönd, Gunnars Schwefter, hinzu, wies die andern zurück und rief: „Schlecht verfteht ihr, gramvolles Weib zu tröften." Sie rieß das Bahrtuch von dem Toten weg und legte Sigurds Haupt in Gudruns Schoß: „Schau den Geliebten und lege deine Lippe an den bärtigen Mund, als lebte er noch."

Einmal nur schaute Gudrun auf: sah das blutige Haupt, sah die leuchtenden Augen erloschen, die Brust vom Schwerte durchbohrt: dann sank sie zurück und ein Tränenstrom rann nieder in ihren Schoß.

Laut pries sie Sigurds Herrlichkeit, verwünschte Brunhild und sprach drohend zu Gunnar: „Du wirst dich nicht des Goldes erfreuen, weil du Sigurd die Eide brachest.“

Zornig schallte da Brunhilds Stimme: „Mann und Kinder misse die Dirne, welche dir, Gudrun, die Tränen gelöst und dir lindernde Klageworte erweckt hat.“

„Schweige, du Weltverhaßte,“ rief Gullrönd der Eintretenden entgegen, „zum Unheil wardst du Edelingen: wie sein böses Schicksal scheut dich jeder, männermordendes Weib.“

Brunhild stand an einem Pfeiler, sie schlang den Arm um den Schaft und Feuer brach ihr aus den Augen, als sie Sigurds Wunde sah: „Treibt mich an oder haltet mich ab,“ rief sie — „der Mord ist vollbracht: mein Leid muß ich sagen, bevor ich sterbe.“

Alle schwiegen: niemand gefiel solcher Frauenbrauch, und sie hörten mit Grausen, wie sie weinend von dem Werke zu klagen anhob, zu welchem sie lachend die Helden getrieben hatte.

„Grimmes sah ich im Schlaf, Gunnar. In dem Saal alles tot: — ich schlief im kalten Bett —: dieweil du gefesselt rittest in der Feinde Heer. So soll all euer Geschlecht der Macht verlustig gehn: denn meineidig seid ihr! Vergaßest du's, Gunnar, so ganz, wie euer beider Blut gemeinsam in die Fußspur rann[1])? Mit Bösem hast du ihm vergolten, daß er immer der Mutigste war! Als du um mich warbest, da hat Sigurd dir die Treue bewährt,

---

[1]) S. 125, Anm. 1.

nicht die Treue gebrochen. Das Schwert Gram lag zwischen uns beiden. Zweimal ist er zu mir durch die Flammen geritten: nur er ist mein Mann; und ein edelgesinntes Weib kann nicht mit fremdem Manne leben: — darum will ich nun sterben."

Gunnar ging, umschlang Brunhilds Nacken und bat sie, von ihren Todesgedanken zu lassen: und so baten sie alle.

Aber unwandelbaren Herzens war Brunhild: sie liebte nur einen und keinen andern: sie stieß Gunnar zurück, ließ sich von niemand wehren.

Gunnar aber eilte zu Högni: „Heiße alle Mannen, deine wie meine, hineingehen in den Saal zu Brunhild, eh' es vom Wort zum Werke kommt."

„Niemand halte sie ab vom Todesgang, die zum Unheil Geborne und Männern zum Herzleid." So antwortete Högni und wandte sich unwillig hinweg, während Brunhild ihre Mägde zusammenrief und Gold und Schätze unter sie austeilte.

Dann kleidete sie sich in ihre Walkürenbrünne und rief: „Gehet herzn alle, die ihr mit mir und Sigurd sterben wollt, ich gebe jeder einen Halsschmuck, Schleier und Gewand."

Zögernd schwiegen sie: endlich sprach eine für alle: „Genug der Leichen sind's! wir wollen noch leben und unsres Dienstes froh sein."

„Niemand soll unfreudig um meinetwillen sterben," sprach sie, und durchbohrte sich die Brust. „Sitze nieder zu mir, Gunnar! Schneller, als du denkst, wirst du mit Gudrun versöhnt werden. Nnn will ich dich noch eine Bitte bitten, meine letzte: Laß einen Scheiterhaufen auf dem Feld errichten, so groß, daß wir alle, die wir mit Sigurd starben, darauf Raum finden. Umzelte die Brand=

burg mit Schilden und spreite darüber in Männerblut
getränkten Teppich. Mir zur Seite brenne Sigurd: und
das Schwert Gram liege zwischen uns. Und Sigurd zur
Seite laß brennen meine goldgeschmückten Knechte, und
fünf der Mägde, dazu zwei Hunde und zwei der Habichte.
Manches sagt' ich: mehr noch wüßt' ich zu sagen, wäre
Raum zur Rede: die Stimme versagt, die Wunde schwillt:
Wahres allein sagt' ich: — so gewiß ich nun sterbe."

Da schichteten sie mit vieler Sorgfalt nach altem
Brauch einen Scheiterhaufen, und als er in Brand stand,
wurde Sigurd darauf gelegt und verbrannt, an seiner
einen Seite Brunhild, an der andern sein erschlagenes
Söhnlein, und mit ihnen ihr Leichengefolge.

VII. Der Giukungen Ende.

1. Gudruns Flucht und Wiedervermählung.

Gudrun, voll Grams über Sigurds Tod, floh heimlich aus der Burg und gelangte nach mühseligen Tagen
des Wanderns nach Dänemark und in die Halle König
Alfs. Hiördis, Sigurds Mutter (S. 293), war gestorben, und Alf hatte sich mit Thora, Hakons Tochter,
vermählt. Freundlich nahm Thora die Verlassene auf.
Dreiundeinhalb Jahre blieb Gudrun bei ihr: sie wirkte
und stickte Gudrun zur Ergötzung allerlei Bilder auf
bunten Borten von der Wölsungen Heldentaten.

Gunnar und Högni aber nahmen Sigurds Gold, und
darüber entstand Unfriede zwischen ihnen und Atli, der

ihnen Brunhildens Tod zur Last legte. Da ward dahin vertragen, daß sie Atli Gudrun zur Gattin geben sollten.

Gudrun aber trauerte um Sigurd: da riet Grimhild ihren Söhnen, die Schwester durch Wort und Werk zu überreden.

Gunnar und Högni bereiteten sich alsobald zur Fahrt nach Dänemark: sie sandten nach ihren Freunden, rüsteten Helme und Schilde, Brünnen und Heerkleider und wählten aus ihrer Schatzkammer köstliche Gaben für Gudrun, ihr den Sohn und den Gatten, die Erschlagenen, zu büßen.

Fünfhundert Mannen: Langobarden, Friesen und Franken, zogen mit Gunnar, darunter Fürsten und Edelinge; auch Atli und Grimhild waren bei der Fahrt. —

Die Schar der Fürsten eilte in des Dänenkönigs Halle vor Gudrun: Gold und herzliche Worte boten sie ihr, daß sie wieder Vertrauen fasse und Sühne nehme für all ihr Leid.

Grimhild reichte ihr einen Trank, den sie mit Zauber-künsten gemischt hatte: der betäubte ihren Schmerz. Drei Könige, Gunnar, Högni und Atli, neigten sich vor ihr und warben um ihre Hand; aber Gudrun sprach: „Ich will nicht wieder vermählt sein; und es geziemt mir nicht, Brunhilds Bruder zu nehmen."

„Laß Atli deinen Haß nicht entgelten," bat Grimhild, „ich hab' ihn in vielem als vortrefflich befunden. Dein volles Vatererbe zahl' ich dir aus nach Gunnars Tod, dazu geb' ich dir hunisches Gold und hunische Jung-frauen, die kostbare Teppiche wirken und sticken, auch Land und Gefolgen biet' ich dir noch: — nimm alles, Tochter, und willige ein."

Da widerstand Gudrun nicht länger den Bitten: „Ich will ihn wählen wider eignen Willen, von euch genötigt: kein Glück wird aus unserm Bunde erwachsen."

Rasch saßen die Werber wieder zu Rosse, Gudrun und
ihre Frauen wurden auf die Wagen gehoben, und sie zogen
mit ihrem Heergeleite nach Atlis Land. Dreimal sieben
Tage währte die Reise: dann standen sie vor den Toren
der Königsburg. Gudrun saß schlafend auf ihrem Wagen:
böse Träume kündeten ihr Unheil, da weckte sie Atli.
Die Wächter schlossen die Gittertüren auf, sie fuhren ein:
Gudrun stand in Atlis Halle. Dort war ein Gastmahl
bereitet — wie sie es vorher verabredet hatten und wurde
da Gudrun mit Atli vermählt.

Er gab ihr zum Mahlschatz eine Fülle von Kleinodien,
dreißig Knechte, sieben treffliche Mägde und Silber in
Überfluß. Sie achtete das alles wie nichts: denn ihr
Herz lachte Atli nicht zu.

2. Atlis Gastgebot.

Zwei Söhne, Erp und Eitil, wurden Atli von Gudrun geboren, aber wenig Frohsinn herrschte in seiner
Halle, seit die Giukungen-Tochter dort eingezogen war.
Der König verlangte gierig nach Fafnirs Hort: den
wollten Gunnar und Högni allein besitzen: sie gaben ihm
nichts davon. Mit guten und bösen Mitteln suchte Atli
das Gold zu gewinnen.

Da fuhr es Atli durch den Sinn, wo es wohl geborgen sein möchte? — Das wußten nur Gunnar und
Högni: und er ging mit sich zu Rat, wie er den Schatz
endlich in seine Gewalt bringen könnte? Und faßte den
Entschluß, die Schwäger zu einem Gastmahl zu laden:
da sollten sie das Gold ausliefern, in Güte oder gezwungen. Er rief Wingi, seinen Vertrauten: lang
raunten sie miteinander: gute Worte und ehrende Ge-

schenke sollten die Giukungen überreden, der Einladung zu folgen. Wingi führte des Königs Sendemänner.

Gudrun hatte argwöhnenden Herzens ihr heimliches Zwiegespräch bemerkt: sie fürchtete einen listigen Anschlag gegen ihre Brüder. Sie ritzte warnende Runen, nahm den Ring Andwaranaut, knüpfte ein Wolfshaar daran und bat Wingi, Runen wie Ring Gunnar und Högni zu überbringen.

Bevor Wingi an den Rhein kam, besah er der Königin Runen und ritzte sie um. —

Die Sendemänner traten in Gunnars Halle und tranken den Willkomm-Becher, dann begann Wingi mit kalter Stimme: „Atli sandte mich her auf schnaubendem Roß, durch den dunkeln Wald, euch gastlich in seine Burg zu laden: Speere und Schilde, Helme und Hengste, Brünnen und Bogen, silberne Satteldecken, Heergewänder und hunische Knechte könnt ihr euch dort wählen, Schiffe und Städte, die Gnitaheide und den dunkeln Wald bietet er euch.“

Da wandte Gunnar das Haupt zu Högni: „Was rätst du auf solche Rede? Des Goldes haben wir genug, sieben Hallen voll Schwerter, ein jedes mit goldnem Griff: mein Roß ist das beste, mein Schwert das schärfste, Bogen, Brünnen und Schilde hängen uns an den Wänden: ich achte sie für besser, als alle hunischen.“

„Ein Wolfshaar fand ich an den Ring geknüpft,“ antwortete Högni: „ich meine, die Schwester warnt uns.“

Weder Gesippen noch Freunde rieten dem König, dem Gastgebot zu folgen. Glaumvör, Gunnars zweites Gemahl, und Kostbera, die reizendste aller Frauen, Högnis Weib, gingen in die Halle, grüßten die Boten und gedachten ihrer Pflicht: sie schenkten Wein und pflegten der Gäste. Der Abend war gekommen, das Saalvolk

ging zur Ruh': die Fürsten saßen noch trinkend bei=
sammen. Wingi zeigte nun die Runen, die, wie er sagte,
Gudrun geritzt habe. Kostbera war runenkundig, die
Kluge nahm die Stäbe und erforschte beim flackernden
Hallfeuer ihre Deutung: sie waren schwer zu erraten,
zwiefacher Sinn schien darin zu liegen. Die Könige tran=
ken überviel.

Das gewahrte Wingi: „Atli wird alt," sagte er, „seine
Söhne aber sind noch zu jung, das gewaltige Reich zu
schirmen: da will er euch zu Hütern ihrer Jugend und
des Reichs bestellen."

Da nun Gunnar trunken war und sein Herz Über=
mutes voll, und ihm ein Reich geboten wurde, gelobte
er, zu kommen und sagte das Högni.

„Ein Königswort muß gelten, und ich werde dir
folgen, ob ich's gleich nicht eilig habe."

„Steh auf, Fiörnir," rief aber Gunnar trotzig einem
Gefolgen zu, „laß die großen Goldhörner durch die Hände
der Männer kreisen. Mögen wilde Wölfe unsres Erbes
walten und zottige Bären die Saaten verwüsten, wenn
Gunnar nicht heimkehrt."

3. Der Könige Fahrt.

In der Nacht ängstigten Kostbera schwere Träume.
Als der Morgen dämmerte und Högni an ihrer Seite er=
wachte, sprach sie: „Du schickst dich an, dein Haus zu ver=
lassen: hüte dich! Fahr' ein andermal: ich erriet die
Runen deiner Schwester! Sie ladet euch nicht, zu kom=
men: verworren sind sie geritzt, als laure der Tod auf
euch in Atlis Burg. Ein Stab fehlt — oder die Runen
sind gefälscht."

„Mißtrauisch seid ihr Weiber. Ich will nicht da=
nach forschen und fürchte mich nicht und käme das
Schrecklichste.“

„Ich sah heut’ Nacht im Traum dein Leintuch brennen
und die Lohe brauste durch unser Haus.“

„Hier liegt viel Leinwand, auf die ihr wenig acht
habt: die wird bald brennen: das sahst du im Traum.“

„Und ein Bär brach in unsre Halle, mit kratzenden
Pranken warf er die Bänke nieder: in seinen Rachen riß
er uns alle. Wir kreischten laut: die Angst war groß.“

„Ein Wetter wird aufsteigen: du sahst einen Weiß=
bären, da kommt Sturm von Osten.“

„Einen Aar sah ich in die Halle fliegen: er be=
träufte uns alle mit Blut: und mich dünkte, er war Atlis
Schutzgeist.“

„Wir schlachten bald, da fließt Blut: träumt man von
Adlern, bedeutet’s oft nur einen Ochsen. Was dir auch
träumte, sorge nicht,“· schloß Högni.

Gunnar und Glaumvör erwachten bei Tagesgrauen,
auch ihr hatten böse Träume Unheil verkündet: sie wider=
riet die Fahrt: „Einen Galgen sah ich dir errichtet,
Gunnar: Nattern nagten an dir, dieweil du noch lebtest:
was bedeutet das? Ein Speer, deuchte mich, durchstach
dich, und Wölfe heulten an des Speeres beiden Enden.
Was bedeutet das?“

„Nur Jagd und Hundegebell von Atlis Meute ver=
kündet dein Speertraum.“

„Und einen Strom sah ich in die Halle fließen: er
stieg und schwoll, die Bänke überschwemmend: euch Brü=
dern zerbrach er die Füße: nichts konnte die Fluten
hemmen: das bedeutet etwas! Und verstorbene Weiber,
kostbar gekleidete, kamen in der Nacht hierher, wollten
dich zum Gatten kiesen, luden dich, auf die Bänke zu

sitzen. Weh! die Schutzgöttinnen[1]), fürcht' ich, schieden
von dir."

„Du warnst zu spät, nun die Fahrt beschlossen ist.
Niemand mag seinem Schicksal entfliehen. Wohl deutet
vieles, daß unser Leben kurz sein wird."

Früh am leuchtenden Morgen bereiteten sich die Ge-
labenen zur Reise. Aber ehe sie zu Roß saßen, gingen
Gunnar und Högni insgeheim hin, nahmen Fafnirs Erbe
und versenkten es in den Rhein: und niemals hat sich das
Gold wiedergefunden.

Selbfünft ritten die Giukungen — zwei Söhne und
ein Schwager Högnis zogen mit — und gegen zwanzig
Dienstmannen folgten ihnen. Die Frauen geleiteten sie
bis an den Rhein. Glaumvör wandte sich zu Wingi:
„Ich weiß nicht, wie du unsern guten Willen lohnst?
Du warest hier ein arger Gast, wenn dort Übles geschieht."

„Atli sollen die Riesen holen, wenn er euch belügt,"
verschwor sich Wingi, „am Galgen soll er reiten, hält er
nicht Frieden."

„Fahret denn selig! und folg' euch der Sieg!" sprach
Kostbera aus holdem Herzen, und Högni rief zurück: „Seid
wohlgemut, wie es auch ergehe."

Dann folgte er den Recken ins Schiff. Die Frauen
schauten ihnen nach, bis sie entschwanden: da schied das
Schicksal ihre Wege.

Die Recken begannen so kräftig zu rudern, daß die
Ruderstangen zerbrachen, die Ruderpflöcke barsten. Unan-
gebunden blieb das Boot liegen, als sie ans Land stiegen.

Sie ließen ihre Rosse über die Berge durch den
dunklen Wald und bebautes Land rennen. Endlich sahen

---

[1]) Fylgja, S. 121; J. Grimm, Mythologie, S. 829.

sie Atlis Burg ragen. Kriegsvolk stand auf den Wällen,
Wächter an den Pforten. Klirrend flogen die Riegel auf,
als Högni ans Tor pochte. Da rief Wingi, vom bösen
Gewissen getrieben: „Bleibet fern dem Hause! Leicht lieft
ihr ins Garn und gleich erschlägt man euch.‟

Aber Högni gedachte nicht, zu weichen: er scheute vor
nichts, wenn es galt, Mut zu erproben: „Du wirst uns
nicht schrecken! Fahre zur Hel, meineidiger Verräter.‟

Und zornig schwang er das Schlachtbeil und schlug
ihn nieder.

4. Der Kampf.

Sie ritten ein in die Burg.

Atli saß in seiner Halle beim Wein, als Boten die
Ankunft der Gäste meldeten. Er fuhr in die Brünne
und schritt mit einer Schar Gerüsteter den eintretenden
Giukungen entgegen: „Seid willkommen,‟ rief er, „und
gebet das Gold her, das mir zukommt, Sigurds Hort,
der nun Gudrun gebührt.‟

„Niemals!‟ antwortete Gunnar. „Und willst du uns
Kampf bieten, so sollst du uns tapfer finden, ehe wir
fallen.‟

„Lang hab ich gelobt, euch zu erschlagen: über das
Gold will ich schalten und das Neidingswerk rächen, daß
ihr Brunhild und Sigurd betrogt.‟

„Wenig hat uns geschadet, was du lang beschlossen
hast,‟ rief Högnir, „wir aber ließen schon deinen treu=
losen Sendboten zur Hel fahren.‟

Zornig hörten’s die Burgleute: sie hoben die Lang=
bogen und sausend schwirrte ein Schwarm von Pfeilen
auf die Giukungen. Der Lärm drang bis zu Gudrun
in ihre Kammer. Wild riß sie ihre Halsketten ab und

schleuderte sie an den Boden, daß sie klirrend zersprangen. Sie schritt hinaus, riß zornig die Hallentür auf und furchtlos trat sie zwischen die Streitenden, umarmte und liebkoste ihre Brüder und sprach: „Ich sandt' euch ein Sinnbild zur Warnung! Dem Schicksal widersteht man nicht: ihr kamet doch! Verraten bist du, Gunnar! Was wollt ihr nun tun wider Atlis List?"

„Nun ist's zu spät, Schwester! Zu weit ist's bis an den Rhein, unsre Scharen zu rufen."

Mit klugen Worten versuchte Gudrun die Grimm=herzigen zu versöhnen, aber sie achteten nicht darauf: alle riefen: „Nein!"

Da sah sie den Kampf beginnen: sie warf den Man=tel ab, faßte ein Schwert und schwang es an der Brüder Seite und ging vorwärts, wie der tapferste Mann: einen Bruder Atlis traf sie, daß er nicht mehr aufstand, dem andern hieb sie den Fuß ab und ihre Hände zitterten nicht. Gunnar und Högni gingen todbringend durch Atlis Scharen, ihre jungen Blutsfreunde folgten ihnen tapfer, und so gewaltig drangen die Giukungen vor, daß Atli sich in einen festen Turm flüchtete und die Tür hinter sich zuschlug. Das Fechten währte vom Mor=gen bis Abend: in der Nacht ruhte es, um am andern Tag heftiger wieder zu entbrennen. Hof und Halle flossen von Blut. Gudrun ließ Feuer an den Saal legen: sie kämpfte nicht mehr: außenstehend erwartete sie, wie alles enden werde, und mit so heißer Wut tobte das Schlachten und Morden, daß bald alle Gefolgen Gunnars tot lagen: auch Kostberas Söhne und ihr Bruder fielen da. Nur die beiden Brüder widerstanden noch tapfer. Atli harrte in sicherm Turme des Ausgangs. Eine übermächtige Schar griff nun Gunnar an: lange schirmte ihn Högni, Tote auf Tote türmend: endlich überwältigten die über=

mächtigen Feinde Gunnar, fingen ihn lebendig, banden ihn und führten ihn weg.

Högni aber kämpfte unerſchrocken fort: ſieben Männer erſchlug er, den achten warf er ins Fener, wie er zuvor ſchon manchem getan hatte. Alle nannten ihn den gewal= tigſten Kämpen, aber zuletzt — blutend, kampfmüde, — erlag auch er der Überzahl und wurde gebunden.

5. Der Könige Tod.

Da ſchritten Atli und Gudrun wieder in die Halle: „Übel ſieht's hier aus,“ ſprach Atli. „Erſchlagen meine Kämpen, tot liegen meine Brüder! Das dank' ich dir, Gudrun. Ich hatte herrliche Schwäher, ich leugne es nicht, verderbliches Weib. Wir ſtimmten ſelten, ſeit ich dich nahm, überein: du wirkteſt ſtets dagegen, daß ich den Hort gewann, und meiner Schweſter Tod haſt du ver= ſchuldet.“ —

„Meine Mutter[1]) ergriffſt du und mordeteſt ſie um des Goldes willen: — in der Höhle mußte ſie verhun= gern. Ich lache, willſt du klagen: den Göttern Dank, daß es dir übel ergeht.“

„Mehrt dem Weibe den Harm, ihr Mannen,“ befahl Atli, „ergreifet Högni und ſchneidet ihm das Herz aus! Den grimmen Gunnar bindet an den Galgenpfahl: im Wurmgarten ſollen ihn die Schlangen nagen.“

„Tu', wie dich gelüſtet,“ rief Högni, „ich habe ſchon Schlimmeres ausgehalten. So lang ich heil war, wider= ſtand ich euch: — nun bin ich in deiner Gewalt.“

[1]) Nach einigen Überlieferungen hat nämlich Atli Grimhild zu Gaſt geladen und, da ſie ſich weigert, ihm zum Horte zu ver= helfen, getötet, was den Giukungen unbekannt ſein muß, als auch ſie die Einladung annehmen.

Gudrun aber eilte hinaus zu ihren Söhnen und sagte, sie möchten des Vaters Knie umfassen und der Könige Leben erbitten: doch die Knaben schlugen der Mutter die Bitte ab. —

Inzwischen sandte Atli einen Boten zu Gunnar: ob er das Leben erkaufen wolle mit Sigurds Gold.

„Zuvor will ich Högnis Herz blutend in der Hand halten," antwortete der Stolze.

Atli winkte den Schergen ans Werk. Der Burgwart rannte ihnen zu: „Laßt uns Högnis schonen und den blöden Knecht Hialli greifen: — der ist alt und wie lang er auch lebt, — er bleibt stets ein armer Tropf."

Hialli stand in der Küche bei den Kesseln, als sie ihn suchten: er klagte und kroch in alle Winkel, bis sie ihn fingen: noch ehe er die Spitze des Messers fühlte, schrie er laut: das Schmählichste wolle er vollführen und sich glücklich schätzen, käm' er davon.

„Laßt ihn laufen," sagte Högni, „mir ist das ein geringes Spiel: — und wer möchte länger solch Gewinsel mit anhören!"

Dennoch töteten sie den Knecht und trugen sein blutend Herz zu Gunnar.

„Das ist eines Knechtes Herz: wie zittert es in der Schüssel! Zweimal so stark zitterte es, da es noch in der Brust lag," sprach der König.

Nun blieb keine Wahl mehr: Atlis Befehl mußte geschehen.

Högni lachte laut dazu und erduldete die Todesqual, ohne einen Schrei auszustoßen. Sie brachten das blutige Herz zu Gunnar. „Des kühnen Högni Herz," rief er, „halt' ich hier in Händen: kaum zittert das auf der Schüssel, und niemals hat es gebebt, da Högni es in der

Bruft trug. Nun weiß niemand, außer mir, wo der Hort ruht, und niemals, Atli, wirft du das erfahren."

„Auf! Schirrt den Wagen! In den Wurmgarten mit ihm," befahl da Atli.

Gudrun vernahm den graufigen Befehl: sie drängte die Tränen zurück, als sie in die Halle trat. „Also er= geh' es dir, Atli, wie du Gunnar die Eide hielteft, die oft gelobten, die bei der Mittagsfonne, bei Odins Berg und Ullrs Ring geschworenen."

Aber Atli stieg zu Roß: inmitten seiner Speerträger ritt er auf die Heide, wo ein umhegtes Gebüfch lag, von Schlangen und Nattern durchkrochen: unter ihren Biffen follte Gunnar sterben. An den Händen gefeffelt, wurde der stolze Mann in den Garten geführt. Gudrun ließ ihm heimlich eine Harfe senden. Einsam, zorngemut, schlug er die Saiten mit den Zehen, wie sonst mit der Hand, und so schön klang sein Spiel, daß Männer und Frauen weinten, die es fernhin hörten: die Schlangen aber, die zischend gegen ihn aufbäumten, schliefen darüber ein; nur eine große Natter, alt und scheußlich, die fuhr gegen ihn und biß ihm bis tief ins Herz. Da starb Gunnar im trotzigen Heldenmut.

6. Gudruns Rache.

Und Atli wandte seinen Hengst: — bald scholl seiner Speerträger Lärmen, wildes Rufen und das Gedräng von Roffen im Burghof: — sie waren von der Heide zurückgekommen. —

Nun dünkte sich Atli groß, als er vor Gudrun hin= trat. Höhnend sprach er: „Tot liegen deine Brüder, und du selbst haft Schuld, daß es so erging."

„Frohen Sinnes kommst du, mir den Mord zu ver=
künden? Rene wird über dich kommen: das Unheil weicht
nicht mehr von dir: — es sei denn, daß ich sterbe."

„Dafür weiß ich Rat: mit Mägden, Kleinodien und
Silber tröst' ich dich." —

„Das wähne nicht: ich sage nein! Galt ich vorher
für grimmig — nun bin ich's gewiß. Meiner Brüder
Mord wirst du mir nie sühnen! — Was du auch bietest
— mir ist's leidig. Doch" — fuhr sie sich bezwingend
fort — „des Mannes Übergewalt beugt den Willen der
Frau: du magst hier allein aller Dinge walten."

Töricht traute ihr der König, als sie so wider ihr
eignes Herz redete.

Er ließ die Toten aus der Halle schaffen und feierlich
bestatten: auch Högnis und Gunnars Leichen erwies er
die letzten Ehren, dann kehrte er in den Saal zurück.
Gudrun schritt ihm hier entgegen, einen goldenen Becher
in der Rechten, zwei Speere in der Linken: sie stellte sich
durch solche Totenehrung versöhnt: „Heil dir, König!
Empfange als Gudruns Gabe ihrer Brüder Speere."
Und sie rüsteten gemeinsam ein Trinkgelag[1]) zum Gedächt=
nis aller Gefallenen. Mit Pracht und Überfluß bereitet,
stand bald das Mahl in der gesäuberten Halle.

Gudrun aber nahm grimmen Herzens Rache, die gräß=
lichste, die je ein Weib ersonnen hat.

Sie lockte ihre und Atlis Söhne in ihr Gemach und
schnitt ihnen die Hälse ab. Und als die Helden abends
zusammengeschart im Saal saßen und die Becher klangen,
schenkte sie Wein und reichte dem König Leckereien. Er

---

[1]) Ein Erbmahl, wie es der Erbe zum Gedächtnis des Ver=
storbenen und als Zeichen des Antritts der Erbschaft den Freunden
und Nachbarn bereitet.

trank und fragte, ob seine Söhne draußen spielten, da er sie nirgends sehe.

„Du erschlugst mir die Brüder," antwortete Gudrun, „und höhntest mich noch am Morgen: der Abend ist gekommen: ich biete dir Gleiches. Du ziehst sie fürder nicht an dein Knie, weder Erp noch Eitil: nie siehst du sie wieder von deinem Sitze herab Pfeile schäften, Mähnen glätten und Mähren tummeln. Ihr Blut mischte ich in deinen Wein, ihre Schädel waren dir Trinkschalen, ihre Herzen aßest du gierig für Kalbsherzen: nichts ließest du übrig von der Speise. Du weißt nun, wo deine Knaben sind. Ich tat, was ich mußte. Ich lobe es nicht."

Entsetzt fuhren die Männer auf von den Bänken und hoben drohend die Waffen: — und alle weinten, nur Gudrun nicht: nie weinte sie, seit sie Atlis Weib geworden war.

„Übergrimmig bist du," rief der König, „da du das vermochtest! Morgen sollst du gesteinigt werden und verbrannt auf dem Scheiterhaufen."

„Sieh selber morgen, solches zu meiden; schöneren Todes will ich in ein andres Licht fahren."

Berauschenden Trankes war übergenug in der Halle: das meiste Volk saß trunken oder schlafend da.

Auch Atli hatte sich besinnungslos getrunken und suchte sein Lager. Als er eingeschlafen war, nahm Gudrun einen Dolch und durchbohrte ihm die Brust. Er erwachte, fühlte die Wunde, und sah mutig sein Ende nahen: „Wer erschlug Budlis Sohn?" fragte er.

„Ich hehl' dir's nicht: ich tat's."

„Falsch ist, wer den vertrauenden Freund betrügt! Als ich ausritt, um dich zu werben, nannten sie dich hoffärtig und wildherzig. Das war keine Lüge. Ich hab's erfahren. Reichen Mahlschatz zahlte ich dir, und dich dünkte alles wie nichts. Seit du hier waltest, fand ich von Herzen froh keinen mehr der Hausgenossen."

„Du lügst, Atli! — Selten zwar war ich sanft, doch du mehrtest stets meinen Zorn. Andres fand ich hier als bei den Giukungen und Sigurd! Ihr Brüder strittet häßlich um euer Erbe untereinander. Zu Grunde ging alles, was diesem Hause zum Heile sein sollte. Meine Brüder und Sigurd, als sie in Treue beisammenstanden, waren unbezwingbar. Sie fuhren auf Glück und Sieg: sie erschlugen, wer uns nicht huldigte. Nach Willkür riefen wir aus den Wäldern Friedlose zurück und gaben dem die Macht, der uns beliebte. Als Sigurd starb: — da sank mein Glück: herb war da mein Kummer. Doch härter die Qual, dir zu folgen. Ein Held war Sigurd. Nie kamst du vom Kampf und hattest den Feind gefällt. Ich ließ es beruh'n: doch dich ehrte das nicht."

„Die zornigen Worte bessern unser beider Los nicht. Sorge nun, Königin, für des Königs Ehren, wenn man ihn hinausträgt."

„Ich will ein Schiff laufen und eine bunte Bahre und sorgen für alles — als ob wir uns hold wären," sprach Gudrun, von des Königs heldenmütiger Ruhe, mit der er starb, gerührt.

Atli lag tot: der Tag brach an und Gudrun erfüllte, was sie ihm versprochen. Er wurde in ein Schiff gebahrt, mit allen Ehren, welche die Königswürde heischte, und Wind und Wellen der See übergeben. — —

Trauernd saßen Atlis Mannen in der Burghalle. Als die Nacht kam und die Burgleute schliefen, löste Gudrun die Hunde von der Kette, legte Feuer an die Halle und verbrannte alle, die darin lagen und beim Mord ihrer Brüder geholfen hatten.

Der ganze Bau stand in Flammen: Schatzkammern,

und Gebälk stürzten ein: — auch die Mägde sanken tot in heiße Glut, und Gudrun wollte nun auch sterben[1]).

VIII. Swanhild und ihre Brüder.

Gudrun wanderte allein, bis sie das Meer erreichte, und stürzte sich in die Wogen, ihr Leben zu enden.

Sie ward aber von den Wellen ans Land getragen, dorthin, wo König Jonakur herrschte. Der führte sie in seine Burg. Hier fand sie ihre Tochter wieder. Nachdem sie nämlich in Alfs Halle geflohen war, gebar sie dort ein Mädchen, Sigurds Tochter, das Swanhild genannt wurde und, seit Gudrun Atli folgte, bei jenem König Jonakur erzogen worden war.

Jonakar nahm Gudrun zur Frau. Sie gewannen drei Söhne: Sörli, Hambir und Erp. Die ersten zwei hatten dunkles Haar, wie Gunnar und Högni, der dritte aber hatte rotes.

Swanhild hatte Sigurds scharfe Augen und goldene Locken und war von wunderbarer Schönheit. Das hörte Ermenrich[2]), der Gotenkönig, und sandte seinen Sohn Randwer und Sibich[3]), seinen Ratgeber, zu Jonakur, um Swanhildens Hand zu werben.

---

[1]) Es ist kein Zeugnis aufbewahrt, daß sie jetzt, sich etwa auch in die Flammen stürzend, gestorben sei, aber wohl nach der ursprünglichen Gestaltung der Sage anzunehmen. Spätere Weiterbildung ließ sie fortleben, um die Wölsungen mit dem gotischen Sagenkreise (s. unten) zu verknüpfen.

[2]) Nordisch: Jörmunrekr.

[3]) Nordisch: Bikki, d. i. Hund.

„Es sei," sprach Jonakur, „das ist eine würdige Heirat und Ermenrich ein machtreicher König."

Und Swanhild wurde den Sendmännern mitgegeben.

Als sie über die See fuhren, sprach Sibich zu Randwer: „Besser geziemte sich's, du gewännest die schöne Swanhild zur Frau, als dein Vater, der ein alter Mann ist."

Der Rat gefiel Randwer, er ging zu Swanhild und sprach freundlich mit ihr.

Als sie aber heimkamen, sagte Sibich zu Ermenrich, daß Randwer heimlich Swanhildens Gunst gewonnen habe.

Der König folgte stets zu seinem Unheil den Ratschlägen Sibichs und vermochte sich im Zorn nicht zu mäßigen: darum befahl er, seinen Sohn an den Galgen zu knüpfen.

Und als Randwer unter dem Galgen stand, nahm er einen Habicht, rupfte ihm die Federn aus und sandte ihn seinem Vater.

Da der Vater den Habicht sah, kam ihm zu Sinn, daß, wie der Vogel unflügge und federlos, so auch sein Reich ohne Bestand, er selbst nun ohne Erben wäre. Und er entsandte einen Boten und befahl, Randwer vom Galgen zu nehmen.

Indessen hatte Sibich aber das Urteil schon vollstreckt und Randwer war tot. —

Abermals ging Sibich zum Könige und sprach: „Nur Swanhild ist an allem Schuld. Laß sie mit Schmach sterben."

„So gescheh's," antwortete Ermenrich.

Man band Swanhild auf der Erde am Burgtor fest und ließ wilde Rosse auf sie einsprengen: wie sie aber ihre hellen Augen aufschlug, scheuten die Tiere und wagten nicht, auf sie zu treten. Sibich befahl da, ihr einen Sack übers Haupt zu ziehen: und so ließ Sigurds Kind ihr Leben unter den Hufen der Hengste.

Gudrun erfuhr Swanhilds Schicksal: sie ging zu ihren Söhnen und sprach: „Warum sitzet ihr müßig hier? Ermeurich hat eure Schwester, jung an Jahren, auf dem Heerweg zerstampft durch weiße und schwarze, durch graue Rosse der Goten! Nicht Gunnars, nicht Högnis Art habt ihr geerbt! Einsam bin ich geworden, wie die Espe im Walde, — entblößt der Freude, wie die Föhre, die man der Zweige beraubt hat."

Ihr antwortete Sörli klugen Sinnes: „Was begehrst du, Mutter, das du vor grimmem Schmerz nicht zu sagen vermagst?"

Und Hamdir sprach mutvoll: „Einmütig wollen wir die Schwester rächen. Schaff uns Waffen."

Lachend flog Gudrun zur Rüstkammer und brachte ihnen Brünnen und Helme, die kein Eisen zerschnitt: aber vor Stein, warnte sie, sollten sie auf der Hut sein.

Kampfbereit ritten die Brüder zum Burgtor hinaus.

Gudrun aber ging weinend in die Halle und klagte: „Drei Feuer kannt' ich, drei Herde hatt' ich, dreien Gatten ward' ich ins Haus geführt: Sigurd allein liebt' ich. Ich ging zum Strand, gram war ich den Nornen, sterben wollt' ich, aber die Wogen trugen mich ans Land: leben sollt' ich. Wie ein freundlich blinkender Sonnenstrahl war Swanhild hier im Saal. Das ist mir das Härteste, daß sie Swanhilds lichte Locken in den Kot stampften: das Schmerzlichste, daß sie Sigurd erschlugen: das Grimmste, daß Gunnar die Nattern nagten: aber am schärfsten stach mir ins Herz, daß sie Högni lebendig zerschnitten. Nun laßt mich sterben. Säume nicht, Sigurd! Lenke dein schwarzes Roß hierher: gedenke, was du gelobtest: daß du kommen wollest aus der Halle Hels, mich heimzuholen.

Schichtet mir den Scheiterhaufen, ihr Männer: das Feuer verbrenne mir das harmvolle Herz, die leidvolle Brust: in der Glut schmelze mir im Herzen der Harm. Männern sänftige es den Mut, Jungfraun lindr' es die Schmerzen, wenn sie mein Gramlied zu Ende hören."

Da starb Gudrun und wurde verbrannt.

Die beiden Rächer fanden Erp auf ihrem Weg, auf einem Rosse reitend: er war klein von Gestalt und unschön, aber der Mutter Liebling. Ihn hatte es fortgetrieben zur Schwesterrache, noch ehe die Mutter dazu mahnte.

„Euch Blöde mußte die Mutter erst mahnen," rief er vorwurfsvoll, „mich mahnte der Schwester Blut."

„Wie willst du, fuchsiger Knirps, uns Hilfe leisten?" fragte zornig Sörli.

„Wie eine Hand der andern, wie ein Fuß dem andern."

„Wie soll uns das helfen! Das dünkt mich verächtlich," rief Hambir, und, ergrimmt ob seiner stolzen Vermahnung, erschlugen sie den Bruder.

Sie ritten weiter. Kurz darauf strauchelte Hambir, er hielt sich mit der Hand und sagte: „Erp sprach wahr: hätte die Hand mich nicht gehalten, wäre ich gefallen."

Und nicht lange, so stolperte Sörli und glitt aus mit einem Fuß, doch stützte er sich noch mit dem andern. „Nun wär' ich gefallen, hätte der Fuß mir nicht geholfen," sprach er, und sie gestanden sich, daß sie übel getan hatten, ihren Bruder zu erschlagen.

Sie kamen zu König Ermenrichs Burg und stürmten in seinen Saal, wo er beim Weine saß mit seinen Mannen und sich wenig vor den Rächern fürchtete. Streit und Kampf entbrannte: Hambir hieb Ermenrich die Hände ab, Sörli die Füße. „Abgehauen wäre nun auch Ermenrichs Haupt, wäre Erp hier, den wir erschlugen," sprach Hambir

Sie wehrten sich tapfer gegen die wilde Überzahl, kein Eisen verletzte sie. Da trat ein einäugiger Mann in Mantel und Schlapphut unter die Goten und rief: „Werft Steine auf sie."

Da fielen sie: Sörli an des Saales Schwelle, Hambir an des Hauses Rücken.

Fortleben aber wird der Ruhm des Heldentrotzes der Wölsungen und Giukungen, wo immer Menschen davon hören.

Zweites Buch.

Beowulf.

I. Von den Schildingen.

1. Schild.

In Urtagen schwamm über die See ein Schiff an die Küste Dänemarks: Schilde deckten den Bordrand, oben vom Mastbaum flatterte ein golben Banner.

Unten, daran gelehnt, saß schlafend ein Knabe, Waffen lagen rings um ihn: der war eines Gottes[1]) Sohn, Schild hieß er bei den Menschen. Unter Staunen liefen die Leute herbei: heiliger Schauer und freudige Hoffnung ergriffen sie, als sie nun den von den Göttern ihnen Zugesendeten aufnahmen. Er wuchs groß, gewann Würde und Macht und wurde König der Gerdänen.

Lang waren sie getreu Heremod, ihrem König, gefolgt: als er aber im Alter finster, gabenkarg und blutgierig wurde, ließen sie von ihm.

---

[1]) Als dieser Gott wird bald Freyr, bald Odin angenommen; er heißt Skef, d. h. Skeaf: Schaube, Getreidehaufe; nach andrer Überlieferung heißt der Angespülte selbst Skeaf, weil er auf dem Schiff auf Getreideschauben gebettet lag. Jedenfalls ist jener Gott ein Gott der Fruchtbarkeit, also Freyr, oder Odin als Wunschgott; auch an Thor hat man, um der Getreidegarben willen, gedacht.

Nun schützte Schild die Dänen gegen ihre Feinde, mehrte ihre Macht und teilte ihnen Schätze aus: einen guten König nannten sie ihn. Lange lebte er, und ließ Land und Reich seinen Nachkommen, den Schildingen. Und als er schied, trugen seine Gefolgen den Toten ans brandende Ufer, wie er selber geboten hatte. Sie rüsteten ein Schiff aus mit Schilden und Waffen, sie legten ihren lieben Herrn, den Schatzspender, an den Mastbaum und häuften um ihn köstliche Schätze und Kleinodien; das goldene Banner banden sie ihm zu Häupten und schoben das Schiff hinaus auf die See: die ihn einst hergetragen hatte, entführte ihn wieder, und niemand weiß, wer ihn empfing.

2. Heorot.

König Hrodgar, Healfdenes Sohn, einem Urenkel Schilds, folgte Heerglück und Waffenruhm, so daß Gesippen und Volk ihm gern dienten. Er ließ ein prächtiges Hallgebäude aufführen mit einem großen Metsaal: Heorot, d. i. Hirsch, nannten sie den Saal wegen seiner hohen Zinnen.

An den Wänden hingen kostbare Waffen, Heergerät und Schatzstücke aller Art. Die hartholzigen Tische und Bänke waren goldbeschlagen und, wo sie standen, deckten den gestampften Estrich Holzdielen.

Auf dem Hochsitz saß da Hrodgar im Kreise seiner Degen und teilte Baugen (Ringe), Waffen und Gewande unter die Dänen aus. Von fern und nah kamen sie nach der gastlichen Heorot gezogen. Dort lebte sich's ohne Sorge in Lust und Frieden. Das Methorn kreiste, Harfenschlag erklang, Sänger sangen ihre Lieder und weithin schallte jeglichen Tag der Jubel.

3. Grendel.

Den hörte tief im Sumpfwald ein Unhold, der in Moor und Meer hauste: Grendel hieß er bei den Leuten.

Zur Nacht schlich der üble Markgänger spürend in die schöne Halle. Da lagen auf dem Estrich, behaglich auf Polstern gebettet, im Schlaf die Edelinge, welche die schmuckreiche Halle hüteten. Gierig raffte der scheußliche Riese dreißig der Schläfer und trug sie mit sich in seinen Bau.

Auf Freude folgte da Wehruf und Mordschrei in Heorot! — Die Fußspur des Unholds verfolgten sie bis an den verrufenen Sumpfwald, der über wildes Geklüft am Seestrand sich hinzog. Noch kein Lebender hatte sich dort hinein gewagt.

In der nächsten Nacht aber kam das Scheusal abermals und raubte noch mehr der Helden, als zuvor. Bald flohen die meisten die schöne Halle: denn Grendel kehrte allnächtlich wieder und raffte schonungslos einen Helden nach dem andern dahin, bis die stolze Heorot leer stand. Zwölf Winter wütete er so voll Hohn und Feindschaft. Machtlos waren auch die Tapfersten gegen seine Riesenstärke. Nicht um Lösegeld gab er die Geraubten frei, noch schonte er ihres Lebens. Alt und jung ängstigte er, meuchelnd und mordend, wann er zur Mitternacht aus dem Nebelmoor aufstieg. Schwer lastete der Kummer auf dem König: gebrochnen Mutes saß er auf dem Hochsitz und rannte oft mit weisen Männern, ob sie Rat wüßten? Vergebens opferte er den Göttern in Hof und Heiligtum und rief ihren Beistand an wider den Würger. Jahraus, jahrein quälte den Herrscher die eine Sorge, und

er wußte doch nicht das Weh von seinem Volke zu wenden. Bald wurde es lautbar: über der Dänen Mark
hinaus drang die Kunde von dem Unhold.

––––––––

II. Beowulf.

1. Die Ausfahrt.

Da hörte von Grendels Greueltaten, fern im Geaten-
reich, Beowulf, des Königs Hygelak Schwestersohn
und tapferster Degen. Er entstammte dem königlichen Geschlecht der Wägmunde in Schweden. Als siebenjähriger
Knabe war er an den Hof seines mütterlichen Großvaters,
des Geatenkönigs Hredel, gekommen, der ihn mit seinen
eignen Söhnen erziehen ließ: er ward der Liebling seiner
Gesippen und des Volks.

Nun befahl er, ein Schiff bereit zu machen: denn er
wollte hinüberfahren zu Hrodgar, der eines Helden bedürfe.
Vierzehn der kühnsten Geaten kor er sich zu Fahrtgesellen.
Bald lag unter dem Hügel am Meeresstrand schaukelnd
auf den Wellen das Schiff mit dem schön gebogenen Steven
bereit.

Die Segelbrüder trugen eilend ihre Kriegswehr hin und
bargen sie in dem weitbäuchigen Nachen. Ein seekundiger
Lotse führte das Steuer. Da flog das halsumschäumte
Schiff, vom Winde geschoben, wie eine Möwe über die
Flut, bis zur selben Stunde des andern Tages die See-
fahrer das Land erblickten: blinkende Seeklippen und ragende
Berge dahinter. Die Fahrt war zu Ende, die Weigande
stiegen auf den Strand, zogen das Schiff nach und seilten

es fest. Dann trugen sie ihre Wehrkleider heraus, legten
sie an und schritten erzklirrend landeinwärts.

2. Der Strandwart.

Da — vom Landwalle her — gewahrte der Schildinge
Strandwart, der die Seeküsten hütete, die Helden, wie sie
Schilde und Brünnen ans Land trugen. Er ritt hinab:
den Wurfspeer in der erhobenen Hand wiegend, rief er sie
an: „Wer seid ihr, brünnenbewehrte Waffenträger, die ihr
auf umbrandetem Kiel übers Meer geschwommen seid? Als
Strandhüter bin ich hier bestellt, daß kein leidiger Feind
der Dänen landen mag. Nie zuvor sah ich Krieger un-
verhohlener landen! Schwerlich wißt ihr doch das Losungs-
wort, noch habt ihr des Dänenkönigs Erlaubnis verlangt?"
Und auf Beowulf deutend fuhr er fort: „und nie sah ich
gewaltigeren Kämpen, als den einen: das ist kein Herd-
hocker, wenn nicht sein Antlitz trügt! Ich muß nun aber
eure Herkunft wissen, ehe ihr gar als Späher ins Dänenland zöget. Darum gebt Bescheid!"

„Wir sind Geaten," antwortete ihm Beowulf, „Herdgenossen Hygelaks, unsers Königs. Beowulf heiß' ich,
Ekgtheows Sohn: Völker und Fürsten kannten ihn und
weise Männer gedenken noch sein. Mit holdem Herzen
suchen wir Hrodgar, deinen Herrn, auf. Gib du freundliche Auskunft, du mußt es ja wissen, ob dem so ist, wie
wir sagen hörten? Daß bei den Schildingen ein mitter-
nächtiger Schadestifter in Haß und Bosheit Mordfrevel übt?
Ich will Hrodgar Rat finden, ob er nicht den Unhold be-
zwinge und so der Frohsinn nach Heorot zurückkehre und
des Königs Kummer beschwichtigt werde, oder ob er für
immer diesen quälenden Druck tragen muß, solange er in
seiner Halle sitzt."

Vom Roß herunter entgegnete der Buchtwart: „Wort
wie Werk soll ein verständiger Kriegsmann verstehen.
Holde Gäste seid ihr meinem Herrn. Nehmt denn eure
Waffen auf, ich will euch den Weg weisen. Auch werd' ich
meinen Mitwächter mahnen, daß man am Strand euer
Schiff hüte und seiner wohl achte, bis es euch wieder zur
Wedernmark[1]) trägt. Möge jeder Held heil seine Tat
vollbringen."

Das Schiff blieb in der Bucht am Anker liegen, die
Helden aber schritten hinter dem Seewart her — von
ihren Helmen glänzten goldne Eberbilder, — bis sie in
der Ferne die goldgeschmückte Heorot schimmern sahen.
Da wies ihnen der Wächter den nächsten Weg und wandte
sein Roß: „Fahrt im Schutze der Götter: ich muß zurück
an die See und Wache halten gegen räuberische Feinde."

3. Begrüßung.

Mit bunten Steinen war der Weg gepflastert, den sie
hinanstiegen: die Brünnen erglänzten, die Panzerringe
klirrten, als sie in den Königshof geschritten kamen. In
der Vorhalle lehnten sie ihre harten Schilde an die Mauer,
die grauen Eschen-Gere stellten sie zusammen, mit den
Eisenspitzen nach oben, und als sie auf die Bänke nieder=
saßen, kam ein Bote Hrodgars — Wulfgar, der Wen=
deln Fürst — und befragte sie um ihr Begehr.

„Von wo führt ihr Wehr und Waffen her? Noch
nie zuvor sah ich Männer mutigeren Ansehns: als Ver=
bannte kommt ihr nicht: — zu tapferen Taten trieb's euch
wohl her?"

„Wir sind Hygelaks Hallgenossen: — Beowulf ist mein

---

1) Auch ein Name für das Land der Geaten.

Name und meine Botschaft will ich selbst deinem König
sagen, wenn er vergönnt, daß wir ihn begrüßen dürfen."

"Ich will den König der Däuen fragen, ob er deine
Bitte gewähren will und dir die Antwort sogleich kün=
den," antwortete Wulfgar und eilte in die Halle.

Der weißhaarige Fürst saß auf dem Hochsitz im Kreise
seiner Edlen: Wulfgar neigte sich vor ihm und sprach:
"Von fern her über die See kamen Geatenleute gefahren:
Beowulf nennen sie ihren Gefolgsherrn: sie bitten, mit dir,
mein König, reden zu dürfen; weig're es ihnen nicht: sie
scheinen deiner Gunst und Gegenrede wohl würdig zu sein,
zumeist ihr Führer."

Der König antwortete: "Beowulf? Ich kannte ihn,
da er noch ein Knabe war und Ekgtheow, seinen Vater,
dem Hredel, der Geatenkönig, die einzige Tochter zum
Weibe gab. So fuhr Beowulf nun übers Meer, den alten
Freund aufzusuchen? Seefahrer sagten mir, daß er in
der Faust die Kraft von dreißig Männern habe. Mir
ahnt, Allvater sandte ihn uns wider Grendel. Seiner
Kühnheit will ich lohnen. Bitte sie nun eilends, einzu=
treten und melde ihnen, daß sie uns willkommen sind."

Wulfgar ging und tat, wie ihm geheißen war: "So
kommt nun in Helm und Brünne: Schild und Speer laßt
einstweilen hier zurück."

Beowulf erhob sich mit seinen Genossen, — nur einige
blieben in der Vorhalle und hüteten das Heergerät —
folgte Wulfgar in den Saal, ging vor Hrodgars Hochsitz
und begrüßte den König: "Heil dir, Hrodgar! — Ich
bin Hygelals Schwestersohn und Gefolgsmann. Von
Grendel und seinen Übeltaten hörte ich: Seefahrer erzählten
mir, die schöne Heorot stehe leer und nutzlos allen Recken,
sobald die Sonne gesunken sei. Da rieten mir unsres
Volkes Edelinge, dich aufzusuchen. Sie kennen meine

Kraft: oft sahen sie mich blutig aus der Schlacht kommen,
wie ich fünf Feinde band; Riesen hab' ich erschlagen und
nachts in den Wellen die Wasserelben getroffen. Nun
will ich, einer allein, mit Grendel, dem ungetümen Riesen
ins Gericht gehen. Versage du, Schirm der Kämpen, diese
Bitte nicht: laß mich mit meinen Speergenossen Heorot
des Greuels reinigen. Und weil, wie ich hörte, der Un=
hold keine Waffen scheut, so gelobe ich — so wahr Hygelak,
mein Herr, mir seine Huld bewahre! — weder Schwert
noch Brünne, noch goldgebordeten Schild in dem Kampfe
zu tragen: mit der bloßen Faust will ich den Feind er=
greifen und Leib gegen Leib ums Leben ringen. Wen
von uns dann der Tod dahinrafft, der trage sein Geschick.
Sicherlich, wenn er's vermag, wird Grendel uns Geaten
fressen, wie er Dänen tat. Trifft mich der Tod, so brauchst
du um meinen Leib nicht mehr bedacht sein: er wird ihn
wegschleppen und in seinem Bau verschlingen, den Leichen=
brand dir sparend. Sende Hygelak, wenn ich im Kampfe
falle, die meine Brust beschirmte, die beste der Brünnen,
das köstlichste Heergerät: sie ist Hredels Nachlaß und Wie=
lands [1] Werk. Das Schicksal geht seinen Weg."

"Also Kämpfens halber kommst du, Freund Beowulf,
und um die Ehre zu mehren," antwortete der König.
"So war auch dein Vater: als ich, obwohl noch ein
Jüngling, hier zu herrschen begann — denn Heorogar,
mein älterer Bruder, lag tot —, suchte Ekgtheow einmal
Schutz bei uns Däuen. Da hab' ich mit Gold seine
Fehde gesühnt und beigelegt. — Es fällt meinem Herzen
schwer, zu sagen, wieviel Hohn und Bosheit Grendel in
diesem Saal wider mich ausübt: mein Burg= und Heervolk
ist hingeschwunden, durch Grendel weggetilgt. — Gar oft

---

[1] S. unten Wielandssage.

erboten sich bei der schäumenden Schale die Weigande, hier zur Nacht ihn mit dem Schwert zu erwarten; aber, wann der Tag hereinglänzte, war die Methalle mit Geifer beschmutzt, von Blut überflossen standen alle Bankdielen. Ich hatte der Tapfern um so weniger. Sitze nun zum Schmaus, und wecke beim Met den Männern Sinn und Siegeslust, wie dein Herz dich treibt."

Da wurde den Gästen eine Bank geräumt, wo sie sich zu frohem Ergötzen niederließen. Der König setzte Beowulf an die Seite seiner Söhne. Ein Degen ging umher mit dem schöngeschmückten Ülkrug und schenkte ihnen den schie=ren[1]) Trank. Dazwischen sang ein Sänger sein heiteres Lied, und wie einst widerhallte Heorot von dem Jubel der edlen Dänen und Wedern.

Hunferd, des Königs erster Sänger, hub da ein Streitlied an; ihm war Beowulfs Ankunft leid: denn er liebte es nicht, daß ihn ein andrer an Ruhm übertreffe.

„Bist du der Beowulf, der einst im Wettkampf mit Breka durch die See schwamm? Wo ihr tollkühn in ver= messenem Mut euer Leben in den tiefen Waffern wagtet? Weder Freund noch Feind konnten euch abhalten. Da rudertet ihr in den Sund, maßet die Meeresstraßen, schlugt die Waffer mit den Händen, über die Tiefen gleitend. Die winterkalte See stürmte und brauste: sieben Nächte schwammt ihr im Waffer. Breka besiegte dich: er hatte mehr Kraft. Die Hochflut warf ihn am nächsten Morgen ans Land, von wo er in seine Heimat eilte, in das Land der Brondinge, wo er über Burg und Volk gebietet. Darum, fürcht' ich, wird es dir schlecht ergehn, — wie tapfer du dich auch immer im Streite hieltest — wenn du es wagst, hier zur Nacht Grendel zu erwarten."

---

1) Reinen, ungemischten.

„Freund Hunferd," entgegnete Beowulf, „was du doch — biertrunken — alles von Breka und seinem Sieg zu erzählen weißt! Fürwahr, ich sage dir, daß ich in jenem Wettstreit mehr vollbracht habe, denn irgend ein Mann. Als halberwachsene Knaben gelobten und verbanden wir uns, in der See einmal unser Leben zu wagen: das hielten wir. Das nackte Schwert führten wir in der Hand, da wir in den Wellen schwammen, uns damit der Wale zu erwehren. Weder Breka konnte weg von mir, voran, schwimmen, noch wollte ich von ihm fort. Fünf Nächte blieben wir zusammen in der See, bis uns die Flut trennte. Rollende Wogen, eisiges Wetter, neblige Nacht und Nordwind wüteten gegen mich. Kalt waren die Wellen, und Seeungeheuer stiegen auf: dagegen schützte mir die Brust meine geflochtene, golddurchwirkte Brünne. Ein Seetier zog mich hinab mit seinen Griffen: ich erstach den Unhold mit dem Schwert. Sie bedrängten mich hart, die Ungetüme: doch ich diente ihnen mit dem Eisen, wie's ihnen gebührte. Rottenweis lagen sie am andern Morgen zur Ebbezeit tot auf dem Sand. Die hemmten keinen seefahrenden Mann mehr! — Da kam von Osten Licht, des Gottes blinkendes Zeichen, die See ward ruhig: nun kount' ich die windigen Küsten erkennen: oft rettet das Schicksal kühnen Mann, wenn seine Kraft es wert ist. Neun Nicker (Seite 190) hab' ich erschlagen: nie hört' ich von schlimmerem Kampf noch von bedrängterem Mann, und dennoch entging ich den Klauen meiner Angreifer, so müd' ich war: dann warf mich die Flut bei den Finnen ans Land. — Von dir, Hunferd, hab' ich nichts dergleichen gehört, und nichts von dem Schreck deines Schwertes! Nicht Breka, noch du, keiner von euch hat je solche Taten vollbracht: — ich sage es nicht aus Ruhmrede. Freilich, du hast deine eignen Brüder erschlagen; das wirst du in Hel büßen

(S. 131, 211), so witzig du bist! Wahrlich, Sohn Ekglafs! Nie hätte der arge Grendel so viel Greuel wider deinen Herrn hier verübt, wäre dir Herz und Sinn so schwertgrimm, als du wähnst! Der Unhold fand es wohl aus, daß er eure, der Siegschildinge, Schwerter nicht zu scheuen hat: keinen der Dänenleute verschont er ja: nach Lust bekriegt er sie, würgend und schändend und keinen Widerstand fürchtend. Nun soll ihm ein Geate im Kampf begegnen! Dann eile wieder freudig, wer mag, hierher zur Methalle, sobald das Morgenlicht über die Erde scheint und von Mittag die schimmernde Sonne."

Die Verheißung hörte Hrodgar mit hochgemutem Herzen. Rede und Widerrede, Lachen und Lust erhuben sich aufs neue.

Wealchtheow, Hrodgars Gemahlin, schritt im Saal umher und grüßte die Gäste. Um ihren Nacken trug sie goldenen Halsschmuck, ein köstliches Kleinod. Zuerst reichte sie den Becher dem König, ihn zur Heiterkeit mahnend, dann, weiter schreitend zwischen Edeln und Kriegern, bot sie jedem den Trunk, bis sie mit dem Becher auch zu Beowulf kam. Freundlich grüßte sie ihn, Walvater dankend, daß nun Befreiung von dem Landschaden zu erhoffen sei.

Beowulf nahm den Becher aus der Königin Hand und sprach, des Kampfes begierig: "Als ich den Drachen bestieg, hab' ich gelobt, daß ich der Dänen Sehnsucht erfüllen wolle oder enden unter des Feindes Griffen, und vollbringen will ich die Tat oder fallen in dieser Halle."

Gut gefiel des Geaten Gelübde der Königsfrau: sie kehrte zurück zu ihrem Sitz an Hrodgars Seite, und von Heiterkeit und Freude erdröhnte die Halle, bis der König aufbrach, die Abendruhe zu suchen: wann die Nacht herniedersank, dann, wußte er, entbrannte tödlicher Kampf in Heorot! Alles Wehrvolk erhob sich, einer grüßte den

andern; Hrodgar aber sprach: „Heil dir, Beowulf, deiner
Hut vertrau' ich nun der Häuser bestes. Sei eingedenk
der Ehre, erweise deine Kraft und wache wider den Wüte-
rich! Keinen Wunsch versag' ich dir, wenn du dies Heldenwerk vollbringst."

Dann schritt der König im Geleit seiner Helden hinaus,
Wealtheow hatte schon früher die königliche Schlafhalle
gesucht; und der Gast blieb allein mit seinen Gefährten
als Saalwart zurück.

4. Der Kampf.

Beowulf legte die eiserne Brünne ab, nahm den Helm
vom Haupt und reichte sein Schwert einem Krieger, der
seines Heergeräts hüten sollte.

„Nicht geringer, als Grendel, acht' ich mich an Grimm
und Kraft, darum will ich ihn nicht mit dem Schwert erschlagen: er weiß nichts von Waffen, so erfahren er auch
in Neidingstaten ist. Waffenlos wollen wir den nächtlichen Kampf ausfechten: — Siegvater gewähre Sieg,
wie gerecht ihm dünkt." Darauf legte er sich nieder auf
das Polster, rings um ihn seine Gefährten. Von denen
hoffte da wohl keiner die liebe Heimat je wieder zu schauen:
allzuviel des Schrecklichen hatten sie von Grendel sagen
hören. Bald lagen sie im Schlaf: nur Beowulf wachte.

Da kam vom Moor her im Nebel Grendel gegen das
goldzier Haus gegangen: er hoffte sicher, einen oder den
andern in der Halle meuchlings zu beschleichen. Er schritt
die Stufen empor: die mit eisernen Riegeln gefestigte Tür
erbrach er mit gewaltigem Druck seiner Fäuste, gieriges
Feuer flackerte aus seinen Augen: ein geräumiger Hand-
sack hing ihm, aus Drachenfell, mit Zauberkünsten gefertigt,
am Gürtelriemen befestigt, nieder: — da hinein pflegte

er seine Beute zu stecken. Er schritt über den buntfarbigen
Estrich in den Metsaal. Da sah er die schlafenden Helden
liegen, und der Unhold lachte in seinem Herzen: alle
dachte er zu erwürgen. Doch anbres beschied ihm das
Schicksal.

Den Nächstliegenden ergriff der Räuber, riß ihn in
zwei Teile, zerbiß sein Gebein, trank sein Blut und verschlang große Stücke des Fleisches, nur Hände und Füße
ließ er übrig. Nnn trat er an Beowulfs Lager und griff
nach ihm: aber schnell faßte der Recke, sich auf den einen
Arm stützend, des Riesen Faust mit überwältigendem
Handgriff.

Da fühlte Grendel, daß er noch nie einem Manne von
so großer Kraft begegnet war. Er erschrak in seinem
Herzen und wollte zurück in die Nacht entfliehen. Doch
er konnte es nicht: Beowulf hielt ihn fest gefaßt, hurtig
sprang er auf und, den Riesen rückwärtsstoßend, zerbrach er
ihm die Finger und begann grimmig mit ihm zu ringen.
Gern wäre der Schadenstifter entwichen in Sumpf und See.

Die Halle schütterte von dem wütenden Kampf, aber
weil sie sorglich mit Eisenklammern von außen und innen
umschmiedet war, stand sie fest; doch von den goldbeschlage-
nen, am Boden gefesteten Metbänken brach manche krachend
zusammen. Dazu stieß Grendel ein grausiges Geschrei
aus: Schrecken rüttelte die Männer, die auf dem Burg-
wall die brüllenden Jammerlaute des sieglosen Unholds
hörten.

Beowulfs Gefährten fuhren vom Schlaf auf und
schwangen die Schwerter, ihrem lieben Herrn zu helfen:
aber vergebens, lein Eisen mochte Grendel verwunden:
doch lam er nicht los aus Beowulfs Händen: voll tödlichen
Hasses ertrug er gräßliche Schmerzen und zerrte und zog,
seine Faust aus Beowulfs Griff zu befreien: da klaffte

ihm eine Wunde an der Achſel: die Sehnen zerriſſen,
Fleiſch und Bein barſt und brach, und die Fauſt ſamt
Achſel blieb in Beowulfs Hand: todwund aber floh Grendel
hinaus übers Moor in ſeinen Meerſaal.

Heorot war geſäubert und zum klaren Zeichen des
Sieges heftete Beowulf die Rieſenfauſt allen zur Schau
mitten unter die Decke der Methalle.

5. Dank und Gabenſpende.

Die Siegeskunde flog von Mund zu Mund: im Früh=
licht eilten die Däuen zur Halle, über weite Wege zogen
die Volksführer herbei und ſchauten ſtaunend das granſe
Siegeszeichen und Grendels Fußſtapfen, wie er zurückge=
flohen war übers Moor und über Steinklippen hinab in
Meerestiefe. Die Brandung wallte blutigrot, die Wogen
ſtockten in ſtarrenden Blutlachen: der Landſchade war ver=
nichtet! Frohen Mutes ritten alt und jung von der
ſchaurigen Meeresklippe zurück zur Königsburg, laut preiſend
Beowulfs Heldentat. Im Wettſpiel ließen ſie die falben
Mähren über die kieſigen Wege rennen: der Sänger ſang
ein Lied von Beowulfs Kühnheit und Kraft. Und immer
wieder ſtrömten Neugierige in die Halle.

Dahin ſchritt nun auch im hellen Morgenſchein der
König mit ſeinen Gefolgen und die Königin im Geleit
ihrer Mägde. Hrodgar ſtand auf dem Hochſitz, ſchaute
empor an die goldene Decke, wo Grendels Hand hing und
ſprach: „Dem Allwaltenden ſei dieſes Anblicks Dank ge=
ſagt! Grimmes Leib hab' ich von Grendel erdulden müſſen.
Noch iſt's nicht lang, daß ich wähnte, erblickte ich dieſe
Halle blutbeſchmutzt, niemals Löſung davon zu gewinnen!
Schauet! Ein Held vollbrachte nun, was wir alle nicht
vermochten. Wahrlich! Lebt ſie noch, die dieſen Weigand

gebar, heut mag sie sich des Kindes rühmen. Nun will
ich dich, Beowulf, wie meinen eignen Sohn lieben: halte
dies neue Sippe=Band in Ehren! Nichts gebreche dir der
Wunschgüter, über die ich Gewalt habe. Ewig wird dein
Ruhm leben um dieser tapfern Tat willen." „Freudigen
Herzens hab' ich sie getan," antwortete Beowulf, „und
mein Leben an seine Kraft gewagt. Möchtest du den
Schrecklichen doch sehen können! Gern hätt' ich ihn ge=
bunden. Doch das ward mir nicht beschieden: nur die
Faust mußt' er mir lassen. Aber dem Elenden nützt sein
Entrinnen nichts; die schmerzhafte Wunde hält ihn gefangen
und unter Qualen muß der Unhold sein Ende erwarten."

Alle betrachteten nun Grendels Faust unter der Decke:
an den Fingern starrten statt der Nägel eiserne Krallen,
und einmütig gestanden sie: da habe freilich härtestes Eisen
an dem Ungetüm nicht haften können.

Hurtig wurde der Saal nun gesäubert und geschmückt:
Frauen und Männer regten die Hände: an den Wänden
hängten sie goldschimmernde, bunte Decken auf: denn der
Bau war bei dem fürchterlichen Ringen rissig geworden,
die Türangeln waren ausgebrochen, nur das Dach stand
unversehrt, weil Grendel zeitig die Flucht ergriffen hatte,
am Leben verzweifelnd. „Denn nicht leicht ist es, dem
Tod zu entfliehen! versuch's wer es will: ein jeder muß
einst das enge Bett suchen, wo sein Leib nach des Lebens
Fröhlichkeit schläft: ihn zwingt die Not."

Als nun Zeit und Stunde des Festes kam, da saß
Hrodgar auf dem Hochsitz, nah ihm Hrodulf, sein Neffe:
Hredrik und Hrodmund, des Königs junge Söhne, und
ihre Gespielen zogen Beowulf in ihre Mitte. Da sah
man der Schildinge zahlreiche Gesippen und der Dänen
Edelinge freundlich mit ihren Gästen beisammensitzen: die
Halle war ganz von Männern erfüllt. Fleißig kreiste der

Metkrug und weder Verrat noch Gewalttat störte das Fest.
Der König reichte Beowulf als Siegeslohn ein goldenes
Banner, dazu Helm und Brünne und ein kostbares Kampf-
schwert. Ein Eberbild schützte und schmückte das von
Metallfäden umsponnene Dach des Helmes. Darauf ließ
Hrodgar acht geschirrte Schlachtrosse in den Burghof führen:
auf einem lag ein schöngeformter, mit Edelsteinen gezierter
Sattel, der war des Königs eigner Heersessel, wann er
in den Kampf ritt. Waffen wie Rosse übergab er Beowulf, daß er sich ihrer erfreue. Auch dessen Segelbrüdern
reichte der milde Fürst wertvolle Gaben: den einen aber,
den Grendel meuchlings ermordet hatte, ließ er ihm mit
Gold aufwägen.

Da war viel Schall und Klang froher Stimmen,
und freudig wurde der Sänger mit der Harfe begrüßt:
der hob nun an, alte Lieder zu singen, die sie stets wieder
gerne hörten.

Der Sänger begann von dem Überfall in Finnsburg[1]: „König Finn herrschte über Jüten und Friesen: in Finnsburg[2] stand sein Hochsitz. Hildburg,
die Königin, war die Tochter Hoks, eines Dänenfürsten,
und, vielleicht um alte Fehde der Völler beizulegen, Finn
vermählt worden. Hnäf, Hildburgs Bruder, nun Herrscher der Dänen, samt sechzig Gefolgen, darunter auch
Hengest[3], der Seefahrer, mit einigen seiner Jüten,

---

[1] Um eine übersichtliche Erzählung zu bieten, ist das Lieder-
bruchstück: „Der Überfall in Finnsburg" hier eingeschaltet und in
seinem Anfang ergänzt nach Annahmen von Uhland, Simrock,
Grein, Ettmüller.

[2] Finnsburg lag nach Simrock und Arnold in Friesland; nach Grein in Jütland.

[3] Hengest, ein Häuptling der Jüten, „war von Hnäfs Geschlecht".

weilten als Gäste bei Finn. Vielleicht war mit Zorn-
oder Schmähreden der alten Blutfehde zwischen den ver-
söhnten Völkerschaften gedacht worden und so der Hader
aufs neue entbrannt? Denn verräterisch überfielen zur
Nacht Hnäf[1]) und Hengest die Finnsburg. Greller Feuer-
schein — die Dänen hatten Brände in den Bau geworfen
— schreckte den Schlaf von Finns Augen: laut auf schrie
der König: „Das ist nicht der von Osten kommende Tag,
noch eines Drachen Feuerflug, und doch flammt es wie
Frührot: getäuscht singen die erwachten Vöglein, dröhnend
hallen Speerstöße wider Holz. Noch wandelt der Mond
zwischen Wolken, und Mordtaten geschehen nun um des
alten Hasses[2]) willen. Erwacht, meine Weigande, haltet
eure Lande, steht einmütig dem Feind." Da fuhren die
Mannen vom Lager auf und gürteten sich mit den
Waffen: Sigeferd und Eaha, zwei tapfere Helden Finns,
eilten mit geschwungenen Schwertern an das Tor der
Halle, das von außen zu erstürmen suchten Oslaf und
Gudlaf, die Dänen, und Hengest. „Wer hält das Tor?"
rief Garulf, Gudlafs Sohn. „Ich, Sigeferd, ein schlacht-
kundiger Recke, das sollst du nun erproben."

In grimmem Streit ward jetzt um das Tor gekämpft:
manche hatten den Schild, andre die Brünne vergessen
anzulegen, so sehr eilten sie in den Kampf. Der Burg-
flur erdröhnte von krachenden Schilden und Schwerthieben,
als Garulf unter Sigeferds Streichen zusammenbrach.
Und tot um ihn lagen viele tapfere Feinde: von Helm und
Eisen stoben die Funken: Hnäfs wildmütige Dänen ver-
galten nun im Rachekampf Sang und reinen Mut des

---

[1]) Nach Uhland und Simrock; anders Grein, der Finn
seine Gäste überfallen läßt.

[2]) Wahrscheinlich alte Blutrache.

jungen gefallenen Edelings, der ihrer aller Freude ge=
wesen war. Sie fochten fünf Tage, keiner von ihnen
fiel und sie gewannen das Tor. Da wandte sich Hnäf
von der Walstatt: die Brünne zerhauen, den Helm zer=
spalten, Schild und Speer zersplittert, schartig und stumpf
das Schwert, todwund sein Leib: er ging zu sterben.
Aber vom Speer durchbohrt lagen auch Finns Söhne,
und der Kampf hatte alle seine Edelinge verschlungen, bis
auf so wenige, daß er sich nicht mehr vor Hengest, der
nun die Feinde führte, behaupten konnte. Da boten die
Friesen Vergleich an: die Hälfte ihrer Huben mit Halle
und Hochsitz wollten sie Hengest einräumen, und Finn
sollte dann gleiche Gaben austeilen unter Friesen wie
Dänen.

Mit Eiden wurde der Friede gefestigt, und Hengest
gelobte Finn mit unverbrüchlichem Schwur, daß keiner
der Seinen je mit Worten noch Werken den Frieden
brechen sollte. Wofern aber ein Friese mit frecher Rede
den verderblichen Haß erneue, sollte er's mit dem Schwert
büßen. So schwuren sie den Eid und Finn teilte allen
Gold zur Sühne aus. Ein Scheiterhausen wurde ge=
schichtet, die Gebeine der Toten zu verbrennen: Hnäf
legten sie oben darauf in blutiger Brünne und goldenem
Eberhelm, um ihn die andern Gefallenen: da besahl Hild=
burg, auch ihre Söhne auf die Scheiter zu betten an
Hnäfs Seite. Ein gramvoll Weib stand sie dabei, die
eignen Kinder und den Bruder zugleich beklagend. Bis
zu den Wolken empor stieg der Brand, die gierige Lohe
verschlang alle im Kampf Gefallenen.

Die Dänen verteilten sich über Friesland in die ihnen
zugewiesenen Höfe: Hengest blieb bei Finn, er versäumte
die Herbstzeit, wann er den Schiffs=Steven hätte heim=
wenden können, bis der Winter kam mit Sturm und Eis

und die Seewege sperrte: so überwinterte er in Finn=
land. Aber auch als der Frühling kam, der zur Heim=
kehr einlud, hielten ihn heimliche Rachegedanken zurück.
Den beschworenen Frieden zwar mochte er nicht brechen:
aber er hoffte, die Friesen, der Fremdlinge überdrüssig,
würden die Zwietracht zuerst beginnen, dann mußte er
Gelegenheit zur Rache für Hnäfs Fall finden. Auch ihm
war sein Geschick schon zugemessen: Finn[1]) ließ ihm heim=
lich mit dem Schwerte die Brust durchbohren und auch
seine Gefolgen ermorden. Gudlaf und Oslaf entrannen
übers Meer, kamen aber mit einem großen Heere zurück.
Laut klagten sie wider Finn um Mord an Hengest und
griffen ihn in seiner Burg an. Mutvoll, jedoch ver=
gebens verteidigte sich Finn: er selbst ward erschlagen,
Hildburg gefangen weggeführt: alle Habe des Königs, —
Baugen, Münzen, kostbarste Steine — soviel sie deren in
Finnsburg fanden, raubten die Schildinge und brachten
Hildburg übers Meer zurück nach Dänemark."

Das Lied war verhallt: in frohen Jubel brachen die
Lauscher aus und entfesselt stieg die Lust beim Mahle:
die Schänken gossen Wein aus schönen Krügen. Da schritt
auch Freaware, des Königs holde Tochter, zwischen den
Zechenden einher und schenkte den älteren Männern Met
oder Wein. Sie war Ingeld, einem Hädobarden=
fürsten, verlobt. Hrodgar hatte Ingelds Vater im
Kampfe getötet und dessen Reich sich unterworfen: nun
sollte die Braut Frieden und Freundschaft sichern. Und
Wealtheow, die Königin, kam unter goldenem Reif ge=
gangen, schritt dahin, wo Hrodgar saß, bot ihm den
Becher und sprach: „Nimm diesen Becher, mein Fürst und
Herr! Glücklich und ruhmvoll sei immerdar, männer=

---

[1]) Vielleicht argwöhnend.

freundlicher Schatzverteiler! In Wort und Tat erweise
dich hold den Geaten. Friede hast du nun nah und fern:
genieße des Lebens Freuden, solange dir's gewährt ist
— und wenn du dann von hinnen fahren mußt, laß
deinen Söhnen Volk und Krone. Dem Schutze Hrodulfs
überweis' ich die Jugendlichen, scheidest du früher als er
aus der Welt: — ich vertraue, er wird dann unsern
Söhnen vergelten, was wir einst ihm, dem Knaben, an
Ehren und Freuden angetan." Dann wandte sie sich zu
der Bank der Jugend, wo Beowulf bei Hredrik und
Hrodmund saß. Ihm brachte sie den Becher und legte
ihm mit freundlichen Worten zwei goldene Armreife an,
reichte ihm Gewand und Ringe und eine Halsbauge;
schönere ist nie bei Erdenvölkern gesehen. „Nimm und
trage Bauge wie Kleid zu deinem Heil, lieber Held Beo=
wulf; leb' und gedeihe! Und meinen Knaben sei treu
und mildgesinnt: ich will dir's lohnen. Dich ehren fort=
an alle Männer nah und fern, soweit das Weltmeer
windige Küsten umwallt. Sei glücklich, Edeling, solang
du lebst!" —
        Sie kehrte zu ihrem Sitz zurück. Schmausend und
trinkend bis zum Abend, saßen die Männer — nicht
ahnend, was das Schicksal wirkte: — da ging der König
zur Ruhe in seine eigne Halle. Zahlreiche Edelinge
blieben zur Nachtwache in Heorot, wie sie früher getan.
Bänke und Tische räumte man auf die Seite und breitete
Decken und Polster auf dem Estrich aus. Von Met müde
sank da mancher Recke in den Schlaf. Zu ihren Häup=
tern stellten sie die Holzschilde, auf den Bänken lagen
Helme und Brünne. So war ihr Gebrauch daheim wie
in der Fremde, daß sie stets kampfbereit waren, wann
immer der König ihrer bedurfte: — das war ein dienst=
freudiges Volk!

6. Grendels Mutter.

Aber Grendel lebte eine Rächerin: die Mutter dem Sohn. Raubgierig und grimmigen Mutes schritt sie den Rachegang in die Halle, wo die Kämpen schlafend lagen. In jähem Schrecken fuhren Wächter und Edelinge auf, griffen nach Schild und Schwert — keiner dachte in der Angst daran, Helm und Brünne anzulegen — und schwangen die Waffe empor gegen die Riesin. Da wandte sie sich voll Angst, zu entfliehen: die blutige Faust riß sie noch von der Decke. Schon aber hatte sie einen der Schlafenden gepackt — er war Hrodgars liebster Held — und eilte mit ihrer Beute fort.

Beowulf schlief nicht in der Halle: man hatte ihm ein eignes Gemach eingeräumt. Lärm und Wehrufe erfüllten die Burg. Dem König ward die Kunde gesagt: er eilte in den Saal und hörte voll Grames den grausen Tod seines Freundes. Alsbald wurde Beowulf gerufen: — der Morgen dämmerte kaum, da eilte er vor den greisen König, ihn höflich fragend, ob die Nacht ihm nicht wohl bekommen sei?

„Frage nicht nach meinem Ergehen," — antwortete Hrodgar — „tot ist Äskher, mein Ratgeber und Speergenosse (Achselkämpfer), so oft wir im Kampfe standen. Gut, wie er war, sollte jeder Held sein! Hier im Saal hat ihn ein Ungetüm erwürgt, Grendel rächend und die alte Fehde erneuend. Meine Hand, die euch jeglichen Wunsch erfüllen möchte, ward zu schwach! — Von Landleuten hört' ich einmal hier im Saal erzählen, daß sie zwei wunderliche Wichte übers Moor schreiten sahen, gewaltige Ungetüme: das eine glich — wie sie meinten — einem Weibe: doch wie ein Mann ging das andre einsame Wege, aber menschliche Größe weit überragend.

Seit uralten Tagen nannten die Gaubewohner ihn Grendel. Niemand kennt ihre Sippe. In Wolfsschluchten hausen die Unholde, auf windigen Klippen, in gefährlichen Sumpflöchern, und dort, wo Bergströme zwischen Geklüft niederstürzen und das Land unterwühlen. Nicht weit von hier ist's bis zum Meer, wo ein düstrer Hain steht mit knorrigen Wurzeln, das Wasser überschattend („überhelmend"). Allnächtlich kann man dort ein schauerliches Wunder sehen: Feuer ist in der Flut! Aber niemand lebt, der je die Tiefe erforscht hätte. Wenn der hornstarke Hirsch, von Hunden gehetzt, dahin flieht, läßt er eher sein Leben dort am Ufer, als daß er sich in jenem Wald berge. Dort ist's nicht geheuer! Dunkel und trübe steigen die Wellen gegen die Wolken empor, wann der Sturm in bösen Wettern tobt und die Luft sich verfinstert. Du allein kannst wieder helfen! Den gefährlichen Ort kennst du noch nicht, wo du das Scheusal finden magst: such's, wenn du's wagst. Herrlich will ich dir den Kampf lohnen, kehrst du wieder."

„Fasse dich, weiser Fürst," antwortete Beowulf, „mehr frommt's, einen Freund rächen, als ihn viel betrauern. Jeden erwartet sein Lebensende: wer's vermag, der vollbringe Heldentat: das taugt dem Mann am meisten dereinst nach dem Tod. Auf! Laß uns hurtig die Spur von Grendels Mutter suchen. Sie soll keinen Schutz vor mir finden, nicht im Schoß der Erde, noch im Bergwald, noch auf des Meeres Grund, wohin sie auch floh. Das schwör' ich dir! Gedulde dich nur noch diesen Tag."

Der Greis erhob sich, dankte den Göttern für Beowulfs Gelöbnis und befahl, den Hengst zu zäumen. Gerüstet ritt der König einer Schar kampflustiger Recken voran. Die Fußspur war auf den Waldwegen deutlich zu sehen, sie lief gerad' hinaus übers düstre Moor. Die

Riesin hatte den toten Äskher mitgeschleift. Bald mußten
sie über steile Felshänge auf schmalen, ihnen unbekannten
Pfaden wandern, und über schroff abfallende Klippen, wo
Nicker hausten.

Hrodgar ritt mit wenigen Freunden spähend voraus,
bis sie auf einen Hügel kamen, wo ragende Bäume graues
Gestein überschatteten. Unten die Meerflut war trübe von
Blut, und Äskhers blutiges Haupt stak auf einer Holm-
klippe: mit bitterem Weh schauten es die Schildinge: sie
stießen in die Hörner und bliesen mit langgezogenen Tönen
eine schaurige Totenklage. Alle saßen nieder. In den
Wellen aber sahen sie allerlei Schlangen, seltsame See-
drachen sich tummeln und Nixe auf den Klippen lauern.
Eiligst entfloh all das Ungetier vor dem gellenden Horn.
Einem schoß Beowulf mit dem Pfeil in die Weiche: sterbend versuchte es, noch davonzuschwimmen, aber noch
lebend wurde das scheußliche Wassertier mit hakigen
Saufängern auf den Strand gezogen und voll Staunen
betrachtet.

7. Der Kampf im Meer.

Rasch bewehrte sich Beowulf mit seiner Brünne: —
die schützte ihm die Brust gegen Bisse, wie der Eberhelm
das Haupt. Hunferd lieh ihm sein altererbtes Schwert,
Hrunting hieß es. Die Klinge war von Eisen, mit
Gift gebeizt und in Blut gehärtet: nie hatte es im Kampf
getrogen.

Längst reuten Hunferd die bösen Worte, die er, weintrunken, geredet hatte: sich selbst fühlte er nicht stark genug zu dem Kampf in kühler Flut: — so lieh er neidlos
dem Kühnern seine Waffe.

„Sohn Healfdens," sprach Beowulf, „gedenke nun, was

wir gestern sprachen: du wolltest mir an Vaters Stelle sein, Hrodgar, lieber Fürst; sei, wenn ich falle, meinen Gefährten ein Schirmherr. Die Schätze, die du mir gegeben hast, sende Hygelak, damit er erkenne, wenn er die Gaben bewundert, welch freigebigen Herrn ich hier fand. Hunferd aber habe zum Ersatz das Schwert, welches du mir reichtest. Nun will ich mir Ruhm erringen oder mich halte der Tod."

Ohne die Antwort abzuwarten, eilte Beowulf ans Ufer und tauchte hinunter in die wallende Brandung. Eine Weile dauerte es, bevor er des Meeres Grund erkennen konnte. Da sah die haßgrimme Seewölfin, wie ein Mann von oben herab ihre Höhle auszuforschen strebte. Sofort fuhr sie ihm entgegen mit ihren Krallen, doch vergebens versuchte sie mit ihren greulichen Fingern des Helden Brünne zu zerkratzen: ihm geschah kein Leid.

Da zog sie ihn nieder auf den Meergrund und zerrte ihn in ihren Saal. Dabei fielen ihn von allen Seiten wunderliche Seetiere an und zerbissen mit Fangzähnen sein Heerkleid, die Arme ihm hemmend, so daß er gar nicht sein Schwert gebrauchen konnte. Nun sah er, daß sie beide in einen Meersaal gekommen waren, wo hinein kein Wasser drang: oben wölbte sich eine Decke, über derselben wallte die Flut. Mit bleichem Schein erleuchtete ein Feuer die Halle: dabei erkannte er das riesische Meerweib. Mutig schwang er das Schwert, und sausend fuhr ihr die Klinge ums Haupt, aber sie biß nicht ein in der Unholdin Leib. Verächtlich warf Beowulf das Schwert hin und vertraute der Stärke seiner Hände. So soll ein Mann, will er Sieg gewinnen, nicht verzagend um sein Leben sorgen!

Er packte die Riesin bei den Schultern: — ihm kam nun der Zorn: — und schüttelte sie, daß sie zu Boden stürzte. Aber sie hielt ihn mit den fürchterlichen Griffen

umkrallt und rang mit ihm, bis er, ermattend, strauchelte
und fiel. Da richtete die Riesin sich auf und zog ihr
breites Messer, seine Brust zu durchstoßen. Und sicher
wäre da Beowulf erlegen, hätte ihn nicht die feste Brünne
geschützt und — Siegvater. So gelang es dem Helden,
wieder aufzustehn: da sah er, unter anderem Hallgerät,
ein Riesenschwert an der Wand hängen, so groß, daß es
kaum ein Mann hätte führen können. Grimmen Mutes
faßte er die Hilze, schwang das Schwert empor und
schlug dem Weib so wild auf den Nacken, daß ihr der
Rückenwirbel brach und das Eisen sausend durch ihr Fleisch
fuhr. Tot stürzte sie zu Boden. Nun schaute der Held
im Schein des flackernden Feuers die Halle entlang, nach
Grendel spähend; fest hielt er das bluttriefende Schwert
gefaßt: er wollte ihm seine Mordfrevel vergelten.

Da sah er den Meerriesen starr und leblos auf der
Bank liegen: mit wuchtigem Hieb schnitt er ihm das Haupt
vom Rumpfe.

————

Derweilen standen oben die Schildinge und merkten,
wie das Wasser sich dicker und klebriger mit Blut mischte
und sprachen: nun sei keine Hoffnung auf Beowulfs Wiederkunft mehr: die Seewölfin habe ihn zerrissen. Bis zum
Mittag warteten sie; dann kehrte Hrodgar mit seinen
Gefolgen heim. Die Geaten aber blieben auf der Klippe
zurück und starrten traurigen Herzens in die Brandung:
sie hofften nicht mehr, ihren lieben Herrn wiederzuschauen.

Unten im Meersaal aber stand Beowulf und sah mit
Staunen, wie ihm das Riesenschwert in der Hand zer-
schmolz von dem Blute der beiden Erschlagenen: so heiß
und giftig war es. Von all den Schätzen, die er in der
Halle fand, nahm er nichts mit, als Grendels Haupt und

die Hilze des zerronnenen Schwertes. Er tauchte wieder
aufwärts und schwamm, seiner Bente froh, ans Land. Da
erblickten ihn seine Gefährten und eilten ihm entgegen,
begrüßten ihn jubelnd und lösten ihm Helm und Brünne:
Blut und Wasser raunen von seinem Leibe nieder. Freudig machten sie sich dann auf den Heimweg. Vier von
ihnen trugen auf einem Ger Grendels Haupt: denn einem
war es zu schwer. Beowulf ging in ihrer Mitte: so
schritten sie in die Methalle; entsetzt schauten Frauen und
Männer das Riesenhaupt.

„Sieh hier, mein König," sprach Beowulf, „was ich
dir bringe als Zeichen des gewaltigen Kampfes da unten
im Meersaal: schier wär' er mir zum Unglück geraten.
Mit Hrunting kount' ich nichts ausrichten: da zeigte mir
— in der höchsten Not! — der Waltende ein gewaltig
Schwert an der Wand hängen: ich riß es herab und erschlug die Riesin. Bis auf diese Hilze hier ist das Eisen
von ihrem Blute zerronnen. Sorglos magst du nun in
deiner Burg schlafen mit deinen Gefolgen."

Da wurde die goldene Hilze „das alte Enzen-Werk"
(S. 209), dem greisen König überreicht. Eine bunte
Schlange war darin eingelegt, und mit Runenstäben stand
auf dem lichten Golde verzeichnet der alte Streit zwischen
Asen und Reifriesen, und für wen das Schwert geschmie-
det war.

„Beowulf," hub Hrodgar an, „dein Ruhm wird durch
die Völker wandern! Du vereinst Macht und Weisheit.
Fünfzig Jahr habe ich über die Dänen gewaltet, und sie
wehrlich geschirmt, daß ich mir keinen Feind unter dem
Himmel wähnte. Aber welcher Jammer nach all' dem
Jubel geschah mir, seit Grendel hier allnächtlich einkehrte!
Den Göttern Dank, daß ich sein blutendes Haupt schauen
durfte! Geh' hin zum Sitze und genieße des Gastmahls

Luſt." Die währte bis an den Abend, wann ſich alle
ſorgenfrei dem Schlaf überließen.

8. Der Abſchied.

Früh am nächſten Morgen rüſteten die Geaten zur
Heimreiſe. Beowulf gab Hunferd das geliehene Schwert
zurück, mit keinem Wort es tadelnd. Dann ging er und
nahm von Hrodgar Urlaub.

„Nun will ich heimkehren zu Hygelak," ſprach er.
„Gut und hold warſt du gegen uns, und wenn ich dir
je wieder Herz und Gemüt erfreuen kann, ſo bin ich ſtets
zum Kampf bereit. Und hör' ich über der See, daß dich
Nachbarn bedrängen, dann bring' ich dir tauſend tapfere
Recken zu Hilfe; auch Hygelak, weiß ich, wird gern dazu
helfen. Kommt aber einmal Hredrik, dein Sohn, zu uns
Geaten herüber, dann ſoll er viele Freunde finden. Wer
ſelber ſtark, mag ruhig die Fremde ſuchen."

„Nie hört' ich ſo weiſes Wort aus ſo jugendlichem
Mund. Erliſcht Hygelaks Geſchlecht, ſo könnten die Ge=
aten keinen beſſern König erkieſen, als dich. Je länger,
je mehr lern' ich dich lieben, Beowulf. Du haſt den
Frieden zwiſchen Dänen und Geaten gefeſtigt, und der
Haß, der ſie früher entzweite, iſt erloſchen für immer.
Gold und Schätze wollen wir gemeinſam beſitzen. Manch=
mal beſuche einer den andern über die See, und das Schiff
trage freundliche Gaben von Land zu Land."

Und abermals gab er ihm zwölf köſtliche Geſchenke,
dann umſchlang er mit den Händen Beowulfs Nacken und
küßte ihn: helle Zähren liefen in ſeinen weißen Bart hin=
ab. Eine gute Heimkehr wünſchte er ihm, aber noch ſehn=
licher, Beowulf wieder zu ſehen, ſo lieb hatte er ihn ge=
wonnen.

Die Geaten schritten nun zum Strande hinab, wo ihr Schiff vor Anker lag. Auf dem Wege priesen sie Hrod= gars reiche Gaben: der war ein guter König, in allem untadelig.

Der Strandvogt — sobald er die Gäste kommen sah — ritt ihnen mit Willkommenruf entgegen und geleitete sie zu ihrem Schiff. Hurtig wurde das mit den Rüstun= gen, Rossen und Schätzen beladen. Dem Bootwart schenkte Beowulf zum Dank ein Schwert mit goldenem Griff. Dann folgte er seinen Gefährten, stieg ins Schiff und stieß es hinaus ins Tiefwasser. Das Segel ward ausgespannt: es blähte sich vor dem Wind, der Kiel erdröhnte und, den Bug von Wellen umschäumt, flog der Segler über die Salzflut, bis die heimatlichen Gestade vor den Blicken der Seefahrer auftauchten. Bald schoß der Kiel empor und lag schaukelnd am Strand.

Der Küstenwächter, der ihre Fahrt längst beobachtet hatte, stand schon bereit: er zog den bauchigen Drachen auf den Sand und festigte ihn mit Ankern. Dann befahl er seinen Leuten, Beowulfs Rosse und Schätze ans Land zu schaffen.

9. Die Heimkehr.

Nah der Düne lag Hygelaks Königshaus: hoch und geräumig war die Methalle. Dem König zur Seite waltete darin Hygd, Häreds Tochter, sein junges, wohl= gestrenges Gemahl. Weder allzuvertraut tat sie mit den Leuten, noch kargte sie mit Lohn und Geschenken.

Die Sonne schien von Süden, als die Heimgekehrten landeinwärts zu Hygelaks Burg kamen. Ein Bote war ihnen vorausgeeilt und hatte dem König Beowulfs Rück= kunft schon gemeldet, „er folge ihm auf dem Fuße". Da

trat er schon ein: rasch wurde für die Helden Raum ge-
schafft in der Halle.

Beowulf mußte nach der ersten Begrüßung an Hygelaks Seite niedersitzen. Hygd ging mit den Met-
schänken umher und reichte selbst freundlich und leutselig
lautern Trank.

„Wie erging dir's auf der Reise, lieber Beowulf?"
begann der König voll Neugier, „hast du Hrodgar von
dem Unhold erlöst? Ich habe mich in Sorge um dich
verzehrt: du weißt, wie sehr ich dich bat, den Kampf nicht
zu suchen, Grendel fern zu bleiben. Nun sei den Göttern
Dank, daß ich dich gesund wieder habe."

„Das will ich dir gern berichten, wie ich und Grendel
kampflich einander trafen. Ich vergalt ihm alle seine
Freveltaten." Und nun erzählte Beowulf von seinem
Kampfe mit den Riesen, von dem Siegesjubel der Dänen,
wie sie ihm Feste feierten und ein Gastmahl bereiteten,
rühmte Hrodgars Weisheit und Milde, gedachte der Königin und ihrer Kinder, sprach von alten Mären und
Liedern, die er in der Halle hatte singen und sagen hören
und wie er niemals und nirgendwo größere Fröhlichkeit
beim Met gesehen als dort bei den Dänen.

„Herrliche Geschenke gab mir der König," schloß Beowulf seine Erzählung, „die will ich dir, Hygelak, meinem
liebsten Blutsfreund, darbringen!" Dabei überreichte er
dem König Eberhelm, Brünne und Schwert: „Die Waffen
sind ein altes Erbteil der Schildinge: Heorogar ließ sie
seinem Sohn Hrodgar: gebrauche du sie siegreich."

Vier gleichgroße, apfelfahle Rosse fügte er dem Geschenk noch hinzu. Den schönen Halsschmuck Wealchtheows
aber überreichte er Hygd und dazu drei schlanke schön-
gesattelte Hengste.

So erwies sich Beowulf Verwandten und Freunden

hochherzig und freigebig. Niemals mißbrauchte er seine
gewaltige Kraft zu übermäßigem Kampf, niemals über=
mannte ihn Zorn, daß er einen Herdgenossen geschlagen
hätte. Lang war er von den Geaten, deren Stamm er
ja nur durch seine Mutter angehörte, geringschätzig ange=
sehen worden. Langsam und zögernd schalten sie ihn einst:
nun baten sie ihm die Schmährede mit rühmenden Worten
ab. Hygelak aber befahl Nägling, das goldgezierte
Erbschwert seines Vaters Hredel herbeizuholen. Keine
bessere Waffe gab's im Geatenland. Er schenkte es Beo=
wulf und gab ihm Land und Burg mit stolzem Hallen=
haus.

III. Der Feuer=Drache.

1. Des Drachen Ausfahrt.

Und nach vielen Jahren ward Beowulf König der
Geaten. Nachdem er dieses breiten Reiches wohl an
fünfzig Winter gewaltet hatte, führte er nach Hrodgars
und Hrodulfs Tod auch über die Dänen die Oberherrschaft.
Haar und Bart waren ihm ergraut.

Da begann ein Drache im Land zu wüten: denn sein
Hort, den er in einem Berge, nah der See, bewachte,
war beraubt worden. Ein Pfad — niemand bekannt
— lief in den Berg. Ein Knecht, der vor den Schlägen
seines geatischen Herrn floh, geriet auf den Steig und er=
schaute den Hort, während der Drache schlief. Da lagen
in der Erdhöhle viele uralte Schätze angehäuft. Der fried=
lose Mann nahm eine kostbare Schale davon und brachte

sie seinem Herrn, sich damit Verzeihung zu erkaufen. Der
Herr nahm die Sühne an und gewährte dem Knecht
Frieden. Als aber der Wurm erwachte, brach seine Wut
aus: er beroch das Gestein und witterte bald des Menschen Spur, der bis nah an sein Haupt hingeschritten war.
— So mag ein Glücklicher Gewagtes vollbringen, wenn's
ihm der Waltende gewährt. —

Der Wurm suchte eifrig über den Grund hin, um
den Menschen zu finden, der ihm im Schlafe Schaden getan. Zornig, wildwütig umkreiste er von außen den Berg,
wieder und wieder: aber bis weithin über die Heide sah
er niemand. Er kroch in seine Höhle zurück und zählte
seine Schätze: da sah er deutlich, daß er bestohlen war.
Ungeduldig erwartete er den Abend, seine Wut schwoll
und schwoll: mit Feuer wollte er Land und Leuten den
Hortraub vergelten. Als die Nacht kam, fuhr er brennend aus dem Berge: flog, glutenspeiend, über das Land,
versengte Höfe und Hallen, und verwüstete alles. Nichts
Lebendiges wollte er übrig lassen. Vor Tagesanbruch
kehrte er zurück und schoß nieder auf seinen Hort in der
Erdhöhle, wo er sich sicher wähnte.

Eilig liefen die Boten mit der Schreckenskunde zu
Beowulf: des Königs eignes Haus, wo er vom Hochsitz
Gaben zu verteilen pflegte, verschlangen lodernde Flammen.
Gram ergriff den guten König; düstere Gedanken be-
schwerten ihn, als er seines Volkes Land weithin ver-
wüstet sah: grimmig beschloß er's zu rächen.

Einen Schild, ganz von Eisen, befahl er zu schmieden; kein großes Heer sollte ihn begleiten, er fürchtete des
Wurmes Wut nicht: manch kühnen Kampf, manch gefährlichen Sturm hatte er ja gefochten! Mit elf Gefolgen
ging er, den Drachen zu suchen. Er hatte nach der Ursache der Erzürnung des Ungetüms geforscht, und da war

ihm die Schale ausgeliefert worden und der Knecht, der
sie geraubt und all den Jammer verschuldet hatte: als
Dreizehnter, widerwillig, mußte der ihnen voranschreiten,
den Weg weisend zu der Höhle im Berge nah der See.
Auf einer Klippe vor dem Berge hielt Beowulf an und
saß nieder. Traurig, todbereit nahm er Abschied von
seinen Herdgenossen. Schon trat das letzte Schicksal an
des greisen Königs Seite.

„Viele Kämpfe, viel Unheil,“ begann er, „hab’ ich
schon in früher Jugend ausgehalten. Sieben Winter war
ich alt, als mich Hredel in seine Halle nahm und gleich
seinen Söhnen hielt. Mit meinem Schwert und meiner
Treue hab’ ich den Gesippen ihre Liebe vergolten. Alles
dessen muß ich gedenken! Mit Beil und Schwert soll
mir nun diese Hand des Wurmes Hort erkämpfen. Maß
ich mich oft in der Jugend mit tapfern Helden, will ich
nun im Alter als meines Volkes Schirmwart auch diese
Fehde suchen und den Landschaden vernichten.“ Einen
jeden seiner lieben Genossen grüßte er noch zum letztenmal.

„Gern ging ich ohne Schwert: aber Gift und Feuer=
atem hab’ ich von dem Wurm zu gewärtigen, deshalb
trag’ ich Schild und Brünne. Nicht Fußes breit will ich
dem Drachen weichen: ergeh’s, wie’s das Schicksal will!
In Brünnen und Waffen erwartet hier vor dem Hügel,
wer von uns den Kampf überlebt. Ich gewinne das Gold
oder der Tod nimmt euch den König.“

2. Der Kampf.

Da erhob sich der kühne Held, nahm Schild und
Schwert und schritt unter die Steinklippen.

Er fand an der Bergwand einen gewölbten Stein,
unter dem brach ein Strom aus dem Berg: das Wasser

war heiß von des Drachen Feuerhauch. Niemand konnte,
ohne sich zu versengen, in die Höhle gelangen.   Erbost
rief Beowulf den Wurm zum Kampfe heraus: sein Herz
stürmte, grimm und gellend drang seine Stimme unter
den hohlen Stein: der Haß war nun zwischen ihnen ge=
weckt.   Der Lindwurm erkannte die Menschenstimme: der
Hügel erdröhnte und des Unholds heißer Atem fuhr dampf=
sprühend aus der Höhle. Beowulf schwang seinen Schild
empor gegen den grauenhaften, geringelten Wurm, den er
zum Streit aufgerüttelt hatte.   Das Schwert in der Faust,
stand er, ihn erwartend.   Der Wurm zog sich, eingekrümmt,
rasch zusammen und kam schnaubend und feuerblasend im
Bogen geschossen. Der Eisenschild schützte den Mutigen nicht
viel vor der Lohe: — doch stolz hob er sein gutes Schwert
und schlug nach dem grausigen, buntfarbenen Drachen:
die Schneide glitt — ohne tief einzuschneiden — von dem
Bein ab, aber der grimme Hieb brachte den Unhold in
wilde Wut; er spie brennende Lohe aus; weithin schossen
die Feuerstrahlen. Beowulf konnte da in der Not mit
seinem Schwert nicht viel ausrichten.   Aber er war nicht
gewillt, so leicht sein Leben zu lassen, und schon wälzte
sich mit neuem Grimm der Wurm, den Hals mit giftigem
Atem geschwollen, schnaubend und blasend heran.   Da litt
der greise Held bittere Not, rings vom Feuer umspieen.

Als Beowulfs Gefolgen draußen den Berg erdröhnen
hörten und das wilde Feuer aus der Höhle schießen sahen,
entliefen sie und bargen sich im nahen Gehölz: nur Wiglaf,
Weochstans Sohn, sorgte um seines Königs Leben.   Er
gewahrte, wie sein Herr unter dem hohlen Steine ganz
mit Lohe überschüttet stand: — da gedacht' er all des
Guten und der Ehrengeschenke, die er von Beowulf em=
pfangen und verhielt sie nicht länger, die treue Tapferkeit.
Er griff nach Schild und Schwert und rief den flüchtigen

Recken nach: „Gedenkt, wie wir so oft Gaben von Beo=
wulf empfingen und sie ihm zu vergelten gelobten, bedürft'
er unser in der Not! Er selbst kor uns aus dem ganzen
Heer zu dieser Fahrt, weil er uns für tapfer hielt: wollte
er auch allein dies Heldenwerk vollbringen — wie er so
viele vollbracht hat! Er bedarf nun unsres Beistandes,
ihr Weigande! Laßt uns gehen und ihm helfen wider
das feuerspuckende Untier. Lieber soll dann die Lohe auch
meinen Leib mit dem meines Herrn verschlingen. Schande
uns, trügen wir die Schilde heim, ehe der Drache gefällt
und des Königs Leben gerettet! Fürwahr! Das stünde
schlecht zu altem Brauch, sollt' er allein die Gefahr aus=
halten und fallen im Streit! Schwert, Helm, Brünne
und Schild sollen uns beiden gemeinsam sein."

Da rannte er allein — die Flüchtigen kehrten nicht
um — durch den Rauch an die Seite seines Herrn und
deckte ihn mit seinem Schild: „Beowulf, lieber Herr, halte
stand! Wie du schon in der Jugend gelobt hast, solange
du lebst, nicht vom Ruhme zu lassen. Nun verteidige
dein Leben! Ich helfe dir."

Da kam der Wurm zum andern Mal in Feuerwellen
gefahren: aufbrannte lichterloh Wiglafs Holzschild, auch
seine Brünne schützte ihn nicht vor der Glut, und hurtig
barg er sich hinter Beowulfs Eisenschild. Der hieb nun
mit aller Kraft sein Schwert auf des Drachen Haupt:
Nägling zerbarst und versagte ihm in der Not. Beo=
wulfs Hand war zu stark: sie hatte das Eisen im Streich
übernommen. Und zum dritten Mal griff der Wurm an:
Flammen speiend fuhr er gegen den greisen Helden und
wand sich ihm beißend um den Hals, daß das Blut Beo=
wulf überspritzte und in Strömen niederrann. Nun erwies
sich Wiglafs Treue und Kühne: er wich nicht, ob auch
seine Hand verbrannte, er traf mit seinem Schwert den

Drachen in die Weiche, daß er ein wenig vom Beißen und Feuerblaſen nachließ: und Beowulf, die entſchwundene Beſinnung wiedergewinnend, zog erbittert ſein kurzes Gürtel=ſchwert (Scramaſax) und durchſchnitt den Wurm in der Mitte: vereint hatten ſie ihm Kraft und Leben gebrochen.

3. Beowulfs Tod.

Das war Beowulfs letzter Siegkampf: ſeine Wunde begann alsbald zu ſchwellen und zu ſchwären, er fühlte den giftigen Drachengeifer im Blute brennen. Da ging er, ſetzte ſich an die Bergwand und betrachtete die Rieſen=höhle, wie ſie Steinbogen im Innern geſtützt hielten. Wiglaf ſchöpfte Waſſer, labte den geliebten Gebieter da=mit und löſte ihm den Helm.

Beowulf begann — er wußte genau, daß ſeiner Tage Zahl abgeronnen, daß es für ihn vorbei war mit der Erde Luſt, und der Tod ihm nahte —: „Nun ſollt' ich meinem Sohn dieſe Waffen ſchenken, wäre mir einer vergönnt. Fünfzig Winter hab' ich dieſes Land beherrſcht: kein Volks=könig unter allen Umwohnenden wagte, mir mit einem Heer zu nahen und mich mit Kriegsſchrecken zu bedrängen. In meinem Erbland erwartete ich der Zeit Geſchick, hielt das Meine, ſuchte nicht Streit, ſchwur nicht Meineide: und der Waltende kann mir nicht meiner Blutsfreunde Mord vorwerfen, wenn ſich nun Leben und Leib ſcheiden. Lauf hurtig unter den hohlen Stein, und ſuche den Hort, lieber Wiglaf, da der Wurm ja erſchlagen liegt. Aber eile dich, daß ich die Schätze noch ſchaue und leichter dann das Leben laſſe und Land und Leute."

Schnell, aufs Wort, gehorchte Wiglaf; da fand er im Berge die Höhle voller Kleinodien; gleißend lag das Gold am Grunde, er ſah an der Wand manch Wunder, ſah des

Wurmes Bett, und uralte Krüge standen da, bestaubt, schon
mancher Zier beraubt. Da lagen Helme, alt und rostig,
zusammengeschnürte Armringe, und über dem Hort hing
ein gülden Banner, mit Siegrunen durchwirkt: von ihm
ging ein Lichtstrahl aus, daß Wiglaf den ganzen Erdbau
übersehen konnte. Vom Wurm war keine Spur mehr.
Da nahm er von dem Riesenhort Becher und Schalen,
das Banner und ein erzgeschuhtes Schwert und trug alles
eilends zurück zu Beowulf: er fand ihn traurig, dem Tode
nah: er wusch ihm aufs neue die Wunde und labte ihn
mit Wasser, bis er wieder sprechen konnte. Sorgenvoll
schaute der greise Held auf die Schätze: „Dank sei dem
Waltenden für diesen Hort und daß es mir noch vergönnt
war, meinem Volke den Schatz zu erwerben. Ich habe
mit meinem Leben das Gold bezahlt: mindert ihr nun
damit der Leute Not. Ich darf nicht länger hier weilen:
einen Hügel wölbt mir auf Hronesnäß, nah der See,
daß die Seefahrer, wann sie die Drachen über die Flut
steuern, ihn schauend, ‚Beowulfs Burg‘ ihn grüßen.“
Er nahm den Halsring — Wealchtheows Gabe —
vom Nacken und gab ihn dem jungen Wiglaf, dazu seinen
goldgeschmückten Helm und seine Brünne: „Gebrauche sie
wohl! Du bist der Endsproß unsres Geschlechtes: —
Wurb (S. 137, 156) entführte mir alle Freunde zu der
Seligen Saal: — ich folge ihnen.“
Das war sein letztes Wort, tot lehnte er an der Bergwand.
Jammer befing den jungen Wiglaf, als er den geliebten
König sterben sah. Es währte nicht lange, da kehrten die
zehn verzagten, treubrüchigen Gesellen, die ihrem Herrn
in der Not nicht hatten beistehen wollen, aus dem Walde
zurück. Beschämt näherten sie sich dem toten Fürsten und
schauten auf Wiglaf, der an des Toten Schultern saß und
ihn immer wieder mit Wasser benetzte, vergebens bemüht,

das entflohene Leben zu wecken. Verächtlich sah er die Feigherzigen an und sprach: „Fürwahr, dieser milde König, der euch soviel Gaben reichte, euch die Waffen schenkte, in denen ihr hier vor ihm steht — nutzlos hat er all sein Gut an euch vergeudet! — Ich allein konnte ihm nur wenig das Leben schirmen in diesem Kampf: getreulich half ich, aber zu wenig Helfer umstanden den König, als er die Todeswunde empfing. Nun soll es euch an Gold und Waffen gebrechen: — euch und all euren Gesippen! Friedlos, Landrechtes verlustig sollt ihr wandern, erfahren erst rings im Reiche die Leute von eurer Flucht. Der Tod wäre euch besser als solche Schmach." Darauf sandte er die Trauerkunde in die Huben, wo die Männer zusammengeschart saßen, des Tages Ende und Beowulfs Rückkehr erwartend.

„Tot liegt der Geaten Fürst," rief der Bote, unter sie tretend, „vom Biß des Wurms; ihm zur Seite, hingestreckt von des Königs Messer, der Feuerdrache. Wiglaf sitzt über Beowulf und hält die Totenwache über Freund und Feind. Schwere Zeiten erwarten uns nun: der Franken und Friesen Milde haben wir nicht zu gewärtigen! Und der Schweden Treue bricht, — sorg' ich, — sobald sie erfahren, daß Beowulf das Leben ließ. Auf, eilen wir, den König auf den Scheiterhaufen zu tragen. Keines Mannes Gut braucht mit zu schmelzen: unermeßliches Gold birgt der Hort: das haben wir erkauft — mit des guten Königs Leben! Dies Gold soll der Totenbrand verzehren: kein Mann trage die Ringe, kein Mädchen schmücke den Hals damit."

Alles Heervolk erhob sich und eilte weinend an den Berg: da sahen sie ihren König tot auf dem Sand liegen — ihm gegenüber den leidigen Wurm, von der eignen Glut verschwelt: fünfzig Fuß maß er an Länge und neben ihm

standen und lagen, rost=zerfressen, Krüge, Schalen, Becher,
Schwerte des tausendjährigen Hortes.

Da sprach Wiglaf: „Schauet den Schatz! Eine mäch=
tige Bente trug ich heraus, sie dem König zu zeigen, so=
lange er noch lebte: euch zu grüßen befahl er noch. Auf,
ich führe euch hin, wo eure Augen sich übersatt an blankem
Golde sehen. Einige von euch bereiten indessen rasch die
Bahre."

Und er befahl allen Burgherren, durch ihre Knechte
Brandscheite nach Hronesnäß zu führen: „Jener soll den
kühnen Helden verzehren, der oft einen Schauer von Pfeilen
aushielt, wann die gefiederten Schäfte sausend vom Strange
schnellten."

Sieben der stärksten Recken wählte Wiglaf aus und
schritt mit ihnen in den Stein: der zuvörderst ging, trug
einen Feuerbrand. Alles, was sie von Schätzen, Gold
und Kleinodien fanden, trugen sie heraus. Den Wurm
wälzten sie von der Klippe hinab in die See, die ihn ver=
schlang. Der greise Tote ward fortgetragen, der Hort
aber auf Wagen geladen und mitgeführt nach Hronesnäß.

Dort errichteten sie einen Scheiterhaufen, umhangen
mit Helmen, Heerschilden und Brünnen, und legten in die
Mitte Beowulfs Leiche.

Dann entzündeten sie ein Brandfeuer: schwarz stieg der
Rauch von den Scheiten auf: — sausend schoß die Lohe
empor, untermischt mit den Wehrufen des Volkes, das voll
Gram seines Königs Tod beklagte.

Als das Feuer den Toten verzehrt hatte, wölbten sie
einen Hügel auf dem Berge, hoch und weithin sichtbar den
Seefahrern. Zehn Tage bauten sie an dem Mal: eine
Wallmauer umgab des Königs Asche; Gold, Ringe, edle
Steine, alles, was sie aus des Wurmes Bett fortgetragen,
bargen sie in dem Hügel und schlossen ihn.

Dann umritten zwölf Recken den Hügel, sangen die Totenklage und priesen in Liedern Beowulfs Mut und ruhmvolle Taten.

Das ganze Volk beklagte ihn als den würdigsten König, den tapfersten Schirmer, den mildesten Mann, den lentseligsten Herrn.

Drittes Buch.

Kudrun.

I. Hettel und Hagen.

1. Von den Hegelingen.

Zu Stürmen in der Mark im Dänenland[1]) war König Hettel erwachsen, unter Zucht und Pflege des alten Wate, seines Gesippen, der Burg und Land von Hettels Geschlecht zu Lehen trug.

Nun saß der junge König in Hegelingen, nicht fern von Ortland[2]), das ihm dienstbar war. Er hatte achtzig Burgen und wohl mehr, deren Hüter ihm mit großen Ehren dienten.

Hettel war verwaist; ein Weib tat ihm not: so viel er der Freunde hatte, ihn verdroß seines einsamen Lebens. Er solle geziemender Minne pflegen, rieten seine Gefährten. „Ich weiß keine, die würdig wäre, eines Hegelingen Fran zu sein," antwortete Hettel. Aber der junge Morung

---

[1]) Die Sage spielt an der deutschen und niederländischen Nordseeküste. Bei Stürmen ist nach Müllenhoff eher an die den Friesen benachbarten Sturmi, als an die nordalbingischen Sturmarii, späteren Stormarn zu denken.

[2]) Ortland ist vielleicht (von Ort, d. h. Spitze) auf Jütland zu beziehen.

sprach: „Eine Maid weiß ich: wie ich sagen hörte, lebt
keine schöner auf der Erde: die sollte dein Gemahl werden:
Hilde in Irland! Hagen heißt ihr Vater, ein König
aus altedlem Geschlecht. Wird Hilde deine Königin, so lebst
du in Freuden und Wonne.“ Da sandte der König einen
Boten ins Dänenland und ließ Horand, seinen Neffen,
entbieten. Am siebenten Morgen kam der Recke mit seinen
Gefolgen an. Der König ging ihm entgegen: da war
auch Frute, der kühne Däue, mitgekommen. Hettel wandte
sich zu Horand: „Hilde, der jungen Königstochter in Irland, will ich Dienst und Botschaft meiner Minne senden.“

„Das geht nicht an! — Niemand reitet dir als Bote
in Hagens Land. Ich dränge mich selber nicht dazu!
Wer um Hilde wirbt, den läßt Hagen erschlagen oder
hängen.“

„Hängt Hagen meinen Boten, so muß er selber mir
tot liegen; wie frevel er sei, sein Grimm soll ihm zu
Schaden gereichen.“

Frute sprach: „Wollte Wate dein Bote ins Irenland
sein, so möchte uns wohl gelingen, Hilde dir herzuführen.
Oder man schlüge uns Wunden, bis ins Herz hinein.“

„Auf, sendet nach Stürmen: ich bin ohne Sorge, daß
Wate gerne reitet, wohin ich ihn auch reiten heiße.“

Irold der Friese zog eilig nach Stürmen, bis er
Wate fand und entbot ihn zu Herrendienst nach Hegelingen.
Als Wate zur Königsburg hereinschritt, ward Hettel froh
zu Mut: er eilte hinaus: „Sei willkommen, Wate! Lang
hab’ ich dich nicht gesehen.“ Er führte den Alten in die
Halle, dort saßen sie zusammen und niemand bei ihnen.

„Ich hab’ nach dir gesandt,“ begann Hettel, „weil ich
einen Boten in des wilden Hagen Land brauche. Nun
weiß ich niemand besser zu solch gefahrvollem Dienst, als
dich, Wate, lieber Freund.“

„Was ich tun soll dir zu Lieb' und Ehren, das tu'
ich gerne: vertrau auf mich."

„Mir raten meine Freunde, durch dich um Hagens schöne
Tochter zu werben: und danach stehn sehr meine Sinne."

„Wer dir das riet, dem wär's nicht leid, daß ich heute
stürbe! Die Maid ist wohl gehütet! — Dazu reizte dich
niemand andrer als Frute. Ja, Horand, mein Schwester-
kind, und Frute haben dir von ihrer Schönheit gesagt!
Nnn ruh' ich nicht, bis sie beide mit mir sich diesem
Dienst unterziehen." Und als er die zwei sah, rief er:
„Seid auch hübsch bedankt, daß ihr meine Ehre durch Hof-
dienst zu mehren so eifrig bedacht waret. Ihr müßt mit-
samt mir zu Hagen: wer meine Rnhe stört, der soll auch
die Arbeit mit mir teilen."

„Das tu' ich gern!" rief Horand, „erließ' es mir auch
der König; wo ich schöne Frauen sehe, will ich gern Arbeit
haben."

Der kluge Frute sprach: „Wir wollen siebenhundert
Dänen mitnehmen. Von Herrn Hagen kann sich niemand
Gutes erwarten. Herr König, heißt Schiffe bauen, eu'r
Heervolk über die See zu tragen. Und schaff' uns Zehrung
für die Reise: wir wollen als Kaufleute ziehen und Hagens
Kind wegführen. Laß Helme und Brünnen schmieden: wir
wollen Waffen feil bieten: auch soll Horand Gold und Gestein an die Frauen verkaufen, desto eher wird man uns
trauen."

„Ich kann nicht Kaufhandels pflegen," sprach der alte
Wate. „Was ich hatte, teilt' ich stets mit meinen Recken:
dabei will ich bleiben! Ich hab' es nicht gelernt, mit zieren
Franen um Gold feilschen. Heiße nur die Schiffe mit
starken Dielen decken: voll tapfrer Krieger müssen sie sein,
die uns streiten helfen, wenn Hagen uns nicht in Frieden
will ziehen lassen."

Da antwortete der König: „Reitet heim, macht euch
bereit und sorget nicht um Roß noch Gewand: all euren
Recken geb' ich solch Reisezeug, daß ihr euch mit Ehren
vor jeder Frau zeigen mögt."

Die Helden kehrten in ihre Burgen zurück, indessen der
König zur Werbefahrt rüsten ließ. Fleißig rührten da
Zimmerer die Hände: sie bauten Schiffe, banden mit Silber
die Fugen längs den Schiffswänden, setzten feste Masten
ein und plätteten mit rotem Gold die Ruder. Denn
Hettel war reich und seine Boten sollten löblich ausgerüstet
fahren. Bald lagen die Schiffe gebälkt und gedielt schaukelnd
auf den Wellen. Da wurden die zur Werbefahrt Bestimmten einberufen, und alles, was sie brauchten, das
fanden sie vollauf in den Schiffen: Reisige, Rosse und
Gewand.

„Laßt euch die Jungen anbefohlen sein, die in meinem
Dienst in Gefahren ziehen," sprach der König zu den
Führern.

„Wie's ergehe," antwortete Wate, „halte dir den Sinn
von Sorgen frei, daß der Mut dir frisch bleibt. Hüte
du unser Erbe: — dem jungen Volk soll's nicht an meiner
Zucht fehlen."

Frute schaute noch in den Schiffskammern nach, wo
Gold, Gestein und viele andre Dinge geborgen lagen: —
da fehlte nichts: gern gab Hettel, was man begehrte.
Wessen Frute eines wollte, gab er dreißig.

„Sorge nicht!" rief Horand. „Siehst du uns wieder
nahen, dann schau'st du ein viel schönes Weib: freudig
wirst du das empfangen."

Die Rede hörte Hettel gern, und mit Küssen ließ er
seine Getreuen von sich scheiden.

Aber sein Gemüt ward traurig: er mußte immer ihrer
Mühen und Gefahren denken.

2. Frutes Kramladen.

Als der Hegelinge Geschwader in Irland ans Ufer schwamm, nahm man von Hagens Burg aus ihrer wahr. Die herbeilaufenden Leute staunten: woher mochten die stolzgekleideten Gesellen über die Flut gekommen sein?

Nur sechzig von den Recken stiegen, nach bürgerlicher Weise gekleidet, auf den Sand. Frute war ihr Meister: — besseres Gewand ließ ihn als solchen erkennen. Wate schickte Boten zu Hagen und bat um des Königs Schutz. „Frieden und sicher Geleit entbiet' ich den fremden Herren" — ließ der König antworten: „Mit der Wiede[1]) büßt, wer meine Gäste belästigt."

Kleinode, tausend Mark wert, gaben sie Hagen: er hatte nicht einen Heller begehrt: nur schauen wollte er gern, was des Geziemenden für Ritter und Frauen sie bei sich führten.

Nun trugen sie all ihr reiches Kaufgut auf den Strand; unmutig schauten's die in dem Schiff verborgenen Krieger; sie hätten lieber gleich stürmend um schön Hilde gefochten, statt zu warten auf günstige Gelegenheit.

Frute schlug am Seestrand seinen Kramladen auf. Da war das nie geschehen weitum im Lande, daß Kaufleute ihr Gut für so geringen Preis hergaben! Es kaufte, wer Lust hatte, Gold und Steine: und wer, ohne Kauflust, irgend etwas ihres Krames lobte, dem gaben sie's umsonst. Der König ward ihnen aus der Maßen hold.

Oft hörte die Königstochter von ihrem Kämmerling Wunderdinge von den Gästen sagen. „Viellieber Vater," sprach sie darum, „laß doch die Fremden zu Hofe reiten: ich höre soviel von dem einen: ich muß ihn sehen, den

---

[1]) Wiede: Halsschlinge, d. h. am Galgen.

Alten, mit den wunderlichen Sitten." „Das mag wohl
geschehn," antwortete der König: er selber wollte Wate
gern schauen; und konnten's die Franen kaum erwarten.

3. Wie die Gäste zu Hofe ritten.

Der König entbot seinen Gästen: wenn sie eines Dinges
not hätten, sollten sie an seinen Hof kommen und sich mit
Speis und Trank versorgen.

Auf Frutes Rat folgten sie der Ladung, schlossen einst=
weilen den Kram und schritten zur Königsburg. Wate und
Frute waren fast gleich alt; ihre grauen Locken hatten sie mit
Gold bewunden: stolz und herrlich schritten sie in die Halle.

Der König ging ihnen entgegen: die Königin stand
von ihrem Sitz auf, da Hagen ihr Wate zuführte; der
schaute aus, als wenn er nie lachte. —

Die Gäste mußten niedersitzen, ihnen wurde vom aller=
besten Wein geschenkt: unter heitrer Rede weilten sie dort.
Als die Königin den Saal verließ, bat sie Hagen, daß er
die Fremden auch in die Frauenkemenate lasse; gern ver=
sprach er's und die Franen schmückten sich mit Gold und
Festgewanden. Freundlich empfing das Königskind den
alten Wate, als er hereinschritt: sie grüßte ihn zuerst vor
allen: war's ihr auch ein wenig bang, als sie ihn küssen
sollte: denn sein Bart war lang und breit! Sie bat ihn
und Frute, sich zu setzen, und Mutter und Tochter be=
gannen übermütige Scherzrede.

Ob's ihm gut gefiele, fragte Hilde, wenn er so bei
schönen Frauen sitzen dürfe? oder ob er lieber in hartem
Streite stehen wolle?

„Wenn ich auch noch nie so sanft bei schönen Franen
saß," antwortete Wate, „ich wollte doch lieber mit guten
Mannen in harten Stürmen fechten."

Laut lachte Hilde: sie sah wohl, ihm war's leid, bei Frauen zu sitzen. Sie wandte sich an Morungs Mannen: wie wohl der Alte heiße?

„Und hat er Burg und Land daheim? Und Weib und Kind, sie freundlich zu herzen? Damit befaßt er sich wohl selten?"

„Sicherlich hat er Weib und Kind daheim in seinem Land," — antwortete einer, — „und um Ehre wagt er gern Gut wie Leben: er ist ein kühner Mann."

Die Recken gingen von dannen, zurück zum König: „Oft sollt ihr wiederkommen," bat Hilde; „bei uns Frauen sitzen, ist euch keine Schande."

Vor dem König wurden allerlei Spiele getrieben: von den einen dieses, von den andern jenes. Die Burgleute trugen Schilde und Waffen herzu: da wurde mit dem Schwerte gefochten, mit dem Speer geschossen und mit Wurfsteinen geschleudert.

„Saht ihr in eurem Land je solch gutes Kämpfen, wie es meine Iren tun?" fragte Hagen den alten Wate.

Der lachte verächtlich und sprach: „Ich sah es nie: — wenn mich's einer lehrte, wär' ich froh! Ein Jahr lang wollt' ich lernen und meinem Meister gern mit Geld lohnen."

„Reicht mir das Schwert," rief der wilde Hagen, „ich will mit dem Alten kurzweilen. Meine vier guten Hiebe lehr' ich ihn, daß er's mir danken soll."

Waten gefiel das sehr: „Sag mir erst deinen Frieden zu, daß du mich nicht gefährden willst! Schlägst du mir Wunden, müßt' ich mich vor den Frauen schämen."

Niemand traute da seinen Augen, wie Wate fechten konnte! Hagen erkannte bald des Alten Meisterschaft. Fast zürnte er, wär's nicht seiner Ehre zuwider gewesen: auch hatte er sich bis jetzt noch als den Stärkeren erwiesen.

„Laffen wir's nun fein," fprach Wate. „Ich habe
deiner Hiebe wohl fchon vier gelernt und will dir's danken."

„Und hätt' ich dich eher gekannt, Alter, fo wäre das
Gewaffen zum Kampf mit dir gar nicht in meine Hand
gekommen: nie fah ich Schüler fo gefchwinde lernen," antwortete der König und ftimmte ein in das Lachen der
Burgleute, die fich mit den Gäften im Spiel die Zeit vertrieben.

4. Horands Gefang.

Das war eines Abends, daß ihre Lift gelang, da
Horand von Dänemark fang mit fo füßer Stimme, daß es
allen gefiel und die Vögelein fchwiegen.

Wohlgefällig laufchte der König mit all feinen Mannen.
Frute hatte feine Freude daran: die alte Königin vernahm
das Lied oben in der Frauen-Kemenate, wie der Schall
durchs offene Fenfter zu ihr drang.

„Was ift das für ein Klang?" fprach fchön Hilde.
„Das ift von allen Liedern die allerfchönfte Weife, die fich
mir je zu Ohre ftahl."

Und unten im Saal fagten Hagens Helden: „Totkranke
würden laufchen, hörten fie den Schall aus des wunderbaren Sängers Mund erklingen."

„Ich wollte," fprach der König, „daß ich das felber
könnte."

Da begann Horand eine Weife, die hatte man nie zuvor vernommen und niemand mochte fie lernen, außer er
erlaufchte fie auf wilden Meereswogen[1]). Drei Lieder fang
er; keinem währten fie zu lang, taufend Wegftunden Reitens

---

[1]) Wie Göttern ift Elben und Waffergeiftern das Geheimnis
des Sanges und der zauberhaften Mufik eigen. Von ihnen alfo
hatte Horand die Zauberweife erlaufcht (S. 200 f.).

wären jedem bei dem Schalle wie ein Augenblick ent=
schwunden, das Tier im Walde ließe von der Weide, die
Würmlein, die im Grase gehn, die Fische, die in der Flut
fließen, sie ließen ihre Wege: — also sang er. Wer ihn
hörte, dem war alles verleidet, was zuvor ihm guten
Klanges deuchte. Der Pfaffen Chor, der Kirchenglocken
Läuten lockte ihn nicht mehr. — Alle riß zum Entzücken
der fremde Sänger hin.

Da warb schön Hilde mit zwölf Goldbaugen einen
Kämmerling, der mußte insgeheim den Sangesmeister ge=
winnen, daß er noch den Abend verstohlen in ihre Kammer
komme. Hei! freute sich da Horand. In aller Stille kam
er; Hilde bat ihn, niederzusitzen. „Laß mich noch einmal
dein Lied hören; deine reine Stimme ist besser als alle
Kurzweil."

„Frau, um deinen Dank säng' ich zu aller Zeit so
schönen Ton, daß jedem, der die süße Weise hörte, sein
Leid gemindert würde. Wär's mir erlaubt, vor dir zu
singen, und nähm' mir nicht darob dein Vater das Haupt
— mit allen meinen Liedern wollt' ich dir dienen immer=
dar, daheim, in meines Herren Land."

„Wer ist dein Herr? Trägt er Königskrone? Und
hat er eigen Land?"

„Reicheren König sah ich nie! Und willst du's nicht
verraten, vielschönes Königskind, dann erzähl' ich dir alles
von meinem Herrn: wie er uns entsendet hat hierher um
deinetwillen."

„Ei, laß hören! Was entbietet mir dein Herr?"

„Daß dich sein Herz begehrt! — Laß ihn deiner Güte
genießen. Dich e i n e hat er erkoren unter allen Frauen."

„Versprächst du mir zu singen am Abend und am
Morgen, wollt ich seine Königin werden."

„Das tu' ich gern, vieledle Jungfrau! Und meinem

Herrn dienen zwölf, die im Gesange vor mir den Preis
erringen: — doch die allersüßeste Weise singt er selbst!"

"Ist so geartet dein Herr, dann gehört ihm auf immer=
dar meine Gunst: ich will ihm seine Liebe lohnen! Wagt'
ich's vor meinem Vater, wollt' ich euch gerne folgen."

Da schied der listige Sänger von dannen, verstohlen,
wie er gekommen. Es war nun an der Zeit, für die
Gäste zur Herberge heimzugehen.

Horand sagte dem alten Wate die Kunde: "Hilde ist
unserm Herrn in Minne zugetan."

Und sie berieten, wie sie die Jungfrau entführen woll=
ten und rüsteten heimlich zur Rückfahrt. Die im Schiff
Verborgenen hörten's nicht ungern.

5. Die Entführung.

Danach, am vierten Morgen, kamen die Hegelinge zu
Roß in neuem Gewand nach dem Königsschloß geritten:
sie wollten scheiden und erbaten des Königs Urlaub.

"Was flieht ihr mein Land?" sprach Hagen. "Ich
dachte mit allen Sinnen nur darauf, daß es meinen
Gästen hier behagen solle! Und nun wollt ihr schon
wieder fort?"

"Der Hegelinge Herr sandte her," antwortete Wate,
"zur Rückfahrt mahnend. Auch sehnen sich sehr nach uns,
die wir daheim ließen: — da müssen wir eilen!"

"Mir wird's leid sein nach euch! — Nun empfanget
von mir Gold und Gestein, Roß und Gewand, daß ich
euch eure Gabe vergelte."

"Herr, wir begehren ein einzig Ding von dir: das dünkt
uns große Ehre, wolltest du es gern tun: daß du selber
unsern Vorrat schautest! Und auch die Königin und deine
schöne Tochter sollen unsre Habe sehen: das allein be=

gehren wir. Willst du uns diese Ehre versagen, edler
König Hagen, dann bitten wir um keine andre Gabe."

„Die sei euch nicht versagt!" antwortete huldreich der
König. „Wenn ihr es denn durchaus wollt, lass' ich
morgen früh hundert Pferde satteln für Mägde und
Franen, und ich selber komme auch, eure schönen Schiffe
anzuschauen." —

Die Hegelinge ritten an den Strand zurück und trugen
nun alles schwere Kaufgut, Vorrat und Speise aus den
Schiffen aufs Land. Die Schiffe wurden leichter. Frute
von Dänemark, der war klug!

Am nächsten Tag in früher Morgenstunde ritt Hagen
mit den Franen, von tausend Recken geleitet, nach dem
Strande zu den Schiffen. Die Frauen hob man von den
Rossen. Am Ufer stand der Kram offen, daß die Königin
die Wunder schauen mochte.

Niemandens Zorn noch Kummer wägte Wate da lang,
noch fragte er viel, wer die Sachen nähme, die auf dem
Kram lagen: — schnell und geschickt trennte er Hilde von
ihrer Mutter und führte sie mit ihren Jungfrauen auf
eines der Schiffe: die darin verborgenen Recken sprangen
empor, rasch hießten sie die Segel auf, und alle Mannen
Hagens, die mit auf die Drachen gekommen waren, wur=
den ohne Verzug hinausgestoßen: sie wurden naß — und
schwammen eilig an den Strand. Der alten Königin
ward's weh um ihr liebes Kind: den wilden Hagen faßte
Gram und Grimm. „Bringt die Speere!" schrie er laut
— „alle müssen sterben, die ich noch mit Händen erlangen
mag."

„Nur nicht so eilig!" rief lustig der junge Morung,
„kommt ihr auch mit tausend wehrhaften Degen heran
zum Streit: — da unten in der Flut betten wir euch
zur kühlen Ruh'."

Doch Hagen ließ nicht ab: bald glänzte es rings am
Ufer von Waffen: Schwerter flogen aus der Scheide,
Speere schossen durch die Luft. Rasch tauchten die Hegelingen die Ruder ein: die Schiffe flogen vom Gestade
hinaus. Wate sprang ins letzte, daß ihm die Brünne
klang. Fast hätte er zu lang gesäumt: schon kam der
wilde Hagen mit dem Speer in der Hand. Befehlend
schritt er am Strand einher und trieb zur Eile: er wollte
die Gäste noch erjagen, die ihm solches Leid getan. Ein
Heer stand bereit: aber die Schiffe, die es in schneller
Fahrt tragen sollten, waren leck oder nicht segelfertig:
man sagte es dem König. Da war nichts zu tun, als
eilig die Werkleute zu berufen: die besserten die Schäden
aus und bauten neue Schiffe für die Meerfahrt.

6. Kampf und Versöhnung.

Zu Waleis[1]) ließ Wate auf den Sand, die wasser-
müden Helden stiegen ans Ufer: Wates Mannen zelteten
eine Herberge für Hilde und ihre Frauen. Bald hörten
sie, daß Hettel gekommen sei und ihnen entgegenreite.
Da vergaßen die Maide alle Sorge; von fern her sahen
sie den König kommen: zu Sprüngen trieb er seinen
Hengst. Wate und Frute gingen ihm entgegen.

„Ich habe schwere Sorge getragen um euch," sprach
Hettel, „mir bangte sehr, ihr säßet bei Hagen gefangen."

„Dahin ist's nicht gekommen," antwortete Wate, „doch
hab' ich noch keinen so gewaltig in seinem Lande schalten
sehen, wie Hagen. Sein Volk ist übermütig, er selbst
ein Held."

---

[1]) Waleis, durch Ableitung von Vahalis, Waal: — es scheint
als Westgrenze von Hettels Reich gedacht.

„Wir haben die schönſte aller Frauen gebracht, die ich
je auf Erden ſah," ſprach Frute, und beide geleiteten
nun den König zu Hildes Zelt.

Irold von Ortland und Morung von Friesland faßten
die Maid an der Hand und führten ſie dem König entgegen. Mit ſchönen Sitten grüßte er die Jungfrau, umfing ſie mit den Armen und küßte ſie. Dann begrüßte
das Ingeſinde einander und ſaß nieder im Grünen um
das Seidengezelt des fürſtlichen Paares.

Als der Abend ſank, ſah Horand auf dem Meer ein
Segel glänzen: ein Kreuz und andere Gebilde waren
darein gewirkt. Und Morung rief Irold zu: „Wecke
König Hettel aus ſüßer Ruh’ und meld’ ihm das: ich
ſeh’ in reichem Segel Hagens Wappenzeichen: unſanft
wird ſein Willkommen klingen."

Alle Recken machten ſich kampfbereit.

„Nun wehrt euch, meine Mannen!" ſprach Hettel.
„Wer nie Gold gewann, dem will ich’s morgen ohne Wage
zuteilen. Daß ihr heute mit Iren kämpft, des ſollt ihr
immer froh gedenken."

Da ließen Hagens Schiffe auf den Sand. Sauſend
ſchoſſen wohlgezielte Speere ihnen entgegen: die auf dem
Ufer wehrten grimmig den Landenden. Schön Hilde
bangte: Hagen ſprang in großem Zorn über Bord und
watete ans Geſtade, ob auch Pfeile wie Schneegeſtöber auf
ihn ſchwirrten.

Dröhnend, „daß die Woge erdoß", rief er ſeine
Mannen an, daß ſie die Landung ihm erzwingen hülfen.
Bald ward das Waſſer rot von heißem Todesblut. Hagen
erſah den jungen Hettel und drang auf ihn ein: die Hegelinge ſtellten ſich dazwiſchen: aber der ſtarke Hagen
brach mit Schwerthieben durch die Schar und fällte den

Speer, da das Schwert seinem Groll nicht genügte. Mancher sank speerdurchbohrt rückwärts nieder.

Auf beiden Seiten hatte sich das Kriegsvolk gesammelt und nun trafen Wate und Hagen zusammen: wer ihnen aus dem Wege kam, mochte sich glücklich preisen.

Hagens Speer traf auf Wates Schild. Keiner konnte besser fechten als der Alte: doch wollte Hagen nicht weichen: er schlug ihn aufs Haupt, daß das Blut ihm aus dem Helme niederrann.

Mit Zürnen vergalt Wate den mordgrimmen Streich: er hieb dem König mit dem Schwert auf die Helmspangen, daß Funken davonstoben. Hagen ward's Nacht vor den Augen.

Da rief Hilde jammernd Hettel an, daß er ihren Vater aus der Not bringe, und dem grauen Alten wehre. Und herrlich drang Hettel mit seinem Volk in den Streit bis zu Wate — dem war's leid! — und rief mit heller Stimme: „Um deiner eignen Ehre willen, König Hagen, laß den Haß, daß nicht noch mehr unsrer Freunde fallen!"

„Wer mahnt mich zum Frieden?" fragte der wilde König.

„Das tu' ich: Hettel von Hegelingen, der seine Getreuen fernhin entsandte, um Hilde zu werben."

„So sandtest du sie nicht um schnöden Frevels willen? — Wohlan! Große Ehre haben dir deine Boten errungen! Mit schönen Listen wußten sie dir mein liebes Kind zu gewinnen!"

Hettel nahm den Helm vom Haupte: den Frieden hörte man da über die Walstatt anrufen und Hagen sprach, daß der Streit geschlichtet sei. Nie vernahmen die Franen liebere Märe. Schön Hilde sprach: „Wie gern ich meinem Vater entgegenginge, ich getraue mir's nicht:

denn ich habe ihm schweres Leid angetan. Ihn und die Seinen mag's wenig nach meinem Gruß verlangen."

Aber Horand und Frute nahmen sie bei der Hand und führten sie zu Hagen.

„Es sei!" sprach der, „ich kann nicht anders. Will= kommen du vielschöne Tochter, ich grüße dich."

Nicht länger sollte die Jungfrau auf dem blutigen Felde verbleiben: „Bringt die Toten zur Ruh'" befahl Hagen, „und laßt uns fort von hier."

Hettel bat ihn zu Gast in seine Halle. Nicht allzu= willig folgte Hagen: doch freute er sich bald sehr, wie er sah, welch reiche Lande Hettel dienten, und mit großen Ehren ließ er sich in Hettels Burg geleiten. —

Als er wieder daheim bei Hildes Mutter saß, sprach er: „Es konnte unserm Kinde kein besseres Los werden; hätte ich mehr der Töchter, ich schickte sie all' nach He= gelingen."

Hilde gebar Hettel zwei Kinder: Ortwein, den Knaben, erzog der alte Wate; das Töchterlein: Kudrun, die Schöne von Hegelingen, sandte Hettel zu den Dänen, seinen nächsten Anverwandten, damit sie die Maid erzögen. Sie wuchs zu solchem Maße, daß sie wohl ein Schwert hätte tragen können. Und viele Fürsten und Edelinge warben um ihre Liebe.

II. Kudrun.

1. Hartmut und Herwig.

Im Lande der Normannen ward die Mär ver=
nommen, keine sei schön erkannt, wie Hettels Tochter,
Kudrun. Jung Hartmut, des Normannenkönigs Lud=
wig Sohn, wandte da seine Sinne nach der Jungfrau:
das riet ihm Gerlind, seine Mutter. Aber Ludwig
sprach: „Wer sagte euch, daß Kudrun so schön sei? Und
wäre sie aller Frauen erste, sie wohnt uns zu fern: um
ihretwillen möchten viele unsrer Boten verderben."

„Zu weit ist keine Ferne, will ein König Weib und
großes Gut sich zu steter Freude gewinnen," entgegnete
Hartmut. „Ich will, daß Boten zu ihr gehen."

„Heißt Werbebriefe schreiben," trieb die alte Gerlind.
„Gold und Gewand biet' ich den Boten zum Gewinn."

„Ist euch denn nicht bekannt, wie Hilde, Kudruns
Mutter, aus Irland kam?" mahnte Ludwig. „Die
Hegelinge sind übermütig: leicht könnten sie uns ver=
schmähen."

Aber Hartmut rief: „Müßt' ich ein großes Heer nach
Kudrun über Land und Wasser führen: um sie tät' ich's
freudig. Schön Hildeus Tochter will ich mir gewinnen."

Da wählte Hartmut sechzig Mannen zu seinen Sende=
boten. Sorgfältig ausgerüstet mit Gewand und Speise
ritten sie Tag und Nacht, bis sie in Hettels Land kamen.
Es seien reiche Herren, sprach man zu Hegelingen, vor
allem darunter ein Graf. Stolz ritten die Normannen
auf ihren schönen Rossen in die Königsburg und sagten
Hettel Hartmuts Werbung.

„Ihr guten Boten," antwortete der König, „ich heiß'

euch unwillkommen: Herrn Hartmuts Botschaft verdrießt mich sehr."

„Wie könnte Kudrun Hartmut minnen?" sprach die stolze Hilde. „Hundertunddrei Burgen in Karadie[1]) gab mein Vater König Ludwig zu Lehen. Übel stünde meiner Sippschaft solch Ehebündnis."

Den Boten war das leid, daß sie mit dieser Antwort in Scham und Sorgen heimziehen mußten.

„Sagt geschwind," fragte sie da Hartmut, „saht ihr Kudrun mit eignen Augen? Ist sie so schön als man von ihr sagt?"

„Wer sie einmal schaut, dem ist es angetan," antwortete der reiche Graf.

„So muß sie mein werden," sprach der junge König.

Aber auch Herwig von Seeland[2]) warb eifrig um Kudrun. Er war ein naher Nachbar Hettels: doch, hätte er an einem Tage tausendmal seine Boten nach Hegelingen gesandt, er fand da nichts andres als Hoffart und Verschmähen. Hettel bat ihn, das Werben zu lassen. Zornwilde Antwort entbot Herwig: „Fortwerben will ich, und wär's auch mit Schwert und Schild, euch allen zu Schaden."

Er gewann dreitausend kühne Mannen, das schwere Spiel mit den Hegelingen zu wagen. Hettels Degen hatten Herwigs Drohung verachtet. — In morgenkühler Stunde langte Herwig vor des Königs Feste an, da alles Volk noch schlief. Nur der Wächter rief laut von der Zinne herunter:

„Wacht auf, ihr da unten! Waffnet euch! Ich sehe Helme blinken, fremde Gäste nahen der Burg."

---

[1]) Eigentlich Karadok, ist das heutige Kardigan in Wales, ein schmaler Landstrich gegenüber Irland.
[2]) Seeland ist an der Scheldemündung zu suchen.

Hettel eilte herzu: da sah er Herwigs Recken an das Tor stürmen in machtvollem Andrang.

Bald standen hundert Gewaffnete um Hettel; nun griff er selber nach Schild und Schwert und führte sie hinaus. Sie waren allzukühn: tiefe Wunden gewannen sie vor der Burg im Kampf gegen die Stürmenden. Kudrun die Schöne sah's zu blutiger Augenweide: Herwig deuchte ihr wacker; das war ihr lieb und leid!

Herwig und Hettel sprangen ein jeder vor seine Schar und trafen sich im Kampfe. Feuerfunken stoben unter ihren starken Streichen aus Schild und Helmgespäng: jeder fand seinesgleichen. Kudrun sah und hörte das. Unstät, wie ein Ball, rollt das Glück im Gefecht: die schöne Frau wollte Vater und Feind scheiden und rief vom Saal hinab: „Hettel, hehrer Vater! Wie fließt das Blut aus den Brunnen zu Tal, allum bespritzt sind unsre Mauern: Herwig ist ein übler Nachbar! Ihr sollt euch versöhnen um meinetwillen; gönnt euch eine Weile Ruh' im Streit: ich will Herrn Herwig fragen nach Adel und Macht seines Geschlechts."

„Friede soll sein, Frau, läßt du mich ungewaffnet vor dich kommen," rief Herwig ihr zurück. „Frage, was immer du willst, gern geb' ich dir Antwort."

Der Kampf wurde eingestellt und mit hundert seiner Mannen ging Herwig hin zur „mutentzweiten" (d. h. schwankenden) schönen Kudrun, wo sie inmitten ihrer Frauen saß. Er begann zögernd: „Mir ward gesagt, daß Ihr mich verschmäht, weil ich Euch zu gering bin, und doch findet oft der Reiche bei Armen Lieb' und Wonne."

„Welche Frau," antwortete Kudrun, „könnte solchen Mann nach solchen Heldenstreichen hassen! Glaubt mir, ich verschmähe Euch nicht: — keine Maid ist Euch holder,

als ich es bin. Vergönnen's meine Gesippen, so will ich
Euch gern folgen."

Er sah ihr in die Augen mit Blicken voller Liebe: sie
trug ihn im Herzen und hehlte es nicht.

Da fragte König Hettel, nach der Hegelinge Rat,
seine Tochter, ob sie Herwig zum Manne nehmen wolle?

„Nicht bessern wüßt' ich mir zu wünschen," antwortete
sie, und so ward die schöne Kudrun Herwig von Seeland
anverlobt. Freud' und Leid ward ihm kund durch sie.

2. Kudrun wird geraubt.

Siegfried, ein Fürst von Morland[1]) ließ Schiffe
rüsten und entbot seine Genossen zu einem Streifzug in
Herwigs Reich. Um die Maienzeit kamen die Recken über
See gefahren von Abakie und Alzahe[2]); stolz fuhr da
mancher einher, der bald im Staube liegen sollte!

Brennend und raubend trugen sie den Kampf in
Herwigs Lande. Schnell entbot der Fürst seine Mannen
und zog den Seeräubern entgegen. Lange und grimmige
Schlacht ward geschlagen: wie viele auch der Friedebrecher
fielen, Herwig kam in große Not. Er mußte in seine
Warte fliehen: meilenweit ringsum rauchten seine ver=
heerten Lande. Er entsandte einen Boten nach Hegelingen
um Hilfe. Aber noch ehe der vor Kudrun kam, hatte die
Schreckensmäre sie schon erreicht: „Weh," rief sie dem
Sendemann entgegen, „verloren hab' ich Land und Ehre!"

Sie stand auf, eilte zu König Hettel und schlang
weinend ihre Arme um seinen Hals: „Hilf uns, König!

---

[1]) Morland ist an der Nordseeküste zu suchen: die Bedeutung
„des Moores" wird zu Grunde liegen.

[2]) Orientalische Namen.

Wenn nicht deine Recken der Not steuern, vermag niemand Herwigs Unheil zu wenden."

„Ich will ihm Hilfe bringen," antwortete Hettel, „ich entbiete Wate und meine andern Kämpen."

Der König brach sogleich auf mit seinen Mannen: weinend und doch mit Freuden sahen Hilde und Kudrun ihn scheiden. Am dritten Morgen folgte ihm Wate mit tausend Recken nach; am siebenten gesellte sich Horand mit viertausend Streitern dem Heerzug, und Morung von Waleis — der schönen Frau zuliebe stritt er gern! — führte zweitausend ins Feld: sie fuhren wohlgewaffnet und ritten fröhlich von dannen.

Ortwein kam mit viertausend Recken über die See um der Schwester willen.

Unterdessen litt Herwig bittre Not; was er unter= nahm, mißlang: bis dicht an sein Burgtor ritten schon seine Feinde: als aber die Hegelinge eintrafen, wandte sich das Siegesglück.

Hart bedrängt sorgten die Friedebrecher zur Nacht, ob sie den Morgen noch erleben würden. Sie wichen aus ihrem Lager in eine Feste, deren eine Seite durch einen Strom gedeckt war: Schritt für Schritt mußten sie den Rückzug erkämpfen: Hettel und Siegfried taten ihr Bestes in heldentapferm Streit: manch lichter Schildrand wurde von ihrer Hand durchhauen. Siegfried wagte nicht mehr, offene Feldschlacht zu bieten: er brauchte all seine Kräfte, sich hinter den Mauern der erreichten Burg zu verteidigen. Wate schloß ihn von der See ab und Frute legte sich vor die Tore, und so, von ihren Feinden umklammert, blieben die Seeräuber voll Angst und Not eingeschlossen.

Unterdessen eilten normannische Späher zu Ludwig und Hartmut und meldeten ihnen, daß Hettel, fern seinem Reich, in Kampf liege. Da scharten die Normannenkönige zehntausend Krieger zusammen, Kudrun zu entführen, ehe noch Hettel mit seinen Mannen wieder nach Hegelingen käme. Wie eifrig hatte es Gerlind, zu rächen, daß Hettel Hartmuts Werbung schmählich abgewiesen hatte: hängen wollte sie beide, Wate und Frute. „Allen Frauen," sprach sie, „versag' ich mein Gold und Silber und geb' es euren Kriegern hin."

„Wenn das geschehen möchte," rief Hartmut, „daß Kudrun hierher käme in unsere Burg Kassiane und mir hold würde, — das wär' mir lieber als ein weites Reich!"

In Bälde waren kundige Seeleute geworben, die sollten in guten Schiffen das Heer über die Meereswogen steuern. Nicht lange dauerte die Fahrt: sie segelten vorüber an Nordland und gingen im Hegelingenland vor Anker. Hettels Burg lag unsern landeinwärts, und geschwind ritten Hartmuts Sendemänner hin. Sie mußten den Frauen des Normannenkönigs Werbung entbieten. „Und spricht sie nein, so sagt," — befahl Hartmut, — „weder mit Gold noch Gut erkauft sie sich Frieden: dann will ich der vielschönen Kudrun eine blutige Augenweide schaffen. Und sagt ihr ferner, Hartmut weicht nicht aus dem Land! Man soll mich hier in Stücke hauen, folgt mir nicht von hinnen die schöne Hegelingen-Tochter."

Da nun die Boten in die Königsburg kamen, empfing und begrüßte sie Hilde geziemend. Die Recken sagten, was sie zu sagen hatten, aber Kudrun antwortete:

„Das soll nie geschehen, daß Hartmut an meiner Seite steht. Herwig heißt, den ich erkoren: ihm bin ich anverlobt als meinem Herrn und Gemahl und keinen andern begehr' ich."

Die Boten kehrten zurück an den Strand; Hartmut lief ihnen hoffend entgegen.

„Euch ist abgesagt!" antwortete einer, „einen Ver=
lobten habe die herrliche Maid, den sie von ganzem Her=
zen liebe. Wollt ihr nicht ihren Wein trinken[1]), so wird
euch heißes Blut geschänkt."

In zornwildem Mut ordneten Ludwig und Hartmut
ihre Scharen. Von der Burg sah man fernher ihre
Banner flattern. „Grimme Gäste kommen zu meiner lieben
Tochter," klagte Hilde. Aber die Burgleute, welche die
Stadt und das Land hüteten, sprachen ihr zu: „Was auch
Hartmuts Recken hier wagen, wir vergelten's ihnen mit
tiefen Wunden." Die Königin befahl, die Stadttore zu
schließen, jedoch ihre Mannen folgten nicht; sie steckten
ihres Königs Feldzeichen auf: vor den Burgmauern, im
Freien wollten sie die feindlichen Gäste schlagen. Mit
gezogenen Schwertern standen sie, wohl tausend, vor dem
Tor. Hartmut kam mit tausend Speerreitern: sie saßen
ab und der Streit hob an. Aber bald traf auch Ludwig
mit seinen Scharen auf der Walstatt ein. Sorgenvoll
sahen die Königinnen seine Banner hoch im Winde flattern,
und bei jedem an dreitausend Krieger. Vor der vereinten
Normannen Sturm wollten Hettels Kämpen die Tore
schließen: aber wie viele der Normannen man auch von
den Mauern herabwarf und herabschoß, — es schreckte
sie nicht: sie waren allzuviele: die treuen Burghüter
wurden erschlagen, Ludwig und Hartmut kamen ins Tor
und trugen ihre Waffen in Hettels Halle. Oben durch
die Zinne ließen sie ihr Banner flattern.

Hartmut ging zu Kudrun. „Edle Jungfrau," sprach
er, „Ihr habt mich verschmäht: trüg ich's Euch nach, —
dann müßten wir hier, statt zu fangen, alle hängen oder
erschlagen."

---

[1]) D. h. friedlicher Gast sein.

„O weh, Vater mein!" sprach Kudrun, „wüßtest du, daß deine Tochter gewaltsam entführt wird, mir armem Königskind geschähe nicht der Schade noch die Schande."

Die Burg wurde gebrochen, die Stadt verbrannt, zwei- undsechzig Frauen gefangen mit Kudrun fortgeführt.

Traurig schaute Hilde aus einem Fenster zum letzten- mal auf ihr armes Kind. Dann sandte sie ihre Getreuen mit der Unglücksbotschaft zu König Hettel. — „Eilet," drängte sie die Boten, „meldet ihm alles und saget, daß ich alleine bin. Voll Hoffart fährt der reiche Ludwig in seine Heimat, indessen an tausend unsrer Mannen er- schlagen oder todwund vor dem Tore liegen."

Die Boten ritten schnell; Horand sah sie zuerst kommen. König Hettel ging ihnen entgegen und sprach nach altem Brauch: „Willkommen, ihr Herren, hier im fremden Land, sagt an, wie gehabet sich Hilde und wer sandte euch her?"

Das tat unsre Königin: die Burg ist gebrochen, die Stadt verbrannt, Kudrun mit ihrem Ingesinde fortgeführt; an tausend deiner Recken liegen erschlagen: und das taten Ludwig und Hartmut, die Normannen."

Da sprach der alte Wate: „Nun laßt das Jammern über den geschehenen Schaden! Wir werden uns bald, in großer Fröhlichkeit, davon erholen und Herrn Ludwig und Hartmuts Haus in groß Trauern versetzen. Wir sagen jetzt dem Fürsten von Morland und seinen Leuten Frieden an, führen sogleich unsre Scharen den norman- nischen Räubern nach und befreien dein Kind Kudrun."

„Das ist der beste Rat," rief der kühne Herwig. „Eilet, mit den Feinden zu vertragen, damit wir bald fortkommen: mir ist unmaßen leid um Kudrun."

So kam's zur Sühne, und die noch vor kurzem Feinde waren, boten nun Freundesdienste an. König Hettel eilte

mit seinen Heerscharen auf die See und wandte seines
Schiffes Schnabel gen Normannenland.

3. Auf dem Wülpensand.

Drei Tage hatte Hartmut gebraucht, um alles, was
seine Mannen aus Hettels Burg raubten, auf die Schiffe
zu schaffen. Dann rauschten die Segel, die Wellen brausten
um die gleitenden Kiele: sie wandten sich von Hettels Land
einem wilden, breiten Werder, dem Wülpensande[1]), zu,
senkten die Anker und gingen ans Ufer. Sieben Tage
gedachten die Normannen hier der Ruhe zu pflegen: wenig
fürchteten sie die Hegelingen. Sie schlugen Zelte auf für
die Frauen, für die Männer und die Rosse. Voll Herze-
leid saßen die Entführten auf dem öden Sand am Ufer.
Allenthalben flackerten die Lagerfeuer. Da sah der Schiffs=
meister mit vollen Segeln Schiffe übers Meer kommen
und sagte es den Königen an. Bald fuhren die Schiffe
so nah dem Werder, daß man lichte Helme blinken sah.

„Wohlauf," sprach Hartmut, „meine grimmen Wider-
sacher kommen," und nahm den Schild zur Hand. Ludwig
rief seine Mannen an: „Ein Kinderspiel war, was wir
bis jetzt getan: nun müssen wir erst mit tapfern Helden
streiten; wer fest zu meinem Banner steht, den mach' ich
reich."

Die Schiffe legten an, mit dem Speerschaft konnte man
von den Borden bis zum Ufer langen: Lanzen flogen
hinüber und herüber. Schwer mußten die Hegelinge die
Landung erkämpfen. Wate sprang mitten in die Feinde:

---

[1]) Der Wülpensand mag etwa gelegen haben vor der west=
lichen Scheldemündung in einer sich zwischen Cadsant bis nahe zum
heutigen Breskens hinziehenden Sandbank.

Ludwig rannte ihn an mit scharfem Speer, daß die Stücke
vom Schild sprangen. Nun kamen auch die von Stürmen
ans Ufer. Ihr Meister schlug Ludwig einen Schwerthieb
durch den Helm: und hätte der König nicht unter der
Brünne ein Seidenhemd von Abalie getragen, das auch
den Kopf bedeckte, so wäre der wackere Hieb sein Tod
gewesen. Kaum entrann er auf der Walstatt dem alten
Kämpen, von dessen Hand nun Mann auf Mann niedersank.

Hartmut sprang Jrold entgegen: fernhin erklang es
von ihren Hieben auf Helm und Schild.

Herwig von Seeland sprang in die Flut. Das Wasser
stand ihm bis unter die Achseln. Ertränken wollten ihn
die Normannen: mancher Speer wurde auf ihm zerbrochen, doch der Held watete auf den Sand und ließ
sie's büßen mit scharfen Streichen. Großes Gewühl entstand: oft wurde ein Freund vom andern niedergetreten.
Bis Hettels Mannen Fuß gewonnen hatten, sah man die
Flut von heißem Todesblut rotgefärbt, so weit hinaus,
daß kein Speerschaft darüberflog.

Ortwein und Morung mit ihren Heergesellen gingen
tapfer übers Schlachtfeld, wenige taten es ihnen gleich.
Alle Speere waren verschossen und immer noch schritt
Ortwein einher mit froher Kampfbegier.

Bitterlich weinten Kudrun und ihre Frauen. Je näher
der Abend sank, desto mehr Schaden erlitt Hettel: der
Sieg neigte sich den Normannen zu. Ludwig und Hettel
trafen einander mit hochgeschwungenen Waffen: Hettel sank
tot auf den Sand unter Ludwigs Hieben. Als Wate
seines Königs Tod vernahm, tobte er wie ein Eber: in
großem Zorn fuhr er unter die Feinde.

Auch Ortwein und Horand wollten den Gefallnen rächen.
Schon dämmerte die Nacht: ein Däue sprang mit gezücktem
Schwert gegen Horand, ihn in der Dunkelheit für einen

Feind haltend. Tot ließ ihn der Sänger aufs Feld sinken: es war sein eigner Neffe: erst als er des Sterbenden Stimme hörte, erkannte er, wen er erschlagen hatte und hob traurig an zu klagen.

„Die Schlacht wird zum Mord!" rief Herwig. „Wir werden in der Dunkelheit Freund wie Feind erschlagen."

Da gaben die Hegelinge unfreudigen Herzens das Streiten auf: doch lagerten sie sich so nah den Feinden, daß sie deren Helme und Schilde im Widerschein der Zeltfener schimmern sahen.

Ludwig ersann eine List: „Tut als ob ihr euch zur Ruh legtet auf eure Schilde," befahl er den Kriegsmännern, und macht großen Lärm dabei, daß die Feinde unserer Schiffe nicht achthaben: dann gelingt's mir wohl, euch davonzuführen, wann jene schlafen."

Als die Frauen aufbrechen mußten, klagten sie mit Weheruf: doch sogleich verbot der König ihnen das laute Weinen und drohte, jede, die nicht davon lassen wollte, ins Meer hinabzustoßen.

Durch solche List kamen die Normannen auf die See und entflohen, während die Hegelinge im Schlafe lagen. Ehe diese der Tag weckte, waren ihre Feinde schon weit. Sie erhoben sich: zu Fuß und zu Roß drängten die zusammengeschmolzenen Häuflein über den Ufersand gegen das verlassene Lager, den Normannen neuen Streit zu entbieten. Laut ließ Wate sein Heerhorn gellen: da gewahrten sie, daß der Feind entflohen war. Wate wollte ihnen nach, aber Frute sprach, den Wind prüfend: „Was hülfe unser Eilen? Wohl dreißig Meilen sind sie schon fern, wir erreichen sie nimmer. Auch haben wir nicht mehr genug Leute, den Heerzug zu unternehmen. Bringt die Wunden an Bord und schafft die Erschlagenen von der Walstatt: bestattet sie auf dem wilden Sande."

„Auch die," fragte Frold, „die uns diesen Schaden getan? Oder sollen wir sie am Ufer liegen lassen, Wölfen und Raben zum Fraß?"

„Keiner liege unbestattet," rieten da weise[1]) Männer. So begruben sie ihren treuen König Hettel und alle andern, welches Volkes und Landes sie waren.

Voll Besorgnis ritt Wate dann zum Hegelingenland: auf seiner Königin Huld durfte er wenig hoffen! Da die Leute ihn sahen, verzagten sie: wenn er sonst aus dem Streite heimkehrte, fuhr er mit lautem Schall: — nun ritt er schweigend mit seinen Heerleuten.

„Weh mir," rief Frau Hilde, „was ist geschehen? Zerbrochne Schilde tragen Watens Mannen, langsam gehen ihre Rosse, von herrenlosen Waffen schwer beladen: sagt an, wo ist König Hettel?"

Da ritt Wate in die Burg: das Ingesinde eilte ihm entgegen, nach Herren und Freunden zu fragen.

„Euer König und eure Freunde liegen tot," sprach Wate. Alt und Jung erschrak darob.

„Weh, meines Leides!" klagte die Königin. „Mit König Hettel ist meine Ehre von mir geschieden! Und Kudrun, mein Kind, seh' ich nimmer mehr."

„Frau," sprach Wate, „laß das wilde Klagen: du rufst damit die Toten nicht wieder ins Leben zurück. Sind uns erst neue Männer hier erwachsen, dann rächen wir's an Hartmut und Ludwig."

„Dürst' ich das erleben!" antwortete die Trauernde, „alles, was mein ist, gäb' ich darum, daß ich Rache erlangte und meine Tochter wiedersähe."

„Das kann erst geschehen, wenn unsre Kinder schwertreif geworden: denn wir sind zu wenige zum Heerzug:

---

[1]) Siehe den Grund oben S. 237.

die meisten unsrer Kriegsleute blieben tot auf dem Wülpen=
sand oder liegen siech an schweren Wunden. Gedulde dich,
bis der Sohn des Vaters gedenkt und mit uns auszieht
zur Rache.

4. Kudruns Gefangenschaft.

Günstiger Wind trieb die Normannen über die See
der Heimat zu. Als Ludwig seine Burg liegen sah, sprach
er zu Kudrun: „Siehst du die Burg, Frau? Dort
sollst du Freude genießen. Willst du uns hold werden,
so dienen dir reiche Lande."

Vieltraurig antwortete die edle Jungfrau: „Wem könnt'
ich hold sein? Bin ich doch selber von aller Huld ge=
schieden. Des gedeul' ich immerdar."

„Laß ab von deinem Leid; wähle Hartmut, den stolzen
Recken; alles, was wir haben, biet' ich dir."

„Eh' ich Hartmut nehme, lieber lieg' ich tot: und
nicht geziemt's deinem Sohn, um Hettels Tochter zu
werben."

Hartmut hatte Boten vorausgeschickt zu Gerlind, mit
der frohen Kunde: sie solle sich zum Empfang rüsten.
Lieberes hatte Gerlind nie gehört. Sie zog mit dem
Hofgesind aus dem Schlosse den Heimkehrenden entgegen.
Die Schiffe legten im Hafen an, freudigen Mutes sahen
die Normannen die Heimat wieder. Nur Kudrun mit
ihren Frauen ging in schwerer Trauer. Hartmut führte
sie an der Hand: sie hätt' es abgewiesen, wär's bei ihr
gestanden: gezwungen nahm sie den Dienst an, den er
gerne bot. Ihrer Herrin folgten die Frauen.

Hartmuts Schwester Ortrun empfing sie mit holdem
Gruß: sie küßte mit weinenden Augen die „elende" (d. h.
in der Fremde lebende, unglückliche) Maid, und faßte ihre

weiße Hand. Auch Gerlind wollte sie küssen: aber unmutig versagte ihr das die Stolze: „Was gehst du mir
so nah? Ich will dich nicht küssen und du sollst mich
nicht empfangen." Gegen niemand als Ortrun war Kudrun
freundlich.

Ortrun war gütevoll: was immer andre taten, sie
stand der Leidvollen bei, damit sie, die nur nach ihren
Freunden Sehnen trug, die neue Heimat lieb gewinne.

„Wann soll denn die Fremde," sprach Gerlind, „Hartmuts Weib werden? Es darf sie nicht verdrießen: er kann
sich ihr wohl vergleichen."

Kudrun vernahm die Rede und antwortete: „Frau
Gerlind, Euch selber wär's sicher leid, wenn man Euch
zwingen würde, dem zu dienen, der Euch Eure Freunde
erschlagen hätte!"

Aber Gerlind sprach zu Hartmut: „Unerfahrenes Kind
sollen Weise ziehen: willst du sie mir in Zucht geben, so
vertrau' ich wohl, daß sich ihre Hoffart etwas lege."

„Tu' nach deinem Willen," sprach er. „Sie muß mein
werden: doch halte sie mir gut bei all deiner Zucht, um
ihrer und deiner Ehre willen: gramvoll ist die Maid, darum sollst du sie in Güte lehren."

So überwies Hartmut die schöne Kudrun seiner Mutter:
hart kam das die Arme an. Was immer Gerlind lehrte,
sie hörte nicht darauf. Da sprach die schlimme „Valandine" (Teufelin): „Willst du nicht Freude genießen, so
mußt du Leid tragen: mein Frauengemach sollst du heizen
und die Brände schüren am Herde."

„Was Ihr mir gebietet, kann ich tun: doch gar selten
hat meiner Mutter Tochter Brände geschürt."

„So tu' nun, was Königinnen nicht geziemend ist; ich
denke, dir die Hoffart zu verleiden: ehe morgen der Abend
sinkt, wirst du von deinen Frauen geschieden."

„Zürnend ging die üble Gerlind zur Königshalle: „Das Hettelskind hat dich, Hartmut, so stolz verschmäht: ehe ich das hören muß, wollt' ich es lieber nie mehr sehn."

„Wie das Kind sich auch gebärdet, Frau Mutter, halte sie in liebreicher Hut, ich will dir's danken. Ich hab' ihr solches Leid angetan, daß sie nach meinem Minnedienst wohl nicht begehren mag."

„Sie folgt niemand, sie ist hartgemutet. Zieht man sie nicht mit Strenge, wird sie dir nie ein gutes Weib."

Die Frauen wurden nun voneinander getrennt: die in der Heimat Herzoginnen waren, mußten Garn winden. Eines Fürsten Tochter mußte jetzt den Ofen heizen mit ihrer weißen Hand, wann Gerlinds Frauen ins Gemach gingen, und empfing nicht einmal Dank dafür.

Schmachvolle Arbeit taten Kudrun und ihre Frauen viertehalb Jahr, bis Herr Hartmut aus drei Heerreisen heimkehrte. Er ließ die Hegelingentochter vor sich bringen und sprach: „Vielschöne Jungfrau, wie erging es dir, während ich fern war?"

„Ich mußte dienen, daß es dir zu Schmach und Schande gereicht."

„Wie, Gerlind? Befahl ich sie doch deiner Huld und Güte, damit ihres Kummers Last ihr erleichtert würde."

„Wie kount' ich anders Hettels Tochter ziehen?" antwortete die Wölfin. „Du sollst wissen: ich mochte befehlen oder verbieten, — dich und deine Freunde, dazu deinen Vater hat sie stets gescholten."

„Und sie hat Recht: wir machten Kudrun zur Waise: mein Vater erschlug den ihrigen: darum kränkt sie schon ein leichtes Wort."

„Immer besser soll sie's nun haben," antwortete Gerlind. Und Hartmut ahnte nicht, daß es den Armen schlechter als zuvor erging.

Kudrun tat mit gutem Willen, was man sie hieß: sieben Jahre diente sie im fernen Land wie eine Magd und wurde wahrlich nicht wie ein Königskind gehalten.

Als ein neues Jahr anbrach, gedachte Hartmut, daß er noch nicht die Krone trug und doch Herr über Königsländer hieß. Seine Freunde rieten ihm, Kudrun in Güte zu überreden, daß sie sein Weib werde, und sich dann mit ihr — ob's Gerlind lieb oder leid sei — krönen zu lassen.

Er ging hin, wo er Kudrun in einer Kemenate fand und begann, ihre Hand fassend: „Vieledle Königstochter, gönne mir deine Liebe: werde meine Königin und alle meine Recken dienen dir!"

„So ist mir nicht zu Mute! Die schlimme Gerlind tut mir soviel Leid an, daß mich nach deiner Minne nicht gelüsten mag: ihr und ihren Gesippen bin ich feind mit allen meinen Sinnen."

„Das ist mir leid! — Was meine Mutter dir Böses tat, will ich dich durch Freude vergessen lehren: — zu unser beider Ehre."

„Nicht auf dich hoff' ich als meinen Retter."

„Du weißt, Kudrun: Land und Burgen und alles Volk ist mein eigen: ich kann hier tun, wie ich will: — wer wollte mir's wehren, wenn ich dich, als meine Magd, mir zu Willen zwänge?"

„Wahrlich, keine Sorge ficht mich an, daß König Hagens Enkelkind Hartmuts Buhle werde," antwortete sie stolz.

„Jungfrau", begann Hartmut wieder, „wenn es dir nur gefällt, so wirst du meine Königin."

„Nie kann ich dich lieb gewinnen! Du weißt es gut, Hartmut, wie's darum steht, welch Leid du mir schufest, als du mich fingst und fortführtest, und wie dein Vater

Ludwig meinen Vater erschlug. Wär' ich ein Mann —
er dürfte ohne Waffen nicht vor mich kommen! Wie sollt'
ich dich da minnen!"

Da ließ Hartmut Ortrun zu ihr gehen; die sollte mit
ihrer Güte die stolze Hegelingentochter von ihrem treuen
Willen abbringen.

„Ich will dir immer dienen," sprach Ortrun, das
Kind, „damit du allen Kummer vergissest; mein Haupt will
ich vor dir neigen, ich und meine Franen."

„Hab Dank, Ortrun! Daß du mich gern als Hart=
muts Gemahl gekrönt sähest und mir hohe Ehre gönnst,
das lohn' ich dir mit Treue: — doch mein Gram ist all=
zugroß. Hartmut, du weißt es wohl:" — so wandte
sie sich an den harrenden Recken: — „Herwig von See=
land bin ich mit festen Eiden zum ehelichen Weibe an=
verlobt."

Sie sprach's so oft, bis es Hartmut verdroß: „Bin
ich denn nicht ebensoviel wert, als Herwig, dessen Weib
zu heißen dir solche Ehre dünkt? Du strafst mich wahr=
lich allzusehr."

Da befahl Gerlind: „Ist sie so starrsinnig, muß sie
mir weiter dienen und soll nicht von der Arbeit kommen."

„Was ich mit Willen und Händen dir dienen kann,
will ich fleißig tun. Mein Unglück hat mich hier ja nicht
bei Freunden geborgen," antwortete die edle Maid.

„Gewand sollst du täglich an den Straub tragen, und
waschen für mich und mein Gesinde; und hüte dich, daß
man dich zu keiner Stunde müßig treffe!"

„Vielreiches Königsweib," entgegnete stolzen Herzens
Kudrun, „so schafft, daß man mich lehre, wie ich meine
königlichen Hände dazu zwinge, Gewand zu waschen.
Wonne such' ich nicht hier: darum mehret nur stets mein
Leid."

Gerlind befahl einer Frau, die Gewande auf den Strand hinunter zu tragen und Kudrun das Waschen zu lehren.

Als sie ihre edle Herrin am Wasser stehen sahen, — die Schmach ging allen Hegelingenfrauen tief ins Herz. Und eine von ihnen, Hildburg aus Irland, sprach: „Es tut uns allen weh: man gönnt ihr keine Ruh'! Um den reichen Gott, Frau Gerlind, ihr dürft sie nicht so unbegleitet lassen: sie ist ein Königskind! Mein Vater trug auch Krone — doch ich tu es gern — laßt mich mit ihr waschen."

„Das wird dir viel Weh bringen!" antwortete Gerlind. „Wie hart der Winter sei: du mußt in den Schnee und waschen in kaltem Wind, wenn du oft lieber in der warmen Kemenate säßest."

Aber Hildburg konnte kaum den Abend erwarten, der der heimkehrenden Kudrun diesen Trost bringen sollte. Sie ging mit ihr in das schlechte Gemach, und da klagten sie einander ihr Elend.

5. Königin Hildes Heerfahrt.

Frau Hilde in Hegelingen trug stets nur in Gedanken, wie sie ihre Tochter wieder gewinnen möge. Sieben große, langkielige Schiffe hatte sie zimmern heißen, fest und gut, und zweiundzwanzig kleinere mit rundem Bug und reichlich versehen mit allem Seezeug.

Das war zur Julzeit: da eilten ihre Boten durch die Lande, die Rächer zu werben. Freudig begrüßte sie Herwig von Seeland: „Du Bote viel willkommen! Niemand kann mehr nach dieser Heerfahrt verlangen als ich."

Herr Horand sprach: „Ich bin schon bereit mit all den Meinen."

In Ortland trafen die Boten den jungen König Ort=
wein mit ſeinen Freunden an einem breiten Strom auf
der Falkenbeize. „Hei!“ rief er, „da kommen Boten von
Hilde, meiner Mutter: wir haben ihrer Heerfahrt nicht
vergeſſen.“ Er ließ die Falken fliegen und ſprach zu den
Abgeſandten: „Ein Heer von zwanzigtauſend Recken führ’
ich ins Normannenland, die Schweſter zu befrei’n, ob auch
von allen nicht einer wiederkehre.“ In allem waren es
mehr als ſechzigtauſend, die ſich zum Rachezug zuſammen=
ſcharten in der Königsſtadt. Die freudeloſe Hilde ging
allen entgegen und grüßte ſie: den Auserleſenen ſchenkte
ſie reiche Gewand= und Wehrſtücke. Die Kiele lagen be=
reit, die Herzoge drängten zur Abfahrt: doch nicht bevor
das ganze Heer reichlich mit allem Nötigen ausgerüſtet
war, entſandte es die Königin. Viele goldne Ringe bot
ſie Wate und ſeinem Ingeſinde; zu den Däuen ſprach ſie:
„Ich lohne euch jeden Streich, den ihr im Sturme ſchlagt!
Folgt meinem Bannerträger: der iſt Horand, Hettels
Schweſterkind, weichet nicht von ihm.“ Da zogen manche
Waiſen in dem Heer, die ihre auf dem Wülpenſand er=
ſchlagenen Väter zu rächen gedachten.

Auf der Fahrt ſah Wate bewaldetes Gebirg aus dem
Meer auftauchen: da ließ er die Schiffe dorthin leuken und
vor Anker gehn. Die Recken ſtiegen an das wilde, ein=
ſame Uſer und lagerten ſich im Walde. Irold ſtieg auf
einen hohen Baum und hielt Landſchau. „Freut euch,
Geſellen,“ rief er, „ich ſehe ſieben hohe Hallen und in=
mitten ein ſtolzes Königshaus: wir ſtehen auf Normannen=
erde.“

Da beſahl Wate: „Nun tragt Schilde, Waffen und
all euer Heerzeug aus den Schiffen heraus: laßt von den
Knechten die Riemen an Helmen und Halsbergen knüpfen
und macht die Roſſe munter.“

Am Ufer sprengten bald die Mähren hin und her:
viele der Hengste waren von der Seefahrt steif und träge
in den Gliedern, die wurden mit kühlem Wasser gelabt.

Ortwein und Herwig wollten als Späher vorausziehen
und erforschen, ob die Frauen noch am Leben wären.
Bevor sie gingen, beschieden sie ihre Leute vor sich: „Ihr
guten Mannen," sprachen die Fürsten, „werden wir ge=
fangen oder erschlagen, so rächet uns an den Normannen
und haltet fest an den Eiden, die ihr uns geschworen
habt."

Da gelobten die Tapfersten in die Hand ihrer Fürsten,
daß sie die Heimat nicht eher wiederschauen wollten, bis
daß sie die geraubten Frauen befreit hätten.

6. Kudrun am Seestrande.

Einmal nach der Wintersonnenwende, als die Tage
sich wieder längten, standen Kudrun und Hildburg am
Meeresstrand und wuschen, wie sie es täglich mußten.

Es war um eine Mittagszeit: da kam ein wilder
Schwan über die Flut geschwommen. „Weh dir, schöner
Vogel," sprach Kudrun, „du erbarmst mich, daß du im
Meere treibst, von den kalten Wellen geschlagen." Da
antwortete der Schwan: „Du magst dich Glückes versehn,
elende (S. 408) Maid: große Freude wird dir werden.
Willst du, so frage mich nach deinen Gesippen, ein Bote
bin ich dir gesandt."

„So sag' mir, ist Frau Hilde, der armen Kudrun
Mutter, noch am Leben?"

„Hilde, deine Mutter, hab' ich gesund gesehen, da sie
ein Heer für dich warb."

„Lebt Ortwein noch, mein Bruder? Und lebt Herwig,
mein Verlobter? Das wüßt' ich gern."

„Ortwein und Herwig sind beide heil: ich sah sie heute auf den Meereswellen fahren, die beiden Gesellen zogen an einem Ruder.“

„Sage mir noch: hast du das vernommen, ob auch Horand von Dänemark mit seinen Helden kommt?“

„Dir kommt aus Dänenland Horand mit all seinen Mannen. Hildens Heerbanner trägt er in Händen, wann die Hegelinge vor Hartmuts Burg stehn.“

„Und kannst du mir sagen, daß noch Wate von Stürmen lebt, so will ich nimmer klagen. Wäre auch Frute bei unsern Fahnen, des freuten wir Franen uns alle.“

„Dir kommt in dieses Land von Stürmen Wate: ich sah ihn in einem Schiffe, neben Frute ein starkes Steuer haltend. Bessern Freund findest du nicht im Urlog (Krieg).“

Da rauschten des Schwanes Schwingen: er mußte scheiden, die Franen fragten nicht mehr. In ihre Freude drängte sich sorgende Frage, wo ihre Erretter weilten. Lässig wuschen sie die Gewande: von den Hegelingenhelden redeten sie und spähten harrend nach ihnen aus. So sank der Tag, und die Franen mußten in die Normannenburg zurückkehren. Da wurden sie mit Scheltreden von der üblen Gerlind gestraft: „Was fiel euch ein, so nachlässig zu waschen? Die weißen Seidengewande müßt ihr schneller bleichen. Habt ihr nicht besser acht, so wird es euch noch zu Tränen gereichen.“

Hildburg antwortete: „Wir schaffen, was wir können. Eure Zucht, Frau, ist hart genug: uns Arme friert gar sehr. Wehten draußen warme Winde, wüschen wir wohl fleißiger.“

Zürnend sprach Gerlind: „Wie auch das Wetter wüte, ihr wascht früh und spät! Mit Tagesanbruch zieht ihr morgen hinaus. Die Festtage nahen: da kommen wohl Gäste: und schafft ihr meinem Gesinde nicht saubere Kleider, so erging's noch keiner Wäscherin im Königshaus so schlimm, als euch geschehen wird."

Die Jungfrauen gingen in ihr Gelaß und legten die nassen Kleider von sich: zwei Hemde waren all ihr Gewand. Auf harten Bänken, ohne Kissen, hatten sie ihr Nachtlager.

Wenig schliefen sie und konnten kaum erwarten, bis es Tag wurde. Im Morgengrauen trat Hildburg ans Fenster: da war ein Schnee gefallen, das schuf ihnen Sorge.

„Gespiel," sprach Kudrun, „du sollst der üblen Gerlind sagen, daß sie uns erlaube, Schuhe zu tragen: sie muß ja selber einsehn, gehn wir heute barfuß, so müssen wir auf den Tod erfrieren." Sie gingen in des Königs Schlafsaal, wo Gerlind an ihres Gemahls Seite schlafend lag. Die Jungfrauen wagten nicht die Gebieterin zu wecken, aber sie erwachte von Kudruns leiser Klage: „Was zögert ihr hier?" fragte sie. „Warum geht ihr nicht sogleich an eure Arbeit?"

„Ich weiß nicht, wie wir gehen sollen," antwortete Kudrun. „Ein kräftiger Schnee ist über Nacht gefallen, und gibst du uns nicht Schuh an die Füße, so müssen wir heut' erfrieren."

Grimmig sprach Gerlind: „Daraus wird nichts! Ihr geht barfuß, tu's euch sanft oder weh: und wascht ihr nicht fleißig, geschieht euch noch weher. Was kümmert mich euer Tod!"

Weinend gingen die Armen an den Strand und standen und wuschen Gewande. Oft blickten sie sehnlich hinaus auf die Flut nach Frau Hildens Heldenboten. Da sahen sie endlich in einem Kahn zwei Männer nahen.

„Dort kommen zwei," sprach Hildburg, „die mögen dir Boten sein."

„Traut Gespiel, Hildburg, nun rate: sollen wir fort=
eilen oder von unsern Freunden uns hier finden lassen
in unsrer Schmach? Lieber wollt' ich für immer Dienerin
heißen."

Und sie wandten sich beide und liesen davou. Doch
die Männer im Schiff — Ortwein und Herwig waren
es — hatten die Frauen schon erschaut und gewahrten,
wie sie davoneilen wollten. Sie sprangen auf den Sand
und riesen: „Ihr schönen Wäscherinnen, was fliehet ihr?
Wir sind fremde Leute: schaut uns nur an: lauft ihr da=
von, nehmen wir die reichen Gewande hier fort."

Daraufhin lehrten die Frauen um: im nassen Gewand,
die Haare vom Märzwind durchwühlt.

Einen guten Morgen bot ihnen Herwig: das tat den
Heimatlosen wohl: sie hörten's selten in Frau Gerlinds
Haus.

„Sagt an," fragte Ortwein, „wem gehören diese
reichen Gewande? Für wen wascht ihr sie? Ihr seid so
schön: wie kann einer euch das zumuten? Daß der reiche
Gott vom Himmel ihm das mit Schanden vergelte!"

Traurig antwortete das schöne Königskind: „Der
Herr der Gewande hat noch schönere Mägde, als wir
sein mögen. Fragt, was ihr wollt; doch sieht man uns
von der Zinne her mit euch sprechen, wird's uns schlimm
ergehen."

„Laßt es euch nicht verdrießen: wir geben euch vier
goldene Ringe zum Lohn für euren Bescheid."

„Behaltet die Ringe! Wir nehmen von euch keinen
Lohn," antwortete Kudrun, fragt nur, was ihr wollt."

„Wessen ist dies Land hier und die Burg? Wie heißt
der Herr, der euch ohne ordentlich Gewand dienen läßt?
Hält er auf Ehre, so soll ihm das niemand zu Lob an=
rechnen."

„Hartmut heißt der eine, dem dienen Land und Burgen,
der andre ist Ludwig, ihm dienen viele Helden: hoch=
geehrt wohnen sie in ihren Reichen."

„Wir möchten sie gern sehen," sprach Ortwein wieder.
„Sagt uns doch, vielholde Mägdlein, wo wir sie finden
mögen? Wir sind an sie gesandt und selber eines Königs
Gesinde."

„Dort in jenem Schloß! Da wir's bei Tagesanbruch
verließen, lagen sie noch schlafend mit vierzighundert
Mannen; ob sie seitdem ausritten, weiß ich nicht zu
sagen."

Herwig schaute die Sprecherin prüfend an: — sie deuchte
ihm so schön und wohlgeartet, daß er im Herzen auf=
seufzte: denn sie gemahnte ihn einer, der er stets gedenken
mußte. Ortwein begann wieder zu fragen: „Und habt
ihr nichts vernommen von fremden Frauen, die man her=
führte mit starker Heeresmacht? Wir haben gehört, die
Entführten seien in großem Jammer hergekommen."

„Die ihr sucht, ihr Herren, hab' ich in schwerem Leid
gesehen."

„Sieh' hin, Ortwein," sprach da Herwig: — „lebt
Kudrun, deine Schwester noch, so ist es diese. Keine
andre kann ihr so sehr gleichen."

„Auch ich kannte einen," antwortete Kudrun, „dem Ihr
gleichet: Herwig von Seeland war er geheißen. Wenn
der noch lebte, er erlöste uns aus diesen Banden."

„Schau meine Hand, ob du das Gold erkennst? Mit
dem Ring ward ich Kudrun vermählt: bist du Herwigs
Braut? Wohlan, ich führe dich von hier."

Sie lachte in ihrer Freude: „Das Ringlein kenn' ich
gut, denn früher war es mein. Nun schau dies hier: das
gab mir mein Geliebter, als ich voll Wonne saß in meines
Vaters Saale."

Er sah nach ihrem Finger und erkannte den Goldring.

„Dich, Ringlein, trug keine andre als eine Königin! Heil mir! nun schau' ich wieder nach langem Leid meines Herzens Wonne." Er umschloß sie mit Armen und küßte sie — wer weiß wie oft — und küßte auch die heimatlose Hildburg. „Wahrlich," sprach er dann, „besser konnt' uns die Fahrt nicht gelingen. Nun laß uns eilen, Ortwein, daß wir die Jungfrauen fortführen."

„Das sei mir fern," antwortete Ortwein, nachdem er Kudrun umarmt hatte, „und hätt' ich hundert Schwestern: ich ließe sie hier sterben, ehe ich also im fremden Land mein Tun hehlte. Die mir mit Sturm Genommenen will ich meinen Feinden nicht wegstehlen."

„Ich sorge nur, wird man unser inne, so führt man die Frauen so weit davon, daß keine wieder vor unsre Augen kommt."

Aber Ortwein entgegnete: „Sollten wir der Frauen edles Ingesind hier in der Knechtschaft zurücklassen? Daß Kudrun Ortweins Schwester ist, das soll allen ihren Dienerinnen zu gute kommen."

Da sprangen die Degen in ihr Boot zurück. Kudrun rief Herwig nach: „Die ich einst die Erste war, nun bin die Allerärmste; was läßt du mir zum Trost?"

„Nicht elend bist du, die Erste sollst du, vieledle Königin, sein. Schweige von uns: eh morgen die Sonne scheint, bei meiner Treu', steh' ich vor dieser Burg mit sechzigtausend Recken."

Rasch stießen sie ab und ruderten über die Wellenbahn. Härteres Scheiben geschah selten: soweit sie konnten, schauten ihnen die Frauen nach.

7 Kudruns Lift.

„Kudrun," sprach Hildburg, „müßig ruhen deine Hände: des unsauberen Gewandes ist noch viel: gewahrt das Gerlind, straft sie uns mit Schlägen."

„Nimmer wasch' ich Gerlinds Kleider! Zu solchem Dienst ist mir die Lust vergangen, seit mich zwei Könige geküßt haben. All die Gewande werf' ich ins Meer, lustig mögen sie auf den Wellen fließen: einer Königin kann ich mich wieder vergleichen."

Was auch Hildburg mahnte, alle Kleider Gerlinds trug Kudrun zum Meer und schwang sie, erzürnend, mit den Händen weit hinaus: — sie schwammen eine Weile, und niemand mag sie wiedergefunden haben. Da war auch der Abend gekommen. Mit sorgenvollem Herzen ging Hildburg heim, gebeugt unter der Last der Kleider und Schleier, die sie gewaschen hatte: mit leeren Händen schritt Kudrun neben ihr. Die üble Gerlind wartete ihrer schon: „Wo hast du meine Schleier?" fragte sie das Hegelingenkind, „daß du deine Hände leer und müßig hältst?"

„Unten am Meer hab' ich sie gelassen. Sie waren mir zu schwer. Ich frage nichts danach, ob Ihr sie je wiederseht."

„Das kommt dir schlimm zu stehen, noch bevor ich schlafen geh'!" Sie befahl aus Dornen Ruten zu binden: ungefüge Zucht gedachte sie der Stolzen zu. Aber die sprach voller List: „Wisset, Frau Gerlind, wenn Ihr mich mit diesen Ruten schlagt, so wird es vergolten werden, wenn mich je ein Auge an Königs Seite erschaut. Darum laßt Ihr's doch wohl lieber bleiben: denn ich will nun Hartmut minnen, und hier soll bald mein Königsstuhl stehn."

„Dann laß' ich meinen Zorn! Und hättest du mir tausend Schleier verloren, ich wollte sie gern verschmerzen."

Eilig liefen von den Umstehenden einige zu Hartmut, wo der mit Ludwigs Mannen saß: „Gebt mir Botenlohn," sprach der erste, „Hildes schöne Tochter entbietet Euch ihren Dienst: Ihr sollt, wenn's Euch beliebt, in ihre Keme= nate gehen."

„Du lügst," sprach Hartmut, — „wäre dein Wort wahr, brei Burgen, reiches Land und sechzig Goldringe wollt' ich dir geben."

Da rief ein zweiter: „Gib mir die Hälfte, Herr, ich hört' es auch: die Jungfrau sagte, daß sie Euch minnen und Königin Eurer Lande sein wolle."

Aufsprang vom Sessel Hartmut: ihm war, der Wunsch= gott habe ihn beraten. Mit seinen Gefolgen ging er zu Kudrun. Schön und bleich stand sie im schneedurchnäßten Hemd; mit tränenfeuchten Augen begrüßte sie ihn. Er wollte sie mit den Armen umfassen.

„Nein, Hartmut, das kann noch nicht geschehen," sprach sie. „Die Leute würden's dir verdenken: ich steh' hier, eine arme Wäscherin, du ein reicher König: nimmer darfst du mich da umfassen. Steh' ich vor dir in königlichen Kleidern, die Krone auf dem Haupt, dann ist's uns beiden geziemend."

Sittevoll trat er zurück von ihr.

„Edle Jungfrau, beliebt es dir, mich zu minnen, so will ich dich auch herrlich halten: über mich und meine Freunde magst du nun gebieten."

„So ist mein erst Gebot, nach meiner harten Schmach, daß man mir ein Bad bereite, bevor ich heute schlafen gehe. Zum zweiten befehl' ich: suche all meine armen Frauen unter Gerlinds Gesinde und bringe sie mir her. Keine bleibe zurück in der Arbeitsstube."

„Das tu' ich gern," sprach Hartmut und ließ die Jung= frauen suchen und zu ihrer Herrin führen. In schlechten

Kleidern, mit verwirrten Haaren kamen sie: die üble Ger=
lind war ein maßlos Weib.

„Nun siehe, Hartmut, wie meine Mägde gehn,“ sprach
Kudrun: „Kann dir das Ehre bringen?“

„Ich lasse ihnen alsogleich gute Kleider reichen,“ ant=
wortete der König.

Da wurden Bäder zugerüstet für die Frauen: viele
von Hartmuts Gesippen drängten sich dazu, Kudrun als
Kämmerlinge zu dienen.

Als die Frauen vom Bade zurückkehrten, wurde ihnen
vom allerbesten Wein geschenkt. Hartmut verließ ihren
Saal und sandte ihnen Truchsesse. Die trugen köstliche
Speisen auf, und in würdiger Stille saß die junge Königin
mit ihren Dienerinnen beim Mahle.

Da begann eine aus Hegelingen mit feuchten Augen:
„Wenn ich dessen gedenke, daß wir bei denen bleiben
sollen, die uns gewaltsam hierher führten, so wird’s mir
weh zu Mute.“

Die das hörten, fingen auch zu weinen an: da lachte
Kudrun hell auf. Eilig raunten die Kämmerlinge Frau
Gerlind, daß Kudrun lache, während ihre Frauen weinten.
Gerlind suchte Hartmut: „Mein Sohn, über euch alle
kommt große Mühsal: ich weiß nicht, worüber Kudrun,
die junge Königin, lacht? Wie es immer zugegangen sei,
— sicher ist ihr von ihren Freunden eine heimliche Bot=
schaft gekommen. Darum hüte dich wohl, daß du nicht
Leben und Ehre verlierst.“

„Laß gut sein, Mutter,“ antwortete er, „ich gönn’s ihr
gerne, wenn sie sich mit ihren Mägden freut. Weite Ferne
trennt uns von ihren Gesippen. Wie sollten die mir
schaden!“

Kudrun befahl ihren Frauen, im Saal nachzusehen, ob
ihr geziemend gebettet sei: sie wolle schlafen gehen. Das

war ihre erste, kummerlose Nacht im fremden Land. Normannenknaben trugen ihr Fackeln voraus: da waren weiche Polster für alle Frauen gerichtet.

„Edle Herren," sprach Kudrun, „ihr mögt nun auch schlafen gehn: ich will mit meinen Frau'n eine lange Ruhe haben."

Da gingen alle Normannen, die alten mit den jungen, aus dem Frauengemach. „Schließt mir die Tür," besahl Kudrun ihren Mägden. Rasch flogen vier starke Riegel vor. Dick waren des Saales Wände: kein Lauscher konnte draußen erhorchen, was innen geschah. Und nun saßen sie erst recht fröhlich beisammen und tranken guten Wein, der stand noch reichlich auf den Tischen.

„Ihr treuen Frauen," sprach die Königin, „nun freut euch nach dem langen Leid! Morgen laß' ich euch liebe Augenweide schau'n: ich habe heut geküßt Herwig, meinen Bräutigam, und Ortwein, meinen Bruder! Die unter euch gern reich werden will, die sorge, daß sie uns morgen den Tag zuerst verkünde."

8. Der Hegelinge Ankunft.

Als Ortwein und Herwig gegen Abend wieder zu ihrem Heer auf dem wilden Sand kamen und ihre Begegnung mit den Frauen erzählt hatten, sprach der alte Wate: „Brecht auf! Zögern kann uns nichts nutzen. Die Luft ist heiter, der Mond scheint breit und klar: morgen, eh' es tagt, müssen wir vor Ludwigs Burg stehen."

Sie sprangen auf die Rosse und ritten die ganze Nacht.

Als der Morgenstern hoch am Himmel stand, trat in Kudruns Saal eine Jungfrau ans Fenster: da sah sie lichte Helme und Schilde erglänzen: die Burg war von Kriegerscharen umschlossen. Geschwind ging sie zu Kudruns

Lager: „Erwachet, edle Frau, ein Heer belagert diese
Feste: unsre Freunde sind gekommen."

Die meisten in Ludwigs Schloß schliefen noch; der
Burgwart aber rief mit starker Stimme: „Wafena, Herr
König, Wafena! Wacht auf, ihr Kämpen, ihr habt schon
zu lang geschlafen."

Das hörte Gerlind in ihrem Gemach, sie ließ den
alten König schlafend liegen, eilte selber auf die Zinne
unb sah die grimmen Gäste vor den Toren. Schnell ging
sie zurück: „Erwache, Ludwig, dein Schloß umstehen be-
helmte Gäste. Kudruns Lachen bezahlen deine Mannen
heute mit dem Leben."

Ludwig ging mit Hartmut zu einem Fenster: von dort
aus. konnten sie die Heere übersehen. „Ich seh' ein weißes
Banner mit goldenen Gebilden darin," sprach Hartmut,
„das sind Frau Hildes Zeichen. Daneben flattert eines
von wolkenblauer Seide, Seeblätter[1] schwimmen darin:
das brachte Herwig von Seeland her: er will seine Schande
rächen. Das dritte dort mit lichtroten Sparren, darein
Örter[2] stehen, führt der junge Ortwein, dem wir den
Vater erschlugen: der kommt nicht, uns Freundschaft zu
bieten! Wohlauf denn, meine Mannen: haben die grimmen
Gäste uns solche Ehre zugedacht, daß sie bis an unsre
Burg geritten sind, so wollen wir sie — vor dem Tor!
— mit Schwerthieben empfangen."

Die Burgleute sprangen aus ihren Betten und griffen
nach ihren Streitgewanden: viertausend eilten zum Kampf.
„Was willst du tun, Hartmut?" fragte Gerlind, „willst du
Leib und Leben verlieren? Geht ihr hinaus, so erschlagen
euch leicht die übermächtigen Feinde."

---

[1] Blätter der Wasserlilie.
[2] Ort = Spitze.

„Mutter, geh' zurück! Männer kannst du nicht beraten: lehre deine Frauen, wie sie Edelsteine und Gold in Seide legen sollen."

„Ich rate euch gut: schießt mit Bogen aus den Fenstern auf die Feinde. Die Wurfmaschinen laß ich beseilen: ich selbst trag euch mit meinen Mägden die Steine zu."

„Frau," zürnte nun Hartmut, „geht zurück! eh' ich in der Burg mich einschließen lasse, will ich lieber draußen auf dem Felde fallen."

9. Die Erstürmung der Feste.

Die Schlacht begann. Wate stieß in sein Horn, daß man es wohl dreißig Meilen weit gellen hörte: da scharten sich alle Hegelingen um Frau Hildes Banner. Er blies zum andernmal: die Recken sprangen in den Sattel und ordneten ihre Scharen zum Angriff. Und zum drittenmal blies Wate mit Riesenkraft, daß die Flut auf= wallte und das Ufer erdoste; und er hieß Horand, Hildes Banner aufschwingen. Wate hielt gute Zucht: niemand ward laut: ein Roß hörte man wiehern, so stille war's.

Kudrun stand oben in der Zinne und sah, wie statt= lich ihre Befreier gegen Hartmut anritten. Wohlgerüstet kam der mit seinen Mannen aus dem Burgtor gestürmt, von den Zinnen her sah man die Helme der Burghüter erglänzen. Kühn ritt der Normanne vor seinem Zug: hell leuchtete sein Streitgewand in der Sonne, sein freu= diger Mut war noch ungebrochen. Ortwein erkor er sich aus und trieb sein Roß mit großen Sprüngen gegen ihn. Sie senkten die Speere: krachend stießen sie zusammen, Funken stoben von den Brünnen: jeder traf den andern. Ortweins Hengst sank auf die Hinterbeine, doch auch Hartmuts Roß hatte sich schier überschlagen. Die Mähren

waren viel zu schwach für der Könige Zorn: sie richteten
sich wieder auf, die Recken zogen ihre Schwerter und
stritten mit ritterlichen Streichen. Sie waren beide kühn:
keiner wich dem andern.

Da ward großes Schlachtgedräng, wild durcheinander
mengten sich die Scharen und schlugen sich breite Wunden:
„der Tod tat seines Amtes". Horand sah Ortwein ver=
wundet: „Wer hat mir meinen lieben Herrn getroffen?"
rief er. Hartmut lachte. „Das tat Herr Hartmut," ant=
wortete Ortwein selbst. Horand gab das Banner einem
andern und schlug sich Bahn zu Hartmut. Der wandte
sich, den Sänger zu bestehen. Unter ihrer Hiebe Wucht
bogen sich die Schwertschneiden. Wie er Ortwein getan,
schlug Hartmut auch Horand eine tiefe Wunde, daß das
Blut wie ein roter Bach an dem Däuen niederfloß:
wacker erwehrte sich der Normann seiner Angreifer. Wie
viele da gefochten, wie viele gefallen — wer weiß das!
An allen vier Enden klangen Schwertschläge: man unter=
schied im Gewühl die Trägen nicht mehr von den Schnellen.
Herr Wate stand nicht müßig! Herwig ging mit breiter
Schar gegen Ludwig an. „Wer ist jener Alte," fragte
er laut, „der so viele unsrer Recken niederwirft?"

Das hörte der König und antwortete: „Wer begehrt
mit mir zu streiten? Ich bin Ludwig von Normandie
und kämpfe gern mit allen, die vor mich kommen."

„Herwig von Seeland bin ich, du raubtest mir die
Braut! Die sollst du wiedergeben, oder einer von uns
muß nun das Leben lassen."

Da liefen sie einander an; von beiden Seiten sprangen
die Gefolgen neben ihre Herren. Herwig war tapfer:
aber der alte Ludwig schlug ihn, daß er strauchelte, und
hätte ihn vom Leben geschieden, wenn nicht Herwigs Ge=
treue die Schilde vorgehalten und ihrem Herrn aus der

Todesgefahr geholfen hätten. Der sprang auf und blickte nach den Zinnen empor, ob Kudrun ihn wohl habe fallen sehen. „Daß mich der Alte vor ihr niederschlug," dacht' er, „dessen schäm' ich mich gar sehr." Er hieß sein Banner wieder gegen Ludwig tragen und stürmte mit seinen Mannen auf ihn ein. Zornig wandte sich der alte König gegen seinen hartnäckigen Feind: der Streit ward grimmer als zuvor. Mit starker Hand traf Herwig den Normannen zwischen Helm und Schildrand: eine tiefe Wunde klaffte an Ludwigs Hals, er mußte vom Kampf ablassen. Da schlug ihm der heißmutige Herwig das Haupt von der Achsel: so vergalt er ihm das Straucheln.

Ludwigs führerlose Scharen trugen ihr Feldzeichen nun zur Burg zurück: aber sie hatten weit bis dahin: viele sanken tot nieder, ihr Banner nahmen die Hegelingen.

Die Burghüter hatten alles mit angesehen: und Männer wie Weiber hoben laute Klage an, die bis auf die Walstatt hallte. Doch Hartmut wußte noch nicht, daß auch sein Vater erschlagen lag.

„Lassen wir vom Streit," rief er seinen Kriegern zu. „Zurück in die Burg, dort warten wir auf besseres Kriegsglück!"

Mit scharfen Schlägen erkämpften sie den Rückzug. Aber der alte Wate scharte tausend seiner besten Gefolgen um sich und drang ungestüm bis ans Burgtor, Hartmut den Eingang sperrend. Steine flogen nieder von den Mauern auf des Alten Haupt: er wich und wankte nicht. Da sprach Hartmut: „Alles einstige Unrecht soll uns heute vergolten werden. Doch fliegen kann ich nicht, und kann nicht in der Erde Schoß: auch aufs Meer können wir nicht entrinnen vor unsern Feinden. Es geht nicht anders, Genossen! Sitzt ab und hauet ein."

Sie sprangen aus den Sätteln und stießen die Rosse

zurück. „Vorwärts," rief Hartmut, „näher heran! Geh's übel oder gut: ich muß zu dem alten Wate! Laß sehen, ob ich ihn nicht vom Tor wegbringe."

Mit aufgeschwungenen Schwerten schritten sie vor; Hartmut bestand Wate: das erwarb ihm Ehre. Oben in der Burg sah's Ortrun: sie eilte in Kudruns Saal, die Hände ringend, fiel sie der Stolzen zu Füßen und flehte: „Laß dich erbarmen, edles Fürstenkind! Gedenke, wie dir war, als man deinen Vater erschlug. Nun liegt auch mein Vater tot mit vielen meiner Freunde und Hartmut steht in großer Not vor der Warte. Erinn're dich meiner Treue: niemand hier im Schloß beklagte dich als ich: du hattest keinen Freund außer mich: geschah dir Leid, so weinte ich!"

„Das hast du wahrlich oft getan," sprach Kudrun, „doch weiß ich nicht, wie den Streit beenden. Ja, wär' ich ein Mann in Waffen, dann wollt' ich sie scheiden, und niemand sollte dir den Bruder erschlagen. Aber Ortrun weinte und bat, bis Kudrun an das Fenster ging und mit ihrer weißen Hand winkte. Ob keiner aus Hegelingen in der Nähe wäre? fragte sie. Herwig antwortete: „Von Hegelingen ist hier keiner, wir sind von Seeland; was heischt ihr, Frauen?" und näher an die Mauer kommend, erkannte er die Ruferin: „Bist du's, Kudrun, liebe Braut? Gern will ich dir dienen: sage, was ist's?"

„Willst du mir dienen, so zürne nicht über meinen Wunsch: mich bitten hier schöne Mägdlein, Hartmut und Wate zu scheiden."

„Das will ich tun, Vielholde," antwortete er und be= fahl, seinen Genossen voraufschreitend: „Tragt mein Banner gegen das Hartmuts."

„Wate, lieber Freund," rief er den Alten an, „ver=

gönne, daß ich euren Kampf scheide: holde Mägdlein bitten darum."

Im Zorn antwortete Wate: „Herr Herwig, wollt' ich auf Frauen hören, wo hätt' ich da meinen Sinn? Wie sollt' ich meinen Feind schonen? Das tat ich selten: Hartmut soll mir seine Frevel büßen."

Da sprang Herwig zwischen die beiden und endete ihren Zweikampf. Erzürnt schlug Wate einen tüchtigen Hieb nach Herwig, daß der vor ihm lag. Die von Seeland sprangen ein und halfen ihrem Herrn davon: nun wurde Hartmut von Herwig und den Seinen gefangen.

Wate tobte sehr: er brach sich mit dem Schwerte Bahn zum Burgtor. Von den Mauerzinnen flogen Steine und Pfeile auf die Stürmenden nieder: dicht und dichter, aber Wate gewann das Schloß. Die Riegel wurden aus den Mauern gehauen. Horand trug Frau Hildes Banner und pflanzte es auf die Zinne des stolzesten Turmes. Die von Stürmen drangen durch die ganze Burg: schon suchten die Sieger nach Beute. „Wo sind die Knechte mit den Beutesäcken?" fragte Wate. Und manch reiches Gelaß wurde erbrochen, Lärm und ungefüges Krachen war überall. Die einen plünderten, die andern erschlugen, wer ihnen in den Weg kam. Frold rief Wate an: „Was haben dir die Jungen getan? Die haben doch wahrlich keine Schuld an ihrer Eltern Frevel! Laß sie leben."

„Du hast Kindesart," antwortete der greise Kämpe, „soll ich die leben lassen, die in der Wiege weinen? Wüchsen sie auf, so möcht' ich ihnen nicht mehr als einem wilden Sachsen trau'n."

Blut floß fast in allen Kammern: und wieder eilte Ortrun zu Kudrun, neigte das Haupt und sprach: „Habe Mitleid mit mir. Hilfst nicht du mir, so muß ich sterben."

„Ich schütze dich, steht es bei mir," antwortete sie, „ich will dir Frieden erbitten: tritt zu mir mit deinen Frauen."

Mit dreiunddreißig Mägden und zweiundsechzig Degen flüchtete Ortrun zu Kudrun.

Auch Gerlind kam, sie bot sich der Siegerin ganz zu eigen: „Rette mich nur vor dem grimmen Wate! Du kannst das allein, sonst ist's um mich geschehen."

„Dir sollt ich gnädig sein?" antwortete Kudrun. „Wie könnt' ich das! Niemals haben dich meine Bitten er-weicht: ungnädig warst du mir stets, darum muß ich dich hassen."

Da ward der alte Wate Gerlindens gewahr: mit knirschenden Zähnen, mit blitzenden Augen und ellenbreitem Bart schritt er heran: alle, die um Kudrun standen, fürch-teten sich. Er ergriff Gerlind bei der Hand und zog sie fort: „Hehre Königin," sprach er grimm, „nun soll Euch meine Jungfrau Kudrun nie mehr Kleider waschen." Die Frauen schrieen auf vor Schrecken, — da kam er schon zurück, Gerlind lag tot.

„Wo sind nun mehr noch von Gerlinds Sippschaft? Zeige sie mir, Kudrun: zu hoch ist mir keine, ich beuge jeder jetzt das Haupt." Aber in Tränen sprach die junge Königin: „Laß mich von dem Tod erretten, die mich um Frieden baten und hier um mich stehen: Ortrun und ihrem Ingesinde soll kein Leid widerfahren."

Da fügte sich Wate: dem Streiten gebot er Einhalt. Blutbedeckt kam Herwig mit seinen Walgenossen in König Ludwigs Saal geschritten: Kudrun empfing ihn voller Liebe. Er band sein Schwert von der Seite, und schüttete seine blutigen Panzerringe in den Schild: eisenfarben stand er neben seiner schönen Braut, um die er die Walstatt oft auf- und niedergeschritten war.

10. Heimfahrt und Hochzeit.

Die Sieger hielten Rat: seit sie die gute Burg
Kassiane gebrochen, war auch das Land ringsum bezwungen: „Türme und Palas stecken wir in Brand," sprach
Wate. Frute widerriet: „Die Toten schafft hinaus und
wascht das Blut von den Wänden. Die Burg ist fest
und geräumig: die Frauen und die Gefangenen müssen
hier bleiben, dieweil wir Hartmuts Lande mit Heerfahrt
durchziehen wollen."

Da befahlen sie Horand, Kudruns nächstem Schwert-
magen, die Feste mit allen, die darin waren, und trugen
Frau Hildes Banner durch Hartmuts Reich und wieder
zurück ans Meer, wo die Schiffe ihrer zur Heimfahrt
harrten. Hartmut wurde mit fünfhundert Gesangenen an
Bort der Schiffe geführt: da erfuhr er's, wie einst Kudrun
und ihren Frauen zu Mute war. Gold, Gestein, Gewand
und Rosse, eine reiche Kriegsbeute, brachten die Hegelingen auf die Schiffe. Aber dreitausend Mannen hatten sie
verloren.

Der Wind war günstig, die Schiffe segelten ruhig
durch die Wellen. An Frau Hilde waren Boten mit der
Siegeskunde vorausgesendet: „Lebt mein liebes Kind?
Und leben ihre Frauen?" war ihre erste Frage.

„König Herwig bringt sie Euch; Ortrun und Hartmut
führt Wate gefangen mit."

Die landenden Schiffe wurden mit hellem Jubel begrüßt: mit Hörnerschall und Flötenklang. Frau Hilde kam
mit ihrem Ingesinde an den Strand geritten. Frold
führte Kudrun ihr entgegen: Kudrun erkannte die Mutter
schon von fern. Aber gramvoll sprach Hilde, sie sah an
hundert Frauen kommen: „Nun weiß ich nicht mehr, wen

ich als meine liebe Tochter empfangen soll! Sie ist mir fremd geworden. Darum seid mir alle willkommen."

„Diese hier ist Eure Tochter," antwortete Frold, und Kudrun trat dicht zur Mutter hin: sie küßten einander, und vergessen war da all ihr langes Leid. Dann begrüßte Frau Hilde all ihre getreuen Recken. „Willkommen, Wate von Stürmen," sprach sie, „wer könnte dir würdige Gabe zum Lohn bieten: es wäre denn ein Reich und eine Krone!"

„Was ich dir dienend leisten mag, Frau Königin, das tu' ich dir bis an mein Ende."

Sie küßte ihn vor lauter Lieb' und Freude, und küßte Ortwein und Herwig.

„Nnu grüße auch, vielliebe Mutter," sprach Kudrun, „diese Jungfrau hier: in meinem Elend hat sie mir manch= mal Ehre angetan."

„Ich will hier niemand, den ich nicht kenne, küssen, wie's nur Freunden gebührt. Wer ist sie?"

„Ortrun von Normannenland!"

„Nie küss' ich die! — Besser geziemte sich's, ich ließe sie töten: ihre Gesippen schufen mir grimmes Leid und bitt're Tränen."

„Mutter, dieses Kind riet wahrlich nichts, was dir Herzleid brachte. Du sollst sie nicht hassen."

Da küßte die Königin auch Ortrun und hieß ihr Ge= sinde willkommen. Frute führte Hildburg an der Hand und wieder sprach Kudrun: „Vielliebe Mutter, begrüße Hildburg: kein Dank ist zu reich für ihre große Treue!"

„Davon hab' ich vernommen: wie sie mit dir Leid und Schmach duldete: und nicht eher will ich fröhlich unter Krone gehen, bis ich ihr das herrlich gelohnt habe."

In der Königsstadt ruhten die Heer= und Reisemüden fünf Tage: aller ward sorglich gepflegt, nur Hartmut lag in Banden. Aber auch für ihn baten die Frauen um Frieden bei ihrer Königin.

„Liebe Tochter, laß ab," antwortete Hilde. „Durch Hartmut geschah mir viel Leid und große Schmach: in meinem Kerker büßt er seinen Frevel."

Mit sechzig edlen Mägden fiel ihr Kudrun zu Füßen und alle weinten, bis Frau Hilde nachgab: „Hört auf zu weinen! Ich lasse Hartmut und seine Genossen unge=bunden zu Hofe kommen, wenn sie eiden, daß sie nicht entfliehen wollen."

Heimlich ließ Kudrun den Befreiten Bäder bereiten und gute Kleider reichen, ehe sie in die Königshalle gingen. Herrlich anzuschauen in allen seinen Sorgen stand Hart=mut vor den Frauen: sie sahen ihn gern: nicht lange, so vergaßen sie ihres Hasses und wurden ihm hold.

Herwig drängte zur Heimkehr in sein Reich: aber Frau Hilde mochte das kaum wiedergewonnene Kind nicht sogleich wieder hergeben: „Nein, Herr Herwig, das geht nicht an," sprach sie. „Ihr tatet mir schon soviel zulieb', tut auch dies und eilt nicht so. Erst soll feierliche Hoch=zeit sein, solang noch alle Gäste hier beisammen sind."

„Frau, die uns daheim blieben, sehnen sich sehr, die Ihrigen wiederzusehen."

„Gönnt mir die Ehre und Freude, edler Herwig, daß meine Tochter hier gekrönt werde."

Er gab ihr ungern nach: doch bat sie so lang, bis er's tun mußte. Davon kam Frau Hilde in große Freude: früh und spät hatte sie zu schaffen und anzuordnen. Hundert Frauen erhielten reiche Gewande, auch den Nor=mannenfrauen reichte sie Festkleider; sie teilte allen Gaben aus. Und da ward Kudrun als Herwigs Königin ge=krönt. Als sie beim Mahl in einer offenen Seitenkeme=nate des großen Saales inmitten ihrer Frauen saß, ließ sie Ortwein zu sich rusen. Sie saßte seine Hand und führte ihn zur Seite: „Lieber Bruder," sprach sie, „hör' und besolge meinen Rat: willst du Freuden und Wonnen genießen, so sieh zu, Ortruns Liebe zu gewinnen."

„Wie, Schwester? Hartmut und mich binbet keine Freundschaft, wir Hegelinge erschlugen ja Ludwig. Ge= dächte Ortrun dessen an meiner Seite, mir deucht, dann müßte sie oft schmerzlich seufzen."

„Verbien's um sie, daß sie das nicht tue. Aus Treue rat' ich dir's: du wirst mit ihr keinen bösen Tag verleben."

„Sie ist schön, und ich möchte sie gern gewinnen," antwortete Ortwein und sagte das seinen Gesippen. Die Mutter widersprach, bis Herwig dazu kam: dem gab sie nach, da er zuriet. Frute sprach: „Nimm sie: sie bringt dir viele und gute Recken. Und den gegenseitigen Haß wollen wir so versöhnen, daß wir Hartmut der edlen Hildburg vermählen."

„Dann kann sie sich als Hartmuts Frau einer jeden vergleichen," sügte Herwig bei, „an tausend reiche Burgen hat er in seinem Land." Kudrun sprach insgeheim zu Hildburg: „Du Vieltreue, willst du, daß ich dir deine Trene lohne, so wirst du Krone tragen in Normandie."

„Das kommt mich schwer an," sprach Hildburg. „Soll ich einen kiesen, der noch niemals Herz und Mut mir zuwandte? Wir würden wohl oft miteinander in Zorn gefunden."

„Das wirst du nicht! Ich will Hartmut sragen, was ihm besser gesalle: hier gesangen zu sein oder heimzu= kehren als König mit dir als seiner Königin?"

Alsbald führte Frute Hartmut zu Kudrun, wo sie in der Kemenate saß. Wie er durch die Mägdlein schritt, stand eine jede auf, keiner dünkte das zu gering. „Setze dich, Hartmut, zu meiner lieben Freundin, die mit mir für dich und deine Helden wusch," begann Kudrun. „Wir wollen dir ein Gemahl geben, deine Ehre und dein Land dir wiederschenken: unsre Feindschaft soll vergessen sein."

„Wen wollt ihr mir geben? Ehe ich mich einem Weib vermähle, das mir und den Normannen daheim eine Schmach wäre, lieber will ich hier sterben."

„Ortrun soll meines Bruders Frau werden, so nimm du die edle Königstochter Hildburg. Besseres Gemahl kannst du nicht gewinnen."

„Erwählt Ortwein, wie du sagtest, Ortrun zum Weib, — dann nehm' ich Hildburg und der Haß sei vergessen."

„Er hat's gelobt: dein ganzes Reich läßt er dir."

Da kam der alte Wate und sprach: „Wer könnte sühnen, ehe Ortrun und Hartmut Frau Hilde zu Füßen fallen und um Gnade bitten? Willigt sie ein, so mag alles ein gutes Ende haben."

„Sie zürnt nicht mehr, glaube mir, Wate," sprach Kudrun. „Sie willigt gern ein: vertrau' auf mich."

Da wurden Ortrun und Hildburg Herrn Ortwein und Herrn Hartmut vermählt.

„Nun will ich," sprach Frau Hilde, „daß Friede bleibe."

Viertes Buch.

Aus verschiedenen Sagenkreisen.

I. Von den Wilkinen und ihrem Reiche.

1. König Wilkinus.

Wilkinus[1] hieß ein König: durch Tapferkeit und
Siegesglück gewann er Macht und Herrschaft über Wil=
kinenland (d. i. Skandinavien). Niemals ruhte sein Schwert
lange. So rüstete er wieder einmal ein Heer und fuhr
ins Ostreich, wo König Hertnit über Russenland und
viele andre Reiche und bis ostwärts ans Meer hin
herrschte: schier das ganze Ostreich war ihm und seinem
Bruder Hirdir unterworfen.

Hertnit zog Wilkinus entgegen: sie bekämpften ein=
ander in vielen Schlachten, und Wilkinus blieb stets
Sieger. Er nahm eine Burg nach der andern und zog
auf Holmgard, Hertnits Königs Burg. Gewaltiger
Kampf wurde da gestritten, ehe Hirdir tot lag mit seinen
Scharen, und Hertnit in die Flucht stob. Wilkinus nahm
Holmgard und erbeutete soviel des Goldes und der Schätze
wie nie zuvor.

---

[1] Nach Müllenhoff ist Wilkinus aus Wilkinaland entstan=
den, Wilkinaland aber aus Wikingoland.

Bald darauf verglich er sich mit Hertnit: der empfing
sein Reich zurück, mußte aber Wilkinus Schatzung zahlen
von allen Landen, über die er herrschte, solange sie beide
lebten.

Wilkinus gedachte nun heimzukehren; und als er über
die Ostsee segelte, geschah's, daß seine Drachen wegen un=
günstigen Fahrwindes vor Anker gehen mußten. Der
König stieg ans Land und schritt allein in einen nahen
Wald. Dort fand er eine wunderschöne Frau. Er schlang
seine Hände um ihren Hals, küßte sie und vermählte sich
ihr. Das war aber Wachhild, eine Haffrau. Des
Königs Mannen vermißten ihren Herrn und suchten ihn:
da kam er ihnen aus dem Wald entgegen. Der Wind
war günstig: sie lichteten die Anker und segelten hinaus.

Als sie weit ins Meer gekommen, tauchte neben des
Königs Schiff ein Weib empor, griff ins Steuerruder und
hielt es fest: das Schiff stand. Der König sah das Meer=
weib und erkannte es als die Frau, die er im Wald ge=
funden hatte. „Laß mich meines Weges fahren," sprach
er, „und willst du etwas von mir, so komm in meine
Königsburg: dort werd' ich dich willkommen heißen." Und
nun ließ das Weib das Steuer fahren und versank. Der
König aber fuhr heim.

Nach einem Halbjahr kam eine Frau in des Königs
Hof und sagte, daß sie Mutter seines Kindes sei. Wil=
kinus erkannte die Seefrau und ließ sie in eines seiner
Häuser führen. Bald darauf gebar sie einen Knaben, den
nannte der König Wadi[1]). Nun wollte die Meerminne
nicht länger in der Halle bleiben (S. 159) und verschwand,

[1]) Wadi, ursprünglich ein mythisches, dem Meer ange=
höriges Wesen: — in Sagen verflochten, als Wadi hier, als Wate
(S. 381 f.) in Kudrun.

und niemand weiß, wohin sie gekommen ist. Wadi wuchs auf und wurde groß wie ein Riese: er war verhaltenen, unheimlichen Wesens und allen verhaßt. Auch sein Vater liebte ihn nicht viel, gab ihm aber zwölf Höfe in See= land zu eigen.

Wilkinus hatte noch einen Sohn, der hieß Nordian: er war groß, schön und stark, aber hart, grimm und geizig und seines Vaters stolzer Ruhm folgte ihm nicht. Als Wilkinus siech von Alter geworden, gab er Reich und Krone Nordian und mahnte ihn, des Rates seiner treuen Freunde wohl zu achten. Dann starb er, und Nordian nahm die Gewalt über Wilkinenland.

2. Nordian und Hertnit.

„Wohl mir," sprach König Hertnit zu seinen Mannen, „daß ich auf meinem Hochsitz den Tag erlebe, der mir die Kunde von Wilkinus' Tod bringt. Nun zahl' ich keine Schatzung mehr und lebte ich noch drei Menschenalter. Das Joch ist von unserm Nacken genommen, das der starke König uns aufgelegt hatte. Höret, all meine Ge= treuen: Jedermann in meinem Reiche, der Roß reiten, Schild tragen, Schwert schwingen kann und zu streiten wagt, der rüste sich und komme zu mir: wir wollen unsre Schmach rächen an den Wilkinen. Unsre Eide haben wir gehalten: aber der Friede zwischen Wilkinen und Russen ist zerrissen mit Wilkinus' Tod.

Bald hatte Hertnit seine Schar gerüstet und ritt von Holmgard aus nordwärts nach Wilkinenland: unterwegs stieß ein unbezwingbares Heer zu ihm: mit diesem zog er verwüstend durch Nordians Marken: — Männer wurden erschlagen, Frauen davongeführt, die Siedelungen verbrannt, Habe und Gold geraubt — und er fuhr, bis er König

Nordian mit seinem Heere traf. Eine blutige Schlacht
wurde geschlagen. Nordian hatte nur geringe Scharen:
viele seiner Edellinge und mächtigsten Grafen waren ihm
nicht gefolgt, weil er übermäßig karg war. Er wurde ge=
schlagen und mußte fliehen. Drei Tage verfolgte ihn
Hertnit. Da erkannte Nordian, daß ihm sein gespartes
Gold daheim wenig nützte: er mußte aus seinem Reich
flüchten, oder sieglos fallen. Er entschloß sich aber, Frieden
zu suchen und ging zu Hertnit, fiel ihm zu Füßen und
ergab sich mit allen seinen Mannen, die noch übrig ge=
blieben waren, des Königs Gnade.

Hertnit antwortete: „Dein mächtiger Vater gewährte
mir Frieden, als ich in seine Gewalt kam: das will ich
nun an dir vergelten: Frieden sollst du haben. Dein
Reich beuge sich mir zu Gehorsam und Schatzung, du aber
sollst eiden, Tren' und Frieden zu halten."

Nordian leistete den Schwur: König Hertnit unterwarf
sich ganz Wilkinenland und setzte Nordian über Seeland.
Und hatte Nordian nun nichts mehr von seinem ganzen
großen Reiche und all seinem gesparten Geld.

Als König Hertnit alt und lebensmüde ward, rief er seine
Söhne zu sich: Oserich, dem ältesten, gab er das König=
reich der Wilkinen, und Nordian blieb dort Unterkönig.
Waldemar, den zweiten, machte er zum König über
Russenland und die ganze Osthälfte seines Reiches. Ilias,
seinen dritten Sohn, von einer andern Frau, ernannte
er zum Grafen über Grekaland[1]. Das war ein ge=
waltiger Kämpe und großer Kriegsmann. Kurz darauf
starb Hertnit.

---

[1] Graecus bei Adam von Bremen Gesamtname für Slaven:
also ein Slavenland: an Griechenland ist dabei ursprünglich nicht
gedacht, s. Müllenhoff, Haupts Zeitschrift 10, 166.

3. König Oserich.

Nordian auf Seeland hatte vier Söhne: Edgeir, Abentrod, Widolf mit der Stange und Aspilian. Sie waren Riesen an Kraft, Wuchs und Wesensart. Ose= rich setzte Aspilian nach Nordians Tode zum König in dessen Reich ein. Widolf war allein so stark wie zwei seiner Brüder, deren Haupt nur bis an seine Achsel reichte. Dazu war er so böse, sobald er in Zorn geriet, daß er nichts verschonte. Darum ging er auf Oserichs Befehl in Eisenketten: Edgeir und Abentrod mußten die Ketten tragen: nur wenn er zum Streit ging, sollten sie ihn frei lassen. Dann führte er eine lange Eisenstange: daher hieß er Widolf mit der Stange. Edgeir trug eine eiserne Barte als Waffe, die konnten zwölf Männer nicht aufheben. Und diese drei Riesen waren König Oserich untertan und gingen in seinem Gefolge.

In reichem Lande herrschte damals der hochmütige Milias, seine Tochter Oda war die schönste aller Frauen. Könige, Heerführer und Grafen hatten um sie geworben: Milias aber liebte Oda so sehr, daß er sie keinem Manne geben wollte. Da hörte Oserich von dem Königskind und sandte sechs seiner Gefolgen wohl ausgerüstet zu König Milias mit einem Brief: „Oserich, König der Wilkinen, sendet Gruß Milias, König der Hnnen, dem mächtigen, langbärtigen. Ich hörte deiner Tochter Schönheit rühmen und werbe um sie, mir zur Ehefrau. Sende mir Oda und reiches Gut und Gefolge, wie deiner Tochter und meiner Ehefrau geziemend ist. Dagegen gelobe ich dir meine Freundschaft. Weisest du aber meine Werbung ab, oder tust du Unehre meiner Botschaft an, so werden unsre Heere die Sache ausfechten." Als Milias den Brief aus der Sendboten Hand empfing und vorlesen hörte, ant=

wortete er: Mächtigere Könige, als der eure, haben um
die Hand meiner Tochter geworben mit Höflichkeit und
Anstand: und dennoch hab' ich ihnen die Schwägerschaft
versagt. Der Wilkinenkönig ist übermütig! Durch Kriegs-
drohung will er meine Schwägerschaft erzwingen; das mag
er erproben."

Die sechs Edelinge ließ er in den Kerker werfen, dort
sollten sie ihren Herrn erwarten. Bald erfuhr davon Oserich: er berief seine Treuen und befragte sie um ihren
Rat. Ein weiser Mann riet: noch einmal zu werben
mit höflichen Worten und reichen Gaben und die edelsten
Männer mit dieser Botschaft zu betrauen: „Will König
Milias auf deine Bitten nicht hören, weist er deine Geschenke zurück, dann erst drohe — und trotziger als zuvor
— mit Krieg und Feindschaft."

Nun waren in jener Zeit Ilias' Söhne Hertnit und
Hirdir, an Oserichs Hof gekommen. Hirdir zählte zehn,
Hertnit zwölf Winter, und er war der kühnste und schönste
unter allen Edelingen. Der König machte ihn zum
Grafen, setzte ihn zum Führer seines Gefolges und gab
ihm Lehen in Wilkinenland. Ihn erlas Oserich zum Boten
ins Hunenreich und befahl ihm, zuerst mit Schmeichel-
worten und reichen Geschenken um Oda zu werben. Helfe
das nicht, dann solle er des Königs Fehdebrief überreichen.
Hertnit war dazu gern bereit. Seine Fahrt ward aufs
prächtigste ausgerüstet: elf der vornehmsten Degen begleiteten ihn, beladen mit Gold und Kleinodien. Bald
stand er vor König Milias und brachte in langer, höf-
licher Rede die Werbung vor; der König nahm sie ver-
drießlich auf. Und als Hertnit seines Herrn Geschenke
darbieten ließ — Purpur, feine Leinwand, zwei goldene
Tischbecher, ein Zelt aus goldumsäumter Seide —, antwortete er: „Um Geld und Gaben erkauft ihr meine

Tochter nicht: eine Dienſtmagd will ich euch dafür geben."
— Nun überreichte Hertnit Oſerichs Brief. Als aber der
König den geleſen hatte, ſprach er zornig: „Hochmütig iſt
Oſerich, da er wähnt, meine Tochter und meine Freund=
ſchaft durch übermütige Reden oder Drohungen zu erlangen.
Sechs ſeiner Boten ſchmachten deshalb ſchon im Kerker: werft
nun auch ſein Bruderskind ſamt deſſen Gefährten hinein."
Und ſo geſchah's.
Weit durchs Land flog bald die Kunde, daß Hertnit
im Kerker liege, flog bis zu König Oſerich. Da ſchickte
er den in Blut getauchten Pfeil durch ſein ganzes Reich
und entbot jeden Mann, der Schwert ſchwingen, Schild
tragen oder Bogen ſpannen konnte. Zehntauſend Reiter
und dreitauſend Fußmannen ſcharten ſich zuſammen, unter
ihnen auch Aſpilian und ſeine Brüder.
Als der König mit dieſem Heere in Milias Land kam,
nannte er ſich Dietrich. Friedlich fuhr er, tat niemand
ein Leides an; überall bot man den Heerleuten zum Kaufe,
was ſie bedurften. So kamen ſie vor die Hauptburg und
trafen König Milias von großer Volksmenge umgeben.
Oſerich bat um Einlaß in die Königsſtadt, der wurde ihm
gewährt. „Heil dir und deinen Mannen!" grüßte er
König Milias auf dem Hochſitz: Oda ſaß ihm zur Seite.
„Heil dir, wer biſt du und was willſt du von mir?"
Dietrich heiß' ich und war Herzog in Wilkinenland:
aber Oſerich hat mich vertrieben: nun will ich dir meine
Dienſte anbieten."
„Guter Held, du ſcheinſt mir ein tüchtiger Mann: fahre
heim, verſöhne dich mit deinem Herrn: ihm haſt du zu dienen."
Bittend umfaßte Oſerich des Königs Kniee, der aber
fuhr fort: Ein großes Heer haſt du in mein Land geführt;
würdeſt du nun mein Mann und wir gerieten einmal in
Streit, fielen eher alle meine Mannen, bevor ich euch be=

zwänge." Darauf sprach Oda: „Warum willst du mich nicht dem König Oserich zum Weibe geben, der so mächtig ist, daß er solchen Häuptling vertreiben konnte? Und mich dünkt: schon dieser hier gewänn' all dein Land mit dem Schwert, wollte er Kampf anheben." Doch Milias mochte weder den immer noch vor ihm Knieenden auf= heben, noch ihn zum Mann annehmen. Das hörten draußen vor der Halle die Riesen: Widolf ward zornig und wollte Milias erschlagen: mit Gewalt hielten ihn seine Brüder zurück: da stampfte er mit den Füßen bis an die Knöchel in die Erde und rief: „Herr, weshalb liegst du zu Füßen dem König Milias? Viel edler bist du als er: brechen wir seine Burg nieder, fahren wir mit Feuer und Schwert über sein Reich, nimm du seine Tochter und habe sie als Magd." Oserich merkte, daß Widolf in Zorn geriet und sandte einen Diener zu seinen Brüdern: sie sollten ihn mit Ketten an die Burgmauer binden. Und noch einmal umfaßte er des Königs Kniee und bat: „Ge= wäre Frieden mir und meinen Mannen hier im Land um deiner Ehre und Königswürde willen: heim kann ich nicht ziehen; denn Oserich bedroht mich mit dem Galgen."

„Steh' auf, Mann! geh' hinweg und fahre friedlich aus meinem Reich. Diese Stadt ist voll von deinen Kriegern: ich will kein ausländisch Heer in meinem Land haben. Tust du aber das nicht, dann laß' ich meine Hörner gellen: meine Helden werden sich wappnen und mit Gewalt treib' ich euch aus der Burg."

Dies Wort hatte der Riese Aspilian vernommen: nun ward auch er zornig: er ging hinein in die Halle, hub die Faust und schlug König Milias wider das Haupt, ohnmächtig stürzte der nieder. Auf sprang da Oserich und schwang sein Schwert und mit ihm alle Wilkinen, die in der Halle waren. Die draußen standen, hörten den Waffen=

lärm und hieben sich zu ihnen hinein. Widolf aber brach alle Bande, die ihn gebunden hielten, ergriff seine Eisenstange und lief in der Burg umher und erschlug Männer, Frauen, Kinder, Vieh und alles, was ihm Lebendiges vorkam; laut rief er dazu: „Wo bist du, jung Hertnit? Sei heiter und fröhlich, ich komme und befreie dich." Jung Hertnit hörte auch bald im Kerler des Riesen Rufen: da wurden die Gefangenen frohgemut und fingen an, sich zu befreien. Dem Stärksten unter ihnen gelang es, das Gefängnis aufzubrechen: sie liefen heraus, dem Rufe Widolfs nach und kamen zu ihren Landsmännern. Die Wilkinen erschlugen oder überwältigten alle Burgmänner, König Milias rettete sich durch die Flucht. Oda ward ergriffen und vor König Oserich geführt."

„Ich will dich," sprach er, „zu meinem Herrn führen und mir Frieden und Freundschaft durch dich erkaufen." „Herr," antwortete Oda, „nun ist es dahin gekommen, daß du über mich schalten kannst, wie dir's beliebt."

Oserich nahm einen zierlichen Schuh, aus Silber geschlagen, kniete nieder vor dem Königskind, setzte ihren Fuß auf sein Knie und zog ihr den Schuh an: er paßte, als wär er für sie gemacht. Nun zog er ihn wieder ab und paßte einen goldnen Schuh an denselben Fuß, und der saß noch besser. „Ihr guten Götter," seufzte Oda, „könnt' ich den Tag erleben, daß ich so meinen Fuß auf König Oserichs Hochsitz ruhen dürfte!" Da lachte der König: „Der Tag ist heut! Dein Fuß steht in König Oserichs Schoß." Nun erkannte Oda, daß der König selber vor ihr kniete: froh und freundlich begrüßte sie ihn. Er nahm das Königskind und zog heim mit seinem Heer. Dann sandte er Boten aus, König Milias zu versöhnen: ihm blieb sein Reich und Oda ward des Oserich Ehefrau: und ihre Ehe ward überglücklich.

4. Etzel (Attila) und Helche (Erka).

Als König Milias alt wurde, brach der kriegerische Fürst der Heunen, Etzel, unablässig in sein Land: darüber starb König Milias; nach blutigen Kämpfen unterwarf nun Etzel sich auch dieses Reich. Seinen Sitz schlug er in Susa auf. Von dort entsandte er den Markgrafen Rüdiger von Bechelaren ins Wilkinenland, für ihn um Helche zu werben. Sie war die Tochter von Oserich und Oda, wegen ihrer Schönheit und edlen Sitten hochgepriesen: nicht Geringeres rühmte man von Bertha, ihrer jüngern Schwester. König Oserich nahm den Markgrafen wohl auf, nicht so seine Botschaft. „Allzukühn, dünkt mich, ist Etzel," antwortete er: „um meine Tochter wagt er zu werben, nachdem er mit Heerfahrt das Land in Besitz nahm, das mir zukommt. Und das allein noch brachte ihm Ruhm; denn geringem Geschlecht entstammt er. Zieh' heim, Etzel hat keine Hoffnung, daß ich ihm Helche gebe."

„Herr," warnte der Markgraf, „Etzel ist ein gewaltiger Kriegsmann: gibst du ihm deine Tochter nicht, so wird er dein Land verheeren."

Laut lachte Oserich: „Du bist ein guter Mann, Rüdiger! Dein König Etzel komme so schnell als möglich mit seinem Heer! Wir Wilkinen haben scharfe Schwerter, harte Brünnen und gute Rosse, auch sind wir nicht träge, uns zu schlagen." — Mit dieser Antwort mußte der Markgraf zurückreiten nach Susa. König Etzel sammelte seine Kriegsmannen und griff die Wilkinen an. Oserich war ihm entgegengezogen mit großer Übermacht, und nach kleinen Scharmützeln, in welchen die Wilkinen durch des Markgrafen kühne Tapferkeit fünfhundert Ritter verloren, kehrten beide Könige wieder in ihre Burgen zurück. Da trat einmal

Rüdiger vor König Etzel und sprach: „Herr, gib mir drei=
hundert Ritter zu einer Fahrt und des Geldes, soviel ich
dazu bedarf. Frage nicht, wohin und warum ich reiten
will: kehr' ich ich aber nach drei Wintern nicht zurück,
dann bin ich tot." Rüdiger war ein so getreuer Mann,
daß der König seine Bitte gewährte, ohne weiter zu
forschen. Und der Markgraf ritt mit seinem Geleit aus
Susa und wandte sich auf die Straße nach Wilkinenland.
Bald kamen sie an einen unbebauten Wald. „Keines
Menschen Fährte ist hier in der Nähe" — sprach Rüdiger
zu seinen Gefährten — „hier bleibt, bis ich zurückkomme.
Nehmt dieses Gold und sendet Leute in die nächsten Siede=
lungen, euch alles zu kaufen, dessen ihr zum Leben be=
dürft. Kehr' ich nach drei Wintern nicht wieder, dann
reitet heim zu König Etzel und sagt ihm, daß ich tot bin."—

Er ritt allein weiter ins Wilkinenland, bis er an die
Königsburg kam. Durch Verkleidung hatte er sein Aus=
sehen völlig verändert: als ein alter, blöder Mann, mit
langem Bart und breitem Hut trat er vor Oserich, um=
faßte seine Füße und bat um Schutz. „Siegfried heiß'
ich und war ein Mann des König Milias: als aber Etzel
sein Reich brach, wollten weder ich noch meine vier Brüder
ihm dienen. Drei meiner Brüder erschlug er und mich
machte er friedlos. Kleine Rache war's, daß ich hundert
seiner Krieger vor seinen Augen erschlug: — nun gib du
mir Frieden und nimm meinen Dienst." So gelang es
ihm, Oserich zu täuschen, der hieß ihn willkommen und
behielt ihn an seinem Hof. Da geschah es, daß ein König
Nordung kam und um Helche warb. Oserich wollte den
Antrag annehmen, wenn es seiner Tochter Wille wäre.
Er rief den Markgrafen und sagte: „Nun bist du zwei
Winter hier: ich habe dich als einen weisen, treuen Mann
erprobt: gehe zu meiner Tochter, trage ihr Nordungs

Werbung vor und erforsche, ob sie gern einwilligt." Helche
wohnte in einem besonderen Teil der Burg mit Bertha,
ihrer Schwester, und dreißig Jungfrauen, und nie durfte
dorthin zu ihnen ein Mann kommen. Rüdiger ging nun
an das Tor und bat, daß man ihm aufschließe. König
Oserich und Nordung standen aber auf der Burgmauer
und sahen alles. Als Helche hörte, daß ein Sendbote
ihres Vaters gekommen war, ließ sie ihn hereinführen und
hieß ihn willkommen.

„Du mußt ein weiser Mann sein," sagte sie dann: —
„zweimal zwölf Monate bist du hier und forschtest nur nach
Nützlichem: auch kamst du niemals hierher zu müßigem
Gespräch."

„Fran, das geschieht nicht oft in unserm Land, daß
ein Mann zu seiner Königin geht zum Gespräch, außer
der König erlaubt es: weil aber dein Vater mich zu dir
sendet, so dürfen wir jetzt heimlich miteinander reden."

„Geh' hinaus," sagte Helche zu ihrer Schwester, „und
ihr Mädchen alle: wir wollen allein bleiben."

„Gehen wir lieber in den Garten," riet der Markgraf. „Dein Vater steht auf der Burgmauer: und kann
uns von dort sehen und dennoch wird niemand unser Gespräch hören."

„Fürwahr, du bist ein Mann von feinen Sitten und
geschickten Gedanken," antwortete sie und bat ihre Schwester,
zwei Polster unter den Lindenbaum in den Garten tragen
zu lassen. Dort setzten sich die zwei unter den Baum,
und die Könige Oserich und Nordung sahen sie von der
Mauer her. Als die Mädchen sich entfernt hatten, hub
der Markgraf an: „Jungfrau, nun sieh auf mich, wenn
ich meinen Hut abnehme. Ich betrog Männer und Frauen,
betrog Nordung und Oserich und habe dich betrogen,
Königskind: ich bin nicht Siegfried, ich bin Rüdiger, König

Etzels Markgraf. „Für ihn werb' ich um dich, nimm ihn
zum Mann! Burgen und Kleinodien wird er dir geben,
die edelsten Frauen werden dir dienen, mächtige Herzoge
deine Schleppe tragen, du selbst aber sollst Königin sein
zuhöchst über die Welt." Voll mutigen Zorns rief Helche
Bertha herbei: „Höre, süße Schwester, dieser ist nicht
Siegfried, sondern Rüdiger, und er betrog uns alle!
Markgraf, nun soll mein Vater an dir Rache nehmen,
weil du ihm fünfhundert Ritter auf der Walstatt erschlugst."

„Tu' lieber, was ich dir sage," entgegnete ruhig der
Markgraf, „und werde Königin von Heunenland, jung
Bertha aber werde meine Frau."

Bertha war herangetreten: „Du bist ein Königskind,"
sprach sie stolz zu ihrer Schwester, „und sollst den Mann
nicht verderben, der vertrauend sich in deine Gewalt gab.
Denke nun deines Wunsches, ‚daß ich doch Etzels Königin
würde!' Siehe! die Götter haben deinen Wunsch erhört:
folge dem Markgrafen und ich ziehe mit dir."

‚Wohlan," sprach Helche, „du kühner Mann, ich will
Etzels Königin werden und Bertha werde deine Frau:
nimm diesen Goldring zum Pfande."

König Oserich und Nordung sahen, wie der Markgraf
den Ring empfing und dachten, daß Helche Nordungs
Werbung annehme. Der Markgraf aber ging zu ihnen
und sagte: „Herr, deine Tochter will keinen Mann in den
nächsten zwölf Monden: zum Pfand dafür gab sie mir
diesen Ring." König Nordung war gern bereit, die Frist
abzuwarten und ritt zurück in sein Reich. Oserich wollte
dem Markgrafen nun Ritter und Burgen verleihen, wenn
er sein Dienstmann würde. Doch Rüdiger bat um Urlaub,
seinen Bruder zuvor zu holen: „Der soll dir dienen, er
ist ein weit tapferer Mann als ich." Und weil Oserich

beide Degen zu gewinnen hoffte, ließ er Rüdiger ziehen.
Der ritt aber zu jenem Wald zurück, wo seine Gefährten
verweilten, holte Osid, den jungen Brudersohn Etzels,
und stellte ihn Oserich als seinen Bruder vor. Nach
einigen Tagen war es ihnen gelungen, des Königs Töchter
mit ihrem Plan vertraut zu machen. Am Abende, als
alle in der Burg schliefen, gingen die kühnen Recken zu
ihren Rossen und ritten an den Turm der Frauen: Helche
und Bertha kamen ihnen unter dem Tor entgegen. Rasch
schwangen die Männer die Jungfrauen auf ihre Rosse und
ritten fort, so schnell ihre Renner nur liefen, Tag und
Nacht. Als Oserich des Verrates gewahrte, ließ er eine
Schar rüsten und fuhr ihnen nach. Die Fliehenden erreichten bald die im Walde Verborgenen und zogen gemeinsam mit ihnen ins Heunenland. Aber so eilig folgten
ihnen die Wilkinen, daß die Verfolgten nicht mehr entrinnen konnten: sie erreichten noch eine Burg im Falstrwald, ritten hinein und sperrten die Tore hinter sich zu.
König Oserich lagerte sein Heer rings um die Burg und
hielt alle darin eingeschlossen. Nur zwei Männer hatte
der Markgraf gleich entsendet zu Etzel um Hilfe. Als diese
nach Susa kamen und alles berichteten, ließ Etzel sofort
seine Hörner blasen, sammelte ein großes Heer und zog
mit ihm Tag und Nacht, bis er die Burg erreichte. Inzwischen hatten die Belagerten tapfer gekämpft und viele
Wilkinen erschlagen: bald brachen sie aus, bald stritten sie
von den Mauern herab. Oserich konnte die Burg nicht
bezwingen und sobald er Etzels gewaltige Heerscharen
kommen sah, brach er seine Zelte ab und kehrte, der Übermacht weichend, mit seinen Kriegern zurück nach Wilkinenland. Die Befreiten eilten nun aus der Burg ihrem
König entgegen: der Markgraf Rüdiger übergab da seinem
König Helche, das Königskind. Fröhlich zogen alle nach

Sufa: bald darauf ließ Etzel ein prachtvolles Gaftmahl veranstalten und vermählte sich Helche. Bertha gab er dem getreuen Markgrafen zur Frau[1]) und schenkte ihm Land und Burgen.

II. Wieland der Schmied.

1. Wielands Jugend.

Riese Wadi (S. 438) wohnte auf seinen Höfen in Seeland: er war kein Kriegsheld, sondern begnügte sich mit dem, was ihm sein Vater Wilkinus gegeben. Riese Wadi hatte einen Sohn, der hieß Wieland. Als der neun Winter alt war, wollte Wadi, daß er eine Kunst erlerne, und führte ihn zu Mime[2]), einem Schmied, damit er seinen Sohn Eisen schmieden lehre. Wadi lehrte auf seine Höfe zurück. Wieland hatte aber viel zu leiden von jung Siegfried (f. unten V. Buch 6. Hauptstück), der auch bei dem Schmiede war. Das hörte der Riese in Seeland und nahm den Knaben nach drei Jahren wieder fort. Wieland blieb ein Jahr daheim: er gefiel jedermann und war überaus geschickt.

Riese Wadi hörte nun von zwei Zwergen, die in einem Berge hausten, der Kallova hieß. Sie verstanden Waffen zu schmieden und kostbare Kleinodien aus Gold und Silber, so kunstvoll, wie gar niemand.

---

[1]) In andern Sagen heißt Rüdigers Frau Gotelind und ist mit Dietrich von Bern verwandt.
[2]) Der Regin der Wölfungensage (S. 293).

Riese Wadi nahm nun seinen Sohn und reiste zu den
Zwergen. Als er an den Grönsund kam, fand er kein
Schiff, übers Wasser zu fahren. Da setzte er Wieland
auf seine Schultern und watete durch den Sund: und der
war neun Ellen tief. Wadi traf die Zwerge und sagte:
sie sollten Wieland zwölf Monde zu sich nehmen und ihn
allerlei Schmiedearbeit lehren. Dafür wolle er ihnen so
viel geben, als sie verlangten. Die Zwerge waren dazu
bereit und forderten eine Mark Goldes. Und sie setzten
einen Tag fest, nach der Frist von zwölf Monden, wann
der Riese seinen Sohn wieder holen sollte. Darauf fuhr
Wadi heim.

Wieland aber war so gelehrig, daß die Zwerge ihn
nicht ziehen lassen wollten, und sie baten den Vater, als
er kam, den Knaben abzuholen, daß er ihn nochmals
zwölf Monde da lassen solle. Und lieber wollten sie die
Mark Goldes zurückgeben, als Wieland ziehen lassen: auch
wollten sie ihm noch halbmal mehr Kunstfertigkeiten lehren.
Aber es gereute sie sofort wieder, daß sie Wielands Dienste
so teuer erkaufen sollten: und sie machten die Bedingung,
falls Wadi nicht an dem bestimmten Tag käme, sollten sie
Wieland das Haupt abschlagen dürfen. Der Riese war's
zufrieden: er rief Wieland aus dem Berg heraus und stieß
ein Schwert in einen Sumpfbusch: „Wenn ich nicht zur
bestimmten Frist komme, und die Zwerge wollen dir das
Leben nehmen, so hole dies Schwert und wehre dich männlich: das ist besser als von Zwergen ermordet werden.
Und ich will nicht sagen hören: Wadi hat eine Tochter
statt eines Sohnes aufgezogen." Dann schieden sie, und
Wadi kehrte wieder in seine Höfe zurück.

Wieland lernte bald alles, was die Zwerge konnten,
und diente ihnen treu. Und doch mißgönnten sie ihm
seine Geschicklichkeit und hofften, daß er derselben nicht

lange genießen werde, da sie sein Haupt zum Pfande
hatten. Als die zwölf Monde zu Ende gingen, machte
sich Wadi auf die Fahrt und fuhr so eilig bei Tag und
Nacht, daß er drei Tage zu früh an den Berg kam. Der
war verschlossen. Wadi legte sich nieder, um die Frist zu
erwarten, schlief aber vor Müdigkeit ein und während er
schlief, kam ein starker Regen und ein Erdbeben, und ein
großes Felsstück löste sich von dem Berg ab. Das stürzte
mit Gestein, Erde und Holz auf den Riesen und erschlug
ihn. Die Zwerge taten den Berg auf und sahen sich nach
Wadi um. Auch Wieland ging heraus. Da er den
Bergrutsch sah, kam es ihm in den Sinn: der Stein könnte
seinen Vater erschlagen haben, und er gedachte dessen, was
ihm sein Vater geraten. Er sah sich nach dem Sumpfbusch um: aber den hatte der fallende Fels mit fortgerissen,
nur der Schwertknauf stak aus der Erdmasse hervor. Er
faßte ihn und zog das Schwert heraus und sprach bei
sich: „Nun ist mein Vater tot und ich bin dem Tod bestimmt — aber ich fürchte mich wenig." Er lief zu den
Zwergen, die sich seines Vorhabens nicht gewärtigten und
hieb einem nach dem andern den Kopf ab. Dann ging
er in den Berg, nahm all ihr Werkzeug, Gold und Silber,
soviel er mitführen konnte. Er belud damit ein Roß,
welches die Zwerge besaßen, und nahm selbst noch eine
Bürde, so schwer er zu tragen vermochte. So zog er,
bis er an die Weser kam, und konnte nicht über den
Strom. Er fällte einen starken Baum und höhlte ihn aus.
In dem dünnen Ende barg er sein Werkzeug und sein
Gold, in dem dickeren Speise und Trank. Dann legte er
sich hinein, und verschloß den Baum auf geschickte Art:
vor die Löcher setzte er Glas, welches er wegziehen konnte,
sobald er wollte: waren die Löcher aber geschlossen, so
drang kein Wasser ein. Er bewegte sich in dem Stamm

hin und her, bis er ihn so hinauswälzte in den Strom.
Der Stamm trieb den Strom hinab in die See und fuhr
achtzehn Tage und Nächte lang in den Wellen, dann kam
er in Jütland ans Land. Dort herrschte König Nidung.
Seine Leute fuhren eines Tages in die See hinaus, Fische
zu fangen. Sie warfen ihr Netz aus und zogen es ans
Land. Es war so schwer, daß sie es kaum emporziehen
konnten, und sie sahen, daß ein großer Baum hinein-
geraten war. Als sie ihn genau betrachteten und wunderbar behauen fanden, hielten sie ihn für einen Schatzbehälter
und riefen den König herbei. Der befahl, sie sollten den
Baum untersuchen, was darinnen sei. Wie aber Wieland
in dem Stamme merkte, daß sie denselben zerhauen wollten,
rief er ihnen zu, einzuhalten. Die Leute dachten, ein
böser Wicht (S. 190) stecke darin, und liefen entsetzt davon.
Wieland machte nun den Baum auf, trat vor den König
und sprach: „Ein Mensch bin ich, kein Unhold, Herr, und
bitte dich, gib mir Frieden für Leben und Habe." Der
König sah, daß Wieland ein schöner Mann war, und obwohl er auf unheimlich wunderbare Weise an sein Land
gekommen, gewährte er ihm doch Frieden. Wieland nahm
seine Werkzeuge und Habe und verbarg alles heimlich
unter der Erde, samt dem Stamm. Dies sah ein Mann
des Königs.

Nun lebte Wieland bei Nidung als dessen Gefolgsmann, und der König behandelte ihn gut und ehrenvoll.
Einst ließ Wieland des Königs bestes Messer, als er es
reinigen wollte, in die See fallen. Er fürchtete für ungeschickt zu gelten und ging zu des Königs Schmied Amilias, ein andres zu bekommen. Er fand niemand in
der Schmiede, setzte sich hin und schmiedete ein Messer,
das dem verlornen gleich sah. Darauf schlug er einen
Nagel mit drei Köpfen, den ließ er auf dem Amboß und

ging fort. Als Amilias zurückkam, fand er den Nagel
und fragte, wer von seinen Gesellen den geschmiedet hätte?
Aber keiner bekannte sich dazu.

Wieland stand vor des Königs Tisch: der König nahm
das Messer, ein Brot zu zerschneiden, und schnitt das
Brot entzwei und noch ein Stück von dem Tisch, soweit
das Messer faßte. Den König deuchte es wunderlich, wie
das Eisen so scharf sei und sprach zu Wieland: „Wer
mag dieses Messer gemacht haben?“ „Wer anders als
Amilias, Herr?“ Amilias hörte ihr Gespräch und sagte:
„Herr, sicherlich habe ich es gemacht, du hast keinen andern
Schmied.“ „Nimmer sah ich so gutes Eisen aus deinen
Händen kommen,“ entgegnete Nidung, „wer auch dies
Messer gemacht habe, du tatest es nicht;“ er blickte auf
Wieland: „Hast du dies Messer gemacht? Sage die
Wahrheit, bei meinem Zorn.“ Da sprach Wieland: „Deinen
Zorn will ich nicht haben,“ und er erzählte, wie es da=
mit geschehen war. „Das wußte ich,“ sagte Nidung, „daß
Amalias solches nicht vermöge.“ Doch Amilias entgegnete:
„Herr, es mag sein, daß Wieland dieses Messer geschmiedet
hat: aber ich vermag dasselbe: und ehe ich ungeschickter
heiße als er, eher wollen wir beide unsre Geschicklichkeit
versuchen.“ „Nur Geringes versteh’ ich,“ antwortete Wie=
land, „aber das Wenige spar’ ich nicht: mache du ein
Stück, ich will ein andres machen: man mag dann ur=
teilen, welches das bessere ist.“ „Darauf will ich wetten,“
sprach Amilias. „Ich habe nicht viel eigen,“ entgegnete
Wieland.

„Hast du kein Gold dazu, so setze dein Haupt daran
und ich setze meines dagegen. Schmiede du ein Schwert,
ich will Helm, Brünne und Brünnenhosen machen. Und
wenn dein Schwert diese Waffen durchschneidet, so daß du
mich verwundest, dann magst du mir das Haupt abschlagen.

Vermag aber dein Schwert dies nicht, so gehört dein Haupt mir." „Wohl," sprach Wieland, „halte, was du sagst." „Dafür will ich einen Bürgen schaffen," rief Amilias. Zwei vornehme Gefolgen des Königs waren dazu bereit. Aber Wieland hatte keine Bürgen, weil er fremd im Lande war und niemand seine Geschicklichkeit kanute. Da kam dem König der wunderbare Baumstamm in den Sinn und er bürgte selbst für Wieland. Der bat den König, ihm ein Schmiedehaus bauen zu lassen. Als das fertig war, ging er hin, aus dem verborgenen Baumstamm seine Werkzeuge und Habe zu holen. Da war der Stamm aufgebrochen und alles gestohlen. Wieland fiel ein, daß ein Mann des Königs ihn bei dem Verbergen gesehen hatte und schloß daraus, daß dieser der Dieb war; aber den Namen des Mannes kanute er nicht. Er ging zum König und sagte ihm alles. Niedung fragte, ob er den Mann erkennen würde, wenn er ihn sähe? Als dies Wieland bejahte, ließ er ein Ting berufen und gebot, daß jeder Mann in seinem Reiche dazu kommen sollte. Und da das Ting eröffnet war, trat Wieland vor jeden Mann hin und suchte nach dem Dieb — und fand ihn nicht darunter. Der König ward zornig und schalt Wieland einen Toren. Aber Wieland schmiedete heimlich ein Mannesbild und setzte dieses eines Abends in eine Ecke der Halle, an welcher der König vorüber mußte, wenn er in seine Kammer schritt. Als der König nun schlafen ging, trug ihm Wieland die Fackel vor. Der König erblickte das Bildnis in der Ecke und sprach: „Heil dir, guter Freund Regin! Warum stehst du so einsam hier? Und wann kamst du zurück? Und wie erging es dir mit meinen Aufträgen?"

Wieland sprach: „Herr, dieser Mann kann dir nicht antworten: ich machte dieses Bildnis nach meiner Erinnerung: so sieht der Dieb aus, der meine Habe stahl." Da antwortete König Nidung: „Den Mann konntest du nicht auf dem Ting finden, denn ich habe ihn mit einer Botschaft entsendet. Fürwahr, du bist geschickt und gut: ich schaffe dir alles wieder, was er dir genommen hat und werde gut machen, was ich Böses wider dich sprach." Als Regin zurückkehrte, gestand er ein, Wielands Habe des Scherzes wegen fortgenommen zu haben und gab dem Schmied alles zurück.

Nach einiger Zeit sprach der König zu Wieland: „Geh' nun zur Schmiede und setze dich an die Arbeit: du hast es mit einem geschickten und bösen Mann zu tun." Wieland machte in sieben Tagen ein Schwert; der König kam selbst in die Schmiede, es anzusehn. Sie gingen an einen Fluß: Wieland warf eine Wollflocke hinein, einen Fuß dick, und tauchte das Schwert ein, mit der Schneide gegen den Strom gewendet: die Flocke trieb an, und das Schwert zerschnitt sie. Der König nannte es ein gutes Schwert, Wieland aber sagte: „Es soll noch viel besser werden." Und ging zur Schmiede, zerfeilte das Schwert, schmolz die Feilspäne zusammen, schied alles Ungehärtete daraus und schmiedete es neu. Mit diesem zerschnitt er eine zwei Fuß dicke Wollflocke im Strom: aber er zerfeilte es abermals, und wie er es zum drittenmal geschmiedet hatte, waren drei Wochen verstrichen. Das Schwert war nun mit Gold eingelegt und hatte einen schönen Griff und war um vieles kleiner als die ersten. Im Strom zerschnitt es eine drei Fuß dicke Wollflocke ebenso leicht wie das Wasser selbst. König Nidung war sehr froh und sprach: „Das ist das beste Schwert in der Welt. Das soll mir gehören und ich will es immer tragen, wann ich in den Kampf reite."

Wieland antwortete: „Niemand als dir gönne ich

dieses Schwert: aber ich will es noch mit Scheide und
Gehäng ausrüsten, ehe ich es dir gebe. Damit war der
König zufrieden und ging. Wieland machte ein andres,
dem ersteren so ähnliches Schwert, daß niemand sie unter=
scheiden konnte. Das gute aber versteckte er unter seine
Schmiedebälge: „Liege du dort, Mimung, vielleicht be=
darf ich deiner."

Am festgesetzten Tage zeigte sich Amilias prahlend allen
Leuten in seiner Rüstung und setzte sich im Hofe des
Königs auf einen Stuhl und war bereit, die Wette aus=
zumachen. Wieland holte sein Schwert Mimung, stellte
sich hinter Amilias und setzte ihm die Schwertschneide auf
den Helm und fragte, ob er etwas spüre? „Hau' zu
ober stich aus aller Kraft, du wirst es nötig haben," ant=
wortete Amilias. Nun drückte Wieland mit dem Schwerte
unb zog daran, daß es burch Helm unb Haupt und Brünne
und Rumpf fuhr bis auf den Gürtel. Und so starb
Amilias. Da sagte mancher: „Wen der Hochmut am
höchsten hebt, den läßt er am schnellsten fallen." Und
der König verlangte das Schwert, denn er wollte es gleich
mit forttragen. „Herr, ich muß doch zuvor die Scheide
holen, und will dir alles zusammen geben," sprach Wieland
und eilte in die Schmiede. Mimung warf er wieder
unter seine Schmiedebälge, nahm das andre Schwert, stieß
es in die Scheide unb überbrachte es dem König.

Wieland ward nun des Königs Schmied unb arbeitete
ihm köstliche Kleinode. Er wurde weithin so berühmt,
daß man von einem vorzüglichen Geschmeide sagte, „der
es gemacht habe, wäre ein Wieland an Geschicklichkeit".

Einst als König Nidung in den Krieg fuhr und schon
fünf Tage mit seinem Heer ausgezogen war, gewahrte
er, daß er seinen Talisman, einen Siegesstein, zu Hause
gelassen hatte. Er versprach dem, der ihm den Siegesstein

bis zum andern Tage bringen würde, seine Tochter und
ein Drittel seines Reiches zu geben. Am andern Tage
sollte die Schlacht sein. Wieland war dazu bereit und
sprengte auf seinem Hengst Schimming zurück. Um
Mitternacht langte er vor des Königs Burg an, und noch
bevor die Sonne aufging, traf er wieder bei dem Heer
ein. Des Königs Truchseß ritt ihm mit sechs Kriegern
entgegen und wollte den Siegesstein von Wieland er=
handeln: als dieser sich weigerte, griff der Truchseß
ihn an: aber Wieland erschlug ihn; die sechs Krieger
flohen davon. Wie König Nidung die Tat erfuhr, ward
er zornig und bannte Wieland aus seinem Reich bei
Todesstrafe. Wieland sprach: „Das tust du mir, weil du
dein Versprechen nicht halten willst." Er zog fort und
niemand wußte, wohin.

2. Wieland in Wolfstal.

Wieland suchte seine beiden Brüder Egil (Eigel) und
Slagfidr auf: mit ihnen zog er in einen von Menschen
unbewohnten Wald: „ein Wolfstal". Dort bauten sie
sich Häuser. Am Wolfssee fanden sie einst in der Morgen=
frühe drei Frauen, die waren Walküren, neben ihnen lagen
ihre Schwanenhemden: sie saßen und spannen Flachs. Die
Brüder ergriffen die Hemden und zwangen die Mädchen,
ihnen als ihre Frauen zu folgen. Egil nahm Ölrun,
Slagfidr Svanhvit, Alvit wurde Wielands Gemahlin.
Sieben Winter lebten sie so, den achten grämten sich die
Frauen und im neunten brachen sie ihre Bande und zogen
wieder auf Urlog (Kriegsfahrt). Die drei Brüder kamen aus
dem Forst von der Jagd und fanden ihren Herd verlassen.
Zwei zogen aus, ihre Frauen zu suchen: Wieland blieb
zurück und harrte, ob Alvit wiederkommen würde. Er saß

im Waldhaus und schlug funkelnd Gold und schnürte
rote Ringe auf Lindenbast.

Da hörte Nidung, daß Wieland einsam in Wolfstal
in der Waldschmiede sitze. Er fuhr in mondheller Nacht
mit einer Schar Gewappneter dorthin. Ihre Helme
blinkten im Schein der Mondsichel. An der Türe des
Hauses stiegen sie ab und gingen in den Saal. Wieland
fanden sie nicht: aber sie sahen die Ringe am Lindenbaste
schweben, sie banden sie ab, siebenhundert waren's und
banden sie wieder an: nur einen nahm Nidung davon,
den Ring Alvits. Dann verbargen sie sich und erwarteten
den Schmied. Der kam, vom Weidwerk wegmüde: er
ging zur Feuerstelle und briet der Bärin Fleisch, die er
erjagt hatte. Auf der Bärenschur sitzend, zählte er die
Ringe und vermißte den einen. Da dachte er, Alvit, die
junge, sei zurückgekehrt und hätte ihn sich genommen[1]). So
saß er lange, bis er einschlief; er erwachte traurig: Fesseln
fühlte er an Händen und Füßen. „Wer sind die Leute,
die mich in Bande legten?" fragte er. König Nidung
trat aus seinem Versteck und rief: „Woher nimmst du,
Wieland, weiser Elbe, das Gold hier in Wolfstal?"

„Hier war kein Gold," antwortete Wieland trotzig. —
„Als ich daheim war, hatt' ich wohl mehr" — und weigerte
die Auskunft. Der König führte ihn nun mit sich auf
seine Burg; das Schwert Mimung hatte er ihm genommen
und trug es selbst, den Goldring gab er seiner Tochter
Badhild. Wieland sann heimlich auf Rache: er machte
sich unkenntlich, schlich sich unter des Königs Köche, briet
und kochte mit ihnen und mischte einen Liebeszauber in
Badhilds Speise. Als die Schüssel vor die Jungfrau

---

[1]) Denn es war wohl der Schwanenring, durch dessen Anlegen
sie sich in Menschengestalt wandeln konnte (S. 158).

gesetzt ward, stach sie mit einem Messer hinein. Das
Messer, von Zwergen geschmiedet, hatte aber die Eigen=
schaft, daß es erklang, sobald es eine Speise berührte, in
welcher Unreines war. Das Messer erklang, und die
Jungfrau erkannte, daß ein Trug in der Speise war und
sagte es ihrem Vater. Zornig besahl der, den Koch aus=
zuforschen: da wurde Wieland entdeckt und vor Nidung
geführt: „Übles hast du getan, aber du sollst deines Lebens
nicht beraubt werden," sprach der König, und auf den
Rat der Königin ließ er dem kunstfertigen Schmied die
Sehnen an den Kniekehlen durchschneiden, so daß er ge=
lähmt war und nicht entlaufen konnte. Dann ward er
wieder in seine Schmiede gebracht, dort sollte er sitzen und
für den König Waffen und Kleinode schmieden. Niemand
getraute sich, zu ihm zu gehen als allein der König:
„Deine Kunstfertigkeit mag ich nicht missen, Wieland: dar=
um ließ ich dich lähmen, aber ließ dir doch das Leben:
ich will dir die Schmach büßen mit Gold und Gestein,
soviel du verlangst: schmiede nun wieder für mich wie
ehedem." Und nun glaubte der König recht weise getan
zu haben; aber schlaflos saß Wieland und schlug mit dem
Hammer funkelnd Geschmeid und sann auf Rache.

3. Wielands Rache.

Einst liefen zwei Söhnlein des Königs in die Schmiede
und kamen an eine Truhe, darinnen sahen sie Gold und
Gestein und wollten alles anschauen.

Wieland sprach zu ihnen: „Geht und kommt wieder,
wenn frischer Schnee gefallen ist: kommt rückwärts ge=
gangen: kommt allein und sagt niemand davon: dann
will ich euch alles zeigen und von dem Golde geben." Es
war aber Winter und in derselben Nacht fiel ein frischer

Schnee: da liefen die Knaben in der Frühe rückwärts zur
Schmiede und ließen sich die Kiste öffnen. Eifrig beugten
sie ihre Köpfe über, um zu schauen: da warf Wieland
den schweren Deckel zu, der schnitt ihnen die Köpfe ab.
Im Sumpf unter seinem Wassertroge verbarg er die
Rümpfe.

Die Königssöhne wurden bald vermißt: niemand
wußte, wohin sie verschwunden waren: man begann, sie
zu suchen und kam auch zu Wieland in die Schmiede. Er
sagte, sie seien dort gewesen und wieder fortgegangen, er
habe sie gehen sehen auf dem Weg zur Königshalle. Da
gingen die Boten heim und sahen, daß die Fußspuren der
Kinder sich heimwärts wandten, und so hatte niemand
Verdacht auf Wieland. Man suchte sie viele Tage vergeblich, und der König dachte nun, daß ihnen im Walde
ein Verderben begegnet sei von wilden Tieren, oder daß
die See sie verschlungen hätte.

Aber Wieland fertigte aus den Schädeln Trinkgeschirre
und sandte die dem König, aus den Augen Edelsteine für
die Königin und aus den Zähnen Halsgeschmeide für Badhild. Bald darauf zerbrach Badhild jenen Ring, den ihr
der König gegeben hatte, ging zur Schmiede und bat
Wieland, ihn ihr wieder auszubessern. „Keinem wag' ich's
zu sagen außer dir allein.“ „Ich beff're ihn dir so,“
sprach Wieland, „daß er deinen Vater schöner, deine
Mutter besser und dich ebensogut dünkt.“ Aber er verschloß die Schmiede und zwang sie, sich ihm zu vermählen.
Dann besserte er ihr den Ring, ehe sie schieden. —

In dieser Zeit kam Egil, Wielands Bruder, an des
Königs Hof, weil Wieland ihm Botschaft gesendet hatte.
Er schoß mit dem Handbogen besser als alle andern
Männer. Der König nahm ihn wohl auf und wollte er-
proben, ob er so gut schieße, als die Sage ging. Er ließ

den drei Jahre alten Sohn Egils nehmen und ihm einen
Apfel auf den Kopf legen, und Egil sollte den Apfel
treffen; und nur einen Pfeil durfte er verschießen. Egil
nahm drei Pfeile, legte einen auf die Sehne und schoß
den Apfel mittenentzwei. Da lobte der König den Schuß
und fragte, weshalb er drei Pfeile genommen habe, da
er doch nur einen Schuß tun durfte? „Herr," antwortete
Egil, „ich will dich nicht belügen: hätt' ich den Knaben
getroffen, so hatte ich dir diese zwei Pfeile zugedacht."

Wieland ließ durch Egil Badhild zu einem geheimen
Zwiegespräch bitten: da wuchs ihre Liebe zueinander.
Sie berieten manches, sie gelobten sich da, einander treu
zu bleiben; und Wieland sprach: „Wenn du einen Sohn
gebären wirst, und ich ihn nicht sehe, so sage ihm einst,
daß ich ihm Waffen geschmiedet und dort verborgen habe,
wo das Wasser hinein= und der Wind hinausgeht¹)."

Egil mußte seinem Bruder Federn zusammentragen,
große und kleine: er erjagte darum allerhand Vögel, und
Wieland machte sich ein Flügelhemd, das sah dem Feder=
hemd eines Geiers ähnlich. Er bat Egil, hineinzufahren
und es zu versuchen. „Hebe dich gegen den Wind empor
in die Luft und setze dich mit dem Wind." Egil flog in
dem Hemd empor in die Luft, leicht wie der schnellste
Vogel: — als er sich aber setzen wollte, stürzte er heftig
zur Erde. Da sprach er: „Wäre so gut sich setzen in dem
Hemd, wie damit fliegen war, so wäre ich jetzt weit weg
und nimmer bekämst du es wieder." „Ich will daran
bessern, was fehlt," sprach Wieland. Mit Egils Hilfe
fuhr er selbst hinein und hub sich dann lachend in die
Luft. „Falsch wies ich dir, wie du es gebrauchen solltest:
wisse, alle Vögel setzen sich gegen den Wind und heben

¹) Dort, wo er seine Esse kühlte.

sich ebenso empor. Nun will ich heimfahren: zuvor aber
mit dem König eine Unterredung haben. Wenn er dich
dann zwingt, nach mir zu schießen, so ziele unter meinen
linken Arm: darunter hab' ich eine Blase voll Blutes ge=
bunden: du ziele so, daß dein Schuß mich nicht verwun=
det. Tue das um unsrer Brüderschaft willen."

Wieland flog auf den höchsten Turm in des Königs
Hof und rief laut, daß er mit dem König zu sprechen
habe. Nidung saß seit dem Verlust seiner Knaben traurig
in seiner Halle; er sah den Schmied und sprach zu seiner
Königin: „Immer gemahnt's mich deiner falschen Rat=
schläge und des Todes meiner Söhne; ich will nun Wie=
land darum befragen." Er ging hinaus und fragte:
„Sage mir, Wieland, was ward aus meinen Söhnen?"
Wieland antwortete: „Erst sollst du mir alle Eide leisten,
bei Schwertes Spitze und Schiffes Bord, bei Schildes
Rand und Rosses Bug, daß du Wielands Weib nicht
tötest, hätt' ich auch ein Weib, dir nah verwandt, oder
auch ein Kind hier im Hause."

Nachdem er so Weib und Kind vor des Königs Zorn
gesichert hatte, antwortete er auf des Königs Frage:
„Stets war ich eingedenk des Verrats, den du an mir
verübt hast: — nun flieg' ich von hinnen und nie be=
kommst du mich wieder in deine Gewalt, solange du
lebst. Geh zur Schmiede: dort findest du deiner Knaben
Rümpfe: aus ihren Schädeln macht' ich dir Trinkbecher,
und Geschmeide für die Königin und eure Tochter. Bad=
hild aber ist mein Weib."

Zornig befahl der König Egil, bei Verlust seines Lebens,
auf Wieland zu schießen. Egil legte einen Pfeil auf die
Sehne und schoß, so wie sie es verabredet hatten. Als das
Blut niederfloß, glaubte der König, Wieland sterben zu
sehen. Aber lachend hob sich der Schmied in die Luft;

traurig schaute ihm Nidung nach. Dann ging er zu Badhild und fragte sie, ob Wieland wahr geredet habe? „Wahr ist es,“ sprach sie, „in der Schmiede ward ich Wielands Weib.“

Sie gebar einen Knaben, schön von Wuchs und Ansehn, der wurde Wittig genannt. Der König erkrankte bald danach und starb. Das Reich nahm sein Bruder: der war bei allen Leuten beliebt und freundlich gegen seine Niftel.

Als Wieland auf seinen Höfen in Seeland das hörte, sandte er eine Botschaft nach Jütland und bat um Frieden und Versöhnung. Der junge König war gern dazu bereit.

Wieland fuhr nach Jütland und empfing aus des Königs Händen Badhild und seinen drei Winter alten Sohn Wittig. Er zog mit ihnen zurück in seine Heimat. Die Waffen, die er für Wittig geschmiedet hatte, holte er erst unter dem Essenstein hervor. Auch Mimung erhielt er zurück; der König gab ihm Gold und Schätze, und sie schieden als gute Freunde. Wieland lebte lange auf Seeland und ward berühmt weit durch die Welt wegen seiner Geschicklichkeit.

III. Walther und Hildgund.

1. Die Flucht.

König Etzel ließ das Heerhorn blasen: an den Rhein gegen die Franken und weiter nach Burgund und Aquitanien ging sein Heerzug. Gibich, der Franken-

könig, erkaufte sich Frieden: er zahlte Zins und stellte
seinen jungen Vetter Hagen als Geisel, weil sein Sohn
Gunther noch allzujung war [1]). Herrich von Burgund ver-
geiselte dem Heunen seine Tochter Hildgund und Alphart
von Aquitanien seinen Sohn Walther. Hildgund war
sieben und Walther zwölf Winter alt. Zufrieden mit
seiner Beute kehrte Etzel wieder um. Die Geiseln wurden
gehalten wie eigne Kinder. Die Jünglinge wuchsen zu
tapfern Recken heran und gewannen Etzels Gunst. Die
Jungfrau ward der Königin lieb: sie erteilte ihr das Amt
einer Schatzmeisterin. Als aber Gibich starb und Gunther
König in Worms war, brach er das heunische Bündnis
und verweigerte den Zins. Sobald Hagen das erfuhr,
entfloh er heimlich nach Worms. Nun wurde die Heunen-
königin besorgt, daß Walther auch so tun werde, und riet
dem König, Walther seßhaft zu machen durch Vermählung
mit einer Heunenfürstin. Allein Walthers Sinn stand auf
andre Dinge; er merkte, daß ihm der König die Wege
verlegen wollte, und geschickt wußte er das Anerbieten
abzulehnen. In einem bald darauf ausbrechenden Krieg
erstritt Walthers Tapferkeit den Sieg für Etzel. Als er
aus der Schlacht zurückkehrte und kampfmüde in die
Königshalle trat, traf er Hildgund dort allein und ließ
sich von ihr einen Becher Firneweins reichen. Sie wußten,
daß ihre Väter sie dereinst miteinander verlobt hatten;
traulicher Zwiesprach pflagen sie da: er faßte der Jungfrau Hand und sprach: „Wie lange noch sollen wir der
Fremde Leid tragen und sind doch füreinander bestimmt?"

---

[1]) Nach dieser Sage heißt Gunther ein Frankenkönig zu
Worms, während er im Nibelungenlied (s. unten 5. Buch VI)
als Burgundenkönig zu Worms herrscht; hier gilt Herrich zu
Chalons als Burgundenkönig.

Aufflammte Hildgunds blaues Auge: „Was redet deine Zunge, wonach dein Herz nicht begehrt!“

„Hör' mich, Hildgund! Ich wüßt' ein süß Geheimnis, wolltest du verschwiegen sein.“ Da stürzte das Kind ihm zu Füßen· „Wohin du willst, ich folge dir nach.“

Er hob sie auf, tröstete sie und sprach: „Heimweh verzehrt meine Seele! Doch bliebest du zurück, wäre Flucht mir kein Gewinn. Höre nun,“ fuhr er flüsternd fort, „nimm aus dem Königsschatz des Königs Helm und Waffenhemd und Riemenpanzer; die stelle mir zurecht; dann fülle zwei Schreine mit Gold und Spangen, so hoch, daß du sie kaum vom Boden zur Brust heben kannst. Auch beschaffe vier Paar starker Schuhe für mich, desgleichen vier für dich: — der Weg wird lang sein. Beim Schmied heische krumme Angeln, weil wir auf der Reise von Fischen und Vögeln leben müssen. Das alles halte bereit heut über sieben Tage; dann sitzt der König mit den Seinen beim Gelag, und wenn sie dann alle weintrunken schlafen, — dann reiten wir der Heimat zu.“

So geschah es. Als nun um Mitternacht Etzel und alle Heunen wein= und schlaftrunken dalagen, rief Walther Hildgund in den Burghof. Er führte sein Roß aus dem Stall, hing ihm beide Schreine und ein Körbchen mit Speise über den Rücken. Dann hob er die Jungfrau in den Bügel und schwang sich in den Sattel, gepanzert und geschient. Es hing ihm zur Linken sein eignes Schwert, zur Rechten Etzels krummer Säbel, dazu trug er Schild und Speer. Hildgund führte die Zügel und hielt die Angelruten in der Hand. So entflohen sie im Schutz der Nacht.

Hoch stand schon die Sonne, als die trunkenen Heunen erwachten. Vergebens rief Etzel nach Walther, die Königin nach Hildgund: sie gewahrten bald, daß die beiden ent=

30*

flohen waren. Die Königin war untröstlich, der König entbrannte in bösem Zorn: er zerriß den Purpur und schleuderte ihn von sich: einen Haufen Goldes verhieß er dem, der ihm Walther gebunden zurückführe, aber keiner hatte Lust dazu. Die Fliehenden ritten unterdessen hastig weiter in der Nacht, bei Tag bargen sie sich im Waldes- dunkel und hielten Rast. Sie mieden der Menschen Be- hausungen und suchten ihren Weg im bahnlosen Gebirge. Walther fing Vögel und Fische, dem Hunger zu wehren. Am Abend des vierzehnten Tages erreichten sie den Rhein bei Worms: dem Fährmann gab Walther als Fahrgeld die letzten Fische, die er in der Donau gefangen hatte. Der Ferge trug sie andern Tages zu des Königs Küchen- meister; der briet und würzte die Fische und setzte sie dem König vor. Erstaunt rief Gunther, daß er nie solche Fische gegessen habe. Der Koch verwies an den Fergen und der erzählte von dem gepanzerten Helden auf starkem Roß und der leuchtenden Jungfrau vor ihm im Sattel, von den zwei Schreinen, die am Bug des Rosses nieder- hingen, und daß es darin erklungen sei wie von Gold und Edelsteinen, wann das Tier den Nacken schüttelte, die Fische aber habe ihm der Held als Fahrlohn gegeben.

Da rief Hagen: „Freut euch mit mir! Walther, mein Gesell, kehrt heim von den Heunen.“

„Freut euch vielmehr mit mir,“ entgegnete Gunther übermütig. „Der Schatz, den mein Vater den Heunen zahlen mußte, kehrt heim.“

Den Zechtisch stieß er um mit dem Fuß und hieß die Rosse satteln. Zwölf seiner stärksten Recken wählte er aus, auch Hagen, der ihn vergebens bat, davon abzustehen, wegen seiner Freundschaft mit Walther.

„Hüllt eure Heldenknochen in Eisen,“ befahl der König, „und folgt mir, dem Räuber den Schatz abzujagen.“

Walther eilte unterdessen unablässig fort und kam in den Wasichenwald¹), wo er zwischen zwei Bergen eine zackige Schlucht fand, in welcher er rasten wollte. Seit ihrer Flucht hatte er nur auf des Rosses Rücken, über den Schildrand nickend, geschlafen. Nun legte er die Waffen ab und streckte sich zur Ruhe, das Haupt in Hildgunds Schoß. Die Jungfrau hielt Wache, während Walther schlief.

2. Der Kampf.

Gunther fand bald im Sande die Spur von Huf= tritten: die Rosse spornend, gelangten er und seine Recken an den Fuß der Felsschlucht.

„Das geht so glatt nicht ab," warnte ihn Hagen. Hildgund aber schaute zu Tal und sah Lanzen blinken: leise weckte sie Walther.

„Die Heunen sind da! Hau' ab mein Haupt, daß ich keines andern Mannes werden muß." Walther waffnete sich, hinabschauend, und tröstete Hildgund: „Nicht Heunen, — Franken sind es und fürwahr," — er deutete auf einen Helm, — „das ist Hagen, mein alter Gesell. „Er trat nun an das schmale Felsentor: Hagen erkannte ihn und bat den König nochmals, friedlich wegen des Schatzes zu verhandeln. Da entsandte der König Ganelo von Metz. Der ritt hinauf und fragte nach Walthers Namen und Vorhaben.

„Fürwahr, was ficht Euch an, mich auszuforschen?" antwortete Walther. „Doch weil dich König Gunther sendet, — Walther von Aquitanien bin ich und, der Geisel= schaft müde, wandt' ich mich und ziehe nun in die Heimat."

---

¹) Auch Wasgen=wald, Wasgen=stein, d. h. Vogesen.

„Roß und Schreine und die Jungfrau lief're aus: —
dann sei dir dein Leben geschenkt."

„Wie kann dein König schenken, was mein eigen?
Doch hundert Spangen will ich geben, des Königs Namen
zu ehren."

Hagen riet zur Annahme, aber der König schalt ihn:
„Du artest deinem Vater nach: auch er focht lieber
mit Worten als mit Waffen."

Da ritt Hagen abseits auf einen Hügel, stieg vom
Roß und schaute zu. Gunther winkte Ganelo, der flog
zurück mit der Antwort.

„Den ganzen Schatz lief're aus."

„Zweihundert Spangen will ich geben ums Wegrecht,
— zeig's deinem König an."

„Des Redens bin ich satt: setzt gilt's dein Blut,"
rief Ganelo, hob den Speer, zielte und warf. Walther
bog ihm aus, der Speer flog in den Rasen. Nun sauste
Walthers Schaft: der fuhr durch Ganelos Schildrand, seine
Rechte durchbohrend, und drang mit der Spitze tief in
des Rosses Rücken: rasch sprang Walther hinzu und mit
einem Schwertstoß sanken Roß und Reiter nieder.

„Jetzt sterb' ich, oder räche des Oheims Fall," rief
der goldlockige Skaramund und sprengte hinauf: er warf
zwei Lanzen zugleich: die eine flog ins Gras, die andre
traf nur den Schildrand: nun drang er mit gezücktem
Schwert ein — aber Walthers Speer durchstach ihm den
Hals, tot fiel er vom Roß neben dem Oheim.

Werinhard ritt als dritter hinauf: er führte Pfeil
und Bogen. Von weitem richtete er seine Geschosse auf
Walther: der deckte sich mit seinem großen Schild, und
als der Schütze nahe kam, war der Köcher schon leer, und
bevor er das Schwert geschwungen, warf Walther den
Speer: der traf das Roß, das bäumte sich und warf den

Reiter ab. Dem Fallenden entriß Walther das Schwert und hieb ihm das blonde Haupt ab. Nun entsandte der König Ekkefried, den Sachsen, der am Frankenhof in Verbannung lebte, weil er seinen Herzog erschlagen hatte. Auf rotbraunem Schecken trabte er den Felsweg hinauf. Sein Eisenspeer prallte ab an Walthers Schild, und Walther warf ihn so grimmig zurück, daß das Eisen Ekkefrieds tierhautbespannten Schild zerspaltete, ihm den Rock zerriß und tief in die Lunge fuhr. Todwund sank Ekkefried vom Roß: das führte Walther als Beute mit sich.

Hadwart folgte als fünfter Kämpe: der ließ den Schaft zurück und vertraute seinem scharfen Schwert. „Des Feindes Schild laß mir, König Gunther, wenn ich den Sieg gewinne,“ bat er. Die Leichen sperrten seinem Roß den Weg, darum stieg er ab. Lang kämpften die zwei, Hadwart mit dem Schwert, Walther mit dem Speer: da wollte der Frauke mit einem gewaltigen Hieb den Streit beenden, doch Walther fing den Streich und zwang ihm das Schwert aus der Faust, daß es sausend seitab flog. Hadwart sprang der Waffe nach, Walther folgte, hob mit beiden Händen den Speer und durchstach Hadwart mit tödlichem Stoß den Nacken: mit dumpfem Krach fiel er.

Patafried, Hagens Schwestersohn, eilte jetzt zum Kampf: vergebens bat ihn der Ohm, davon abzulassen: der Jüngling begehrte allzusehr nach Heldenehren. „Schlänge doch Hel das goldne Erz hinab!“ grollte da Hagen, „in den Tod reitest du, Patafried! — was soll ich deiner Mutter, was deinem jungen Weibe sagen!“ Walther hörte von fern des Freundes Klage und sprach gerührt zu dem Anstürmenden: „Steh’ ab: hier liegen schon manche Recken: es wäre mir leid, dich ihnen beizugesellen.“

„Was kümmert das dich! Steh’ und ficht!“ rief der

Jüngling entgegen und schon flog sausend sein knorriger
Speer: mit dem eignen schlug ihn Walther zur Seite,
zu Hildgunds Füßen fiel er nieder. Aufschreiend lugte
sie aus der Felsspalte hervor, ob ihr Freund sich noch
halte. Noch einmal warnte Walther, doch wütend stürmte
Patafried mit gezücktem Schwert an. Schweigend deckte
sich Walther, und als sein Gegner nun zu mächtigem Hieb
ausholte, senkte er sich ins Knie und bog ihm aus, daß
die Wucht des leeren Streiches Patafried zu Boden riß;
blitzschnell sprang nun Walther auf und durchbohrte dem
Jüngling den Leib. Seinen Fall zu rächen, kam Ger=
wig gesprengt: die doppelschneidige Streitart warf er nach
dem Gegner: schnell hob der den Schild, stieß die blutige
Klinge ins Gras, griff nach dem Speer und stellte sich
dem Angriff. Wortlos kämpften sie: der den Freund zu
rächen, der für sein Leben. Gerwig tummelte sein Roß
im Kreis, Walther zu ermüden: da ersah dieser den
Augenblick, als der Franke den Schild hob: schnell flog
sein Speer und durchstach dem Feinde die Weiche. Mit
lautem Schrei fiel er auf den Grund — er war ein
stolzer Graf im Wormser Gau gewesen.

Nun stutzten die Franken und baten Gunther, vom
Streit zu lassen. „Hei, ihr Tapfern! Schafft Unglück
euch Furcht, statt Zornes? Soll ich als geschlagener
Mann zu Worms durch die Gassen ziehen? Zuvor reizte
mich des Fremden Gold, nun dürstet mich seines Blutes.
Blut heischt Blut: Auf!" — Da entbrannten alle zu
neuem Kampf: jeder wollte der erste sein: hintereinander
trabten sie den Felsenpfad hinau. Indes hatte Walther
den Helm abgenommen und hing ihn an einen Baum,
sich ein wenig zu kühlen. Da rannte Randolf mit
schwerer Eisenstange heran und hätte den Unbehelmten
schier durchbohrt. Doch der trug auf der Brust ein

Geſchmeide, von Wielands Hand verfertigt (S. 458), das
wehrte den Stoß: die Stange ſplitterte. Raſch hielt
Walther den Schild vor, den Helm konnte er nicht mehr
aufſetzen: denn ſchon ſauſte ihm Randolfs Schwert um
die Ohren: zwei Locken ſchor es ihm ab; der zweite Hieb
blieb in Walthers Schilde ſtecken. Blitzſchnell ſprang der
Held zurück und wieder vor und riß Randolf von dem
Gaul herunter, daß er das Schwert verlor, und, den ge=
panzerten Fuß ihm auf die Bruſt ſetzend, hieb Walther
ihm das Haupt ab.

Eilig ſprang Helmnot zu Fuß vor: er ſchleppte einen
ſchweren Dreizack an einem Seile, das hielten hinter ihm
ſeine Genoſſen gefaßt. Hoch ſchwang er den Dreizack:
ſauſend kam das Geſchoß gegen Walther geflogen, ſpaltete
den Stachel am Schild und haſtete darin. Scharf zogen
und zerrten die Franken an dem Seil, Walther zu Fall
zu bringen, ſelbſt der König faßte mit an. Aber feſtge=
wurzelt wie die Eſche ſtand Walther und waulte nicht:
wenigſtens den Schild wollten die Franken ihm vom Arm
reißen. Viere waren ſie noch außer Hagen. Walther
ward wild über ſolches Streiten: den Schild ließ er
fahren, barhäuptig ſprang er in die Feinde. Eleuther
ſpaltete er Helm und Haupt und Nacken bis in die Bruſt
mit einem Schlag: Trogus hing verwickelt im Seil: —
bei dem Ziehen hatten die Franken die Waffen abgelegt:
die wieder zu nehmen, ſprang Trogus vergebens auf:
Walther durchhieb ihm die Waden und nahm ihm den
Schild, bevor Trogus dieſen am Boden ergreifen kounte.
Der Wunde griff nach einem Feldſtein und warf ihn mit
ſolcher Gewalt, daß der kaum gewonnene, ſtierhautbe=
ſpannte Schild an Walthers Arm zerbarſt. Im Graſe
kriechend, ſchwang nun Trogus das Schwert: — da ſchlug
ihm Walther die Schwerthand ab, und ſchon wollte er

ihm den Todesstreich geben, als Tannast, der nun, gleich
dem König, die Waffen wiedergewonnen hatte, heraneilte,
den Wunden mit seinem Schild zu decken. Unwillig
wandte sich Walther gegen ihn: mit durchhauener Schulter
und durchstochener Seite sank Tannast ins Gras. Trogus
stieß bittere Schmähungen gegen Walther aus. „So stirb
denn!“ rief der Held und erdrosselte den Schmäher mit
seiner eignen güldenen Kette.

Entsetzt floh Gunther talab, schwang sich auf sein Roß
und ritt zu Hagen; mit Bitten suchte er ihn zum Kampf
zu bewegen. Doch kalt antwortete Hagen: „Mir lähmt
ja das feige Blut den Arm: mein Vater sucht ja schon
lieber mit Worten als mit Waffen: für immer hast
du mit jenem Wort mein Schwert in die Scheide gestoßen.“
— Der König ließ aber nicht ab: er mahnte ihn, der
Franken Ehre zu gedenken und diesen Schimpf von ihr
zu wenden: kniefällig mit aufgehobenen Händen bat er.
Da faßte Hagen Erbarmen: „Ich werde gehen, König
Gunther! Die Treue heischt es: für den König, gegen
den Freund.“

Und nun riet Hagen: zum Schein wollten sie ab-
ziehen, dann werde Walther den Engpaß verlassen und
sie könnten ihn im offnen Feld angreifen. Vor Freuden
umarmte und küßte der König Hagen; dann ritten sie
fort, legten sich in einen Hinterhalt und ließen die Rosse
im Walde grasen.

Walther hatte ihre Umarmung gesehen und fürchtete
böse List: er beschloß, die Nacht im Engpaß zu verbleiben. Dorngestrüpp und Strauchwerk hieb er sich vom
Hag ab und verschloß die Schlucht mit stacheligem Ver-
hack. Dann fing er zuerst die Rosse der Toten ein und
band sie zusammen: sechs waren's noch: zwei waren getötet, drei hatte der König mitgenommen. Darauf legte

er die Rüstung ab, labte sich an Speis und Trank und
streckte sich auf den Schild zur Ruh'. Die ersten Stunden
wachte Hildgund: zu seinen Häupten sitzend, scheuchte sie
den Schlaf mit Gesang. Nach Mitternacht löste Walther
sie ab und wandelte auf und ab, den Speer in der Hand.

Als der Morgen dämmerte, schritt er zu den Er=
schlagenen und nahm ihnen die Waffen, — doch ließ er
ihnen die Gewande — damit belud er vier Rosse, aufs
fünfte hob er die Jungfrau, das sechste bestieg er selber.
Vorsichtig, ringsum ausschauend, trat er vor den Eng=
paß: alles war still. Nun trieb er die vier Rosse voran,
dahinter folgte Hildgund: er selber führte das Roß mit
den Schreinen am Zügel und beschloß den Zug als Hüter.
Kaum waren sie tausend Schritt gekommen, da gewahrte
Hildgund umblickend zwei Männer, die ihnen scharf nach=
ritten. Walther wandte sich und erkannte die Feinde.
Die Zügel des Goldrosses gab er Hildgund: „Der dichte
Busch dort bietet dir sicheren Zufluchtsort: ich will hier
am Bergrand die Feinde erwarten."

Während Hildgund ihm gehorchte, rückte er ruhig
Schild und Speer zurecht, da schrie ihn Gunther schon
von weitem an. Verächtlich entgegnete Walther kein
Wort: an Hagen wandte er sich: „Hagen, alter Genoß!
Was ist geschehen, daß du mir die Wege verlegst? Ge=
denkst du nicht mehr unserer Freundschaft? Steh' ab und
ich will dir den Schild mit rotem Golde füllen."

Aber Hagen wies das Gold zurück und forderte Rache
für seines Neffen Tod. Er sprang vom Roß: der König
und Walther taten desgleichen und nun standen zwei gegen
einen. Hagen brach zuerst den Frieden. Zischend flog
sein Speer: Walther hielt den Schild schräg entgegen:
— das Geschoß prallte zurück und wühlte sich tief in den
Rasen ein. Gunther warf den schweren Eschenschaft kecken

Mutes, doch mit schwacher Kraft: er traf nur den Schild=
rand, Walther schüttelte das Eisen ab. Nun griffen die
Franken zum Schwert.

Walther wehrte sich mit dem Speere, daß die kurzen
Klingen ihn nicht erreichen konnten. Da winkte der König
Hagen, vorzudringen, stieß die Klinge in die Scheide und
faßte den Speer, der dicht vor Walthers Füßen lag:
doch der sprang an gegen Hagen und trat auf den Schaft,
daß der König waulte und schier erlegen wäre, hätte nicht
Hagen ihn beschirmt.

Walther stand sich verteidigend, wie der Bär vor der
Meute. Gewaltig warf er nun seinen Speer auf Hagen,
ihn leicht verwundend, dann sprang er mit dem Schwerte
gegen Gunther, schlug ihm den Schild zur Seite und hieb
ihm Bein und Schenkel bis zur Hüfte weg. Von neuem
holte er aus zum Todesstreich: da warf Hagen das eigne
Haupt dem Hieb entgegen: sein Helm war stark, Funken
sprühten und Walthers Schwert sprang in Stücken. Zornig
warf Walther den Griff von sich — das ersah Hagen
und hieb ihm die ungedeckte Rechte ab. Doch Walther
verbiß den Schmerz: er schob den blutigen Stummel in
den Schild, riß mit der linken Faust das krumme Schwert
Etzels von seiner rechten Hüfte und stieß damit Hagen
das rechte Auge aus, durchschnitt ihm die Schläfe, spaltete
seine Lippe und riß ihm noch sechs Backenzähne weg. So
endete der Kampf: der König lag am Grund, — Hagen
und Walther setzen sich: mit Kräutern stillten sie den
Blutstrom ihrer Wunden. Walther rief Hildgund, die kam
und legte ihnen guten Verband an. „Nun gib uns Wein,
wir haben ihn verdient! Der erste Trunk sei Hagen ge=
reicht: treu war er seinem König und tapfer im Kampfe;
dann reich' ihn mir, zuletzt mag Gunther trinken! nur
lässig hat er gestritten."

Aber Hagen sprach zu ihr: „Walther, deinem Herrn
biete den ersten Becher: er hat das meiste geleistet." Sie
schlossen Frieden, und trieben Scherz und Kurzweil beim
Becherklang.

„Nun wirst du künftig um die rechte Hüfte dein
Schlachtschwert gürten," rief Hagen, „und Hildgund mußt
du mit der Linken umarmen, — und alles, was du tust,
wird linkisch sein."

„Hör' auf, Einäugiger," lachte Walther, „ich werde
mit der Linken noch manchen Hirsch niederstrecken, derweil
dir Eberfleisch schwerlich munden wird: und queren Auges
seh' ich dich blicken: doch ich schaffe dir Rat: laß dir
Kindelbrei kochen — der behagt zahnlosem Munde."

So wurde unter Scherz und Neckreden der alte Treu-
bund erneut.

Dann huben sie den schwerwunden König aufs Roß
und ritten auseinander: die Franken nach Worms, Walther nach Haus. Und bald nach seines Vaters Tod führte
er sein Volk noch dreißig Jahre und gewann in gar
manchem schweren Kampf ehrenvollen Sieg. Und schön
Hildgund thronte an seiner Seite.

Fünftes Buch.

Aus den Sagenkreisen von Dietrich von Bern und von den Nibelungen.

I. Dietrichs Jugend.

1. Dietrich von Bern.

In Bern herrschte König Dietmar aus der Ama= lungen Geschlecht, welches bis zu den Göttern emporstieg: seine Gattin Odilia war die geschickteste aller Frauen. Sie hatten einen Sohn, Dietrich geheißen, der wuchs heran zu ungewöhnlicher Körperkraft. Sein Angesicht war oval und hellfarbig, seine scharfen Augen waren von der Farbe des Adlerauges, in langen Locken fiel sein starkes Haar herab, glänzend wie geschlagenes Gold. Er hatte keinen Bart, so alt er auch wurde. Schmal war er in der Mitte des Leibes, aber gar breit in den Schultern, dick in den Hüften und von so großer Stärke, daß er sie kaum je selber ganz erproben konnte. Dabei war er munter, leutselig und freigebig: geriet er aber in Zorn, dann fuhr Feuer aus seinem Munde.

Damals lebte in Venedi Herzog Reginbald[1]) aus dem Geschlecht der Wölfinge. Hildebrand hieß sein

---

[1]) Nach andern Überlieferungen aber Heribrand.

ältester Sohn: ber war ein schöner, hochgewachsener Mann mit wunderguten Augen, blond waren ihm Haar und Bart und kraus wie Hobelspäne. Voll Tapferkeit, war er zugleich ein trefflicher Ratgeber und fest in der Freundschaft. Als er in den dreißigsten Winter ging, sprach er zu seinem Vater: „Wie soll ich Ruhm erlangen, wenn ich stets zu Hause sitze? Ich will zu König Dietmar fahren und ihm meinen Dienst anbieten." Der König von Bern nahm Hildebrand freundlich auf: er setzte ihn an seine Seite in der Halle und gab ihm den erst fünfjährigen Dietrich zur Erziehung. Hildebrand pflegte und lehrte den Knaben, bis er zwölf Winter alt wurde. Da empfing jung Dietrich[1]) aus seines Vaters Hand das Schwert und erhielt ein großes Gefolge. Hildebrand und Dietrich liebten einander sehr, bis an ihren Tod.

2. Von Grim und Hilde.

Einst ritten die Freunde hinaus in den Wald mit Habichten und Hunden. Dietrich verfolgte einen Hirsch und sah einen Zwerg laufen: rasch wandte er sein Roß und setzte ihm nach, und ehe der Zwerg in seine Höhle gelangte, griff Dietrich ihn mit der Hand am Nacken und riß ihn zu sich in den Sattel. Das war Alfrich, der berüchtigte Dieb und geschickteste aller Zwerge. „Herr," sprach Alfrich, „wenn ich mein Leben damit aus deiner Hand lösen kann, so will ich dich dorthin führen, wo du

---

[1]) König Dietmar hatte noch zwei Brüder: Harlung (nach W. Grimm der richtigere Name, er heißt auch Diether) auf der Fritilaburg, der Vater der Harlunge: Fritila und Imbreke (siehe unten). Der andre Bruder König Dietmars hieß Ermenrich, König in Romaburg, einer Sage nach der allein echte Sohn seines Vaters. Dieser Vater heißt in einem Gedicht Amalung.

noch einmal soviel Schätze finden wirst, als dein Vater
fahrende Habe hat. Und das alles besitzen Hilde und
ihr Mann Grim: der ist stark wie zwölf Männer, aber
sie ist noch stärker und beide sind sie bös. Auch hat er
das Schwert Nagelring, das ich geschmiedet habe. Aber
du kannst ihn nicht erschlagen, wenn du nicht zuvor Nagelring gewinnst. Und es steht dir besser an, danach zu
streben, als nach meinem geringen Leben." Dietrich antwortete: „Dein Leben mußt du lassen, schwörst du nicht,
daß du Nagelring noch heut' in meine Hand schaffst und
mich dann dorthin führst, wo die Schätze sind." So tat
der Zwerg und Dietrich ließ ihn los. Die Sonne stand
noch hoch am Himmel, als der Zwerg mit dem Schwerte
zurückkam: er wies den beiden einen Felsen an der Berg-
halbe, wo sie Grims Erdhaus finden würden, und verschwand aufs schnellste. Dietrich und Hildebrand stiegen
von den Rossen, zogen das Schwert aus der Scheibe und
sahen staunend, daß sie niemals ein schöneres geschaut
hatten. Dann gingen sie an die Halbe hin bis zum Erd-
hause, banden die Helme fest und schwangen die Schilde
vor sich. Kühn schritt Dietrich über die Schwelle, Hildebrand dicht hinter ihm. Als der Berserker Grim sie erblickte, griff er sogleich nach seiner Waffenkiste, vermißte
aber sein Schwert.

Da nahm er einen brennenden Baumast vom Herdfeuer
und ging ihnen damit entgegen. Sie kämpften aufs
tapferste. Hilde umschlang so fest Hildebrands Hals, daß
er keinen Stoß gegen sie führen konnte. Sie rangen
miteinander: „Hildebrand fiel und Hilde oben auf ihn und
sie wollte ihn binden. „Herr Dietrich," rief Hildebrand,
„hilf mir, nie zuvor kam ich in solche Lebensgefahr." Da
hieb Dietrich Grim das Haupt ab, sprang an die Seite
seines Pflegers und schlug Hilde in zwei Stücke. Aber sie

war zauberkundig, und ihre zwei Leibeshälften liefen wieder zusammen, und sie war heil. Dietrich hieb nochmals auf sie, und es erging ebenso: da riet Hildebrand: „Tritt mit deinen Füßen zwischen Haupt und Fußstück, nur dann wirst du dies Ungetüm besiegen." Nun hieb er sie zum drittenmal in zwei Stücke und trat mit seinen Füßen dazwischen: da war das Weib tot. Hildebrand sprang auf und sie nahmen von den Schätzen, soviel ihre Rosse tragen konnten. Sie fanden auch den Helm, von welchem Alfrich ihnen gesagt hatte, daß er Hilde und Grim so wert war, daß sie ihn nach ihren Namen Hildegrim nannten. Den Helm trug Dietrich seitdem in manchem Kampfe.

3. Von Heime.

Ein Gehöft lag im Walde, darauf waltete Studas. Er züchtete dort edle Rosse; die waren alle von grauer, hellgelber oder schwarzer Farbe. Studas hatte einen Sohn, der hieß wie er, aber er wurde Heime genannt nach einem Wurm, der grimmiger war als andre, und alle Schlangen waren vor ihm in Furcht. Wie dieser Wurm, war Heime hartgemut, ehrsüchtig und wollte niemand dienen. Kurz gewachsen, trug er auf breiten Schultern ein starkes Haupt mit großen schwarzen Augen. In seiner gewaltigen Stärke fand er allein Lust daran, das Roß zu tummeln und zu fechten. Blutgang hieß sein Schwert, Rispa sein Hengst, und der war grau und groß.

Heime verachtete seines Vaters Beschäftigung und verließ ihn, um Dietrich von Bern aufzusuchen: „Des Todes will ich sein, oder berühmter als Dietrich!" sprach er und sprang auf seinen Hengst. Und als er an die Königsburg zu Bern gelangte, bat er einen Diener, Roß und Speer zu bewachen, bis er aus der Königshalle zurückkehre. Dann

schritt er hinein vor des Königs Hochsitz, grüßte ihn und
wandte sich zu Dietrich: „Weither bin ich geritten, um
dich zu finden: willst du nun dich und deine Stärke ver=
suchen, so fordr' ich dich zum Zweikampf draußen vor
Bern: und wer der Sieger ist, der soll des andern Waffen
davontragen." Dietrich ward zornig: noch keiner hatte ge=
wagt, ihn zum Zweikampf herauszufordern. Schnell sprang
er auf und ging hinaus, sich zu wappnen. Ihm folgten Hil=
debrand und viele seiner Ritter und alle halfen, ihn rüsten:
dann sprang er auf sein Roß und sie ritten hinaus.

Dietrichs Schild war rot wie Blut und ein goldener
Löwe darauf gemalt; sein Schwert Nagelring trug er an
der Seite, in der Hand einen starken Speer. Heime
wartete schon des Kampfes: mit gesenkten Speeren ritten
sie gegeneinander, zweimal unversehrt: zum drittenmal
fuhren sie so gewaltig an, daß Dietrichs Roß von dem
Stoß auf die Hinterbeine sank, die Speere zerbrachen, und
Heime ward leicht verwundet. Sie stiegen nun ab, zogen
die Schwerter und schlugen sich lange; und keiner wich
vor dem andern zurück: endlich tat Heime einen starken
Hieb mit Blutgang auf Dietrichs Helm Hildegrim: das
Schwert sprang aber in zwei Stücke: nun war er waffen=
los und gab sich in Dietrichs Gewalt. Der aber mochte
ihn nicht töten, sondern machte ihn zu seinem Genossen.
Auf dem Heimweg ritt Heime zu Dietrich und sprach:

„Du bist ein gewaltiger Held und reitest auf einem
so elenden Roß, daß es kaum einen Stoß aushalten kann?
Ich weiß einen Hengst in meines Vaters Gehöft: kommst
du je auf dessen Rücken, so setz' ich mein Haupt zum Pfand:
eher erlahmt dein starker Arm, denn des Rosses Rücken
unter dir sich beugt."

‚Kannst du das Roß mir verschaffen, will ich dir's
danken mit reichem Lohn," antwortet Dietrich, und gab

ihm Urlaub zur Reise. Heime suchte in seines Vaters
Gehöft den größten Hengst von fahler Farbe und dreiwintrig
und der hieß Falka. Den führte er nach Bern und gab
ihn Dietrich, der Heime reich belohnte.

4. Wittigs Ausfahrt.

Als Wielands Sohn Wittig (S. 465) zwölf Winter
alt war, wollte er nicht Hammerschaft noch Zangengriff
berühren, sondern Roß und Waffen begehrte er und einem
ruhmreichen Fürsten zu dienen und mit ihm in den Kampf
zu reiten. Er war stark, groß, ansehnlich, tapfer und
ohne Übermut. „Dietrich von Bern ist schon weithin be=
rühmt und nicht älter als ich," sprach er. „Mit ihm will
ich mich messen im Kampfe: fall' ich zur Erde, so reich'
ich ihm mein Schwert und werde sein Mann: — vielleicht
aber werde ich der Sieger sein." Da schmiedete ihm
Wieland eine Rüstung, glänzend wie Silber, hart wie
Stahl; einen Helm, mit großen Nägeln beschlagen, dick
und biegsam; eine goldfarbene Schlange war darauf ab=
gebildet, die spie Gift aus dem Rachen: das bedeutete
Wittigs Ritterschaft und grimme Streitlust. Sein Schild
war weiß, und mit roter Farbe waren Hammer und Zange
darauf gemalt, weil sein Vater ein Schmied war; oben im
Schilde standen drei Karfunkelsteine, die bedeuteten seiner
Mutter Königsgeschlecht. Dazu gab Wieland ihm Mimung
(S. 458), das Schwert, und den Hengst Schimming
(S. 459). Der Sattel war aus Elfenbein und eine Natter
darauf gezeichnet.

Seine Mutter gab ihm drei Mark Goldes und ihren
goldenen Fingerring. Dann küßte Wittig Mutter und
Vater, nahm seinen Speer und sprang in den Sattel,
ohne den Steigbügel zu berühren. Da lachte Wieland,

31*

als er das ſah, geleitete ihn auf den Weg und bezeichnete
ihm genau die Straßen, die er zu reiten hatte. Und gab ihm
noch manchen weiſen Rat, und Vater und Sohn ſchieden.

Wittig kam nach langem Ritt an einen großen Strom,
aber er ſand die Furt nicht, die ihm ſein Vater bezeichnet
hatte: darum ſtieg er ab, legte Waſſen und Kleider von
ſich und verbarg ſie in einer Erdgrube, damit ſie ihm nicht
genommen werden könnten, während er im Waſſer die
Furt ſuchte. Er watete in das Waſſer hinaus und fuhr
ſchwimmend auf und ab im Strom. Da kamen drei
Männer des Weges geritten: der eine war Hildebrand,
der andre Heime und der britte Jarl Hornbogi aus
Winland, den Dietrich von Bern zu ſich geladen hatte, daß
er ſein Genoſſe werde mit allen ſeinen Mannen. — Hildebrand ſah Wittig im Strome und ſprach: „Ich ſehe einen
Zwerg im Waſſer, vielleicht iſt es Alfrich, den Jungherr
Dietrich ſchon einmal ſing. Wir wollen ihn nochmals
ſangen, und ſein Löſegeld ſoll kein geringeres ſein als
damals.“

Aber Wittig hatte alles gehört, was ſie ſprachen und
rief: „Gebt mir Frieden und laßt mich ans Land ſteigen,
dann könnt ihr ſehen, ob ich mein Haupt niedriger trage
als ihr.“ Sie gewährten ihm das, und er ſprang ans
Uſer, neun Fuß in einem Schwung.

Als Hildebrand nach ſeinem Namen fragte, antwortete
er: „Laßt mich erſt meine Waſſen nehmen, dann frage,
was du fragen willſt.“ Schnell legte er Kleider und
Waſſen wieder an, ſprang auf ſeinen Hengſt und ritt ihnen
entgegen. Und nun ſagte er ſeinen Namen und ſein
Geſchlecht und daß er zum Kampfe mit Dietrich reite:
„Und ehe ich heimfahre, muß erwieſen ſein, wer von uns
der Stärkere iſt.“ Als Hildebrand ſah, wie überaus groß
und gewaltig Wittig war, zweifelte er, wer im Zweikampf

obsiegen werde, und sann, wie er seinen Herrn Dietrich
vor einer Niederlage beschirmen möge. Er lobte Wittigs
Absicht und bot ihm Blutsbrüderschaft an. Er nannte sich
auf Wittigs Befragen Boltram, und sie gelobten, einander
beizustehen in allen Nöten. Darauf ritten sie zum Strom:
Hildebrand wußte die Furt durch denselben. Sie zogen,
bis sie an eine Wegscheide kamen. Da sprach Hildebrand:
„Beide Wege führen nach Bern: der eine ist lang, der
andre kurz: aber auf dem kurzen müssen wir über einen
Strom und das können wir nur auf einer Steinbrücke;
bei dieser liegt ein Kastell, das haben zwölf Räuber inne:
der erste heißt Gramaleif, und auf der Brücke liegt ein
Zoll, dort müssen wir Waffen und Rosse lassen und froh
sein, kommen wir mit dem Leben davon. Schwerlich
kommen wir hinüber: Herr Dietrich hat vergebens versucht,
dies Kastell zu erstürmen. Reiten wir also den langen
Weg.“ Doch Wittig rief: „Wir wollen den kürzern reiten.“
Und bald kamen sie an einen Wald, vor welchem das
Kastell lag. Wittig bat seine Gefährten, zu warten: er
ritt voraus, um zu versuchen, ob sie nicht ohne Schatzung
über die Brücke kämen.

Oben vom Kastell herunter sahen die zwölf Räuber
Wittig. Gramaleif sprach: „Dort reitet ein Mann her,
der hat einen großen Schild, den will ich haben, ihr mögt
seine übrige Rüstung teilen.“ Nun teilten sie unter sich
Wielands ganze Ausrüstung, aber schon für den neunten
blieb nichts mehr übrig; da verlangte er Wittigs rechte
Hand, der zehnte den rechten Fuß und der elfte wollte sein
Haupt haben. Aber der zwölfte, Studfus, sprach: „Der
Mann soll nicht erschlagen werden,“ und Gramaleif befahl:
„Geht hin zu dritt: nehmt ihm alles und laßt ihn davon
mit dem linken Fuß, dem linken Arm und dem Leben.“
Die drei ritten Wittig entgegen und forderten Waffen,

Kleider und Roß und Hand und Fuß als Schatzung.
Wittig fand das sehr unbillig und hieß sie ihren Häupt=
ling herberufen. Als Gramaleif das hörte, waffnete er
sich samt seinen Gesellen und sie ritten über die Stein=
brücke. Wittig hieß sie willkommen. „Gar nicht will=
kommen bist du," antwortete Gramaleif, „deine Habe ist
unter uns schon geteilt und Hand und Fuß mußt du
dazu lassen. Deinen Schild will ich." Und ein jeder
forderte sein Teil. Aber Wittig wollte ihnen nicht einen
Heller geben, sondern verlangte in Frieden über die Brücke
zu reiten.

„Fürwahr," sprach Studfus, „wir sind große Narren,
daß wir zwölf vor einem Mann stehen; zieht eure Schwerter,
nun soll er alles lassen und sein Leben oben drauf legen."
Grimmig zog er das Schwert und hieb nach Wittigs Helm,
der war aber zu hart für seine Waffe. Mit großem Zorn
riß auch Wittig sein Schwert Wimung aus der Scheibe
und schnitt Studfus in zwei Teile auf den ersten Schlag:
zur linken Achsel herein, zur rechten Seite heraus. Nun
drangen alle auf ihn ein: Gramaleif hieb gewaltig auf
Wittigs Helm, doch sein Schwert konnte ihn nicht zerschneiden.
Wittig aber spaltete Gramaleif das Haupt und den Rumpf,
daß er tot zur Erde fiel.

Unterdessen sprach Hildebrand zu seinen Genossen: „Sie
sind aneinander gekommen: wir wollen hinreiten und ihm
beistehen."

Doch Heime riet: „Laßt uns warten, bis wir sicher
sind, daß er die Oberhand hat: unterliegt er aber, so
wollen wir fortreiten und wegen eines Unbekannten uns
nicht in Gefahr bringen." „Das wäre schändlich," sagte
Hildebrand, und Hornbogi meinte: daß sie um der Brüder=
schaft willen ihm helfen müßten. Da ritten sie hin.

Wie sie auf die Steinbrücke kamen, hatte Wittig sieben

der Räuber erschlagen und die fünf andern, darunter
Sigstaf, flohen davon. Die Sieger ritten nun in die
Burg, nahmen Wein, Speisen und Kleinodien, und blieben
dort die Nacht. Als es Mitternacht war, stand Hildebrand
auf, nahm Wittigs Schwert und legte seins dafür an die
Stelle, nachdem er zuvor Knauf und Griff des Schwertes
vertauscht hatte. Am andern Morgen sprach er zu Wittig:
„Ich will mich nicht länger vor dir verleugnen: ich bin
Hildebrand und wir alle sind Dietrichs Genossen, aber
unsre Brüderschaft will ich dir treu halten. Nun rate ich,
daß Heime und Hornbogi diese Burg hüten: ich reite mit
dir nach Bern zu Dietrich. Scheidet ihr beiden als
Freunde, so besitzt gemeinsam diese Burg, scheidet ihr un=
versöhnt, so gehört sie dir allein." Wittig antwortete:
„Ein böser Zoll lag auf dieser Brücke: daran war das
Kastell schuld, welches die Zollherrn schirmte. Jedermann,
will ich, soll in Frieden über diese Brücke zieh'n." Und
Jarl Hornbogi sagte: „Wer die Burg mit seinem Schwert
eroberte, hat auch das Recht, damit nach seinem Gefallen
zu tun." Da warf Wittig einen Feuerbrand in den Bau
und sie ritten nicht eher von bannen, bis alles verbrannt
und niedergebrochen war. Ihr Weg führte sie bald wieder
an einen Strom: darüber war eine Brücke gespannt zwischen
zwei Felsen. Über diese Brücke war Sigstaf mit seinen
Gesellen geflohen, sie hatten die Brücke hinter sich ab=
gebrochen, damit Wittig nicht über den Strom komme.
Als Wittig sah, daß die Brücke fortgerissen war, drückte
er seinem Hengst die Sporen ein, und Schimming sprang
über den Strom von dem einen Felsen bis auf den gegen=
überstehenden, wie ein abgeschossener Pfeil. Als Hilde=
brands Roß von dem Felsen sprang, flog es in den Strom
und mußte schwimmen: dieselbe Fahrt tat Hornbogi, doch
kam er früher als Hildebrand ans Land. Heimes Hengst

Rispa setzte in einem Sprung über den Strom und gleich
nach Wittig war er dort. Sigstaf und seine Gesellen waren
nicht weit gekommen: alsbald gewahrte sie Wittig: er ritt
auf sie zu und begann von neuem den Kampf mit ihnen.
Derweil saß Heime auf seinem Hengst und wollte ihm nicht
helfen. Doch Hornbogi gelangte nun ans Land und ritt
Wittig zu Hilfe. Sie erschlugen alle Räuber, ehe noch
Hildebrand dazu kam.

Als sie in Bern einritten, saß Dietrich bei Tisch; er
stand auf und ging hinaus, sie zu begrüßen. Wittig zog
den silbernen Handschuh von seiner Hand und reichte ihn
Dietrich hin: „Hiermit fordere ich dich zum Zweikampfe:
du bist gleich alt mit mir; nun will ich versuchen, ob du
ein so großer Kämpe bist, wie von Land zu Land gesagt
wird." „Den Frieden will ich einsetzen in meines Vaters
Land und meinem eignen, daß nicht jeder Landstreicher es
wagt, mir hier Zweikampf zu bieten," antwortete Dietrich.
Aber Hildebrand warnte ihn: „Herr, du weißt nicht genau,
mit wem du redest," und einem Manne Dietrichs, der
Wittig schmähte, schlug er so stark mit der Faust gegen
die Ohren, daß er in Ohnmacht fiel. „Ich sehe," sprach
Dietrich wieder zu Hildebrand, „du bemühst dich mit
großem Eiser für deinen Fahrtgenossen: — des wird er
wenig genießen: noch heute soll er vor Bern aufgehängt
werden." „Kommt er durch Kampf in deine Gewalt,
Herr, muß er sich deinem Urteil fügen, so hart es sei; —
noch ist er ungebunden und mir ahnt, daß es bleiben
wird."

Dietrich rief nun nach seinen Waffen; rasch wurden
ihm die gebracht. Er rüstete sich und sprang auf den
Hengst Falka, der war ein Bruder Schimmings und Rispas.
Mit großem Geleite ritt er vor Bern hinaus. Dort fand
er Wittig, bei ihm Hildebrand und wenige Männer.

Wittig saß in all seinen Waffen auf seinem Hengst zum
Kampfe bereit. Heime trat zu Dietrich mit einer Schale
voll Weins: „Trink, Herr! Dein sei der Sieg heute und
immer!" Dietrich nahm die Schale und trank aus. Da
reichte Hildebrand auch Wittig eine Schale. „Bringe sie
zuvor Dietrich," sprach Wittig, „und bitte ihn, mir zu-
zutrinken." Dietrich aber war so zornig, daß er die Schale
nicht nehmen wollte. „Du weißt nicht, auf wen du zornig
bist," warnte wieder Hildebrand, „du wirst einen Helden
vor dir finden." Er kehrte zurück zu Wittig und reichte
ihm den Wein: „Trink und wehre dich tapfer, und möge
es dir wohl ergeh'n!" Wittig nahm die Schale, trank sie
aus und reichte sie zurück. Dann streifte er seinen Goldring vom Finger und gab ihn Hildebrand: „Habe Dank
für deinen Beistand." Und nun rief er Dietrich an, ob
er bereit sei zum Kampf?

Sie stießen ihre Hengste mit den Sporen, legten die
Speere ein und ritten so schnell aufeinander los, wie ein
hungriger Habicht auf seine Beute fliegt. Dietrichs Speer
glitt von Wittigs Schild ab, aber der Wittigs barst in
drei Stücke an Dietrichs Schild: unverwundet schossen sie
aneinander vorüber. „Wende dein Roß," rief Wittig,
„und reite kräftig auf mich los: du sollst deinen Speer
nicht weniger verlieren, als ich den meinigen, oder fälle
mich vom Roß zur Erde." Dietrich wandte den Hengst
und ritt scharf gegen Wittig, sein Speer stieß auf dessen
Brust, und er gedachte ihn zu töten. Doch Wittig hieb
mit dem Schwert den Speerschaft entzwei und zugleich
von seinem eignen Schild den Rand ab. Unversehrt
sprengten sie wieder aneinander vorüber. Nun sprangen
sie von den Rossen und gingen mit den Schwertern auseinander los. Mit wuchtigem Hieb traf Wittig Dietrichs
Helm: — Hildegrim barst nicht, Wittigs Schwert aber

zersprang in zwei Stücke. Unmutvoll sprach er: „Vater Wieland, des Himmels Zorn über dich, da du ein so schlechtes Schwert schmiedetest; das bringt nun Schaube, dir wie mir." Dietrich packte Nagelring mit beiden Händen, Wittig das Haupt abzuschlagen. Da trat Hildebrand dazwischen und sprach zu seinem Herrn: „Gib diesem Mann Frieden! Und nimm ihn zu deinen Genossen an, einen kühneren findest du nicht: er allein nahm den zwölf Räubern die Burg ab, die du mit deinem Heere nicht bezwungen hast. Ehrenvoll ist dir sein Dienst."

„Es bleibt, wie ich gesagt," antwortete Dietrich, „noch heute soll er vor Bern aufgehängt werden." „Tue das nicht, Herr, er ist von königlichem Geschlecht, nimm ihn ehrenvoll auf unter deine Maunen." Grimmig entgegnete Dietrich: „Dein Dienst frommt weder dir noch ihm: gehe hinweg von da, wo du stehst, oder ich haue erst dich in zwei Stücke und dann ihn." Da sprach Hildebrand: „Ich sehe es wohl, du verstehst es nicht, meinen Beistand anzunehmen; so habe denn, wonach du begehrst; ich aber halte die Treue, die ich dir, Wittig, geeidet; nimm hier zurück Mimung, dein eigen Schwert. Wehre dich tapfer und helfe dir ein Gott, denn ich kann dir nicht mehr helfen." Freudig griff der Waffenlose nach dem Schwerte, küßte es und rief: „Vergib, Vater Wieland, was ich wider dich sprach." Und nun stritten sie zum andernmal, und Wittig tat einen Hieb nach dem andern und schlug mit jedem Streich ein Stück von des Gegners Rüstung ab. Dietrich wehrte sich tapfer, vermochte aber mit nicht einem Hieb Wittig zu verletzen und konnte nichts tun, als sich schützen, und blutete schon aus fünf Wunden. Da rief er seinen Waffenmeister: „Komm hierher, Hildebrand, und scheide unsern Zweikampf: ich allein vermag es nicht." Trotzig antwortete der: „Als ich euch scheiden wollte, dir zu Ruhm und Ehre, nahmst du meinen Rat nicht an vor allzugroßer Grimmigkeit: scheide nun selbst den Streit wie du vermagst."

Da nun König Dietmar sah, daß sein Sohn unter= liegen würde, nahm er seinen roten Schild und trat zwischen die Kämpen. „Was willst du tun, König?" fragte Wittig. „Ich sage dir, wenn du mir hier Gewalt antust mit deinem Gefolge, so heißt dich niemand darum weder einen bessern Helden, noch einen größern Mann." „Guter Held, bitten will ich dich, daß du meines Sohnes schonest und den Streit beendest. Ich gebe dir eine Burg in meinem Lande und vermähle dich, daß es dir hohe Ehren schafft." „Das will ich sicherlich nicht: deinem Sohn soll werden, was er mir bot." Der König ging zurück, und sie begannen aufs neue harten Kampf. Tapfer wehrte sich der Berner, aber Wittig drang allzu heftig ein: er zerschnitt zuletzt den Helm Hildegrim von der linken Seite zur rechten, daß das obere Teil abflog und Dietrichs Scheitellocken nach= folgten.

Da sprang Hildebrand zwischen sie und sprach: „Nun scheidet! Guter Gesell Wittig: um unsrer Brüderschaft willen gib Dietrich Frieden und werde sein Genosse: und reitet man durch die ganze Welt, man findet nicht eures= gleichen."

Wittig antwortete: „Obwohl er's nicht an mir verdient hat, — es sei! Um unsrer Brüderschaft willen." Darauf legten sie ihre Hände ineinander, und so wurden Dietrich und Wittig Genossen.

5. Von Ecke und Fasold.

Als Dietrich von seinen Wunden geheilt war, ritt er allein aus Bern fort. Niemand außer Wittig wußte um

sein Vorhaben. Diesem sagte er: „Bin ich auch dir unterlegen, so will ich doch meinen Ruhm nicht verlieren: und
nicht eher kehr' ich wieder zurück, bis ich eine Heldentat
vollbracht, die mich berühmter macht, als ich zuvor war."
Er ritt sieben Tage durch bebautes und unbebautes Land
auf unbekannten Wegen, bis er an einen Wald kam. Dort
herbergte er und hörte die Mär, daß auf der andern
Seite des Waldes in einer Burg eines Königs Witwe lebte
mit neun Töchtern: die Königin aber hatte sich aufs neue
einem Mann Ecke verlobt, mit dem konnte kein Held im
Land sich messen. Sein Bruder hieß Fasold und war
so stark wie stolz; er hatte das Gelübde getan, wen er im
Kampf begegne, nur mit einem Schlag zu treffen: und er
hatte noch keinen gefunden, der mehr als den ausgehalten.
Ecke pflegte in diesem Walde zu jagen in allen seinen
Waffen, und begegnete er einem Mann, so wollte er ihn
kampflich überwinden. Dietrich dachte, Ecke diesmal zu
vermeiden, da ihn die Wunden noch brannten. Er ritt
zur Nacht fort, und hoffte, so durch den Wald zu kommen,
ohne daß Ecke sein gewahr würde. Aber er verirrte sich,
und ehe er sich dessen versah, kam Ecke daher, rief ihn an
und fragte, wer der sei, der so stolz einherreite? Dietrich
nannte sich Heime. „Es mag so sein," fuhr Ecke fort:
„Aber deine Stimme klingt, als wärest du Dietrich, und
bist du ein so tüchtiger Held, wie man dich rühmt, so ver-
leugne deinen Namen nicht."

„Da du so eifrig forschest, wisse denn: ich bin Dietrich
von Bern."

„Ich hörte sagen, du seiest unlängst im Zweikampf
unterlegen: hier kannst du nun größere Ehre gewinnen,
als damals Unehre, wenn du mit mir kämpfest. Du ver-
lorst gute Waffen, nicht schlechtere gewinnst du, fällst du
mich zu Boden."

„Wie sollten wir fechten in dunkler Nacht, da keiner den andern sieht — ich will nicht.“ Aber Ecke reizte ihn immer mehr, rühmte seine Waffen und vor allem Eckesax, sein Schwert: „Alfrich, der Zwerg, hat es unten in der Erde geschmiedet, und er suchte durch neun Königreiche, bis er das Wasser fand, worin er es härten konnte; setzest du die Schwertspitze auf die Erde, so scheint es, als laufe eine goldene Schlange hinauf nach dem Griff; hältst du das Schwert aber empor, so scheint es, als laufe sie hinauf zur Spitze: das glänzt alles, als ob der Wurm lebendig wäre. König Rozeleif (Ruotlieb) hat einst damit manchen Mann erschlagen: seitdem trugen es viele Königssöhne: nimmst du es mir ab, so genieße sein: zuvor aber will ich es nicht schonen.“

„Nun sollst du mich nicht länger zum Zweikampf fordern,“ sprach Dietrich, „wann der Tag kommt, nehme jeder des andern Hand ab, was er vermag — deine Prahlerei sollst du entgelten, ehe wir scheiden.“

„Höre noch von meinem Geldgurt,“ fuhr Ecke fort, „zwölf Pfund Goldes sind darin; auch die kannst du gewinnen. Mir brennt das Herz vor Begier, gleich mit dir zu streiten. Willst du nicht kämpfen, weder um des Goldes, noch um der Waffen willen, so tu' es wegen der neun Königstöchter und ihrer Mutter, zu deren Ehren ich Heldentaten vollbringe.“

Da sprang Dietrich von seinem Hengst und rief: „Nicht um Gold und Waffen, aber um die Anmut der Königinnen will ich nun gern mit dir kämpfen.“ Er zog Nagelring und hieb vor sich in die Steine, daß ein starkes Feuer daraus flog und er zu sehen vermochte, wo er seinen Hengst an einen Baum binden konnte. Zornigen Herzens trat er auf den Kies, alles stob empor, was vor seinen Fuß kam. Ecke hieb nun auch mit dem Schwert in die

Steine, und Feuer sprühte hervor, wo Stahl und Steine sich trafen. Im Schein der Funken fanden sie einander, und von ihrem Kampf wird gesagt, daß nie gewaltigerer zwischen zwei Männern getobt habe. Von ihren Hieben entstand ein Tosen und Krachen wie Donnerschläge, und Feuer sprühte von ihren Waffen gleich Blitzen. Und ob sie einander alle Schutzwaffen zerhauen hatten, blieben sie doch unverwundet. Da führte Ecke einen Streich aus aller Kraft nach Dietrich, daß er zu Boden stürzte. Ecke warf sich über ihn, umspannte ihn mit seinen Armen und sprach: „Willst du nun dein Leben behalten, so liefere dich selbst, Waffen und Roß mir aus; gebunden und überwunden will ich dich vor meine Königinnen führen."

„Eher will ich hier sterben, als den Spott ertragen," antwortete zornig Dietrich, machte seine Hände los und faßte Ecke um den Hals. Und sie begannen nun aus aller Macht miteinander zu ringen und rollten weit umher, und kamen an die Stelle, wo Falka, Dietrichs Roß, stand; da sprang der Hengst wild empor und mit beiden Vorderfüßen nieder auf Eckes Rücken. Dadurch kam Dietrich empor, faßte sein Schwert und hieb Ecke das Haupt ab. Er nahm des Besiegten Waffen und Heerkleider und wappnete sich damit, dann stieg er auf sein Roß und ritt fort. Die Nacht war der Morgenhelle gewichen, und als er aus dem Walde kam, sah er die Burg der Königinnen liegen. Dahin ritt er. Auf dem Turm der Burg stand die Königin und sah ihn: sie glaubte, Ecke sei es, der von einem Sieg zurückkomme. Sie schmückte sich mit ihren Töchtern und freudig eilten sie ihm entgegen. Da erkannten sie aber, daß es ein fremder Mann in Eckes Waffen war. Sie liefen zurück und erzählten die Kunde den Burg= mannen. Die fuhren eilig in die Waffen und wollten ihren Herrn rächen. Als Dietrich ihre allzugroße Übermacht erkannte, wandte er seinen Hengst und ritt, so schnell er vermochte, davon.

6. Fasold.

Dietrich ritt nun durch den Wald zurück, immer des Kampfes gewärtig, da er den Fürsten des Landes er= schlagen hatte. Bald ritt ihm ein Mann entgegen, hoch von Wuchs und wohl gewappnet, das war Fasold, Eckes Bruder: und weil er dessen Waffen erkannte, glaubte er, daß Ecke es selber sei, und rief ihn an:

„Bist du's, Bruder Ecke?"

„Ein andrer Mann," — antwortete Dietrich — „nicht dein Bruder ist's."

„Du böser Hund und Mörder! Du hast meinen Bruder im Schlaf erschlagen: denn wachend hättest du ihn nimmer besiegt."

„Du redest unwahr, daß ich ihn schlafend erschlug: vielmehr gewährte ich ihm nur ungern den Zweikampf, und die Waffen nahm ich ihm, als er tot lag."

Da zog Fasold sein Schwert, ritt mit großem Zorn gegen Dietrich und hieb so stark auf dessen Helm, daß er betäubt von seinem Hengst fiel. Fasold gedachte seines Gelübdes: keinen Mann, der auf einen Schlag von ihm nicht tot gefallen war, zu töten, noch ihm die Waffen zu nehmen: er ritt davon. Doch Dietrich kam alsbald wieder zu sich, sprang auf sein Pferd und holte ihn ein: „Reite nicht fort! Räche lieber deinen Bruder wenn du ein so stolzer Kämpe bist, als man dich rühmt: — willst du aber nicht, so bist du jedem Manne ein Schuft." Als Fasold die Schmährede hörte, hielt er an und wollte lieber mit ihm streiten, als solches erdulden. Sie stiegen von den Rossen und gingen einander zu hartem Kampf entgegen.

Sie verſetzten ſich viele Hiebe: Dietrich hatte davon drei leichte Wunden, aber Faſold fünf ſchwere: der große Blutverluſt ermüdete ihn: er ſah, daß er ſein Leben nun würde laſſen müſſen, und lieber erbot er ſich, die Waffen zu ſtrecken und Dietrichs Dienſtmann zu werden. „Du biſt ein guter Held und ſollſt Frieden von mir haben," — ſprach Dietrich — „aber deinen Dienſt will ich nicht: denn ich kann dir nicht trauen, ſolange dein erſchlagener Bruder ungebüßt iſt. Willſt du aber Ehre für Buße annehmen, ſo wollen wir einander Brüderſchaft ſchwören." Dieſe Buße nahm Faſold gern an und dankte ihm. Sie ſchwuren den Eid und ritten miteinander, und Dietrich fuhr nun heim nach Bern, da er Ruhm und Ehre wieder gewonnen hatte.

7. Heime von Dietrich fortgewieſen.

Nun ſaß Dietrich wieder in Bern auf ſeinem Hochſitz, und eines Tages, da Heime ihm diente und vor ihm ſtand mit der gefüllten Goldſchale, zog Dietrich Nagelring und ſprach: „Sieh hier, Heime, für deinen Dienſt ſchenk' ich dir dies gute Schwert, und keinem gönn' ich es lieber als dir." Heime nahm das Schwert und dankte, aber Wittig fuhr heftig auf: „Nun biſt du übel angekommen, Nagelring! Lieber wärſt du eines tugendhaften Mannes Waffe: denn gering acht' ich Heime, ſeit ich allein kämpfte gegen Sigſtaf und ſeine vier Genoſſen, und Heime ſaß wohlgerüſtet auf ſeinem Roß und wollte mir nicht beiſtehn." „Übel iſt, wer ſeinem Gefährten nicht Hilfe leiſtet in der Not," ſprach da Dietrich. „Heime, ziehe weg aus meinem Angeſicht."

Zornig ging Heime hinaus, nahm ſeine Waffen und ſchwang ſich auf ſeinen Hengſt. Er ritt nordwärts über

das Gebirge, bis er in den Falſtrwald (S. 450) kam.
Dort hauſte Ingram, ein gewaltiger Räuber, mit zehn
Geſellen. Zu dieſem ritt Heime und erbot ſich, ihr Genoſſe zu werden: er wurde gern aufgenommen, und ſie
vollführten Raubzüge weithin.

8. Dietleib.

Auf Schonen lebte Biterolf, ein vornehmer Mann
und der größte Kämpe im Dänenreich. Seine Gattin
hieß Oda und war die Tochter eines Grafen von Sachſen.
Sie hatten einen Sohn, Dietleib mit Namen, jung noch
und groß gewachſen glich er gar nicht ſeinen vornehmen
Eltern: er lag ſtets im Kochhauſe in der Aſche und mochte
keinerlei ritterliche Kunſt erlernen. Vater und Mutter
liebten ihn darum wenig und hielten ihn für einen Dumm-
kopf; denn er ſah Roſſe reiten, Schwerte ſchwingen und
manches andre, aber er ſchien darauf nicht zu achten, und
pflegte weder ſeines Körpers, noch ſeiner Kleider. Da
wurde Biterolf mit ſeiner Gattin und ſeinen Mannen zu
einem Gaſtmahl geladen und rüſtete zu dieſer Fahrt. Als
Dietleib davon erfuhr, ſtand er auf, ſchüttelte die Aſche
von ſich, ging zu ſeiner Mutter und ſagte, daß er mit zu
dem Gaſtmahl reiten wolle. Sie nannte ihn einen Toren
und wies ihn hart ab. Darauf ging er zu ſeinem Vater
und bat: „Gib mir Roß und Waffen, denn ich will mit
euch fahren zu dem Gaſtmahl.“

„Das brächte uns Schande ſtatt Ehre, liege du im
Kochhauſe in der Aſche,“ war die Antwort. „So fahr'
ich gegen euren Willen,“ entgegnete Dietleib und ging in
den Hof, nahm ſeines Vaters beſtes Roß und ritt vor die
Burg zu einem Bauern: der mußte ihm ſeine Waffen
leihen. Die waren gering: und als der Vater den Sohn

so schlecht ausgerüstet im Hof erblickte, mochte er ihm nicht länger weigern, warum er gebeten hatte. Er gab ihm gute Waffen und seine Mutter sandte ihm Gewand. Nun schmückte sich Dietleib mit den Kleidern, legte die Waffen an und ritt mit stattlichem Anstand neben seinem Vater zum Gastgebot. Und gaben seine Sitten niemand Anlaß zu Tadel. Nach drei Tagen endete die Gasterei; Oda kehrte mit allen Leuten heim, Biterolf aber und Dietleib ritten allein. Ihr Weg führte sie durch den Falstrwald. Hier kamen ihnen Ingram und seine Gesellen entgegen. Biterolf fürchtete um seines Sohnes willen: aber Dietleib sprang voll Kampfeslust vom Roß und riet dem Vater, dasselbe zu tun: Rücken gegen Rücken gekehrt wollten sie sich gegen die Räuber verteidigen. Vater und Sohn wehrten sich nun tapfer und ließen nicht ab vom Kampf, bis alle Räuber tot lagen, nur Heime stand noch aufrecht: und als Biterolf von seinem Hieb besinnungslos zur Erde fiel, führte Dietleib voll Zorn einen gewaltigen Streich auf Heimes Haupt, daß er in die Kniee sank: doch rasch sprang dieser wieder auf, schwang sich auf seinen Hengst und ritt davon, so schnell er vermochte, und war froh, mit dem Leben davonzukommen. Er ritt Tag und Nacht geradeswegs nach Bern zu Herrn Dietrich und versöhnte sich wieder mit ihm. Biterolf und Dietleib kehrten zurück nach Schonen.

Nachdem Dietleib sich im ersten Waffenkampf versucht hatte, wollte er Welt und Menschen kennen lernen und ausziehn zu neuem Wagen und Gewinnen. Seine Eltern setzten nun großes Vertrauen in ihn und rüsteten ihn aufs stattlichste zu seiner Fahrt. Wehr und Waffen, Kleider und Gold, trefflichen Rat und treuen Wunsch gaben sie dem Scheidenden.

Dietleib ritt südwärts seines Weges. In einem Aben=

teuer, welches er siegreich bestand, gewann er zehn Mark
Goldes. In Sachsen stieß er auf einen fahrenden Mann
aus Amalungenland, den fragte er nach Herrn Dietrich
und wo er weilte? und erfuhr, daß Dietrich auf der
Fahrt war nach Romaburg zu Ermenrichs Gastgebot.
Weg und Straßen dahin ließ er sich bezeichnen und mit
goldnem Fingerring lohnte der dem Mann seine Worte.

Er ritt nun übers Gebirge in die Täler von Hof zu
Hof den gewiesenen Weg, bis er in Fritilaburg (S. 479)
Dietrich, Wittig und Heime fand. Er nannte sich mit
falschem Namen, verneigte sich vor Dietrich und sprach:
„Heil, Herr! Ich will dir und deinen Maunen meinen
Dienst anbieten." Der Berner nahm ihn wohl auf, und
er sollte ihrer Rosse und Waffen hüten. So ritt er in
Dietrichs Gefolge zu Ermenrichs Gastmahl.

9. Dietleibs Gastmahl.

In Romaburg waren die prachtreichen Hallen König
Ermenrichs für seine edelsten Gäste geöffnet; Dienstmannen, Reisige wie Rosse wurden in abgesonderten
Hallen untergebracht, mit ihnen auch Dietleib. Mißver-
gnügt, weil er nicht in des Königs Haus bewirtet ward,
lud Dietleib alle Dienstleute in seine Halle und richtete
ihnen ein Gastmahl zu, wie es üppiger nicht auf des
Königs Tisch stand. Bald war all sein Gold verpraßt:
doch sein Gastmahl wollte er aufrecht erhalten, so lange
das des Königs dauere —: das waren neun Tage.

Er ging hin und setzte Heimes Roß und Waffen zu
Pfand gegen zehn Mark, bald darauf auch Wittigs Roß
und Waffen gegen zwanzig Mark. Als am siebenten Tage
all das Geld drauf gegangen war, verpfändete er auch
Dietrichs Hengst, Waffen und Heerkleider gegen dreißig

Mark. Und er lud Reisige, Dienstmänner, Sänger und
Spielleute, soviele ihrer kommen wollten: da saßen an
dreitausend Männer an seinem Tisch, zwei Tage lang,
und als es zu Ende ging, gab er Isung, dem ersten
Spielmann, seiner Mutter Goldreif, dazu purpurgesäumte
Kleider. Der Berner wollte nun heimreiten, rief Dietleib und verlangte seine und seiner Mannen Rosse und
Waffen. „Herr," antwortete Dietleib, „da mußt du zuvor die Zeche bezahlen, welche ich und meine Gesellen
verzehrten."

„Gewiß, wieviel ist es denn?" „Nicht viel, Herr,
zuerst meine eigenen dreißig Mark: doch die magst du beruhen lassen; das andre sind sechzig Mark und die mußt
du zahlen, denn dafür stehen zu Pfand dein Hengst und
deine Waffen und die Heimes und Wittigs."

Dietrich ging darauf mit ihm zu König Ermenrich
und sprach: „Willst du die Zeche meiner Dienstleute und
Rosse bezahlen?"

„Gewißlich will ich das, wieviel Geld ist es?" „Frage
nur den Mann hier," antwortete Dietrich, und König
Ermenrich wendete sich an Dietleib: „Du, junger Mann,
wieviel Geld habt ihr und eure Rosse verzehrt?"

„Herr, das ist wenig. Von meinem Eignen dreißig
Mark, die magst du beruhen lassen, wenn du willst: aber
außerdem verzehrt' ich sechzig Mark und die mußt du bezahlen, weil ich dafür Waffen und Roß meines Herrn
Dietrich und die von zweien seiner Gesellen zum Pfande
setzte."

„Was für ein Mann bist du," rief der König zornig,
„daß du in neun Tagen soviel Geld vertun darfst! Bist
du ein Kämpe oder ein Narr?" Aber Dietleib sagte:
„Wo immer ich zu edlen Männern kam, bot man mir
Speise und Trank, bevor man mich reden hieß."

Da befahl der König, daß man Speise bringe und Dietleib aß wie drei Männer. Eine Goldschale voll Weines, so groß sie der Schenkdiener nur tragen konnte, trank er auf einen Zug leer. Der König und Dietrich und alle Maunen schauten ihm staunend zu.

Walther von Wasgenstein (S. 469), König Er= menrichs Schwestersohn, aber sprach: „Was kann dieser Mann sonst noch vollbringen, außer Geld vertun und essen und trinken? Verstehst du dich aufs Steinwerfen oder Schaftschießen?" „Das will ich beides unternehmen mit jedem von euch," antwortete Dietleib.

„Dann sollst du diese Spiele mit mir begehen," rief Walther hitzig. „Obsiegst du, so magst du über mein Haupt schalten, verstehst du aber nichts, so wirst du hier mit Schimpf dein Leben lassen und mit dem Geldvertun ist's aus."

Sie gingen, mit ihnen viele Mannen, auf einen freien Platz. Walther nahm einen schweren Stein und warf zuerst; weit flog der Stein, aber Dietleib warf ihn einen Fuß weiter.

Wiederum und weiter noch schleuderte Walther den Stein, aber Dietleib warf fünf Fuß darüber hinaus. Da wollte Walther nicht mehr daran gehen und Dietleib hatte das Spiel gewonnen. Laut lobten ihn die Umstehenden. Darauf nahmen sie eine große schwere Bannerstange. Walther warf den Schaft über die Königshalle, daß er am andern Ende der Hallenwand niederfiel: alle sprachen, daß das wunderstark geworfen wäre. Nun faßte Dietleib den Schaft, warf ihn zurück über die Halle und rannte, nachdem er geworfen hatte, durch die Halle, zur einen Tür herein, zur andern hinaus, und fing den Schaft in der Luft auf; da hatte Dietleib auch dies Spiel und Walthers Haupt gewonnen. König Ermenrich aber sprach:

„Du guter Degen, ich will das Haupt meines Bluts=
freundes lösen, so teuer du willst."

„Was soll mir das Haupt deines Blutsfreundes? Ich
schenk' es dir, Herr, aber auslösen mußt du die Waffen
meines Herrn Dietrich und seiner Genossen." Der König
dankte ihm und war nun gern dazu bereit. Auch gab er
Dietleib eine kostbare Ausrüstung, dazu soviel des Goldes,
als er von seinem Eigen aufgewendet hatte. Jetzt nannte
Dietleib seinen wahren Namen und sein Geschlecht. Der
Berner aber machte ihn zu seinem Genossen und sie
gelobten einander Treue. Dann schieden sie von König
Ermenrich, und Dietrich ritt heim mit allen seinen Man=
nen, auch Isung der Spielmann zog mit.

10. Laurin.

Einst saßen Dietrichs Speerbrüder zu Bern und priesen
seine Taten und nannten ihn den ersten vor allen Hel=
den. „Ich weiß in Bergen wilde Zwerge wohnen," sprach
Meister Hildebrand, „mit ihnen hatte Dietrich nie zu
streiten: hätte er die besiegt, dann wollt' auch ich ihn den
ersten über alle loben, aber . . . ."

„Du fabelst nur von solchem Gezwerg, Meister Hilde=
brand," fiel Dietrich ein: er war unbemerkt eingetreten
und hatte die letzte Rede gehört. Zornig fuhr Hildebrand
auf: „Weil ich dich vor Unsieg bewahren wollte, verschwieg
ich's. Laurin heißt der Zwerg: kaum drei Spannen
hoch, hat er schon manchen Helden in den Rasen geworfen:
ihm dienen viele tausend Zwerge als ihrem König. In
den tiroler Bergen hat er sich einen Rosengarten er=
zogen: von rotseidenem Faden ist der umhegt: wer den
Faden zerreißt, muß es ihm büßen mit der rechten Hand
und dem linken Fuß."

„Die Rosen will ich sehen und komm' ich auch in
große Not! Wer reitet mit?" fragte Dietrich.

„Ich reite mit dir, und die Rosen tret' ich nieder,"
rief Wittig, und sofort machten sie sich auf die Fahrt.
Bald erreichten sie das Gebirg und ritten lange durch
dichten Wald: dann kamen sie auf einen grünen Anger
vor einen Rosengarten, der war umhegt mit rotseidenem
Faden. Mit Goldborten und rotem Gestein waren die
Rosen geschmückt und süßer Duft ging von ihnen aus.

„Das mag wohl der Garten sein, von dem uns Hil=
debrand sagte," sprach Dietrich. „Tag und Nacht würd'
ich der Rosen nicht überdrüssig, ließe mich Laurin hier."

„Ich muß ihm seinen Hochmut austreiben," zürnte
Wittig und schlug die Rosen ab: den Goldschmuck trat er
nieder, der Faden ward zerrissen. Sie setzten sich ins
Gras und warteten, was nun geschähe. Alsbald kam ein
Zwerg dahergeritten auf scheckigem Pferd, nicht größer als
ein Reh. Das war Laurin: er trug einen goldumwun=
denen Speer in der Hand: seine goldene Brünne war in
Drachenblut gehärtet, darüber trug er einen Zaubergürtel,
der gab ihm zwölf Männer Kraft. An der Seite hing
ihm ein spannenlanges Schwert mit goldenem Griff, das
schnitt Eisen und Stein. Sein Beingewand war rot wie
Blut, sein Wappenrock aus farbiger Seide gewirkt und
Edelsteine waren darauf genäht. Golden war sein Helm,
rote Rubine und ein leuchtender Karfunkel staken darin,
und oben darauf prangte eine Goldkrone, auf der waren
mit allerlei Zauber Vöglein angebracht, die sangen, als
seien sie lebend. In seinem goldfarbenen Schild stand
ein goldener Leopard, springend, als wäre er lebend.
Von Elfenbein war sein Sattel, die Decke golden, von
Golde der Zügel und alles mit Edelsteinen geziert.

„Hilf, Herr!" rief Wittig, „das mag ein Lichtelbe sein."

„Ich fürchte, er trägt uns großen Haß und das mit
Recht," antwortete Dietrich und beide grüßten den Zwerg,
als er ihnen nahte, aber zornig fuhr er sie an:

„Wer hat euch Narren heißen hier niedersitzen und
eure Rosse auf meinem Anger grasen lassen? Wer hat
euch hergebeten, daß ihr meine lieben Rosen niedertratet?
Den rechten Fuß, die linke Hand büße mir jeder von euch."

„Kleiner, laß deinen Zorn," antwortete Dietrich, „um
Hand und Fuß pfändet man nicht edle Fürsten, die reiche
Buße in Gold und Silber bieten. Zur nächsten Maien=
zeit wachsen andre Rosen wieder."

„Ich habe mehr Goldes als eurer drei," sprach Laurin,
„und schöne Fürsten mögt ihr sein! Hab' ich euch doch
nichts zu leid getan, ihr aber verwüstet meinen Garten.
Begehrtet ihr Kampf, so hättet ihr mir ihn ansagen
müssen: — das wäre fürstlich getan."

„Höre, wie uns der Zwerg verhöhnt!" brauste Wittig
auf, „am liebsten nähm' ich ihn bei den Füßen und schmisse
ihn an die Felsenwand."

„Kluger Mann," mahnte Dietrich, „tut oft, als hör'
er nicht, und spart seinen Zorn bis zur Not."

„So darfst du fürber keine Maus mehr erschrecken,
wenn du das Gezwerg dort fürchtest! Er reitet ja ein
Roß wie eine Geiß: tausend seinesgleichen will ich be=
stehen."

„Bist du gar so kühn," rief Laurin, „so komm und
kämpfe mit mir."

Wittig gürtete sein Roß fester, sprang auf und ritt
Laurin an: der stach ihn mit dem ersten Speerstoß nieder
in den Klee: dann stieg er hurtig ab und wollte dem
Besiegten Hand und Fuß nehmen. Das verdroß Dietrich,
er sprang hinzu und hielt sein Schwert über Wittig:

„Nichts da, kleines Wunder! Der Held ist mein

Speerbruder: tätest du ihm solch Leib an, hätte des der Berner ewig Schaube."

„Bist du der Berner? Willkommen! Gib nur gleich auch Hand und Fuß her."

Nun erzürnte Dietrich, sprang auf seinen Hengst Falka und wollte den Zwergenkönig anrennen. Da kam Meister Hildebrand auf den Anger geritten: er war aus Besorgnis seinem Herrn gefolgt; Wolfhart, seinen Neffen, und Dietleib hatte er mitgenommen.

„Höre mich, Dietrich," rief der Waffenmeister, „so bezwingst du den Zwerg nicht: steig ab, besteh' ihn zu Fuß, nimm dein Schwert und schlag' ihn mit dem Knauf um die Ohren."

Dietrich folgte der Lehre: „Nun räche an mir deinen Rosenverdruß (S. 502), Kleiner," rief er. Laurin ließ Dietrich zu Fuß an und schlug ihm mit einem Schlag den Schild vom Arm. Zornig tat Dietrich einen Hieb auf den goldenen Leopardenschild, daß er Laurin aus der Hand fiel, und nun faßte er sein Schwert an der Spitze und schlug mit dem Knauf so gewaltig auf den kunstvollen Helm, daß Laurin Hören und Sehen verging: er wußte nicht mehr, wo er war: aber hurtig zog er aus seiner Tasche eine Helkappe, streifte sie über sein Haupt und machte sich damit unsichtbar: und nun fiel er Dietrich von allen Seiten an. Der vermochte nicht, sich des Unsichtbaren zu erwehren; mit großem Zorn schlug er nach ihm in die Steinwand: das Gestein spaltete, der Zwerg war zur Seite gewichen.

„Suche mit ihm zu ringen," riet ihm Hildebrand, „dann wirst du seiner Herr werden."

Kaum hörte Laurin das, da zeigte er sich wieder: das Schwert warf er weg, unterlief Dietrich, umspannte ihn bei den Knieen und beide fielen in den Klee.

„Zerbrich ihm den Gürtel!" rief Hildebrand wieder. Dietrich wurde nun zornig: Feueratem glutete aus seinem Mund, er griff dem Zwerg in den Gürtel, hob ihn auf und stieß ihn so heftig auf die Erde, daß der Gürtel barst und in das Gras fiel. Schnell nahm Hildebrand den Gürtel an sich. Nun hatte Laurin seine Kraft verloren, und Dietrich warf ihn nieder auf den Boden. Da heulte der Kleine, daß es über Tal und Hügel schallte: „Laß mir mein Leben! Ich will dein eigen sein mit allem, was ich habe."

Aber der Berner zürnte und wollte ihn töten.

„Hilf mir! Dietleib," bat Laurin, „wegen deiner Schwester[1]), die mein ist."

Dietleib bat alsogleich: — aber vergebens: — da sprang er aufs Roß, ergriff den Zwerg, riß ihn zu sich in den Sattel, entführte ihn über die Heide und versteckte ihn in einem hohlen Baum.

„Mein Roß, Meister Hildebrand!" befahl Dietrich, sprang auf und jagte den Entfliehenden nach. Hildebrand, Wolfhart und Wittig folgten ihm.

Nachdem Dietleib Laurin verborgen hatte, ritt er Dietrich entgegen und bat noch einmal: „Überlaß mir den Zwerg!" Das machte den Berner gar zornig: er senkte den Speer, Dietleib wollte nicht weichen: sie ritten einander an und stachen einer den andern aus dem Sattel. Sie schwangen die Schilde empor und zogen die Schwerter: Dietleib schlug Dietrich den Schild aus der Hand, daß ihm das Schwert zugleich Wehr und Waffe, — Schutz und Trutz —, sein mußte.

„Wolfhart und Wittig," sprach Hildebrand nun, „laufet

---

[1]) Von dieser Schwester wissen andre Sagen nichts.

ihr Dietleib an und steckt ihm das Schwert in die Scheide:
ich zwinge meinen Herrn."

Während Dietleib von jenen bezwungen wurde, zog
Hildebrand den Berner zur Seite und ließ nicht ab von
ihm, bis auch er sein Schwert einstieß. Sie mußten Frieden
schließen, und Laurin wurde darin aufgenommen.

Dietleib holte ihn aus jenem Versteck und befragte ihn
über seine Schwester. „Kunhild ist aller Zwerge Königin,"
erzählte Laurin: „Ich sah sie einst unter der Linde mit ihren
Genossinnen: ungesehen kam ich dahingeritten: schnell fing
ich sie bei der Hand, warf ihr die Helkappe über, schwang
sie vor mich aufs Roß und ritt mit ihr in den Berg
und niemand konnte uns sehen. Nun fehlt es ihr an
nichts: ich bin kein armer Mann und bald soll unsre
Hochzeit sein."

„Laß mich meine Schwester sehen," sprach Dietleib, „und
ist alles so, dann will ich sie dir zur Frau geben."

Hildebrand nahm Dietrich beiseite und brachte es zuwege,
daß Laurin als Geselle aufgenommen wurde; Wittig hatte
keine Freude an dem neuen Speergenossen.

„Kommt nun mit mir in den Berg," sprach Laurin,
„ich will euch meine Schätze und Wunder zeigen, und was
ich habe mach' ich euch untertan."

Die Helden berieten mit Hildebrand: „Ich weiß nicht
wozu raten," antwortete er, „aber gingen wir aus Furcht
nicht mit, das stünd' uns übel an."

„Laßt uns die Bergeswunder ansehen," sprach Dietrich.

„Mit Lügen und Listen wird er uns alle verderben,"
grollte Wittig. Aber Hildebrand rief Laurin herbei.

„Nun höre, Kleiner: wir wollen auf deine Treue bauen
und mit dir gehen."

„Verlaßt euch auf mich," antwortete Laurin, und er
führte sie an einen hohen Berg. Auf einem grünen Plan,

unter einer Linde stiegen sie ab und banden ihre Rosse an. Sträucher und Blumen blühten da, Vögel sangen und allerlei gezähmte Tiere sprangen auf der Wiese.

„So Schönes hab' ich nie gesehen: die Wiese ist aller Freuden voll," sprachen Dietrich und Wolfhart.

„Lobt den Tag nicht vor dem Abend," mahnte Hilde- brand; und Wittig sagte: „Wolltet ihr mir folgen, so kehrten wir um: Zwerge sind aller Listen voll."

Das hörte Laurin und antwortete: „Seid unbesorgt und erfreut euch. Hier gehen wir Elben hin, wollen wir Luft genießen: dann schmücken wir uns mit Kränzen und tanzen; künftig sollt ihr diese Wiese mit uns teilen. Aber das ist nichts gegen die Wunder meines Berges." Sie gingen nun in den Berg: sie traten durch eine goldene Tür: da standen zwölf Zwergjungfräulein, die verneigten sich artig vor den Helden. Das Tor schlug hinter ihnen zu und man sah nicht mehr, wo sie hereingekommen waren.

„Freunde," sagte Wittig, „ich wähne, wir sind alle betrogen."

„Seid ohne Sorgen, es geschieht euch kein Leid," be- teuerte Laurin.

Von Gold und Edelsteinen erglänzte rings die Berges- nacht. Der Zwergkönig führte seine Gäste in einen Saal: auf goldenen Bänken mußten sie niedersitzen und Wein und Met schenkte man ihnen zum Willkomm. Allerlei Kurzweil sahen sie da: in kostbaren Kleidern kamen die Zwerge ge- gangen: die einen schossen mit Speeren, andre warfen mit Steinen, andre sangen und tanzten: Pfeifer und Sänger, Harfner und Geiger traten vor die Fürsten und ließen ihr Spiel hören: „Die Kurzweil gefällt mir, der Berg ist voller Freuden," sprach Dietrich.

Da kam Kunhild gegangen, umgeben von Zwerginnen:

sie trug eine funkelnde Krone. Sie grüßte die Gäste und umfing Dietleib mit den Armen und weinte.

„Vielliebe Schwester," fragte er, „was betrübt dich? Was fehlt dir? Willst du fort von dem Zwerg?"

„Mir fehlt es an nichts," antwortete sie. „Zwerge und Zwerginnen dienen mir: aber mein Herz ist freudeleer: der Zwerge Treiben paßt nicht für mich: ich sehne mich unter Menschen zurück."

„Sei ruhig, Schwester: ich nehme dich dem Kleinen und koster es mein Leben." Darauf ward die Königin wieder in ihre Gemächer geleitet; Laurin aber bat seine Gäste, zu Tisch zu gehen: sie legten ihre Waffen und Kleider ab und taten festliche Gewande an, die ihnen Laurin überreichte. In einem großen Saal war ein prächtiges Mahl bereitet. In silbernen Schüsseln trugen die Zwerge duftende Speisen auf. Golden waren Kannen und Becher; elfenbeinern der Tisch und mit Gold beschlagen: leuchtende Steine blitzten überall. Und alle Kurzweil begann von neuem. Während die Berner eifrig tranken und schmausten, ging Laurin zu Kunhild in ihr Gemach und klagte ihr die Schmach, die ihm widerfahren war und die er nicht hatte rächen können; und wär' es nicht um Dietleibs willen, so ging es ihnen jetzt an ihr Leben.

„Höre, Laurin," sprach die Jungfrau, „hältst du hart auf deine Ehre, so lege ihnen eine leichte Buße auf, damit sie dich künftig in Frieden lassen: aber das gelobe mir, daß du keinem ans Leben willst." Das gelobte er ihr und steckte ein gülden Ringlein an seine Hand: davon gewann er zwölf Männer Stärke. Nun ging er in seine Kammer und ließ Dietleib zu sich rufen.

„Lieber Schwager," begann er, „nimm dich nicht deiner Gesellen an: dann teile ich mit dir alles, was ich habe."

„Eh' laff' ich mein Leben, eh' das geschieht," antwortete
Dietleib unwillig.

„Dann mußt du solange hier bleiben, bis du andern
Sinnes wirst." Und schnell sprang Laurin hinaus, schlug
die Türe zu und schob den Riegel vor. Dann kehrte er
in den Saal zurück zu seinen Gästen. Er hieß neuen
Wein auftragen; heimlich mischte er einen Zaubertrank
darunter und nötigte zu eifrigem Trinken: bald sanken die
vier, vom Schlaf überwältigt, auf die Bänke. Da legte
Laurin ihnen Fesseln an und warf sie in einen Kerker. Als
sie erwachten und merkten, daß sie gebunden waren, geriet
Dietrich in großen Zorn: sein Feueratem versengte seine
Fesseln: Hand und Füße machte er los und befreite auch
seine Genossen. Aber ihr Kerker war fest verschlossen: sie
konnten nicht heraus.

Kunhild schlich an Dietleibs Kammer und schob den
Riegel fort: grimmen Zornes voll sprang der heraus: „Wo
sind meine Genossen? Auf deine Treue, sage mir das,
vielliebe Schwester!"

„Gefangen und gebunden liegen sie in einem tiefen,
dunklen Kerker."

„Schaffe mir meine Waffen zur Hand, daß ich sie be=
freien kann." Sie gab ihm einen Goldreif und sprach:
„Nimm diesen Ring und steck' ihn an deinen Finger: dann
wirst du die vielen Zwerge hier im Berg sehen."

Er tat so und sah sie . . . . .

„Hätt' ich nur meine Waffen! Ich erschlüge sie alle!
Es ist ein ungetreues Volk."

„Komm," sprach Kunhild und führte ihn in den Saal,
wo die Waffen noch lagen und half ihm, sich waffnen:
den Helm band sie ihm auf, das Schwert gab sie ihm in
die Hand.

„Hüte dich vor Laurin," warnte sie besorgt und sprach

noch einen Segen über ihn. Dietleib nahm auch die Waffen seiner Gesellen und trug sie — Kunhild wies den Weg — an den Kerker: — der Riegel flog zurück, und er warf die Waffen in das Gewölbe vor seine Genossen hin, daß es im Berg erklang. Das hörte Laurin und blies in sein Heerhorn: durch den Berg erscholl es und rief die Zwerge zu den Waffen. Sie griffen nach Brünne, Helm und Schwert und kamen gelaufen, dreitausend an der Zahl oder mehr.

„Keiner von meinen Gästen bleibt am Leben," befahl Laurin und zog an ihrer Spitze vor den Kerker; da stand Dietleib, der schwang sein Schwert, sprang unter die Zwerge und erschlug ihrer viele. Darob erzürnte Laurin und lief Dietleib an: er schlug ihm tiefe Wunden, während eine Schar Zwerge ihn im Rücken anfiel. Dietleib konnte Laurin nichts anhaben, und soviel er der Zwerge erschlug, gleich waren wieder andre da: sie drängten ihn zuletzt in das Kerkergewölbe. Unterdessen hatten Hildebrand und Dietrich die Waffen angelegt und kamen nun herzu.

„Ich höre von Waffenlärm den Berg ‚erdosen' und sehe doch keine Feinde," rief Dietrich.

„Nimm hier Laurins Gürtel," antwortete Hildebrand, „umgürte dich damit, dann wirst du ihrer genug sehen." Dietrich tat so und sah die Zwerge und wie sie Dietleib bedrängten. Da sprang er mit gezücktem Schwert unter sie und trieb sie hinweg: „Bleibt zurück, Genossen," sprach er, „ihr seht die Zwerge nicht."

„Herr," bat Hildebrand, „Laurin trägt an der rechten Hand ein Ringlein: davon hat er die große Stärke: schlag' ihm die Hand ab und gib mir den Ring."

Dietrich trat nun vor die Kerkertür, da sprang ihm Laurin entgegen und schlug ihm Wunde auf Wunde. Heiß und heißer entbrannte des Berners Kampfzorn: sein Feuer-

atem verſengte Laurins Brünne, und mit ſauſendem Hieb
ſchlug er ihm den Ringfinger ab: da erſchrak der Zwerg,
aber hurtig griff Dietrich nach dem Ring und warf ihn
Hildebrand zu, der ihn anſteckte und alſogleich die Zwerge
ringsum ſchaute.

Voller Schrecken war da ein Zwerglein vor den Berg
gelaufen und blies in ein ſchallendes Horn: da ſtampften
fünf Rieſen herzu, die waren den Zwergen dienſtbar: mit
langen Stangen kamen ſie gelaufen gegen Dietrich und
Dietleib.

„Rieſen ſeh' ich kommen, da muß ich euch helfen," rief
Hildebrand und trat an Dietleibs Seite.

Tief im Kerker ſprach Wittig: „Sollen wir nun müßig
ſtehen, Wolfhart?"

„In den Kampf ſollen wir gehn!" rief Wolfhart. „Wo
wir Lärm ſchallen hören, dorthin laß uns bringen und blind
mit dem Schwert drein hau'n."

Sie rückten die Helme und Schilde zurecht und ſtürmten
dem Lärm nach. Da rief Kunhild ſie an: „Ihr Helden,
wartet: nehmt jeder einen Goldreif an den Finger, daß ihr
eure Feinde ſehen könnt."

Freudig nahmen ſie die Gabe und ſahen vor ſich die
unzählbar vielen Zwerge: mit ſcharfen Schwerthieben ſegten
ſie ſich Bahn durch die dichten Reihen, bis ſie zu ihren
Genoſſen vor die Rieſen kamen. Die wären gern wo
anders geweſen: jeder der Helden nahm einen vor, und ſie
ſchlugen in ihre langen Leiber ſo viele Wunden, bis die
Rieſen zu den erſchlagenen Zwergen ſanken. Ängſtlich
entfloh das kleine Volk ſcharenweis in ſeine dunklen
Schlupfwinkel: die mutigſten hielten noch ſtand an Laurins
Seite: als der aber ſah, wie die Berner niemand ver-
ſchonten, fiel er Dietrich zu Füßen und bat: „Leib und

Leben ergeb' ich deiner Gnade, gib den Zwergen Frieden."
Aber zornig antwortete Dietrich: „Du haft uns die Treue
gebrochen: du und die zu dir gehören, müſſen das Leben
laſſen."

Das hörte Kunhild und eilte herzu: „Edler Herr
Dietrich," ſprach ſie, „um aller Frauen Ehre bitte ich dich:
gib mir frei Laurin und der Zwerge Volk: ſchone ihres
Lebens." Und da Dietrich ſich weigerte, fuhr ſie fort:
„Man rühmt dich gütig und milde: nun erweiſe deine
Tugend!"

„Tu', wie dich die Königin bittet," ſprach Hildebrand,
„nimm Laurin als Gefangenen mit nach Bern: die Zwerge
aber ſollen dir untertan ſein, mit all ihren Schätzen." Und
auch Dietleib bat für die Beſiegten um Gnade.

„So ſei's denn," ſprach Dietrich, „wie du bitteſt,
Jungfrau," und Wolfhart und Wittig, die noch kämpften,
rief er an: „Laßt ab vom Streit: ich habe ihnen Frieden
gegeben."

Nun machten ſie ſich zum Scheiden bereit: der hohe
Berg wurde einem fürſtlichen Zwerg übergeben, der ſchwur
Dietrich treu zu dienen. Mit Gold und Kleinodien beluden
ſie ihre Pferde, dann wurde auch Kunhild auf ein Roß
gehoben, und Laurin führten ſie in ihrer Mitte mit ſich
nach Bern.

Vierzehn Tage weilte Kunhild dort: „Laß dir Laurin
befohlen ſein, Herr Dietrich," ſprach ſie dann, „er machte
mir untertan alles was ſein war im hohlen Berg: das
laß ihn nun entgelten." Das gelobte ihr Dietrich: bei
ihrem Scheiden aber ſchrie und heulte Laurin ſo ſehr aus
unmäßigem Weh, daß auch Kunhild zu weinen begann.
Da faßte Dietleib die Schweſter und führte ſie hinweg und
brachte ſie auf ſein Schloß, wo ſie ſich bald einem gar
edeln Manne vermählte.

Laurin ward dem alten Jlsung übergeben und bald
schwuren Dietrich und Laurin sich treue Freundschaft, die
nie gebrochen ward.

***

II. Dietrich, König von Bern.

1. Von Wildeber[1]) und Jsung dem Spielmann.

Als König Dietmar starb, wurde Dietrich König von
Bern. Einst saß er mit seinen Genossen in der Halle: da
trat ein hochgewachsener, fremd aussehender Mann herein.
Schlecht waren seine Kleider und Waffen, einen breiten Hut
hatte er tief ins Gesicht gezogen. Er ging hin vor des
Königs Hochsitz und grüßte höflich und bescheiden: „Wildeber heiß' ich und biete dir meine Dienste an."

Dem König gesiel seine Höflichkeit: „Zwar bist du mir
unbekannt, Wildeber; doch sollst du mir willkommen sein,
wenn meine Gefährten dich in unsre Genossenschaft aufnehmen wollen."

„Keiner wird gegen ihn sprechen, Herr!" rief Wittig,
„wenn du für ihn bist."

Nun wurde Wildeber aufgenommen und ihm ein Sitz
in der Halle angewiesen. Bevor er aber niedersaß, ging
er hin, seine Hände zu waschen. Dabei streifte er seinen
Rockärmel hinauf, und Wittig sah einen biden Goldreif an
seinem Arme glänzen. Daraus schloß er, daß Wildeber

---

[1]) Nach J. Grimm, Mythologie, S. 736, 745, ist Wildifer,
d. i. Wildeber, aus dem ahd. Wild pero, d. i. Wildbär, durch
Mißverstand entsprungen.

ein vornehmer Mann war, obgleich der selbst gering von
sich tat. Und als er nun die guten Kleider und Waffen
anlegte, welche der König ihm reichen ließ, sah man, daß
er der Schönste war an Dietrichs Hof. Wittig und er
wurden so gute Gesellen, daß keiner ohne den andern sein
mochte. Um diese Zeit kam auch der junge Amalung,
des Grafen Hornbog Sohn, und trat in des Berners
Dienst, und bald darauf auch Herbrand. Er war weit
umhergefahren in der Welt gegen Aufgang und Niedergang,
so kannte er vieler Völker Sitten und Sprachen: darum
hieß er auch Brand der Weitgefahrne. Ihm hatte
Dietrich Botschaft gesandt, daß er kommen möge, sein Genosse zu werden.

Um diese Zeit brachten Gesandte aus Susa Brief und
Insiegel des Königs Etzel: darin stand, wie er König Dietrich
zu Hilfe rief wider Oserich (S. 445).

Der hatte sich ganz verändert im Alter: hart und gelb-
gierig geworden, bedrückte er schwer seine Untertanen, wenn
er daheim war: lag er außer Landes im Krieg, — und
das tat er meistens — dann mußten sie noch größere
Schatzung zahlen.

Und mit König Etzel wolle er sich nicht gütlich versöhnen, stand weiter in dem Brief, und der Berner möge
sich den Brief nicht unters Kopfkissen legen, sondern
kommen um ihrer Freundschaft willen. Da ritt Dietrich
zu Etzel mit fünfhundert Kriegern und allen seinen Genossen.

Gemeinsam brachen nun die beiden Fürsten ins Wilkinenland. Oserich kam ihnen entgegengezogen mit einem gewaltigen Heere: da ward eine männervernichtende Schlacht
geschlagen. Hildebrand trug das Löwenbanner Dietrichs;
er ritt voran: zu beiden Seiten hauend, warf er einen
Toten auf den andern. Hinter ihm folgten Dietrich und

seine Gefährten in übermütiger Kampflust, einer stets dem andern beispringend in Not und Gefahr: keine Schar widerstand ihrem Ansturm. Da kam ihnen Widolf (S. 441) entgegengelaufen. Wittig war weit vor seinen Genossen: der Riese hub die Eisenstange und schlug ihn damit so grimmig auf den Kopf, daß er betäubt auf die Erde stürzte. Heime (S. 481) war in der Nähe und sah ihn fallen: rasch sprang er hinzu, nahm dem Betäubten das Schwert Mimung und eilte fort. Über Wittigs Fall siegjauchzten die Wilkinen und drangen immer weiter vor. Aber Dietrich rief den Seinen zu: „Laßt nun den Übermut: schließt eure Reih'n und zeigt den Wilkinen Amalungenhiebe."

Um ihren König geschart ritten die Berner nun so ungestüm in den Feind, daß Oserich sich zur Flucht wandte. Dietrich und Etzel verfolgten ihn. Da kam Hertnit (S. 442), König Oserichs Brudersohn, mit seiner Schar aufs Schlachtfeld, seinem Ohm Hilfe zu bringen: aber er kam zu spät, auch er mußte fliehen. Er sah den immer noch betäubt daliegenden Wittig: er erkannte dessen Wappen und ihn selber vom Sehen und Sagen. rasch banden sie den Wehrlosen und nahmen ihn mit. Die Wilkinen hielten ihre Rosse nicht eher an, als bis sie zu Hause waren. Den Gefangnen ließ der König in den Kerker seiner Burg werfen.

König Dietrich kehrte nach Bern zurück, voll des Grams um Wittigs Verlust. Wildeber bat ihn um Urlaub: nicht wolle er nach Bern zurückkehren, erlange er nicht sichre Kunde von Wittigs Leben oder Tod. So blieb er an Etzels Hof, und bald gesellte sich zu ihm Isung (S. 500) der Spielmann. Ihn hatte Dietrich auf Kundschaft geschickt nach Wittig; denn Spielleute konnten frei und unbehindert durch aller Herren Länder ziehen. Einen

ganzen Tag lang ergötzte er durch seine Kunst Etzel und
alle Burgleute. Am Abend aber, als alle schliefen, suchte
Wildeber den Spielmann und bat ihn um Beistand zur
Ausführung seines Vorhabens: „Durch deine Kunst und
List, Isung, hilf mir dazu, daß ich mit dir in Oserichs
Halle komme, ohne daß man mich erkennt."

„Wohl, morgen früh bin ich bereit zur Reise: rüste
auch du dich bis dahin."

Wildeber hatte auf einer Jagd, als er allein im Walde
zurückblieb, einen übergroßen Bären erlegt: dem hatte er
die Haut abgezogen und sie an einem nur ihm bekannten
Ort verborgen. Die Bärenhaut nahm er nun heimlich
mit. Zu König Etzel sagte er: „Ich will heimfahren nach
Amalungenland: bald komm' ich zurück: allein, ohne
meine Mannen geh' ich: nur Isung der Spielmann zieht
mit mir."

So gingen die beiden fort, und als sie auf einsame
Straße kamen, zog Wildeber die Haut hervor und zeigte
sie Isung: „Nun sieh hier, kluger Spielmann, meine
Jagdbeute, die nahm ich mit: vielleicht dient sie uns zu
einer List?"

Isung betrachtete die Haut von allen Seiten, dann
lachte er: „Fahre hinein, Wildeber, gerüstet wie du bist:
ich führe dich als Bären zu König Oserich." Wildeber
fuhr in den Balg, und der Spielmann nähte die Haut
fest zusammen an Händen und Füßen und wo es Not
war: und tat das mit soviel Geschicklichkeit, daß Wildeber
darin wirklich einem ungeheuren Bären gleichsah. Dann
legte er ihm noch einen eisernen Reifen um den Hals
und führte ihn am Seile hinter sich her. So kamen sie
ins Wilkinenland: dicht vor der Königsburg trafen sie
einen Mann. Isung knüpfte ein Gespräch an und erfuhr
gar bald, was er wissen wollte: daß Wittig in der

Königsburg im Kerker lag und daß Hertnit nicht
dort war.

König Oserich empfing den Spielmann freundlich:
„Was kannst du denn so vieles spielen?“ fragte er, „daß
man dich preist über alle andern Sänger?“

„Herr König, hier im Land wird wenig gespielt wer=
den, das ich nicht besser zu singen verstünde!“ und nun
schlug er die ihm gereichte Harfe so wunderbar schön, wie
nie zuvor ein Saitenspiel erklungen war im Wilkinenland.
Sein Bär aber hub sich auf die Hinterfüße und tanzte
und hüpfte dazu. „Weisleu“ nannte ihn der Spiel=
mann: alle staunten über das seltne Schauspiel. „Kommt
ihm nicht zu nahe,“ warnte Isung: „er kratzt und zer=
reißt alles, was ihn anrührt — nur mich nicht.“

Zumeist ergötzte sich der König: „Dein Bär ist tressl=
lich geschult: versteht er noch andre Künste als Tanzen?“

„Noch vielerlei Spiele versteht er, König Oserich, und
besser als die meisten Männer. Soweit ich durch die
Welt gefahren bin, fand ich kein größer Kleinod als mei=
nen Bären.“ Da bat der König den Spielmann, er möge
ihm eine Kurzweil mit dem Bären erlauben. „Das sei
dir gestattet,“ sprach Isung, „wenn du ihn nicht allzusehr
necken willst.“

„Ich will meine Jagdhunde auf ihn loslassen, zu er=
proben, wie stark der Bär ist.“

„Herr König, das wäre nicht wohlgetan: denn wenn
der Bär dabei umkäme und du bötest mir all dein Gold
als Buße — ich nähm’ es nicht; zerreißt aber der Bär
deine Hunde, dann wirst du zornig und deine Leute er=
schlagen mir ihn.“

„Versage mir das nicht, Spielmann, ich muß meine
Hunde auf ihn hetzen: aber ich gelobe dir, daß weder
ich noch meine Leute deinen Bären angreifen sollen.“

Da willigte Isung ein, und der nächste Tag wurde dazu bestimmt.

In der Burg ward nur gesprochen von Isung und dem Bären und dem kommenden Spiel: so war auch zu Wittig im Kerker die Kunde gedrungen: er vermutete, daß der getreue Spielmann gekommen sei, ihn durch irgendwelche List zu befreien: die Hoffnung lieh ihm neue Kraft: er begann, seine Bande zu zerreißen.

Am nächsten Morgen ging's vor die Burg hinaus auf ein weites Feld: ein großer Zug folgte dem König: darunter seine beiden Riesen: die mußten immer um ihn sein, den dritten hatte er verabschiedet. Widolf ging in Eisenbanden, damit er niemand Schaden tue. Auch Frauen und Kinder kamen herzugelaufen, das Spiel anzusehen.

Der König ließ nun sechzig Hunde gegen den Bären lösen: die liefen ihn zugleich an; der Bär ergriff den größten und erschlug mit ihm zwölf der andern, — da ward der König zornig: er sprang auf den Bären zu, zog das Schwert und hieb ihm auf den Rücken. Die Klinge durchschnitt das Bärenfell, aber die Brünne darunter blieb unversehrt. Der König ging zurück: doch der Bär riß Isung dem Spielmann das Schwert von der Seite, lief dem König nach und hieb ihm das Haupt ab. Sodann sprang er gegen die Riesen: zuerst gab er Abentrod (S. 441) den Tod und darauf dem gebundenen Widolf. So ließ Oserich sein Leben zugleich mit seinen Riesen, an denen er einen so großen Trost zu haben glaubte.

Die Männer, die waffenlos dabei standen, flohen entsetzt bei dem Fall ihres Königs: sie dachten, ein Unhold stecke in dem Bären.

Wildeber lief nun in die Burg und rief nach seinem

Freunde Wittig: der hatte sein Gefängnis unterdessen er=
brochen und kam hervor. Die Gefährten erschlugen, wer
ihnen Widerstand leistete. Wittig fand bald seinen Hengst
Schimming und all sein Gewaffen, nur Mimung fehlte.
Nun riß Wildeber die Bärenhaut ab und zeigte, wer er
war. Zu spät erkannten die Feinde, daß kein Unhold,
sondern ein tapferer Held ihren König erschlagen hatte.
Die Nächststehenden griffen zu den Waffen, aber die Berner
sprangen auf die Rosse und ritten eilig davon: sie hatten
nicht versäumt, zuvor Gold und Silber aus des Königs
Schatz zu nehmen, soviel sie konnten. Sie mieden die
bewohnten Gegenden und die großen Heerstraßen, bis sie
ins Heunenland und zu König Etzel kamen. Hocherfreut,
Wittig frei und heil wiederzusehen, ließ er sich alles be=
richten: „Fürwahr,“ rief er dann, „ein gewaltiger König
ist Dietrich und herrlich sind seine Genossen: jeder setzt
Ehre wie Leben für den andern ein. Und besser wäre
meine Freundschaft König Oserich gewesen, als solcher
Tod.“ Die drei nahmen Abschied und ritten nach Bern
zu König Dietrich.

Freudigen Willkomm rief der ihnen entgegen, als sie
in seine Halle traten. Ausführlich mußte der Spielmann
alles erzählen. Reichen Dank erntete Wildeber, und
weit über die Lande ging seitdem der Ruhm seiner küh=
nen Tat.

Die Wilkinen erhoben Hertnit, Oserichs Neffen, zu
ihrem König.

2. Wittig erschlägt Rimstein und gewinnt Mimung zurück.

Wittig grämte sich wegen seines verlornen Schwertes:
„Und finde ich den Mann, der Mimung trägt, so lasse

ich mein Leben, oder gewinne das Schwert zurück," sprach er zum König.

„Du brauchst nicht weit nach ihm zu suchen," antwortete Dietrich: „der Mann ist Heime, unser Genosse, er nahm Mimung, als du gefallen warst."

Nun sandte damals Ermenrich (S. 479) aus Romaburg Dietrich Botschaft, daß er ihm beistehen möge wider seinen Lehnsmann Rimstein, der ihm den schuldigen Zins verweigerte. Dietrich brach auf mit fünfhundert Kriegern und all seinen Schildgefährten. Wittig aber forderte von Heime sein Schwert zurück. Auf vieles Bitten beließ er es ihm aber noch für diesen Kriegszug und trug solange Nagelring (S. 496). Dietrich und Ermenrich zogen nun mit Feuer und Schwert durch Rimsteins Land, bis sie vor seine feste Burg Gerimsheim kamen, in welcher er sich verschanzt hielt. Sie lagerten ihre Heere rings um die Stadt, schlugen die Zelte auf und bestürmten wochenlang vergebens die starken Mauern.

Da ritt eines Abends Rimstein mit sechs Männern aus der Burg auf Spähe, nachdem er zuvor seine Krieger kampfbereit aufgestellt hatte an allen Toren in der Stadt.

Als Rimstein zurückkehrend zwischen die Lagerzelte der Feinde und die Mauern der Burg kam, ritt ihnen ein Mann entgegen, das war Wittig. Bald erkannten sie, daß er ein Feind war; sie stiegen von den Rossen und griffen ihn an. Wittig setzte sich grimm zur Wehr und zerspaltete Rimstein Helm und Haupt: tot fiel er zur Erde. Seine Begleiter sprangen bestürzt auf ihre Rosse und flohen in die Stadt.

Wittig aber ritt, seinen Hengst lustig tummelnd, ins Lager zurück.

König Dietrich und alle sahen ihn kommen, und Heime

sprach: „Seht, stolz reitet Wittig heran: gewiß hat er etwas vollbracht, das ihm eine Heldentat dünkt und seinen Übermut noch größer macht!"

Wittig rief den Freunden schon vom Roß herunter zu:

„Nun braucht ihr wegen Rimsteins nicht länger hier zu liegen: Rimstein ist tot."

Alle fragten, wie das geschehen sei oder wer denn das getan habe?

„Das tat der Mann, der jetzt von seinem Hengste springt," antwortete der Gefragte und stieg ab.

„Wahrlich ein geringes Heldenwerk," sprach Heime darauf; — „Rimstein war alt und schwach, jedes Weib hätte ihn erschlagen können." Zornig sprang Wittig auf Heime zu und riß ihm Mimung von der Seite. Nagelring warf er ihm vor die Füße und forderte ihn zum Zweikampf. Aber Dietrich und alle Schwurbrüder sprangen dazwischen und baten Wittig, davon abzustehen. Jedoch zürnend antwortete der: „Stets schmähte mich Heime: genug des Grolls tragen wir einander! Als ich auf der Walstatt lag, — statt mich zu bergen, — entwandte er mir mein Schwert: wenig männlich war das! Früher oder später muß es doch ausgefochten werden zwischen uns, und nicht eher soll Mimung wieder in seine Scheibe kommen, bis er nicht zuvor mitten durch Heimes Haupt gefahren ist."

Da sprach König Dietrich: „Heime, du hast nicht wohlgetan! — Nun versöhne Wittig: du schufft ihm den Zorn." Und die Waffenbrüder ließen nicht ab, bis sie den Streit schlichteten und Heime mit einem Eide schwur, nur scherzweise, nicht Wittig zur Schmach, habe er die Worte gesprochen. Und so gewann Wittig Mimung zurück.

Am andern Tag erfuhr König Ermenrich Wittigs Heldentat: da ließ er sofort Sturm laufen gegen die

Stadt, und die führerlosen Eingeschlossenen fanden nichts Weiseres zu tun, als sich seiner Gewalt und Gnade zu übergeben.

Ermenrich gewährte ihnen Frieden für Leben und Habe, die Stadt aber nahm er für sich zu eigen und setzte Walther von Wasgenstein (S. 469) darüber als Vogt. Dann zogen die Könige mit ihren Heeren wieder ab, jeder in seine Heimat.

3. Herburt und Hilde.

Graf Herdegen war vermählt mit Isolde, König Dietrichs Schwester: sie hatten drei Söhne, der älteste hieß Herburt, der zweite Herdegen, der jüngste Tristram. Als sie heranwuchsen, gab der Graf ihnen Wigbald, einen tüchtigen Kämpen, zum Meister, der lehrte sie das Waffenwerk und alle höfischen Künste. Herburt und Herdegen waren gelehrige Schüler, Tristram aber lernte langsam und schwer. Als sie einst mit ihrem Meister zu Tische saßen, sprachen die älteren Brüder, daß Tristram das Waffenwerk nicht lernen könne, und es sei besser, er beschäftige sich mit anderm. Aber Tristram entgegnete: „Ich will mich mit euch im Fechten versuchen: dann wollen wir sehen, was ich davon verstehe! Und gleich auf der Stelle laßt uns das tun." Nun gingen sie hinaus und nahmen ihre gewöhnlichen Schwerter, die waren nicht geschärft.

„Stumpfe Schwerter schneiden keine Wahrzeichen," rief Tristram, „laßt uns scharfe nehmen."

Wigbald, der ihnen gefolgt war, wollte versuchen, was sie gelernt hätten, und gab ihnen geschärfte Klingen, ermahnte sie aber, sich nicht zu verfeinden, wenn auch einer den andern verwunden sollte.

„Fürwahr, das soll mich nicht anfechten," antwortete
siegesgewiß Herdegen und wollte sich zuerst mit Tristram
versuchen. Zornig schwang der sein Schwert empor, ging
dem Bruder entgegen und hob seinen Schild. Meister
Wigbald schalt ihn, weil er den Schild verkehrt hielt, und
wollte ihn darin unterweisen, doch heftig wies ihn Tristram
zurück: „Hab' ich zuvor nichts gelernt, so hilft mir die
Lehre jetzt auch nichts mehr." Herdegen glaubte seinem
Bruder jeden Hieb versetzen zu können, wenn er sein nicht
schonen wolle. Tristram holte nun aus zum Hieb, Her=
begen schwang den Schild entgegen: doch rasch stieß ihm
Tristram das Schwert unter dem Schild in die Weiche,
ihn ganz durchbohrend: tot fiel Herdegen zu Boden.

Tristram schleuderte den Schild von sich, schritt mit
gezücktem Schwert hinweg und ritt aus dem Land. Er
kam nach Brandinaborg und trat in des Herzogs
Jron Dienste. Als aber der Vater das Geschehene er=
fuhr, ward er überaus zornig auf Herburt: „Nun hab'
ich zwei Söhne auf einmal verloren! Du allein trägst
die Schuld: weil der älteste, hättest du ihr törichtes
Unternehmen verhindern müssen. Dir gebührte, daß
du die Tat büßtest: — niemals wirst du ein tüchtiger
Mann."

Herburt nahm sich des Vaters Zorn sehr zu Herzen:
ohne langes Besinnen sattelte er sein Roß und ritt nach
Bern zu seinem Oheim Dietrich und klagte ihm sein Leid.
Gut nahm ihn der König auf und erfand ihn bald als
geschickt in Kampf und Spiel. Nun hatte Dietrich damals
keine Gemahlin: er hatte Boten ausgesandt über alle Welt,
nach der schönsten Frau zu forschen. Die kamen zurück
und erzählten von Hilde in Bertangaland, König
Artus' Tochter.

„Sie ist die wunderschönste Frau, das sagten uns alle,

bie sie je geschaut haben; sorgfältig wird sie gehütet, nur bes Königs allernächste Freunde dürfen sie sehen."

Dietrich fragte Herburt, ob er für ihn um Hilbe werben wolle bei König Artus? Unb als Herburt dazu bereit war, gab er ihm vierundzwanzig Edle und ließ sie geziemend ausrüsten zu der Fahrt. So ritt Herburt zu König Artus unb trug ihm seines Oheims Werbung vor.

„Warum kommt der Verner nicht selbst unb wirbt um meine Tochter, wenn er sie will?" antwortete König Artus. „Du kannst Hilbe nicht sehen: es ist nicht Sitte hier, daß Männer Königsjungfrauen schauen, außer an dem Tag, wann sie zur Kirche gehen."

Herburt blieb nun an König Artus' Hof und trat auch in dessen Dienst: bie Feinheit seiner Sitten und bie Höflichkeit seines Wesens gewannen ihm aller Gunst. Der König übertrug ihm das Schänkenamt und ließ vornehme Gäste von ihm bedienen: bald erhob er ihn zu seinem eignen Mundschänk, unb nun hatte er nur dem König den Becher zu reichen. Als der Tag kam, da Hilbe zur Kirche gehen sollte, schritt Herburt auf dem Weg vor ihr, um sie zu sehen. Die Königsjungfrau ging inmitten von zwölf Grafen, sechs ihr zu jeder Hand, bie hielten ihres Gürtels Euben gefaßt; hinter ihr schritten zwölf Mönche, die trugen ihres Mantels Saum; dann folgten zwölf Ebelinge in Brünnen unb Helmen, mit Schwert und Schild: die mußten jedem wehren, ber sie ansprechen wollte. Auf ihren Schultern trug sie zwei Vögel, beren ausgebreitete Fittiche die Sonnenstrahlen von ihr abhielten; ein Seiden= schleier war um ihr Hanpt geschlagen, damit niemand ihr Antlitz sehen konnte. In der Kirche setzte sie sich in ihren Stuhl, nahm ein Buch und sah nicht einmal auf. Herburt ging so nah an ihren Sitz als möglich und kounte sie doch nicht sehen, benn ihre Wärter standen vor ihr. Nun hatte er zwei lebende Mäuse mitgenommen, die eine mit Gold, die andre mit Silber geschmückt. Die goldgeschmückte zog er jetzt hervor und ließ sie los: sie lief längs der Wand auf Hilde zu: — da schaute die Königstochter sich nach der Maus um, und Herburt sah etwas von ihrem Antlitz. Nach einer Weile gab er auch die silbergeschmückte frei: die lief denselben Weg auf Hilde zu: und abermals schaute die Jungfrau auf die Maus, und nun erblickte sie Herburt, — da lächelte er ihr zu. Und Hilde sandte heimlich ihre Gefolgsfrau zu ihm, zu erfragen, wer er sei und was er wolle?

„Herburt bin ich, ein Blutsfreund König Dietrichs von Bern und von ihm hergesandt: was ich aber will, kann ich nur Hilde allein sagen."

Bald brachte die Dienerin ihm die Antwort: hinter der Kirche möge er sich verborgen halten und warten, bis der König und die Königin hinweggegangen. Herburt tat so: und als Hilde, ihrem Vater folgend, aus der Kirche schritt, wandte sie sich schnell hinter die Tür und fragte nach seinem Anliegen.

„Schon ein halb Jahr bin ich hier! Was ich Euch zu sagen habe, ist lang: drum laßt mich Euch ungestört sprechen."

Sie antwortete, daß sie es so fügen wolle: da trat ein Mönch zwischen sie und stieß Herburt scheltend zur Seite, — der aber faßte des Mönches Bart und schüttelte ihn zornig: „Ich will dich lehren, Herburt stoßen," und Haare samt Haut riß er ihm aus.

An diesem Tage saß Hilde in der Königshalle zu Tisch und trank mit dem Könige. Herburt waltete seines Schänkenamtes. Da bat sich Hilde des Königs Mund-schänk zu ihrem Dienstmann aus. König Artus gewährte die Bitte, und als Hilde in ihr Schloß zurückkehrte, folgte ihr Herburt mit den andern Dienern und Dienerinnen. Alsogleich sandte Herburt zwölf seiner Begleiter zu König Dietrich und ließ ihm melden, daß er Hilde gesehen habe und mit ihr sprechen könne: sie sei die schönste aller Frauen.

Herburt sagte nun dem Königskind, daß Dietrich von Bern um sie als seine Ehefrau werbe.

„Was für ein Mann ist Dietrich?"

„Er ist der größte Held der Welt und der mildeste Mann."

„Vermagst du wohl, Herburt, mir an die Steinwand hier sein Antlitz zu zeichnen?"

„Das kann ich leicht: und jeder, der Dietrich einmal sah, würde ihn in diesem Bild erkennen." Und er zeichnete ein Antlitz an die Wand, groß und schrecklich.

„Sieh, hier ist's, Jungfrau: und so ein Gott mir helfe, — König Dietrichs Antlitz ist noch schrecklicher."

Hilde erschrak und rief: „Niemals möge mich dies elbische Ungeheuer erhalten! — Warum wirbst du für Dietrich und nicht für dich selber?"

„Meines Oheims Botschaft mußt' ich ehrlich ausrichten," antwortete Herburt, „wenn du ihn aber nicht haben willst, dann — nimm mich! Bin ich auch nicht König, ich stamme aus edlem Geschlecht: Gold und Silber habe ich reichlich dir zu bieten, und ich fürchte weder deinen Vater noch Dietrich von Bern, noch sonst etwas in der Welt."

„Dich will ich, und nicht Dietrich von Bern," antwortete Hilde, und sie legten ihre Hände zusammen und gelobten, daß nichts sie scheiden solle außer der Tod.

Nach einigen Tagen riet Herburt, sie wollten heimlich fliehen, ehe König Artus ihr Verlöbnis erfahre. Willig folgte ihm Hilde, und auf zwei Rossen ritten sie im Morgen= dämmer aus der Burg, in den nahen Wald. Die Tor=

wächter, als sie Herburt reiten sahen, argwöhnten, wer die Frau sei, die, im Mantel verhüllt, ihm folgte. Sie gingen zum König und zeigten es ihm an. Bald war der König dessen gewiß: da gebot er seinem Degen Hermann, den Entflohenen nachzureiten und nicht eher zurückzukommen, bis er Herburts Haupt mitbringe.

Hermann, dreißig Degen und dreißig Knechte, gepanzert und gewappnet, ritten, der Fliehenden Spur verfolgend, dem Walde zu. Als Herburt fernher sie kommen sah, sprach er voll Übermuts: „König Artus fand sicherlich, daß du mit zu geringen Ehren fortgezogen bist: er sendet dir seine Mannen nach, damit sie uns dienen."

„Ich fürchte," warnte Hilde, „sie werden dein Leben haben wollen."

„So will ich nicht vor ihnen davonlaufen," antwortete er, stieg vom Roß, hob auch Hilde herunter, und band die Rosse an einen Baum. Dann ruhten sie im Walde.

Bald kam die verfolgende Schar an die Stelle. Herburt trat ihnen, Willkomm bietend, entgegen, doch Hermann fuhr ihn zornig an: „Keinen Frieden sollst du haben, Elender! Aber bevor du stirbst, sage, du Dieb, was ward aus Hilde?"

„Mein Weib," antwortete Herburt. Da stieß Hermann ihm den Speer gegen die Brust: aber Herburt hieb mit dem Schwert den Schaft entzwei und mit dem zweiten Hieb spaltete er Hermann Helm und Schädel. Dem nächsten Kämpen schlug er den Schenkel durch, daß er vom Rosse fiel. Den dritten durchstach er ganz und gar, und so kämpfte er fort, bis viele erschlagen und verwundet lagen, — die übrigen flohen zurück. Hilde wusch und verband Herburts Wunden; seine Waffen waren so zersetzt, daß sie nutzlos geworden. Dann ritten sie ihre Straße weiter und kamen zu einem König, der sie friedlich aufnahm. Herburt wurde sein Herzog, und viel noch erzählt die Sage von seinen fernern Heldentaten.

4. Wie Sibich treulos ward.

König Ermenrich saß in Romaburg (S. 499); er war der mächtigste aller Herrscher: ihm dienten und schatzten Könige, Herzoge und Grafen, und sein Landgebiet reichte im Süden bis an die Adria. Sein Ratgeber hieß Sibich, der hatte eine Frau, Odilia, von züchtigen Sitten und wundergroßer Schöne: allzusehr gefiel sie dem König. Er entsandte Sibich in eine Stadt, an Königs Stelle Bann zu üben und Recht zu sprechen. Odilia saß unterdes daheim und nähte an einem Seidenhemd für ihren Gatten. Da kam Ermenrich zu der Einsamen, und als sie ihn von sich wies, kränkte er gewaltsam ihre Ehre. Dem bald darauf heimkehrenden Sibich trat Odilia weinend unter der Haustür entgegen und klagte ihm das Geschehene. Ergrimmt antwortete Sibich: „Sei ruhig, Weib, und stelle dich, als sei nichts geschehen: bisher hieß ich der getreue Sibich, nun will ich ein ungetreuer Sibich werden: — ich räche die Schmach."

Sibich war ein mittelgroßer, starker Mann: rot waren ihm das Haar und der lange Bart, sein lichtfarbiges Antlitz voll roter Flecken. Er änderte nun seine Gemütsart, rachgierig, hinterlistig, treulos und harten Herzens führte er seine furchtbare Rache aus.

Vor König Ermenrich neigte er sich und diente ihm scheinbar treu wie zuvor. Bald riet er seinem Herrn, von König Oserich, der damals noch lebte, Schatzung zu heischen, und deshalb sollte er seinen Sohn Friedrich in geringer Begleitung, wie es einem Boten zieme, nach Wilkinenland senden. Als der Königsohn nun in eine Wilkinenburg einritt, wurde er von dem Burggrafen, einem Blutsfreunde Sibichs, erschlagen. Heimlich hatte Sibich den Grafen dazu aufgefordert. Ermenrich aber glaubte, ber Mord sei auf Oserichs Befehl geschehen. Noch bevor Friedrichs Tod in Romaburg bekannt wurde, entsandte Ermenrich — wiederum auf Sibichs Rat — einen andern Sohn, Reginbald, zu Schiff nach England: der sollte dort Schatzung fordern. Sibich wies ihm ein altes, gebrech- liches Fahrzeug an, das sank, sobald es auf offene See kam, und Reginbald ertrank mit allen seinen Mannen. Wohl betrübte den König der Verlust seiner Söhne[1]), aber sein gieriger Sinn folgte immer wieder den Ratschlägen Sibichs.

5. Von den Harlungen.

König Ermenrichs Bruder, Harlung, der auf der Fritilaburg gebot, war gestorben. Um seine Witwe, die schöne Bolfriana, warb Dietrich für Wittig. „Ich will ihm Frau und Burg geben," entschied Ermenrich, „wenn Wittig fortan mir so treu bienen wird, wie bisher dir." Und so ward es vereinbart und ward Wittig Ermen- richs Graf. Auch Heime trat in Ermenrichs Dienst.

Die verwaisten Harlunge Fritila und Imbreke lebten zu Breisach in der Hut ihres Pflegers, des ge- treuen Ekkehart. Ihres Schatzes und Landes war nicht wenig, und leicht gelang es Sibich, Ermenrich danach be- gierig zu machen: durch verleumderische Beschuldigungen reizte er den König gegen seine eignen Neffen auf. Das geschah in des Königs Halle, als Ekkehart zufällig dort war.

---

[1]) Siehe hierüber S. 479 die abweichenden Sagen.

„Friedlos sollen die Harlunge vor mir sein," sprach Ermenrich, „und das schwör' ich: ich will sie hängen so hoch, wie nie vorher eines Menschen Kind gehangen hat."

„Wehe!" rief Ekkehart, „ehe das geschieht, muß erst mancher Helm gespalten werden: und der Kopf folgt nach!"

„Dein übermütig Reden frommt ihnen nichts: lieber häng' ich sie noch höher."

„Das sollst du nicht, solange ich noch aufrecht stehen kann," antwortete Ekkehart, ging fort, schwang sich aufs Roß und ritt nach Breisach, so schnell er konnte. Und als er an den Rhein kam, saß er ab und schwamm durch den Strom, das Roß folgte. Nun standen die Harlunge gerade auf der Zinne ihrer Burg und sahen einen Mann in den Fluß springen und durchschwimmen. Fritila erkannte ihn zuerst und sprach zu Imbreke: „Dort schwimmt Ekkehart, unser Pfleger: er muß vielwichtige Botschaft haben, weil er nicht auf den Fährmann wartete. Laß uns hinab= gehen."

Als Ekkehart ans Ufer kam, gingen die Brüder ihm entgegen und befragten ihn, warum er so eilte.

„Große Not treibt mich dazu: König Ermenrich ist auf der Fahrt hierher mit einer Heerschar, euch zu ermorden: eilt und rettet euch."

„Wir werden schon versöhnt werden mit ihm," ent= gegneten die Brüder, „warum sollten wir unsern Oheim fürchten?"

Ekkehart erzählte nun, was in der Königshalle ge= schehen war, aber die Harlunge wollten nicht fliehen und zogen die Brücke über dem Graben auf, sich in der Burg zu verteidigen. Bald langte Ermenrich mit seinem Heere vor derselben an: er ritt, so nah er konnte, an den Graben und schoß seinen Speer hinüber und in die Burg. Fritila trat auf die Mauer und fragte: „Herr, wessen klagst du

34*

uns an, daß du unfre Burg nehmen willst? und unsern Tod heischest?"

„Nicht euch Rede zu stehn kam ich her," antwortete Ermenrich. „Heute noch sollt ihr hängen, an dem höchsten Baum, den ich finde."

Der Sturm begann, aber lange trotzten die festen Mauern. Da wußte Sibich Rat: aus großen Wurfschleudern ließ er Feuer in die Feste schießen, daß Stadt und Schloß aufloderten.

Nun war der treue Eckehart vor Ermenrichs Ankunft ausgeritten in der Harlunge Dienst[1]). Die Harlunge konnten den Brand nicht bewältigen, aber sie wollten nicht verbrennen, feigen Hunden gleich: von sechzig treuen Mannen gefolgt brachen sie aus der Burg hervor und kämpften, bis vierhundert ihrer Feinde erschlagen lagen: da wurden die kampfmüden Jünglinge von der Überzahl mit den Händen gegriffen und gleich gehängt. Ermenrich ging in die Burg, nahm der Harlunge Schatz und zog wieder ab.

Als der getreue Eckehart heimkehrte, Breisach verbrannt, seine Herren tot fand, ließ er alle Burgen im Lande besetzen und befahl, niemand einzulassen. Er selbst ritt nach Bern zu Dietrich und klagte ihm die Märe.

Der Berner und Eckehart brachen mit einer Heerschar in Ermenrichs Land: das Schloß, in welchem sie den König auf seinem Heimzug antrafen, erstürmten sie, und erschlugen viele Mannen: aber Sibich und Ermenrich entflohen ihnen.

---

[1]) Wohl um Hilfe und Lebensmittel zu holen.

6. Dietrichs Flucht.

„Hüte dich nun vor Dietrich!" sprach Sibich zu Ermenrich. „Denn einmal erzürnt, läßt er nicht mehr vom Kampfe, und willst du Königtum und Leben vor seinem Zorn bewahren, so rüste dich. Seit er König von Bern ward, hat er sein Reich stets gemehrt, aber deins eher gemindert: oder wer erhält Schatzung von Amalungen= land? Dein Vater hat es erobert mit dem Schwert, und doch gönnt Dietrich dir nichts davon."

„Wahr ist es, dessen du mich gemahnst!" grollte der König.

„Darum," fuhr Sibich fort, „sende Herzog Reinald mit sechzig Gefolgen nach Amalungenland und fordere Schatzung, und wer dawiderspricht, der ist dein Feind."

Der Rat gefiel dem König, und sogleich befolgte er ihn. Die Sendboten ritten aus und beriefen ein Ting nach Garten[1]) in Amalungenland. Dort trug Reinald den Landsassen Ermenrichs Gebot vor.

„Bisher haben wir Dietrich gezinst," sprachen die Männer: „Will er die Schatzung Ermenrich übergeben, so ist's uns recht: aber beiden wollen wir nicht zahlen." Und sie sandten Boten zu Dietrich, die sagten ihm alles, und er möge für sie die Antwort geben. Dietrich ritt mit zwölf Begleitern zu dem Ting, ging mitten unter die Versammelten, hub an zu reden und gab Bescheid. Fest und ruhig klang seine tönende Stimme:

„Mein ist das Recht und mein das Amalungenland: solang ich König von Bern bin, erhält Ermenrich keine Schatzung davon. Wenig Dank weiß ich dir deinen Boten= ritt, Reinald: fahre heim und sage Ermenrich, was du

---

[1]) Oberitalien: am Gardasee, deutet man.

gehört haſt." Eilig kehrte Reinald mit der Antwort zu
Ermenrich zurück.

„Siehſt du nun," ſprach Sibich, „daß Dietrich ſich dir
gleich dünkt an Würden und Macht?"

„Übermutes iſt er voll," rief Ermenrich heißgrimmig.
„Mir und meinem Reiche ſtellt er ſich gleich! Laſſet die
Hörner blaſen, auf nach Bern! Hängen ſoll auch er;
dann wiſſen wir's beide, wer der Mächtigere von
uns iſt!"

„Helfe der Wunſchgott König Dietrich!" ſprach Heime.
„Wutverblendet verdirbſt du deine Geſippen, einen nach dem
andern! Aber du wirſt es noch mit Schmach entgelten. An
alledem iſt der tückiſche Sibich ſchuld."

„Ja," ſprach auch Wittig, „das wird dir zur größten
Schaude werden, Ermenrich, und ſolange die Welt ſteht,
wird man ihrer gedenken." Und damit ging Wittig hinaus
und ritt zu Dietrich.

Aber Ermenrich ließ alle Heerhörner blaſen: von nah
und fern ſtrömten die Krieger herzu: alsbald hatte ſich ein
Heer zuſammengeſchart, und Ermenrich brach auf, Tag und
Nacht reitend, ſo ſchnell er vermochte; und auf der Fahrt
ſtießen noch viele zu ihm, die ſo ſchnell dem Heerpfeil nicht
hatten Folge leiſten können. Heime war unterdeſſen den=
ſelben Weg geritten, den Wittig genommen hatte. Mitter=
nacht war's, als Wittig vor Bern ankam: er nannte
ſeinen Namen und bat um eiligen Einlaß. Sofort wurde
er Dietrich gemeldet, der ſtand auf und empfing ihn
freundlich.

„Eilet und fliehet, mein lieber Herr Dietrich. König
Ermenrich iſt mit einem gewaltigen Heer im Anzug: wenn
Ihr den Tag erwartet, ſeid Ihr verloren! Bei Sonnenauf=
gang kann er hier ſein."

Dietrich ging in ſeine Halle: ſchmetternde Hörner be=

riefen seine Kämpen dorthin zum Rat, da erfuhren sie Wittigs Botschaft.

„Nun wählet," sprach der Berner, „wollen wir bleiben und uns gegen die Übermacht verteidigen, bis wir Land und Leben verloren haben, oder hinwegreiten: Bern ist dann — für jetzt — verloren: aber unsre Kriegsschar und unser Leben sind gerettet."

Hildebrand antwortete: „Nun hilft nichts, wir müssen fliehen! Und jeder, der seinem Herrn folgen will, geh' und rüste sich: wir haben keine Zeit zu verlieren. Auf, ins Heunenland zu König Etzel." Alle standen auf.

Großer Lärm entstand da in der Stadt von Rosse= wiehern und Waffengetöse: dazwischen scholl das Weinen und Klagen der Frauen und Kinder, die von den Fliehenden Abschied nahmen. Als alle gerüstet waren, gingen sie noch einmal in die schönen Königshallen und tranken den Ab= schiedsbecher. Da stürmte Heime herein: „Auf, König Dietrich, flieht ohne Säumen! Ermenrich folgt mir auf der Ferse mit fünftausend Degen und ungezählten Mannen: ihm widerstehst du nicht."

Hildebrand faßte Dietrichs Bannerstange und schwang das Banner mit dem goldenen Löwen empor: „Nun folgt mir: ich reite voran und weise euch den Weg." Alle sprangen empor, eilten hinaus zu ihren Rossen und scharten sich zusammen. Dietrich nahm seinen zweijährigen Bruder Diether in den Arm und schwang sich auf Falkas (S. 483) Rücken: er stieß das Burgtor auf. Hildebrand ritt voran, das Banner tragend. So zogen sie fort, nordwärts über die Grenze, bei König Etzel Zuflucht zu finden. Ehe sie sich aber ins Heunenreich wandten, streiften sie heerend durch Ermenrichs Gebiete.

Wittig und Heime ritten traurig zurück, bis sie Ermenrich in einer Burg antrafen, wo er Rast hielt. Heime ging zu

ihm und sprach voll Zornes: „Du tatest bisher schon genug
Übeltaten: deine Söhne hast du in den Tod gebracht, deine
Neffen ermordet: und nun hast du auch Dietrich und Diether
und mit ihm die besten Helden verjagt: — das stiftete
alles Sibich, der böse Hund.“

„Höre, König, den hochmütigen Heime,“ sprach Sibich.
„Besser wär's, du ließest ihn im Walde Rosse hüten, wie
sein Vater es tat.“

„Hätt' ich Nagelring nun zur Hand, erschlüg' ich dich,
wie man einem Hunde tut,“ rief Heime entgegen und
schlug Sibich mit der Faust ins Gesicht, daß er zur Erde
stürzte.

„Ergreift Heime und hängt ihn!“ befahl der König.
Aber Heime eilte hinaus, nahm seine Waffen, sprang auf
seinen Hengst Rispa und ritt zum Burgtor hinaus. Sechzig
Mannen setzten ihm nach: doch Wittig trat in das Tor
und schwang ihnen Mimung entgegen. Da wagte sich
keiner mehr vorwärts. Heime ritt mit seinen Genossen in
den Wald und führte wieder ein Räuberleben: wo er Höfe
Ermenrichs oder Sibichs fand, verbrannte er sie, ihre Krieger
erschlug er und tat ihnen vielen Schaden. Sibich wagte
nur noch mit großem Gefolge zu reiten und fürchtete sich
stets vor Heime.

Als König Dietrich auf seiner Flucht an die Donau
vor die Burg Bechelaren kam, meldeten die Türmer
ihrem Markgrafen die Gäste. Rüdiger ritt ihnen mit
Gotelinde, seiner Frau (S. 451), und seinen Burg-
mannen entgegen und begrüßte die Heimatlosen. Dietrich
klagte ihm Ermenrichs Übeltaten und daß sie deshalb zu
Etzel flüchteten. Aber Rüdiger ließ sie so rasch nicht fort:
lange und gute Rast hielten sie, und als sie endlich von
Bechelaren schieden, gab der milde Markgraf jedem ein
Gastgeschenk und zog selbst mit ihnen nach Susa. Ein

Wächter meldete ihr Nahen. Mit flatternden Fahnen, umgeben von Spielleuten, ritten Etzel und Helche (S. 446) einer Schar voran, Dietrich feierlich einzuholen.

„Wir kommen — landflüchtige Männer! — bei dir eine Zuflucht suchend," sprach Dietrich.

„Sei willkommen, bleibe da und sei mein Gast, so= lange du willst," antwortete der Heunenkönig. Er bot ihnen ein großes Gastmahl und wies ihnen eine eigne Burg in seiner Hauptstadt an. So blieb König Dietrich mit seinen Kämpen nun bei Etzel.

III. Etzels Krieg mit den Russen.

1. Waldemar wird geschlagen.

König Etzel wurde die Kunde gebracht, daß Walde= mar[1]), König von Holmgard[2]), mit seinem Sohn Dietrich ins Heunenreich gebrochen wäre. König Diet= rich von Bern stand auf dem höchsten Turm in Susa und spähte hinaus: da sah er Rauch und Feuer aufsteigen weit übers Land. Er eilte zu Etzel: „Steh' auf, Herr, und rüste dich! Waldemar verbrennt deine Höfe und Städte." Etzel fuhr empor und ließ die Heerhörner blasen. Waldemar hatte unterdessen Burgen und Dörfer verbrannt und viele Männer erschlagen, andre schleppte er gefangen mit geraubten Schätzen davon. Als er aber hörte, ein Heunenheer schare sich zusammen, floh er zurück in sein

---

[1]) Waldemar, Bruder König Oserichs von Wilkinenland.
[2]) Rußland.

Land. Nun unternahm Etzel einen Vergeltungszug ins
Russenland: heerend und brennend zog er umher und tat
großen Schaden. Da sammelte Waldemar aus seinem
ganzen Reich ein unabsehbares Heer um sich und rückte
Etzel entgegen. Im Wilkinenland trafen sie sich. Etzel
ordnete seine Hennen gegen das Banner Waldemars.
Die Amalungen stellten sich gegen Dietrich, Waldemars
Sohn. Der Berner ritt seiner Schar voran, zu beiden
Seiten die Feinde niedermähend: da sprengte ihm Waldemars Sohn entgegen, und sie fochten erbitterten Zweikampf. Schwere Hiebe und große Wunden schlugen sie
einer dem andern. Neun Wunden klafften an des Berners
Leib: aus fünf tiefen Wunden blutete der Russe Dietrich,
und der König ließ nicht ab von ihm, bis er ihn gefangen
genommen und gebunden hatte. Da erschallte großes
Heergeschrei, und König Dietrich sah Etzel fliehen mit all
seinen Hennen. Laut und grimmig rief er: „Ihr Amalungen, steht und streitet, ich fliehe nicht!" Rasch sammelten die Goten sich um ihren Herrn und folgten ihm
freudig in das dickste Kampfgewühl. Etzel hatte fünfhundert Krieger verloren, er floh bis ins Heunenreich.
Die Amalungen kämpften fort den ganzen Tag und zogen
sich in eine verödete Burg zurück. Aber Waldemar war
ihnen gefolgt, stets drängend und angreifend, und legte
sich nun rings um die Burg, mit mehr denn zwölftausend
Kriegern. Dietrich hatte zweihundert seiner Degen verloren, doch jeden Tag brach er hervor und schlug sich mit
den Russen. Balb mangelten ihm die Lebensmittel: da
hatte er durch Kundschafter die Stunde erspäht, wann
Waldemar mit seinem Heere beim Essen saß. Fünfhundert
Kämpen hieß er sich wappnen: die erste Hälfte ging zu
einem, die zweite zum andern Tor hinaus; die Russen,
als sie furchtbaren Kriegslärm und Heerruf von zwei

Seiten her vernahmen, wähnten die Hennen zurückgekehrt und flohen. Die Säumigen wurden erschlagen, und Dietrich erbeutete reichliche Vorräte an Speisen und Wein. Kaum aber hatte er die Beute in der Burg geborgen, als Waldemar, die List erkennend, Kehrt machte und die Goten wieder in der Burg einschloß, bis ihnen abermals alle Lebensmittel ausgingen, und sie zuletzt ihre Rosse essen mußten. Dietrich und Hildebrand gingen zusammen und hielten Rat.

„Ich will einen Boten zu Markgraf Rüdiger schicken um Hilfe: welcher Degen ist wohl der tauglichste zu dieser Fahrt?" fragte der König.

„Ist einer dreist und tollkühn unter uns, so ist's Wildeber."

Dietrich rief ihn und fragte: „Wildeber, bist du kühn genug, durch Waldemars Heer zu reiten und den Mark= grafen Rüdiger um Hilfe zu bitten?"

„Solang ich Speer und Schild tragen kann, scheide ich mich nicht von dir: — aber ich bin wund und tauge nicht zu diesem Botenritt. Wähle Ulfrad, deinen Ver= wandten."

Ulfrad sprach: „Wagt Wildeber nicht, durch Walde= mars Heer zu reiten, so leih mir Falka, Hildegrim und Eckesax, dann bin ich dazu bereit."

Das bewilligte Dietrich, und Ulfrad ritt zur Nacht fort. Als er an ein verlassenes Wachtfeuer kam, riß er einen lohenden Feuerbrand heraus und ritt mitten in Waldemars Heer hinein: alle hielten ihn für einen Wacht= mann, weil er ganz furchtlos einherzog. So kam er an des Königs Zelt und schleuderte den Feuerbrand hinein: knisternd brannte die Seide empor. Die in dem Zelte lagen, sprangen heraus: zehn von ihnen erschlug Ulfrad — dann sprengte er fort, so schnell er konnte. Dietrich,

Hildebrand und Wildeber standen auf der Burgmauer, sahen das Zelt brennen und freuten sich Ulfrads Kühnheit. Der jagte, so eilig Falka rennen konnte, ins Heunenland, bis er Etzel mit seinem Heere traf.

„Willkommen, Rüdiger," rief er den Markgrafen an, „Dietrich sendet dir Gruß und braucht deine Hilfe." Rüdiger erkannte nun erst, daß es nicht Dietrich selber war:

„Wohl mir," rief er, „daß ich Dietrich noch am Leben weiß." Kaum hatte er Ulfrads Erzählung zu Ende vernommen, so eilte er zu Etzel. Nun wurden die Zelte wieder abgebrochen, und das Heer kehrte um, die Amalungen zu entsetzen. Als Waldemar die Scharen heranrücken sah, hob er die Belagerung auf und zog davon. Dietrich brach aus der Burg hervor und verfolgte ihn; zurückgekehrt, traf er Etzel, der ihn mit freudigem Willkomm begrüßte.

„Nun bin ich so alt," sprach Hildebrand zu Rüdiger, „und kam noch nie in solche Not! Sieben Rosse sind noch übrig, von denen, die wir mitbrachten." König Dietrich überließ seinen Gefangenen dem König Etzel: „Tu' mit ihm nach deinem Gefallen."

„Das Geschenk," lachte Etzel, „ist mir lieber als ein Schiffspfund roten Goldes."

Fröhlich kehrten sie nach Susa zurück. Der gefangene Dietrich wurde in den Kerker geworfen. König Dietrich aber lag schwerwund in seiner Burg.

2. Die beiden Dietriche.

Nach einigen Monden unternahm Etzel wieder einen Heerzug gegen die Russen. König Dietrich konnte nicht mit ihm ziehen, er lag noch wund. Da bat die Königin Helche ihren Gemahl: „Laß mich meinen Blutsfreund

Dietrich aus dem Kerker holen und seine Wunden heilen: söhnt Waldemar sich mit dir aus, so wird es besser sein, er erhält seinen Sohn lebend und gesund wieder."

„Das kann ich nicht gewähren," antwortete Etzel. „Denn wird er heil, während ich fort bin, so wird er auch frei, und nie mehr bekomme ich ihn in meine Gewalt."

„Ich setze dir mein Haupt zum Pfand, daß er nicht entflieht," bat Helche. Da erzürnte Etzel.

„Allzueifrig bemühst du dich für meine Feinde: wohlan, ich nehme dein törichtes Pfand an. Aber des sei gewiß: entflieht Dietrich, so fordere ich es ein." Der König zog fort, und es geschah, wie die Königin wollte: sie ließ Dietrich, Waldemars Sohn, in einen behaglichen Turm führen, wo sie ihn selber pflegte und seine Wunden heilte: die köstlichsten Leckerbissen trug sie ihm zu, bereitete ihm stärkende Bäder und schenkte ihm allerlei Kleinodien. Zu König Dietrich hatte sie eine ihrer Dienstfrauen gesendet: die verstand die Heilkunst schlecht, und Dietrichs Wunden wollten nicht heilen.

Als Waldemars Sohn genesen war, ging er hin, rüstete sich und frohlockte: „Nun liegt der Berner noch in seinen Wunden, ich aber bin heil und will heimreiten: niemand kann mir's wehren: Etzel ist fern: — der Berner liegt, un= fähig des Kampfes."

Helche merkte sein Vorhaben, ging zu ihm und mahnte ihn: „Lohnst du mir so, was ich dir Gutes tat? Dein Entrinnen bringt dir keine Ehre: ich habe mein Haupt zum Pfande gesetzt für dich: aber freilich! Dich kümmert's wohl wenig, ob es mir abgehauen wird, wenn du nur fort= kommst."

„Du bist eine mächtige Königin," antwortete Dietrich. „Dein Gatte wird dich nicht erschlagen — wenn aber ich ihn erwarte, so läßt er mich töten."

Nun ging er hin, führte ein gutes Pferd Etzels aus dem Stall, legte ihm den Sattel auf und schwang sich hinein. Königin Helche war ihm bittend gefolgt: „Bleibe hier, Dietrich, und ich will dich mit Etzel aussöhnen: entfliehst du mir, so wird der Heune fürchterlich ergrimmen und mein Haupt muß ich lassen.‟

Doch Dietrich achtete nicht auf sie und ritt fort. Königin Helche zerriß vor Jammer ihre Kleider und eilte weinend zum Berner: „Dietrich, vieltreuer Held, nun rate, hilf! Ich habe meinen Blutsfreund geheilt: zum Dank ist er mir entflohen. Kehrt Etzel heim, so ist mein Tod gewiß, wenn du mir nicht beistehst.‟

„Recht geschah dir, daß er dir's so lohnte,‟ antwortete Dietrich. „Ihn hast du liebreich gepflegt, während ich einer unwissenden und unwilligen Magd überlassen war: nun sind meine Wunden noch einmal so schlimm als von Anfang und ich bin so siech, daß ich weder stehen, noch gehen, noch gar mit einem Mann fechten kann.‟

„Wehe mir!‟ klagte Helche, „daß ich nicht dich heilte. Du bist der tapferste aller Recken. Nun muß ich mein Haupt König Etzel lassen.‟

Da jammerte Dietrich der Königin: „Bringt mir meine Waffen,‟ rief er, „ich will Waldemars Sohn im Kampf bestehn.‟ Nun wurde er gewappnet, ein Diener führte seinen Hengst in den Burghof. Dietrich sprang in den Sattel und ritt zum Tor hinaus: aus seinen Wunden strömte ihm das Blut über Brünne, Gurt und Roß. Bald kam er an jene Burg im Wilkinenland, in welcher einst Friedrich, Ermenrichs Sohn, erschlagen worden war (S. 529). Die Tochter des Burggrafen stand auf einem Turm: sie hatte Waldemars Sohn vorüberreiten sehn und sah nun einen Mann eilig hinterdrein kommen. Neugierig lief sie ans Tor, und als Dietrich heransprengte, sah er die Jungfrau und fragte sie: „Sahst du einen Mann in glänzender Brünne auf grauem Roß hier vorüberkommen?"

„Ich sah ihn: es ist noch nicht lange, als er vorbei und in jenen Wald ritt."

Dietrich stieß Falka mit den Sporen, daß er weit= springend ausgriff. Aber die Jungfrau ahnte nun, daß nicht Freundschaft den Mann trieb, darum rief sie ihn an: „Du bist wund, Herr, Blut strömt aus deiner Brünne: komm hierher, ich will deine Wunden verbinden, dann kannst du behaglicher jenem folgen." Allein Dietrich jagte nur noch hitziger fort: da merkte sie wohl, daß er den Mann zum Kampf aufsuchte, und sie wartete am Tor, um zu erspähen, wie es enden werde.

Dietrich kam an den Burgwald und sah Waldemars Sohn reiten; er rief ihn an: „Kehr um, guter Gesell, ich will dir Gold und Silber geben und dich mit Etzel aus= söhnen."

„Warum bietest du mir Gold?" entgegnete Waldemars Sohn, „ich will dein Freund nicht werden. — Wende deinen Hengst! Hinweg von mir mit deinen ekeln Wunden."

„Kehr um," bat Dietrich nochmals. „Dein Entfliehen ist ehrlos: Königin Helches Haupt steht zu Pfande für dich! Wir beide wollen dir Frieden mit Etzel verschaffen."

Waldemars Sohn gab dieselbe Antwort wie zuvor und nun ergrimmte Dietrich sehr: „Wenn du nicht umkehren willst, nicht um Gold und Silber, nicht um meiner Freund= schaft willen, nicht wegen der Königin Leben, ja, nicht um deiner eignen Ehre willen, so steige vom Roß und kämpfe mit mir. — Willst du aber auch das nicht, so heiß ich dich einen Schuft und schlage dich tot."

Da wandte Waldemars Sohn sein Roß und ging zum Streit, und er wußte, daß er in den Tod ging. Sie saßen ab und trafen zusammen: sie zerhieben einander

Schild und Brünne und wurden müde von Wunden und
Kampf. Sie stellten ihre Schilde vor sich, stützten sich
darauf und ruhten so eine Weile.

„Guter Freund," hub Dietrich an, „kehr um mit mir!
Ich söhne dich aus mit Etzel und will er's nicht, dann
nehm' ich meine Waffen und Mannen und reite mit dir
in dein Reich." Aber Waldemars Sohn weigerte sich,
wie zuvor, und sie gingen nun in großem Zorn wieder
zum Kampfe zusammen. Einen gewaltigen Hieb tat der
Berner und traf Waldemars Sohn an der rechten Seite
des Halses, daß der Kopf zur Linken abflog. —

Er band das Haupt an seinen Sattelriemen und ritt
zurück; an der Burg traf er die Jungfrau und ließ sich
nun von ihr seine Wunden verbinden; dabei warf er den
Mantel über das blutige Haupt, damit sie nicht es sehen
und erschauern sollte. Währenddessen kam der Graf, ihr
Vater, dazu und fragte, wer Dietrich sei?

„Ahnt mir recht," sprach der Berner, „so hab' ich durch
dich meinen Blutsfreund, Friedrich, verloren: — denn ich
bin Dietrich, Dietmars Sohn."

Als der Graf das hörte, bewirtete er Dietrich aufs
höflichste und bat ihn, in der Burg zu nächtigen. Mit
seinen Genossen aber ging er heimlich zu Rat: ob sie
Dietrich für Friedrich Sühne bieten, oder ihn überwältigen
und ermorden wollten? Sie fürchteten aber Etzel sehr:
und weil Dietrich ein so gewaltiger, weitberühmter Held,
rieten alle zur Aussöhnung. Der Graf veranstaltete ein
üppiges Gastmahl, Dietrich mußte manche Tage bei ihm
rasten; dann rüstete er sechs Degen aufs prächtigste aus,
führte sie vor den Berner und sprach: „Diese Krieger sollen
deine Mannen werden, mit all ihrer Habe: du dagegen
rechne mir das nicht an, daß ich auf Sibichs Verlangen deinen Blutsfreund erschlug. Wahrlich, hätt' ich

gewußt, wie schuldlos Friedrich war, ich hätt' es nicht
getan."

„Wegen deiner Unwissenheit will ich die Sühne an=
nehmen; hätteft bu sie aber nicht geboten, würd' ich Fried=
rich blutig gerächt haben." So schieden sie.

Als Dietrich inmitten seiner sechs Gefolgen in die
Königsburg ritt, glaubte die Königin, Waldemars Sohn
komme zurück und wollte ihnen freudig entgegengehen. Da
trat der Berner in ihren Saal und warf das abgehauene
Haupt der Königin vor die Füße. Weinend beugte sie
sich darüber und klagte, wie so viele ihrer Blutsfreunde
ihretwillen das Leben lassen mußten. Dietrich ging in
seine Burg und lag in seinen Wunden wie zuvor.

Etzels Heerfahrt endete mit Unsieg und Flucht. Als
die Scharen zurückkamen, ging Hildebrand zu seinem Herrn
und sprach: „Froh bin ich, dich am Leben zu sehen. Aber
noch froher wäre ich, wenn du balb wieder kriegstüchtig
würdest. Oft haft du von Etzel gesagt, er wäre ein tapfrer
Helb: — mich dünkt er der elendeste Feigling aller Heu=
nen: als der Kampf am ärgsten tobte und wir Goten luftig
vordrangen, da wandte der seige Hunb sich zur Flucht und
riß alle seine Heunen mit sich. Mich stach Waldemars
Bruder, Graf Jron, vom Roß herunter, und nur dem
tapfern Rüdiger dank' ich mein Leben."

„Meister Hildebrand, halt ein!" rief Dietrich, „sage
mir nichts mehr von eurer Fahrt: — sie ist schlecht aus=
gefallen! — Sind aber meine Wunden erst geheilt, dann
wollen wir erproben, wer flieht, ob König Waldemar oder
wir Goten."

Nach sechs Monden war Dietrich genesen und rächte
die Schmach in einem gewaltigen Heerzug, zu welchem er
Etzel getrieben hatte. Er trennte sich mit seiner Schar
von dem Heunen — der ließ die tapfern Helben nur

zögernd von sich — und begegnete allein mit seinen Goten
Waldemar in einer wilden Schlacht. Heißen Heldenzorn
atmend, ritt er mitten in den Feind, bis vor den König:
den Bannerträger schlug er die rechte Hand ab, die flog
samt dem Banner zur Erde, mit einem zweiten Schlag
gab er König Waldemar den Todesstreich. Da flohen die
Russen und fielen unter den Gotenhieben wie Gras vor
dem Schnitter.

Etzel hatte indes die Feste Pultusk belagert und mit
Sturm genommen: Graf Iron, der die Burg verteidigte,
mußte sich gefangen geben mit allen seinen Kriegern. Auf
Dietrichs Rat ließ Etzel ihm nicht nur das Leben, sondern
setzte ihn auch als Unterkönig über das Reich der Russen.
Er mußte Etzel Treue schwören, jährliche Schatzung zahlen
und Heerdienst leisten.

3. Fasold und Dietleibs Fall.

Es war ein König Isung von Bertangaland, ein
Freund Etzels, der hatte den Hennen stets Hilfe gegen die
Wilkinen geleistet. Das zu rächen, unternahm Hertnit
(S. 442, 520), König der Wilkinen, einen mörderischen
Raubzug durch Isungs Gebiete. Sobald Isung davon
Kunde bekam, sammelte er mit seinen starken Söhnen ein
Heer und zog Hertnit nach. Fasold, den Starken, Diet=
leib den Dänen und manchen andern Freund rief er durch
rasche Boten zu Hilfe. Freudig folgten sie dem Rufe:
vereint brachen sie mit ihren Scharen ins Wilkinenreich.
Alle flohen vor ihnen: einige in Wälder, andre zu Schiff,
einige auf öde Heiden und wieder andre zu König Hertnit,
und riefen: „Isung mit seinen Söhnen ist in dein Land
gekommen, mit ihm Fasold der Starke und Dietleib der
Däne — ein Heer von Fünftausend folgt ihnen!"

Sofort sammelte Hertnit seine Scharen und eilte in
die Schlacht. Seine Gattin Ostacia aber war eine
„Wale" (S. 50, 148), d. i. zauberkundig. Sie ging in
ödes Land und sammelte durch Zauber allerlei wilde Tiere
um sich, darunter auch Drachen. Sie zähmte die Tiere
und zwang sie sich zum Gehorsam. Sich selbst wandelte
sie in einen Flugdrachen und zog so an der Spitze ihres
Tierheeres auf die Walstatt, wo die Wilkinen schon zu
erliegen bangten.

Greuliche Verwüstung richteten die Zaubertiere unter
Jsungs Heervolk an, wie viele auch der Ungetüme die
Krieger erschlugen. Jsung selbst fiel mit allen seinen
Söhnen. Fasold hatte mit seiner starken Hand manches
Hundert Wilkinen getroffen: er war wund und müde vom
Kampfe. Da ritt König Hertnit gegen ihn und stach
ihm den Speer mitten durch die Brust: tot sank Fasold
vom Roß.

Dietleib, der Däne, hatte so wacker gestritten, daß der
Leichenhaufe bis zum Sattel hoch um ihn lag. Seine
Mannen waren meist erschlagen, er selber schwer wund.
Da sah er Fasold fallen: er gab seinem Hengst den Sporn
und rannte mit gesenktem Speere Hertnit an, durchstach
ihm den Schild, die zwiefache Brünne und die Schulter
an der Achselhöhlung. Der König stürzte vom Roß auf
die Erde und über ihn sanken viele seiner Gefolgen unter
Dietleibs Hieben — viele aber entflohen vor dem Dänen.
Da flog ein großer Drache mit klaffendem Rachen gegen
den Helden. Dietleib stach dem Ungetüm mit dem Speer
durch Rachen und Hals, doch der Drache umklammerte den
Recken mit seinen Krallen und warf sich mit den Schwin=
gen schlagend auf ihn. So fand Dietleib, der Däne, den
Tod und unter ihm sein Roß.

Die Wilkinen gewannen den Sieg: wer nicht entrann,

35*

ben erschlugen sie; ihren schwerwunden König aber hoben
sie auf: geschickte Ärzte verbanden seine Wunde. Als er
in seine Burg heimgekommen, fand er Ostacia siech und
erkannte nun, woher ihm der Beistand des Zauberheeres
gekommen war.

Ostacia starb nach drei Tagen, König Hertnit aber wurde
wieder geheilt und vollbrachte noch viele Heldentaten.

IV. Dietrichs Zug gegen Ermenrich.

1. Rüstung und Auszug.

König Dietrich lebte nun seit zwanzig Jahren im Heunenlande: sein Bruder Diether war, unter Helches Pflege,
zu einem stattlichen Jüngling herangewachsen, durch innige
Freundschaft ben etwas jüngeren Söhnen Etzels, Erp und
Ortwin[1] verbunden: bie drei hatten aller Menschen Lob
im Heunenland. Da geschah es einmal, daß Dietrich in
Helches Halle trat, wo sie inmitten ihrer Frauen saß.
Als sie ihn kommen sah, stand sie auf, ließ eine Goldschale
voll Wein füllen und reichte sie ihm selber: „Willkommen,
guter Freund," sprach sie bazu. „setze dich her und trinke
mit mir. Von wo kommst du? Hast du ein Begehr?
Oder kannst du mir eine neue Mär sagen?"

„Frau Königin," antwortete er harmvoll, „ich komme
aus meiner Burg. Keine neue Mär kann ich dir sagen:
aber eine große, bie dir lange bekannt ist: ich gedenke,

---

[1] Scharpf und Ort heißen sie in dem Liede von der Raben-
schlacht.

wie ich aus meinem Reich entfliehen mußte, und bei Etzel
Schutz fand — zwanzig Winter hab' ich nun mein Land
gemieden! — Das härmt mich sehr! Und das will ich
klagen vor dir und allen Heunen."

„Wahrlich, du mahnst mich an große Dinge; oft und
siegreich hast du uns beigestanden und willst du nun ver=
suchen, dein Reich wieder zu gewinnen, so ist es billig,
daß die Heunen dich dabei unterstützen. Ich will dir
tausend Degen ausrüsten zu dieser Fahrt, und ich will
Etzel bitten, daß auch er dir helfe."

Dabei stand sie auf, warf ihren Mantel um, schritt
zu des Königs Halle und Dietrich folgte ihr. Als sie vor
Etzels Hochsitz kam, empfing der König sie freundlich: er
reichte ihr aus goldenem Becher Wein, bat sie, sich neben
ihn zu setzen und fragte, welche Bitte sie habe?

„Herr, eine Mahnung habe ich," begann Helche. „König
Dietrich hat mich klagend daran erinnert, wie er einst
Bern und Raben[1]) und sein ganzes Reich verloren hat:
das härmt ihn sehr, er will nun wieder in sein Land
fahren. Zwanzig Winter lebte er hier: in manche Gefahr
und Schlacht ging er für dich; nun wirst du's ihm wohl
lohnen und ihm ein Heer geben, sein Reich zurückzuge=
winnen."

Zornig antwortete Etzel: „Wenn Dietrich Hilfe will, —
ist er zu stolz, selbst darum zu bitten? Meint er, ich soll
sie ihm anbieten?"

„Nicht Stolz oder Hochmut hält König Dietrich zu=
rück, sondern ich spreche für ihn, weil er glaubte — wie
auch ich —, daß König Etzel Helches Bitten leichter er=
hören werde. Ich gab ihm tausend Mannen; nun magst
du sagen, was du ihm geben willst."

---

[1]) Rabenna.

„Frau, du sprichst wahr: König Dietrich hat mein Reich geschirmt und gemehrt: unköniglich wär's, ihm den Beistand zu weigern und insbesondere, da du, Königin, für ihn bittest. Ich will ihm den Markgrafen Rüdiger geben und zweitausend Kämpen."

„Habt Dank, beide, für eure Hilfe," rief Dietrich über die Maßen froh.

Während des Winters wurde ein Heer gerüstet und es gab in Heunenland nichts eiliger zu schmieden, als Schwerter, Speere, Brünnen und Helme, und Sättel und Rosse auszurüsten, und alles, dessen ein Heer bedarf.

Da gingen Erp und Ortwin zu ihrer Mutter und verlangten, sie solle Etzel bitten, daß er ihnen die Fahrt mit Dietrich ins römische Land erlaube. Unter Tränen mahnte die Mutter, davon abzustehen, weil sie noch zu jung und der Gefahren viele seien. Aber die Knaben ließen nicht nach: da kamen Etzel und Dietrich dazu in die Halle und befragten Helche um die Ursache ihres Weinens. Nun wandten die Jungherren sich mit Bitten an den Vater, aber auch er weigerte sich. Jedoch als König Dietrich bat, den Knaben zu willfahren und sich verbürgte für ihre Sicherheit, willigte Helche darein und auch Etzel widerstand da nicht länger.

Im Frühjahr versammelte sich das Heer in Susa: zehntausend Reiter und ungezähltes Fußvolk waren zusammengekommen. Königin Helche ließ ihre Söhne aufs prächtigste rüsten: ihre Brünnen waren vom besten Stahl, mit gleißendem Golde geziert: an den blinkenden Helmen die Nägel vergoldet: und dazu bekamen sie armsdicke Schilde mit roter Farbe bemalt.

„Seid tapfer, meine Söhne, wie eure Waffen gut sind," sprach die Königin: „So sehr ich um euer Leben sorge, — mehr noch liegt mir am Herzen, daß man euch tapfer

nenne, wann ihr aus der ersten Schlacht wiederkehrt."
Dann rief sie Diether, küßte ihn, schlang ihre Arme um
seinen Hals und sprach: „Lieber Pflegsohn, euch drei Kna=
ben hat bisher die Liebe geeint in jedem Spiel: nun ziehet
ihr in die erste Heerfahrt, haltet fest zusammen und leiste
jeder dem andern treuen Beistand."

„Frau Königin," antwortete Diether, „wir sind gut
gerüstet zum Streit: nun walte des der Gott des Sieges,
daß ich dir die Söhne heil mag heimführen: fallen sie
aber, so wirst du nicht hören, daß ich lebe, während sie
tot liegen."

Das daukte ihm Helche und reichte auch ihm stolze
Waffen von bestem Stahl: Helm und Brünne waren mit
Gold ausgelegt und kostbare Steine funkelten in der Helm=
zier. Der mit Gold bedeckte Schild zeigte einen roten
Löwen: und niemand hatte je Königskinder besser gerüstet
gesehen.

In der Stadt erhob sich gewaltiger Lärm von den
Kriegsscharen, die dicht gedrängt in den Straßen lagerten
und wogten. König Etzel stieg auf den höchsten Turm
seiner Burg und gebot Ruhe: da ward Stille und weit=
hin scholl Etzels Stimme.

„Ordnet eure Scharen, wie ich's befehle: König Dietrich
ziehe mit seinem Gotenvolk; Markgraf Rüdiger führe meine
Heunen: alle andern aber, gezählte wie ungezählte, folgen
meinen Söhnen und dem jungen Diether."

Nun sprang Rüdiger aufs Roß und zog mit seiner
Schar aus der Burg. Alfrad (S. 539) ritt ihm als Banner=
träger voraus. Dann folgten Etzels Söhne und Diether.
Herzog Nudung von Walkaburg, Rüdigers junger
Schwäher, trug Jung=Diethers Banner. Mit ihnen ritt
auch Helferich. Weinend schaute Helche ihnen nach. Da
schwang sich auch Dietrich auf Falkas Rücken und sprach

scheidend zur Königin: „Frau Helche: ich schwör's, nicht
komm' ich lebend aus diesem Kampfe, wenn ich deine
Söhne verliere."

Meister Hildebrand schwang Dietrichs Banner empor:
— in weißer Seide stieg der goldne Löwe: die Königin
selber hatte es ihm gegeben, — und ritt vor seinem
Herrn zum Tore hinaus. Ihm folgten Wildeber und alle
Goten.

Als sich das Heer auf der Straße südwärts wandte,
schickte Dietrich zwei Boten nach Romaburg, die ritten
Tag und Nacht, bis sie vor den König kamen, und riefen:
„Hör' uns, König Ermenrich: Dietrich und Diether kehren
heim ins Amalungenland. Vergolten wird nun all deine
Untreue: ihnen folgen ein Heunenheer und Etzels Söhne.
Willst du das Reich wahren, so komm' ihnen entgegen
nach Raben. Nicht wie ein Dieb will König Dietrich sich
ins Land stehlen: Heersage haben wir angesagt."

Ermenrich ließ den Männern Kleider und Rosse als
Botenlohn geben und sprach: „Reitet zurück! Nun ich's
weiß, daß sie kommen, fürcht' ich mich wenig vor den
Hennen."

Er sandte aber Boten über sein Reich und ließ jeden
waffenfähigen Mann zum Kampfe rufen: nach drei Tagen
und Nächten war in Romaburg ein Heer zusammengeschart
von siebzehntausend Reitern, darunter auch Wittig mit
seinen Kriegern: die trugen schwarze Hornbögen und Plat=
tenbrünnien. Sibich führte sechstausend Reiter, mit ihnen
ritt Ermenrich selber: Herzog Reinald hatte fünftausend,
und sechstausend folgten Wittig.

„Dietrich und Diether müssen erschlagen werden," sprach
Ermenrich, „und höre, Wittig, vor allem laßt die Söhne
Etzels nicht mit dem Leben entrinnen."

„Gern will ich mit Hennen streiten," antwortete Wittig,

„doch gegen Dietrich und Diether zieh' ich mein Schwert nicht."

So zogen sie nordwärts und trafen Dietrich mit seinem Heere bei Raben, nördlich vom Strome (Padus, Po) gelagert.

Ermenrichs Scharen schlugen ihre Zelte nun südlich des Stromes auf. In der Nacht ritt Hildebrand allein auf Spähe aus, den Strom hinab, und traf Herzog Reinalb auf eben solcher Fahrt. Sie waren alte Freunde und freuten sich sehr ihrer Zusammenkunft. Als der Mond aufstieg, zeigte einer dem andern, wie die Zelte aufgeschlagen und die Scharen zur bevorstehenden Schlacht geordnet waren.

„Und Sibich, euer größter Feind," sprach dann Reinald, „führt ein Heer, als erster Herzog."

„Gegen ihn," rief der Alte, „reiten wir Goten: und ich hoffe, ihm seine Bosheit zu vergelten!"

„Das wirst du schwerlich, so wenig ich dir's wehre: denn ihm folgt allzuviel Kriegsvolk. Der zweite Herzog ist Wittig, euer Freund: mit ihm reiten Amalungen, die haben geschworen, den Hennen die Schädel zu spalten."

„Dem Markgrafen Rüdiger folgen Hennen," sprach Hildebrand.

„Dann führ' ich meine Schar gegen Rüdiger, und meide so Blutsfreunde und Goten. Freilich muß Wittig dann gegen Etzels Söhne streiten, wiewohl er nicht mit Jung-Diether kämpfen will."

Darauf küßten sie sich zum Abschied und ritten ihren Lagern zu. Sie hatten aber zuvor fünf Wachtmänner Sibichs begegnet, die, Hildebrand erkennend, trotz Reinalds Abwehr, auf den Alten eindrangen und ihm die Helmzier durchhieben.

Da schlug Hildebrand dem ersten den Kopf ab; die

übrigen ritten eiligſt ihres Weges. Durch ſie erhielt Sibich
Kunde, daß Hildebrand in die Nähe der feindlichen Zelte
gekommen ſei: er rüſtete ſich eilig, mit einigen Mannen
ihn zu überfallen. Wie er ausreiten wollte, kehrte Rei=
nald gerade ins Lager zurück und wehrte ihm.

„Willſt du den einſam Reitenden erſchlagen? So laß
ich meine Hörner blaſen und du ſollſt zuerſt uns be=
kämpfen.“

„Wie, Reinald,“ drohte Sibich, „willſt du Ermenrich
verraten und ſeinen Feinden beiſtehen?“

„Das will ich nicht, obwohl ich gegen Verwandte und
Freunde kämpfen muß. Doch Hildebrand ſollſt du nicht
überfallen, nun er allein durch die Nacht reitet: in der
Schlacht wird er dir nicht ausweichen: dann wehr’ ich
dir’s nicht, mit ihm zu ſtreiten.“

So mußte Sibich ſich fügen und Hildebrand kehrte un=
gekränkt zurück. Er berichtete Dietrich alles, was er in
der Nacht erfahren hatte.

2. Die Rabenſchlacht[1]).

Als der Morgen anbrach, ließ König Dietrich die
Schlachthörner blaſen: und alſogleich erklangen auch aus
Diethers und Rüdigers Lagern die ſchmetternden Rufe:
das Heer ging durch eine Furt über den Strom gegen die
Feinde.

Nun ließ auch Sibich zum Streite rufen und die ſechs
Scharen zogen in die Schlacht gegeneinander, alſo geordnet:
der ſtarke Herzog Walther[2]) trug Ermenrichs Banner: das

---

[1]) Schlacht bei Ravenna.
[2]) S. oben S. 466, 501, die Sagen berichten über ihn und
ſeinen Tod Widerſprechendes.

war gewirkt aus schwarzer, goldgelber und grüner Seide
und mit goldenen Schellen ringsum behangen, die klangen
weithin über das Walfeld. Dahinter ritt Sibich mit sechstausend Reitern und vielem Fußvolk. Dietrich befahl
Meister Hildebraud, sein Löwenbanner Sibich entgegen-
zutragen.

Reinalds Banner, rot wie Blut und drei goldene Knäufe
darein gewirkt, flog dem Rüdigers entgegen. Der starke
Runge trug Wittig das Banner voraus: das war schwarz:
mit weißer Farbe standen Hammer, Zange und Amboß
darein gezeichnet. Ihm entgegenritt Jung-Diether, Nudung
trug dessen Banner, um dieses scharten sich Etzels Söhne,
Helferich und viele Ebelinge. Sie waren an Waffen und
Wehrkleidern so reich mit Gold geschmückt, daß ein Glanz
von ihnen ausging, als sähe man in Feuer.

König Dietrich ritt allen voran, schwang sein Schwert
und hieb zu beiden Seiten Männer wie Rosse nieder: er
fällte einen Feind über den andern. Hildebrand hielt mit
einer Hand das Banner hoch und erschlug mit der andern
manchen Mann; Wildeber folgte ihnen stets.

„Oft haben wir Russen und Wilkinen besiegt," rief
Dietrich, — „heut kämpfen wir für unsre Heimat! Vorwärts, meine Goten!" Und mitten in Sibichs Schar ritt
Dietrich mit seinen Gesolgen und schlug alles nieder, was
ihm widerstand: — da wagte keiner mehr, gegen ihn zu
streiten. Wildeber brang nach einer andern Richtung in
die Feinde, und wohin er kam, behielt kein Mann weder
Waffen noch Leben vor ihm. Das sah Herzog Walther,
wie Wildeber die Männer erlegte gleich jagdbarem Wild
und wie die Krieger flohen, sobald sie ihn nur sahen: da
ritt er ihm hitzig entgegen, stieß ihm die Bannerspitze in
die Brust und im Rücken brang sie heraus. Wildeber aber
hieb mit dem Schwert den Speerschaft vor seiner Brust

ab, ritt bicht an Walther heran unb mit einem letzten
Hieb schlug er ihm auf ben Schenkel: bie Brünne sprang
entzwei, bas Schwert blieb erst im Sattel stecken: bann
sanken beibe tot von ben Hengsten.

Als aber Sibich Walther erschlagen unb Ermenrichs
Banner gesunken sah, floh er mit seiner ganzen Schar und
Ermenrich solgte ihnen. Dietrich setzte nach unb bie Goteu
erschlugen, wen sie erreichten.

Wittig sah Sibich fliehen unb brang nun, ben Sieg
noch zu retten, mit boppeltem Ungestüm vorwärts. Er
ritt Rubung zu grimmem Einzelkampf an: mit sausendem
Streich hieb er zuerst bie Bannerstange entzwei, — bas
Banner sank — unb sogleich tat er einen zweiten Schlag
gegen Rubungs Hals, baß Hanpt unb Rumpf vom Rosse
niederfielen.

„Seht Wittig, wie er uns Rubung erschlägt! Auf,
gegen ihn!" rief Ortwin Helferich zu; beibe sprengten auf
Wittig unb ben starken Runge ein mit geschwungenen
Schwertern, unb ein wilber Kampf begann: Ortwin unb
Helferich fielen tot zur Erbe, bevor noch Erp unb Diether
herzukamen. Diether tat einen schweren Hieb auf Runges
Helm und spaltete ben unb ben Schädel bazu: ber Banner-
träger stürzte tot vom Roß. Aber währenbdessen kam mit
wilbem Rächeschrei Erp gegen Wittig gerannt unb führte
Streich auf Streich nach bessen Hanpt. Zürnenb schwang
Wittig Mimung empor unb fällte ben ungestümen Knaben
zur Erbe. Da erbleichte Diether vor Leib unb Zorn: er
kam zu spät, ben Freunb zu retten: grimmig schlug er auf
Wittig ein.

„Reite hinweg, Jung-Diether — um beines Bruders
willen mag ich bir lein Leibs tun — reite hinweg unb
schlage bich mit andern!" rief Wittig. Aber Diether antwortete: „Meine Jungherren hast bu, böser Hund, mir

erschlagen: Rache heisch' ich für sie: du oder ich, einer muß das Leben lassen."

Und er hieb aus aller Macht auf Wittigs Helm: jedoch der Helm war hart: das Schwert sprang ab und fuhr vor dem Sattelbogen nieder in den Hals des Rosses, daß dessen Haupt abflog: so ließ Schimming sein Leben. Wittig aber sprang aus dem Bügel und rief: „Fürwahr, nun muß ich tun, was ich nicht will, oder mein Leben verlieren! Dabei faßte er sein Schwert mit beiden Händen, schwang es empor und spaltete Diether von der Achsel bis auf den Gürtel.

Als er aber den Jüngling tot daliegen sah, brach er in Tränen aus und klagte laut: „Weh! daß ich dich er= schlagen habe: nun muß ich vor Dietrich allwege das Land räumen." Doch der Kampf tobte um ihn fort: er schwang sich auf Diethers Roß und stürmte ins dickste Getümmel.

Ulfrad trug Rüdigers Banner: sie hatten in männlichem Streit viele Amalungen erschlagen, die ihnen Herzog Rei= nald entgegengeführt. Der warf einen Hennen über den an= dern, Roß und Brünne waren ihm ganz blutig; da sah er, wie die Amalungen vor Ulfrad, seinem Blutsfreund, wichen: todeskühn ritt er dem Bannerträger mit gesenktem Speer entgegen und durchbohrte ihm Brünne und Brust. Tot sank Ulfrad aufs Walfeld.

Doch Rüdiger nahm das Banner auf, hielt es empor und ritt vorwärts. Reinalds Bannerträger hieb er den Kopf ab, und schlug dessen Banner nieder. Als nun die Amalungen Sibichs sahen, wie Sibich geflohen, wie ihr Banner gesunken war, da wandten auch sie sich zur Flucht und Reinald wurde von seinen eignen Mannen mit fort= gerissen.

Eilig sprengte nach Diethers Fall ein Bote hinter dem Berner her und rief: „Reite nicht länger den Fliehenden nach, kehr' um! · Erschlagen liegen Nudung und Helferich, daneben Etzels Söhne und Diether, dein Bruder: und das alles hat Wittig getan: kehr' um und räche sie!"

"Wehe!" klagte Dietrich. — "Sterben will ich oder sie rächen." Er wandte Falka und stieß ihn mit dem Sporn und ritt so scharf, daß seine Gefolgen weit hinter ihm zurückblieben. Harmvoll, grimmig, zornig sprengte er übers Walfeld: brennendes Feuer flog aus seinem Munde: die noch kämpften, senkten die Waffen und flohen entsetzt vor seinem Anblick. Da schaute Wittig den Zornigen und — floh längs des Stromes. Aber Dietrich folgte ihm und rief ihn an: "Warte mein, Wittig! Ich muß meinen Bruder rächen, den du mir erschlagen hast. Bist du ein Held, so warte mein."

Wittig tat, als hörte er nicht und ritt nur schärfer.

"Wenn du Mut hast, so warte mein; Schande ist's, vor einem Manne fliehen, der seinen Bruder rächen will."

"Nur aus Not erschlug ich Diether," antwortete Wittig, das Haupt halb wendend, "und wahrlich, ich hätt' es nicht getan, wußt' ich anders mein Leben zu retten vor ihm. Mit Gold und Silber will ich ihn dir büßen." Er trieb dabei sein Roß vorwärts, was es nur laufen konnte: "Gelben Hafer," flüsterte er ihm ins Ohr, "und lindes Heu will ich dir geben: nur rette mich diesmal!" Aber Dietrich drückte Falla den Sporn ein, daß das Blut hervorspritzte. So kamen sie an die brausende See: tobes= mutig sprengte Wittig in die Wellen. Dietrich war ihm um eines Rosses Sprung nahe gekommen und schoß seinen Speer nach ihm: aber zugleich versank Wittig in die See. Der Speer fuhr in die Erde und blieb da stecken. Eine Meerminne fing den sinkenden Wittig in ihre Arme auf und führte ihn mit sich auf den Meeresgrund. Das war Wachhild, Wittigs Ahnmutter (S. 438).

Dietrich sprengte bem Verschwundenen nach ins Meer, weit, weit: bis ihm bie Flut ben Sattelbogen überspülte: ba mußte er umkehren. Er wartete lange am Ufer, ob er ihn nirgends sähe: wie er aber nicht wieder auftauchte, ritt er zurück aufs Walfeld.

Da lagen Helches Söhne in ihren weißen Brünnen unb harten Helmen, bie ihnen boch nichts gefrommt hatten. Dietrich küßte ihre Wunden unb biß sich vor Schmerz in ben Finger unb klagte laut: „O, lebtet ihr unb ich läge tot! Weh mir! Viellieber Bruder Diether, ba liegst auch bu starr unb kalt! Unb ich konnte bich nicht einmal rächen." Dann erhob er sich: bie Eblen und Maunen versammelten sich um ihn.

„Markgraf Rübiger, fahre heim mit beinem Kriegs= volk," sprach Dietrich. „Ich kehre nimmer zurück ins Heunenland, weil ich Helche verhieß, ihr bie Söhne wieber= znbringen: unb bas kann ich nun nicht erfüllen."

Da riefen Vornehme unb Geringe: „Ziehe bu mit uns! Wir alle wollen für bich sprechen bei Etzel unb bei Helche."

Unb Rübiger sprach: „Nur zu oft werden uns bie liebsten Helben in ber Schlacht gefällt. Willst bu nicht mit uns ziehen, so folgen wir bir: streite benn mit Er= meurich, bis du bein Reich wiedergewonnen hast."

Aber Dietrich hatte seinen Sieg mit so großen Ver= lusten für Etzels Heer erkauft, baß er nicht wagte, bas= selbe ferneren Schlachtgefahren auszusetzen unb zog mit zurück nach Heunenland. In Susa angekommen, ver= bargen sich Dietrich und Hildebrand in einer kleinen Hütte: Rübiger sollte bie traurige Botschaft in bie Königshalle tragen. Als er eintrat, liefen schon bie Rosse ber Jung= herren mit ihren blutigen Sätteln in ben Burghof: bie sah Helche unb erriet, was ihr Leibes geschehen.

„Heil dir, König Etzel," grüßte der Markgraf seinen Herrn.

„Willkommen, getreuer Rüdiger! Lebt Dietrich und gewannen die Hennen Sieg oder Unsieg?"

„König Dietrich lebt und die Hennen haben Sieg gewonnen. Aber tot liegen zu Raben auf dem Walfeld eure Söhne." Da brach Helche in laute Klagen aus und verfluchte den Berner.

„Wer von den Helden ist mit unsern Söhnen gefallen?" fragte der König dumpf.

„Herr, mancher gute Degen: vor allen Jung=Diether, der treue Helferich und Herzog Nudung, Wildeber und viele andre." Und Rüdiger erzählte nun, wie die Knaben erschlagen wurden, von Wittigs Flucht und wie ihn die See Dietrichs Rache entrissen habe. Und wieder sprach der König: „Nun ist's geschehen wie oft zuvor: die müssen fallen, die zum Tode bestimmt sind. Wo ist Dietrich?"

„Dietrich und Hildebrand sitzen in einer Hütte; die Waffen haben sie abgelegt: und so sehr bekümmert Dietrich der Jungherren Verlust, daß er nicht vor dein Antlitz treten will."

Etzel sandte zwei Boten nach ihm, aber sie kamen zurück ohne Dietrich: zu groß sei sein Harm, er wage nicht zu kommen. Da erhob sich Königin Helche aus Jammer und Klagen: „Weh, daß ich dem getreuen Mann fluchen mochte!" und sie ging mit ihren Frauen in die Hütte, wo Dietrich saß.

„Willkommen, König Dietrich," grüßte sie ihn. „Sage mir, stritten meine Söhne als tapfere Helden, bevor sie fielen?"

„Frau, fürwahr das taten sie," antwortete Dietrich gramvoll. Und Helche trat zu ihm, schlang ihre Arme um seinen Hals, küßte ihn und sprach: „Geh nun mit mir zu König Etzel, treuer Mann, und sei uns willkommen wie ehedem."

Da folgte ihr Dietrich in die Halle, trat vor des Königs Sitz und neigte sein Haupt in Etzels Schoß und sprach: „Räche nun dein Leid an mir."

Aber Etzel küßte ihn, hieß ihn willkommen und setzte ihn neben sich auf den Hochsitz. Und ihre Freundschaft war nicht geringer als vordem.

3. Helches Tod.

Zwei Jahre darauf ergriff die Königin ein Siechtum: sie sah ihren Tod voraus und ließ Dietrich und Hildebrand an ihr Siechbett rufen.

„Dietrich, treuer Freund," sprach sie, „viel Gutes haben wir dir zu lohnen: nun wird der Tod unsre Freundschaft scheiden: darum empfange zuvor, was ich dir bestimmt habe: die edle Jungfrau Herrad will ich dir zum Weibe geben." Und sie ließ ihm zehn Mark Goldes in einem Becher, dazu ein kostbares Purpurkleid überreichen. Dietrich nahm die Gaben und klagte: „Gute Königin Helche, weh um dich, daß du nun sterben sollst." Er weinte wie ein Kind und ging hinaus, weil er vor Gram nicht mehr zu reden vermochte. Meister Hildebrand reichte die Königin den besten Goldring, den sie an ihrer Hand trug: „Laß uns als Freunde scheiden und uns als solche wiederfinden, wenn wir uns treffen."

Unter Tränen dankte Hildebrand der Königin ihre Treue; dann ließ sie den König rufen und sagte: „König Etzel, wir müssen nun scheiden, — nicht lange wirst du ohne Gemahlin bleiben: nimm kein Weib aus Nibelungenstamm, es wird dir und deinen Nachkommen Unheil bringen." Und als sie das gesprochen, wandte sie sich von ihm und starb. Etzel und ganz Heunenland beweinten sie und alle lobten ihre Güte und Milde.

Herrad aber, König Nantwins Tochter, die als Speergefangene an Etzels Hof lebte, wurde da Dietrichs Frau.

———

V. Dietrich von Bern und die Nibelungen.

Vorbemerkung.

Es ist immer noch lebhaft bestritten, wieviel von der Wölsungen- (s. oben S. 269) beziehungsweise Nibelungensage nordgermanischen, wieviel deutschen Ursprungs sei: auch über den Ort der frühesten Aufzeichnung ist man nicht einig. Fest steht aber, daß Sigurd (Siegfried), seine Vermählung mit Krimhild (der Gudrun der Wölsungensage), seine Ermordung durch Hagen (in der Wölsungensage durch Guthorm), dann der große Kampf in der Halle des Heunenkönigs Etzel (Attila) und der Untergang der Burgunden in diesem Kampf ursprünglich deutsche Sagen waren, welche aus Deutschland nach Skandinavien getragen und dort erst umgestaltet wurden.

Es ist hier nicht der Ort, darauf einzugehen, in welcher Weise dies, namentlich durch Anknüpfung von Sigmund an die älteren Wölsungen-Ahnen, geschah. Die mythologische Grundlage der deutschen Siegfriedsage ist die Gestalt eines, Baldur gleichen, Frühlingsgottes, der den Drachen, den Winterriesen, tötet, aber selbst in der Blüte der Jahre getötet wird. Geschichtliche Züge traten hinzu: der Untergang des Burgundenkönigs Gundikar

— Worms, der zwar durch Hunnen, aber nicht durch

sofort ebenfalls ben Tob, unb wirb nicht noch eines britten
Gemahlin: von allen anbern Unterschieben, welche z. B.
burch das Hereinziehen Dietrichs herbeigesührt werden, zu
schweigen. Diese Bemerkungen werden genügen, Ver=
wirrung unb Unklarheit auszuschließen. Wir beschränken
uns barauf, von ber späten unb ohnehin am meisten be=
kannten mittelhochbeutschen Fassung bloß basjenige ansführ=
licher zu erzählen, was an bie Dietrichssage knüpft,
während wir von ben Begebenheiten vor ber Fahrt ber
Nibelungen in Etzels Land nur kurz bas Unerläßliche
mitteilen.

———

Siegfrieb war ber Sohn bes Königs Siegmunb
„in Niederlanden" am Rhein, in ber Burg Xanten, unb
ber Siegelind: er war ber herrlichste Held[1).

So hatte er ben unermeßlichen Hort ber Nibelunge
gewonnen: Schilbung unb Nibelung, bie Söhne bes
(ursprünglich elbisch gedachten) Königs Nibelung konnten
sich nicht in bas Erbe ihres Vaters teilen (oben S. 295).
Von ungefähr kam Siegfrieb an ihre Burg: sie baten ihn,
bas Gut ihnen zu teilen unb gaben ihm im voraus zum
Lohne ihres Vaters Schwert Balmung. Da er bei
bestem Willen ben unermeßlichen Hort zu teilen nicht ver=
mochte, griffen sie ihn zornmütig mit ihren zwölf Riesen
unb anbern Mannen an: aber Siegfrieb schwang Balmung
unb erschlug beibe Könige unb bie Riesen unb viele
Mannen; er bezwang auch ben wilden Zwerg Alberich,
bem er bie Tarnkappe (S. 199, 303) abgewann unb

———

1) „Noch bevor er ganz zum Mann erwachsen, hatte er schon
gar viele Wunder mit seiner Hand getan, von denen wir heute
schweigen": Anspielungen auf bie halb vergessenen ersten Taten,
ben Ritt burch bie Waberlohe usw.

bann, austrug, als sein Kämmerer des Hortes zu warten
in dem tiefen Berge. Bei dem Zwerge Mime (f. Wieland
der Schmied S. 451), dem Regin der Wölsungen
(S. 293), hatte er schon als Knabe die Schmiedekunst
lernen sollen, balb aber ein viel besseres Schwert geschmiedet
als dieser, mit dem er Mimes Ambos auseinanderschlug.
Auch erlegte er einen Lindwurm (d. h. Glanzwurm, Gold=
glanz hütender Wurm, vgl. S. 301) und badete in dessen
Blut: da ward seine Haut hörnern („hürnen"), keine Waffe
durchdrang sie.

Da er vernimmt, daß die allerschönste Jungfrau
Krimhild sei, die Tochter des (verstorbenen) Burgunden=
königs Dankrat und der Frau Ute zu Worms, Schwester
des jetzt dort herrschenden Königs Gunther, zieht er aus,
sie zur Gattin zu gewinnen: anfangs will er mit jenen
Helden kämpfen, wer obsiegt, soll beide Reiche — Burgund
und Niederland — beherrschen. Doch wird das klug ab=
gewendet, Siegfried wird gut aufgenommen und bleibt
lange zu Worms am Hofe der Burgunden, wo außer dem
König dessen beide Brüder Gernot und der junge
Giselher (das Kind), Hagen, der gewaltige Held, dessen
Bruder Dankwart, beider Neffe Ortwein von Metz und
der frohe und tapsere Sänger Volker von Alzei ihn in
hohen Ehren halten. Krimhild hat er noch nicht gesehen:
aber sie hat ihn heimlich gar oft im Hofe beim Waffen=
spiel betrachtet und seitdem wohl nicht mehr Mannesliebe
und Ehe verschworen wie vordem: sie hatte einmal im
Traum einen edeln Falken, den sie manchen Tag gezogen,
von zwei Aaren zerkrallt gesehen, was ihr Frau Ute auf
einen geliebten Gatten gedeutet hatte. Nachdem Siegfried
einen Sachsen= und einen Dänenkönig, welche das
Burgundenreich bedroht, besiegt und gefangen, wird ihm
bei dem Siegesseste zuerst der schönen Krimhild Anblick

gewährt, der ihn sofort mit tiefster Liebe erfüllt. Da be=
gehrte Gunther die gewaltige Jungfrau Brünhild, die
jenseit der See auf dem Eisenstein auf Island gebot,
zum Weibe: die hielt mit jedem Freier drei Kampfspiele,
und wer in einem unterlag, verlor das Haupt: noch nie
war sie besiegt worden. Siegfried erbot sich, mitzuziehen
und die Unbezwungene zu bezwingen, wenn er Krimhilds
Hand zum Lohn erhalte. Diese ward ihm zugesagt, und
nun bezwang Siegfried, in der Tarnkappe unsichtbar hinter
Gunther stehend und schwebend, die getäuschte Jungfrau,
welche nun König Gunther als Braut folgen mußte. Als=
bald wurden die beiden Paare zu Worms mit größer
Pracht getraut: aber noch einmal mußte Siegfried an
Gunthers Stelle in dunklem Gemach Brünhilds Widerstand
brechen, bevor sie des Königs Kuß und Umarmung sich
fügte. Dabei streifte Siegfried ihr einen Ring vom Finger
und nahm ihren Gürtel mit: beide schenkte er Krimhild,
ihr das Geheimnis jener Nacht anvertrauend. Siegfried
und Krimhild ziehen darauf nach Niederland, wo sie zehn
Jahre herrlich herrschen; ihr Söhnlein heißt Gunther.
Gunthers und Brünhilds Knabe wird Siegfried genannt.
Brünhild grollt nun — sehr wenig motiviert! — darüber,
daß Siegfried, der sich auf Island bei ihr als Gunthers
Dienstmann ansgegeben, so herrlich über Niederland und
das Nibelungenreich herrsche, und setzt es durch, — denn
sie will Siegfried „dienen" sehen — daß er und Krimhild
nach Worms geladen werden. Bei diesem Besuche rühmt
nun — wieder sehr ungenügend begründet! — Krimhild,
ihr Mann sei der herrlichste Held. Brünhild stellt Gunther
höher, da Siegfried nur dessen Dienstmann sei, und wie
sie darauf nach heftigem Streit beide zum Münster gehn,
verlangt sie vor allem Volk offen als Königin den Vortritt
vor Krimhild, des Dienstmanns Weib. Krimhild antwortet,

Brünhild sei ja nicht durch Gunther, sondern durch Sieg=
fried zur Frau gemacht worden in jenem nächtlichen Ringen,
und zum Beweise weist sie Brünhilds eignen Gürtel bar.
Darauf schwört zwar Siegfried, daß er in jener Nacht nur
für Gunther Brünhild bezwungen habe. Aber diese ver=
sinkt — man weiß wieder nicht, weshalb: da sie Siegfried
nie geliebt hat! — trotzdem in tiefste Trauer. Hagen von
Tronje gelobt ihr, sie durch Siegfrieds Tod zu rächen und
reizt auch Gunther zu dem Mord, indem er ihn auf den
Hort und die Reiche Siegfrieds verweist, die dann den
Burgunden untertan würden. Gunther willigt endlich ein:
es wird ein neuer Angriff der Dänen und Sachsen vor=
gegeben: Siegfried erbietet sich sofort, wider sie zu ziehen.
Krimhild bittet Hagen, über sein Leben zu wachen und
verrät die eine Stelle, wo die „hörnerne Haut" nicht
schirmt, weil während des Badens im Drachenblut ein
Lindenblatt darauf gefallen war, und sie näht mit Seide
ihm ein Kreuzlein auf die Stelle im Nacken, zwischen den
Schultern. Alsbald wirft Hagen Siegfried, als dieser auf
der Jagd im Odenwald niederkniet, aus einem Quell zu
trinken, den Speer in den Nacken und tötet ihn. Zwar
will Gunther die Tat leugnen und auf Schächer im Walde
schieben: aber Krimhild verlangt das Gottesurteil des
Bahrgerichts, d. h. sie fordert, die von ihr Beschuldigten
sollen an die Leiche treten: als Hagen herantritt, bricht die
Wunde wieder auf und blutet aufs neue, die Schuld des
Mörders erwahrend. Brünhild triumphiert. Hagen be=
redet Gunther, Krimhilds Verzeihung zu gewinnen, um
durch sie den Nibelungenhort in das Land zu schaffen.
Krimhild läßt sich auch wirklich mit Gunther versöhnen,
nur nicht mit Hagen, und schafft den Nibelungenhort, den
ihr Siegfried zur Morgengabe geschenkt, nach Worms.
Dadurch gewinnt sie so viele Freunde und Dienstmannen,

daß Hagen Gunther beredet, um ihrer Rache vorzubeugen, ihr den Hort zu rauben. Das geschieht mit abermaliger Täuschung: aber alsbald bemächtigt sich Hagen allein des Hortes und senkt ihn zu Lochheim in den Rhein, auf daß er allein die Stelle wisse, wo er von dem unerschöpflichen stets, soviel er wolle, heben könne. Seit die Burgunden so das Nibelungengold gewonnen hatten, wurden sie selbst „die Nibelungen" genannt. Dreizehn Jahre lebte nun Krimhild, des Gatten und der Rache beraubt, an dem Hofe zu Worms[1]).

1. Etzels Werbung um Krimhild.

Da wollte König Etzel im Heunenland um Krimhild werben. Er entsandte den Markgrafen Rüdiger (S. 446) mit fünfhundert Mannen; in zwölf Tagen erreichte er Worms, wo er freudig empfangen wurde.

„Königin Helche (S. 446, 561) ist tot," sprach er zu Gunther, „Etzel voll Grams und das Volk ohne Freude: darum soll Krimhild Etzels Krone tragen."

Die Burgunden nahmen die Werbung an, wenn Krimhild einwillige: nur Hagen riet dagegen. „Nimmt sie den mächtigen Heunen, so schafft sie uns Leid, wie sie's kann," sprach er zu den drei Königsbrüdern.

Zürnend antwortete Giselher: „Ihre Ehre ist unsre Freude." Sie trugen ihrer Schwester die Werbung vor und baten sie, ja zu sagen: auch Ute redete ihr zu, doch vergebens. Da hießen sie Rüdiger zu ihr gehen: „Nach Herzleid, Frau," sprach er gütig, „ist freundliche Liebe wohltuend. Über zwölf Kronen und dreißig Fürstenlande

---

[1]) Die „Vorbemerkung" S. 562—568 ist von Felix Dahn verfaßt.

wirst du Gewalt haben, und Helches Gesinde, Mannen und Frauen, werden dir dienen." Bis zum andern Morgen versprach sie ihm den Bescheid.

Und abermals drang Giselher in sie, ihrem Witwen= leib zu entsagen und der neuen Freude und Ehre zu leben. Aber als der Markgraf wieder vor ihr stand, sagte sie nein, wie er auch bat, bis er ihr heimlich zusagte, er wolle an ihr vergüten, was man zu Worms an ihr ver= brochen habe.

Mit allen seinen Mannen schwur er ihr Treue, und daß er ihr keinen Dienst versagen werde, den sie fordre: solchen Eid hatte sie gefordert.

Vier und einen halben Tag bereitete Krimhild sich mit ihrem Gesinde, Rüdiger zu folgen. Was sie vom Nibe= lungengold noch hatte, davon wollte sie an des Markgrafen Mannen spenden, — aber Hagen, der das erfuhr, litt es nicht. Rüdiger tröstete sie, Etzel werde ihr mehr schenken, als sie je werde verbrauchen können, und selbst als Gernot auf Gunthers Befehl ihr das Spenden freigab, lehnte der Markgraf alle Gaben ab.

Nur zwölf Schreine, gefüllt mit Gold und vielem Schmuck, nahm Krimhild mit. Ihr folgten hundert reich geschmückte Mägde und der Markgraf Eckewart mit fünf= hundert Mannen, ihr für immer zu dienen. Giselher und Gernot geleiteten die Schwester bis zur Donau. „Wenn dich je etwas gefährdet," sprach Giselher beim Scheiden, „so sende nach mir, und ich reite zu deinem Dienst in Etzels Land."

2. Krimhild im Heunenland.

Boten eilten voraus, dem Heunenkönig Krimhildens Kommen zu verkünden, indessen sie in Rüdigers starkem

Schutz folgte. Es war ein stattlicher Zug: „Genug aus Bayerland hätten gern genommen den Raub auf der Straße, so tun sie jederzeit": denen wehrte Rüdigers Hand. Es war zu Anfang der Sommerzeit. — Rüdiger hatte Gotelind, seinem Gemahl (S. 451), Botschaft nach Bechelaren, an der Donau, gesandt, und sie entboten, Frau Krimhild entgegenzureiten mit würdigem Geleit. Bei Ens auf dem Felde begrüßten die Frauen einander. Dort waren Zelte zum Nachtlager aufgeschlagen, und am andern Morgen zogen sie nach Rüdigers Burg: die gute Bechelaren ward aufgetan: sie ritten ein. Rüdigers Tochter, Diet= lind, ging Krimhild grüßend entgegen, und empfing zwölf Armringe von der Königin geschenkt. Dann zogen sie ins Heunenland; bei der Traſem lag eine Feste Etzels, Zeißen= mauer, dort ruhten sie wieder drei Tage. Auf der Reise nach Tuln staubte die Straße, als ob es brenne: denn Etzel nahte. Vor ihm her zogen Scharen aus allerlei Völkern, Christen und Heiden: Griechen, Russen, Polen, Wlachen, Petschenegen.

Vierundzwanzig Fürsten ritten vor Etzel: Krimhild nur zu schauen, dünkte ihnen schon große Freude und Ehre.

Vor den Toren begrüßten die Königin ehrerbietig die Scharen: Herzog Ramund aus Wlachenland mit sieben= hundert Mann zu Roß, Fürst Gibele mit seiner Schar, Hornboge mit tausend Degen. Dann kam der kühne Hawart von Dänemark, der „falschlose" Iring und Irnfried von Thüringen, die führten zwölfhundert Krieger. Herr Blödel, Etzels Bruder, begrüßte sie mit dreitausend Hennen. Zuletzt kam Etzel und Dietrich von Bern mit seinen Speerbrüdern. Sie stiegen ab: der König ging Krimhild entgegen, und sie küßte ihn. Auch Blödel küßte sie und König Gibele, und noch neun der vornehmsten Fürsten.

Ein herrlich Gezelt war aufgeschlagen, darin saß Etzel
mit Krimhild: ihre weiße Hand lag in seiner Rechten.
Auf dem Felde turnierten und tjostierten die Helden:
Schäfte flogen splitternd, Schilde barsten, und die raschen
Rosse stampften im Wettlauf über die Heide, bis der Abend
dem Kampfspiel ein Ende machte. Am andern Morgen
ritten sie nach Wiene (Wien) und dort war Hochzeit, die
währte siebzehn Tage. Da ward nichts gespart, und
niemand litt eines Dinges Not: was aber jemand auch
vertat in Gaben, das war nichts gegen des Berners Spenden.
Zwei Spielleute Etzels, Werbel und Swemmelin, ge=
wannen jeder wohl an tausend Mark.

Am achtzehnten Tage brach Etzel auf nach seiner Königs=
burg. Sieben Königstöchter fand Krimhild dort unter Helches
Frauen, die nun ihr dienten. Herrat, des Berners Ge=
mahl, lehrte sie des Landes Brauch.

Silber, Gold und Gestein, soviel sie mit über den
Rhein gebracht hatte, verschenkte Krimhild an die Hennen.
Etzels Gesippen und Lehnsmänner wurden ihr untertänig,
und nie hatte Helche so gewaltig geboten, wie nun Krim=
hild bei den Hennen tat. Bis ans siebente Jahr lebten
sie miteinander und hatten einen Sohn, der hieß Ortlieb.
Alle sagten, keine Frau habe je besser und milder als Königin
geherrscht. Das Lob trug sie bis ins dreizehnte Jahr. Zwölf
Könige sah sie stets vor sich, und niemand trat ihrem Sinn
entgegen.

Da gedachte sie des Leibes, das ihr zu Worms ge=
schehen war, und ob es Hagen je vergolten würde? „Das
geschähe, könnt' ich ihn in dies Land bringen." Und von
Giselher träumte sie oft, wie sie ihn freundlich küßte; und
erwacht mußte sie dann gedenken, wie sie in Freundschaft
von Gunther Abschied genommen und ihn zur Versöhnung
geküßt hatte: — dann ward sie traurig, und Rache für

Siegfrieds Ermordung begann sie zu begehren. Sie sprach zu Etzel: „Zeige mir, daß du meinen Gesippen hold bist: sende Boten über den Rhein: ich will sie hierher zu Gast laden."

„Es geschehe, wie du wünschest, ich sehe deine Freunde ebenso gern wie du. Ich sende ihnen meine Fiedelleute." Und zu den Herbeigerufenen sprach er: „Sagt Krimhilds Gesippen, daß wir sie zur Sonnenwend bei meinem Feste sehen wollen."

Heimlich redete Krimhild noch mit den Boten: „Ich mach' euch reich, wenn ihr recht meinen Willen tut: sagt niemand, daß ich hier je trüben Mutes war; sprecht, die Hennen wähnten, ich hätte keine Freunde am Rhein, darum sollen sie der Ladung folgen. Sagt Gernot, daß ich ihm hold sei, er möge unsre besten Freunde herführen; und mahnet Giselher, zu gedenken, daß mir durch ihn nie ein Leid geschah, darum sehnt' ich mich nach ihm. Und von Tronje Hagen, der mag den Weg weisen: er ist ihm ja seit seinen Kindertagen bekannt."

Mit würdigem Geleite zogen die Spielleute fort; in Bechelaren kehrten sie ein und nahmen Rüdigers und der Seinen Grüße mit nach Worms. In zwölf Tagen langten sie dort an. „Etzels Fiedelleute kommen," rief Hagen, ging ihnen entgegen und fragte, wie's im Heunenreich stehe. „Das Reich stand nie so stolz, nie waren die Heunen froher," antwortete Werbel und überbrachte König Gunther das Gastgebot. In sieben Tagen sollten sie Antwort erhalten. Die Boten begrüßten noch Frau Ute und gingen in ihre Herbergen. Gunther aber befragte seine Freunde: alle rieten zu, nur Hagen riet dawider. „Du sagst dir selber Feindschaft an," sprach er heimlich zu Gunther: ‚Gedenke, was wir taten!"

„Sie ließ von ihrem Zorn: mit Küssen schied sie von

mir, sie vergab: — etwa dir allein, Hagen, mag sie grollen."

„Folgst du der Ladung, so mußt du Leben und Ehre wagen, Krimhild trägt Rache im Herzen."

„Weil du, Hagen, den Tod im Heunenreiche fürchten mußt," sprach Gernot nun, „sollen wir abstehen, unsre Schwester zu besuchen?"

Und Giselher sprach: „Fühlst du dich schuldig, Hagen, so bleibe hier und behüte dich: aber laß die, welche sich's getrauen, mit uns ziehn."

„Ihr könntet keinen mit euch führen," zürnte der Tronjer, „der sich's eher getraute, als ich."

„Wollt ihr Hagen nicht folgen," begann Rumolt, der Küchenmeister, „so hört auf mich, der euch stets treu diente, und laßt Etzel und Krimhild unbesucht, wo sie sind. Euer Land ist reich: genießet des und bleibet hier."

„Ich riet euch aus Treue," schloß Hagen; „wollt ihr doch fahren: so fahrt mit Wehr! Sendet nach euren Recken. Tausend der Besten wähl' ich selber aus, dann mag uns Krimhild nicht gefährden."

„So sei's," sprach Gunther und so geschah's. Drei=tausend Mannen kamen. Dankwart, Hagens Bruder, kam mit achtzig Degen, Volker, der stolze Spielmann, mit dreißig Gefolgen, Hagen mit tausend, die er erprobt hatte.

Die Heunenboten wollten heim; Hagen hielt sie hin aus List, daß sie nicht zu früh vor ihnen in Etzels Burg kommen sollten: dann konnte Krimhild mit ihren Kriegs=mannen sich nicht auf die Gäste bereiten. Als Hagen ge=rüstet hatte, ließen die Könige die Boten kommen und sagten die Fahrt zu; dann verhießen sie ihnen, den nächsten Tag sollten sie Brünhild begrüßen und gaben ihnen viel des Goldes. „Der König verbot uns, Gaben zu nehmen,"

sprach Swemmelin, „auch haben wir deſſen nicht not."
Das verdroß Gunther und ſie mußten nehmen. Dann
ſchieden ſie von allen, auch von Frau Ute, und zogen
ihres Weges. In Gran trafen ſie ihren Herrn und
brachten ihm vom Rhein Grüße über Grüße: „Welche
meiner Geſippen kommen?" fragte Krimhild, „und was
ſagte Hagen?"

„Wenig gute Sprüche, Frau Königin! Die Fahrt in
den Tod nannt' er die Reiſe. Er kommt mit euren drei
Brüdern: wer ſonſt noch, weiß ich nicht, doch Volker iſt
auch dabei."

„Den wollt' ich gern hier im Land mit ſeiner Stärke
entbehren. Daß Hagen kommt, des bin ich froh!" ſprach
ſie und befahl, Palaſt und Saal für den Empfang der
Burgundengäſte zu bereiten.

3. Die Nibelungen ziehen ins Heunenreich.

Eintauſendundſechzig Mannen, dazu neuntauſend Knechte,
zogen über den Rhein mit König Gunther, zu König Etzels
Sonnwendfeſt.

Ute träumte die Nacht vor ihrem Aufbruch, daß alles
Gevögel im Rheinland tot lag. „Wer ſich an Träume
kehrt," antwortete ihr Hagen, „der vergißt, was ſeine
Ehre gebietet: wir wollen bei Krimhilds Feſt ſein." Rumolt
wurden Land und Leute anbefohlen. Dankwart war Reiſe-
marſchall: am zwölften Tage kamen ſie zur Donau, die war
angeſchwollen und keine Furt zu finden. Hagen ſtieg ab
und ſuchte den Fährmann.

Da fand er drei badende Waſſerminnen (S. 158,
159), die bei ſeinem Anblick entfliehen wollten: aber raſch
nahm er ihre Gewande fort.

„Wir ſagen dir, Hagen, wie die Fahrt ergeht," ſprach

Hadburg, die erste, „wenn du uns die Hemden wieder-
gibst." Er ging darauf ein. Da sagte sie: „Nie zog eine
Heldenschar zu so hohen Ehren in ferne Lande."

Das freute Hagen: er gab ihnen die Kleider zurück;
als die Nixen sie angelegt hatten, sprach Sieglind, die
zweite: „Laß dich warnen, Hagen, Aldrians Sohn: meine
Muhme hat dir gelogen um der Gewande willen: kehr' um,
ihr müßt sterben in Etzels Land! Wer hinreitet, sei des
Todes gewärtig."

„Ihr betrügt mich ohne Not! wie sollte sich das fügen,
daß unser ganzes Heer dort umkäme."

„Keiner wird leben bleiben als König Gunthers Kaplan,
der kommt zurück ins Burgundenland."

Grimmgemut sprach Hagen: „Das wäre übel meinem
Herrn zu sagen! Nun zeige uns die Furt durchs Wasser,
du so vielweises Weib."

„Willst du dennoch nicht ablassen, — stromaufwärts
steht des Fährmanns Hütte."

Da schritt er fort. „Warte noch, Hagen, du bist zu
schnell," rief ihm die dritte Wasserelbin nach, „höre:
drüben am Ufer heißt der Herr der Mark Else, sein
Bruder Gelfrat ist ein Held im Bayerland: ihm ist
der grimmige Fährmann untertan. Seid bescheiden und
bietet ihm Sold: findest du ihn nicht in der Hütte, rufe
über den Strom und nenne dich Amelrich: — dann
kommt er."

Da verneigte sich der übermütige Hagen vor ihr und
schritt das Ufer hinauf. „Hol' über, Fährmann," rief er,
„eine goldne Spange geb' ich dir zum Lohn." Die Flut
toste bei seiner Stimme Schall. „Hole mich, Amelrich,
Elsens Lehnsmann." Und auf der Schwertspitze bot er
dem Fährmann die Spange. Selten nahm der Sold, nun
aber griff er zum Ruder und kam herüber. Da er Amelrich

nicht fand, zürnte er: „Du gleichst nicht dem Amelrich, den ich hier vermutete: er war mein Vaters Bruder: du betrogst mich: nun bleib', wo du bist."

„Ich bin ein fremder Mann und in Not; nimm meinen Lohn und fahr' mich über." Und Hagen sprang in das Schiff.

„Meine Herren haben Feinde: ich fahre keinen Fremden in ihr Land. Steig' wieder aus."

„Nimm dies Gold in Freundschaft von mir und fahre uns: tausend Rosse und Mannen."

„Nimmermehr!" rief der Fährmann, hob ein breites Ruder und schlug auf Hagen, daß er strauchelte. Die Stange barst in Splitter: doch Hagen griff sein Schwert, schlug ihm das Haupt ab und warf's samt dem Rumpf in den Fluß. Das Boot schnellte in die Strömung: Hagen zog mit also starkem Zug das zweite Ruder, daß es brach: schnell band er's mit seinem Schildriemen und landete nah einem Walde, wo er Gunther traf. Der sah das Blut und fragte: „Wo ist der Fährmann hingekommen?"

„Bei einer wilden Weibe fand ich dies Schiff und löste es: einen Fährmann sah ich nicht: ich fahr' euch hinüber ans andre Ufer: war ich doch der beste Fährmann am Rhein."

Die Rosse schwammen zusammengekoppelt durch. Das Schiff war groß: es trug fünfhundert auf einmal.

Viele Ruder tauchten ein, viele Hände zogen: Schiffsmeister war Hagen. Wie sie zum letztenmal abfuhren, fiel ihm ein, was die Wasserminne von dem Kaplan gesagt hatte: er stieß ihn aus dem Schiff ins Wasser. „Halt' ein," zürnte Giselher. „Was nützt dir sein Tod? Was tat er dir?" sprach Gernot.

Der arme Pfaff schwamm kräftig nach, zornig stieß ihn

Hagen hinab. Solch Tun gefiel keinem. Nun wandte sich der Schwimmer zurück zum Ufer und kam ans Land und stand, sich schüttelnd, auf dem Sande. Da erkannte Hagen, daß der Wasserfrau Weissagung nicht zu ändern war. „Sicher verlieren wir das Leben," dachte er. Der Kaplan zog wieder nach Worms. Als alle übergesetzt waren, zerschlug Hagen das Schiff. Das wunderte alle. Später sagte er Dankwart, er habe es getan, damit seder Verzagte, der ihnen in der Not habe entfliehen wollen, an dem Strom schmählichen Tod leiden müsse.

„Nun wahret euch wohl," rief Hagen, „wir sollen nie zurückkehren ins Burgundenland! Das sagten mir heut früh weise Meerfrauen. Nur dem Kaplan verhießen sie Heim= kehr: gern hätt' ich ihn darum ertrinken sehn. Immer in Waffen laßt uns sahren!"

Der Abend sank; der starke Volker band den Helm fest und ritt ihnen als Wegweiser voraus: ihm waren Straßen und Wege bekannt. Hagen führte mit Dankwart die Nachhut. Des Fährmanns Tod war schon Else und Gelfrat zu Ohren gekommen: sie ritten dem Zuge nach und griffen an. Dankwart stellte sich zum Kampf.

„Wer jagt uns nach?" fragte Hagen.

„Ich suche den, der unsern Fährmann erschlug," ant= wortete der Bayer, — „der Ferge war ein starker Held."

„Er wollte uns nicht übersahren: ich erschlug ihn: ich tat's aus Not."

Da ging's ans Streiten. Gelfrat und Hagen rannten gegeneinander mit den Speeren. Dankwart bestand Else. Hagen fiel rückwärts vom Roß, sein Gefolge schützte ihn: er erhob sich und rannte den Gegner abermals an, doch mußte er Dankwart zu Hilfe rufen. Der schlug Gelfrat mit scharfem Streich zu Tode. Else und sein Gesinde mußten das Feld räumen. Die von Tronje jagten ihnen eine Weile nach, dann wandten sie sich wieder, dem Hauptzug Gunthers zu folgen. Vier hatten sie verloren, hundert aus Bayerland lagen tot.

Sie ritten die ganze Nacht, und erst am lichten Morgen, da Gunther Hagens blutige Brünne sah, erfuhr der König von dem Kampf.

Als sie an Rüdigers Markung kamen, — es war abends, — ruhten die Burgunden aus. Hagen hielt die Wacht und fand einen Mann, der schlafend auf seinem Schwerte lag. Er faßte die Hilze, zog es unter ihm hervor und weckte den Schläfer. Der griff umsonst nach seinem Schwert und rief, aufspringend: „Wehe mir für diesen Schlaf! Fort ist meine Waffe und übel habe ich Rüdigers, meines Herrn, Mark gehütet: ein Heer kam in sein Land: drei Tage und drei Nächte wacht' ich: — und schlief nun ein."

„Sieh her," sprach Hagen, „ich gebe dir diese Gold= spange, und du sollst daran mehr Freude haben, als der, dem ich sie zuerst bot. Nimm auch dein Schwert zurück und fürchte nichts für Rüdiger von unsrer Schar. Der Markgraf ist unser Freund, König Gunther gebietet unserm Heer. Nun weise uns eine gute Herberge an für die Nacht und sage, wie du heißest?"

„Ich heiße Eckewart und wundre mich, daß du kommst, Hagen, Aldrians Sohn, der du Siegfried erschlugst. Hüte dich, solang du im Heunenland bist! Ich nenn' euch aber einen Wirt, den ziert höchste Güte, wie keinen andern Mann. In die gute Bechelaren zu Markgraf Rüdiger führ' ich euch."

„Eile heim: zu ihm wollten auch wir: melde, daß wir kommen."

Eckewart ritt davon, Hagen aber hieß die Burgunden aufstehn und ihm in die gute Bechelaren folgen. Vor bem Tor kam ihnen ber Markgraf entgegengeritten. Saal unb Gemächer standen für bie Gäste zu frohem Willkomm bereitet. Bis zum zweiten Morgen mußten sie verweilen: ba warb Dietlinb, Rübigers Tochter, Giselher verlobt. Gunther unb Gernot schenkten ihr Burgen und Land zur Brautgabe; ber Markgraf gab ihr Gold unb Silber, so viel hundert Saumrosse tragen konnten. Dann reichte er Gunther ein Gastgeschenk: einen goldüberzogenen, mit Edelsteinen gezierten Helm, Gernot ein starkes Schwert. „Unb was siehst du, Hagen, in meiner Burg," fragte er, „bas bu begehrst?"

„Dort hängt ein dunkler Schild, groß unb stark: ber hält, benk' ich, einen guten Hieb aus: ben will ich mit= nehmen in Etzels Land."

„Das ist Herzog Nudungs Schild: er trug ihn, bis Wittig ihn erschlug" (S. 556).

Gotelinde hörte bas unb weinte, weil sie ihres Brubers Nudung gedenken mußte. Sie ging hin, hob ben Schild von ber Wand unb brachte ihn Hagen. Lichte Steine zierten ben Schildranb.

Volker nahm seine Fiebel zur Hand unb sang ber Mark= gräfin ein süßes Lieb zum Abschied. Zwölf Goldspangen reichte sie ihm zum Dank. Und Rübiger ritt selber mit ihnen zu sicherem Geleit. Er küßte Gotelinb beim Scheiden, so tat auch Giselher Dietlinb. Sie ritten bie Donan zu Tal, ins heunische Land.

4. Empfang in Etzels Burg[1].

Ein Bote brachte Etzel bie Nachricht, bie Burgunden kämen gezogen. Vor ben Toren ber Stadt ritt ihnen

[1] Nach der Wilkinensage.

Dietrich von Bern mit seinen Amalungen entgegen und führte sie in die Königsburg. Krimhild stand auf einem Turm und sah sie einreiten: „In Helm und Brünne, mit lichten Schilden kommen meine Brüder, — und mich grämen Siegfrieds Wunden," sprach sie leise und grüßte die Einziehenden. Die ganze Burg war von Nibelungen und Hennen angefüllt. Etzel empfing seine Schwäher freundlich und geleitete sie in den ihnen bereiteten Saal, wo lodernde Feuer brannten. Die Nibelungen zogen die Brünnen nicht aus und legten die Waffen nicht ab.

Da kam Krimhild in den Saal geschritten: als Hagen sie sah, band er den Helm fester, und ebenso tat Volker.

„Sei dem willkommen, Hagen, der dich gern sieht," sprach sie. „Bringst du mir zur Gabe Siegfrieds Hort?"

„Einen starken Feind bring' ich dir und meine Brünne lege ich nicht ab."

„Komm hierher, Schwester," rief Gunther, „und setze dich zu uns."

Sie ging zu Giselher, küßte ihn und setzte sich weinend zwischen ihn und Gunther.

„Was weinst du, Schwester?" fragte Giselher.

„Ich weine um Siegfrieds Wunde, nun und immerdar."

„Lassen wir Siegfried und seine Wunde nun ruhn," sprach Hagen. „König Etzel ist uns ebenso lieb, wie dir ehedem Siegfried war."

Da stand Krimhild auf und ging hinaus. König Dietrich aber trat ein und rief die Nibelungen: sie sollten ihm zum Mahl in Etzels Saal folgen. Hagen und Dietrich schlangen die Arme einer um des andern Schulter und schritten so voran. In jeder Halle und jedem Hof und auf den Burgmauern standen Frauen und Männer, und alle wollten Hagen schaun.

„Wer ist jener Recke, den Dietrich so freundlich um-

schlungen hält?" fragte Etzel, als er sie kommen sah. Ein
Gefolgsmann Krimhildens antwortete: „Von Tronje Hagen:
wie freundlich er auch tut, er ist ein grimmer Mann."
„Ja Hagen, von ihm ist mir genug bekannt! Einst war
er mir vergeisel: von Helche und mir empfing er das
Schwert: er leistete mir manchen Dienst in seiner Jugend."

Etzel thronte auf dem Hochsitz, ihm zur Rechten saß
Gunther, dann folgten Giselher und Gernot, Hagen und
Volker; an des Königs linker Seite waren die Sitze be=
reitet für Dietrich von Bern, Rüdiger und Hildebrand;
und sie saßen in fröhlicher Laune bei Wein und Speisen.
Friedlich verschliefen sie die Nacht: Hagen und Volker hielten
Wacht an der Saaltür. Des Spielmanns Fiedel schallte
durch die Stille.

Am Morgen aber kamen Dietrich und Hildebrand zu
den Nibelungen: „Freund Hagen," sprach der Berner, „hüte
dich hier im Heunenland: denn Krimhild beweint jeden Tag
Jung=Siegfried."

In des Berners und seines Waffenmeisters Geleite schritt
Gunther durch Burg und Stadt. Hagen und Volker
folgten ihnen mit verschränkten Armen, in tiefen Helmen:
wo artige Frauen standen, nahmen sie die Eisenhüte ab
und ließen sich sehen. Schmal um die Mitte, breit in
den Schultern war Hagen, sein Antlitz lang und aschfahl,
von dunklen Locken umrahmt, aber sein Auge scharfblickend.
Alles Volk wollte ihn sehen, der den starken Siegfried von
Niederland, Krimhildens Gemahl, erschlagen hatte, und von
dem die Sage ging, er sei ein Elbensohn.

5. Das Gaftmahl im Palaft[1].

„Tragt ftatt der Rofen Waffen in der Hand und ftatt
der Hüte und feidnen Hemden Brünnen und Helme, ftatt
der Mäntel breite Schilde, daß ihr wehrhaft feid, wenn
jemand mit euch zürnt. Trennet euch nicht, und fchnöden
Gruß beantwortet mit Todeswunden: fo geziemt's uns,"
befahl Hagen den Burgunden.

Inzwifchen war Krimhild zu Dietrich in deffen Halle
geeilt und fprach: „Fürft von Bern, ich fuche Rat und Hilfe
bei dir: leifte mir Beiftand: Siegfrieds Mord will ich rächen
an Hagen und Gunther. Ich biete dir Gold und Silber,
foviel du heifcheft."

„Das tu' ich nicht, Königin: deine Bitte ehrt dich wenig.
Auf gute Trene kamen fie her in dies Land!"

Weinend ging fie fort und in Herzog Blöbels Saal:
„Siegfried will ich nun an den Nibelungen rächen und du
follft mir helfen."

„Etzel ift euren Gefippen hold, ich wag' es nicht."

Sie wies auf feinen Schild: „Ich fülle dir den Schild
mit Gold, Herzog Nudungs Mark und fchöne Witwe
werden dein: und immer werd' ich dir eine huldreiche
Königin bleiben." Da reizte es Blödel, den reichen Lohn
zu gewinnen: „Geht Ihr in den Saal zum Feft, Königin.
Ich beginne den Kampf, bevor einer der Fürften dort es
gewahrt: gebunden liefr' ich euch Hagen." Krimhild ging
in den Königsfaal, wo das Mahl bereit ftand. Etzel faß
auf dem Hochfitz, feiner Gäfte wartend. Die kamen in
Waffen gefchritten: das fei ihre Landesfitte, die drei erften
Tage bei einem Königsfefte gewaffnet zu gehen, — hatte

[1] Von hier ab bis zum Schluß wefentlich nach der mittel=
hochdeutfchen Faffung.

Hagen gesagt. — Aber burgundische Sitte kannte Krim=
hilde. Sie ging den Nibelungen entgegen und sprach:
„Nun gebet mir eure Waffen zur Aufbewahrung: seht,
waffenlos sitzen hier auch alle Heunen."

„Du bist eine Königin," antwortete Hagen. „Wie
dürftest du Männern die Waffen abnehmen? Ich will
mein eigner Kämmrer sein. Mich lehrte mein Vater, auf
Weibestreue hin niemals Waffen abzulegen, und so will
ich tun, so lang ich im Heunenlande bin." Er setzte seinen
Helm auf und band ihn fest. Da sahen alle, daß Hagen
zornig war. Gernot argwöhnte Verrat und band seinen
Helm auf.

Der König grüßte nun die Gäste und wies ihnen Sitze
an: Gunther zu seiner Rechten, Giselher zur Linken; Krim=
hilb ließ ihren Stuhl Etzel gerad gegenüberstellen. Wäh=
rend des Mahles ward der junge Königssohn von seinem
Pfleger hereingeführt. „Seht den jungen Ortlieb," sprach
Etzel, „ich will ihn euch mitgeben an den Rhein: ihr sollt
ihn erziehen. Einst wird er ein reicher Mann und ein
König über zwölf Lande sein: dann dankt er euch die
Pflege."

„Schon dem Tode verfallen, mein' ich, ist der Knabe
anzusehn," rief Hagen. Etzel schaute schweigend auf den
Tronjer: das Herz war ihm beschwert. Hagen war wenig
aufgelegt zu Kurzweil.

Währenddessen hatte Blödel tausend Mannen gerüstet
und eilte mit ihnen in die Hallen, wo Dankwart als
Marschalk das Mahl der Knechte überwachte.

„Willkommen, Blödel," rief er, „was sollen deine
Krieger?"

„Behalte deinen Gruß, mein Kommen ist dein Ende:
weil Hagen Siegfried erschlug, entgeltet ihr's nun alle."

„Ich war ja ein Knabe, als das geschah: ich habe nichts mit dem Mord zu tun!"

„Doch dein Bruder tat's — das ist all eins: wehrt euch, keiner entrinnt meinem Schwert."

Schnell sprang Dankwart auf, zog sein Schwert und mit jähem Hieb schlug er Blödel das Haupt ab: — da liefen die Hennen ihre Gäste mit gezückten Schwertern an, die stießen die Tische fort. Die kein Schwert zur Hand hatten, schwangen die Schemel; grimmig wehrten sie sich und trieben die Schar aus dem Hause.

Als die Hennen Blödels Fall vernahmen, rüsteten sich — noch ehe Etzel es gewahrte — zweitausend Hennen. Den eingesperrten Knechten half ihre Tapferkeit nichts: sie wurden alle erschlagen, dazu zwölf Edle. Dankwart allein stand noch: „Nun weicht mir, ihr Heunen," rief er, „und laßt mich sturmmüden Mann hinaus." Er sprang ins Freie und schritt, wie ein Eber um sich hauend, zu dem Königssaal. In seinen Schild flogen zuviel Speere, er mußte ihn fallen lassen; er schritt die Stufen vor dem Saal empor und trat unter die Tür: blutüberflossen war sein Gewand, das bloße Schwert hielt er in der Faust: „Bruder Hagen," rief er laut, „zu lange schon sitzt ihr hier beim Mahle: tot liegen unsre Knechte in den Herbergen. Das hat Herr Blödel mit seinen Hennen getan: ihm hab' ich das Haupt abgeschlagen."

„Um ihn ist's wenig schade," sprach Hagen, „aber sag' geschwind, Bruder, bist du von deiner Wunden Blut so rot?"

„Heil kam ich davon."

„Dann hüte mir die Tür, und laß nicht einen hinaus. Ich hörte, Krimhild könne ihr altes Herzleid nicht verwinden: nun trinken wir Freundschaft und zahlen des Königs Wein: der junge Ortlieb muß der allererste sein."

Drohend rief's Hagen, faßte den Schwertgriff und schlug
dem Knaben das Haupt ab: es flog Krimhild in den
Schoß, und mit dem zweiten Hieb schlug er dem Pfleger
das Haupt, mit dem dritten Werbel die Rechte auf der
Fiebel ab. Da sprang Etzel empor und befahl: „Auf, alle
meine Mannen, schlagt die Nibelungen tot," und das Mor=
den hob an im Saal.

Die Burgundenkönige traten zwischen die Kämpfenden
und suchten noch zu schlichten: — aber Hagen begann zu
wüten, — da schlugen auch sie tiefe Wunden in Heunen=
leiber. Dankwart, unter der Tür, wurde von außen und
innen angegriffen: „Volker, rette mir den Bruder," rief
Hagen dem Spielmann zu. Volker brach sich Bahn zu
ihm: „Steh du außen, Dankwart, ich hüte die Tür von
innen."

Nun warf Hagen den Schild auf den Rücken und be=
gann erst recht zu rächen die treulos erschlagenen Knechte.

Krimhild bat Dietrich: „Hilf mir hinaus, Berner: er=
reicht mich Hagen, so hab' ich den Tod an der Hand."

„Ich will's versuchen," antwortete er und rief so ge=
waltig in den Kampf, daß die Burg von seiner Stimme
widerhallte. „Haltet ein mit dem Streiten," gebot Gun=
ther. „Was ist dir geschehen, Herr Dietrich, edler Fürst?
Ich bin dir zu jeder Buße erbötig."

„Mir ist nichts geschehen: doch laßt mich mit meinen
Mannen und Freunden aus diesem Saale gehn."

„Führe fort, wen du willst, nur nicht meine Feinde:
die bleiben hier."

Da umschloß Dietrich Krimhild mit dem einen Arm,
mit dem andern Etzel, und schritt hinaus: ihm folgten
alle Amalungen.

„Wollt ihr auch mir und den Meinen Frieden geben?"
fragte Markgraf Rüdiger.

„Geht," antwortete Giselher, „eure Treu ist fest."
Fünfhundert räumten mit Rüdiger den Saal. Dietrich
und der Markgraf gingen in ihre Hallen.

Dann brach der Kampf wieder aus.

„Hörst du, Hagen," sprach Gunther, „die Töne, die
Volker den Hennen fiedelt? Er hat seinem Fiedelbogen
'nen roten Anstrich gegeben! Nie sah ich einen Spielmann
so herrlich streiten: seine Weisen klingen durch Helm und
Schild."

Von allen Hennen im Saal blieb nicht einer am Leben.
Die Burgunden legten die Schwerter aus den Händen.

6. Iring fällt.

Sie trugen die Toten vor die Tür und warfen sie
die Stiege hinab: wehklagend und drohend standen die
Hennen vor der Halle. Volker schoß einen Speer unter
sie, furchtsam wichen sie zurück. Hagen trat an Volkers
Seite und höhnte König Etzel, weil er nicht an der Spitze
seiner Mannen kämpfte, wie's Fürsten geziemend. Zür=
nend rief Krimhild: „Wer mir Hagen erschlägt, dem füll'
ich den Königsschild mit rotem Gold und geb ihm Land
und Burgen." „Wie sie zaudern, die verzagten Helden!"
lachte Volker. „Die des Königs Brot essen, weichen nun
von ihm, da er in Not ist. Kühn wollen sie sein: ich
heiße sie schmachbeladen."

„Bringt mir meine Gewaffen!" rief Iring, Hawarts
Mann, „ich will mit Hagen kämpfen."

Er waffnete sich. Irnfried von Thüringen und Ha=
wart von Dänemark mit ihren Leuten gesellten sich ihm.

Unwillig sprach Volker: „Iring wollte dich allein be=
stehn: sieh, nun geht eine Schar mit ihm."

„Heiße mich keinen Lügner," entgegnete Iring, „ich

will ihn allein bestehn"; er bat seine Freunde so lange, bis sie ihm nachgaben.

Er zückte den Speer, deckte sich mit dem Schild, lief in den Saal und auf Hagen los: sie schossen scharfe Speere durch die Schildränder: die Schäfte splitterten. Dann griffen sie zu den Schwertern: Palast und Burg wider= hallten von ihren Hieben, doch Hagen blieb unverwundet. Da ließ Iring ihn stehn und rannte den Fiedler an: Volker schlug ihm einen starken Schlag zur Abwehr: da ließ Iring auch ihn stehn und wandte sich gegen Gunther. Sie waren gleich stark: keiner verwundete den andern. Auch Gunther kehrte er den Rücken und rannte Gernot an. Da hätte ihn schier der Burgunde erschlagen, ein schneller Sprung rettete Iring, der nun vier der edelsten Gefolgen erschlug. „Die sollst du mir büßen," rief zür= nend Giselher und hieb so scharf auf den Dänen, daß er für tot niederfiel. Aber die Sinne kehrten ihm bald zu= rück, er war unverwundet: behende sprang er auf und zur Tür hinaus, wo er Hagen fand: mit jähen Schlägen hieb er auf den Tronjer und verwundete ihn durch den Helm. Da sauste Hagens Schwert auf des Dänen Haupt nieder. Der schwang den Schild über den Helm und rannte die Stufen hinunter, zu den Seinen zurück. „Rotes Blut quillt aus Hagens Helm, sei bedankt, ruhmvoller Iring," sprach Krimhild.

„Danke ihm mäßig!" rief Hagen. „Will er's noch einmal gegen mich versuchen, — dann nenn' ich ihn einen kühnen Mann."

Der Däne nahm einen neuen Schild, einen starken Speer und schritt abermals gegen Hagen. Der konnte ihn nicht erwarten, die Stiege hinunter lief er ihm ent= gegen. Sie stritten, daß die Funken flogen, und Iring erhielt eine Schwertwunde durch Schild und Helm: er

rückte den Schild höher vor das Gesicht, da faßte Hagen
einen Speer, der ihm vor den Füßen lag und schoß ihn
auf Iring: er blieb in dessen Haupt stecken. Ehe seine
Freunde ihm den Helm abbanden, brachen sie den Speer
ab, — da starb Iring. Bitter klagte Krimhild um ihn.

Irnfried und Hawart schritten nun mit ihrer Schar
zum Saal hin: da ward unbändig gefochten.

Irnfried lief Volker an: sie verwundeten sich gegenseitig, doch der Thüring erlag vor dem Spielmann. Hawart war mit Hagen zusammengekommen: er starb von
des Burgunden Hand. Da die Dänen und Thüringe vor
dem Saal ihre Herren tot sahen, erkämpften sie mit wilder
Wut die Tür. „Laßt sie herein," sprach Volker, „der
Tod wartet ihrer." Sie drangen ein und alle wurden
erschlagen. Es ward stille: das Blut quoll allenthalben
aus dem Saal. Die Burgunden setzten sich, zu ruhn:
Volker stand vor der Tür, ob noch jemand sie mit Streit
angehen wolle?

König Etzel und Krimhilde wehklagten laut. Allenthalben saßen Frauen und Mägde und litten Herzensqual.

7. Krimhild läßt Feuer an den Saal legen.

„Nun bindet die Helme ab," sprach Hagen. „Wagen
Etzels Mannen sich wieder heran, dann warn' ich euch."
Viele entwaffneten sich und pflegten der Verwundeten.

Und noch einmal, ehe der Tag sank, schickten Etzel
und Krimhild ein Heunenheer, das bewaffnet in der Burg
harrte, zum Kampf gegen die Burgunden.

Dankwart sprang der erste hinaus, den Feinden entgegen. Bis zu nacht erwehrten sich die Burgunden der
Hennen.

Da begehrten die Nibelungen Frieden; aber Etzel antwortete: „Niemals gewähr' ich euch Frieden, weil ihr mir den Sohn und Gesippen erschlagen habt."

„Dazu zwang uns die Not," sprach Gunther, „ihr mordet zuerst meine Knechte. Auf Treue kam ich her zu dir. Willst du unsre Feindschaft beilegen, so ist's wohl für beide Teile gut."

„Ungleich steht mein und euer Verlust," zürnte Etzel, „Schmach und Schaube hab' ich gewonnen: keiner von euch soll lebend davon kommen."

„Dann laß uns," rief Gernot, „ins Freie zum Kampfe mit beinen Hennen."

Das wollten Etzels Recken zugestehen, aber Krimhild wehrte ihnen: „Kommen sie heraus, und wären es nur Utes Söhne, dann seid ihr alle des Todes."

„Vielschöne Schwester," sprach Giselher, „das erwartete ich nicht, daß du mich über den Rhein hierher in den Tod geladen hättest. Gedenke unser in Gnaden."

„Ungnade allein hab' ich für euch: ihr alle müßt nun Hagens Mordtat entgelten, Brüder. Doch, wollt ihr mir Hagen ausliefern, so laß' ich euch das Leben und versöhne euch mit Etzel."

„Das verhüte der reiche Gott," rief Gernot, „wenn unsrer tausend wären, wir lägen lieber alle tot, als daß wir den einen Hagen ließen."

„Uns Nibelungen scheidet niemand," schloß Giselher, „wer mit uns fechten will, der komme."

Aber Dankwart rief mahnend hinunter: „Sei gewarnt, Königin, es wird dir wohl noch leid, daß du nun den Frieden weigerst." —

„Laßt keinen herauskommen," befahl Krimhild den Heunen, „bringt an, näher und näher, und legt Feuer an den Saal, an allen vier Ecken."

Das Feuer schwelte an dem Holzgefüge des Baues:

vor dem Wind schoß die Lohe sausend auf, und bald stand
der Saal in hellem Brand. Schwer litten die Burgunden
von Rauch und Hitze; brennender Durst quälte sie.

„Wen die Not zwingt," sprach Hagen, „der trinke der
Erschlagenen Blut." Zögernd befolgte einer den Rat, bald
machten ihm's andre nach." —

Prasselnde Feuerbrände fielen von der hochgewölbten
Decke auf die Helden: sie fingen sie mit den Schilden auf.
„Steht an der Wand und tretet die Brände mit den Füßen
in das Blut hinab," rief Hagen. „Ein Unheilsfest gibt
uns hier Frau Krimhild."

So verbrachten sie die Nacht: Volker und Hagen, auf
ihre Schilde gelehnt, standen vor der Tür, die Hennen
erwartend.

Als es tagte, kehrten sie in den Saal zurück: die noch
übrig waren, waffneten sich aufs neue. Da boten ihnen
die Heunen mit Speer und Bogen den Morgengruß.
Etzels Mannen war der Mut entflammt, Krimhilds Lohn
zu gewinnen. Sie ließ das Gold in Schilden herbeitragen;
wer zum Kampfe ging, empfing davon. Ein Heer von
Heunen versuchte, die Nibelungen zu bezwingen: einer
nach dem andern erlag vor den Burgunden.

8. Markgraf Rüdiger fällt.

Da kam Rüdiger zu Hofe gegangen und sah das
fürchterliche Morden, das geschehen war: er sandte zu
Dietrich, ob sie beide nicht bei Etzel dem Rest der Gäste
Frieden erbitten könnten?

„Etzel will niemand friedlich den Streit schlichten las=
sen," antwortete Dietrich.

„Schaut, Frau Königin," rief ein Heune, „wie der
Markgraf weinend dasteht. Viel Burgen, reiches Land

unb Ehren empfing er von Etzel unb tat hier noch nicht
einen Schlag."

Zürnend ballte Rüdiger bie Fauſt unb ſchlug ben
Schmäher nieder.

Krimhild ſprach: „Markgraf Rüdiger, nun mahn' ich
bich bes Eibes, ben bu mir ſchwurſt, ba bu um mich für
Etzel warbſt. Wie hieß ber Schwur?"

„Daß ich Ehre und Leben für Euch wagen wollte in
Eurem Dienſt — aber nicht meine Treue. Wie ſollt' ich
gegen bie Nibelungen kämpfen, bie ich in meine Burg ge=
laben, benen ich Freundſchaft gelobt unb bie ich in bies
Haus zu friedlichem Feſt geleitet habe?"

„Gedenke beines Eibes: baß bu ſtets bereit ſein woll=
teſt, meinen Schaden unb mein Leib zu rächen."

Der Markgraf wandte ſich zu Etzel: „Nimm alles,
was ich von bir empfangen habe, zurück, ich will mit Weib
unb Kiub aus bem Lanbe ziehen, — aber erlaß mir bieſen
Kampf."

„Markgraf!" antwortete ber König, „was ußt mir
bein Land unb beine Burg? Dein Schwert heiſch' ich,
baß es [meine Schmach an ben Nibelungen räche: ein
König an Etzels Seite ſollſt bu zum Lohne dafür werden."

„Deine Treue heiſch' ich," befahl Krimhild, „mein
Dienſtmann biſt bu: nun biene mir! Auf zum Kampf
mit ben Nibelungen."

„So will ich ſterben, — ich befehl' euch zu Gnaben
mein Weib und Kind, und alle landflüchtigen Goten, bie
in Bechelaren Zuflucht gefunden haben."

„Das ſag' ich freudig zu," antwortete Etzel, „boch
vertrau' ich, baß bu lebend aus bem Kampfe wieder=
kehrſt."

Trüben Mutes rüſtete ſich Rüdiger mit ſeiner Schar
unb ſchritt ihr voran zum Saal. Er ſetzte ben Schild

vor ben Fuß und sprach: „Wehrt euch, ihr kühnen Nibe=
lungen: einst waren wir Freunde, nun muß ich ber Treue
ledig sein."

„Das verhüte Gott!" rief Gunther.

„Ich muß mit euch streiten, Krimhild will's mir nicht
erlaſſen."

„Steh ab," mahnte Gernot, „du milder Wirt."

„Ich wollt', ihr wär't am Rhein und ich läge tot."

„Wie, Rüdiger," bat nun auch Giſelher, „willſt du
bie eigne Tochter zur Witwe machen?"

„Mögſt du entrinnen, Giſelher! Nun gnade uns Gott,
wir müſſen kämpfen."

„Verweile noch, Rüdiger," rief Hagen, „wir wollen
noch reden. Sag', was nützt Etzel unſer Tod? Der
Schild, ben mir Gotelind gegeben, ben haben mir bie
Hennen ganz zerhauen: könnt' ich noch ſo guten gewinnen,
wie du einen am Arme trägſt, ſo bedürft ich keiner Brünne
mehr."

„Nimm ihn, Hagen! Und mögeſt du ben Schild heim=
tragen an ben Rhein." Das war bie letzte Gabe, bie ber
gute Markgraf je auf ber Welt bot. Manche Augen wur=
ben babei von Tränen naß. „Gleich bir, Rüdiger, lebt
keiner auf ber Welt," ſprach Hagen unb nahm ben Schild.
„Nun ſoll bich meine Hanb nicht befehden."

„Auch ich ſage bir Frieden zu," rief Volker, „bas haſt
bu verdient mit deiner Treue."

Darauf ſchritt Rüdiger hinauſ, Volker unb Hagen
wichen vor ihm zur Seite: er fand noch manchen Kühnen
zum Streite bereit. Giſelher unb Gernot ließen ihn in
ben Saal, bie von Bechelaren ſprangen ihm nach. Hagen
unb Volker fochten grimmig: ſie gaben keinem Frieden,
als bem einen. Der Markgraf mied bie Könige und
kämpfte wie im Schlachtſturm mit bem Geſinde. „Du

willst uns keinen Mann mehr übrig lassen, Rüdiger," rief
Gernot, „wende dich mir entgegen und bestehe mich, kühner
Mann!" Gernot schwang das Schwert, welches ihm Rüdiger als Gastgeschenk in Bechelaren gereicht hatte: da
trafen sie einer den andern: zum Tode verwundet von
Rüdigers Hand, gab Gernot ihm einen Hieb durch Schild
und Helm: tot sanken beide zu Boden. So fiel der Markgraf[1]).

„Ihrer beider Tod ist großer Schaden!" sprach Hagen
und bedrängte gewaltig Rüdigers Gesinde. Hier sanken
sie erschlagen zu Boden, dort wurden die Wunden im Gedräng mit den Füßen niedergetreten, daß sie in den Blutlachen erstickten.

Giselher rächte grimmig Gernots Fall: bald lebte nicht
einer mehr derer von Bechelaren.

„Laßt uns ins Freie, unsere Panzer zu kühlen," sprach
Giselher, „mich dünkt, es geht zum Ende." Kampfmüde
lehnten und saßen umher, die noch lebten. Das Tosen
war verschollen.

Krimhild sprach zu Etzel: „Es ward so still. Rüdiger
bricht uns die Treue, er will ihnen davonhelfen."

Das hatte Volker gehört: „Er tat so ernst, was Etzel
ihm befahl," sprach er, „daß er nun mit seinen Gefolgen
tot liegt." Sie trugen den Markgrafen dahin, wo Etzel
ihn fernher sehen konnte. Bei seinem Anblick brachen er
und Krimhild in ungestüme Klagen aus.

9. Dietrichs Speerbrüder fallen.

Der Jammer war so laut, daß Türme, Palast und
die ganze Stadt davon erfüllt wurden. „Ich glaube, sie

---

[1]) Nach andrer Überlieferung fällt Giselher den Markgrafen.

haben Etzel oder Krimhild erschlagen," sprach aufhorchend einer in des Berners Halle. Dietrich entsandte einen Boten, der kam bald zurück mit der Antwort: „Die Burgunden haben den milden Rüdiger erschlagen."

„Wie hätte Rüdiger das um sie verdient!" rief Dietrich.

„So müssen wir ihn rächen," fuhr Wolfhart auf, Hildebrands Schwestersohn. Dietrich besahl Hildebrand, zu erkunden, wie alles geschehen sei.

Waffenlos wollte der Alte gehen, aber Wolfhart mahnte ihn: „Geh in Waffen, daß sie dich fürchten." Da gürtete Hildebrand sein Schwert um, und ehe er es hindern konnte, standen Dietrichs Mannen gerüstet um ihn. „Wir gehen mit, Meister: ob Hagen von Tronje so kecken Sinn hat, dir mit Spott zu antworten?"

Volker sah sie kommen: „Gewaffnet und gehelmt schreiten Dietrichs Gesellen daher, sie wollen uns befehden."

Hildebrand setzte den Schild vor seine Füße und sprach: „Was hat euch Rüdiger getan? Dietrich, mein Herr, hat mich gesandt: ob ihr den Markgrafen wirklich erschlagen hättet, wie man uns sagte? Das ertrügen wir nicht ruhig."

„Da sagte man euch wahr!" antwortete Hagen. „Ich wünschte um Rüdigers willen, es wäre gelogen."

Laut klagten die Amalungen. „Der Landflüchtigen (S. 536, 591) Wonne habt ihr erschlagen!" sprach einer. „Wer soll Gotelinde trösten?" der andre, und Wolfhart rief zornig: „Wer soll nun die Recken führen, so gut wie Rüdiger es oft getan hat?"

Vor Gram mochte Hildebrand nicht weiter fragen. „Bringt uns nun den Toten aus dem Saal, damit wir ihn ehrenvoll bestatten."

„Ihr lohnt ihm geziemend, was er an euch getan," sprach Gunther.

„Wie lang' sollen wir warten?" rief der ungeduldige Wolfhart.

„Niemand bringt ihn euch entgegen," antwortete Volker. „Holt ihn euch aus dem Saal, dann ist es voller Dienst, den ihr ihm tut."

„Fiedelmann! reiz' uns nicht!" drohte Wolfhart, „wagt ich's, käm't ihr bald in Not: — doch Dietrich hat uns das Streiten verboten."

„Feig' ist, wer alles läßt, was man ihm verbietet."

„Hüte dich, Volker! Deinen Übermut werd' ich nicht ertragen."

„Wagst du dich gegen mich, so trüb' ich deines Helmes Glanz."

Da wollte Wolfhart Volker kampflich angehen, aber Hildebrand hielt ihn fest. „Laß ihn los, Meister," rief der Spielmann, „ich schlag' ihn, daß er kein Wort zur Widerrede sagt."

Hei, wie ergrimmten die Amalungen! Jäh sprang Wolfhart die Stiege hinan, ihm folgten seine Freunde. Hildebrand wollte seinen Neffen nicht allein in den Kampf lassen, er erreichte ihn vor der Tür und rannte Hagen an. Schwerter klirrten, Funken stoben davon: da schlug Wolfhart Volker einen Hieb auf den Helm, den ihm der Fiedler wacker vergalt. Ein Amalunge, Wolfwein, trennte die zwei. Hildebrand focht, als ob er wüte.

Dietrichs Schwestersohn, Siegstab, zerschrotete Helm nach Helm: das sah Volker, von Zorn entbrannt, schlug er ihn zu Tode.

„Weh um meinen jungen Herrn! Spielmann, nun sollst du sterben," rief Hildebrand, und grimmig war er zu schaun, als er nun mit raschen Schlägen Volker Helm und Schild zerhackte und zerspellte, bis der starke Spielmann sein Ende saud. Hagen sah ihn fallen: „Meinen

besten Heergesellen hast du erschlagen!" Und den Schild
höher rückend, schritt er fechtend voran. Da ward auch
Dankwart erschlagen. Wolfhart schritt zum drittenmal
durch den Saal: da rief ihn Giselher an und sie kämpften
miteinander. Zum Tode verwundet, ließ Wolfhart den
Schild fallen und schnitt Giselher mit dem Schwert durch
Helm und Brünne. Tot sanken beide hin. Da war von
Gunthers und Dietrichs Mannen keiner mehr am Leben:
außer Hagen und Hildebrand.

Der sterbende Wolfhart tröstete seinen Ohm: "Klage
nicht um mich! Herrlich bin ich von eines Königs Hand
erschlagen. Du aber hüte dich vor Hagen."

Und Hagen war schon bereit: Volker wollte er rächen.
Sausend schwang er Balmung auf den Waffenmeister und
schnitt ihm durch die Brünne. Als der Alte die Wunde
fühlte, warf er den Schild auf den Rücken und entrann
Hagen. Blutüberströmt ging er zu König Dietrich.

"Was bist du so rot von Blut?" fragte der König.
"Wer tat dir das?"

"Das tat mir Hagen, kaum bin ich ihm mit dem Leben
entronnen. Und Rüdiger liegt tot."

"Wer hat ihn erschlagen?"

"Gernot."

"Geh, Hildebrand, bring mir meine Waffen. Gebiete
auch meinen Speerbrüdern, sich zu waffnen: ich will die
Burgunden um Rüdigers Tod befragen."

"Herr, alle liegen sie erschlagen: ich allein bin übrig."

"Wehe mir armen Dietrich, der ich ein reicher König
und allen furchtbar war! Sag', wer lebt noch von den
Gästen?"

"Niemand mehr, als Hagen und Gunther."

10. Der Nibelungen Ende.

Da legte König Dietrich seine Waffen an und klagte laut um seine Blutsbrüder: die Halle schütterte von seiner Stimme Schall. Er faßte den Schild und schritt hinaus, von Hildebrand gefolgt. Vor des Saales Tür fand er Gunther und Hagen an die Wand lehnend. „Dort kommt Dietrich," sprach Hagen, „er heischt Rache. Traun, ich getraue mir wohl, ihn zu bestehen."

Der Berner setzte seinen Schildrand nieder: „Warum habt ihr mir landflüchtigem Mann meine treuen Genossen erschlagen? War's nicht genug an dem guten Rüdiger?"

„Deine Recken kamen gewaffnet heran," antwortete Hagen.

„Sie begehrten, daß ihr den toten Rüdiger heraus= brächtet: Spott war eure Antwort."

„Versagten wir's," sprach Gunther, „so ward's Etzel zu Leib getan, nicht Euch."

„Wohlan, Gunther: zur Sühne für alle mir Erschla= genen, ergib dich mir als Geisel: dich und Hagen. Ich will euch schützen, daß euch hier nichts geschieht."

„Niemals!" rief Hagen. „Wehrhaft und bewaffnet, frei und ledig vor unsern Feinden stehen wir zwei."

„Ihr dürft's nicht verweigern. Ich biet' euch meine Treue und geleit' euch sicher in euer Land zurück, oder mich halte der Tod."

„Laß ab," grollte Hagen, „wir Nibelungen ergeben uns nicht."

„Es kommt wohl noch die Stunde," warnte ihn Hilde= brand, „da ihr gern meines Herrn Sühne annähmet."

„Ehe ich vor einem Feind wegliefe, wie du vor mir getan, ja freilich, lieber ging ich in Vergeiselung. Ich wähnte, du stündest fester, Alter."

„Ei, wer war's, der im Wasgenwald auf einem Steine müßig saß, während ihm Walther so viele Freunde erschlug?" (S. 470).

„Laßt das Schelten," gebot Dietrich. „Hört' ich recht, Hagen, daß du sagtest: allein wolltest du mich bestehen?"

„So sagt' ich, und mich ergrimmt sehr, daß du uns als Geiseln begehrst."

Da hob Dietrich den Schild: eilig sprang Hagen ihm entgegen, die Stufen hinab. Gewaltig stritten sie, bis endlich Dietrich Hagen eine breite und tiefe Wunde schlug[1]). „Ich will ihn nicht erschlagen," dachte Dietrich, „ich will ihn mir zur Geiselschaft zwingen." Er ließ den Schild fallen, umschloß Hagen mit seinen starken Armen und band ihn. In Fesseln führte er ihn vor Krimhild.

Da frohlockte sie: „Ich will dir's danken, Berner."

„Dann sollst du ihm das Leben lassen, Königin," verlangte Dietrich. Sie ließ ihn in ein festes Verließ bringen.

„Wohin kam mir der Berner? Hagen will ich an ihm rächen!" rief Gunther und stürmte mit Zornestoben hinaus, gegen Dietrich.

Die Burg widerhallte von ihren Schwertschlägen. Dietrich schlug ihm eine Wunde, wie er Hagen getan hatte, und legte auch ihn in Bande. Dann faßte er ihn an der Hand und führte ihn zu Krimhild.

„Willkommen, Gunther aus Burgund," sprach sie.

„Ich würde dir danken, Schwester, wäre dein Gruß nicht schnöder Spott."

„Königin," sprach Dietrich, „so edle Helden wurden noch nie vergeiselt: du sollst ihnen milde und gnädig

---

[1]) Nach andrer Überlieferung schmilzt Hagens Brünne unter Dietrichs Feuerhauch.

sein um meinetwillen." Mit feuchten Augen schritt er
hinweg.

Krimhild aber heischte Rache.

Sie ging zu Hagen und sprach: „Willst du mir den
Hort Siegfrieds herausgeben, so mögt ihr lebend heim=
ziehen." Er wußte gut, daß sie ihm das Leben nicht
ließ, — überlisten wollte sie ihn: darum sprach er: „Ihn
geb' ich nicht heraus, so lang' noch einer meiner Herren
lebt."

„Nun mach' ich ein Ende," zürnte sie und befahl,
Gunther das Haupt abzuschlagen: an den Haaren trug
sie's vor Hagen hin.

„Nun hast du's nach deinem Willen zu Ende gebracht!"
rief er stolz; „den Schatz, den weiß nun keiner als ich und
Gott allein, er soll dir Valandine immer verhohlen sein."

„So will ich doch Siegfrieds gutes Schwert besitzen:
er trug's als ich zuletzt ihn sah."

Und sie zog Balmung aus der Scheide, schwang das
Schwert und schlug Hagen das Haupt ab.

König Dietrich sah's von fern; grollend rief er: „Jam=
mer und Wehe! Von eines Weibes Hand erliegt der
allerkühnste Mann, der je zum Streite ging und Schild
trug."

„Und bracht' er mich auch in Todesnot," rief Hilde=
brand, „ich räche Hagen!". Er sprang zu Krimhild und
schlug sie mit einem Schwung des Schwertes in Stücke.

Etzel und Dietrich wehklagten um ihre Toten. Frauen
und Männer, Mägde und Knechte trauerten um verlorene
Freunde.

So endete König Etzels Sonnwendfest — und der
Nibelungen Not.

VI. Dietrichs Heimkehr.

1. Dietrich scheidet von Etzel.

„Tot liegen all' unsre Freunde, erschlagen sind unsre Gefolgen," sprach König Dietrich zu Hildebrand, „allzu= lange weilten wir fern der Heimat, was tun wir noch länger hier im Heunenland? Lieber will ich kämpfend für mein Reich fallen, als hier vor Alter sterben. Wir wollen heimfahren."

„Wir wollen heimfahren! Herr, du hast Recht. Ich habe Botschaft erhalten, über Bern herrsche Herzog Habu= brand: und das soll mein Sohn sein, den ich niemals gesehen habe: denn er ward geboren, nachdem wir Bern verlassen mußten."

Sie berieten nun, wie sie ihre Fahrt ausführen wollten: allein mußten sie ziehen; denn im Heunenland waren so viele Männer gefallen, daß Etzel ihnen kein Heer hätte geben können.

„Mag es Etzel wohl oder übel dünken, wir fahren," schloß Dietrich, „und niemand soll darum wissen." Dann ging er zu Herrad und fragte sie: „Ich will heimziehen nach Amalungenland und mein Reich wiedergewinnen oder den Tod. Willst du mir dazu folgen, Herrad?"

„Wohin es auch sei, ich folge dir," antwortete sie.

„Habe Dank für deine Treue, du vielliebe Frau! Und rüste dich eilig, wir reiten noch heut' Abend."

Frau Herrad nahm da alles, was Helche ihr geschenkt hatte: und mußte sie gleich vieles zurücklassen, so führte sie doch Kleinodien mit, an achttausend Mark Goldes wert. Weinend sagten die Dienerinnen ihr Lebewohl und nie= mals ward zwischen Frauen so kurzer Abschied genommen.

Am Abend hatte Hildebrand ihr drei Rosse gesattelt und gerüstet und ein viertes mit Gold und Schätzen beladen. Dietrich hob Herrad aufs Roß und sprach zu Hildebrand: „Reitet voraus an das Burgtor: ich will von König Etzel Abschied nehmen."

Er ging in den Königsbau und trat in Etzels Schlafhalle; ungefragt ließen die Wächter ihn ein, obwohl er in Waffen ging, denn sie wußten, daß er ein treuer Freund ihres Herrn war. Dietrich schritt an des Königs Lager und weckte ihn.

„Willkommen, Freund," sprach der Erwachte, „weshalb kommst du in Waffen?"

„Ich will heimfahren nach Amalungenland und mein Reich wiedergewinnen, oder den Tod."

„Wie willst du ein Reich erobern ohne Kriegsleute? Bleibe lieber noch einige Zeit bei mir: dann will ich dir wieder ein Heer rüsten: ziehe nicht so von mir!"

„Habe Dank, König, für deine Freundschaft; allzuviel deiner Heunen liegen schon erschlagen: ich will die Übriggebliebenen nicht auch in den Tod führen. Ich zieh' allein: nur Hildebrand und Herrad, meine Frau, begleiten mich."

Da härmte es Etzel sehr, daß Dietrich so von ihm ging: er stand auf und geleitete ihn bis an das Burgtor, dort küßten sie sich und schieden voneinander.

Dietrich schwang sich auf Falkas Rücken, Meister Hildebrand ritt voran mit dem Saumroß, Dietrich und Frau Herrad hinterher. Sie wandten sich westwärts auf die Straße und ritten neun Tage und neun Nächte, ohne Menschen zu begegnen. In einer Nacht kamen sie an Bechelaren vorüber: da gedachte Dietrich mit vielem Gram des Markgrafen, des mildesten aller Männer, des tapfersten Helden.

„Als ich aus meinem Reich fliehen mußte, da kam

Rüdiger uns hier entgegen, mit Gobelind, seiner Frau: die gab mir ein grünes Kriegsbanner, das führte seitdem manchen Heunen in den Tod."

„Ja, ein tapferer Held war der Markgraf," stimmte Hildebrand ein. „Wär' er nicht gewesen, so hätt' ich im Rußenland mein Leben laßen müßen: das dank' ich ihm stets."

Sie mieden Burgen und Dörfer und ruhten am Tag in Wäldern, aber ritten bei Nacht. Und dennoch blieb ihre Fahrt nicht geheim: Graf Else, der junge, war auf einer Reise über den Rhein geritten und bekam Kunde davon. Da kam ihm in den Sinn, daß er Blutrache zu fordern hätte an Dietrich, für Elsung den Langbärtigen von Bern, den Dietrichs Gesippen erschlagen hatten. Und er ritt mit seinen Gefährten auf Waldwegen und spürte den Heimkehrenden nach, bis er auf ihre Fährte kam.

Dietrich hatte im Walde geruht, die Sonne war ge-sunken: sie rüsteten zum Aufbruch und ritten hinaus auf die Heerstraße, diesmal der König voran mit Herrad, Hildebrand folgte mit dem Saumroß. Da gewahrte er, umblickend, Staub aufwirbeln und Helme blitzen und, schärfer hinspähend, rief er Dietrich an: „Herr, ich sehe dicken Staub fliegen und dahinter Schilde und Brünnen blinken: und scharf reitet man uns nach."

Dietrich wandte Falka und lüftete, zurückschauend, den Helm: „Das sind wahrlich gewappnete Männer: wer mag so gewaltig reiten?"

„Ich weiß hier im Lande niemand außer Graf Else, den jungen: ist er's, so kommt er mit feindlichem Herzen."

„Sollen wir in den Wald weichen und fliehen, Meister Hildebrand, oder wollen wir von den Hengsten steigen und streiten?"

„Steigen wir ab, Herr, und rüsten wir uns! Etwa

dreißig mögen ihrer sein: etliche erschlagen wir, die andern fliehen."

Sie saßen ab, und hoben auch Herrad vom Roß herunter: dann banden sie ihre Helme fester und zogen die Schwerter.

„Meister Hildebrand," lachte Dietrich, „du bist noch ein ebenso guter Held wie früher: der ist glücklich daran, der dich im Streit an der Seite hat," und zu Frau Herrad, die voll Sorge weinte, sprach er tröstend: „Sei munter, Herrad, und weine nicht früher, bis daß du uns fallen siehst: aber es wird uns nicht so schlimm ergehen."

Nun kam auch Else mit seinen Gewaffneten heran, und Amalung, sein Neffe, rief voranreitend: „Laßt uns die Frau dort, dann mögt ihr euer Leben behalten."

„Sie folgte wahrlich nicht König Dietrich aus Etzels Reich, um mit euch heimzufahren," antwortete Hildebrand drohend.

„Nie hört' ich einen alten Mann kecker und hoffär=tiger reden!" rief einer zurück.

„Dann mußt du weit dümmer sein, als du alt bist, obwohl die Zahl deiner Winter keine geringe ist," zürnte Dietrich. „Er ist in Ehren ein Greis geworden, hüte dich, sein Alter zu verspotten."

„Übergebt sogleich eure Waffen und euch selbst," rief ungeduldig Amalung, „willst du das nicht, Alter, so greif' ich dich an deinem Bart."

„Kommt deine Hand an meinen Bart, so hau' ich sie ab, oder mein Arm zerbricht. Doch wer ist euer Anführer?"

Da antwortete ein andrer: „Du bist lang von Bart, aber kurz von Witz! Kennst du nicht Graf Else dort, unsern Herrn? Wie kannst du überhaupt so keck sein, danach zu fragen? Wir sind Narren, lange vor zwei

Männern zu stehen, die uns mit Worten aufhalten." Und
er hieb mit seinem Schwert nach Hildebrand auf dessen
Helmhut, aber der Alte trug Hildegrim (S. 481). Hil=
debrand blieb unverletzt, und er spaltete mit einem Hieb
dem vorlauten Angreifer Helm und Haupt, Brünne und
Bauch, daß er tot aus dem Sattel fiel. Nun schwang
auch Dietrich Eckesax (S. 493) und schlug dem vordersten
Reiter auf die Achsel: Arm und Schulter flogen ab, der
Mann sank tot auf die Erde. Den zweiten Schlag gab
er Else selbst unter den rechten Arm und hieb, die Achsel
hinauf, den Arm ab, die Kinnbacke entzwei und Else
stürzte tot zur linken Seite vom Roß. Dennoch flohen
die andern noch nicht, sondern es hob sich harter Kampf:
bald hatte Dietrich sieben erschlagen und Hildebrand neun.
Da griff Amalung den Alten an, aber der versetzte ihm
einen solchen Streich, daß er zu Boden fiel und Hilde=
brand auf ihn.

„Gib dich", rief er grimmig, „wenn du dein Leben
behalten willst."

„Es ist zwar wenig Ehre dabei, von so altem Mann
besiegt zu sein, aber für diesmal will ich die Waffen
strecken." Die andern waren vor Dietrich geflohen.

Hildebrand fragte nun Amalung, weshalb Else sie
angegriffen hätte; und war da, wie er vorhergesagt, Blut=
rache für Elsung den Langbärtigen die Ursache. Auch
sagte Amalung, daß er Dietrich verwandt sei.

„Höre, Amalung," sprach der König, „sage mir, was
weißt du von den Reichen südlich vom Gebirge[1])? Dann
sollst du dein Leben, deine Waffen und auch die deiner
Genossen behalten. Und diese Verschonung soll die Buße
für Graf Elsung sein."

------

[1]) Den Alpen.

„Guter König Dietrich, ich weiß dir eine große Märe zu sagen: Ermenrich ist siech: seine Eingeweide waren zerrissen, und das Fett beschwerte ihn. Sibich riet ihm: er solle sich den Bauch aufschneiden und das Fett herausnehmen lassen. Und so ward getan: aber ich weiß nicht, ob ihm wohler danach ward, oder ob er darüber gestorben ist."

Hellauf lachte der alte Hildebrand und auch der König: sie dankten Amalung für seine große Märe, wünschten ihm recht glückliche Reise und zogen ihres Weges.

2. Wie Dietrich im Walde haust.

Sie zogen über das hohe Gebirg, und als sie südlich herabkamen, fanden sie vor sich einen großen Wald, in welchen sie einritten. Dietrich und Herrad blieben im Forst, Hildebrand ritt aber heraus und einer ragenden Burg zu. Er traf unterwegs einen Mann, der dieser Feste angehörte und im Walde Holz spaltete. Hildebrand sprach ihn an und erfuhr, daß Herzog Ludwig und sein Sohn Konrad die Burgherren seien.

„Und wer herrscht über Bern?"

„Hadubrand, der Sohn des alten Hildebrand."

„Ist er ein tapferer Degen? Und wie ist er geartet?" fragte der Meister weiter.

‚Der ist ein großer Held! Dabei mild und herablassend, aber grimmig gegen seine Feinde."

‚Weißt du sonst noch Neues?"

‚Ja, man sagt hier bei uns, Ermenrich in Romaburg soll tot sein."

Nun waren sie an die Burg gekommen, die an einem Berghang lehnte. Hildebrand gab dem Mann einen Goldring und bat ihn um Botendienst.

„Geh' hinein und bitte deinen Jungherrn, zu mir herauszukommen: er wird leichter zu Fuß sein als sein Vater."

Eilig lief der Mann zu Konrad mit dem Auftrag:

„Draußen vor der Burg steht ein großer gewaffneter Mann mit einem weißen Bart, der ihm bis auf die Brust reicht, und bittet, daß du zu ihm hinausgehst; und als Botenlohn gab er mir seinen goldnen Fingerring."

Der Jüngling ging sogleich vors Burgthor hinaus. Hildebrand begrüßte ihn und fragte nach seinem Namen.

„Ich heiße Konrad, mein Vater ist Herzog Ludwig, und wer bist du?"

„Hildebrand, der Wölfinge Meister, wenn du den Mann hast nennen hören."

„Meister Hildebrand!" rief Konrad und küßte ihn, „du glücklichster und seligster aller Helden! Ich bin auch vom Wölfingengeschlecht; geh mit mir zu meinem Vater und sei uns hoch willkommen!"

„Das kann ich jetzt nicht: was weißt du Neues aus Romaburg?"

„König Ermenrich ist tot."

„Und wer trägt seine Krone?"

„Der böse Hund, der falsche Verräter Sibich. Aber sage, woher kommst du? Und welche Märe bringst du?"

„Vielleicht hast du sie schon gehört: Graf Else, der junge, ist erschlagen, und König Dietrich ist ins Amalungenland gekommen."

„Jaria!" [1] rief Konrad. „Hadubrand hat Boten nordwärts entsendet zu König Dietrich, daß er in sein Reich zurückkehren solle. Er will Bern nicht an Sibich übergeben, noch sonst eine Amalungenstadt: lieber wollen alle

---

[1] Ein Ausruf der Freude.

Amalungen sterben, ehe daß Sibich über Bern herrsche. Komme nun in die Burg und bleibe bei uns."

"Ich muß zuerst in den Wald zurückreiten: denn dort wartet meiner König Dietrich," und der Alte wandte sich.

"Meister Hildebrand, warte noch, bis ich die Nachricht meinem Vater gebracht habe." Hurtig sprang Konrad ins Burgtor und lief zu Herzog Ludwig.

"Vater, König Dietrich von Bern ist gekommen und Meister Hildebrand mit ihm: er steht draußen vor der Burg und wartet meiner."

Als der Herzog das hörte, stand er sogleich auf und ging vor die Burg hinaus zu Hildebrand. Er küßte ihn und sprach: "Sei mir willkommen, Meister, kehr ein und empfang' alle Ehre, die wir dir erweisen können: aber wo ist König Dietrich?"

"Im Walde," antwortete Hildebrand; und nun rief der Herzog nach seinem Roß, weil er sofort zu Dietrich reiten wollte. Da kamen gerade sieben Burgmänner eingefahren, mit einem Wagen voll Wein und Honig. Diesen Wagen ließ der Herzog mit den besten Speisen beladen und in den Wald hinausfahren; dann ritt er mit Hildebrand und seinem Sohn hinein, bis daß sie Dietrich fanden. Auf zerbröckeltem Stein saß der König an einem großen Feuer, das er entzündet hatte: er hielt die Hände über die flackernde Flamme. Ludwig und Konrad stiegen von den Hengsten, knieten nieder und küßten Dietrichs Haud.

"Willkommen, teurer Herr, König Dietrich von Bern! Nimm uns und all unsre Mannen zu deinem Dienst: was immer du getan haben willst, — wir sind bereit."

Der König stand auf, faßte ihre Hände und bat sie, sich zu ihm zu setzen. Das taten sie: und nun mußte der Berner erzählen von seinen Kriegsfahrten, seinen Kämpfen und all den Geschehnissen im Heunenland, die er erlebt hatte. Dann berichtete Herzog Ludwig, was er vom Amalungenreich zu sagen wußte und bat den König, nun in die Burg Einkehr zu halten.

„Im Walde muß ich hausen, vorerst," sprach Dietrich, „denn ich habe gelobt: in keines Menschen Haus will ich ruhen, bevor ich wieder eintrat in meine gute Burg Bern."

Meister Hildebrand wollte seinen Sohn Hadubrand aufsuchen und ritt fort. König Dietrich aber blieb im Walde zurück und bei ihm der Herzog und sein Sohn.

3. Hildebrand und Hadubrand.

Hildebrand zog gen Bern. Und als er der Stadt so nahe gekommen war, daß er ihre Türme erkennen konnte, ritt ihm ein Mann entgegen auf einem weißen Roß: an dessen Schuhen blinkten goldne Nägel, hell leuchtete die Rüstung und in dem weißen Schild waren goldne Türme gezeichnet. Hadubrand war's: da er einen ihm unbekannten Mann in Waffen reiten sah, senkte er den Speer und rief ihn an: „Weshalb reitest du in Helm und Brünne, alter Graubart, was suchst du in meines Vaters Laub?"

„Sage mir," entgegnete Hildebrand, „wer dein Vater ist, oder welchem Geschlecht du angehörst? Wenn du mir einen nennst, so weiß ich die andern alle: denn mir sind bekannt aller Völker Geschlechter."

„Mit arglistigen Worten willst du mich locken, alter Heune! Mit dem Speer will ich dich werfen: du wärest nun besser daheim geblieben."

„Töricht sprichst du da: mir ist bestimmt, in den Kampf zu reiten bis zu meiner Heimfahrt."

„Ein alter Späher bist du, voll Arglist; gib deine Waffen her! Und du selbst mußt mein Gefangner werden, wenn du dein Leben behalten willst."

„Dreißig Winter lebt' ich fern der Heimat: stets stand ich im Vorderkampf und niemals trug ich Fesseln: ich werde mich auch deiner erwehren. Ein Feigling, der dir nun den Kampf weigerte, dessen dich so sehr gelüstet. Speerwurf entscheide, wer des andern Brünne gewinnt."

Da ließen sie scharfe Eschenspeere fliegen, daß sie in den Schilden stecken blieben. Dann stiegen sie ab und sprangen zusammen: „harmvoll" (grimmig) hieben sie mit schneidenden Schwertern auf die weißen Linden=Schilde, die krachend barsten: beider Blut spritzte auf: aber Hilde= brand tat einen gewaltigen Schlag gegen Hadubrands Schenkel: die Brünne zersprang und eine tiefe Wunde klaffte ihm am Bein. Kampfmüde sprach Hadubrand: „Nimm mein Schwert. Ich kann dir nicht länger wider= stehn. Wotan steckt in deinem Arm."

Hildebrand wandte den Schild zur Seite und streckte die Hand vor, das dargebotene Schwert zu ergreifen: da hieb Hadubrand verstohlen nach der Hand, sie abzuhauen, doch Hildebrand schwang rasch den Schild vor.

„Den Hieb lehrte dich ein Weib," rief er zürnend, drang ungestüm gegen den Besiegten und warf ihn zu Boden. Er setzte ihm die Schwertspitze vor die Brust und sprach: Sage mir schnell deinen Namen! Bist du vom Geschlecht der Wölfinge, dann sollst du dein Leben be= halten."

„Hadubrand heiß' ich: Frau Ute ist meine Mutter und Hildebrand heißt mein Vater."

„Dann bin ich, Hildebrand, dein Vater," rief der Waffenmeister, schloß dem Jüngling den Helm auf und küßte ihn. Aufsprang Hadubrand voll Freude zugleich und voll Grames.

„Weh', Vater, lieber Vater! Die Wunden, die ich

bir geschlagen habe, wollt' ich lieber dreimal an meinem Kopf haben."

„Die Wunden werden bald heilen, lieber Sohn. Wohl uns, daß wir hier zusammengekommen sind.

Sie stiegen nun auf bie Hengste — es war noch früh am Tag — und ritten zu Fran Ute, bie in der Burg Her[1]), nahe bei Bern wohnte. Hadubrand führte ben Vater in bie Halle unb setzte ihn auf ben Ehrensitz. Da kam Fran Ute gegangen und fragte staunend: „Sohn, wer schlug bir bie Wunde? unb wer ist bein Fahrtgenosse? ober bein Gefangener?"

„Er hätte mich schier zu Tode geschlagen, aber er ist kein Gefangener: freue bich, liebe Mutter, Hildebrand, ber Wölfinge Meister ist's, biet' ihm ben Willkomm."

Freudig erschreckt füllte Fran Ute einen Becher voll Weins und brachte ihn Hildebrand: — hatte sie ihn doch seit zweiunddreißig Jahren nicht mehr gesehen. — Der trank ben Becher leer, zog ein Fingerringlein ab, ließ es hineinfallen und reichte ihr ben Becher zurück. Sie kannte bas Ringlein gut und schlug ihre beiden Arme um Hildebrands Hals unb küßte ihn unter Lachen und Weinen.

Nun verband sie Vater und Sohn bie Wunden; unb sie blieben ben Tag über bis zur Nacht beisammen. Dann brachen bie beiden Männer auf unb ritten in bie Burg nach Bern.

4. Dietrichs und Hildebrands Empfang zu Bern.

Hadubrand sandte sofort burch bie Stadt und ließ noch in derselben Nacht bie Vornehmsten Berns in bie Königshalle rufen. Dort sprach er zu ihnen: „Ich kann

---

[1]) Nach andern Garten.

euch gute Botschaft melden: König Dietrich, Dietmars Sohn, ist ins Amalungenland gekommen und will sein Reich wieder fordern. Wollt ihr nun dem König dienen oder Sibich, dem Verräter?"

Darauf antwortete einer: „Das weiß ich, daß alle Männer hier und im ganzen Amalungenland des Königs harren: lieber werden sie sterben, als Sibich dienen."

Alle stimmten ihm zu mit lautem Beifallsruf, der weit durch die Nacht schallte.

„Aber ist's auch wahr, daß er zurückkehrte?" fragte zweifelnd ein andrer.

„Das ist wahrlich wahr!" antwortete Hadubrand, „und ihm ist gefolgt Hildebrand, der Wölfinge Meister, mein lieber Vater. Seht ihn hier." Und er zog den Alten, der im Dunkel der Halle gewartet hatte, an seine Seite.

„Willkommen, Hildebrand, du tapferster Held und treuester Mann!" riefen alle zugleich dem Graubart entgegen.

„So nehmt nun eure Waffen und eure besten Gefolgen und laßt uns reiten, unserm Herrn und König entgegen," sprach Hadubrand und gab das Zeichen auseinander zu gehen.

Alle eilten, sich zu rüsten. Am Morgen ritten Hilde=brand und Hadubrand mit siebenhundert Mann aus Bern und in den Wald zu König Dietrich. Sie stiegen von den Rossen, knieten vor dem König und huldigten ihm. Der dankte für ihre Treue und küßte Hadubrand: dann ward sein Hengst vorgeführt und er ritt mit ihnen nach Bern. Als der Torwart den Zug kommen sah, stieß er ins Horn und alles Volk der Stadt zog hinaus mit flie=genden Bannern und mit klingendem Spiel, König Dietrich entgegen. Hildebrand, mit dem Banner, ritt ihm zur rechten, Hadubrand an der andern Seite. Am Tor an=

gekommen, legte Hadubrand seine Hand in die des Königs und reichte ihm einen goldenen Fingerring.

„Mächtiger König Dietrich," sprach er, „seit Ermenrich mich über Bern und Amalungenland setzte, habe ich das Reich vor Sibich gehütet: nimm diesen Ring, und mit ihm Bern, ganz Amalungenreich und mich selbst und alle meine Mannen als deine Gefolgen."

Nun boten die Mächtigsten und Vornehmsten dem König und der Königin Geschenke: etliche Höfe und Rosse, andre Schwerter, Brünnen und allerlei Heergerät, wieder andre Gold und Silber und kostbare Kleider. Der König dankte allen und ritt ein an ihrer Spitze in seinen Hof und seine Halle. Hildebrand und Hadubrand führten ihn und Frau Herrad auf den Hochsitz und da kamen Vornehme und Edle, leisteten den Treueid und gaben sich in des Berners Dienst. Zehntausend Gäste saßen an diesem Tag an seinem Tisch. Dietrich schickte Boten über sein ganzes Reich und ließ alle Freien nach Bern entbieten. Und sie kamen gezogen Tag auf Tag, übergaben dem König Burgen und Herrschaften und stellten sich zu seinem Dienst.

5. Dietrichs Sieg.

So sammelte sich in wenigen Tagen ein großes Heer in Bern und der König zog an der Spitze desselben nach Raben. Hier berief er ein Ding, ließ sich von den versammelten Ravennaten huldigen und Streitkräfte stellen. Mit siebentausend Kriegern brach er auf und rückte gegen Süden nach Romaburg, von wo Sibich ihm mit einem Heer entgegenkam. Bald stießen sie aufeinander und eine harte Schlacht begann.

Mitten im Kämpfen traf eine frische Schar von sieben=

tausend Römern auf dem Walfeld ein und fiel den Ama=
lungen in den Rücken. Da wandte sich Dietrich gegen
diese und Hadubrand mit seiner Schar gegen Sibich.
Voll stolzen Heldenmuts ritt Dietrich in den Feind, Hilde=
brand trug ihm das Löwenbanner voran: Männer wie
Rosse fielen vor ihnen, nichts konnte ihnen standhalten.
Hadubrand sprengte indessen in kampffreudigem Ungestüm
gegen Sibich: mit dem ersten Schlag hieb er dem Banner=
träger die Hand ab und das Banner entzwei. Nun rannte
Sibich ihn an zu grimmem Zweikampf: lange hielt
einer dem andern stand: zuletzt sank Sibich tot aus dem
Sattel.

Als er fiel, erhoben die Amalungen brausenden Sieges=
ruf, die führerlosen Römer streckten die Waffen. Sie
waren nicht sehr betrübt über Sibichs Verlust: das ganze
Heer ergab sich in Dietrichs Gewalt. Der König ritt
über das Walfeld zu Hadubrand und dankte ihm für seine
tapfere Tat. Dann zog er mit den vereinten Heeren nach
Romaburg. Wohin er kam, da wurden ihm Burgen und
Städte ausgeliefert. In Romaburg ritt er geradewegs in
die Königshalle: als er den Hochsitz Ermenrichs bestiegen
hatte, setzte Hildebrand ihm die Krone aufs Haupt, und
alle Untertanen Ermenrichs huldigten ihm als ihrem König:
die einen aus Liebe, die andern aus Furcht.

König Dietrich führte nun gar wunderbare Friedens=
werke aus: er legte in Romaburg ein Bad an und ließ
sein Bildnis von Metall anfertigen: wie er, auf Falkas
Rücken, in der Linken den Schild trägt, in der Rechten
den Königsspeer schwingt. Und dies Bild ward in Roma=
burg auf die Maner gestellt. Ein andres Erzbild von
sich ließ er zu Bern fertigen: dort stand er auf einem
Mauerturm, das Schwert Eckesax gegen die Steinbrücke
der Etsch schwingend.

Bis über die fernsten Reiche drang der Ruhm seiner
Macht und milden Weisheit.

Herzog Hadubrand empfing Bern und ein weites Land
von ihm zu Lehen. Meister Hildebrand wich nicht von
des Königs Seite. Aber es kam die Zeit, da ergriff den
Alten ein Siechtum, schnell und heftig. Der König saß
an seinem Lager, sorgend über ihm, Tag und Nacht.

„Herr,“ sprach Hildebrand, „nun kommt der Tod: laß
Hadubrand deiner Freundschaft genießen und gib ihm
meine Waffen: die soll er vor dir tragen, wo du sie bedarfst.“ Darauf starb er; sehr beweinte ihn der König
und klagte laut: weil der tapferste Held, der treueste
Mann gestorben war. In Liedern wird gesungen, daß er
zweihundert Winter gesehen habe.

Hadubrand nahm seitdem des Vaters Amt und trug
König Dietrich das Schwert vor. Bald nach Hildebrands
Tod ergriff auch Frau Herrad, die Königin, ein Siechtum,
an dem sie starb. Sie war von großer Herzensgüte, eine
milde und freigebige Herrin gewesen.

6. Heimes letzte Taten und Ende.

Seit Dietrichs Flucht hatte Heime in öden unwegsamen
Wäldern gelebt, mit seinen Speergenossen. Stets nur
bedacht, Sibich Schaden zu tun, ritt er oft in dessen Land,
verbrannte die Höfe, erschlug die Dienstleute und raubte,
was des Mitnehmens wert war. Als er Dietrichs Heimkehr und Sibichs Fall vernahm, bekümmerten ihn seine
bösen Werke und er beschloß, Mönch zu werden. Gewaffnet
ritt er auf seinem Hengst Rispa in ein Kloster: im Hofe
stieg er ab und bat die Mönche, sie möchten den Abt
rufen. Der kam und fragte nach seinem Begehr. „Ich
heiße Ludwig,“ sagte Heime, „bin aus Amalungenland und

diente vornehmen Herren." Dann tat er seine Waffen ab
unb legte sie vor bes Abtes Füße.

„Herr Abt, diese Waffen, diesen Hengst, mich selbst
unb meine fahrende Habe, nicht weniger als zehn Pfund
Golbes, — bas will ich dieser frommen Stätte schenken —:
nun nehmt mich in bie Ordensregel auf: benn ich muß
meine Übeltaten büßen."

„Das hat ihm ber Herr ins Herz gegeben," sprachen
bie Mönche. „An ben Waffen sieht man, baß er ein vor=
nehmer Mann ist," unb bas beste beuchten ihnen bie zehn
Pfund Golbes für bie fromme Stätte. „Nimm ihn nur
auf, Herr Abt, er wird unser Kloster zieren."

Der Abt aber überlegte zögernb, ob ein Mann von
so gewaltiger Leibeskraft ihm wohl Gehorsam leisten werbe?
Er fürchtete sich ein wenig; aber bas Gold gefiel ihm, so
faßte er „Ludwig" bei ber Hanb, führte ihn in bie Kirche
unb reichte ihm bie schwarze Mönchskutte. Hätten sie ge=
wußt, baß er Heime war, so würden sie ihn nicht um
alle Schätze Ermenrichs aufgenommen haben. Nun geschah
es, baß Aspilian, ein übler Riese[1], ber in ber Gegenb
hauste, in seiner gierigen Art ben Mönchen einen reichen,
großen Hof fortnahm. Dem Abt mißfiel bies sehr unb
er schickte seine Mönche zu bem Riesen: ber sagte, er habe
mehr Recht an bem Hof, als bas Kloster: „Doch will ich
mich mit euch nach Landesrecht vertragen. Stellt einen
Mann, ber mit mir um ben Besitz kämpfen soll: unter=
liege ich, so gehöre euch ber Hof, siege ich, so offenbart
euer Gott selbst, baß ich ihn behalten soll: — bas ist hier
Landrechts: wenn zwei um ein Ding streiten, entscheidet ber
Zweikampf."

---

[1] Ein andrer als ber S. 441 genannte; die Gegenb ist Lan=
gobardenland.

Die Mönche wußten wenig zu erwidern und brachten dem Abt die Antwort. Der berief die Mönche ins Kapitel, und sie beschlossen, den Zweikampf zu wagen. Aber nah und fern fanden sie niemand, der mit dem Riesen streiten wollte. Das bekümmerte die Mönche viel, bis Ludwig von der Sache erfuhr, und sich erbot, mit Aspilian zu kämpfen.

„Wo ist mein Schwert? Wo sind meine Heerkleider?" fragte er. Da ahnte der Abt, daß der neue Bruder ein gar gewaltiger Kämpe gewesen war und antwortete: „Dein Schwert ist zerhauen und aus den Stücken sind Tür= beschläge hier an der Kirche gemacht. Deine Heerkleider sind auf dem Markte zu Nutzen der frommen Stätte verkauft."

„Ihr bücherweisen Mönche!" rief Ludwig, „von Helden= schaft versteht ihr nichts." Zornig ging er auf den Abt zu, faßte ihn an seiner Kapuze und schüttelte seinen Kopf so heftig, daß ihm vier Zähne ausbrachen.

„Du Tor! Hattest du kein ander Eisen, deine Kirchen= türen zu beschlagen, als mein gutes Schwert Nagelring, das manchen Helden=Helm zerhauen, manchen Riesen zu Fall gebracht hat?"

Nun merkten die Mönche, daß sie den gefürchteten Heime in ihr Kloster aufgenommen hatten: sie liefen in die Rüstkammer und holten all sein sorglich aufbewahrtes Wehrgerät heraus. Als Heime Nagelring in die Hand nahm, ward er bleich und rot vor Heldenfreude und fragte nach Rispa, seinem Hengst.

„Dein Hengst," antwortete der Abt, „zog Steine zum Kirchenbau: nun ist er wohl tot. Aber wir haben viele gute Gäule: du magst dir selbst einen auswählen." Sie ließen die besten Rosse von ihren Höfen holen und in den Klosterhof treiben. Heime stieß einem die Hand in die

Seite: da fiel es um; einem andern, das ihm das beste
dünkte, stemmte er die Faust auf den Rücken, daß ihm das
Rückgrat brach.

„Die Mähren taugen nicht," sagte er. „Bringt mir
eine beßre Zucht."

Nun führten sie einen alten, magern, aber großen
Hengst vor: Heime erkannte Rispa: er ging hin zu ihm
und zog mit aller Kraft an Mähne und Schweif, aber
der Hengst stand unbeweglich; da lachte Heime:

„Mein guter Rispa, so alt und mager du bist, wir
reiten in den Kampf. Nehmt ihn," befahl er den Mönchen,
„gebt ihm reichlich Korn und pflegt ihn mir sorgfältig."

Sechs Wochen stand Rispa im Stall: dann war er
schön und fett wie in seiner Jugend.

Der Abt sandte Aspilian Botschaft und bestimmte
ein Eiland zum Kampfplatz. Die Mönche rüsteten ein
Schiff und ruderten Heime und Rispa dorthin: sie em-
pfahlen ihn dem Schutze Gottes und ließen ihn allein
auf die Insel reiten. Aspilian kam ihm auf einem Elefanten entgegen.

„Was," rief er, „du kleiner Mensch willst mit mir
kämpfen? Kehr' lieber um."

„Höre, Riese," antwortete Heime zornig, „so groß du
bist, bevor wir scheiden, sollst du zu mir emporschauen."

Er gab Rispa die Sporen und rannte Aspilian mit
dem Speer unter den Arm; der Schaft brach, der Riese
aber war unverletzt und schoß seine Stange nach Heime:
doch der bückte sich vor, die Riesenstange flog über ihn
hinweg und so tief in das Erdreich, daß sie niemals wieder
gefunden ward. Heime sprang ab und zog sein Schwert;
auch Aspilian stieg von dem Elefanten und schlug mit dem
Schwert nach Heime; der sprang zur Seite und die Klinge
fuhr wieder in das Gras, aber hurtig hieb Heime dem

Riesen die Hand ab, oberhalb des Schwertgriffes, und mit dem zweiten Schlag schnitt er ihm die Hüfte weg. Nun wollte der Wehrlose sich auf Heime fallen lassen, ihn zu erdrücken. Der Held mochte nicht fliehen, sondern sprang auf den Ungefügen zu, und als der plumpe Leib zur Erde kam, stand Heime unverletzt zwischen des Riesen beiden Beinen. Er wandte sich und tat einen Schlag nach dem andern auf die langen Glieder, bis sie zerhauen waren.

Die Mönche im Schiff hörten zitternd das Dröhnen: als sie aber den Riesen fallen sahen, stimmten sie ein Tedeum an und gingen auf das Eiland, Heime entgegen. Am Klostertor empfing ihn der Abt und führte ihn in feierlichem Zug in die Kirche auf seinen Sitz. Große Ehre ward ihm erwiesen und er lebte wieder als Mönch wie zuvor.

————

Seit König Dietrich aus Heunenland fortgezogen war, waltete Etzel seines Reiches bis zu seinem Ende. Die einen sagen, er sei erschlagen worden, die andern, er sei verschwunden. Dietrich aber nahm sein Reich in Besitz, und kein König wagte, sich gegen ihn zu erheben, noch ihn anzugreifen, wenn er dem Berner auf dessen einsamen Ritten begegnete.

Als König Dietrich sagen hörte, ein Mönch habe Aspilian, den Riesen erschlagen, wunderte ihn das sehr: und es kam ihm in den Sinn, daß solche Hiebe einst Heime zu hauen pflegte. Vergeblich fragte er nach dessen Verbleib, niemand wußte von ihm. Da ritt der König mit seinem Gefolge nach jenem Kloster, dessen Mönch den Riesen sollte gefällt haben.

Als er vor dem Tore hielt, ging der Abt hinaus, verneigte sich vor dem König und fragte nach seinem Begehr.

„Ist hier ein Mönch, der Heime heißt?" fragte Dietrich.

„Ich kenne die Namen aller Brüder: Heime heißt keiner."

„Dann mußt du mich ins Kapitel führen und alle Mönche zusammenrufen," befahl Dietrich. Aber da kam gerade ein Bruder aus dem Kloster geschritten, klein von Wuchs, mit breiten Schultern, er trug einen breitkrempigen Hut und hatte einen langen grauen Bart. Dietrich glaubte, den Gesuchten zu erkennen.

„Bruder," sprach er ihn an, „wir haben manchen Schnee gesehn, seit wir schieden: du bist Heime, mein Speerbruder."

„Ich kenne Heime nicht," antwortete der Mönch, „und war niemals dein Genosse."

„Erinnre dich, wie unsre Hengste tranken in Friesland, daß das Wasser zwei Schuh abnahm, so groß es auch war."

„Ich erinnere mich dessen nicht, da ich dich nie gesehen habe, soviel ich weiß."

„So denkst du doch noch des Tages, da ich von Bern froh und Ermenrich dich in Verbannung trieb?"

„Ich habe wohl Dietrich und Ermenrich nennen hören: doch ich weiß nichts Näheres von ihnen."

„Du mußt dich erinnern, Heime, wie wir nach Ro=maburg zu Ermenrichs Gastmahl kamen! Laut wieherten unsre Hengste, schöne Frauen standen und grüßten uns! Da hatte ich goldige und du braune Haare, und pur=purne Kleider trugen wir: — nun sind unsre Haare weiß und die Farbe deiner Kutte gleicht der meines Gewandes. Gedenke des, Freund, und laß mich nicht länger vor dir stehen."

Da lachte Heime freudig auf: „Guter Herr Dietrich! Ich gedenke all unsrer Heldentaten, und ich will wieder mit dir ziehen."

Die Kutte warf er ab, rüstete sich mit seinen Waffen,

zog seinen Hengst aus bem Klosterstall und ritt mit bem
König nach Romaburg, wo er in hohen Ehren lebte.

Einst sprach er zum König: „Du nimmst Schatzung
von allen Untertanen; weshalb forderst bu keine von bem
Kloster, in welchem ich lebte?"

„Die Mönche müssen sehr reich sein, und ich forderte
noch niemals Zins von ihnen," antwortete ber König;
„dünkt bich bas aber billig, so sollst du ihn eintreiben."

Dazu war Heime gleich bereit: in seinen Waffen ritt
er allein nach bem Kloster. Die Mönche empfingen ihn
übel, weil er fortgezogen war, ohne ben Abt um Erlaub=
nis zu fragen; anderseits waren sie froh gewesen, baß sie
ihn los geworden waren: benn sie fürchteten sich vor ihm.
Eine Nachtherberge ward ihm jedoch bewilligt. Am an=
bern Morgen berief er Abt unb Brüber ins Kapitel und
sprach zu ihnen: „Gold und Schätze liegen hier gehäuft,
viel mehr, als euch zum Unterhalt ber frommen Stätte
vonnöten ist: barum sollt ihr von nun an König Dietrich
Schatzung zahlen."

Der Abt antwortete: „Das Gold und Silber, bas
wir hier verwahren, gehört bem Himmelsherrn, unb wir
brauchen keinem Erdenkönig zu zinsen."

„Schatzt ihr nicht bem König, so werdet ihr euch
seinen Zorn aufladen. Auch ist es höchste Ungebühr, baß
ihr hier unmäßige Schätze anhäuft, bie keinem Menschen
etwas nützen und von benen ihr nicht einmal bem König
Zins zahlen wollt."

„Heime," antwortete ber Abt, „bu bist fürwahr ein
böser Mensch! Erst läufst du aus bem Kloster fort in
bes Königs Hof und nun kommst bu wieder und willst
bas Kloster berauben? Fahr' heim zu beinem Herrn und
sei ein Unhold, wie er einer ist, bein König."

Da wurbe Heime über die Maßen zornig: er zog sein

Schwert und schlug dem Abt einfach das Haupt ab, und alle Mönche, die nicht zeitig davonliefen, erschlug er dazu. Dann ging er ins Kloster, trug Gold und Silber und alle Wertsachen hinaus und belud damit die Klosterrosse. Bevor er mit seiner Beute abzog, legte er Feuer an die fromme Stätte und verbrannte die ganze Siedelung. Darauf kehrte er nach Romaburg zurück und erzählte Dietrich, wie er den Zins eingetrieben hatte. —

Nun wurde Heime erzählt von einem starken, alten Riesen, der hoch in den Bergen in einer Höhle hauste und viel Gold eignete, von dem er dem König keinen Zins entrichtete. Weil er gar schwerfällig war, lag er meist auf einer Stelle: daher wußten die Leute weiter nicht viel von ihm. Heime sagte Dietrich, er wolle diesen Riesen aufsuchen und den Königszins von ihm holen. Das schien dem König gut. Heime wollte kein Gefolge mit= nehmen: allein ritt er in jenes Gebirg und fand in einem großen Walde die Höhle. Er stieg ab und ging hinein: da lag schlafend ein so gewaltiger Riese, wie er noch nie einen gesehen. Sein Haar war grau und so lang, daß es sein Gesicht überdeckte.

„Steh' auf, Riese," sprach Heime, „und wehre dich: hier kommt ein Mann, der mit dir kämpfen will." Der Riese erwachte und gab Antwort: „Dreist bist du, Mensch. Ich will aber nicht aufstehen; meine langen Beine hier behaglich ausstrecken, dünkt mich weit ehrenvoller als dich erschlagen."

„Stehst du nicht auf, du Tölpel, so erschlag' ich dich, wie du daliegst, mit meinem Schwert."

Da stand der Riese auf und schüttelte sein Haupt: das lange Haar sträubte sich empor, daß es ein Schrecken war, es anzusehen. Er ergriff eine lange, dicke Stange, schwang sie empor und traf mit dem ersten Schlag Heime so grimmig, daß er weithin flog, wie ein Bolzen vom Bogen ſauſt: als er niederfiel, war er tot.

Bald wurde Heimes Tod im Lande bekannt; als König Dietrich die Kunde erhielt, gelobte er zürnend: „Ich räche dich, Heime, oder laſſe mein Leben.“

Alſogleich ward ſein Hengſt geſattelt, ſeine Diener legten ihm die Waffen an, und der König ritt fort, bis er an des Rieſen Höhle kam. Er ſprang ab und rief hinein: „Rieſe, ſteh’ auf und rede mit mir!“

„Wer ruft nach mir?“ fragte der Rieſe.

„Ich, König Dietrich von Bern.“

„Was willſt du von mir, daß du mich zur Zwieſprach rufſt?“

„Haſt du Heime, meinen Freund, erſchlagen, ſo bekenne das.“

„Ich weiß nicht, ob Heime dein Freund war: aber erſchlagen habe ich ihn, weil er ſonſt mich erſchlagen hätte.“

„Haſt du ihn getötet, ſo will ich ihn rächen: ſteh’ auf und kämpfe mit mir.“

„Ich dachte nicht, daß ein Menſchenmann mir Zweikampf bieten dürfte! Nun du danach begehrſt, ſollſt du ihn wahrlich haben.“

Schleunig ſtand er auf, faßte ſeine Stange und ſtapfte dem König entgegen: mit beiden Händen ſchwang er die Stange empor und ſchlug nach Dietrich; der unterlief den Rieſen, die Stange fuhr über ihn hin, mit dem äußerſten Ende in die Erde. Hurtig hieb Dietrich mit Eckeſax auf einen Schlag dem Rieſen beide Hände ab: da war der Furchtbare ſieglos und handlos, fiel um und ſtarb. Das war der letzte Zweikampf, den Dietrich beſtanden hat: es fand ſich kein Rieſe noch Kämpe mehr, den er des Kampfes wert hielt.

Nur eines freute ihn noch: mit Hund und Habicht auf die Jagd reiten und wilde Tiere erjagen, an die sich kein andrer wagte. Auf seinem schnellen Roß Blanka, das ihm Herzog Hadubrand geschenkt hatte, und dem kein andres folgen konnte, ritt er allein auf öden Wegen und durch unwegsame Wälder: denn er fürchtete weder Mensch noch Unhold.

7. Dietrichs Entrückung.

Einst, nachdem Dietrich ein Bad genommen hatte und auf dem Marmorsitz ruhte, rief einer seiner Diener: „Herr, dort läuft ein Hirsch: einen so großen und schönen hab' ich nie gesehen."

Der König sprang auf, hüllte sich in seinen Woll=mantel und rief, als er den Hirsch erblickte: „Holt meinen Hengst und meine Hunde!"

Die Knappen liefen danach, so eilig sie konnten, aber das währte dem König zu lange: da sah er ganz in seiner Nähe einen rabenschwarzen aufgesattelten Hengst stehen (S. 68).

Er lief hin, sprang auf und jagte dem Hirsch nach. Indes kamen die Diener zurück und ließen die Hunde los: die wollten aber dem Rappen nicht nachlaufen. Der rannte schneller als ein Vogel fliegt. Der behendeste Diener ritt auf Blanka hinterher: — nun folgten auch die Hunde. Dietrich merkte, daß das kein Roß war, was er ritt: er wollte absteigen: doch er konnte sich nicht rühren auf des Hengstes Rücken.

„Herr," rief der Diener, der immer weiter zurück=blieb, „wohin reitest du so schnell? Und wann willst du wiederkommen?"

„Zu Wotan reit' ich," — rief Dietrich zurück, —

„und ich werde wiederkommen, wann es bie Waltenden wollen[1])" (S. 145).

Balb verschwand ber Rappe ben Blicken bes Dieners, und niemand weiß zu sagen, wohin König Dietrich gekommen ist. Alte Sagen aber gehen um, baß er mit Wotan reitet im „wilden Heere" (S. 70) für unb für.

_____

[1]) Gemeint ist die altheidnische Entrückung (S. 68) und diese ist hier an Stelle des christlich-gefärbten Ausdrucks der Aufzeichnung wiedergegeben.

Inhaltsverzeichnis.

——

Erste Abteilung: Göttersagen. Von Felix Dahn.